Christoph Strosetzki (Hg.)

Geschichte der
spanischen Literatur

Christoph Strosetzki (Hg.)

Geschichte der spanischen Literatur

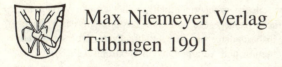
Max Niemeyer Verlag
Tübingen 1991

CIP-Titelaufnahme der Deutschen Bibliothek

Geschichte der spanischen Literatur / Christoph Strosetzki (Hg.). – Tübingen : Niemeyer, 1991
NE: Strosetzki, Christoph [Hrsg.]

ISBN 3-484-50307-6

© Max Niemeyer Verlag GmbH & Co. KG, Tübingen 1991
Das Werk einschließlich aller seiner Teile ist urheberrechtlich geschützt. Jede Verwertung außerhalb der engen Grenzen des Urheberrechtsgesetzes ist ohne Zustimmung des Verlages unzulässig und strafbar. Das gilt insbesondere für Vervielfältigungen, Übersetzungen, Mikroverfilmungen und die Einspeicherung und Verarbeitung in elektronischen Systemen.
Printed in Germany.
Druck: Gulde-Druck GmbH, Tübingen

Vorwort

Vorliegende Literaturgeschichte wendet sich an alle, die sich mit der spanischen Literatur als interessierte Laien, Studenten oder Fachkollegen beschäftigen. Da die wichtigeren Entwicklungslinien und nicht Autorenbiographien mit Werkverzeichnissen im Mittelpunkt stehen, ist sie für eine erste Begegnung mit dem Gegenstand ebenso geeignet wie für das fortgeschrittene Studium. Die einzelnen Beiträge werfen daher unter Berücksichtigung der Forschungslage Schlaglichter und stellen das jeweils Relevante heraus.

Die Autoren, die es unternommen haben, einzelne Zeitabschnitte bzw. literarische Gattungen vorzustellen, geben einen durchaus repräsentativen Einblick in die Interessenlagen und Forschungsmethoden der verschiedenen Bereiche: So sind für das Mittelalter angesichts ungesicherter Materialien Theorien untrennbar mit Fakten verbunden. Während für vergangene Jahrhunderte bereits ein gewisser Konsens über die Bedeutung einzelner Autoren besteht, ist das für die Moderne nicht in gleichem Maß der Fall. Daher dominiert im 20. Jahrhundert weniger die paradigmatische Vorgehensweise als die Verdeutlichung einer Vielfalt von Entwicklungslinien und Schriftstellern.

Angestrebt war es, vom gegenwärtigen Forschungsstand auszugehen. Natürlich konnten angesichts des angestrebten Umfanges des vorliegenden Buches Theorien und bibliographische Quellen nur selektiv aufgeführt werden. Es sei daher an dieser Stelle auf die beiden laufenden Bibliographien zur Hispanistik hingewiesen.[1] Auch Textausgaben wurden in der Bibliographie nur dann angeführt, wenn sie auch für den fortlaufenden Text von Bedeutung waren.[2] Zitate aus dem Spanischen sind im allgemeinen nicht übersetzt worden. Nur bei einigen Gedichten wurde eine Übersetzung vorgenommen. Ansonsten wurde versucht, durch Paraphrasierungen das Verständnis des spanischen Textes zu erleichtern.

Die katalanische Literatur ist bewußt nicht einbezogen worden, da die von den katalanisch schreibenden Autoren beanspruchte sprachliche und kulturelle Eigenständigkeit eine eigene Darstellung verdiente. Abschließend danke ich allen Kollegen, die durch ihre Beiträge das Entstehen des vorliegenden Bandes ermöglicht haben. Dank gilt gleichermaßen Susanne Hubald und Michaela Peters für redaktionelle Mitarbeit und drucktechnische Betreuung des Manuskripts.

Christoph Strosetzki

---

[1] Vgl. z.B. Ineichen, Gustav (Hg.), *Romanische Bibliographie 1987*, Tübingen 1989, Bd. 3, S. 364-490; Strosetzki, Christoph, *Bibliographie der Hispanistik in der Bundesrepublik Deutschland, der Deutschen Demokratischen Republik, Österreich und der deutschsprachigen Schweiz*, Bd. III, Frankfurt 1990

[2] Vgl. dazu z.B. Díaz, José Simón, *Manual de bibliografía de la literatura española*, Madrid 1980

Inhalt

Albert Gier (Bamberg)

12. - 14. Jahrhundert: Lyrik, Epik, Roman und Drama

1. Geschichtlicher Überblick	1
2. Christen, Juden und Araber	2
3. Die Jarchas	4
4. Die epische Dichtung	6
5. Die galegoportugiesische Lyrik	9
6. Der 'mester de clerecía'	12
7. Literatur am Hof von Alfonso el Sabio	17
8. Die Anfänge des Romans	21
9. Anfänge der kastilischen Lyrik	23
Bibliographie	25

Dietrich Briesemeister (Berlin)

Mittelalterliche Fachprosa   27

Bibliographie   34

Karl Kohut (Eichstätt)

Das 15. Jahrhundert

0. Methodische Vorbemerkungen	35
1. Geschichtlicher Überblick	35
2. Die Entwicklung des literarischen Bewußtseins	40
3. Versdichtung	49
3.1 Lyrik	49
3.2 Die gelehrte Epik	53
3.3 Satirische und didaktische Dichtung	54
3.4 Die wichtigsten Autoren	56
3.5 Die volkstümliche Epik: der Romancero	64
4. Prosa	66
4.1 Geschichtsschreibung	67
4.2 Satire, Didaktik und Moralistik	70
4.3 Der Roman	71
5. Das Theater	74
Bibliographie	77

Christoph Strosetzki (Düsseldorf)

Der Roman im Siglo de Oro

1. Geschichtlicher Überblick	84
2. Einleitung	88
3. Der Ritterroman	89
4. Miguel de Cervantes' 'Don Quijote'	91
5. Vom sentimentalen Liebesroman zum Schäferroman	98
6. Moriskenromane und "historische" Romane	102
7. Von Heliodor ausgehende Romane und Graciáns 'Criticón'	104
8. Der Schelmenroman	107
9. Die Novelle	112
Bibliographie	116

Georges Güntert (Zürich)

Siglo de Oro: Lyrik - erster Teil: Das 16. Jahrhundert — 119

1. Höfische und volkstümliche Lyrik der Cancioneros	121
2. Der Petrarkismus	122
2.1. Boscán	124
2.2. Garcilaso	126
3. Fray Luis de León	133
4. Die Romanceros	135
5. Religiöse und mystische Lyrik: San Juan de la Cruz	137
6. Neoplatonischer Petrarkismus: Aldana	141
7. Herrera	142

Zweiter Teil: Das 17. Jahrhundert (1600-1640)

1. Literatenstreite	145
2. Lope de Vega	147
3. Góngora	149
4. Quevedo	153
Bibliographie	156

Michael Rössner (Wien)

Das Theater der Siglos de Oro

0. Einleitender Überblick	161
1. Ursprünge des spanischen Theaters: Höfisches Fest und Renaissance-Ekloge in der Schule Juan del Encinas	162

2. Die Tradition der Humanistenkomödie ... 166
3. Die weitere Entwicklung vom höfischen Spiel zum Theater:
    Bartolomé de Torres Naharro und Gil Vicente ... 168
4. Der Beginn des kommerziellen "Volkstheaters" mit Lope de Rueda ... 171
5. Die Generation der Tragödienautoren (ca. 1575-1585):
    Miguel de Cervantes Saavedra, u.a. ... 173
6. Die Vielfalt der dramatischen Gattungen im 'Siglo de Oro' ... 176
7. Zur Theorie des spanischen Theaters ... 177
8. Produktions- und Aufführungsbedingungen des Theaters ... 179
9. Die Generation Lope de Vegas ... 181
10. Die Generation Calderóns ... 186
Bibliographie ... 190

Dietrich Briesemeister (Berlin)

Religiöse Literatur ... 192

Bibliographie ... 212

Christoph Strosetzki (Düsseldorf)

Grammatiker, Humanisten und Moralisten ... 214

Bibliographie ... 225

Manfred Tietz (Bochum)

Das 18. Jahrhundert

1. Die Wiederentdeckung und Neubewertung eines Jahrhunderts:
    die Aufklärung in Spanien ... 226
2. Die spanische Aufklärung aus zeitgenössischer Sicht ... 228
3. Historischer Überblick und Periodisierung des 18. Jahrhunderts. ... 229
4. Grundprobleme des spanischen 18. Jahrhunderts ... 233
    4.1. Die Ausbildung eines unabhängigen "Sozialsystems Literatur" ... 233
    4.2. Aufklärung und Religion ... 234
    4.3. Aufklärung und Zensur ... 235
    4.4. Die Reichweite der spanischen Aufklärung ... 236

Prosa und Essayistik

1. Der Neubeginn im Denken und in der Literatur Spaniens zu Anfang
    des 18. Jahrhunderts. Das Werk des P. Feijoo. ... 238
2. Die Wiederentdeckung der spanischen Vergangenheit ... 242

3. Das Aufkommen eines Pressewesens in Spanien 243
4. Gebrauchsprosa im Dienst der Aufklärung 246
5. Cadalso, das Spanienproblem und die Folgen 247

Der Roman 250

1. Die Epigonen der Romanproduktion des Siglo de Oro 251
2. Neue Ansätze zu einem spanischen Roman 254

Die Lyrik

1. Der Vorwurf des 'afrancesamientos' und des Neoklassizismus 256
2. Zur Periodisierung 258
3. In der Kontinuität des Barock 258
4. Die Lyrik des Rokoko 259
5. Die 'philosophische' Lyrik 260
6. Der Übergang zur Romantik 264
7. Neoklassizistische Dichtung 265
8. Volkstümliche Lyrik 265

Das Theater

1. Der Streit um die spanische 'comedia antigua' und die französierte 'comedia nueva' 266
2. Zur Kontinuität des Barocktheaters 267
3. Der Kampf um ein neues Theater: Die Poetik Luzáns 269
4. Das neue Theater als Ausdruck und Medium einer neuen Ideologie 271
5. Neue Form und alte Inhalte: Huertas 'Raquel' 274
6. Formen des teatro menor: sainete und tonadilla 275
7. Das Theater von Leandro F. de Moratín 275
Bibliographie 278

Hans-Joachim Lope (Marburg)

Die Literatur des 19. Jahrhunderts

1. Das 19. Jahrhundert: Strukturen und Konturen

    1.1 Geschichtlicher Überblick 281
    1.2 Neue Medien, neue Techniken, neue Leser 284

2. Utopien, geträumt und gelebt: Die Romantik in Spanien

    2.1 Spanische Romantik, europäische Romantik 285
    2.2 Romantik: Wörter, Begriffe, Polemiken 286
    2.3 Übergänge: Martínez de la Rosa und der Duque de Rivas 288

2.4 Espronceda und die Lyrik der Romantik	290
2.5 Historische Romane im Zeitalter der Romantik	292
2.6 Der Sieg der Romantik auf dem Theater	294
2.7 Weichenstellungen: Gustavo Adolfo Bécquer	295

3. 'Sentido común' und realistischer Anspruch. Ideenliteratur

3.1 Der 'costumbrismo'	297
3.2 'Figaro' zwischen Literatur und Journalismus	298
3.3 'Literatura testimonial', Gebrauchsliteratur und Neuromantik	299
3.4 Standpunkte: Ideenliteratur im 19. Jahrhundert	302

4. Erzählte Wirklichkeit in der 2. Hälfte des 19. Jahrhunderts

4.1 Wege zum Realismus: Fernán Caballero	305
4.2 Pedro Antonio de Alarcón	306
4.3 Peredas Entdeckung der Nordprovinzen	307
4.4 Roman und Humanismus bei Juan Valera	308
4.5 Spanische Varianten des Naturalismus	309
4.6 Das Universum des Benito Pérez Galdós	312

5. Übergänge: Strömungen und Gegenströmungen vor 1900

5.1 Paradigmenwechsel	315
5.2 Angel Ganivet als Wegbereiter	316
5.3 Der junge Unamuno	319
5.4 Das Trauma von 1898	320
Bibliographie	321

Manfred Lentzen (Münster)

Der Roman im 20. Jahrhundert

1. Geschichtlicher Überblick	322
2. Der Roman im 20. Jahrhundert	323
3. Die Generation von 1898	323
4. Der "erotische" Roman	327
5. Der "novecentismo"	328
6. Der Sozialroman	330
7. Der Roman zur Zeit des Bürgerkriegs und die späteren Romane über den Bürgerkrieg	331
8. Der "tremendismo"	333
9. "Realismo social" und "realismo dialéctico"	334
10. Der "experimentelle" Roman	338
11. Rückkehr zu "traditionellen" Formen	341
Bibliographie	342

Klaus Dirscherl (Passau)

Die Lyrik im 20. Jahrhundert

1. Modernismus und 98er Generation	343
2. Avantgarden der 20er und 30er Jahre	347
3. Von der Reinheit zur Revolution	352
4. 'Poesía social', kritischer Surrealismus und neuer Ästhetizismus	356
5. Lyrik als Weg der Erkenntnis	360
6. 'Novísimos' und noch jüngere: postmoderne Provokation und neuer Klassizismus in den 70er und 80er Jahren	363
Bibliographie	367

Wilfried Floeck (Mainz)

Das Drama im 20. Jahrhundert 368

1. Das spanische Theater um die Jahrhundertwende	369
2. Das Theater Jacinto Benavente	371
3. Die avantgardistischen Theaterexperimente des frühen 20. Jahrhunderts	372
4. Ramón María del Valle-Inclán: von der Mythisierung der Vergangenheit zur Entmythisierung der Gegenwart	375
5. Federico García Lorca und das Theater seiner Zeit	377
6. Das Exiltheater nach dem Bürgerkrieg	381
7. Buero Vallejo und Sastre und die "Generación Realista"	383
8. Das "Neue Spanische Theater"	388
9. Ausblick auf das spanische Theater nach Franco	389
Bibliographie	392

Index 393

Albert Gier

12. - 14. Jahrhundert: Lyrik, Epik, Roman und Drama

1. Geschichtlicher Überblick

Die Ursachen für die vieldiskutierte Sonderstellung Spaniens in Europa liegen im frühen und hohen Mittelalter. Nach der Zerschlagung des Westgotenreichs durch die nordafrikanischen Berber im Jahre 711 entsteht auf der Pyrenäenhalbinsel eine Situation, für die es nirgends eine Parallele gibt: Mehr als 750 Jahre lang leben hier Christen, Moslems und Juden zusammen, in vielen Regionen über Jahrzehnte oder Jahrhunderte in friedlicher Koexistenz. Zwar beginnt praktisch mit der Errichtung der islamischen Herrschaft die Reconquista, die christliche Rückeroberung, ausgehend von Galizien und Asturien, den gebirgigen Gegenden im äußersten Nordwesten, die die Araber nie zu kontrollieren vermochten; aber wo gerade nicht gekämpft wird, kommt es, begünstigt dadurch, daß der Islam Andersgläubigen gegen Erhebung einer Sondersteuer Religionsfreiheit gewährt, zu einer Symbiose der drei Kulturen, in der Américo Castro den Schlüssel zum Verständnis der spanischen Geschichte sah.[1]

Anstöße, die Reconquista voranzutreiben, kamen auch und vor allem von jenseits der Pyrenäen: Die cluniazensische Klosterreform faßt 962 in der Grafschaft Barcelona Fuß; in der Folgezeit gewinnen vor allem französische Mönche an Einfluß,[2] wichtige Klöster des Nordens wie San Millán de la Cogolla nehmen die Reform an (1030). In der zweiten Hälfte des 11. Jh.s breitet sich der Kreuzzugsgedanke aus (Marsan 1974, S. 64-67); der Kampf gegen die Mauren in Spanien wird der Befreiung des 'Heiligen Landes' Palästina gleichgestellt, und immer mehr Krieger aus dem Norden nehmen daran teil, nicht zuletzt, um den Zugang nach Santiago de Compostela, also zu einer der wichtigsten Wallfahrtsstätten der abendländischen Christenheit, zu sichern. Erst jetzt wird die Rückeroberung des Territoriums zum einzigen Ziel; vorher hatten die untereinander rivalisierenden christlichen Fürsten, die je nach Lage der Dinge auch mit den Mauren gegen die eigenen Glaubensbrüder paktierten, sich im Falle eines Sieges oft mit Tributzahlungen begnügt.[3] Analog zu den Templern in Jerusalem werden im 12. Jh. die spanischen Ritterorden von Calatrava (1158), Santiago (1170) und Alcantara (1177) als Speerspitze des Kampfes gegen die Fremdherrschaft gegründet.[4]

---

[1] Castro, Américo, *La realidad histórica de España*, Mexico 1954 [³1966]; die Gegenposition bei Claudio Sánchez-Albornoz, *España, un enigma histórico*, Buenos Aires 1956.

[2] Vgl. Cantarino, Vicente, *Entre monjes y musulmanes, El conflicto que fue España*, Madrid 1978.

[3] Vgl. MacKay, Angus, *La España de la Edad Media, Desde la frontera hasta el Imperio (1000 - 1500)*, Madrid 1980, S. 27ff.

[4] Vgl. z.B. Lomax, Derek W., *Los Ordenes militares en la Peninsula Ibérica durante la edad media*, Salamanca 1976.

Von den Fortschritten der Reconquista profitiert vor allem Kastilien: Im 10. Jh. eine unbedeutende Grafschaft, als Königreich von 1037 bis 1109 und wieder seit 1230 mit León vereinigt, dehnt es sich vor allem nach der Schlacht bei Las Navas de Tolosa (1212), in der die spanischen Truppen unter König Alfonso VIII von Kastilien (1158-1214) die Araber entscheidend schlagen, weit nach Süden aus. Als das christliche Vordringen um die Mitte des 13. Jh.s zum Stillstand kommt, ist Kastilien der größte Staat der Halbinsel, vor Portugal, Aragón (das seit 1282 in Sizilien engagiert ist), Navarra und dem islamischen Restreich von Granada.

Die muslimische und jüdische Bevölkerung der zurückeroberten Gebiete verläßt nur zu einem geringen Teil ihre Wohnorte: Kastilien hat bis zu den Pogromen von 1391 einen Anteil von ca. 4-5 % jüdischer Bewohner und etwa gleichviel Moslems, in Aragón machen die Anhänger des Islams gar die Hälfte der Bevölkerung aus;[5] erst das veränderte geistige Klima im 15. Jh. wird die Nichtchristen dazu zwingen, zwischen Konversion und Exil zu wählen.

Die territoriale Ausdehnung Kastiliens bewirkt die wirtschaftliche Prosperität, die die Voraussetzungen für ein intensives geistiges Leben am Hof von Fernando III el Santo (1217-1252) und vor allem Alfonso X el Sabio (1252-1284) schafft, der auch nach der Kaiserkrone des römischen Reiches strebt (Doppelwahl von 1257, Alfonso und Richard von Cornwall), obwohl er nie nach Deutschland ziehen kann, um seine Ansprüche durchzusetzen, denn in politischer Hinsicht wurde die Monarchie durch ständige Auseinandersetzungen zwischen dem König und den Großen des Reiches geschwächt. Der energische Alfonso XI (1325-1350) festigte noch einmal ihre Stellung und errang 1340 am Río Salado (bei Sevilla) einen wichtigen Sieg gegen den Emir von Granada; nach seinem Tod kam es zum Bürgerkrieg zwischen Pedro I und seinem Halbbruder Enrique, wobei beide von ausländischen Mächten unterstützt wurden (Pedro von England, Enrique von Frankreich); die Ermordung des besiegten Pedro durch seinen Halbbruder 1369 begründete die Herrschaft der Trastámara-Dynastie, führte aber zugleich zu Legitimationsproblemen, die das Königtum bis weit ins 15. Jh. hinein belasten sollten.

2. Christen, Juden und Araber

Obwohl das westgotische Spanien mit Isidor von Sevilla (ca. 560-636) einen der "Founders of the Middle Ages"[6] hervorbrachte, zeigt schon dessen Versuch, in den *Etymologiae* eine Enzyklopädie des gesamten Wissens seiner Zeit zusammenzustellen, wie viel an Kenntnissen durch die Völkerwanderungszeit verlorengegangen war: Die antiken Autoren werden oft aus zweiter Hand zitiert,

---

[5] Die Zahlen nach Santiago Sobrequés Vidal, "La época del patriciado urbano", in: Jaime Vicens Vives (Hg.), *Historia social y económica de España y América*, Bd. 1, Barcelona 1957, S. 7-406, hier S. 55; 61; 65.

[6] So der Titel eines Buches von Edward K. Rand, New York 1957. Über Isidor vgl. Jacques Fontaine, *Isidore de Séville et la culture classique de l'Espagne visigothique*, 3 Bde., Paris ²1983.

und Isidors Latein weicht in mancher Hinsicht von der klassischen Norm ab. Die Eroberer brachten eine weit überlegene Kultur auf die Halbinsel: Arabische Übersetzungen eröffneten den Zugang zur griechischen Literatur und Philosophie, der den Christen längst verschlossen war; die Bibliotheken in Córdoba oder Toledo umfaßten mehrere hunderttausend Bände. Seit dem 9. Jh. studierten die an geistigen Dingen interessierten spanischen Christen vor allem arabische Autoren;[7] Sprachbarrieren gab es dabei kaum, denn Zweisprachigkeit war unter allen drei Religionsgruppen weit verbreitet (Marsan 1974, S. 22-24); gegen Ende des 10. Jh.s scheint es gar, als sei das Arabische im Begriff, das Romanische in seiner Verbreitung zu übertreffen.[8] Nach der Rückeroberung Toledos 1085 entstand hier eine Übersetzer-'Schule', der das christliche Europa die lateinischen Versionen des Aristoteles und seiner Kommentatoren Averroes und Avicenna verdankt; bezeichnenderweise war es der aus Frankreich gekommene Erzbischof Raymond de la Sauvetat (um 1130-1153), der diese Aktivitäten entscheidend förderte, und unter den Übersetzern waren deutsche, englische oder italienische Gelehrte, die meist von einem Araber (oder Juden) unterstützt wurden (Marsan 1974, S. 83f.) - bei den spanischen Christen bestand ein Bedürfnis nach lateinischen Übertragungen offenbar nicht.

Neben der wissenschaftlichen war auch die reiche Unterhaltungsliteratur der Araber in Spanien überall und jederzeit verfügbar: An den Höfen der Großen wirkte eine Vielzahl christlicher, jüdischer und arabischer Spielleute (Marsan 1974, S. 32f.),[9] die nicht nur gemeinsam musizierten, sondern auch ihr Repertoire an Erzählungen untereinander austauschten; so wurden die Märchen, Fabeln, Schwänke oder Exempla, die für die arabische (wie auch für die hebräische) Literatur so typisch sind, auch einem Publikum bekannt, das die Sprache nicht verstand. Dieses Erzählgut in der Sprache der Christen schriftlich niederzulegen, schien nur in Ausnahmefällen opportun; so haben wir z.B. keine Spuren der ersten Fassung von *Tausendundeine Nacht*, die auf der Halbinsel schon vor dem 10. Jh. bekannt gewesen sein dürfte (Marsan 1974, S. 112).

Die erste in Spanien redigierte Sammlung, die arabische Beispielerzählungen enthält, stellt in vieler Hinsicht einen Sonderfall dar: Ihr Verfasser, Rabbi Moises Sefardi (*ca. 1062),[10] ein berühmter Arzt, Mathematiker und Astronom, der 1106 zum Christentum konvertiert war und sich seitdem Petrus Alfonsi nannte, schrieb seine *Disciplina clericalis*[11] in lateinischer Sprache, um den Lesern die Lehren der christlichen Moral nahezubringen; er bediente sich dazu eines in der didaktischen Literatur der Araber weit verbreiteten Verfahrens, indem er einen Vater zu seinem Sohn sprechen ließ; seine Mahnungen zu richtigem Verhalten

---

[7] Vgl. die Zeugnisse bei Dominique Millet-Gérard, *Chrétiens mozarabes et culture islamique dans l'Espagne des VIIIe-IXe siècles*, Paris 1984, S. 49-70.

[8] Vgl. Vernet, Juan, *Ce que la culture doit aux Arabes d'Espagne*, Paris 1978, S. 21.

[9] Vgl. Menéndez Pidal, Ramón, *Poesía juglaresca y juglares, Aspectos de la historia literaria y cultural de España*, Buenos Aires 1942.

[10] Zu Petrus Alfonsi vgl. auch hier: D. Briesemeister, "Mittelalterliche Fachprosa", S. 30.

[11] González Palencia, Angel, *Disciplina clericalis*, ed. y trad. del texto latino, Madrid/Granada 1948.

gegenüber Gott und den Menschen illustriert der Vater mit Sinnsprüchen und 34 Exempla, die fast alle orientalischen Ursprungs sind (Marsan 1974, S. 150-154). Vom Erfolg des kleinen Buches zeugen nicht nur Übersetzungen in fast alle europäischen Sprachen, sondern mehr noch die zahllosen Geschichtensammlungen in Latein und in den Volkssprachen, die in der Folgezeit einzelne Erzählungen des Petrus Alfonsi übernommen haben (*Hist. gen.* Bd. I, S. 286f.); diese europaweite Verbreitung unterscheidet die *Disciplina clericalis* allerdings von den späteren spanischen Übersetzungen aus dem Arabischen und macht so deutlich, daß dieses Werk von vornherein in einen weiteren Kontext gehört.

3. Die Jarchas[12]

Den spektakulärsten Fall christlich-arabischer Symbiose stellen die *Jarchas* dar, (zum Teil) romanische Schlußstrophen in auf der Pyrenäenhalbinsel entstandenen arabischen Gedichten des 11. bis 13. Jh.s, auf die die wissenschaftliche Öffentlichkeit erst 1948 durch Samuel S. Stern aufmerksam gemacht wurde. Die *Muwaschaha* genannte Gedichtform bildete sich wohl zu Beginn des 10. Jh.s heraus;[13] sie besteht generell aus fünf 'Strophen' zu je vier Zeilen, von denen die ersten beiden in jeder Strophe den gleichen Reim haben, während die beiden letzten jeweils nur miteinander reimen. Auf die letzte 'Strophe' folgen noch zwei Verse mit dem Reim der Anfangszeilen, die nicht wie der übrige Text im literarischen Arabisch, sondern in der populären Umgangssprache oder eben im von den Christen gesprochenen Mozarabischen gedichtet sind. Diese Gedichtform wurde dann von den Juden übernommen, und man findet auch hebräische *Muwaschahas* mit romanischer *Jarcha*.

Bis heute sind etwa 60 romanische *Jarchas* bekannt (*GRLMA* II Bd. 1, H. 2, S. 48), von denen einige in mehreren *Muwaschahas* überliefert sind. Der Inhalt der Schlußstrophe ist stets konträr zu dem des Gedichts: Dort klagt meist ein Mann über seine unglückliche Liebe, oder er preist (seltener) einen Freund oder einen politischen Führer; diese Lobgedichte haben gewöhnlich eine Einleitung, in der von der Liebe oder vom Wein die Rede ist. Die *Jarcha* ist im allgemeinen einer jungen Frau in den Mund gelegt, die hier recht unverblümt ihre erotischen Wünsche äußert - sie fragt z.B.

> garide-me k(u)and mio sidi ya quawmnu
> ker(r)a bi-lla suo al-asi me dar-lo
> "Decidme: ¿cuando mi señor, oh amigos,
> querrá, por Dios, darme su medicina?" (Ausg. Solá-Solé VII)

---

[12] Überblick über die umfangreiche Forschungsliteratur bei Richard Hitchcock, *The 'Kharjas', a critical bibliography*, London 1977; fortgeführt in: ders., "The Fate of the 'Kharjas': A Survey of Recent Publications", in: *Brit. Society for Middle Eastern Studies Bull.* 12, 1985, S. 172-190. Vgl. auch die kritische Bestandsaufnahme von Margit Frenk Alatorre, "La lírica pretrovadoresca", in: *GRLMA* II, Bd. 1., H. 2, S. 46-71.

[13] Vgl. zum folgenden vor allem die Einleitung der Ausgabe von J.M. Solà-Solé, *Corpus de poesía mozárabe (Las 'Harga-s' andalusíes)*, Barcelona 1973.

In fast der Hälfte der Beispiele klagt das Mädchen darüber, daß der Geliebte fern von ihr ist; daneben preist sie seine Schönheit, fordert einen Kuß o. dgl. Häufig erscheint die Mutter als Vertraute der Liebenden.

Das zitierte Beispiel zeigt bereits, daß wir es in den *Jarchas* mit einer romanisch-arabischen Mischsprache zu tun haben: Die Skala reicht von romanischen Versen mit wenigen arabischen Lehnwörtern bis zum umgekehrten Fall, im Durchschnitt ist ungefähr ein Drittel des Wortguts arabisch (und die Verse sind auch in arabischer bzw. hebräischer Schrift aufgezeichnet worden, was zahlreiche Interpretationsprobleme schafft). Gerade die Schlüsselwörter sind im allgemeinen arabisch; so heißt der Geliebte kaum einmal anders als al-habib.[14]

Die älteste romanische *Jarcha* mag vor 1042 entstanden sein, etwa zwei Drittel der bekannten Beispiele lassen sich auf die Zeit zwischen 1050 und 1150 datieren;[15] das bedeutet, daß sie zum Teil älter sind als die frühesten Gedichte der okzitanischen Troubadours. Dieses Faktum verleiht der Ursprungsfrage ihre Brisanz: Wenn die arabischen Dichter ihre *Jarchas* aus der mündlichen Liebesdichtung der Mozaraber entlehnt hätten, wäre dies der Beweis für die Existenz einer frühen, vielleicht noch auf spätantike Wurzeln zurückgehenden romanischen Liebeslyrik. Diese These wurde seit Ende der vierziger Jahre ebenso heftig verfochten wie die konträre vom genuin arabischen Ursprung der *Jarchas*; auch auf formale Ähnlichkeiten mit jüdischen religiösen Gesängen wurde hingewiesen. Ein Beweis läßt sich für keine dieser Theorien erbringen, und sie schließen einander auch keineswegs aus: Anknüpfungspunkte haben offensichtlich in allen drei Kulturen existiert. Man kann annehmen, daß die arabischen Dichter, die ihren *Jarchas* schon durch die Verwendung der (arabischen) Umgangssprache im Gegensatz zum literarischen Idiom der *Muwaschaha* den Charakter eines Zitats, gewissermaßen aus dem Volksmund, gaben, in ähnlicher Weise Lieder der Mozaraber nutzten - Volkslieder wurden jederzeit und überall gesungen, und gewisse Übereinstimmungen der *Jarchas* mit den galegoportugiesischen *Cantigas d'amigo* (s.u.) machen diese Vermutung noch wahrscheinlicher. Aus den zitierten Fragmenten (Refrains?) die verlorenen romanischen Lieder zu rekonstruieren, scheint freilich unmöglich; um so mehr, als die *Jarchas* offenbar sehr schnell aufhörten, als selbständige Texte (Textteile) zu existieren: Schon früh dürften die arabischen Dichter ihre *Jarchas* selbst gedichtet haben, und zwar so, wie sie sich am besten in den Kontext der *Muwaschaha* fügten.[16] Dafür spricht schon der linguistische Befund: Die außerordentlich hohe Zahl von Arabismen kann nicht die gesprochene Sprache der spanischen Christen abbilden, es muß sich um einen wohl in parodistischer Absicht geschaffenen Jargon handeln.

Unabhängig davon, wie man das Ursprungsproblem der *Jarchas* beurteilen will, gilt es zu unterstreichen, daß das Mozarabische, über mehrere Jahrhunderte die Sprache der christlichen Mehrheit auf der Halbinsel, nicht einmal Ansätze

---

[14] Vgl. *ebd.*, S.41.

[15] So Hilty, Gerold, "La poésie mozarabe", in: *TraLiLi* 8/1, 1970, S. 85-100, hier S. 88.

[16] Das ist die These von Hilty, ebd.; ähnlich Frenk Alatorre, in: *GRLMA* II, Bd. 1, H. 2, S. 70f.

einer Entwicklung hin zur Literatursprache erkennen läßt: Sollte es eine mozarabische Lyrik gegeben haben, so hielt man es nicht für notwendig, sie schriftlich zu fixieren, abgesehen von den Zitaten bei den arabischen Dichtern, die kaum schmeichelhaft gemeint waren. Der Grund für das Fehlen schriftlicher Zeugnisse zum Mozarabischen ist wohl darin zu sehen, daß zunächst das Arabische als die Sprache der Eroberer, dann die Dialekte des Nordens, vor allem das Kastilische, als Sprache(n) der aktiven Rück-Eroberer, höheres Prestige genossen.[17]

4. Die epische Dichtung

Über das Alter und den Umfang der epischen Dichtung auf der Halbinsel gehen die Auffassungen weit auseinander; das hängt damit zusammen, daß nur fünf (zum Teil fragmentarisch) überlieferten Texten eine Fülle von Prosa-Fassungen epischer Stoffe in lateinischen und spanischen Chroniken gegenübersteht (älteste Zeugnisse: Ende 9. bzw. 2. Hälfte 13. Jh.).[18] Daß die Verfasser der Chroniken *Cantares* kannten, die heute verloren sind, steht außer Zweifel: Sie sagen es selbst (meist, um Geschichtsfälschungen der Ependichter zu kritisieren, vgl. *GRLMA* III Bd. 1/2, H. 9, S. 54-56), und in manchen Fällen kann man anhand der Chroniken ganze Passagen der ursprünglichen Versdichtung rekonstruieren (Deyermond 1987, S. 67). Andererseits muß nicht jedem Bericht über heroischkriegerische Ereignisse ein *Cantar* zugrundeliegen: Die Autoren der Chroniken waren mit dem epischen Stil hinreichend vertraut, um einer Passage selbst die entsprechende Färbung zu geben, wenn es ihnen geraten schien. So erklärt es sich, daß manche Forscher Dutzende verlorener *Cantares* annehmen, während andere sehr viel vorsichtiger sind; dabei kommt es auch darauf an, wie man sich die Entstehung der Epen vorstellt: Die Skeptiker finden sich unter den 'Individualisten', für die eine Großdichtung nur das Werk eines einzelnen, über eine gewisse Bildung verfügenden Autors sein kann; die 'Neotraditionalisten', die die *Cantares* für kollektive Schöpfungen anonymer, das Gedicht weiter tradierender und dabei verbessernder, ergänzender Spielleute (*juglares*) halten, glauben an spontane Entstehung einer reichen Überlieferung (*GRLMA* III Bd. 1/2, H. 9, S. 46-54).

Zu letzten Gewißheiten wird man hier nie kommen können, aber einiges scheint doch so gut wie sicher: Alles deutet darauf hin, daß die spanische Heldenepik eine kastilische Schöpfung ist (nur das *Roncesvalles*-Fragment ist im benachbarten Navarra zu lokalisieren, s.u.); Versuche, eine aragonesische, katalanische oder portugiesische Epentradition zu erweisen (vgl. *GRLMA* II Bd. 1/2, H. 9, S. 150-175), sind zumindest problematisch. Der älteste *Cantar*, von dem wir Kunde haben, muß ca. 1000 entstanden sein; er behandelte die düstere Ge-

---

[17] Vgl. zu lateinischen Texten aus dem mozarabischen Spanien *Hist. gen.* I, S. 257-271.
[18] Alvar, Carlos, Angel Gómez Moreno, *La poesía épica y de clerecía medievales*, Madrid 1988, S. 33-35.

schichte von den *Siete infantes de Lara*, ein Drama der Ehre, die nur mit Blut reingewaschen werden kann: Für die Schande, die ihr durch die Tötung eines Verwandten zugefügt worden ist, rächt sich Doña Lambra, indem sie den Schuldigen (einen Neffen ihres Mannes) mit seinen sechs Brüdern töten läßt; der Vater der Infantes soll als Gesandter in Córdoba den Tod finden (das aus der Bibel - Geschichte Davids - bekannte Motiv des Uriasbriefs), aber der arabische Herrscher läßt ihn nur gefangennehmen; im Kerker zeugt er mit einer Araberin den späteren Rächer. Der Inhalt des *Cantar* scheint fiktiv, bis auf die Gefangenschaft eines christlichen Gesandten in Córdoba (Deyermond 1987, S. 75f.); hier liegt ein wirkliches Ereignis, wohl von ca. 990, zugrunde, das so später nicht mehr möglich gewesen wäre. Der *Cantar* (dessen Inhalt die *Primera Crónica General* von Alfonso X bewahrt) muß also in dieser Zeit entstanden sein.

Schon hier zeigt sich, daß wir es nicht - wie in der ältesten französischen Heldenepik - mit Dichtung aus dem Geist der Kreuzzüge zu tun haben; die Araber sind nicht die Feinde, die es unbedingt zu vernichten gilt, sie können Bündnispartner der Christen (sogar gegen die eigenen Glaubensgenossen) werden. Auch in den späteren *Cantares* geht es kaum um religiöse, sondern um feudale Konflikte zwischen Lehnsherren und Vasallen (*GRLMA* III Bd. 1/2, H. 9, S. 181).

Für das 11. und 12. Jh. kann die Existenz von vier anderen Epen als gesichert gelten, die mit den *Siete infantes de Lara* den Epenzyklus von den Grafen von Kastilien bilden (Deyermond 1987, S. 100). Einen dieser *Cantares* machte im 13. Jh. ein Mönch zur Vorlage seines *Poema de Fernán González* in der gelehrten Form des *mester de clerecía* (s.u.).

Ungleich wichtiger ist der *Poema de Mio Cid (PMC), das* spanische Heldenepos schlechthin. Um Zeit und Ort seiner Entstehung ist heftig gestritten worden: Ramón Menéndez Pidal nahm an, ein Spielmann (später glaubte er an zwei Autoren) habe das Werk um 1140, vierzig Jahre nach dem Tod des Helden, verfaßt. Heute scheint sich die Auffassung allgemein durchgesetzt zu haben, daß der Autor ein gebildeter Mann, ein Jurist oder Kleriker (vielleicht beides) aus Burgos war, der zu Beginn des 13. Jh.s schrieb;[19] die einzige erhaltene Handschrift wurde im 14. Jh. von einer auf 1207 datierten Vorlage kopiert, als deren Schreiber sich ein Per Abbat nennt; er muß, wenn nicht der Autor,[20] so doch zumindest dessen unmittelbarer Zeitgenosse gewesen sein. Wie die französischen Epenhelden ist der *PMC* in anisosyllabischen Versen (mit Mittelzäsur, meist zwischen 12 und 16 Silben) geschrieben, die zu assonierenden Laissen (Strophen mit unterschiedlicher Verszahl) zusammengefaßt werden; der überlieferte Text besteht zu etwa einem Fünftel aus Formeln, wie sie für die während des mündlichen Vortrags improvisierte Dichtung der Spielleute charakteristisch sind; diese Zahl liegt deutlich unter den Vergleichswerten für die bis heute lebendige serbokroatische

---

[19] Vgl. Deyermond 1987 sowie die Beiträge in: Alan Deyermond (Hg.), *'Mio Cid' Studies*, London 1977.
[20] So die These von Colin Smith, "On the Distinctiveness of the "Poema de Mio Cid", in: *'Mio Cid' Studies* (wie Anm. 19), S. 161-194.

Heldenepik, was darauf hindeutet, daß der gelehrte Autor des *PMC* - der mit der klassisch-lateinischen Literatur wie der altfranzösischen Epik bestens vertraut war (Deyermond 1987, S. 47f) - sich entschloß, die Technik der Spielleute nachzuahmen, weil sie seinem Gegenstand angemessen schien (Deyermond 1987, S. 43). Neben einem möglichen lokal-patriotischen Interesse - der Cid war in der Nähe von Burgos geboren - mag der Dichter durchaus ein allgemein politisches Anliegen gehabt haben, wobei er allerdings nicht die Vertreibung der Araber, sondern ein friedliches Zusammenleben der Religionen unter christlicher Hegemonie propagierte.[21]

Die geschilderten Ereignisse sind zum Teil historisch: Ruy Díaz de Vivar, der Cid (von einem arabischen Wort für "Herr"), fiel bei König Alfonso VI in Ungnade (allerdings zweimal, nicht nur einmal wie im *PMC*), er kämpfte gegen die Mauren (allerdings nicht nur, um für sich und seine Leute Beute zu machen, sondern im Dienst des islamischen Königs von Zaragoza), und er eroberte Valencia für die Christen zurück. Auf die Aussöhnung mit seinem König folgt dann allerdings ein zweiter Teil des Epos, der ganz fiktiv scheint.

Zu Beginn des *Cantar* ist der Protagonist am Tiefpunkt seiner Karriere angelangt: Daß er bei seinem König in Ungnade gefallen ist, bedeutet nicht nur den Verlust seiner persönlichen Ehre (die er zurückgewinnt, als Alfonso ihm die Hand reicht), sondern fällt auch auf seine Familie zurück. In seinem Unglück wünscht sich der Cid, seine beiden Töchter eines Tages ehrenvoll verheiraten zu können (V. 282/83; Deyermond 1987, S. 24f). Um die Rehabilitierung komplett zu machen, stiftet der König die Ehe zwischen den Töchtern des Cid und den Infantes de Carrión, die diese Verbindung freilich nur aus Berechnung erstreben (vgl. V. 1373/74); nachdem sie sich durch ihre Feigheit vor den Leuten des Cid lächerlich gemacht haben, verlassen sie ihre Frauen unter grausamen und demütigenden Umständen im Eichenwald von Corpes. Für diese Schmach fordert und erhält der Cid Genugtuung: Im gerichtlichen Zweikampf unterliegen die Infantes seinen Kämpfern; seine Töchter gehen in zweiter Ehe eine noch ehrenvollere Verbindung mit den Infantes von Navarra und Aragón ein. Damit ist auch die Familienehre des Cid wiederhergestellt.

Ruy Díaz unterscheidet sich in mancher Hinsicht von anderen mittelalterlichen Heldenepen: Er ist kein Idealist oder Fanatiker, sondern ein kühl kalkulierender Realpolitiker; und er weiß um die Bedeutung des Geldes, das im *PMC* eine ungewöhnlich wichtige Rolle spielt. Diese Züge erlauben es, vom 'Realismus' der kastilischen Epik (im Gegensatz etwa zur französischen) zu sprechen; die oft behauptete Nähe zur historischen Realität dagegen muß angesichts der vielen fiktiven Elemente relativiert werden.[22]

Der Cid wird erst nach der Mitte des 14. Jh.s noch einmal zum Protagonisten einer erhaltenen epischen Dichtung: Ein anonymer Kleriker aus dem Bistum

---

[21] Vgl. Bender, Karl-Heinz, "Die christlich-maurischen Beziehungen im 'Cantar de mio Cid'. Eine Untersuchung zur Historizität und Rezeption des Cantar", in: *Iberoromania* N.F. 11, 1980, S. 1-30.

[22] So Colin Smith (wie Anm. 20), S. 165.

Palencia bearbeitete (in der 'spielmännischen' Dichtungsweise) einen älteren *Cantar* über die Jugend des Helden und suchte dessen Ruhm zur Förderung des Prestiges seiner Heimatdiözese zu nutzen.[23] - Schon früh wurde wohl der Stoff von Karl dem Großen und Roland auf der Halbinsel bekannt: In spanischer Sprache haben wir nur ein wohl um 1310 in Navarra abgeschriebenes Fragment von ca. 100 Versen eines *Cantar Roncesvalles*, der die Klagen des Kaisers über seine im Kampf gegen die Mauren gefallenen Paladine wiedergibt;[24] ein *Cantar Mainete*, der die Jugend Karls des Großen schildern soll, wird, so scheint es, vor allem deshalb angesetzt, weil die *Primera Crónica General* von Alfonso X die entsprechenden Episoden enthält und weil sie von einem Exil des Protagonisten in Spanien berichten. Die Chronisten könnten sich aber ebensogut auf ein französisches *Mainet*-Epos gestützt haben. Als Reaktion auf die französischen Dichtungen, die die Erfolge Karls des Großen gegen die Araber in Spanien verherrlichten, entstand vielleicht im 13. Jh. (Deyermond 1987, S. 101) ein *Cantar* um den fiktiven Helden Bernardo del Carpio, der zunächst gemeinsam mit den Arabern siegreich gegen Karl den Großen kämpfte, dann aber die Fronten wechselte (*GRLMA* III Bd. 1/2, H. 9, S. 68-75); Bernardo wird zu einer Lieblingsgestalt des *Romancero* und des Theaters im Siglo de oro werden.

5. Die galegoportugiesische Lyrik

Kurz vor 1200 setzt auf der Halbinsel eine umfangreiche Produktion lyrischer Dichtung ein, die sich des Galegoportugiesischen, der Sprache des Nordwestens, bedient; bis zur Mitte des 14. Jh.s bleibt dies die Koine der Lyrik, mehr als 150 Dichter verfassen insgesamt an die 1700 Gedichte in diesem Idiom (Jensen 1978, S. 14). Datierung und Interpretation dieser Lyrik werden dadurch erschwert, daß der überwiegende Teil der Gedichte nur in zwei großen Sammelhandschriften überliefert ist, die um 1500 unter Mitwirkung des italienischen Humanisten Angelo Colocci kopiert wurden; nur für 310 *Cantigas d'amigo* (s.u.) verfügen wir über ein Manuskript, das auf der Pyrenäenhalbinsel - und vermutlich noch vor 1300 - abgeschrieben wurde, den *Cancioneiro da Ajuda*. In keinem der drei *Cancioneiros* sind die Melodien mitüberliefert; außer den Melodien der geistlichen *Cantigas de Santa Maria* von Alfonso X (s.u.) kennen wir nur ein einziges Blatt (den sog. *Pergaminho Vindel*), der sechs *cantigas d'amigo* von Martin Codax (2. Hälfte des 13. Jh.s) mit der Musik überliefert.

Drei 'Gattungen' lassen sich innerhalb der weltlichen Lyrik in galegoportugiesischer Sprache unterscheiden: Die etwa 700 *cantigas d'amor*, die eine unerfüllte Liebe aus der Sicht des Mannes schildern, folgen - häufig explizit - dem Vorbild der okzitanischen Troubadour-Canzone; auch für die über 400 *cantigas d'escarnh'e de maldizer*, satirische Spott- und Rügelieder, gibt es Parallelen in der

---

[23] Vgl. Deyermond, Alan, *Epic Poetry and the Clergy, Studies on the 'Mocedades de Rodrigo'*, London 1969.

[24] Vgl. Alvar, Carlos (wie Anm. 18), S. 50.

okzitanischen Dichtung (und darüber hinaus), obwohl die Gattung auf der Halbinsel ein eigenes Profil entwickelt. Dagegen unterscheiden sich die ca. 500 *cantigas d'amigo* von allen anderen Formen mittelalterlicher Lyrik aus Europa: Inhaltlich sind es Rollengedichte, in denen eine junge (unverheiratete) Frau über ihre Liebe nachdenkt, sich die schöne Gestalt ihres Freundes vorstellt oder darüber klagt, daß er fern von ihr oder gleichgültig ist; oft wendet sie sich an eine Vertraute, nicht selten an die Mutter. Wir finden somit genau die Thematik der *Jarchas* wieder; die Bedeutung der Übereinstimmungen wird auch dadurch nicht gemindert, daß die *cantigas d'amigo* Sonderformen entwickeln, zu denen es in den *Jarchas* keine Parallele gibt (wegen ihrer Kürze nicht geben kann), so etwa die *cantigas de romaria* (ca. 50 Gedichte), in denen das Mädchen eine Wallfahrt unternimmt, um sich bei dem Sanktuarium mit dem Geliebten zu treffen (Jensen 1978, S. 60-64); auch der Szenerie, der Landschaft (Quelle, Wiese, Meerufer...) wird mehr Beachtung geschenkt als etwa in den *Jarchas* (bei Pero Meogo - 13. Jh. - wird die Quelle, deren Wasser die aus den Bergen gekommenen Hirsche trüben, zum eindeutigen Sexualsymbol[25]).

Auffallendstes formales Merkmal der *cantigas d'amigo* ist der parallele Bau der Strophen (oft zwei Verse, denen ein Vers als Refrain folgt): Jede Aussage wird variierend wiederholt, ehe - an genau festgelegten Stellen - neue Elemente eingeführt werden. In der folgenden *Cantiga* von Martin Codax etwa tragen die Verse 1, 2 und 8 die Information:

> Ondas do mar de Vigo,
> Se vistes meu amigo!
>   e ai Deus, se verrá cedo!
> Ondas do mar levado,
> se vistes meu amado!
>   e ai Deus, se verrá cedo!
> Se vistes meu amigo,
> o por que suspiro!
>   e ai Deus, se verrá cedo!
> Se vistes meu amado
> por que ei gram cuidado!
>   e ai Deus, se verrá cedo!

Diese Kompositionstechnik wirkt auf den modernen Leser archaisch; trotzdem erlaubt sie nicht ohne weiteres, auf ein hohes Alter der Gedichtform zu schließen: Die erste genau datierbare *cantiga de maldizer* ist wohl 1196 entstanden, und die ältesten erhaltenen *cantigas d'amigo* dürften kaum älter sein (*GRLMA* II Bd. 1, H. 6, S. 7f). Über ihre arabischen, romanischen oder mittellateinischen Wurzeln ist heftig diskutiert worden (Jensen 1978, S. 200-228); die Parallele zu den *Jarchas* legt es nahe, ein stoffliches Substrat in der mündlichen Dichtung der Mozaraber anzunehmen. Die entscheidende Rolle bei der Entstehung der *cantiga d'amigo* auf dieser Grundlage hätte Santiago de Compostela gespielt (*GRLMA* II Bd. 1, H. 6, S. 17-21; *Hist. gen.* Bd. I, S. 546f.): Der im Nord-

---

[25] Vgl. Deyermond, Alan D., "Pero Meogo's Stags and Fountains: Symbol and Anecdote in the Traditional Lyric", in: *Romance Philology* 33, 1979, S. 265-283.

westen, der Keimzelle der Reconquista, gelegene Wallfahrtsort entwickelt sich seit dem 10. Jh. durch den Zustrom von Pilgern aus ganz Europa, vor allem aus Frankreich, zu einem Umschlagplatz für Ideen wie auch für neue literarische Formen. Galizische Kleriker aus Santiago mögen durch die lateinische Vagantenpoesie oder durch die liturgische Dichtung, die französische Geistliche aus ihrer Heimat mitgebracht hatten, angeregt worden sein, unter Rückgriff auf autochthones Material etwas eigenes zu schaffen. Die so entstandene *cantiga d'amigo* hätte auch nichtgalizische Dichter veranlaßt, als Sprache der Lyrik das Galegoportugiesische zu wählen.

Schon früh sind jedenfalls auch Einflüsse der okzitanischen Troubadours anzunehmen: Die katalanischen Dichter, die okzitanisch schreiben, machen ihre Heimat zum Brückenkopf dieser Lyrik auf der Halbinsel; der Südfranzose Marcabrú besuchte schon vor der Mitte des 12. Jh.s den Hof Alfonsos VII von Kastilien, und viele andere Dichter und Spielleute folgten ihm.[26] Im 13. Jh. machen Fernando el Santo (1217-1252) und vor allem sein Sohn Alfonso el Sabio (1252-1284), der neben seinen Marienliedern auch eine Reihe weltlicher Gedichte (vor allem *cantigas d'escarnho*) verfaßte,[27] den kastilischen Hof zum Zentrum der lyrischen Dichtung; hier begegnen adlige Amateure (*trobadores*) oder Berufsdichter (*segreres*) berühmten Kollegen aus Südfrankreich wie dem 'letzten Troubadour' Guiraut de Riquier, der nicht weniger als neun Jahre (1270-1279) in der Nähe Alfonsos lebte, im Namen der Spielleute ein umfangreiches Bittgedicht (*Supplicatio*) an ihn richtete und auch die Antwort des Königs in Verse zu bringen hatte. Nach Alfonsos Tod sammelte ein anderer dichtender König, Denis von Portugal (1279-1325), Alfonsos Enkel, von dem weit mehr als hundert *cantigas d'amor* und *d'amigo* überliefert sind, die Dichter um sich; in den Jahrzehnten nach seinem Tod erlischt die lyrische Produktion in galegoportugiesischer Sprache.

Mit der *cantiga d'amor* ahmt die hispanische Dichtung die okzitanische *Canso* nach; neben den *cantigas de mestria*, die wie die *Cansos* refrainlos sind, gibt es auf der Halbinsel allerdings auch *cantigas de refrão*. Beide haben gewöhnlich drei oder vier Strophen. Die Liebeskonzeption (Idealisierung einer als unerreichbar gedachten Dame) entspricht insgesamt der okzitanischen, aber im Verhältnis zu dieser erscheint die galegoportugiesische Lyrik konventioneller, als rein literarisches Spiel oder Stilübung (*GRLMA* II Bd. 1, H. 6, S. 62). Die Dichter preisen die Dame und bekennen sich zu ihrer Liebe; vor allem aber klagen sie über die Grausamkeit der Geliebten und die Qualen, die sie ihnen bereitet (*coita d'amor*; *GRLMA* III Bd. 1, H. 6, S. 64). Roi Queimado (2. Hälfte 13. Jh.) wiederholte so hartnäckig, daß ihn der Liebesschmerz ins Grab bringen würde, daß Pero Garcia Burgalês in einem berühmten Spottgedicht erklärte, Roi Queimado sei in seinen Versen gestorben, aber am dritten Tag auferstanden (Jensen 1978, S. 51).

---

[26] Vgl. Alvar, Carlos, *La poesía trovadoresca en España y Portugal*, Madrid 1977.

[27] Vgl. Gier, Albert, "Alphonse le Savant, poète lyrique et mécène des troubadours", in: Glyn S. Burgess (Hg.), *Court and Poet*, Selected Proceedings of the Third Congress of the International Courtly Literature Society (Liverpool 1980), Liverpool 1981, S. 155-165.

Diese Form literarischer Polemik ist in den *cantigas d'escarnh' e de maldizer* nicht selten; selbst Alfonso el Sabio ließ sich darauf ein und warf z.B. dem Berufsdichter Pero da Ponte vor, er habe seinen Berufskollegen Afons' Eanes do Coton ermordet und ihm seine Gedichte gestohlen (offensichtlich ein - etwas derber - Scherz), und er habe einmal betrunken schlechte Verse vorgetragen.[28] Pero da Ponte selbst hat mehr als 30 *cantigas d'escarnho* verfaßt,[29] die neben Spott auf Dichterkollegen auch Kritik an sozialem Fehlverhalten, wie Geiz, besonders beim hohen Adel enthalten; daneben stehen Stücke, die mit bemerkenswerter Eindeutigkeit die Homosexualität oder die Schamlosigkeit der Dirnen und Spielfrauen (*soldadeiras*) angreifen. Unter diesen letzten ragt Maria Balteira heraus, die wohl um die Mitte des 13. Jh.s am Hof Alfonsos verkehrte und deren Zügellosigkeit in einer ganzen Reihe von Gedichten verschiedener Autoren (auch vom König selbst) gegeißelt wird (Jensen 1978, S. 98-100). Die aggressive Obszönität der Sprache verrät die männliche Unsicherheit angesichts der Manifestation weiblicher Sexualität. Viele aktuelle Anspielungen in diesen Gedichten bleiben uns verborgen; das Gleiche gilt für *cantigas* politischen Inhalts, in denen sich der Spott gegen auch in anderen Quellen erwähnte bedeutendere Personen richtet, denn die Schmähungen waren oft nur aus der konkreten Situation heraus verständlich. Andererseits ist, wenn sich die Zusammenhänge erhellen lassen, oft eine bemerkenswert präzise Datierung möglich: So spiegelt ein Gedicht, das Pero da Ponte gegen einen gewissen Xemeno de Ayvar richtete, dem er Geiz vorwarf - auf die Frage, wie er nach Ayvar gelange, erhält der Dichter die Antwort, am Ende eines langen Weges werde ihn ein mageres Essen erwarten -, die politische Situation gegen Ende des Jahres 1254 wider: Zu diesem Zeitpunkt standen sich die Heere Kastiliens und Aragons kampfbereit gegenüber, da Alfonso X gegen Jaime I von Aragon Einfluß auf Navarra gewinnen wollte; Xemeno de Ayvar nahm unter den navarresischen Adligen eine herausragende Stellung ein.[30]

6. Der 'mester de clerecía'

Im Jahre 1212 (oder 1214) gründen Bischof Don Tello und König Alfonso VIII von Kastilien in Palencia einen *estudio general*, d.h. eine Art Universität; der Unterricht lag in den Händen französischer Magistri, die neben wissenschaftlichem Schrifttum offenbar auch Neuerscheinungen der schönen Literatur mit nach Spanien brachten. Angeregt durch diese Modelle versuchten dann Kleriker der Region, in ihrer eigenen Sprache Vergleichbares zu schaffen. Vermutlich als erstes Werk entstand (vielleicht in den zwanziger Jahren, *GRLMA* V, Bd. 1/2, H.

---

[28] Vgl. Juárez Blanquer, Aurora, "Nuevos puntos de vista sobre la polémica entre Alfonso X y Pero da Ponte", in: *Estudios románicos dedicados al prof. Andrés Soria Ortega*, Bd. 1, Granada 1985, S. 407-422.

[29] Vgl. Juárez Blanquer, Aurora (Hg.), *Cancionero de Pero da Ponte*, Granada 1988.

[30] Vgl. Beltrán, Vicente, "Tipos y temas trobadorescos: Xemeno de Ayvar", in: *ZRPh* 104, 1988, S. 46-60.

2, S. 53) die Übersetzung einer altfranzösischen *Vita* der heiligen Maria Aegyptiaca; diese Geschichte einer Prostituierten, die durch Maria zur Umkehr bewegt wird und dann viele Jahrzehnte als Einsiedlerin in der Wüste Buße tut, zählt zu den populärsten Heiligenlegenden des Mittelalters überhaupt. Die französische Fassung war in paarweise gereimten Achtsilbern verfaßt, und der Bearbeiter der *Vida de Santa María Egipcíaca* versuchte offenbar, diesen gebräuchlichsten Vers der erzählenden Dichtung Frankreichs nachzuahmen. Das Ergebnis scheint wenig überzeugend: Durch eine Mittelzäsur halbiert, verliert ein so kurzer Vers seine Geschmeidigkeit, auch wenn er nach den Regeln der spanischen Metrik zwischen acht und zwölf Silben haben kann. Der Text der *Vida* weist denn auch viele Unregelmäßigkeiten von Vers und Reim auf, die unmöglich alle auf den aragonesischen Kopisten zurückgehen können, der Ende des 14. Jh.s die einzige bekannte Handschrift der wohl in der Rioja entstandenen Übersetzung anfertigte (*GRLMA* V Bd. 1/2, H. 2, S. 54). Der anonyme Verfasser entwickelt im übrigen keinerlei dichterischen Ehrgeiz und folgt seiner Quelle so genau wie möglich (*GRLMA* V Bd. 1/2, H. 2, S. 55-58), fügt allenfalls punktuell Elemente hinzu, die für spielmännische Dichtungen charakteristisch sind, wie überleitende Verse oder unterstreichende Wiederholungen;[31] dennoch war er wie der Verfasser des *Poema de Mio Cid* ein gebildeter Mann, wohl ein Kleriker, der vielleicht für ein Publikum von Weltgeistlichen schrieb (*GRLMA* V Bd. 1/2, H. 2, S. 59).

Der Versuch, den französischen Achtsilber in Spanien heimisch zu machen, wurde wohl als mißlungen betrachtet und fand deshalb keine Nachahmung; statt dessen wurde der französische Alexandriner zum Vers der gelehrten spanischen Dichtung, des *mester de clerecía*. Nach den Regeln der spanischen Metrik kann er zwischen zwölf und sechzehn Silben haben, d.h., die beiden Halbverse sind jeder für sich kaum kürzer als der französische Achtsilber; durch den großzügigen Gebrauch von Apokope und Synalöphe gewinnen die Dichter zusätzlichen Spielraum. Die Autoren des *mester de clerecía* bauen aus Alexandrinern vierzeilige Strophen mit gleichem Reim, die sog. *cuaderna vía*, während der Alexanderroman, der dem Vers den Namen gab, aus assonierenden Laissen (ähnlich wie im *Poema de Mio Cid*) besteht; über die Gründe für diese Veränderung läßt sich nur spekulieren.

Es liegt nahe, zu vermuten, daß der Vers zusammen mit dem Stoff übernommen wurde und daß somit der *Libro de Alexandre* die älteste Dichtung in der *cuaderna vía* ist. Beweisen läßt sich das allerdings kaum: Beide Handschriften des *Alexandre* sind wesentlich jünger als der Text und weisen unterschiedliche Dialektmerkmale auf, sind also für eine linguistische Analyse eine zu unzuverlässige Basis. Die Frage der Datierung (oft wurde Entstehung nach 1260 angenommen, vgl. *Hist. gen.* I, S. 390) hängt eng mit dem Problem der Autorschaft zusammen: Eine Handschrift nennt Gonzalo de Berceo (ca. 1198-vor 1264), den ersten namentlich bekannten spanischen Dichter. Solange man in ihm einen un-

---

[31] Vgl. Swanberg, Ellen, "The Singing Bird: A Study of the Lyrical Devices of 'La Vida de Santa María Egipcíaca'", in: *HR* 47, 1979, S. 339-353.

gebildeten Landpfarrer sah, kam er als Verfasser nicht ernsthaft in Frage, denn der *Alexandre* ist ein höchst gelehrtes Werk: Der Dichter folgte dem französischen Alexanderroman nur in einzelnen Details,[32] seine Hauptquelle war die lateinische *Alexandreis* des Gautier de Châtillon.[33] Der Inhalt des *Libro* stimmt im wesentlichen mit der mittelalterlichen Alexander-Tradition überein, aber der Autor versucht, zugleich ein "Repertorium des ganzen gelehrten Wissens" (*Hist. gen.* I, S. 390) zu bieten: Alexander selbst ist ein Gelehrter, der seiner eigenen Aussage nach nur seinem Lehrer Aristoteles unterlegen ist und Grammatik, Logik und Rhetorik ebenso beherrscht wie Medizin und Musik (Str. 39-44); Wissen und Intelligenz machen ihn zu einem Heerführer, der jeder Situation gewachsen ist:

> Como era el rey sabidor e letrado,
> avié muy ben engeño, maestro ortado;
> era buen filósofo, maestro acabado,
> de todas las naturas era bien decorado (Str. 2160)
> [...]

Von den 2675 Strophen des Werkes sind z.B. 35 einer Beschreibung der damals bekannten Welt gewidmet; moralische und philosophische Reflexionen begegnen dem Leser auf Schritt und Tritt.

Nun haben neuere Forschungen gezeigt, daß Berceo Kleriker und Jurist war und vermutlich in Palencia studiert hatte.[34] Damit ist er ein denkbarer Verfasser des *Alexandre*;[35] es wäre dann wohl sein erstes, im Umkreis des Bischofs Don Tello (in dessen Kanzlei Berceo vielleicht tätig war) entstandenes Werk.

Die Intellektuellen aus Palencia suchten in der Literatur Unterhaltung und Belehrung; der gleichen Zielsetzung ist der *Libro de Apolonio* (ca. 1260[36]) verpflichtet, der in der gleichen Handschrift überliefert ist wie die *Vida de Santa María Egipcíaca*. Es handelt sich um die bekannte Geschichte des Apollonius von Tyrus, die noch Shakespeares *Pericles* zugrundeliegt: Auf wechselvollen Seereisen im östlichen Mittelmeerraum lernt Apollonius alle Höhen und Tiefen des menschlichen Lebens kennen, verzweifelt, nachdem er Frau und Tochter verloren hat, wird aber zuletzt wieder mit ihnen vereint. Der unbekannte Autor (offenbar ein Kleriker) folgt einer lateinischen Prosaversion des spätantiken Stoffes;

---

[32] Vgl. Willis, Raymond S., *The Debt of the Spanish 'Libro de Alexandre' to the French 'Roman d'Alexandre'*, Princeton 1935.

[33] Vgl. Willis, Raymond S., *The Relationship of the Spanish 'Libro de Alexandre' to the 'Alexandreis' of Gautier de Châtillon*, Princeton 1934.

[34] Vgl. Dutton, Brian (Hg.), *La 'Vida de San Millán de la Cogolla' de Gonzalo de Berceo*, Estudio y edición crítica, London 1964.

[35] Vgl. Nelson, Dana Arthur (Hg.), *Gonzalo de Berceo, 'El Libro de Alexandre'*, Reconstrucción crítica, Madrid 1979; dazu u.a. Sandro Orlando (Rezension), in: *MedRom* 7, 1980, S. 289-297; Albert Gier, "Zum Altspanischen 'Libro de Alexandre'", in: *ZRPh* 97, 1981, S. 172-183; Raymond S. Willis, "In Search of the Lost 'Libro de Alexandre' and Its Author (Review-Article)", in: *HR* 51, 1983, S. 63-88.

[36] Vgl. Alvar, Manuel (Hg.), *'Libro de Apolonio', Estudios, ediciones, concordancias*, 3 Bde., Madrid 1976, Bd. I, S. 79.

heidnische Elemente, wie Anrufungen der Götter u. dgl., hat er konsequent getilgt. Sein Protagonist verfügt wie der Alexander des spanischen Romans über eine umfassende Bildung und über alle Eigenschaften eines vollendeten Ritters (*GRLMA* V Bd. 1/2, H. 2, S. 97f.). An seinem Beispiel wird gezeigt, daß man angesichts der Wechselfälle des Schicksals nicht verzweifeln darf, sondern auf Gott vertrauen soll (*GRLMA* V Bd. 1/2, H. 2, S. 101-103). Der Text wandte sich offenbar an ein Publikum, das eine gewisse Bildung besaß - mag es sich nun um Weltgeistliche, Stadtbürger oder Adlige handeln.

Im zweiten Abschnitt seines Lebens war Gonzalo de Berceo Notar von San Millán de la Cogolla in der Rioja. Dieses nahe der Pilgerstraße nach Santiago de Compostela gelegene, lange Zeit reiche und bedeutende Kloster befand sich in der ersten Hälfte des 13. Jh.s in einer Krise;[37] Berceo stellte daher seine literarischen Fähigkeiten in den Dienst geistlicher Propaganda und verfaßte nach 1230 eine Reihe von Dichtungen über Heilige, die mit dem Kloster verbunden waren. Am Anfang steht die *Vida* des Klostergründers San Millán (489 Str.; nach einer lateinischen Vorlage); die Lebensbeschreibung des Mönchs und Einsiedlers schildert nicht nur die Wunder, die er zu Lebzeiten und nach seinem Tode gewirkt haben soll, sie gibt auch einen (im 13. Jh. gefälschten) *Privilegio* wieder, in dem Fernán González 934 dem Kloster einen jährlichen Tribut aller Bewohner der Region zugesprochen hätte. Mit der *Vida* soll zur Zahlung dieses Tributs aufgefordert werden (*GRLMA* V Bd. 1/2, H. 2, S. 27f); sie wendet sich also an breite Bevölkerungsschichten, und der Autor trägt dem Rechnung, indem er Stilmittel spielmännischer Dichtung verwendet, z.B. das Publikum direkt anredet. In der *Vida de Santo Domingo*, die er für ein mit San Millán freundschaftlich verbundenes Kloster schrieb, erklärt er geradezu:

> Quiero fer una prosa en romanz paladino
> en qual suele el pueblo fablar con su vezino,
> ca non só tan letrado por fer otro latino,
> bien valdrá, como creo, un vaso de bon vino
> (Str. 2; *GRLMA* V Bd. 1/2, H. 2, S. 22)

Durch eine Reihe komischer Elemente wird dem Unterhaltungsbedürfnis des Publikums Rechnung getragen, vor allem, wenn die ganz vermenschlicht dargestellten Teufel ständig dupiert werden; in den *Milagros de Nuestra Señora* weicht Berceo von der kirchlichen Lehrmeinung ab und spricht Maria die Fähigkeit zu, eigenmächtig (nicht nur durch die ihr von Christus verliehene Kraft) Sünder vor der Verdammnis zu retten, wie es dem Volksglauben entsprach; die entsprechenden Stellen finden sich allerdings meist schon in den lateinischen Quellen (*GRLMA* V Bd. 1/2, H. 2, S. 43f).

Den *Milagros* liegt eine in ganz Europa verbreitete Sammlung von Marienmirakeln in lateinischer Prosa zugrunde, denn San Millán besaß zwar Marienreliquien, es scheint aber keine lokalen Wundergeschichten gegeben zu haben; nur

---

[37] Vgl. Varaschin, Alain, "San Millán de la Cogolla: Le temps du monastaire ou l'imaginaire de Gonzalo de Berceo", in: *CCM* 24, 1981, S. 257-267.

eines der fünfundzwanzig Stücke hat keine Entsprechung in der Vorlage und dürfte spanischen Ursprungs sein. Berceo hat den *Milagros* eine Einleitung vorangestellt, die das Landschaftsbild eines *locus amoenus* allegorisch auf Maria deutet; eine Quelle ist dafür nicht bekannt, das Verfahren und die Einzelelemente sind jedoch traditionell (*GRLMA* V Bd. 1/2, H. 2, S. 42f).

In der kurzen *Vida de Santa Oria* (205 Str.) schildert Berceo (nach einer lateinischen Quelle) die Visionen einer Asketin, die ihr kurzes Leben (1042/43-1069/70) zum größten Teil im Kloster San Millán verbracht hatte und dort begraben lag; Oria wird u.a. von drei Märtyrerinnen in den Himmel geleitet und sieht dort den Platz, der für sie selbst bestimmt ist. Das Strukturschema der Heiligenvita wird hier von Gattungsmustern der Visionsliteratur überlagert (*GRLMA* V Bd. 1/2, H. 2, S. 49). - Das vermutlich letzte Werk Berceos, der *Martirio de San Lorenzo*, ist unvollständig überliefert; dem heiligen Laurentius war eine Kapelle nahe dem Kloster San Millán geweiht. Der produktive Dichter verfaßte auch Werke theologisch-meditativen Inhalts u.a. zum Lob Marias.

Das Kloster San Millán mag auch der Entstehungsort des einzigen spanischen Theaterstücks aus dem Hochmittelalter sein, das wir kennen: Der *Auto de los Reyes Magos* (12. Jh.) steht in der Tradition der lateinischen liturgischen Spiele, die auch für die Halbinsel früh bezeugt sind - der älteste Text stammt aus dem mit San Millán eng verbundenen Kloster Silos.[38] Der kurze Text des *Auto* (147 Verse) läßt die Heiligen Drei Könige nach der Erscheinung des Sterns zu Herodes ziehen und nach dem Messias fragen; linguistische Argumente sprechen für die Entstehung in der Rioja; es ist nicht ausgeschlossen, daß es eine französische Vorlage gab.[39]

Trotz dieses frühen Beginns der spanischen Theaterproduktion fehlen bis zum 15. Jh. weitere Zeugnisse. Es scheint nicht möglich, die Lücke mit dem Hinweis auf den 'dramatischen' Charakter dialogischer Streitgedichte zu füllen (so Hist. gen. I, S. 412-417); vier (bzw. drei) derartige Texte sind überliefert, deren Entstehung vom Anfang bis zum Ende des 13. Jh.s reicht: eine geistliche *Disputa del alma y el cuerpo*; die *Razón de amor* über die Begegnung eines *escolar* und einer Dame, die sich lieben, ohne einander je zuvor getroffen zu haben; in der Handschrift schließt ein Streitgespräch zwischen Wasser und Wein an (ob diese beiden Teile ein Ganzes bilden, ist umstritten[40]); und schließlich die Diskussion zwischen *Elena y Maria* darüber, ob ein Kleriker oder ein Ritter als Liebhaber vorzuziehen sei. Alle diese Texte sind in kurzen Versen (7-9 Silben) abgefaßt und gehen auf französische Vorbilder zurück.

---

[38] Vgl. Briesemeister, Dietrich, "Das mittel- und neulateinische Theater in Spanien", in: Klaus Pörtl, (Hg.), *Das spanische Theater, Von den Anfängen bis zum Ausgang des 19. Jahrhunderts*, Darmstadt 1985, S. 2.

[39] Vgl. Hilty, Gerold, "La lengua del 'Auto de los Reyes Magos', in: *Logos Semanticos*, Studia linguistica in honorem Eugenio Coseriu 1921-1981, Bd. V, Madrid, Berlin, New York 1981, S. 289-302.

[40] Vgl. Valbuena Prat, Angel, *Historia de la Literatura Española*, Bd. I, *Edad Media*, Barcelona ^{9}1981, S. 91-93.

Mit dem Tod Gonzalo de Berceos endet die literarische Aktivität im Kloster San Millán; die Form der *cuaderna vía* allerdings lebt weiter und wird im 14. Jh. von Juan Ruiz (*Libro de buen amor*) und Pero López de Ayala (*Rimado de Palacio*) zu neuem Ansehen gebracht. Schon um die Mitte des 13. Jh.s hatte ein anonymer Mönch des Klosters San Pedro de Arlanza den alten *Cantar de Fernán González* (s.o.) in den Strophen des *mester de clerecía* neu bearbeitet (Deyermond 1987, S. 71-75). Er antwortete damit auf Berceos *Vida de San Millán*, die den Begründer der Unabhängigkeit Kastiliens für San Millán de la Cogolla zu vereinnahmen suchte: Fernán González' Geschichte war mit San Pedro de Arlanza eng verbunden; Berceos Werk wurde offenbar als Angriff auf das Prestige des Klosters empfunden, den es abzuwehren galt. Der *Poema* beginnt mit einem Abriß der Geschichte Spaniens seit den Goten (168 von 725 Strophen; hier auch die Kämpfe zwischen Bernardo del Carpio und dem Heer Karls des Großen), dann folgt die Geschichte Fernán González', der in Pelayo, einem Mönch aus dem Kloster San Pedro, einen prophetischen Ratgeber hat. Neben Elementen des epischen Stils, die auf die spielmännische Quelle zurückgehen, enthält der *Poema* Motive der Folklore, die wohl auch persönliche Vorlieben des Autors widerspiegeln: Z.B. verkauft Fernán González dem König von León einen Habicht und ein Pferd für eine bestimmte Summe, die zu einem festgesetzten Termin fällig werden soll; falls dieser Termin verstreicht, soll sich der Preis mit jedem Tag verdoppeln. Als der Protagonist schließlich seine Forderung erhebt, ist die Summe unbezahlbar geworden.[41] Obwohl der Text bald danach abbricht, kann man davon ausgehen, daß Fernán González als Ausgleich die Unabhängigkeit Kastiliens von León erreichte.

7. Literatur am Hof von Alfonso el Sabio

Unter Alfonso X el Sabio[42] wird der kastilische Hof, der schon unter seinem Vater Fernando III Dichter aus Südfrankreich und aus allen Teilen der Halbinsel angezogen hatte (s.o.), zum wichtigsten kulturellen Zentrum des hispanischen Mittelalters überhaupt. Die Aktivitäten, die der König förderte und an denen er z.T. selbst mitwirkte, sind vielfältig: Übersetzungen unterhaltender, moralisch belehrender und wissenschaftlicher Werke aus dem Arabischen, Kodifizierung des geltenden Rechts in den *Siete partidas*,[43] weltliche Lyrik (s.o.) und die Sammlung der *Cantigas de Santa María*, schließlich zwei große Chroniken.

Neben dem zweifellos vorhandenen persönlichen Interesse Alfonsos an intellektuellen Dingen spielen dabei politische Überlegungen eine Rolle: Um seinem Streben nach der Kaiserkrone (Doppelwahl von 1257) Nachdruck zu verlei-

---

[41] Vgl. Deyermond, Alan D., "Folk-Motifs in the Medieval Spanish Epic", in: *PhilQuart* 51, 1972, S. 36-53, bes. S. 41.

[42] Vgl. Ballesteros y Berreta, Antonio, *Alfonso X el Sabio*, Barcelona, Murcia 1963 (Biographie); Keller, John E., *Alfonso X, el Sabio*, New York 1967 (Einführung in das literarische Werk); vgl. auch hier: D. Briesemeister, Mittelalterliche Fachprosa, S. 30f.

[43] Vgl. hier: D. Briesemeister, Mittelalterliche Fachprosa, S. 31.

hen, suchte der König offenbar für sein Land ein kulturelles 'Erbe' aus dem Boden zu stampfen, das dem des römischen Reiches gleichwertig wäre. Aus diesem Grund fördert er Projekte offiziellen Charakters wie die *Siete partidas* und die Chroniken, und aus diesem Grund tritt das Kastilische durchgehend an die Stelle des Lateinischen. Da es zunächst einmal darauf ankommen mußte, das Kastilische in den Rang einer Literatursprache zu erheben, diente im übrigen jedes Werk in dieser Sprache den politischen Zielen des Königs, einfach dadurch, daß es die Masse an Literatur vermehrte.

In den vorangegangenen Abschnitten hat sich gezeigt, daß bei der Entstehung der galegoportugiesischen Lyrik und des *mester de clerecía* entscheidende Anstöße von jenseits der Pyrenäen kamen; bei der Heldenepik muß man zumindest Interferenzen mit der französischen *chanson de geste* annehmen. Auch am Hof Alfonsos verfolgte man die literarische Entwicklung in Frankreich genau: Nicht nur die okzitanischen Troubadours brachten Informationen mit, Alfonso stand auch in direktem Kontakt zum französischen Hof und erhielt von dort z.B. das *Speculum historiale* des Vincent de Beauvais als Geschenk (*GRLMA* V Bd. 1/2, H. 2, S. 82); das Bemühen, mittels einer gewißermaßen vom König autorisierten Historiographie das Ansehen der Monarchie zu heben und so etwas wie nationale Identität zu konstruieren, mag von der Chronik inspiriert sein, die die Mönche des Klosters Saint-Denis im Auftrag der französischen Könige über Generationen fortschrieben. Noch wichtiger allerdings waren die Anregungen, die von der arabischen Kultur ausgingen: Bereits 1254 rief Alfonso neben der Übersetzer-Akademie in Toledo (s.o.), in der das Lateinische die Zielsprache war, eine zweite in Sevilla ins Leben; dort entstanden ausschließlich kastilische Übersetzungen arabischer (und einiger hebräischer) Schriften.[44]

Die Überlegenheit der arabischen Naturwissenschaft gegenüber der europäischen war so eklatant, daß Alfonso und seine Mitarbeiter in diesem Bereich gar nicht anders konnten, als den islamischen Gelehrten zu folgen. Andererseits schien die reiche fiktionale Literatur Frankreichs, die Artusromane, höfische Liebesgeschichten, Schwankerzählungen etc. umfaßte, wohl als zu frivol, um die ernsten Ziele des Königs illustrieren zu können. Noch als Infant ließ Alfonso 1251 das arabische Buch von *Calila e Digna*, das auf das indische *Pantschatantra* zurückgeht, übersetzen;[45] die Protagonisten der verschiedenen Kapitel sind Tiere, die wie Menschen handeln und sprechen, aber anders als im französischen *Roman de Renart* und verwandten Dichtungen um Reineke Fuchs geht es nicht nur um Unterhaltung, sondern um ernstzunehmende Probleme, mit denen sich vor allem die Mächtigen ständig konfrontiert sehen (Wahl der Ratgeber, Erkennen echter und falscher Freunde, etc.); die Handlung und die eingefügten Beispielerzählungen sollen nützliche Lehren vermitteln (*GRLMA* V Bd. 1/2, H. 2, S. 112-116). Auch der 1253 für Alfonsos Bruder Fadrique übersetzte *Libro de los en-*

---

[44] Vgl. Menéndez Pidal, Gonzalo, Cómo trabajaron las escuelas alfonsíes", in: NRFE 5, 1951, S. 363-380.

[45] Vgl. auch hier: D. Briesemeister, Mittelalterliche Fachprosa, S. 30.

gaños,⁴⁶ der auf einer arabischen Version der weitverbreiteten Erzählung von den Sieben Weisen Meistern beruht, verbirgt hinter der passagenweise schwankhaften Geschichte und der grotesk übertriebenen Darstellung der Falschheit der Frauen ernstgemeinte Lebensweisheiten, wenn z.B. davor gewarnt wird, nur dem Augenschein zu trauen oder unüberlegt zu handeln (*GRLMA* V Bd. 1/2, H. 2, S. 122-124).

Als das persönlichste Werk Alfonsos gelten allgemein die *Cantigas de Santa Maria*, die in mehrfacher Hinsicht einen Sonderfall darstellen: Es handelt sich um das einzige Beispiel geistlicher Lyrik in galegoportugiesischer Sprache; die 420 Gedichte, von denen 356 narrativen Charakter haben, bilden eine der umfangreichsten Sammlungen von Marienmirakeln in einer Volkssprache überhaupt; und die Verbindung von erzählendem Inhalt und lyrischer Form ist singulär.

Der Anteil Alfonsos an den *Cantigas* ist umstritten: Während er für die Prosawerke seines Skriptoriums im allgemeinen nur den Plan festlegt und dessen Ausführung überwacht (das besagt eine Stelle in der *General Estoria*⁴⁷), hat er ohne Zweifel selbst *cantigas* über die Wunder Marias verfaßt - unklar bleibt, ob ein beträchtlicher Teil des Ganzen von ihm stammt (*GRLMA* V, Bd. 1/2, H. 2, S. 74), oder ob er nur einige wenige Stücke, und diese vielleicht mit Unterstützung eines Berufsdichters, geschrieben hat; als der eigentliche Autor der Sammlung wurde Airas Nunes vorgeschlagen, von dem auch weltliche Gedichte überliefert sind.⁴⁸ Andererseits deuten die kastilischen Prosa-Resumés, die in der königlichen Prachthandschrift zu den ersten 25 *cantigas* hinzugefügt wurden (vielleicht von Alfonsos Neffen Juan Manuel), darauf hin, daß der König zumindest 17 dieser Stücke selbst verfaßte.⁴⁹

Von Alfonso stammt jedenfalls der Plan der Sammlung: Mit jedem zehnten Stück wird die Reihe der Mirakelerzählungen durch eine *cantiga de loor*, einen lyrischen Lobpreis Marias, unterbrochen; weitere nichtnarrative Gedichte finden sich am Anfang und am Schluß. Alfonso setzt sich hier als Troubadour in Szene, der der Liebe zu anderen Frauen entsagt hat, um allein Maria nach den Regeln der höfischen Liebesdichtung zu verherrlichen;⁵⁰ die *Cantigas de Santa Maria* wären also *cantigas d'amor a lo divino*.

Die Entstehung der Sammlung erstreckte sich über Jahrzehnte, wovon die drei überlieferten Handschriften (eine davon in zwei Teilbänden) Zeugnis able-

---

⁴⁶ Vgl. auch hier: D. Briesemeister, Mittelalterliche Fachprosa, S. 30.

⁴⁷ Vgl. Solalinde, Antonio G., "Intervención de Alfonso X en la redacción de sus obras", in: *RFE* 2, 1915, S. 283-288.

⁴⁸ Vgl. Mettmann, Walter, "Algunas observaciones sobre la génesis de la colección de las 'Cantigas de Santa María' y sobre el problema del autor"; in: Israel J. Katz, John E. Keller (Hg.), *Studies on the 'Cantigas de Santa María': Art, Music, and Poetry*, Madison 1987, S. 355-366.

⁴⁹ Vgl. Cárdenas, Anthony J., "A Study of Alfonso's Role in Selected 'Cantigas' and the Castilian Prosifications of Escorial Codex T.I.1", in: *ebd.*, S. 253-268.

⁵⁰ Vgl. Snow, Joseph T., "The central role of the troubadour 'persona' of Alfonso X in the 'Cantigas de Santa María'", in: *BHS* 56, 1979, S. 305-316.

gen: Ein Manuskript überliefert eine erste, in sich abgeschlossene Sammlung von 100 *cantigas*. In der zweigeteilten Handschrift, die jedes Stück mit einer in sechs Felder aufgeteilten Bildseite illustriert, sind die Miniaturen z.T. unvollendet, vermutlich, weil die Arbeit daran bei Alfonsos Tod abgebrochen wurde. Die 89 erzählenden Gedichte der ersten Sammlung basieren größtenteils entweder auf den französischen *Miracles de Nostre Dame* des Gautier de Coinci oder auf einer weitverbreiteten lateinischen Sammlung;[51] das zeigt, daß Alfonso und seine Mitarbeiter sich zunächst von der reichen Mirakel-Tradition Mitteleuropas inspirieren ließen. Mit dem Anwachsen der Sammlung tritt der Anteil weitverbreiteter Erzählungen mehr und mehr zurück, statt dessen findet man Wunder, die in der Hispania lokalisiert sind; mehr als achtzig Stücke stehen mit Wallfahrtskirchen der Halbinsel in Verbindung (*GRLMA* V Bd. 1/2, H. 2, S. 86f). Zahlreicher werden später auch *cantigas*, in denen Maria Alfonso selbst oder Mitgliedern seiner Familie zu Hilfe kommt; insgesamt sind es 28. In manchen spricht der König in der ersten Person, so daß seine Autorschaft gesichert ist, etwa, wenn er (Cant. 209) berichtet, wie er von einer schmerzhaften Krankheit genas, als er sich die Handschrift der *Cantigas* auf den Körper legen ließ.

Die erzählten Wunder betreffen großenteils Vorgänge aus dem Alltagsleben, etwa, wenn Maria die Bitten einer Frau erhört, in deren Seidenwürmer-Zucht eine Krankheit ausgebrochen ist (Cant. 18), oder wenn ein Mann durch ihre Hilfe einem wütenden Stier entkommt, der aus einer Stierkampfarena ausgebrochen war (Cant. 144). Die Illustrationen der zweigeteilten Prachthandschrift bieten zusätzlich zu dem, was man aus den Texten herauslesen kann, Einblick in die Lebensverhältnisse im Spanien des 13. Jh.s und machen die *Cantigas de Santa Maria* zu einer unschätzbaren kultur- und sachgeschichtlichen Quelle (*GRLMA* V Bd. 1/2, H. 2, S. 86).

Der Wert der Sammlung wird noch dadurch erhöht, daß auch die Melodien vollständig überliefert sind; nach dem Zeugnis der Texte wurden diese Melodien z.T. neu komponiert, ein sicher bedeutender Anteil allerdings wurde von anderen Liedern übernommen. Vers- und Strophenformen variieren stark, aber die Grundstruktur ist fast immer gleich: Die meisten *Cantigas* beginnen mit einem Refrain, der nach jeder Strophe wiederholt wird; er enthält gewöhnlich eine Lobpreisung Marias. Diese Struktur findet man auch im arabischen *Zéjel*, einer narrativen Gedichtvariante der *Muwaschaha*, die die *Jarchas* überliefert (s.o.); allerdings weist auch der französische *Virelai* das gleiche Grundmuster auf, so daß die Herkunft der Form ungewiß bleibt - vermutlich wirkten Einflüsse aus dem arabischen und dem westlichen Kulturraum zusammen (*GRLMA* V Bd. 1/2, H. 2, S. 91f). Alfonsos Absicht war offensichtlich, aus Text, Bild und Musik eine Art Gesamtkunstwerk zu Ehren Marias zu schaffen und dabei so viele Stofftraditionen und - auch musikalische - Stilrichtungen zu integrieren wie nur möglich.

---

[51] Vgl. Mettmann, Walter, "Die Quellen der ältesten Fassung der 'Cantigas de Santa María'", in: Arnold Arens (Hg.), *Text-Etymologie, Untersuchungen zu Textkörper und Textinhalt*, Festschrift für Heinrich Lausberg zum 75. Geburtstag, Stuttgart 1987, S. 177-182.

8. Die Anfänge des Romans

Man kann davon ausgehen, daß die französische Romanliteratur des 12./13. Jh.s auf der Pyrenäenhalbinsel ähnlich schnell bekannt wurde wie die *chansons de geste*; allerdings hat längst nicht alles, was französische Geistliche, Santiago-Pilger oder Ritter, die gegen die Mauren kämpfen wollten, möglicherweise mitbrachten, Spuren hinterlassen: Aus dem Stoffkreis um König Artus und seine Ritter wurde zunächst nur die lateinische *Historia regum Britanniae* rezipiert, die vielleicht schon von Leonore, der französischen Gemahlin Alfonsos VIII. von Kastilien (1158-1214), nach Spanien mitgebracht wurde;[52] da die (weitgehend fiktive) Geschichte Großbritanniens hier in der Form einer Prosa-Chronik dargeboten wird, war sie als Quelle für die Redaktoren der *General Estoria* Alfonsos X vertrauenswürdig und wird häufig angeführt (es fehlt allerdings die Artusgeschichte, da die *General Estoria* vorher abbricht).[53] Von den französischen Artusromanen in Versen finden sich auf der Halbinsel keine Spuren; die als der historischen Wirklichkeit näher eingeschätzten Prosaromane des 13. Jh.s wurden übersetzt,[54] allerdings nicht vor dem 14. Jh., und vollständig überliefert sind oft erst frühe Drucke der spanischen Fassungen. Von der kastilischen Version des Prosa-*Tristan* (*Tristan de Leonís*) gibt es eine Handschrift von ca. 1400 und mehrere Drucke, den ältesten von 1501; der zweite oder Post-Vulgata-Lancelot-Graal-Roman wurde 1303 von einem João Vivas wohl ins Portugiesische übersetzt;[55] kastilische Versionen gibt es vom zweiten und dritten Teil (*El Baladro del Sabio Merlín* und *La demanda del sancto Grial*, erstmals gedruckt 1498 bzw. 1515).

In der Regierungszeit Sanchos IV. (1284-1295) entstanden *La gran Conquista de Ultramar*, eine umfangreiche Chronik der Kreuzzüge in Palästina; der anonyme Bearbeiter folgt jedenfalls französischen Quellen, aber ob er die Kompilation des heterogenen Materials selbst vornahm oder eine bereits vorliegende *Conquête d'Outre Mer* übersetzte, ist unklar (*GRLMA* IV Bd. 1, S. 648-650). Jedenfalls wurden direkt oder indirekt *chansons de geste*, die die Kreuzzüge behandeln, und auch Epen der Karlsgeste benutzt; im Zusammenhang mit Gottfried von Bouillon wird ausführlich die Schwanritter-Geschichte nach der französischen Fassung wiedergegeben (*GRLMA* IV Bd. 1, S. 650-652).

Wesentlich größere Bedeutung kommt dem Troja-Stoff zu: Schon die *Primera Crónica General* von Alfonso X schildert ausführlich die Belagerung und Zerstörung Trojas durch die Griechen, nach den spätlateinischen Berichten von Dares

---

[52] Vgl. Entwistle, William J., *The Arthurian Legend in the Literature of the Spanish Peninsula*, London, New York 1925, S. 33.

[53] Vgl. ebd., S. 36-38.

[54] Das Folgende nach Harvey L. Sharrer, *A Critical Bibliography of Hispanic Arthurian Material*, I, *Texts: the prose romance cycles*, London 1977.

[55] Sharrer, Harvey L. (Hg.), *The Legendary History of Britain in Lope García de Salazar's 'Libro de bienandanzas e fortunas'*, Philadelphia 1979, S. 38; Anm. 51.

und Diktys und dem französischen Versroman des Benoît de Sainte-Maure;[56] bis zur Mitte des 13. Jh.s entstehen dann drei selbständige Versionen:[57] Die *Historia Troyana Polimétrica* soll noch im 13. Jh. (ca. 1270) geschrieben sein; es handelt sich um eine unvollständig überlieferte Prosaübersetzung von Benoîts *Roman de Troie* (knapp ein Drittel des Ganzen). Wenn die Liebes- und Schicksalsthematik angesprochen wird (in insgesamt elf Passagen), wechselt der Bearbeiter von der Prosa zum Vers (*GRLMA* IV Bd. 1, S. 654f). Die *Sumas de Historia Troyana*, die einem offenbar fiktiven Leomarte zugeschrieben werden, basieren auf den alfonsinischen Chroniken und der weitverbreiteten *Historia destructionis Trojae* des Guido de Columnis (1287). Benoîts Roman wurde für Alfonso XI. (1312-1350) ein zweites Mal in kastilische Prosa übersetzt; diese Fassung wurde auch Wort für Wort ins Galizische umgeschrieben. Es gibt Handschriften, die verschiedene Versionen (auch galizische und kastilische) kontaminieren.

Ein Grund für die Beliebtheit des Troja-Stoffs läßt sich nicht ohne weiteres finden; die *Historia Troyana Polimétrica* scheint Benoîts Werk nur als Vehikel zur Vermittlung konkreten historischen Wissens zu nutzen (*GRLMA* IV Bd. 1, S. 653f.), andererseits folgt die Übersetzung für Alfonso XI. Benoît geradezu sklavisch genau. Der Erfolg des französischen Romans ist um so erstaunlicher, als Benoîts protrojanische Haltung zwar in Frankreich ihren Sinn hat, da der Glaube an die Abstammung der Franken von den Trojanern weit verbreitet war; in Spanien dagegen fehlen entsprechende Vorstellungen. Vielleicht lag der Reiz einfach in den vielen ausführlichen Kampfschilderungen des *Roman de Troie* und darin, daß dem Einzelnen (dem Anführer) dabei die entscheidende Rolle zugewiesen wird, die auch die ritterlichen Kämpfer des 14. Jh.s - vergeblich - für sich reklamierten.[58]

Gegen 1300 dürfte der erste originale kastilische Ritterroman entstanden sein: Der *Libro del caballero Zifar*,[59] eine Erzählung mit starkem didaktischen Einschlag, deren Beliebtheit bis ins 16. Jh. anhielt (erstmals gedruckt 1512). Obwohl sich direkte Quellen für den Plot nicht nachweisen lassen, liegen eindeutig weitverbreitete Strukturmuster der europäischen wie der orientalischen Literatur vor. Der Text beginnt wie eine fromme Legende: Der verarmte Ritter Zifar verläßt mit seiner Frau und seinen beiden Söhnen die Heimat; wie Apolonio (s.o.) wird er von seinen Angehörigen getrennt, aber zuletzt wieder mit ihnen vereint, obwohl er inzwischen eine (keusche) Ehe mit der Thronerbin von Mentón eingegangen war; ihr Tod macht ihn wieder frei für seine erste Frau. Diese Struktur

---

[56] Vgl. Lorenzo, Ramón (Hg.), *Crónica Troiana, Introducción e texto*, A Coruña 1985, S. 24f.

[57] Vgl. *Ebd.* S. 28-31.

[58] Vgl. Gier, Albert, "Trojaner und Griechen auf der Pyrenäenhalbinsel zwischen Mittelalter und den Anfängen des Humanismus: die galizische 'Crónica Troyana' und Juan de Menas Yliada en romance", in: Akten des 5. Kongresses der International Courtly Literature Society Dalfsen, 9.-16.8.1986, erscheint Amsterdam 1990.

[59] Vgl. Walker, Roger M., *Tradition and technique in the 'Libro del cavallero Zifar'*, London 1974; vgl. auch hier: D. Briesemeister, Mittelalterliche Fachprosa, S. 31f.

entspricht nicht nur der der Apollonius-Geschichte, sondern findet sich auch in der weitverbreiteten Placidas-Eustachius-Legende wieder.

Im letzten Teil des Romans wird Zifars Sohn Roboán der Held einer Geschichte, für die es zahlreiche Parallelen in der keltischen Volksüberlieferung und - von dort übernommen - im Artusroman gibt: In einem fremden Land, das für das Totenreich steht, gewinnt er die Liebe einer Frau (offensichtlich ist sie eine Fee, auch wenn das nicht gesagt wird); ihre Verbindung ist nur unter der Bedingung möglich, daß er ein Tabu respektiert; er bricht es und verliert sie. - Zwischen diesen beiden erzählenden Teilen stehen die Lehren, die Zifar seinen Söhnen gibt und mit zahlreichen Beispielerzählungen, meist orientalischen Ursprungs, illustriert.

Im 14. Jh. entstand auch die erste kastilische Fassung des *Amadís*-Romans,[60] die bis auf wenige kleine Fragmente verloren ist; ob sie ihrerseits auf eine portugiesische Fassung zurückgeht, ist umstritten. Auch über den Inhalt des kastilischen *Amadís* in drei Büchern lassen sich kaum präzise Angaben machen - zumindest in den späteren Teilen hat die Überarbeitung, der Garci Rodríguez de Montalvo den Roman vor der Drucklegung 1508 unterzog (s.u.), zuviel verändert. Immerhin steht fest, daß der erste Autor sich an Stukturmustern der französischen Artusromane inspirierte, und das legt den Schluß nahe, daß er eine durchaus profane Liebesgeschichte erzählen wollte.

Neben den *Mocedades de Rodrigo* über die Jugend des Cid (s.o.) hat das 14. Jh. noch eine zweite im weiteren Sinne epische Dichtung hervorgebracht: Rodrigo Yáñez schildert im *Poema de Alfonso XI* (1348) Ereignisse seiner unmittelbaren Gegenwart, nämlich die militärischen Erfolge des Königs. Eigenheiten inhaltlicher und stilistischer Art (Formelgebrauch) weisen den Text als episch aus, aber anstelle des anisosyllabischen Verses der *Cantares* verwendet Yáñez Achtsilber in vierzeiligen Strophen mit Kreuzreim. Dieser Unterschied legt es nahe, hier von "neuer Epik" zu sprechen (Deyermond 1987, S. 91f.).

9. Anfänge der kastilischen Lyrik

Nach dem Tod König Denis' von Portugal (1325) beginnt der Niedergang der galegoportugiesischen Dichtung; die vormals einzige Sprache der Lyrik auf der Halbinsel bleibt zwar bis in die zweite Hälfte des 14. Jh.s im Gebrauch, aber daneben findet man erste Gedichte in Kastilisch. Gleichzeitig werden die drei großen 'Gattungen' der galegoportugiesischen Lyrik durch feste (Strophen)-Formen abgelöst,[61] das Interesse verlagert sich vom Inhaltlichen auf das Formale:

---

[60] Vgl. Gier, Albert, "Garci Rodríguez de Montalvo, Los quatro libros del virtuoso cavallero Amadís de Gaula", in: Volker Roloff, Harald Wentzlaff-Eggebert (Hg.), *Der spanische Roman vom Mittelalter bis zur Gegenwart*, Düsseldorf 1986, S. 16-32; vgl. auch hier: K. Kohut, Das 15. Jahrhundert, Kapitel 4.3. und Chr. Strosetzki, Der Roman im Siglo de Oro, S. 89f.

[61] Vgl. Beltrán Pepió, Vicente, "La 'cantiga' de Alfonso XI y la ruptura poética del siglo XIV", in: *El Crotalón* 2, 1985, S. 259-273, bes. S. 260.

Es beginnt eine Entwicklung, die in der zweiten Jahrhunderthälfte zu immer schwierigeren Reimen, komplizierteren Vers- und Strophenformen und rein rhetorischer Virtuosität führen wird (*Hist. gen.* I, S. 613).

Von den galegoportugiesischen 'Gattungen' verschwinden die *cantigas d'amigo* ganz, während die Themen der *cantigas d'amor* und *d'escarnho* weiter behandelt werden. Die Regeln, die für die Dichtung der Trobadores galten, finden jedoch keine Beachtung mehr; das zeigt z.B. ein von König Alfonso XI. an seine Geliebte Leonor de Guzmán gerichtetes Gedicht (ca. 1329):[62] Es beginnt wie eine *cantiga d'amor* mit der Klage des lyrischen Ichs über eine unerwiderte Liebe:

>   En huum tiempo cogi flores
>   del mui noble paraiso,
>   cuitado de mis amores
>   e del su fremoso risso;
>   e sempre uyuo en dolor
>   e ya lo non puedo sofrir:
>   mays me ual[ria] la muerte
>   que'n el mundo viuer.
>   Yo com cuidado d'amores
>   volo [uengo ia] dizer:
>   ¿Que he d'aquesta mi senhora
>   que mu<i>cho deseio auer?

Die folgenden beiden Strophen führen den Gedanken fort, in der dritten wird die Dame angesprochen und aufgefordert, den Verleumdungen (*mal dizer*) der Leute über den Sprecher nicht zu glauben. Der Wortschatz entspricht dem der *cantigas d'amor* (*cuitado*, *dolor*, *sofrir*, *muerte*...) - vielleicht liegt darin ein Grund für die hohe Zahl der Lusitanismen. Die vierte Strophe setzt sich jedoch von dem traditionellen Gattungsmuster ab: Die Geliebte antwortet, und sie erhört den Liebenden:

>   ...
>   ¡Cuitado de mis amores,
>   bien se lo que tu querias!
>   Dio[s] lo [ha] puest[o] por tal guisa
>   que te lo pueda fazer
>   ...

Das erinnert an das Verhalten des Mädchens in den *cantigas d'amigo*, mit denen das Gedicht auch noch andere Züge gemeinsam hat. Die Gattungsgrenzen scheinen damit aufgebrochen, der Weg zur Herausbildung neuer Formen steht offen.

Kastilische Gedichte sind auch in den *Libro de Buen Amor* des Juan Ruiz (1330, zweite Fassung von 1343) integriert; die Bandbreite reicht von religiösen Stücken wie den *Gozos de Santa María* (Str. 20-32; 33-43; 1635-1641; 1642-1649) bis hin zu offensichtlichen Parodien wie den Bettelliedern der Scholaren und der Blinden ganz am Schluß, die Gottes Segen und die Fürbitten der Heiligen für

---

[62] Das Folgende nach Bertrán Pepió, *ebd.*

den Mildtätigen erflehen, oder den *Serranas* (Str. 959-971; 987-992; 997-1005; 1022-1042), die die Konstellation der in Frankreich weit verbreiteten, auf der Halbinsel nur durch wenige Texte vertretenen *Pastourelle* (Jensen 1978, S. 80-85) umkehren: Dort ist es der adlige Dichter, der (mit oder ohne Erfolg) versucht, die Gunst einer Hirtin zu gewinnen; in der *Serrana* tritt eine kräftige, wenig attraktive Hirtin aus den Bergen dem Sprecher-Ich entgegen, verlangt von ihm kostspielige Geschenke als Gegenleistung für ihre Gastfreundschaft und fordert ihn dann zum Liebesspiel auf. Ein Fragment (zwei Verse) in einem der *Cancioneiros* scheint zu beweisen, daß die *Serrana* als Subgattung in der galegoportugiesischen Lyrik existierte (Jensen 1978, S. 85f.); der ambivalente, 'karnevalistische' Charakter des *Libro de Buen Amor* läßt allerdings auch und gerade bei der Interpretation der lyrischen Einlagen größte Vorsicht geraten erscheinen.

Einige lyrische Dichter des 14. Jh.s sind in dem *Cancioneiro* vertreten, den Juan Alfonso de Baena um 1440 für König Juan II. zusammenstellte; der älteste mag Macías sein, der um die Mitte des 14. Jh.s seine Gedichte noch in galegoportugiesischer Sprache schrieb, aber weniger durch sie, als durch seine seit dem 15. Jh. bezeugte Legende berühmt wurde: Der Ehemann der von ihm besungenen Dame soll ihn aus Eifersucht erschlagen haben (*Hist. gen.* I, S. 614).

Der produktivste Dichter jener Zeit war Alfonso Alvarez de Villasandino[63] (ca. 1335-ca. 1428); in seinem ungewöhnlich langen Leben sah er eine ganze Reihe von literarischen Moden kommen und gehen, schrieb zuerst galegoportugiesisch, später kastilisch, verfaßte traditionelle Liebesgedichte, Lobgedichte auf Maria, Spott- und Schmähgedichte, eine Serie von Bittgedichten an hochgestellte Gönner und anderes mehr. Seine bevorzugte Strophe ist die *Redondilla* aus vier achtsilbigen Versen.

Schließlich entsteht spätestens im 14. Jh. auch die Form des *romance*, die allerdings wohl erst später universelle Verbreitung erlangt: Der erste überlieferte Text wurde 1421 aufgezeichnet.[64] Da viele *romances* historische Ereignisse behandeln, kann man jedoch Rückschlüsse auf die Entstehungszeit ziehen; das älteste gesicherte Datum wäre 1328, denn der *Romance del prior de San Juan* nimmt auf eine Episode aus der Regierungszeit von Alfonso XI. Bezug. Die Herausbildung der Form noch weiter hinauf (ins 13. Jh.) zu rücken, scheint allerdings gewagt.[65]

Bibliographie

Chalon, Louis, *L'histoire et l'épopée castillane du Moyen Age: le cycle du Cid; le cycle des comtes de Castille*, Paris 1976

Deyermond, Alan D., *Historia de la literatura española*, 1, *La Edad Media*, Barcelona 1973

Deyermond, Alan, *El 'Cantar de mio Cid' y la épica medieval española*, Barcelona 1987

---

[63] Vgl. Caravaggi, Giovanni, "Villasandino et les derniers troubadours de Castille", in: Maurice Delbouille, (Hg.), *Mélanges offerts à Rita Lejeune*, Bd. I, Gembloux 1969, S. 395-421.

[64] Vgl. Debax, Michelle, *Romancero, Edición, estudio y notas*, Madrid 1982, S. 10.

[65] Vgl. *ebd.*

Deyermond, Alan, *Historia y crítica de la literatura española*, I, Edad Media, Barcelona 1979
Faulhaber, Charles B., u.a. (Hg.), *Bibliography of Old Spanish Texts*, Madison ³1984
GRLMA = *Grundriß der romanischen Literaturen des Mittelalters*, Hans Robert Jauß und Erich Köhler (Hg.) [Hans Ulrich Gumbrecht und Ulrich Mölk], Bd. 1ff., Heidelberg 1968ff
Hist. gen. = *Historia general de las literaturas hispánicas*, publicada bajo la dirección de Guillermo Díaz-Plaja, I, *Desde los orígenes hasta 1400*, Barcelona 1949
Jensen, Frede, *The Earliest Portuguese Lyrics*, Odense 1978
Keller, John E., *Pious Brief Narrative in Medieval Castilian and Galican Verse: From Berceo to Alfonso X*, Lexington 1978
Le Gentil, Pierre, *La poésie lyrique espagnole et portugaise à la fin du Moyen Age*, 2 Bde., Rennes 1949-1953
Lecoy, Félix, *Recherches sur le "Libro de buen amor" de Juan Ruiz, archiprête de Hita*, Farnborough ²1974
López Estrada, Francisco, *Introducción a la literatura medieval española*, Madrid 1979
Marsan, Rameline E., *Itinéraire espagnol du conte médiéval (VIIIe-XVe siècles)*, Paris 1974
Menéndez Pidal, Ramón (Hg.), *Reliquias de la poesía épica española*, Madrid 1951

Dietrich Briesemeister

Mittelalterliche Fachprosa

Die Geschichte der spanischen Fachprosa des Mittelalters umfaßt im Vergleich zur Dichtung und erzählenden Literatur eine weitaus umfangreichere Textüberlieferung. Das nichtfiktionale volkssprachliche Prosaschrifttum behandelt im wesentlichen den Stoffkreis der Sieben Freien Künste, der Theologie und Sittenlehre, des Rechts, der Geschichte, Medizin und technisch-praktischen Kenntnisse. Insofern ist es Spiegel und Ausdruck der bildungs- und geistesgeschichtlichen Entwicklungen in Spanien mit seinen besonderen historischen und gesellschaftlichen Bedingungen am Schnittpunkt christlich-europäischer, jüdischer und arabischer Kulturüberlieferungen. Trotz eines unverkennbaren Gestaltungswillens in Sprache, Form und Darstellungstechnik wird die Fachprosa in der Wertung gegenüber "Sprachkunstwerken" oder poetisch-fiktionalen Texten zurückgestellt, obwohl Prosa und Poesie im Mittelalter grundsätzlich als gleichwertig betrachtet wurden.

Daher sind sie auch innerhalb der gleichen Gattung austauschbar: ein Geschichtswerk, die Abhandlung aus einem Fachgebiet kann sowohl in Prosa als auch in Versform abgefaßt sein. Dichter und Prosaiker tun im Grunde das Gleiche, nur mit unterschiedlichen Techniken. Die Trennung von Dichtung und (Fach)Prosa entspricht nicht dem mittelalterlichen Verständnis vom Unterweisungsauftrag, dem Wort und Text sowohl im weltlichen als auch im geistlichen Bereich zu dienen haben. Sie sind Mittel zum höheren Zweck und vermitteln Heilswissen im Rahmen des christlichen Menschen-und Weltverständnisses. Profane und religiöse Literatur verweisen somit ständig aufeinander durch gemeinsame Bezüge zu dieser Sendung. Poetische, versifizierte Form, die auch als Lernstütze galt, kann die didaktische Unterweisung angenehmer gestalten und gleichsam versüßen.

Bereits sehr früh wurde die Volkssprache planmäßig im kirchlichen Raum eingesetzt. Sie spielt damit eine entscheidende Rolle bei der Ausbildung der Laienspiritualität gegenüber dem Latein als der internationalen Amtssprache für Klerus und Theologie. In einem komplexen Formungsprozeß mußte dabei die Ausdrucksfähigkeit des *romance* an die mit dem Latein vorgegebene Begrifflichkeit herangeführt werden. Die ältesten spanischen Sprachdenkmäler, die *Glosas emilianenses* (Mitte 10. Jh.) und die *Glosas silenses* (2. Hälfte 10. Jahrhundert), bezeugen die Verwendung der Volkssprache im Dienst der Verkündigung. Das Verfahren der Glossierung biblischer oder theologischer Texte durch Worterläuterungen und exegetische Anmerkungen in der Volkssprache bildet den Ausgangspunkt für die differenzierte Entwicklung religiöser Unterweisung in metrischer Form oder in Prosa. Für die Katechese wurden Handreichungen erstellt, die das Glaubensbekenntnis oder die Sakramentenlehre in elementarer Weise erklären. In der Seelsorgepraxis kommt den Beichtspiegeln besondere Bedeutung zu. Das älteste Zeugnis bieten *Los diez mandamientos* (1. Drittel 13. Jh.)

mit der Anleitung zu Gewissensbildung und Sündenbekenntnis. Im Laufe der Zeit entstehen, von Theologen verfaßt, Pastoralhandbücher zum Gebrauch der Geistlichkeit mit Sündenkasuistik und ständischer Pflichtenlehre (z.B. Martín Pérez, *Libro de las confesiones*, um 1316; Alonso de Madrigal, *Tratado de confesión*, zwischen 1438/49; Hernando de Talavera, *Breve forma de confesar*, 1496). Der Buchdruck sorgt für die massenhafte Verbreitung von Katechismen und Andachtsliteratur. Typische Beispiele für diese Form der Glaubensunterweisung bieten das Lehrbuch des Sevillaner Erzbischofs Pedro Gómez Barroso (zwischen 1380/90) nach dem beliebten Schema Zehn Gebote, Credo, Sieben Sakramente, jeweils Sieben Werke der leiblichen und geistigen Barmherzigkeit, Sieben Todsünden sowie der *Lucidario* als Gespräch zwischen Meister und Schüler mit Fragen und Antworten zur Dogmatik. Clemente Sánchez de Vercial, der mit seinem *Libro de los exenplos* die umfassendste Sammlung von Beispielerzählungen kompiliert hatte, behandelt im *Sacramental* (1423) zusätzlich noch das Vaterunser, Ave Maria und die Tugenden. Erbauliche Werke und Handbücher für die Seelsorge sind vielfach international verbreitet und werden übersetzt oder exzerpiert. Kirchliche Reformbewegungen wirken unmittelbar auf die geistlichen Lehrschriften, wie die vom IV. Laterankonzil zu Beginn des 13. Jh. ausgelöste Erneuerungsbewegung[1] oder die unter den Katholischen Königen eingeleitete religiöse Bildungsreform zeigen. Die Volkspredigt hat für die Verkündigung zentrale Bedeutung, wenngleich deren schriftlich ausgearbeitete Überlieferung nur sehr spärlich ist. Die Predigt übt auch auf die Dichtung eine beachtliche Wirkung aus (z.B. im *Libro de Buen Amor* des Juan Ruiz). Da die Prediger nicht nur formale rhetorische Anleitungen (*artes praedicandi*), sondern auch praktische Stoffsammlungen benötigten, entstanden homiletische Kompilationen mit Predigtmärlein (*exempla*, Beispiele), die wiederum in der erzählenden Literatur Verbreitung fanden. Den Übergang von predigender Belehrung zu privater Erbauung bezeichnet der Traktat *Vençimiento del mundo* des Alonso Núñez de Toledo (1481), sozusagen eine "Lesepredigt" und geistliche Vermahnschrift.[2]

Aufgrund der über Jahrhunderte hinweg spannungsvollen historisch-sozialen Beziehungen zwischen Christen, Juden und Mohammedanern nehmen unter der religiösen Traktatliteratur die apologetischen, kontroverstheologischen Diskussionen breiten Raum ein. Die Verteidigung christlicher Glaubenswahrheiten und die Widerlegung jüdischer bzw. islamischer Lehren geschieht in Streitgesprächen, Memoranden, Lehrbriefen und systematischen Abhandlungen. Pere Pascual, Bischof von Jaén, verfaßte um 1290 die *Impunaçión de la seta mahometana*. Als unerbittlicher Eiferer gegen die früheren Glaubensbrüder erwies sich der jüdische Arzt Alfonso de Valladolid nach seiner Bekehrung 1321 in Werken wie dem *Mostrador de Justiçia und Libro de las tres creençias*. Spanische Übersetzungen aus dem Talmud, Koran, der Kabbala und dem Alten Testament ent-

---

[1] Vgl. Lomax, Derek W., "The Lateran reform and Spanish literature", in: *Iberoromania* 1, 1969, S. 299-313.

[2] Vgl. Rico, Francisco, *Predicación y literatura en la España medieval*, Cádiz 1977.

standen jedoch auch im 13. Jh. Die Religionspolemik spiegelt sich bis in die didaktische Lyrik des 15. Jh.s. Die Kontroverstheologie, für die im allgemeinen die lateinische Sprache häufiger verwendet wurde, erreichte gegen Ende des Mittelalters noch einmal einen Höhepunkt.

Überraschenderweise stammt der erste Traktat über ein dogmatisches Problem um die Mitte des 14. Jh.s von einem Laien (Juan Manuel, *Tractado de la Asunción*). Im 15. Jh. werden bevorzugt Fragen der Vorherbestimmung, des Schicksals, des freien Willens in volkssprachlichen Abhandlungen erörtert.³ Auch in Lehrgedichten dieser Zeit werden spitzfindige theologische Fragen aufgegriffen. Übersetzungen patristischer Werke (Augustinus, Gregor der Große) vermitteln theologisches Gedankengut ebenfalls an Laien. Einflußreiche Bücher der mittelalterlichen Frömmigkeitsliteratur (u.a. Bonaventura, Bernhard von Clairvaux, Thomas a Kempis mit der Nachahmung Christi, die zunächst unter dem Titel *Contemptus mundi* verbreitet war; Domenico Cavalca) liegen ebenfalls in Übertragungen vor. Thematisch bilden Trostbücher, die Kunst heilsamen Sterbens, Betrachtungen über die Letzten Dinge und die Verachtung der Welt die Schwerpunkte bei Erbauung und Meditation. Seit dem späteren 14. Jh. kommt es zu bedeutenden Systematisierungsversuchen in der Frömmigkeitslehre, die als Einübung für den Ausdruck von Seelenerfahrungen im asketisch-mystischen Schrifttum des Siglo de Oro bedeutsam sind.⁴ Ein Beispiel für die sprachlich wirkungsvolle Verbindung von zeitgenössischer Sittenkritik und Erbauungsanspruch bietet Alfonso Martínez de Toledo 1438 im *Corbacho (Reprobación del amor mundano)*. An der Wende zum 16. Jh. häufen sich gedruckte Handbücher zur christlichen Lebensgestaltung im Rahmen der von den Katholischen Königen betriebenen religiösen Bildungsreform.⁵

Die weltliche Fachprosa, die einen breit aufgefächerten Bildungsstand im Publikum voraussetzt, kommt im Vergleich zur epischen und lyrischen Dichtung in Spanien verhältnismäßig spät auf: Das möglicherweise älteste Textzeugnis, die *Fazienda de Ultra Mar* (Aragonien, 12./13. Jh.) ist ein Pilgerführer in das Heilige Land mit eingestreuten Zitaten aus den Geschichtsbüchern des Alten Testaments. Sowohl in Kastilien als auch in Katalonien ist im 13 Jh. die Weisheitsliteratur auffallend dicht vertreten. Die Lehr- und Merksprüche (*sententiae*) gehen direkt oder indirekt zumeist auf arabische Vorlagen zurück. Die spanische Textüberlieferung ist entweder durch Exzerpierung voneinander abhängig oder über gemeinsame Quellen eng verwoben. So bilden die *Flores de filosofía* einen Auszug aus dem *Libro de los cien capítulos*. Zu den wichtigsten gnomischen

---

³ Lope de Barrientos, *Tratado de Caso y Fortuna*, zwischen 1445/54; Martín de Córdoba, *Compendio de Fortuna*, zwischen 1440/59; Alonso de Madrigal: vgl. Juan de Dios Mendoza Negrillo 1973.

⁴ Bernat Oliver, O.S.A.; *Espertamiento de la voluntad a Dios*, Ende des 14. Jh. übersetzt; Pedro Fernández Pecha, Hieronymit, *Soliloquios entre el alma y Dios*, Ende des 14. Jh.s; Lope Fernández de Minaya O.S.A., *Espejo del alma*, frühes 15. Jh.; Alonso de Cartagena, *Oracional*, 1455/56 verfaßt; Teresa de Cartagena; García Jiménez de Cisneros O.S.B.

⁵ Pedro Jiménez de Préjamo, *Lucero de la vida cristiana*, 1495; Antonio García de Villalpando, *Instrucción de la vida cristiana*, 1500; Gómez García, *Carro de dos vidas*, 1500.

Sammlungen gehört *Bonium (Bocados de oro)*. Die Maximen und Ratschläge prägen den Bildungshorizont und Verhaltenskodex einer sich formierenden Laienkultur. Sie fassen ohne spezifisch christliche Tönung praktische Lebensregeln und Merksätze zur Menschenkenntnis, politischen Erziehung und gesellschaftlichem Verhalten zusammen. Neben den orientalischen Spruchsammlungen kommt auch die klassisch-europäische Überlieferung zur Geltung, z.B. mit den *Disticha Catonis*, Walter Burleighs *Liber de vita et moribus philosophorum* in Übersetzung, apokryphen Seneca-Aussprüchen, biblischen und patristischen Florilegien. Vielfach werden Sprüche in metrische Form gekleidet (Sem Tob, *Proverbios morales*; *Proverbios de Salamon*, Pedro López de Ayala).

Einen umfangreichen Bestand moralistisch-didaktischer Kurzprosa überliefern die Exempelbücher mit ihren zugleich unterhaltsamen und belehrenden Beispielerzählungen (aus der Bibel, Geschichte, Naturkunde, Tierfabel, volkstümlicher Tradition und Alltagserfahrung). Exempla und Sentenzen hängen in ihrer Funktion miteinander zusammen und finden nicht nur in der Predigt, sondern auch in der Lehrdichtung (*Libro de Buen Amor*) und erzählenden Literatur reichlich Verwendung. Die internationale Verbreitung vieler Beispielgeschichten verläuft entweder über lateinische Sammlungen (*Disciplina clericalis* des konvertierten spanischen Juden Petrus Alfonsi, spätes 11. Jh.) oder durch kastilische Fassungen orientalischen Materials, das über arabische Vorlagen aufgenommen wurde (z.B. *Libro de los engaños e los asayamientos de las mugeres* aus dem Sindbad und *Calila e Digna*, die beide Exempla in einem Erzählrahmen darbieten). In den *Castigos e documentos para bien vivir* (spätes 13. Jh.) fließen die verschiedenen Stränge orientalischer, patristischer und christlich-europäischer Überlieferung zu einer Art Fürstenspiegel zusammen.

Bemerkenswert ist der Rückgriff auf ältere lateinische Exempla-Bücher im 15. Jh., etwa im *Libro de los gatos* (nach den *Fabulae* des Odo von Cheriton, 13. Jh.), im *Espéculo de los legos* (nach einem franziskanischen *Speculum laicorum*, ebenfalls aus England, 13. Jh.) sowie in der zumeist auf der *Disciplina clericalis* fußenden Sammlung *Libro de los exemplos por ABC* des Clemente Sánchez de Vercial (zwischen 1400/21).

Der wichtigste Impuls zur Schaffung der kastilischen Fachprosa geht vom Hof Alfons' X., des Gelehrten und "Königs der drei Religionen" aus (1252-1284).[6] Unter seinem Patronat führen Schreiber, Kompilatoren, Übersetzer und Fachwissenschaftler die schon mit der sog. Übersetzerschule in Toledo im 12. Jh. einsetzende Wissensvermittlung zwischen Orient und Abendland in organisierter Form fort.[7] Entscheidend ist dafür die Wahl der Sprache (nicht das Lateinische) und der programmatische Wunsch, als neues Ausdrucksmittel für Wissenschaft, Recht und Verwaltung ein "castellano drecho" zu schaffen. Für seine *Cantigas de Santa Maria* bediente sich der König allerdings des Galicisch-Portugiesischen als

---

[6] Zu Alfonso X. el Sabio vgl. auch hier: A. Gier, 12.-14. Jahrhundert: Lyrik, Epik, Roman und Drama, Kapitel 7, S.17ff.

[7] Vgl. Bossong, Georg, *Probleme der Übersetzung wissenschaftlicher Werke aus dem Arabischen in das Altspanische zur Zeit Alfons des Weisen*, Tübingen (Niemeyer) 1979.

Sprache höfischer Dichtung. Die vom Herrscher in Auftrag gegebenen oder persönlich koordinierten Übertragungen aus dem Arabischen, Hebräischen und Lateinischen stellen eine gewaltige und in Europa einzigartige sprachschöpferische Leistung dar, die zur Schaffung einer differenzierten Fachterminologie für die verschiedenen Wissensgebiete (Astronomie, Naturwissenschaften, Philosophie, Theologie, Recht) führt.[8] Für die vom König geplante *Estoria de España* wurden alle verfügbaren Kenntnisse über Spanien, auch aus der Überlieferung der Heldenepik und aus der arabischen Historiographie, zusammengetragen. Die Umarbeitung epischer Dichtung in Prosa bzw. die Übernahme ganzer Passagen erlaubt heute Rückschlüsse auf verlorene Epen sowie die Herauslösung von Versfragmenten. Die *Estoria de España* ist die früheste 'Nationalgeschichte' in einer europäischen Volkssprache; sie dokumentiert zusammen mit der als Weltgeschichte angelegten, unvollendeten *General e grand Estoria* auch den imperialen Herrschaftsanspruch Alfons' X. Auf dem Gebiet des Rechts stellen die *Siete Partidas* den Versuch dar, die leonesisch-kastilische Gesetzgebungspraxis und gesellschaftliche Ordnung umfassend darzustellen, zu begründen und zu vereinheitlichen. Für die europäische Wissenschaftsgeschichte sind die mit Hilfe jüdischer Übersetzer aus dem Arabischen vermittelten astronomisch-astrologischen und naturkundlichen Werke von weitreichendem Einfluß (*Tablas alfonsíes, Libros de saber de astronomía, Lapidario*). Über die Bemühungen des Königs zur Verbreitung nützlicher Kenntnis urteilt das Vorwort zum *Libro conplido en los indizios de las estrellas* (1254): "Alumbro e cumplio la grant mengua que era en los ladinos por defallimiento de los libros de los buenos philosophos e prouados".

Vorbild und Wirkung des riesigen, von Alfons geförderten Programms werden bereits sichtbar bei dessen Neffen, dem Infanten Don Juan Manuel (1282-1348), der literarisch selbstbewußt ein vielseitiges Oeuvre hinterließ. Mit dem *Libro del Conde Lucanor e de Patronio* (1335) gelingt es ihm, aus dem für den Predigtgebrauch bestimmten Exemplamaterial ein Erzählkunstwerk zu schaffen. Die Lehren der vorgetragenen Geschichten werden jeweils mit einer Reimsentenz abschließend zusammengefaßt, das Buch soll Ratgeber sein sowohl für Fälle des irdischen Lebens als auch für das Seelenheil. Fürstenspiegel und Ständebücher machen einen nicht geringen Teil des weltlichen didaktischen Schrifttums aus. Im *Libro de los estados* (um 1330) führt Juan Manuel Pflichten und Rechte der weltlichen und geistlichen Stände vor. Sein *Libro del cavallero et del escudero* (1326) stellt im Schema von Frage und Antwort die für einen Edelmann nötigen weltlichen und religiösen Bildungsinhalte zusammen. Die Ständeenzyklopädie des Bischofs Rodrigo Sánchez de Arévalo (1404-1470) *Speculum vitae humanae* fand auch in Übersetzungen europäische Verbreitung. Die Traktate zur ständischen Erziehung und Bildung richten sich an Adelige (Alonso de Cartagena, *Doctrinal de caballeros*; Diego de Valera, *Espejo de verdadera nobleza*). Beachtenswert sind daneben einige Schriften zur Frauenerziehung (Martín de Cór-

---

[8] Vgl. Niederehe, Hans Josef, *Die Sprachauffassung Alfons des Weisen. Studien zur Sprach- und Wissenschaftgeschichte*, Tübingen (Niemeyer) 1975.

doba, *Jardín de nobles doncellas*, 1468/69; drei verschiedene spanische Fassungen des katalanischen Werkes *Libre de les dones* [1396] von Francesc Eiximenis O.F.M.).

Die Fürstenspiegel hängen eng mit der politischen Traktatliteratur im europäischen Mittelalter zusammen, die in Spanien in Übersetzungen und Kommentaren rezipiert wird (Aegidius de Columna in Übersetzung und Glossierung durch Juan García de Castrojeriz, vor 1350; Thomas von Aquin *De regimine principum*). Über das 15. Jh. verteilen sich eine Reihe größerer Abhandlungen zur politischen Philosophie und Regierungskunst (Fray Juan de Alarcón, *Libro del regimiento de los señores*; *Directorio de príncipes*, 1493; Rodrigo Sánchez de Arévalo, *Suma de la política*, 1454/55, und *Vergel de los príncipes*; Diego de Valera, *Doctrinal de príncipes*).

Mit den Bedürfnissen der höfischen und adeligen Gesellschaft steht schließlich die Fachliteratur über Jagd und Falknerei, Pferdezucht und Tierheilkunde sowie Kriegskunst und Heraldik in engem Zusammenhang. In der medizinischen Fachliteratur fällt die Übernahme hochmittelalterlicher Werke in gedruckten Übersetzungen erst gegen Ende des 15. Jh. auf (Guido de Cauliaco, *Inventario de cirurgía*, 1493; Johannes de Ketham, *Compendio de la salud humana*, 1494; Bernardus Gordonius, *Lilio de medicina*, 1495; Lanfrancus, *Compendio de cirurgía*, 1495). Das philosophische Schrifttum spricht vornehmlich die Bildungsziele und Lebensfragen höfisch-adeliger Kreise in Spanien an. Unter den für sie bestimmten Übertragungen griechischer, lateinischer und italienischer Autoren befinden sich u.a. Werke von Plato, Aristoteles, Cicero, Boethius, Boccaccio und Petrarca. Eine starke Wirkung übt die Seneca-Rezeption im 15. Jh. aus, die sich in Übersetzungen echter und Seneca zugeschriebener Werke, sowie in Seneca-Kommentaren und Spruchsammlungen niederschlägt.[9] Der von seinen Zeitgenossen als "zweiter Seneca" gefeierte jüdische Konvertit Alonso de Cartagena (*1456) hat nach Lucenas Worten die Philosophie in Spanien wieder heimisch gemacht. Der Marqués de Santillana hielt die Volkssprache der "moral filosofia" immerhin noch nicht für gewachsen. Die philologische Reflexion über die Muttersprache und das Geschäft des Übersetzens verstärkt sich übrigens in der zweiten Hälfte des 15. Jh.s und gipfelt in Nebrijas Widmungsprolog der *Gramática castellana* (1492) für die Katholischen Könige. Cartagenas Vorreden zu seinen Werken und Übertragungen nehmen den Charakter von kleinen Traktaten an, die freilich noch nicht eigentlich humanistisch geprägt sind. In Kastilien finden frühhumanistische Bildungsideale unter der Regierung Johannes II. (1419-1454) gegen manche Widerstände nur zögernd Eingang (der Kreis um den Marqués de Santillana mit seiner berühmten Bibliothek), Enrique de Villena versucht sich mit dem Traktat *Doze trabajos de Hércules* (um 1417) in der allegorischen Exegese klassischer Mythologie und überträgt neben Dantes *Divina Commedia* die *Aeneis* Vergils in Prosa. Seine Poetik *Arte de trovar* ist Santillana

---

[9] Vgl. Blüher, Karl-Alfred, *Seneca in Spanien. Untersuchungen zur Geschichte der Seneca-Rezeption in Spanien vom 13. bis 17. Jh.*, Bern, München (Francke) 1969.

gewidmet, der im Lehrbrief *Proemio e carta al condestable de Portugal* (1449) erstmals in Spanien einen Abriß der Literaturgeschichte mit kritischen Wertungen entwirft. Beispiele stilisierter Briefkultur geben die Sammlungen der Chronisten Hernando del Pulgar (*Letras*, etwa 1485) und Diego de Valera. Diese Episteln bilden eine Vorstufe des Essays. Zur Entstehung des europäischen Briefromans hat Diego de San Pedro einen wichtigen Beitrag geleistet. Die in die Erzählstruktur integrierten Liebesbriefe sind gemäß den Regeln der *ars dictaminis* komponiert. Zur Abfassung von Briefen erscheinen um die Wende zum 16. Jh. die ersten Musterbücher im Druck. Für den Aufschwung der philosophischen Prosa in der Volkssprache gibt Juan de Lucenas Dialogtraktat *De vita beata* (1463) ein bemerkenswertes Beispiel zusammen mit dem *Razonamiento en la muerte del Marqués de Santillana* von Pedro Díaz de Toledo (etwa 1458) sowie den Abhandlungen des Ferrán Núñez und Alfonso Ortiz.

Das Hauptwerk jüdischer Philosophie in Spanien, Maimonides' (1135-1204) *Mostrador e enseñador de los turbados*, liegt in der Übersetzung von Pedro Díaz de Toledo (1432) vor. Zum Beleg für die "kulturelle Verspätung" Spaniens wird auf das für den Prinzen Carlos de Viana (1430/40) geschriebene enzyklopädische Handbuch *Visión delectable* Alfonso de la Torres hingewiesen, das in Form einer allegorischen Schau das überlieferte Lehrgut der Sieben Freien Künste, Ethik und Politik aufarbeitet.

Die Entwicklung der Sachliteratur im spanischen Mittelalter liefert mehr als nur einen Steinbruch der Ideen. Im Verlauf von drei Jahrhunderten hat sie sich in ihrem Fächer-, Themen- und Formenspektrum in erstaunlichem Umfang entfaltet und dem Kastilischen nicht nur Festigung und eine großen lexikalischen Zuwachs verschafft, sondern auch zum stilistisch-syntaktischen Ausdrucksreichtum und zur Präzision des *romance* entscheidend beigetragen. Sie hat es literaturfähig gemacht. Die Betrachtung der Fachprosa in der Volkssprache vermittelt jedoch nur einen teilweisen Einblick in die intellektuelle Gesamtbewegung der Epoche, weil zu deren Verständnis der Anteil der lateinischen Produktion im Land ebenso berücksichtigt werden müßte wie die in anderen Sprachgebieten der Iberischen Halbinsel (zumal in Katalonien, Aragonien), mit denen ständiger Austausch herrschte.

Die Entwicklung des Fachschrifttums wird zum guten Teil getragen vom Aufstieg der "hombres de saber", der *letrados*, zu einer führenden Gruppe innerhalb der ständischen Gesellschaft. *Letrados* sind nicht nur diejenigen, die lesen und schreiben können, es sind Fachleute für die verschiedenen Bereiche des tätigen Lebens - Advokaten, Notare, Richter, königliche Ratgeber, Sekretäre, "Beamte",- die mit ihren wichtigen Funktionen soziales Prestige und neue Vorrechte erlangen. Darunter befinden sich besonders zahlreich *Conversos* mit einem spezifischen intellektuellen Engagement. Das Fachschrifttum übte eine breite Wirkung in allen gesellschaftlichen Schichten aus; eine wichtige Funktion war dabei die Schaffung übergreifender, verbindlicher Gemeinsamkeiten (Glauben, Geschichtsverständnis) in sittlichen Verhaltensformen, Idealtypen (*Armas y Letras*) und im Wissenskanon. Durch die Aneignung einer immer größeren geistigen

Beweglichkeit in der Schriftkultur hat es den Verlauf des historisch-gesellschaftlichen Gesamtprozesses im spanischen Mittelalter in entscheidender Weise mitgestaltet.

Bibliographie

Di Camillo, Ottavio, *El humanismo castellano del siglo XV*, Valencia (Torres) 1976

Faulhaber, Charles B., u.a. (Hg.), *Bibliography of Old Spanish Texts*, Madison (Hispanic Seminary), ³1984

Faulhaber, Charles B., *Libros y bibliotecas en la España medieval. Una bibliografía de fuentes impresas*, London (Grant & Cutler) 1987

Lange, Wolf-Dieter (Dir.), *Les formes narratives brèves*, Bd. 1/2, H. 2 *Les formes narratives brèves en Espagne et au Portugal*, Heidelberg 1985; *GRLM* V, Bd. 1/2, H. 2

GRLM IX, Bd. 2, H. 7, W. Mettmann, *La littérature didactique en prose*, Heidelberg 1983

GRLM IX, Bd. 1, H. 4, *Les genres narratifs*, Heidelberg 1985

Mettmann, Walter (Dir.), *La littérature dans la Péninsule Ibérique aux XIVe et XVe siècles*, GRLM IX, Bd. 2, H. 4 *Les genres narratifs*, Heidelberg 1985

Kohut, Karl: "La posición de la literatura en los sistemas científicos del siglo XV", in: *Iberoromania* n° 7, 1978, S. 67-87

Kohut, Karl, "Der Beitrag der Theologie zum Literaturbegriff in der Zeit Juans II von Kastilien", in: *Romanische Forschungen* 89, 1977, S. 183-226

Ley, Margo de, *The Prologue in Castilian literature between 1200 and 1400*, Ann Arbor 1978

López Estrada, Francisco, *Introducción a la literatura medieval española*, Madrid (Gredos) 1987

Mendoza Negrillo, Juan de Dios, *Fortuna y Providencia en la literatura castellana del siglo XV*, Madrid (Real Academia Española) 1973

Nepaulsingh, Colbert, "The concept 'Book' and early Spanish literature", in: Aldo S. Bernardo (Hg.), *The Early Renaissance*, Binghamton 1979, S. 133-155

Nepaulsingh, Colbert, *Towards a history of literary composition in medieval Spain*, Toronto (University Press) 1989

Repertorio de historia de las ciencias eclesiásticas en España, Bd. 1, Salamanca 1967, S. 175-351 (Autores espirituales españoles en la Edad Media); Bd. 3, Salamanca 1971 (theologische Autoren)

Victorio, Juan, *El amor y el erotismo en la literatura medieval*, Madrid (Ed. Nacional) 1983

Vernet, Juan, *La cultura hispanoárabe en Oriente y Occidente*, Barcelona (Ariel) 1978

Karl Kohut

Das 15. Jahrhundert

0. Methodische Vorbemerkungen

Das 15. Jahrhundert hat in Spanien wie im übrigen Europa einen undankbaren Platz in den Literaturgeschichten. In den meisten Fällen wird es zusammen mit dem Mittelalter behandelt, in der Regel in der Form "Mittelalter und 15. Jahrhundert", womit bereits ausgesagt wird, daß es nicht mehr ganz zum Mittelalter gehört. Oft ist auch vom "späten Mittelalter" oder, mit dem poetischen Bild Huizingas, vom "Herbst des Mittelalters" die Rede. Gelegentlich wird das 15. Jahrhundert aber auch im Zusammenhang mit Entwicklungen betrachtet, die erst später zum Durchbruch gekommen sind. Dies gilt besonders für die Epochenbegriffe der Renaissance und des Humanismus, wobei dann im 15. Jahrhundert ein "pre-renacimiento" oder ein "pre-humanismo" gesehen wird. In beiden Fällen wird dem 15. Jahrhundert implizit oder explizit ein eigener Charakter abgesprochen, es ist entweder Ausklang von Gewesenem oder Vorahnung von Kommendem.

In den letzten Jahren ist dieses überkommene Bild in wesentlichen Punkten korrigiert worden. Die Ergebnisse der sehr intensiven internationalen Forschung werden besonders augenfällig in zahlreichen Neuausgaben zentraler und marginaler Werke, von denen manche nur in selten gewordenen alten Drucken oder überhaupt nur im Manuskript zugänglich waren. Der Prozeß ist noch im vollen Gang, ohne daß zur Zeit ein Ende abzusehen wäre. Das Bild des 15. Jahrhunderts, das in diesem Kapitel gezeichnet wird, ist demzufolge vorläufig.[1]

1. Geschichtlicher Überblick

Die politische und kulturelle Karte Spaniens ist im 15. Jahrhundert zerrissen.[2] Vier Königreiche nehmen den Raum der Iberischen Halbinsel ein: im Westen Portugal, im Zentrum Kastilien und León, im Osten Aragón, und schließlich im Norden als kleiner Keil zwischen Kastilien und Aragón das Königreich Navarra.

Die Geschichte des zentralen Königreichs Kastilien und León wird von wenigen Herrschern geprägt: zu Beginn des Jahrhunderts regierte noch Enrique III

---

[1] Die Texte werden in den neuen, leicht zugänglichen Ausgaben zitiert, sofern diese vorliegen. Wichtige Werke der Sekundärliteratur, die grundlegende Bedeutung haben, werden in der Bibliographie am Ende zusammengefaßt; nur für den jeweiligen Kontext wichtige Arbeiten erscheinen in den Anmerkungen. Die neuen Ausgaben enthalten in der Regel Einleitungen zu dem betreffenden Autor oder Bereich. Diese Texte werden in den bibliographischen Angaben in den Anmerkungen nicht mehr gesondert genannt; das gleiche gilt für die entsprechenden Abschnitte in den Literaturgeschichten, die in der Bibliographie unter 2.2 zusammengefaßt erscheinen.

[2] Zur weiteren Information wird auf die Bde. XIV-XVII der *Historia de España* des Ramón Menéndez Pidal verwiesen, für die Epoche Juans II zusätzlich auf Jaen 1978, für die der Katholischen Könige auf Suárez Fernández 1990.

(1390-1406), der dem Haus Trastámara angehörte, das 1369 mit Enrique II an die Macht gekommen war. Als er starb, war sein Sohn Juan (als König Juan II) zwei Jahre alt. Seine Regierungszeit reichte bis 1454, umspannte also praktisch die erste Hälfte des Jahrhunderts. Der Sohn aus Juans erster Ehe mit María von Aragón, Enrique IV (1454-1474), galt als impotent; seine Tochter Juana wurde dem Favoriten des Königs, Beltrán de la Cueva, zugeschrieben, was ihr den Beinamen "La Beltraneja" eintrug. Aus Juans II zweiter Ehe mit Isabella von Portugal stammten Isabella (1451-1504) und Alfonso (1453-1468). Als dieser starb, war die männliche Linie der Trastámaras ausgestorben. Die Nachfolgefrage spaltete den Adel. Am 19. September 1468 erkannte Enrique IV im Pakt der *Toros de Guisando* (die heute noch in der Nähe von San Martín de Valdeiglesias am Südrand der Sierra de Gredos zu sehen sind) seine Stiefschwester als Thronfolgerin an.

Zwei Prätendenten warben um Isabellas Hand: Alfonso V von Portugal und der aragonesische Thronfolger Fernando. Enrique IV entschied sich für den Portugiesen, Isabella für den Aragonesen. Da sie im Pakt der *Toros de Guisando* gelobt hatte, nicht gegen den Willen ihres Stiefbruders zu heiraten, erfolgten die Vorbereitungen und die Heirat selbst unter romanhaft anmutenden Umständen. Erst vier Jahre später, kurz vor Enriques Tod, versöhnten sich die Geschwister. Als Enrique 1474 starb - wie man munkelte, durch Gift -, wurde Isabella als seine Nachfolgerin Königin von Kastilien. 1479 erbte Fernando (als König Fernando II) Aragón, womit die beiden Staaten vereint waren; dessenungeachtet behielt Aragón eine Reihe von Sonderrechten.

Noch komplizierter waren die Verhältnisse im Königreich Aragón. 1412 war nach inneren Wirren der Bruder von Enrique III, Fernando (als König Fernando I) auf den aragonesischen Thron gelangt. Die Trastámaras regierten von da an in den beiden benachbarten Königreichen. Fernandos ältester Sohn Alfonso V (1416-1458), genannt el Magnánimo, betrieb eine Politik der Expansion in Italien. Ein erster Versuch, das Königreich Neapel zu erobern, schlug 1435 in der Seeschlacht von Ponza fehl und führte zu seiner Gefangennahme. Ein zweiter Versuch endete 1442 mit der Eroberung der Stadt, in die er am 26. Februar 1443 in einem Triumphzug einzog, der sich am Modell des alten Rom orientierte. Von da an verlegte Alfonso seine Residenz nach Neapel. Sein jüngerer Bruder Juan vertrat ihn als Regent in Barcelona, und folgte ihm nach seinem Tod als Juan II auf dem Thron. Da er bereits seit 1425 König von Navarra war, hatte er in seiner Person zwei Königreiche vereint, die sich nach seinem Tod 1479 allerdings wieder trennten, da sein Sohn Fernando Aragón, seine Tochter Leonor Navarra erbten. Erst 1512 fiel Navarra durch Annexion endgültig an Spanien.

Isabella und Fernando gehörten also zwei Linien der Trastámaras an, die von ihrem gemeinsamen Urgroßvater Juan I (1379-1390) ausgingen. Es war nicht die erste Heirat zwischen Mitgliedern der verschiedenen Linien; Heiratspolitik als Machtpolitik hatte in Spanien Tradition, lange bevor die Habsburger kamen. Die Folgen waren allerdings fatal für die physische und psychische Gesundheit der Kinder ebenso wie für die Innen- und Außenpolitik der Reiche. Geschwister,

Halbgeschwister oder Vettern stritten um den Thron des eigenen Landes oder den des Nachbarlandes. In diese Kämpfe waren auch die großen Adelshäuser verstrickt, die in dem komplizierten Geflecht verwandtschaftlicher oder freundschaftlicher Beziehungen ihre eigenen Interessen zu sichern suchten.

Der Einfluß des Adels wurde durch die Schwäche der Könige verstärkt. Unter Juan II teilte der Hochadel die Macht unter sich auf, und zwar in der Form, daß die drei wichtigsten Parteien jeweils für vier Monate im Jahr die Macht ausüben sollten. Die Regelung hatte jedoch nicht lange Bestand, da der aus dem Kleinadel stammende Alvaro de Luna die Rivalitäten auszunutzen wußte und zum Vertrauten (*valido*) des Königs aufstieg. Über mehrere Jahrzehnte bestimmte er die Politik des Reichs, bis er schließlich einer Intrige zum Opfer fiel. 1453 ließ ihn der König gefangennehmen und auf der Plaza mayor von Valladolid öffentlich enthaupten. Sein Körper blieb drei Tage auf dem Schafott, der Kopf aufgehängt an einem Haken. Es war das schmähliche Ende des bis dahin mächtigsten Mannes im Reich; die Dramatik seines Sturzes hatte für die Zeitgenossen den gleichen Rang wie die großen Tragödien, die aus der Antike überliefert wurden.

Unter Enrique IV nahmen die inneren Wirren des Reichs, in denen rivalisierende Adelsparteien um die Macht stritten, an Heftigkeit noch zu und fanden ihren grotesken Höhepunkt in der sogenannten "Farsa de Avila" von 1465, bei der eine den König repräsentierende Puppe in einer feierlichen Zeremonie ihrer Insignien beraubt und Alfonso als König ausgerufen wurde.

Isabella und Fernando gelang es innerhalb kurzer Zeit, die innere Stabilität in den beiden Reichsteilen wiederherzustellen. Dadurch gewann das Doppelreich die Kraft, die *Reconquista* zu Ende zu führen, die seit der Mitte des 13. Jahrhunderts ins Stocken geraten war. Das ganze 15. Jahrhundert über war die Grenze zwischen dem verbliebenen maurischen Königreich Granada und den christlichen Reichen trotz zahlreicher kleiner Scharmützel im wesentlichen stabil geblieben. 1481 begannen Isabella und Fernando den Krieg gegen Granada, der elf Jahre dauern sollte und erst am 2. Januar 1492 mit ihrem feierlichen Einzug in Granada sein Ende fand.

Wenig später, am 31. März des gleichen Jahres, erließen die Könige ein Edikt, in dem alle Juden, die sich nicht taufen lassen wollten, des Landes verwiesen wurden. Es war der konsequente Endpunkt einer Politik, deren höchstes Ziel die religiöse Einheit des Reiches war. Bereits in den Jahren zuvor waren die im Lande lebenden Juden und Mauren durch zahlreiche Verordnungen diskriminiert worden, die u.a. das Tragen einer bestimmten, sie kennzeichnenden Kleidung vorschrieben. Da die Könige der Meinung waren, daß die päpstlichen Inquisitoren in der religiösen Überwachung der Juden und Mauren nicht konsequent genug waren, baten sie Papst Sixtus IV darum, eigene Inquisitoren einsetzen zu dürfen, was ihnen der Papst in der Bulle vom 1. November 1478 gewährte. Das Datum bezeichnet den Beginn der neuen Inquisition in Spanien, deren Wirken für das Land verhängnisvolle Folgen haben sollte. Das Edikt von 1492 wurde konsequent durchgesetzt und führte zu einem großen Exodus. Die zurückgebliebenen *Conversos* oder auch abschätzig *Marranos* genannten Juden blieben Bürger zweiter Klasse, da ihre Rechtgläubigkeit immer angezweifelt wurde, was in zahlreichen Inquisitionsprozessen zum Ausdruck kam. Die Diskriminierung setzte sich in den Verordnungen "zur Reinheit des Blutes" (*limpieza de sangre*) fort. Die Zeitgenossen sahen die Vertreibung der Juden durchweg positiv, da damit nach der territorialen auch die religiöse Einheit vollendet war.

Mit der Eroberung Granadas hängt eine zunächst unbedeutend scheinende Episode zusammen, die aber welthistorische Folgen haben sollte. Der aus Genua stammende Cristóbal Colón hatte seit mehreren Jahren vergeblich versucht, von den Königen die Mittel für eine Expedition zu erhalten, auf der er den Seeweg nach Indien auf der Westroute finden wollte. Der Sieg über die Mauren machte den Weg für neue Unternehmungen frei, und so schloß die Krone am 17. April 1492 in den *Capitulaciones de Santa Fe* mit Colón den Vertrag, der die Grundlage für seine Entdeckungsreise wurde. Am 3. August brach er mit drei Schiffen von Palos aus auf, und in der Nacht vom 11. auf den 12. Oktober sichtete er zum ersten Mal Land. Es war vermutlich eine zu den Bahamas gehörende kleine Insel, die Colón San Salvador taufte (die Indianer nannten sie Guanahaní, heute heißt sie auch Watling oder Watling's Island). Nach weiteren Erkundungsfahrten in der Karibik kehrte er zurück und landete am 15. März 1493 im Ausgangshafen. Von dort brach er auf dem Landweg nach Barcelona auf, wo ihm die Könige einen triumphalen Empfang bereiteten. Die persönliche Tragik Colóns war es, daß er bis zu seinem Tod glaubte, in Asien gelandet zu sein und damit die Reichweite seiner Entdeckung nicht erkannte.

Der Sieg gegen das maurische Königreich Granada, die Vertreibung der Juden und die Entdeckung Amerikas machten das Jahr 1492 im Bewußtsein der Zeit zu einem Höhepunkt der spanischen Geschichte, das man *Annus mirabilis* nannte. 1496 verlieh Papst Alexander VI den spanischen Königen für ihre Verdienste um den Glauben den Ehrentitel "Katholische Könige" (*Reyes católicos*).

Die politische Entwicklung der beiden großen Königreiche Kastilien/León und Aragón hat die Entwicklung von Kultur und Literatur in hohem Maße beeinflußt. In Kastilien lassen sich deutlich drei Epochen unterscheiden, deren Daten weitgehend mit den Regierungszeiten der Herrscher korrelieren. Das hängt wesentlich, wenn auch nicht allein, mit den persönlichen Neigungen und Interessen der Herrscher zusammen. Juan II war ein sehr kunst- und literaturliebender Monarch, dessen Hof zu einem Mittelpunkt des literarischen Lebens wurde. Enrique IV ging lieber auf die Jagd, so daß in seiner Regierungszeit der Hof seine Bedeutung als kulturelles Zentrum völlig verlor. Isabella wiederum war an Literatur und mehr noch an der neuen Kultur des Humanismus interessiert, die sie tatkräftig förderte.

Mindestens die gleiche Bedeutung hatten jedoch Faktoren, die von der Person der jeweiligen Herrscher unabhängig waren. In der ersten Hälfte des Jahrhunderts bestimmten einige überragende Autoren die Literatur ihrer Zeit. Adlige wie der Marqués de Santillana bildeten eigene literarische Höfe und trugen in ihren Schlössern große Bibliotheken zusammen. In der Theologie gab es Ausnahmeerscheinungen wie Alonso de Madrigal, genannt El Tostado, oder den einer großen jüdischen Familie entstammenden Alonso de Cartagena. Ganz allgemein ist die Literatur dieser Epoche von Adligen bestimmt, sei es, daß sie selbst Dichter waren oder daß sie als Mäzene einen Kreis von Dichtern um sich sammelten. Die Spitzen wie der bereits genannte Marqués de Santillana vereinten beides in ihrer Person. Die literarischen Neigungen hinderten diese Adligen jedoch nicht, sich an den Kriegen, Kämpfen und Intrigen zu beteiligen; literarische Interessen und politischer Ehrgeiz schlossen sich keineswegs aus.

Durch einen historischen Zufall waren die wichtigsten Repräsentanten der Epoche etwa gleich alt, und sie starben innerhalb kurzer Zeit in den fünfziger Jahren des Jahrhunderts: Juan II 1454, Alonso de Madrigal 1455, Juan de Mena und Alonso de Cartagena 1456. Mit dem Tod des Marqués de Santillana ging 1458 im Bewußtsein der Zeit eine Epoche zu Ende. In der Regierungszeit von Enrique IV gab es nur noch wenige kulturelle Zentren, die ohnehin gegenüber dem Glanz der Vergangenheit verblaßten. Ohne die überragende Figur Jorge Manriques würden diese Jahre einer kulturellen Wüste gleichen.

Diese Situation erklärt den Eindruck eines Neubeginns, den die ersten Jahrzehnte der Regierung der Katholischen Könige machen. Aber die Ursachen liegen tiefer. Die soziale Trägerschicht der Dichtung begann sich zu verändern, und immer mehr Bürgerliche traten an die Stelle der Adligen, ohne daß sie diese jedoch völlig verdrängt hätten. Es genügt, an Garcilaso de la Vega zu erinnern. Der Aufstieg des Bürgertums ist zu einem wesentlichen Teil in der wirtschaftlichen Entwicklung begründet. Die Wirtschaft Kastiliens und Leóns wurde bis zum 15. Jahrhundert vom adligen Großgrundbesitz bestimmt, bei dem die Schafzucht den Haupterwerb bildete. Die Vereinigung der Schafzüchter - die sogenannte *Mesta* - übte im Land bedeutenden Einfluß aus. Riesige Schafherden wurden auf breiten Wanderwegen im Frühjahr in die kühlen Gebiete im Norden des Landes, im Herbst in die wärmeren Gebiete in Andalusien getrieben. Auf der Grundlage der Wolle entstand gegen Ende des Jahrhunderts eine Kleinindustrie, die in einigen Städten zu einer wirtschaftlichen Blüte führte. In dem bis dahin weitgehend agrarischen Land entwickelte sich so allmählich eine Stadtkultur. In Katalonien und Aragón war auf Grund anderer wirtschaftlicher Voraussetzungen diese Entwicklung bereits ein Jahrhundert vorher eingetreten. Barcelona und Valencia wurden durch den Mittelmeerhandel zu wichtigen Zentren, in denen sich früh eine bürgerliche Kultur bildete. Besonders in der ersten Hälfte des Jahrhunderts standen sich der städtische Humanismus Barcelonas und Valencias und die höfische Kultur Kastiliens und Leóns gegenüber. Danach glichen sich die Gegensätze allmählich aus, und mit der politischen und wirtschaftlichen ging auch die kulturelle Führungsrolle auf Kastilien und León über. Am Ende des Jahrhunderts ist das kastilische Spanisch zur wichtigsten Literatursprache auf der iberischen Halbinsel geworden.

2. Die Entwicklung des literarischen Bewußtseins

Welche Rolle spielte die Literatur im Bewußtsein der Zeit? Welche Bedeutung hatte sie im Leben? Wie wurde sie weitergegeben? An welches Publikum richtete sie sich? Einige literaturtheoretische Texte im engeren Sinn und eine Vielzahl von Texten ganz unterschiedlicher Art, in denen Aussagen über die Literatur gemacht werden, ihre Stellung in der Gesellschaft wie auch über innerliterarische Traditionen, bilden eine breite Materialbasis, die verläßliche Antworten auf diese Fragen erlaubt (s. dazu Verf. 1977 und 1978).

Der *Arte de trovar* des Enrique de Villena (1384-1434) ist 1423 entstanden und nur als Fragment erhalten.[3] In einem kurzen historischen Teil stellt Villena die Geschichte der Barceloneser Dichtungswettbewerbe (*Consistorio de la gaya sciençia*) dar und nennt die Autoren der wichtigsten *Artes de trovar*.

Der Barceloneser Dichtungswettbewerb orientierte sich am Vorbild der Toulouser *jocs florals* und fand vermutlich zum ersten Mal im März 1395 statt. Er sollte im jährlichen Turnus stattfinden, was jedoch auf Grund der bewegten Zeiten nur wenige Male tatsächlich gelang. Villena beschreibt einen solchen Wettbewerb, dessen feierliches Ritual an einen Gottesdienst erinnert, in dem die *Reglas del arte* die Rolle des Meßbuchs erhalten. Die eigentliche Dichtungslehre - für die *Artes de trovar* der wichtigste Teil - ist nur in einigen rudimentären Notizen erhalten. Vermutlich hat Villena darin die provenzalisch-katalanische Tradition der *Artes de trovar* ins Kastilische übertragen. Eine Vorstellung von den Regeln kann ein Blick in den wichtigsten katalanischen Traktat dieser Zeit, den *Torcimany* (Dolmetsch) des Luis de Averçó vermitteln (Ausg. s. Bibl.).

Villena widmete sein Werk Iñigo López de Mendoza (der zu dieser Zeit noch nicht Marqués de Santillana war), damit er daraus das poetische Handwerk lernen könne:

> Conozco [...] que uos delectaes, en fazer ditados, y trobas ya diuulgadas, y leydas en muchas partes. E por mengua de la gaya dotrina no podéis transfundir en los oydores de vuestras obras, las esçelentes inuençiones que natura ministra a la serenidat de vuestro ingenio (Ausg. Sánchez Cantón, S. 164).

Unverblümt schreibt Villena seinem Adressaten, daß er sicher ein guter Dichter sei, aber wegen seiner Unkenntnis der Regeln der Dichtkunst nicht die Vollkommenheit erreiche, die möglich sei. Mehr als ein Jahrzehnt später antwortet Iñigo López de Mendoza, ohne jedoch zu erkennen zu geben, daß er sich auf den

---

[3] Der Text als solcher ist verloren; erhalten sind nur Auszüge, die der an der Universität Alcalá lehrende Humanist Alvar Gómez de Castro zu Studienzwecken angefertigt hat. Text s. Bibliographie. S. dazu: Elena Gascón-Vera, "Nuevo retrato histórico de Enrique de Villena (1384-1434)", in: *Boletín de la Academia de la Historia* 75, 1978, S. 107-143; Alan D. Deyermond, John K. Walsh, "Enrique de Villena como poeta y dramaturgo. Bosquejo de una polémica frustrada", in: *Nueva Revista de Filología Hispánica* 28, 1979, S. 57-85; Pedro M. Cátedra, "Para la biografía de Enrique de Villena", in: *Estudi General* 1, 1981, S. 29-33; ders., "Algunas obras perdidas de Enrique de Villena, con consideraciones sobre su obra y su biblioteca", in: *Anales de Filología Española* 2, 1985: 53-75; ders. u. Derek C. Carr, "Datos para la biografía de Enrique de Villena", in: *Corónica* 11, 1983, S. 293-299.

Text Villenas bezieht. Im Prolog zu den *Proverbios* von 1437 beruft er sich möglichen Kritikern gegenüber auf die provenzalisch-katalanischen *Artes de trovar* und läßt beiläufig erkennen, daß er die Regeln der Dichtkunst bis in ihre Feinheiten beherrscht.[4] Villenas *Arte de trovar* und der Prolog zu den *Proverbios* bezeichnen die Nahtstelle zwischen der provenzalisch-katalanischen Tradition der *gaya ciencia* und der neuen Welt der kastilischen Dichtung.

Allerdings ist dies nur eine sekundäre Argumentation im Text Santillanas. Im Vordergrund steht etwas anderes: die Verteidigung der Dichtung gegen die herrschende Meinung, daß sie die Fähigkeit des Adligen zum Kampf schwäche und somit schädlich sei. Unter Berufung auf Vorbilder der Bibel, der antiken und der spanischen Geschichte schreibt er König Juan, dem der Prolog gewidmet ist:

> Ca para qualquier prática, mucho es nesçesaria la theórica, é para la theórica la prática. [...] La sçiençia non embota el fierro de la lança, nin façe floxa el espada en la mano del cavallero (*Obras*, S. 23f).

Die Passage ist außerordentlich beredt und wurde von seinen Zeitgenossen viel bewundert und oft zitiert. Es handelt sich um eine der wichtigsten Stellen zu einer Problematik, die man mit *armas y letras* umschreibt: es geht um die Verbindung des Ritterideals der Verteidigungsbereitschaft mit der literarischen Bildung. Der Topos stammt aus der Antike und spielt in der spanischen Literatur des *siglo de oro* bis hin zum *Quijote* eine große Rolle.[5]

Santillanas Prolog zu seinen Proverbios ist typisch für die wenigen kastilischen Poetiken des 15. Jahrhunderts. Es handelt sich nicht um Dichtungslehren im technischen Sinn, da kaum etwas über die verschiedenen Formen der Lyrik und ihre Art der Gestaltung, über Metrik oder Reim ausgesagt wird. Bei allen Unterschieden im Einzelnen sollen sie vor allem die Dichtung gegen gesellschaftliche Vorurteile verteidigen. Ein zentrales Argument haben wir bereits kennengelernt: die Dichtung schwächt nicht die Verteidigungsbereitschaft des Ritters. Eine zweite Argumentationslinie sucht die Würde der Dichtung zu erweisen, indem diese mit der Philosophie oder sogar der Theologie in Verbindung gebracht wird. Die provenzalisch-katalanischen *Artes de trovar* hingegen waren - von wenigen Ausnahmen abgesehen - grammatische und metrische Traktate.

Die einander entgegengesetzten Formen der Dichtungslehre erklären sich aus dem unterschiedlichen sozialen Kontext. Die provenzalische *gaya ciencia* hatte ihren Ursprung im Bürgertum. Die Fortführung dieser Tradition in Barcelona wurde von den Königen gefördert und zog auch einzelne Adlige wie Enrique de Villena in ihren Bann, blieb aber im Kern ein bürgerliches Phänomen. Die kastilische Lyrik des 15. Jahrhunderts hingegen wurde hauptsächlich vom Adel getragen. Erst am Ende des Jahrhunderts wurde auch in Kastilien die Lyrik bürger-

---

[4] Santillana, *Obras*, S. 26f. - Santillana hatte nach dem Tod Villenas ein Trauergedicht auf den toten Freund geschrieben (Text s. Bibl.)

[5] S. dazu Curtius 1962, S. 186-187; Nicholas G. Round, "Renaissance Culture and its Opponents in Fifteenth-Century Castile", in: *Modern Language Review* 57, 1962, S. 204-215; Castro 1972, S. 215-219 und 236; P. E. Russell, "Las armas contra las letras: para una definición del humanismo español del siglo XV", in: ders., *Temas de "La Celestina" y otros estudios*, Barcelona 1978, S. 207-239.

lich, was sich dann auch in der Dichtungslehre niederschlug, wofür der *Arte de trovar* von Juan del Encina ein charakteristischer Beleg ist.

Um das zu verstehen, muß man etwas näher auf die Rolle der Literatur in der adligen Gesellschaft der Zeit eingehen. Gutierre Díez de Games hat in der Chronik des Don Pero Niño das Leben eines vorbildlichen Adligen dargestellt. Pero erhält als Knabe einen Lehrer, der ihn unterweisen soll; als Pero jedoch zehn Jahre alt geworden ist, verabschiedet sich der Lehrer mit den Worten, nun habe er genug gelernt, mehr würde schaden.[6] An anderer Stelle schreibt der Chronist jedoch, daß der Ritter seine Geliebte besingen können muß, und läßt eine lange Aufzählung der verschiedenen metrischen Formen folgen (Ibid., S. 90f). Das weist darauf hin, daß wir es hier mit einem gespaltenen Literaturbegriff zu tun haben. Literatur als Bildung war verpönt; im Sinne eines höfischen Spiels gehörte sie jedoch zum Begriff des vollkommenen Adligen. Allerdings mußte sie stets ein Spiel bleiben, das man beherrschte, ohne es gelernt zu haben. Und so konnte Gómez Manrique noch am Ende des Jahrhunderts in hohem Alter klagen, daß er nie die Regeln der Dichtkunst gelernt, nie einen Lehrer gehabt habe (*Cancionero* I, 2).

Santillanas Verteidigung der Literatur im Prolog zu den *Proverbios* meint also nicht die Lyrik als höfisches Spiel, da diese gar nicht verteidigt zu werden brauchte, sondern Literatur als Philosophie oder gar als Theologie. Dies ist der Gegenstand der beiden wichtigsten dichtungstheoretischen Traktate dieser Zeit: den Prologen Santillanas und Juan Alfonso de Baenas zu ihren *Cancioneros*.

Santillana umschreibt die Dichtung in einer berühmt gewordenen Definition:

> ¿E qué cosa es la poesía - que en el nuestro uulgar gaya sçiençia llamamos - syno un fingimiento de cosas útyles, cubiertas o ueladas con muy fermosa cobertura, conpuestas, distinguidas e scandidas por çierto cuento, peso e medida? (*Poéticas castellanas*, S. 52).

Die Definition geht auf Boccaccios Göttergenealogien zurück, denen er auch sonst in seinem Prolog viel verdankt, und über sie auf die antike Tradition. Die Gabe der Dichtung wird von oben eingegeben, womit Santillana die platonische Inspirationstheorie in christlicher Verwandlung aufnimmt. Allerdings wird die Gnade nur "bien nasçidos e doctos" gewährt.[7] Gelehrsamkeit und Adel sind die Voraussetzungen der Dichtung. Der in der Definition angesprochene Nutzen leitet sich von dieser grundlegenden Aussage ab. Als Gnade Gottes liegt ihr Wert zuallererst in ihr selbst. Danach kommt ihr Wert als Vermittlerin, wobei Dichtung vor allem im Sinn von Rhetorik gemeint ist. Die Dichtung öffnet den Zugang zum Wissen und den Wissenschaften: als wichtigstes gibt sie Kunde von Gott und seinen Geboten, wie die Autoren der Bibel es getan haben; danach vermittelt sie das menschliche Wissen, wie die Autoren der Antike und nach ihnen die Autoren der Moderne. Die Dichtung schmückt den Gottesdienst, aber

---

[6] "El que á de aprender e vsar arte de cavallería, non conbiene despender luengo tiempo en esquela de letras; cúnplevos lo que ya dello savedes. Lo que agora dello vos queda, el tiempo lo dará, vsando algo dello." Díez de Games, S. 64.

[7] Die Dichtung als göttliche Inspiration war Gegenstand einer aufschlußreichen Auseinandersetzung zwischen Fraker (1966) und Lange (1971).

auch Feiern aller Art; ohne sie sind die Feste und Gastmähler stumm (ebda., S. 54). Schließlich gehört sie zu den Ritualen des Hofs, ebenso wie die Kleidung, die Turniere und der Tanz (ebda., S. 51f).

Dichtung ist für Santillana primär Dichtung in Versen; gegenüber der Prosa hat sie höhere Würde, Alter und Autorität (ebda., S. 53). Als Beweis dient die Bibel. Santillana belegt seine theoretischen Aussagen mit einer kurzen Würdigung der großen Dichter, von der Antike bis in die Gegenwart. Man hat in diesen Sätzen den Ansatz zu einer Literaturgeschichte gesehen, der ersten der spanischen Literatur.

Wenige Jahre zuvor hatte der *converso* Juan Alfonso de Baena, Schreiber König Juans II, eine Sammlung kastilischer Dichter dem König gewidmet.[8] Der Prolog, den Baena um 1445 verfaßte, stellt die erste erhaltene Dichtungslehre Kastiliens dar. Die theoretischen Konzepte sind weitgehend mit denen identisch, die Santillana wenig später in seinem Prolog entwickeln sollte. Der höfische Charakter der Dichtung kommt bei Baena allerdings deutlicher zum Vorschein, wenn er schreibt, daß der Dichter "noble fydalgo e cortes" sein müsse, um der göttlichen Inspiration würdig zu sein (ebda., S. 38). Der nichtadlige Baena stand möglicherweise in einem stärkeren Rechtfertigungszwang als Santillana, der diese Rechtfertigung nicht brauchte. Inwieweit darin eine Tendenz zum Vorschein kommt, die Literatur als Bildung zu betonen, um über sie sozial aufzusteigen, ist in der Forschung umstritten.[9] Ein spätes Echo findet diese Diskussion in dem Prolog von Gómez Manrique zu seinem Cancionero (ca. 1481-1490; 1885, I 1-11).

Wenn Santillana in seinem *Prohemio* den Begriff der Literatur als Wissenschaft entwickelte, so war das nicht nur bloßes Programm, sondern die theoretische Formulierung eines Konzepts, das er zu realisieren versuchte. Er sammelte einen Kreis von Gelehrten um sich, die die Literatur der Antike und die moderne Literatur vor allem Italiens aufarbeiteten. Sein Verwandter Nuño de Guzmán suchte in seinem Auftrag in Italien nach Manuskripten der antiken Literatur, die er seiner Bibliothek einverleibte, welche dadurch zu einem Zentrum des frühen Humanismus in Kastilien wurde.[10] Im 15. Jahrhundert setzte eine intensive Übersetzertätigkeit ein, durch die wesentliche Werke der griechischen und römischen Antike wie auch der modernen Literaturen Italiens,

---

[8] Text in *Poéticas castellanas*, S. 19-38; s. dazu Verf: "La teoría de la poesía cortesana en el 'Prólogo' de Juan Alfonso de Baena", in: W. Hempel, D. Briesemeister (Hg.), *Actas del Coloquio hispano-alemán Ramón Menéndez Pidal*, Tübingen 1982, S. 120-137.

[9] Diese These wurde vor allem von Américo Castro im Hinblick auf die *Conversos* vertreten.

[10] S. dazu Mario Schiff, *La bibliothèque du Marquis de Santillane*, Paris 1905. Nachdruck Amsterdam 1967. Der Marqués de Santillana war damit kein Einzelfall, wenn er auch der bei weitem wichtigste Sammler antiker und moderner Literatur war. Eine weitere wichtige Bibliothek war die des Conde de Haro, die durch Antonio Paz y Mélia erschlossen worden ist. "Biblioteca fundada por el Conde de Haro", in: *Revista de Archivos, Bibliotecas y Museos* 1/1897, 4/1900, 6/1902, 7/1902, 8/1903, 9/1903, 19/1908, 20/1909.

Frankreichs und Englands ins Kastilische übertragen wurden.[11] Santillana hatte daran einen großen Anteil; stellvertretend sei hier nur die Übersetzung von Platos *Phaidon* durch seinen Hauskaplan Pero Díaz de Toledo genannt, die erste Übersetzung eines Werks Platos ins Spanische (Deyermond 1985, S. 264f).

Santillana stand auch mit den beiden größten Gelehrten seiner Zeit in Verbindung: Alonso de Cartagena (1384-1456) und Alonso de Madrigal, bekannt auch als "El Tostado" (1400?-1455). Alonso de Cartagena entstammte einer der großen jüdischen Familien des Landes, die mehrere große Gelehrte hervorgebracht hat. Sein Vater Pablo de Santa María hatte sich als Oberrabbiner der jüdischen Gemeinde von Burgos mit seiner Familie zum katholischen Glauben bekehrt und war später Bischof von Burgos geworden. Nach seinem Tod folgte ihm Alonso de Cartagena auf dem Bischofssitz nach.[12] In den Jahren zwischen 1420 und etwa 1435 war er eng mit dem Hof Juans II verbunden und vertrat den König in einer Reihe von diplomatischen Missionen. Daneben übersetzte er mehrere Werke von Cicero und Seneca.[13] Madrigal stammte aus bäuerlichem Milieu. Nach dem Studium in Salamanca stieg er zum Professor auf; 1449 wurde er Bischof von Avila. Der erdrückende Umfang seines Werks läßt ahnen, weshalb seine Leichtigkeit zu schreiben in Spanien sprichwörtlich geworden ist. In unserem Zusammenhang ist vor allem sein Kommentar zur Weltchronik des Eusebius interessant, der auf eine Bitte Santillanas zurückgeht.[14] Madrigal hat in dieses Werk die Metamorphosen Ovids eingearbeitet, so daß es streckenweise eher zu einem Kommentar Ovids als des Eusebius gerät. Die kulturelle Leistung dieser Autoren erweckte die Bewunderung der Zeitgenossen, was besonders in den *Generaciones y semblanzas* von Fernán Pérez de Guzmán und den *Claros varones de Castilla* von Fernando del Pulgar zum Ausdruck kommt.

Die Übersetzertätigkeit Cartagenas brach in dem Moment ab, als er Bischof von Burgos wurde. In seinen späteren Werken wird ein stärker werdender Rigorismus spürbar, der sich in einer größeren Distanz zur antiken Literatur und darüber hinaus zur Literatur überhaupt äußert, soweit sie nicht unmittelbar religiös-moralischen Zwecken dient.[15]

Bereits zu Beginn des 15. Jahrhunderts wandten sich die höfischen Dichter philosophischen und moralischen Themen zu. In der Mitte des Jahrhunderts ver-

---

[11] Aus dem Griechischen Homer, Plato, Plutarch und Tukydides, jedoch über lateinische Zwischenstufen; aus dem Lateinischen Vergil, Ovid, Cicero, Seneca, Titus Livius, Sallust; aus dem Italienischen Dante, Petrarca und Boccaccio. Die Übersetzungen aus dem Französischen und Englischen sind daneben nur punktuell.

[12] S. dazu Serrano 1942; Cantera Burgos 1952.

[13] Zu Cicero s. Verf. 1977, S. 187; zu Seneca Blüher 1969, S. 99-111.

[14] Die Ausgabe der lateinischen Werke (Venedig 1507-1531) umfaßt 30 Bände; am Ende des Jahrhunderts erschienen weitere Gesamtausgaben in Venedig und Köln; der spanische Kommentar zu Eusebius (*Tostado sobre el eusebio*) erschien in Salamanca 1506-1507 in 6 Bänden.

[15] Wichtigster Beleg für Cartagenas rigoristische Haltung ist ein Brief an Pedro Fernando de Velasco, Conde de Haro, der ein Bildungsprogramm für Adlige enthält; s. Verf. 1977, S. 200f; Ausgabe: J.N.H. Lawrance (Hg.), *Un tratado de Alonso de Cartagena sobre la educación y los estudios literarios*, Barcelona 1979.

stärken sich die moralisierenden Tendenzen. Santillana schreibt im Widmungsbrief zu seinem *Cancionero*, daß die Dichtung (gemeint ist die Dichtung als höfisches Spiel) zu den fröhlichen Unterhaltungen der Jugend gehöre, ebenso wie schöne Kleidung, Turniere, Tanz und andere höfische Unterhaltungen; dem Alter geziemen jedoch ernstere Beschäftigungen (*Poéticas castellanas*, S. 51f). Der gleiche Gedanke findet sich auch in Juan de Menas *Coplas contra los siete pecados mortales*, der aber einen Schritt weitergeht und die Musen im Stil der *Consolatio philosophiae* des Boethius verabschiedet:

> Fuyt o callad, serenas,
> qu'en la mj edat pasada
> tal dulçura enponzoñada
> derramastes por mjs venas;
> mjs entrañas qu'eran llenas
> de peruerso fundamento,
> qujera el diujnal aliento
> de mal[a]s fazer ya buenas. [...]
>
> Non se gaste más paujlo
> en saber qujen fue Pegaso,
> las dos cunbres de Perrnaso
> los siete braços de Njlo:
> pues nos llegamos al hilo
> y sabemos que de nos
> juzgando rreçibe Dios
> más la obra qu'el estilo. [...]
>
> Del esclaua poesía
> lo superfluo así tirado
> lo dañoso desechado,
> segujré su companja:
> ala cathólica vía
> rreduziéndola por modo
> que valga más que su todo
> la parte que fago mja.[16]

Die Literatur wird nur dann geduldet, wenn sie religiöse Themen aufgreift und auf moralische Unterweisung ausgerichtet ist. Man könnte dies als eine Art von Altersrigorismus erklären. Die wichtigsten Autoren der Zeit sind alt geworden, und mit ihnen die höfische Kultur ihrer Zeit. Aber damit ist das Phänomen nur unzureichend erklärt. Sicher ist, daß die humanistischen Ansätze der ersten Hälfte des Jahrhunderts verkümmern. Christliche Themen treten in den Vordergrund, und es wird Mode, zu Beginn eines Werks die Musen zu verabschieden.

---

[16] "Flieht und schweigt, Sirenen,/ die ihr in meinen früheren Jahren/ solch vergiftete Süsse/ in meine Adern gegossen habt,/ in mein Inneres, das voll war/ von verderbten Gedanken./ Möge der göttliche Hauch/ sie von schlechten in gute verwandeln. // Möge Pavilo keine Zeit mehr darauf verschwenden/ zu wissen, wer Pegasus war,/ die zwei Gipfel des Parnaß,/ die sieben Arme des Nil:/ da wir an die Scheide kommen / und wissen, daß Gott in seinem Urteil/ mehr auf das Werk als auf den Stil sieht.// Wenn von der Sklavin Poesie/ so das Überflüssige genommen,/ das Schädliche verworfen wird,/ werde ich in ihrer Gesellschaft bleiben:/ auf dem katholischen Weg,/ indem ich sie so stutze,/ daß mehr als das Ganze/ der Teil wert ist, den ich zu dem meinen mache." Zit. nach Ausg. Rivera, S. 60f.

Wichtigster Beleg sind die berühmten *Coplas por la muerte de su padre* von Jorge Manrique. Mit den biblischen Epen von Iñigo de Mendoza (ca. 1425-ca. 1507) und Juan de Padilla (1468-1522?) setzt sich diese Tendenz bis in die Zeit der Katholischen Könige fort. Sie bleibt bis zum Ende des Barock stets spürbar, wenn auch mit unterschiedlicher Stärke und Qualität.

Am Ende des Jahrhunderts setzt ein neuer Aufschwung der humanistischen Studien ein, nicht zuletzt dank der Förderung durch die Katholischen Könige. Daraus zog auch Antonio de Nebrija[17] (1444-1522) Nutzen. Er begann sein Studium in Salamanca und setzte es in Bologna fort. 1470 kehrte er nach Spanien zurück, wurde Professor für Grammatik und Rhetorik an seiner Heimatuniversität, an der er konsequent das Ziel verfolgte, die Barbarei zu vertreiben und das neue, humanistische Bildungsideal durchzusetzen. Und da alle Wissenschaften in Latein überliefert waren, mußte ihre Reform mit dem Lateinischen beginnen; denn nach humanistischer Überzeugung mußte eine korrupte Sprache notwendig auch den Inhalt korrumpieren. Seine Arbeit galt also zuerst der lateinischen Grammatik und lateinisch-spanischen und spanisch-lateinischen Wörterbüchern. 1492 verkündete er voll Stolz im Widmungsbrief zu seinem *Diccionario latino-español*, daß er als erster dem Lateinischen in Spanien den Weg geebnet habe, und alles, was in Spanien an lateinischen Kenntnissen vorhanden sei, auf ihn zurückgeführt werden müsse.[18] Drei Jahre später schrieb er in einem programmatischen Vorwort, sein Studium in Italien habe allein dem Ziel gedient, das notwendige Wissen zu erwerben, mit dem er nach seiner Rückkehr die lateinischen Autoren wieder in Spanien heimisch machen wollte, die viele Jahrhunderte ausgewiesen waren. Der Kampf des Grammatikers wird in einer berühmt gewordenen Metapher zu einem veritablen Krieg:

> Assi io para desarraigar la barbarie de los ombres de nuestra nacion: no comence por otra parte sino por el estudio de salamanca: el qual como una fortaleza tomada por combate: no dudava io que todos los otros pueblos de españa vernan luego a se me rendir.[19]

Wie in ganz Europa wurde der Siegeszug des Humanismus auch in Spanien durch die Einführung des Buchdrucks entscheidend gefördert.[20] Im Rückblick erscheint es allerdings mehr als zweifelhaft, ob Nebrija 1495 bereits die "Feste Salamanca" eingenommen hatte; von einer Unterwerfung Spaniens gar konnte zu diesem Zeitpunkt noch keine Rede sein. Es sollte noch mehr als zwei Jahrzehnte dauern, bis sich der Humanismus als geistige Bewegung in Spanien durchsetzte.

Nebrijas Bemühungen galten nicht nur dem Latein. 1492 veröffentlichte er eine spanische Grammatik, mit der er insofern Neuland betrat, als es die erste Grammatik einer romanischen Sprache war. Der Prolog ist eine großangelegte

---

[17] Der eigentliche Name ist Antonio Martínez de Cala. Nach seinem Geburtsort nannte er sich de Lebrija, das er mit dem antiken Nebrissa identifizierte. Vgl. auch hier: Chr. Strosetzki, Grammatiker, Humanisten und Moralisten, S. 215f.

[18] *Diccionario latino-español* 1492/1979: a j r.

[19] *Vocabulario de romance en latin* 1495: a iijr. f. S. dazu Francisco Rico, *Nebrija frente a los bárbaros*, Salamanca 1978.

[20] S. Vindel 1945-1951, Romero de Lecea 1972, Laurenti/Porqueras Mayo 1981.

Darstellung der politischen und kulturellen Situation der Zeit und damit ein Dokument ersten Ranges, dessen Bedeutung weit über die einer Grammatik hinausgeht. "Siempre la lengua fue compañera del imperio", beginnt Nebrija (1946, I 5) und setzt damit einen nationalen Akzent, der für das Verständnis des Werks wesentlich ist. Der Satz ist zunächst innenpolitisch gemeint. Am Beispiel Griechenlands und Roms zeigt Nebrija auf, daß sich Sprache und Literatur in dem Maße entfalteten, als der Staat wuchs und sich festigte, und überträgt die Lehre auf Spanien: dank des Wirkens der Könige ist das Land politisch geeint, sind die Mauren vertrieben, ist die Religion gereinigt (vermutlich eine Anspielung auf die Vertreibung der Juden), kurz, die Spanier sind wieder Freunde Gottes und mit ihm versöhnt. Damit ist die Grundlage geschaffen, daß auch die Künste des Friedens blühen können (ebda., S. 8f). Danach schlägt Nebrija wieder kriegerische Töne an, wenn er schreibt, daß der Nutzen der Grammatik auch darin liege, die "barbarischen Völker und Nationen mit fremden Sprachen", die Isabella noch unterwerfen werde, mit dem Spanischen vertraut zu machen (ebda., S. 10f). Gemeint waren die arabischen Reiche Nordafrikas; spätere Zeiten haben die Passage jedoch auf Amerika umgedeutet. Die Passage ist vermutlich weniger imperialistisch, als sie für uns klingt; man muß sie wohl im Zusammenhang mit dem bereits erwähnten Topos der *armas y letras* sehen; auch Nebrija sah sich gezwungen, den politischen Nutzen einer scheinbar so nutzlosen Sache wie der Grammatik nachzuweisen.

Nebrija will das Spanische zu einer Kunstsprache machen, die den großen Sprachen der Antike ebenbürtig ist. Nach der vorgeschobenen politischen Begründung folgt die wissenschaftliche und die literarische. Das zweite Buch der Grammatik ist der Metrik gewidmet (ebda., S. 36-56). Es ist die erste erhaltene Metrik des kastilischen Spanisch. Nebrija überträgt die Begriffe der lateinischen Metrik auf das Spanische, womit er zu erkennen gibt, daß er die traditionelle spanische Metrik für unzulänglich hält, die durch eine neue ersetzt werden muß. Die spanischen Dichter des 15. Jahrhunderts können jedoch neben den antiken Autoren bestehen. Auch dies behauptet Nebrija nur indirekt, indem er die aus dem Lateinischen abgeleiteten Regeln und Figuren in den Werken Santillanas, Menas, Jorge und Gómez Manriques und anderer nachweist. Er zitiert so ausgiebig, daß man sogar von einer Anthologie sprechen kann. Die genannten Autoren - unter ihnen vor allem Mena - werden dadurch zu den ersten Klassikern der spanischen Literatur, ihre Werke zum Vorbild für künftige Dichter. Daneben zitiert Nebrija einige Romanzen, auch wenn er hinzufügt, daß es sich um weniger kunstvolle Dichtungen handelt. Im Unterschied zu Santillana tut er sie jedoch nicht verächtlich ab. Der Humanist Nebrija hält auch die volkstümlichen Formen der Dichtung für überlieferungswürdig und wird darin Vorbild für spätere Autoren des Siglo de Oro. Nebrija hat mit seiner Grammatik die Grundlage für die weitere Entwicklung des Spanischen geschaffen, die ihren Höhepunkt in den großen Werken des Siglo de oro finden sollte. Seine Grammatik bezeichnet eine Zeitenwende, die das späte Mittelalter von der neuen Zeit des Humanismus trennt.

Nebrija bricht die Metrik unvermittelt mit dem Verweis auf einen *Arte de poesia castellana* (ebda., S. 57) ab, den ein Freund mit großer Eleganz verfaßt habe. Man hat viel darüber spekuliert, welches Werk er damit gemeint haben könnte. Genannt wurden vor allem der *Arte de poesia castellana* (1496) von Juan del Encina, vereinzelt auch die *Gaya ciencia* von Pero Guillén de Segovia (1475).[21] Beide Hypothesen haben sich jedoch nicht durchgesetzt, so daß die Frage als offen gelten muß.[22]

Die beiden genannten Werke bezeugen das Eindringen humanistischen Gedankenguts in die Konzeption der Literatur. Aber zwischen den beiden Werken liegt eine Zeitenwende. Guillén de Segovias *Gaya ciencia* knüpft in einem merkwürdigen Anachronismus an die provenzalisch-katalanischen Traktate an, während Juan del Encina die kastilische Dichtung über Italien auf die römische Literatur zurückführt und die provenzalisch-katalanische Linie nicht einmal erwähnt.[23] Wie Santillana stellt Encina seine Theorie als Prolog seinem *Cancionero* voran. Auch im Inhalt übernimmt er einige seiner zentralen Konzepte. Wieder ist das Ingenium des Dichters unabdingbare Voraussetzung seines Tuns (*Poéticas castellanas*, S. 85), nicht mehr allerdings die adlige Geburt. Wieder erhält die Poesie aus historischen und rhetorischen Gründen den Vorrang vor der Prosa: sie zeichnet sich durch höhere Würde aus, da sie bereits von den antiken Autoren und den Autoren der Bibel mehr geschätzt wurde als die Prosa, und sie erzielt beim Leser oder Hörer größere Wirkung (ebda., S. 79f). Die rhetorische Argumentation geht jedoch über das Vorbild Santillana hinaus und läßt den Einfluß des zeitgenössischen Humanismus erkennen. Unter Berufung auf Quintilian setzt Encina Dichtung und Rhetorik gleich; sie unterscheiden sich allein darin, daß die eine metrisch gebunden ist, die andere nicht (ebda., S. 83). Hier kündigt sich bereits die Rhetorisierung der Poetik an, die ein wesentliches Merkmal der humanistischen Poetik darstellt.

Die humanistischen Züge der Poetik Encinas lassen sich auf Nebrija zurückführen, den er in einer beredten Passage als seinen Lehrer preist.

> Y assimesmo porque, según dice el dotíssimo maestro Antonio de Lebrixa, aquel que desterró de nuestra España los barbarismos que en la lengua latina se avían criado, una de las causas que le movieron a hazer arte de romance, fue que creya nuestra lengua estar agora más empinada y polida que jamás estuvo, de donde más se podía temer el decendimiento que la subida. Y assí yo por esta mesma razón, creyendo nunca aver estado tan puesta en la cumbre nuestra poesía y manera de trobar, parecióme ser cosa muy provechosa

---

[21] Das Datum bezieht sich auf den Prolog; über die Abfassungszeit des Werks selbst ist nichts bekannt. Prolog und Werk wurden in ihrer Zeit nicht gedruckt und sind nur als Fragment erhalten.

[22] Zuletzt hat noch F. López Estrada die These vertreten, Nebrija habe Encina gemeint (*Poéticas castellanas*, S. 73); Lore Terracini hat jedoch bereits 1965 überzeugend nachgewiesen, daß Encinas *Arte* nicht gemeint sein kann (S. 24-29).

[23] Text nach *Poéticas castellanas*, S. 77-93; s. dazu die Einführung des Herausgebers; weiterhin Lore Terracini 1964-1965; Juan Carlos Temprano: "'El Arte de la poesía castellana', de Juan del Encina. Estudio y Edición", in: *Boletín de la Real Academia Española* 53, 1973, S. 9-50, sowie Francisco López Estrada: "El 'Arte de poesía castellana' de Juan del Encina (1496)", in: *L'Humanisme dans les lettres espagnoles*, Paris 1979, S. 151-168.

ponerla en arte y encerrarla debaxo de ciertas leyes y reglas, porque ninguna antigüedad de tiempos le puede traer olvido (ebda., S. 78).

Encina will das Werk Nebrijas fortsetzen: was dieser mit der Grammatik für die Sprache getan hat, will er mit seinem *Arte* für die Dichtung tun. Aber der Schüler bleibt hinter seinem Lehrer zurück, im Inhalt wie in der Form. In weiten Passagen wirkt der *Arte* Encinas wie eine etwas unbeholfene Paraphrase von Gedanken, die Nebrija in seiner Grammatik ausgesprochen hatte. In der kurzen Metrik, die sich an die theoretische Grundlegung anschließt, verwendet er wieder die spanischen Bezeichnungen, die Nebrija als unangemessen verworfen und durch Ausdrücke ersetzt hatte, die er aus dem Lateinischen abgeleitet hatte. Sein *Arte* wird dadurch zu einer merkwürdigen Mischung von mittelalterlichen und humanistischen Zügen; er steht gleichzeitig am Ende und am Anfang literarischer Entwicklungen. Diese Mischung ist bezeichnend für die spanische Kultur und Literatur am Ende des 15. Jahrhunderts. Eine neue Epoche kündigt sich an, aber das Mittelalter wirkt in vielem weiter.

3. Versdichtung

3.1 Lyrik

Wenn die Theoretiker des 15. Jahrhunderts die Poesie über die Prosa stellten, so gaben sie eine theoretische Begründung für die faktische Situation in ihrer Zeit. Dichtung wurde weitgehend mit Versdichtung identifiziert; sie hatte und verlieh ein höheres soziales Prestige, weshalb es nicht erstaunt, daß die wichtigsten literarischen Werke des Jahrhunderts metrisch gebunden sind. Innerhalb der Versdichtung stellt die Lyrik die wichtigste Dichtungsform dar, deren Bandbreite vom höfischen Spiel bis zur Philosophie reicht.

Die kastilische Dichtung des 15. Jahrhunderts ist zwei Traditionen verpflichtet, die ihrerseits wiederum in engem Zusammenhang gesehen werden müssen: der provenzalisch-katalanischen und der galizisch-portugiesischen. Im galizisch-portugiesischen Sprachraum war auch die Sitte aufgekommen, Gedichte in *cancioneiros* zu sammeln. Etwa um 1400 löste das Kastilische das Galizisch-Portugiesische als Sprache der Dichtung ab; es dauerte jedoch noch ein halbes Jahrhundert, bis der erste kastilische *cancionero* entstand. Es handelt sich um den *Cancionero de Juan Alfonso de Baena*, der um 1445 abgeschlossen worden ist und eine umfassende Sammlung der kastilischen Dichtung vom Ende des 14. Jahrhunderts und aus der Zeit Juans II darstellt. Zahlreiche weitere *Cancioneros* folgten, unter denen der *Cancionero de Estúñiga* (1460-1463) hervorgehoben zu werden verdient, der die Dichtung am neapolitanischen Hof Alfons' V repräsentiert. Höhepunkt und Abschluß bildet bereits im 16. Jahrhundert der *Cancionero general de Hernando del Castillo* (1511).[24] Generell lassen sich zwei Typen der

---

[24] Die Bibliographie zu den *Cancioneros*, allgemeiner zur Lyrik des 15. Jahrhunderts ist außerordentlich umfangreich. Eine bibliographische Übersicht über die Texte geben Steunou/Knapp 1975-1978; zur Einführung in die Problematik s. Le Gentil 1949-1953, Blecua 1975 und Alvaro

cancioneros unterscheiden: der *cancionero colectivo*, in dem ein Sammler Dichtungen nach bestimmten Kriterien zusammenstellt und der *cancionero individual*, in dem ein Dichter sein eigenes Werk vereint. Einige Sammler haben den Gedichten Widmungsbriefe vorangestellt, in denen sie ihre Konzeption der Dichtung programmatisch darlegen.

Die beiden wichtigsten lyrischen Formen sind die *canción* und der *decir*. Die *canción* entspricht der galizisch-portugiesischen *cantiga* und geht auf die provenzalische *cansó* zurück; sie ist kurz und unterliegt strengen formalen Regeln. Der Name läßt bereits erkennen, daß diese Form ursprünglich für den Gesang bestimmt war. Eine Nebenform der *canción* ist der *villancico*, der im Umfang variieren kann (s. dazu Sánchez Romeralo 1969). Der *decir* entspricht dem provenzalischen *sirventés* und war für den gesprochenen Vortrag oder die Lektüre bestimmt. Die Form ist offen und läßt zahlreiche Varianten zu. Der formalen Trennung entspricht eine inhaltliche Unterscheidung: die *canción* behandelt in der Regel Themen der höfischen Liebe, während der Themenkreis des *decir* breiter gestreut ist: ursprünglich ein satirisches Gedicht, hat es - z.T. unter Einfluß des französischen *dit* - ganz allgemein soziale, politische, philosophische, moralische oder auch literarische Themen zum Inhalt. Zwei Verse herrschen vor: der Vers des *arte menor* kann zwischen zwei und acht Silben umfassen; die häufigste Form ist der Achtsilbler, dessen viersilbige Kurzform *quebrado* heißt. Die Variationsbreite des Verses des *arte mayor* liegt zwischen neun und vierzehn (gelegentlich auch mehr) Silben; in den meisten Fällen besteht er aus zwölf Silben, die in zwei Hemistichien geteilt werden.[25] Bereits zu Beginn des Jahrhunderts taucht der aus Italien stammende Elfsilbler auf, der für die spanische Lyrik große Bedeutung gewinnen sollte. Etwa um die Mitte des Jahrhunderts ist ein Wandel zu beobachten: zahlreiche komplizierte Gedichtformen geraten in Vergessenheit, der *decir* wird freier gehandhabt; in den Kurzformen hingegen suchen die Dichter nach immer größerer formaler Raffinesse.

Der *Cancionero de Juan Alfonso de Baena*

Der *Cancionero de Baena* umfaßt die poetische Produktion Kastiliens von etwa 1370 bis zum Zeitpunkt der Fertigstellung 1445; einzelne Nachträge reichen bis in die Anfänge der 50er Jahre. Es lassen sich zwei Epochen unterscheiden, deren Grenzlinie mit der Jahrhundertwende zusammenfällt. Der Sammler war *converso*

Alonso im Vorwort zur Ausgabe *Poesía de Cancionero* 1986 mit weiteren bibliographischen Angaben.

[25] S. dazu Le Gentil 1949-1953, Bd. 2, Baehr 1981 und Clarke 1964.

und *escribano* am Hof Juans II von Kastilien.²⁶ Sein konservativer Geschmack schlägt sich in einer Vorliebe für die ältere Dichtung nieder.

Der wichtigste Dichter der ersten Periode ist Alfonso Alvarez de Villasandino, dessen poetisches Werk mehr als ein halbes Jahrhundert umspannt.²⁷ In seinem formal und thematisch vielseitigen Werk vollzog er den Wandel vom Galizisch-Portugiesischen zum Kastilischen als Sprache der Dichtung, der etwa um die Jahrhundertwende abgeschlossen war. Mit auffallendem Selbstbewußtsein läßt er Stolz auf seine formale Meisterschaft erkennen und blickt mit Verachtung auf Dichter herab, die die Regeln weniger gut beherrschen als er:

> A mi bien me plaze porque se estienda
> la gaya çiençia en bocas de tales,
> que sean donossos fydalgos ...
> e troben limado syn pauor de emienda;
> mas pues que los torpes ya sueltan la rryenda
> quemen sus libros doquiera que son
> Virgilio e Dante, Oraçio e Platon,
> e otros poetas que diz la leyenda.²⁸

Um die Jahrhundertwende tritt eine neue Generation von Dichtern auf, die stärker an philosophischen und moralischen Themen interessiert ist. Stilbildend ist Francisco Imperial, der in Genua geboren wurde und in Sevilla lebte.²⁹ Er führte

---

²⁶ Die genauen Lebensdaten sind unbekannt; er wurde vermutlich Ende des 14. Jahrhunderts geboren und starb in der Mitte des 15. Jahrhunderts. Literatur zu seiner Person und dem *Cancionero*: Juan Bautista Avalle Arce, "Sobre Juan Alfonso de Baena", in: *Revista de Filología Hispánica* 8, 1946, S. 141-147; W. Schmid, *Der Wortschatz des Cancionero de Baena*, Bern 1951; Antonio Rodríguez-Moñino, "Sobre el 'Cancionero de Baena': dos notas bibliográficas", in: *Hispanic Review* 27, 1959, S. 139-149; Fraker 1966; Francisco Cantera Burgos, "El 'Cancionero de Baena': judíos y conversos en él", in: *Sefarad* 27, 1967, S. 71-111; Lange 1971; J. J. Labrador Herraiz, *Poesía dialogada medieval. La 'pregunta' en el 'Cancionero de Baena'*, Madrid 1974; C. Potvin, "Les Rubriques du 'Cancionero de Baena'. Etude pour une 'gaie science'", in: *Hispanic Review* 27, 1979, S. 173-185; ders., "La Poétique de Juan Alfonso de Baena: Analyse de six poèmes", in: *Studi Ispanici* 1980, S. 27-37; J.N.H. Lawrance, "Juan Alfonso de Baena's Versified Reading List: A Note on the Aspirations and the Reality of Fifteenth-Century Castilian Culture", in: *Journal of Hispanic Philology* 5, 1981, S. 101-122; Alan D. Deyermond, "Baena, Santillana, Resende and the Silent Century of Portuguese Court Poetry", in: *Bulletin of Hispanic Studies* 59, 1982, S. 198-210; J.M. Solá-Solé, "De nuevo sobre el judaísmo de Juan Alfonso de Baena", in: ders. 1983, S. 207-223; Julio Rodríguez-Puértolas, "Copleros y 'juglares' en el 'Cancionero de Baena'", in: M. Criado de Val (Hg.), *La juglaresca*, Madrid 1986, S. 101-109.

²⁷ Das Geburtsdatum ist unbekannt; die ersten Dichtungen lassen sich auf etwa 1370 datieren. Er starb um 1424. S. dazu Giovanni Caravaggi: "V. et les derniers troubadours de Castille", in: *Mélanges offerts à Rita Lejeune*, Gembloux 1969, I, S. 395-421; Ingrid Bahler, *A. A. de V: poesía de petición*, Madrid 1977.

²⁸ "Mir gefällt es wohl, daß sich ausbreite/ die gaya çiençia im Mund/ der anmutigen Hidalgos/ und sie geeilte [Verse] dichten ohne Angst, korrigiert zu werden;/ aber da die Stümper die Zügel schiessen lassen,/ mögen ihre Bücher verbrennen, wo auch immer sie sind,/ Vergil und Dante, Horaz und Plato,/ und andere Dichter, von denen die Legende erzählt." *Cancionero de Baena*, I, 170.

²⁹ Die genauen Lebensdaten sind nicht bekannt; man weiß nur, daß er um 1400 lebte und dichtete. S. dazu Edwin B. Place, "Present Status of the Controversy over F. I.", in: *Studies in Philology* 31, 1956, S. 478-484; Dorothy C. Clarke, "A Comparison of F. I.'s 'Decir al nacimiento del rey Don Juan' and the 'Decir a las siete virtudes'", in: *Symposium* 17, 1963, S. 17-29; Margarita Morreale,

die allegorische Dichtung in der Nachahmung Dantes in Spanien ein und dazu als metrische Neuerung den italienischen Elfsilbler. Der ihm zugeschriebene *Decir a las siete virtudes*[30] ist eine Traumallegorie: in einem idyllischen Garten begegnet der Dichter Dante, der ihm sieben Sterne zeigt und zugleich auf sieben Schlangen hinweist, die ihn unbemerkt begleitet haben. Die Sterne symbolisieren die sieben Kardinaltugenden, die Schlangen die Laster. Das Gedicht hat einen zeitgeschichtlichen Hintergrund, da die Laster auf das schlechte Stadtregiment Sevillas verweisen. Der Dichter wacht in einem schönen Garten auf, in seiner Hand das Werk Dantes:

> E como en mayo, en prado de flores
> se mueue el ayre en quebrando el alua,
> suauemente buelto con colores,
> tal se mouio, acabada la salua;
> feriamente en la fas e en la calua,
> e acorde, como a fuerça despierto,
> e falle en mis manos a Dante abierto
> en el capitulo que la Virgen salua.[31]

Zu den jüngsten Dichtern des *Cancionero de Baena* gehört Rodríguez de la Cámara (oder nach seinem Geburtsort del Padrón), bei dem Leben und Werk zu einer Liebeslegende verwoben sind.[32] Er ist in der Sammlung nur mit wenigen Werken vertreten; seine vielgerühmte und oft bewunderte *canción Byue leda sy podras* zeugt von der ungebrochenen Popularität dieser poetischen Form. Nach dem vorangestellten Kommentar Baenas schrieb sie der Autor, als er sich von seiner Dame verabschieden wollte, um in Jerusalem Mönch zu werden:

> Byue leda sy podras
> non esperes atendiendo,
> que segunt peno sufriendo,
> non entiendo
> que jamas
> te vere nin me veras.
>
> ¡O dolorosa partida
> de triste amador, que pido
> liçençia, que me despido
> de tu vista e de mi vida!
> El trabajo perderas
> en aver de mi mas cura,

"El 'Decir a las siete virtudes' de F. I. Lectura e imitación prerrenacentista de la 'Divina Comedia'", in: *Lengua - literatura - folklore. Estudios dedicados a Rodolfo Oroz*, Santiago de Chile 1967, S. 307-377.

[30] Text in *Cancionero de Baena*: II, S. 497-514: Ed. crít. por A. Woodford. In: *Nueva Revista de Filología Hispánica* 8, 1954, S. 268-294.

[31] "Und wie im Mai, auf einer Blumenwiese/ die Luft sich bewegt, wenn der Tag anbricht,/ sanft zurückgekehrt mit Farben,/ so strich sie über das Antlitz und das kahle Haupt,/ und preist den Tag, wenn er da ist; und ich wachte auf, wie mit Gewalt geweckt,/ und fand in meiner Hand den Dante geöffnet/ in dem Kapitel, das die Jungfrau preist." *Cancionero de Baena* II, S. 514.

[32] Das Geburtsjahr ist unbekannt, gestorben nach 1440; s. dazu Gilderman 1977; Lida de Malkiel 1978: 21-144. - Der Ruhm R. de C.'s basiert vor allem auf seinem Roman *Siervo libre de amor*.

que segunt mi grant tristura
non entyendo
que jamas te vere nin me veras.

Pues que fustes la primera
de quien yo me catyue
desde aqui vos do mi ffe
vos sseres la postrimera.³³

Der *Cancionero de Estúñiga*

Der *Cancionero de Estúñiga* (auch *Stúñiga*), dessen Sammler unbekannt ist, repräsentiert die Dichtung am Hof Alfons V in Neapel. Der *cancionero* verdankt seinen Namen dem zufälligen Umstand, daß die erste einem Autor zugeschriebene Dichtung aus dem Werk von Lope de Estúñiga stammt. Die Sammlung entstand wenige Jahre nach dem Tod des Herrschers zwischen 1460 und 1463. Die Dichter führen die kastilischen Traditionen fort, ohne daß ein Einfluß des italienischen Humanismus sichtbar wird. Man hat den Eindruck, daß am Hof Alfons' V zwei Welten nebeneinander existiert haben, ohne sich zu berühren.³⁴

3.2 Die gelehrte Epik

Neben der Lyrik nehmen die erzählenden Formen der Dichtung einen geringeren Platz ein. Vielfältige Einflüsse kommen zusammen. Die humanistisch orientierten Autoren der ersten Hälfte des Jahrhunderts suchten das Vorbild der Antike. Villena übersetzte um 1427/1428 auf Bitten Juans II die *Aeneis*. Mena verfaßte um 1440 eine Prosafassung der *Ilias*, die auf eine lateinische Prosafassung von Ausonius zurückgeht. Bereits um die Jahrhundertwende fand Dante in Kastilien Bewunderer und Nachahmer. Sein Einfluß auf die allegorisierende Dichtung Imperials wurde bereits erwähnt. Noch wichtiger war sein Einfluß auf Santillana. Auf seine Anregung übersetzte Villena etwa in der gleichen Zeit wie die *Aeneis* auch die *Divina Commedia*; in seiner Bibliothek besaß er auch Übersetzungen des Kommentars von Benvenuto da Imola (Schiff 1905, S. 305f und S. 311f). In den Gattungsbegriffen der Zeit sind die narrativen Werke dieser Epoche formal dem *decir* zuzurechnen. Die wichtigsten Autoren sind Mena und Santillana.

---

³³ "Lebe fröhlich wenn du kannst,/ warte nicht,/ denn so wie ich leide,/ verstehe ich nicht,/ daß niemals/ nicht ich dich noch du mich sehen wirst.// Oh schmerzvoller Abschied/ des traurigen Liebenden,/ der ich mich verabschiede/ von deinem Anblick und von meinem Leben!/ Die Mühe wirst du verlieren,/ für mich je Sorge zu haben,/ denn in meiner großen Traurigkeit/ verstehe ich nicht,/ daß nie mehr ich dich sehen, noch du mich sehen wirst.// Da du die erste warst,/ von der ich mich gefangennehmen ließ,/ gebe ich euch von hier mein Wort,/ daß ihr die letzte seid." *Cancionero de Baena*: III S. 945-947. Die *canción* erscheint in mehreren Sammlungen und wurde mehrfach kommentiert (ebda. S. 945f A.)

³⁴ Ausg. s. Bibl. - Literatur: Eloy Benito Ruano, "Lope de Stúñiga. Vida y cancionero", in: *Revista de Filología Española* 51, 1968, S. 17-109; Salvador Miguel 1977; Battesti-Pellegrin 1982; Robert G. Black, "Poetic Taste at the Aragonese Court in Naples", in: J.S. Geary, C. B. Faulhaber, E. Dwayne (Hg.), *Florilegium Hispanicum. Medieval and Golden Age Studies Presented to Dorothy Clotelle Clarke*, Madison 1983, S. 165-178.

In der zweiten Hälfte des Jahrhunderts tritt das biblische Epos oder, allgemeiner, das religiös inspirierte Epos in den Vordergrund. Das hängt mit der bereits erwähnten Veränderung des literarischen Geschmacks zusammen. Der Franziskanermönch Iñigo de Mendoza (ca. 1425-ca. 1507) schrieb eine Reihe religiös inspirierter Werke, unter denen die *Vita Christi* herausragt.[35] Fray Ambrosio Montesino (?-1513), Franziskaner wie Iñigo de Mendoza, verfaßte *Coplas* zu Themen des Neuen Testaments, unter ihnen die *Coplas de la natiuidad de nuestra señora* und die *Coplas del destierro del señor a egypto*.[36] Im Auftrag der Könige übersetzte er die *Meditationes vitae Iesu Christi* des deutschen Mystikers Ludolf von Sachsen (ca. 1300-1377), mit denen 1503 der Buchdruck in Alcalá de Henares begann, das im 16. Jahrhundert zum Zentrum des spanischen Humanismus werden sollte. Diego de San Pedro, bekannter als Autor von *novelas sentimentales*, und der biographisch nicht faßbare Comendador Román schrieben Werke über die Passion Christi (Texte s. Bibliographie). Die Linie setzt sich fort in den Eklogen Juan del Encinas und reicht mit Fray Juan de Padilla (El Cartujano, 1468-1522?) in das 16. Jahrhundert hinein.[37]

All diese Werke sind wesentlich von der franziskanischen Spiritualität inspiriert. Literarhistorisch sind sie dem Vorbild Dantes verpflichtet, das bei Padilla am stärksten zur Geltung kommt. Eine Ausnahme davon macht Montesino, der sich mehr an der volkstümlichen Dichtung orientiert und die *romances* in die hohe Literatur überträgt.

3.3 Satirische und didaktische Dichtung

Die biblischen Epen sind oft mit satirischen Elementen vermischt, in denen die Autoren zeitgenössische Mißstände anprangern. Die Satire ist ein Grundzug der Literatur des 15. Jahrhunderts, der in zahlreichen Werken erscheint und gelegentlich zum tragenden Element wird. Die Mischung von satirischen und religiösen Elementen läßt sich auch in dem wichtigsten satirischen Werk des 15. Jahrhunderts beobachten: dem *Rimado de Palacio* des Pero López de Ayala (1332-1407), der in den Jahren zwischen 1379 und 1403 entstand und in den letzten Lebensjahren des Autors die uns überlieferte Form erhielt. Die literaturwissen-

---

[35] Die überarbeitete Fassung stammt aus der Zeit um 1469-1470; Erstdruck 1482. Text s. Bibl. - Literatur: Antonio Pérez Gómez, "Notas para la bibliografía de fray Iñigo de Mendoza y de Jorge Manrique", in: *Hispanic Review* 27, 1959, S. 30-41; Keith Whinnom, "Ms. Escurialense K-III-7: el llamado 'Cancionero de fray Iñigo de Mendoza'", in: *Filología* 7, Buenos Aires 1961, S. 161-172; ders., "The Printed Editions and the Text of the Works of fray Iñigo de Mendoza", in: *Bulletin of Hispanic Studies* 39, 1962, S. 137-152; ders.: "El origen de las comparaciones religiosas del Siglo de Oro: Mendoza, Montesino y Román", in: *Revista de Filología Española* 46, 1962, S. 263-285; ders.: "The Supposed Sources of Inspiration of Spanish Fifteenth-Century Narrative Religious Verse", in: *Symposium* 17, 1963, S. 268-291; Charlotte Stern, "Fray Iñigo de Mendoza and Medieval Dramatic Ritual", in: *Hispanic Review* 33, 1965, S. 197-245; Darbord 1965.

[36] Text s. Bibl.; Literatur: Erna Ruth Bernt, "Algunos aspectos de la obra poética de Fray Ambrosio Montesino", in: *Archivum* 9, 1959, S. 56-71; weiteres s. Anm. 35.

[37] Padilla schrieb ein Leben Jesu (beendet 1500, gedruckt 1503); bekannter noch ist seine Gestaltung der Apostelgeschichte (beendet 1518, gedruckt 1521). - Text s. Bibl.; Literatur: J. Gimeno, "Sobre el Cartujano y sus críticos", in: *Hispanic Review* 29, 1961, S. 1-14.

schaftliche Forschung des 20. Jahrhunderts hat das Werk kaum beachtet, bis es um 1980 durch drei voneinander unabhängige Neuausgaben in den Mittelpunkt des Interesses rückte.[38] Der *Rimado de Palacio* ist ein umfangreiches Werk von mehr als 8.000 Versen, bei dem sich drei Themenkreise unterscheiden lassen, die nur oberflächlich miteinander verbunden sind. Den größten Raum nimmt eine scharfe Satire der Kirche und Gesellschaft am Ende des 14. Jahrhunderts ein, neben der *canciones* religiöser Inspiration stehen. In seinen letzten Lebensjahren fügte der Autor eine Paraphrase der *Moralia in Iob* Gregors des Großen hinzu, in denen moralistische Reflexionen an die Stelle der konkreten Gesellschaftskritik treten.

Etwa zur gleichen Zeit wie der *Rimado de Palacio* entstand die kastilische Version der *Danza general de la muerte*, in der die soziale Satire durch das Bewußtsein der Allgegenwart des Todes existentielle Tiefe erhält.[39] In der Regierungszeit Enriques IV entstanden zahlreiche politische Satiren, aus denen die anonymen *Coplas del Provincial* und die *Coplas de Mingo Revulgo* sowie die Verse des Antón Montoro herausragen.[40]

Wie im Fall des *Rimado de Palacio* vermischt sich die konkrete politische oder religiöse Satire häufig mit allgemeinen moralischen Reflexionen, die man gemeinhin unter dem Sammelnamen der Moralistik zusammenfaßt. In vielen Fällen ist eine didaktische Absicht des Autors unverkennbar. Die hierher gehörenden Werke sind deshalb in der Regel nur schwer mit den traditionellen Gat-

---

[38] Ausgaben s. Bibl.; Literatur: Franco Meregalli, *La vida política del canciller Ayala*, Milano 1955; Joaquín Casalduero, "Pero López de Ayala y el cambio poético de Castilla a comienzos del XV", in: *Hispanic Review* 33, 1965, S. 1-14; Scholberg 1971; E. B. Strong, "The 'Rimado de palacio': López de Ayala's satire of the merchant class", in: *Romanistisches Jahrbuch* 29, 1978, S. 249-253; ders., "The 'Rimado de Palacio': Aspects of López de Ayala's Narrative Style", in: *Forum of Modern Languages Studies* 22, 1986, S. 53-61; Michel Garcia, *Obra y personalidad del Canciller Ayala*, Madrid 1982; José Luis Coy, *El "Rimado de Palacio". Tradición manuscrita y texto original*, Madrid 1985.

[39] Text s. Bibl.; Margherita Morreale setzt in ihrer Ausgabe die Entstehungszeit auf die Jahre 1430-1440 an. Maxim P.A.M. Kerkhof vertrat in einem Vortrag auf dem *X Congreso de la A.I.H.* (Barcelona 1989) die These, der erhaltene Text sei die kastilische Adaptation eines Werks, das an der Wende vom 14. zum 15. Jahrhundert im Grenzgebiet von Katalonien und Aragon entstanden war. - Literatur: Florence Whyte, *The Dance of Death in Spain and Catalonia*, Baltimore 1931; W. Stammler, *Der Totentanz. Entstehung und Deutung*, München 1948; H. Rosenfeld, *Der mittelalterliche Totentanz*, Münster-Köln 1952; Alan D. Deyermond, "El ambiente social e intelectual de la 'Danza de la muerte'", in: *Actas del Tercer Congreso Internacional de Hispanistas*, México 1970, S. 267-276; M. Gennero, "Elementos franciscanos en las danzas de la muerte", in: *Thesaurus* 29, 1974, S. 181-185; D. Hood, J.R. Williamson, "'Pensastes el mundo por vos trastornar'. The World Upside-Down in the 'Dança general de la muerte'", in: *Medium Aevum* 48, 1979, S. 90-101; J.M. Solá-Solé, "En torno a la 'Dança general de la muerte'", in: ders. 1983, S. 163-189.

[40] S. dazu Marcella Ciceri, "Las Coplas del Provincial", in: *Cultura Neolatina* 35, 1975, 39-210; dies.: "Addenda alle 'Coplas del Provincial'", in: *Quaderni di lingua e letteratura* 8, 1983, S. 295-395; Manuel Ferrer-Chivite, "Las 'Coplas del provincial': Sus conversos y algunos que no lo son", in: *Corónica* 10, 1982, S. 156-178. - B. Graña, "En torno a las 'Coplas de Mingo Revulgo' y su posible autor", in: *Insula* 1972, No. 310, S. 12f; Julio Rodríguez-Puértolas, "Algo más sobre el autor de las 'Coplas de Mingo Revulgo'", ebda., S. 14; ders., "Sobre el autor de las 'Coplas de Mingo Revulgo'", in: ders., *De la Edad Media a la edad conflictiva*, Madrid 1972, S. 121-136. - Ed. Montoro s. Bibl.

tungsbegriffen zu fassen. Neben Werken in Versform stehen Werke in Prosa, neben der volksprachlichen die lateinische Literatur.

3.4 Die wichtigsten Autoren

Aus der großen Zahl der Dichter des Jahrhunderts ragen einige Gestalten heraus, die eine gesonderte Betrachtung verlangen. Santillana und Mena gehören der Epoche Juans II von Kastilien an, Jorge Manrique der Enriques IV. Juan del Encina kommt sicher nicht die gleiche Bedeutung zu; aber seine Stellung am Ende des Jahrhunderts verleiht ihm eine Schlüsselposition am Übergang vom 15. zum 16. Jahrhundert. Santillana und Mena haben ein sehr breit gestreutes Werk, das in verschiedene Gattungen hineinreicht, während Encina für die Lyrik und das Theater von Bedeutung ist. Schließlich muß in diesem Zusammenhang der größte katalanische Dichter des Jahrhunderts genannt werden: Ausias March (ca. 1397-1459), der in den spanischen Literaturgeschichten in der Regel nicht behandelt wird. Die frühere Forschung sah ihn als anachronistisch gewordenen Vertreter der provenzalisch-katalanischen *gaya sciencia*; neuere Arbeiten betonen hingegen die Verbindung zur italienischen Dichtung Dantes und Petrarcas, wodurch er zu einem Dichter der spanischen Prärenaissance wird. Sein Werk wurde im 16. Jahrhundert mehrfach ins Spanische übersetzt und hat auf die Dichtung des Siglo de oro eingewirkt.[41]

Der Marqués de Santillana

Santillana (1398-1458) hatte im Bewußtsein der Zeit eine Sonderstellung.[42] Mena widmete ihm bereits um 1438/1439 ein allegorisches Werk, in dessen Mittelpunkt die Dichterkrönung Santillanas steht. Die Zeitgenossen sahen in seinem Tod das Zeichen für das Ende einer Epoche.[43] Die moderne Forschung hat sein Gesamtwerk in kritischen Ausgaben und einer Vielzahl von Arbeiten präsent

---

[41] Text s. Bibl.; Literatur: Amédée Pagès, *Auzias March et ses prédécesseurs*, Paris 1912; Martín de Riquer, "Influencia de Ausias March en la lírica castellana de la Edad de Oro", in: *Revista Nacional de Educación* 1, 1941, S. 49-74; P. Ramírez i Molas, *La poesia d'Ausiàs March. Anàlisi textual, cronologia, elements filosòfics*, Basilea 1970.

[42] Santillana - eigentlich Iñigo López de Mendoza - stammte aus einer der großen Familien des Reichs, die ebenso berühmt für ihre Krieger wie ihre Dichter war. Für seine Teilnahme an der Schlacht von Olmedo 1445 erhielt er vom König den Titel des Marqués de Santillana y Conde del Real de Manzanares.

[43] Mena s. Bibl.; Diego de Burgos, "Triunfo del Marques, a loor y reuerencia del yllustre y marauilloso señor don Yñigo Lopez de Mendoça", in: *Cancionero castellano del siglo XV*, 1915, II, S. 535-559; Pero Díaz de Toledo, "Diálogo é razonamiento en la muerte del Marqués de Santillana", in: A. Paz y Melia (Hg.), *Opúsculos literarios de los siglos XIV á XVI*, Madrid 1892, S. 245-360; Gomez Manrique, "El planto de las virtudes e poesia por el magnifico señor don Iñigo Lopez de Mendoça", in: *Cancionero de G. M.*, 1885, II, S. 7-61. - Ein zeitgenössisches Porträt zeichnet Fernando del Pulgar in seinen *Claros varones* (Ed. Domínguez Bordona, S. 36-47). S. dazu F. Rubio Alvarez, "El Marqués de Santillana visto por los poetas de su tiempo", in: *La Ciudad de Dios* 171, 1958, S. 419-443.

gemacht.⁴⁴ Merkwürdigerweise ist kein Werk Santillanas im *Cancionero de Baena* enthalten, was man auf persönliche Differenzen zurückgeführt hat.

Das Werk Santillanas umfaßt höfische Lyrik, allegorische Dichtung unter italienischem Einfluß und Moralistik. Daneben sind die Prologe zu nennen, in denen der Autor über die Dichtung reflektiert. Santillana scheint die verschiedenen poetischen Formen nebeneinander gepflegt zu haben. Die heutige Kritik bevorzugt den höfischen Dichter, der in seinen *canciones* und *decires* die ritualisierten Formen der höfischen Dichtung mit volkstümlicher Inspiration füllt. Noch freier ist er in der *Serranilla*, die in der Tradition der provenzalischen *Pastourelle* steht und im Werk des Arcipreste de Hita eine große Rolle gespielt hatte. Die Situation ist die gleiche geblieben: ein Ritter oder Adliger begegnet im Gebirge einer Schäferin und wirbt um sie, wobei die Begegnung sich ganz unterschiedlich entwickeln kann. Vom krassen Realismus des Arcipreste de Hita ist bei Santillana allerdings nichts mehr zu spüren. Seine Schäferinnen sind schöne, geistreiche Mädchen, die den höfischen Ton beherrschen. Das Landleben wird bei Santillana zur poetisierten Idylle, wodurch seine *Serranillas* zu einer Vorstufe der arkadischen Schäferdichtung des 16. Jahrhunderts werden:

> Moça tan fermosa
> non ví en la frontera,
> como una vaquera
> de la Finojosa.
>
> Faziendo la vía
> del Calatraveño
> a Santa María,
> vençido del sueño,
> por tierra fragosa
> perdí la carrera,
> do ví la vaquera
> de la Finojosa.
>
> En un verde prado
> de rosas e flores,
> guardando ganado
> con otros pastores,
> la ví tan graciosa,
> que apenas creyera
> que fuese vaquera
> de la Finojosa.

---

⁴⁴ Mario Schiff, *La Bibliothèque du Marquis de Santillane*, Paris 1905. Nachdruck Amsterdam 1967; José María Azáceta, "Italia en la poesía de Santillana", in: *Revista de Literatura* 3, 1953, S. 17-54; R. Runcini, "La biblioteca del Marchese di Santillana", in: *Letterature Moderne* 8, 1958, S. 626-636; A.G. Reichenberger, "The Marqués de Santillana and the Classical Tradition", in: *Iberoromania* 1, 1969, S. 5-34; Lapesa 1963; Foster 1971; M.J. López de Bascuñana, "La mitología en la obra del Marqués de Santillana", in: *Boletín de la Biblioteca Menéndez Pelayo* 54, 1977, S. 297-330 und zahlreiche weitere Arbeiten zum Humanismus im Werk von Santillana; Nicholas G. Round, "Exemplary Ethics: Towards a Reassessment of Santillana's 'Proverbios'", in: P.S.N. Russell-Gebbett, N. G. Round, A. H. Terry (Hg.), *Belfast Spanish and Portuguese Papers* 1979, S. 217-236; José María Aguirre, M. Grenow, A. Swan, "Santillana's 'Serraníllas'. A Poetic Genre of their Own", in: *Neophilologus* 63, 1979, S. 530-542; L. Rubió García, *Documentos sobre el Marqués de Santillana*, Murcia 1983.

> Non creo las rosas
> de la primavera
> sean tan fermosas
> nin de tal manera;
> fablando sin glosa,
> si antes supiera
> de aquella vaquera
> de la Finojosa,
>
> Non tanto mirara
> su mucha beldad,
> porque me dexara
> en mi libertad.
> Mas dixe: "Donosa
> (por saber quién era),
> ¿aquella vaquera
> de la Finojosa?..."
>
> Bien como riendo,
> dixo: "Bien vengades,
> que ya bien entiendo
> lo que demandades:
> non es desseosa
> de amar, nin lo espera,
> aquessa vaquera
> de la Finojosa."[45]

Der zeitgenössische Ruhm Santillanas beruhte hingegen mehr auf seinen gelehrten Dichtungen, in denen er den Modellen der italienischen Dichtung, vor allem Dante und Petrarca, folgt. In der Lyrik sind es 42 *Sonetos fechos al itálico modo*. Wichtiger sind die größeren allegorischen Werke, unter denen der *Comedieta de Ponza* (1436) besondere Bedeutung zukommt. Das Werk stellt die Seeschlacht von Ponza (5. August 1435) dar, in der Alfons V gefangengenommen wurde. Am Ende des Gedichts tritt Fortuna mit ihrem Hofstaat auf und weissagt die Befreiung des Königs (die beim Schreiben des Werks bereits eingetreten war) und die ruhmreiche Zukunft der aragonesischen Monarchie. Der Titel des Werks erklärt sich aus der spätantiken, von Dante wieder aufgenommenen Definition der Genera, der zufolge Komödie und Tragödie nicht als dramatische Gattungen, sondern nur nach ihrem Ausgang unterschieden wurden. Santillana

---

[45] "Ein so schönes Mädchen/ sah ich nie an der Grenze,/ wie eine Kuhhirtin/ aus Finojosa.// Auf dem Weg/ des Ordens von Calatrava/ nach Santa María,/ verlor ich die Richtung/ besiegt vom Schlaf,/ in den Bergen,/ wo ich die Kuhhirtin sah/ aus Finojosa.// Auf der grünen Wiese/ mit Rosen und Blumen,/ Kühe hütend/ mit anderen Hirten,/ sah ich sie so voller Anmut,/ daß ich kaum glauben konnte,/ daß sie Kuhhirtin sei/ aus Finojosa.// Ich glaube nicht, daß die Rosen/ des Frühjahrs/ so schön sind,/ noch so geschaffen;/ um ohne Umschweife zu reden,/ wenn ich früher gekannt hätte/ jene Kuhhirtin/ aus Finojosa,// ich hätte nicht betrachtet/ ihre große Schönheit,/ damit sie mir nicht nähme/ meine Freiheit./ Aber ich sagte: 'Schöne/ (um zu wissen, wer sie war),/ jene Kuhhirtin/ aus Finojosa...'/ So als ob sie lachte,/ sagte sie: 'Willkommen seid ihr,/ da ich sehr wohl verstehe,/ nach was ihr fragt:/ nicht verlangt/ zu lieben,/ noch erwartet es,/ diese Kuhhirtin/ aus Finojosa.'" Serranilla VI, in *Poesías*, M. Durán (Hg.), I 51-53.

Das 15. Jahrhundert

greift diese Tradition im Begleitbrief an die Condesa de Modica e de Cabrera auf:

> "Comedia es dicha aquella cuyos comienços son trabajosos e tristes, e despues el medio e fin de su vida alegre, goso [sic] e bien aventurado; e d'este vso Terençio, peno e Dante".[46]

Schließlich ist die Gruppe der didaktisch-moralischen Werke zu nennen. Der *Diálogo de Bías contra Fortuna* ist eine Klage über die Vergänglichkeit der Dinge in der Tradition der Stoa. Die *Proverbios o Centiloquio* (1437) schrieb Santillana auf Bitten Juans II für die Erziehung des Prinzen Enrique. Es handelt sich um eine Sammlung moralischer Lebensregeln für den zukünftigen König, in der sich Christentum und mittelalterliche Rittertugenden mit antiker Weisheit verbinden. Das Werk ist im weiteren Sinn den Fürstenspiegeln zuzurechnen, für die es im 15. Jahrhundert mehrere Beispiele gibt. Bereits in der ersten *Copla* wird die Nächstenliebe als wichtigste Tugend des Herrschers angesprochen:

> Fijo mío mucho amado,
> para mientes,
> é non contrastes las gentes,
> mal su grado:
> ama é serás amado,
> é podrás
> façer lo que non farás
> desamado[47].

Die *Proverbios* wurden von den Zeitgenossen sehr bewundert und galten vielen als sein wichtigstes Werk; zahlreiche Ausgaben vom Ende des 15. Jahrhunderts an zeugen von ihrer Wirkung bis hin zum Ende des 16. Jahrhunderts. In der Moderne wird das Bild Santillanas hingegen durch seine höfische Lyrik und die Reflexionen über die Dichtung bestimmt.

Juan de Mena

Juan de Mena (1411-1456) ist neben Santillana der zweite große Dichter der Epoche Juans II.[48] Als Lyriker ist er einer unter vielen anderen; seine Gedichte

---

[46] *Poesías* I, S. 238. - In diese Gruppe gehören u.a. *Triunfete de Amor, El Sueño, Infierno de los enamorados, La Coronación de Mossén Jordi* und *Defunssión de don Enrique de Villena*. In diesen Werken mischen sich Einflüsse der italienischen Literatur - Dante, Petrarca und Boccaccio - mit Einflüssen aus Frankreich, u.a. dem *Roman de la Rose*.

[47] "Mein vielgeliebter Sohn,/ gib acht,/ und zwinge die Menschen nicht/ gegen ihren Willen:/ liebe, und du wirst geliebt werden,/ und du wirst tun können,/ was du nicht tun könntest,/ ungeliebt." *Poesías* II, S. 29f.

[48] Mena hatte am Hof Juans II die Funktion eines Sekretärs inne, der für den König die lateinische Korrespondenz verfaßte. Umstritten ist die Frage, ob er aus einer Familie von *conversos* stammte. Die These wurde von María Rosa Lida de Malkiel vertreten ("Para la biografía de Juan de Mena", in: *Revista de Filología Hispánica* 3, 1941, S. 150-154), und nach ihr von Américo Castro und der Mehrzahl der Forscher akzeptiert, fand aber auch Widerspruch (u.a. Alfredo Carballo Picazo, "Juan de Mena: un documento inédito y una obra atribuida", in: *Revista de Literatura* 1, 1952, S. 269-299; Florence Street, "La vida de Juan de Mena", in: *Bulletin Hispanique* 55, 1953, S. 149-173.

erscheinen zwar in den wichtigsten *Cancioneros*, ohne daß er aber in den Vordergrund gerückt würde. Sein episches Hauptwerk, *El Laberinto de la Fortuna* (1444), wurde hingegen bereits in seiner Zeit als literarischer Höhepunkt bewundert.[49] Heute gilt es als die wichtigste allegorische Dichtung des spanischen 15. Jahrhunderts in der Nachfolge Dantes; in der modernen Forschung wird daneben auch auf die Rolle Vergils und Lucans als Vorbild hingewiesen.

Der Dichter sieht im Palast der Fortuna die Weltmaschine, die aus drei Rädern besteht: zwei unbewegliche symbolisieren Vergangenheit und Zukunft, das bewegliche die Gegenwart. In Analogie zu den sieben damals bekannten Planeten hat jedes Rad sieben Kreise, in die Mena Persönlichkeiten und Ereignisse aus allen Zeiten eingebettet hat, wodurch das bewegte Rad der Gegenwart zu einer literarischen Summe seiner Epoche wird. In der Darstellung der spanischen Geschichte kommt ein starkes Nationalgefühl zum Ausdruck:

> Como non creo que fuessen menores
> que los d'Africanos los fechos del Çid
> nin que feroçes menos en la lid
> entrasen los nuestros que los Agenores,
> las grandes façañas de nuestros señores,
> la mucha constançia de quien los más ama,
> yaze en tenieblas, dormida su fama,
> dañada d'olvido por falta de autores[50].

Juan de Mena tritt in offenen Wettstreit mit den Dichtern der Antike und will wie Vergil ein nationales Epos schaffen. Wir haben hier einen frühen Beleg für den Zwiespalt von Nachahmung und Konkurrenz, der für den Humanismus charakteristisch ist und seinen späten Höhepunkt in der französischen *Querelle des*

---

[49] Nach der Zahl der *coplas* wird das Werk oft auch *Las Trescientas* genannt (genau genommen sind es 297, die letzten drei sind apokryph). Ausgaben s. Bibl.; daneben ist die *Coronación* zu nennen, in der Santillana verherrlicht wird. In Prosa hat Mena eine Übersetzung der *Ilias* und einen Kommentar zu seiner *Coronación* verfaßt. - Literatur: Lida de Malkiel 1950; Florence Street, "The Allegory of Fortuna and the Imitation of Dante in the 'Laberinto' and 'Coronación' of Juan de Mena", in: *Hispanic Review* 23, 1955, S. 1-11; Joaquín Gimeno Casalduero, "Notas sobre el 'Laberinto de Fortuna'", in: *Modern Language Notes* 79, 1964, S. 125-139; Rafael Lapesa, "El elemento moral en el 'Laberinto' de Mena: su influjo en la disposición de la obra", in: ders. 1967, S. 112-122; Marie G. Turek, "'El Laberinto de Fortuna', imagen artificiosa de la época de Juan II", in: *Cuadernos Americanos* 31, 1972, S. 99-123; Dorothy Clotelle Clarke, *Juan de Mena's 'Laberinto de Fortuna': Classic Epic and 'Mester de Clerecía'*. University of Mississipi 1973; A.G. Reichenberger, "Classical Antiquity in Some Poems of Juan de Mena", in: *Studia hispanica in honorem R. Lapesa*, Madrid 1975, III S. 405-418; Ralph A. di Franco, "Facts and Conjectures in Juan de Mena's Biography", in: *Fifteenth Century Studies* 2, 1979, S. 59-71; ders., "Formalist Critics and the 'Laberinto de Fortuna', in: *Hispanic Journal* 6, 1985, S. 165-172; Maxim P.A.M. Kerkhof, "Hacia una nueva edición crítica del 'Laberinto de fortuna' de Juan de Mena", in: *Journal of Hispanic Philology* 7, 1982, S. 179-189; ders., "Sobre las ediciones del 'Laberinto de fortuna' publicadas de 1481 a 1943, y la tradición manuscrita", in: H. Bots, M.P.A.M. Kerkhof (Hg.), *Forum litterarum. Festschrift J. J. van den Besselaar*, Amsterdam 1984, S. 269-282.

[50] "Da ich nicht glaube, daß die Taten des Cid geringer waren/ als die der Scipionen,/ noch daß die Unseren weniger tapfer/ in den Kampf traten als die anderer Länder,/ (glaube ich, daß) die großen Heldentaten unserer Vorfahren,/ die große Treue derer, die sie am meisten liebten,/ (deshalb) im Dunkeln liegen und ihr Ruhm schläft,/ zum Vergessen verdammt, weil kein Dichter sie besungen hat." *Copla* 4, hier zit. nach der Ausg. Fainberg, S. 78f.

anciens et des modernes findet.[51] Die Nachwelt bestätigte den selbstbewußten Anspruch des Dichters und erhob ihn in den Rang eines Klassikers, der neben die großen Autoren der Antike gestellt wurde. Nebrija zitierte im zweiten Buch seiner Grammatik mit Vorliebe Mena, wenn er die verschiedenen Phänomene der Metrik an konkreten Beispielen aufzeigen wollte, und Juan del Encina griff diese Zitate in seinem *Arte* auf. 1499 veröffentlichte Hernán Núñez de Toledo (bekannt als "el comendador griego") einen Kommentar zum *Laberinto*, der im 16. Jahrhundert etwa fünfzehnmal nachgedruckt wurde. Am Ende des Jahrhunderts (1582) verfaßte Francisco Sánchez de las Brozas (genannt el Brocense) den letzten humanistischen Kommentar zum Werk Juan de Menas.[52]

Jorge Manrique

Jorge Manrique (1440?-1479) lebte in den dunklen Jahren der Regierungszeit Enriques IV, in denen die kastilische Kultur auf einen Tiefpunkt sank. Er verdankt seinen Ruhm einem einzigen Gedicht: den *Coplas por la muerte de su padre*, die er zwischen 1476 (Todesjahr des Vaters) und 1479 schrieb.[53] Dieses Gedicht läßt sein übriges poetisches Werk - Liebesdichtung im Stil der höfischen Dichtung der Zeit Juans II und drei satirische Gedichte - verblassen. Dies gilt auch für sein Leben, von dem nur wenige Einzelheiten bekannt sind. Sein früher Tod - er war Parteigänger Isabellas von Kastilien und fiel im Kampf mit ihren Gegnern - ließ ihn zu einer Legende werden, in der - ähnlich wie ein halbes Jahrhundert später bei Garcilaso de la Vega - der Krieger und der Dichter, die *armas* und die *letras* verschmelzen.

---

[51] S. dazu Verf., "'Ingeniosa comparación entre lo antiguo y lo presente'. Aufnahme und Kritik der antiken Tradition im spanischen Humanismus", in: *'Renatae litterae'. Festschrift für August Buck zu seinem 60. Geburtstag*, Frankfurt/M. 1973, S. 217-243.

[52] S. dazu Lida de Malkiel 1950, S. 323-398; Florence Street, "Hernán Núñez and the Earliest Printed Editions of Mena's 'Laberinto de Fortuna'", in: *Modern Language Review* 61, 1966, S. 51-63; Verf., "Der Kommentar zu literarischen Texten als Quelle der Literaturtheorie im spanischen Humanismus. Die Kommentare zu Juan de Mena und Garcilaso de la Vega", in: August Buck, Otto Herding (Hg.), *Der Kommentar in der Renaissance*, Bonn-Bad Godesberg 1975, S. 191-208.

[53] Ausg. s. Bibl. - Literatur: Burkart 1931; Krause 1937; Sorrento 1941; María Rosa Lida de Malkiel, "Una copla de Jorge Manrique y la tradición de Filón en la literatura española", in: *Revista de Filología Hispánica* 4, 1942, S. 152-171; auch in dies. 1978, S. 417ff; Salinas 1947; Luis Cernuda, "Tres poetas metafísicos", in: *Bulletin of Spanish Studies* 25, 1948, S. 109-118; Leo Spitzer, "Dos observaciones sintáctico-estilísticas a las 'Coplas' de Manrique", in: *Nueva Revista de Filología Hispánica* 4, 1950, S. 1-24; Cangiotti 1964; Peter N. Dunn, "Themes and Images in the 'Coplas por la muerte de su padre' of Jorge Manrique", in: *Medium Aevum* 33, 1964, S. 169-183; F. Caravaca, "El paralelo Villon-Manrique", in: *Neophilologus* 50, 1966, S. 59-76; ders., "Notas sobre las llamadas 'Coplas póstumas' de Jorge Manrique", in: *Boletín de la Biblioteca Menéndez Pelayo* 50, 1974, S. 89-135; Serrano de Haro 1966; Germán Orduna, "Las 'Coplas' de Jorge Manrique y el triunfo sobre la muerte. Estructura e intencionalidad", in: *Romanische Forschungen* 79, 1967, S. 139-151; Ralph A. di Franco u.a., "Cuarenta y dos, no cuarenta coplas en la famosa elegía manriqueña", in: *Boletín de la Biblioteca Menéndez Pelayo* 61, 1985, S. 37-95; Eduard Fey, "El fin de la Caballería medieval en Castilla y la poesía de Jorge Manrique", in: *Gesammelte Aufsätze zur Kulturgeschichte Spaniens* 32, 1988, S. 264-371.

Die *Coplas* bestehen aus 40 Doppelstrophen zu zweimal sechs Versen, die sich ihrerseits in zweimal drei Verse gliedern (zwei Achtsilbler, gefolgt von einem Viersilbler; das Reimschema ist abc-abc//def-def).[54] Auf A. Burkart (s. Bibl.) geht die Aufteilung des Gedichts in drei Teile zurück, gegenüber der sich andere Gliederungsvorschläge nicht durchsetzen konnten. Im ersten Teil (*Coplas* I-XIII) erscheint das Leitthema des Gedichts, die Vergänglichkeit dieser Welt:

> Nuestras vidas son los ríos
> que van a dar en la mar,
> qu'es el morir;
> allí van los señoríos
> derechos a se acabar
> e consumir;
> allí los ríos caudales,
> allí los otros medianos
> e más chicos,
> allegados, son iguales
> los que viven por sus manos
> e los ricos.
>
> Dexo las invocaciones
> de los famosos poetas
> y oradores;
> non curo de sus ficciones,
> que traen yerbas secretas
> sus sabores.
> Aquél sólo invoco yo
> de verdad,
> que en este mundo viviendo,
> el mundo non conoció
> su deidad.
>
> Este mundo es el camino
> para el otro, qu'es morada
> sin pesar;
> mas cumple tener buen tino
> para andar esta jornada
> sin errar.
> Partimos cuando nascemos,
> andamos mientra vivimos
> e llegamos
> al tiempo que feneçemos;
> assi que cuando morimos,
> descansamos.[55]

---

[54] S. dazu Tomás Navarro Tomás, "Métrica de las 'Coplas' de Jorge Manrique", in: *Nueva Revista de Filología Hispánica* 15, 1961, S. 169-179.

[55] "Unsere Leben sind die Flüsse,/ die in das Meer münden,/ das der Tod ist;/ dorthin gehen die großen Herren/ geradewegs um zu enden/ und zu vergehen;/ dorthin die großen Flüsse,/ dorthin die mittleren/ und die kleinsten,/ angekommen, sind einander gleich,/ diejenigen, die von der Arbeit ihrer Hände leben,/ und die Reichen.// Ich lasse die Anrufungen/ der berühmten Dichter/ und Redner;/ ich kümmere mich nicht um ihre Erfindungen,/ denn giftige Kräuter enthalten/ ihre Säfte./ Den allein rufe ich an/ in Wahrheit,/ dessen Gottheit/ die Welt nicht erkannte,/ als er in dieser Welt lebte.// Diese Welt ist der Weg/ zu der anderen, die Bleibe ist/ ohne Leiden;/ aber man muß die Richtung sicher einhalten können,/ um diese Reise zu gehen/ ohne zu irren./ Wir brechen auf, wenn wir geboren werden,/ wir gehen, solange wir leben,/ und wir kom-

Jorge Manrique verabschiedet im Stil dieser Jahre die heidnische Dichtung, um sich und sein Werk Gott allein zu widmen. Das Leben des Menschen wird in einem berühmten Bild mit den Flüssen verglichen, die dem Meer des Todes entgegenfließen: die Welt als Weg zum Paradies. Diese doppelte Bewegung bestimmt die Aussage des Gedichts. Im zweiten Teil (*Coplas* XIV-XXIV) wird die allgemeine Aussage des ersten Teils in einigen Figuren beispielhaft konkretisiert. Im dritten Teil schließlich (*Coplas* XXV-XL) erscheint der Vater des Dichters. Höhepunkt des Gedichts ist ein Streitgespräch mit dem Tod, an dessen Ende sich der Vater in sein Schicksal fügt und Christus um Vergebung seiner Sünden bittet.

Das Gedicht ist in keinem Teil originell, wie die moderne Forschung nachgewiesen hat. Man hat antike und spätantike Vorbilder genannt (insbesondere *De consolatione philosophiae* des Boethius), die Bibel und zahllose Werke der kastilischen Literatur. Abgesehen davon, daß nicht Originalität, sondern Nachahmung die Konzeption der Dichtung dieser Zeit bestimmte, haben diese Forschungen das Rätsel dieses Gedichts nur größer werden lassen. Das Geheimnis seines anhaltenden Zaubers liegt in der persönlichen Durchdringung und Umformung von Themen und Topoi, die bereits damals durch ständigen Gebrauch zur Banalität geworden waren. Die *Coplas* wurden von den unmittelbar auf ihre Entstehung folgenden Jahren an bis zum Ende des 16. Jahrhunderts zahlreiche Male glossiert, und ihre Wirkung läßt sich bis in die Gegenwart verfolgen.[56]

Juan del Encina

Der *Cancionero* Juan del Encinas (1468-ca. 1529/1530), der 1496 erschien, ist in mehrfacher Hinsicht bemerkenswert.[57] Es ist eine Gesamtausgabe seines bis dahin vorliegenden Werks, wie es zu dieser Zeit nur wenige gab. Das eigentlich Erstaunliche dabei ist der Umstand, daß er zum Zeitpunkt der Publikation erst 28 Jahre alt war. Encina war ein früh gereifter Dichter, der seine Werke in den Studienjahren in Salamanca und danach am Hof des Duque de Alba zur Unterhaltung der Hofgesellschaft schrieb. Viele seiner Gedichte wie auch seiner dramatischen Werke sind für diesen Zweck geschrieben worden. In späteren Jahren dachte Encina mehr an seine berufliche Karriere, die er im kirchlichen Bereich suchte. Nach langen Jahren in Rom kam er 1523 nach León, wo er Prior der Kathedrale wurde.

---

men an,/ wenn wir enden;/ so daß wir ausruhen,/ wenn wir sterben." *Coplas* 3-5, zit. nach der Ausg. Alda Tesán, S. 149f.

[56] Mario Penna, "Echi delle 'Coplas' di Jorge Manrique nella poesia contemporanea", in: *Revista de Filología Moderna* 7-8, 1962; Antonio Pérez Gómez, *Glosas a las Coplas de Jorge Manrique: Noticias bibliográficas*, Cieza 1963.

[57] Ausg. s. Bibl. - Literatur: Andrews 1959; Stevenson 1960; Van Beysterveldt 1972; Rambaldo 1972; R.O. Jones, "Juan del Encina and Renaissance Lyric Poetry", in: K.H. Körner, K. Rühl (Hg.), *Studia Iberica. Festschrift für Hans Flasche*, Bern, München 1973. - Die moderne Forschung bevorzugt den Dramatiker Encina.

In Salamanca war Encina vermutlich Schüler Nebrijas gewesen. In seinem *Arte de poesía castellana* übernahm er - wenn auch in vergröberter Form - zahlreiche Konzepte der spanischen Grammatik seines Lehrers, die er jedoch in einer merkwürdigen Rückwendung mit kastilischen Traditionen verband. Noch ausgeprägter ist dieser rückwärtsgewandte Zug in seiner Lyrik, die den Mustern der höfischen Dichtung des 15. Jahrhunderts folgt. Ähnlich wie im Falle Santillanas werden auch bei ihm die volkstümlich inspirierten *canciones* und *villancicos* heute mehr geschätzt als die hohe, gelehrte Dichtung. Dennoch wäre seine Lyrik vermutlich vergessen, wenn er sie nicht vertont hätte. Nur durch die Verbindung mit der Musik überragt sein lyrisches Werk die Dichtung seiner Zeit.[58]

Encina war ein Multitalent: er war nicht nur Theoretiker, Lyriker, Musiker, sondern auch Dramatiker. Er schrieb vierzehn Theaterstücke, von denen acht in der Ausgabe des *Cancionero* von 1496 enthalten, sechs späteren Datums sind. Seine dramatische Produktion hat ihm den Ehrennamen "Vater des spanischen Theaters" eingetragen; anders als in der Lyrik ist er hier Vorläufer, der eine neue Entwicklung einleitet.

3.5 Die volkstümliche Epik: Der Romancero

Neben der Welt der höfischen Lyrik und Epik existierte die volkstümliche epische Kurzform der Romanze, die von den höfischen Dichtern verachtet wurde. Santillana stellte sie auf die unterste Stufe der Dichtung:

> Infimos son aquellos que syn ningund orden, regla nin cuento fazen estos romançes e cantares de que las gentes de baxa e seruil condiçión se alegran.[59]

Diese Verachtung erklärt den an sich merkwürdigen Umstand, daß in den großen *Cancioneros* des 15. Jahrhunderts keine Romanzen enthalten sind. Erst am Ende des Jahrhunderts tauchen sie vereinzelt in den *Cancioneros* auf, und vom *Cancionero general de Hernando del Castillo* (1511) an ist die Trennung aufgehoben. Etwa zur gleichen Zeit erscheinen die ersten Druckfassungen der Romanzen in gebundenen Heften, den sogenannten *pliegos sueltos*.[60] Ihre Aufwertung in der spanischen Grammatik Nebrijas wurde bereits erwähnt.

Nach der Art der Entstehung unterscheidet man den *Romancero viejo* und den *Romancero nuevo o artístico*. Die Romanzen des *Romancero viejo* sind

---

[58] S. dazu Francisco Asenjo Barbieri, *Cancionero musical de los siglos XV y XVI*, Madrid 1890; Rafael Mitjana, *Estudios sobre algunos músicos españoles del siglo XVI*, Madrid 1918; Gilbert Chase, "Juan del Encina: Poet and Musician", in: *Music and Letters* 20, 1939; Higinio Anglés, *La música en la corte de los Reyes Católicos*, Barcelona 1947-1951, 2, Bde. (Monumentos de la Música Española, Bd. 5 u.10); Robert Stevenson, *Spanish Music in the Age of Columbus*, The Hague 1960; Miguel Querol Gavaldà, "La producción musical de Juan del Encina", in: *Anuario Musical* 24, 1970.

[59] Proemio, zit. nach *Poéticas castellanas*, S. 56. S. dazu W.C. Atkinson, "The Interpretation of 'Romances e cantares' in Santillana", in: *Hispanic Review* 4, 1936, S. 1-10; Dorothy Clotelle Clarke, "The Marqués de Santillana and the Spanish Ballad Problem", in: *Modern Philology* 59, 1961, S. 13-24.

[60] Nach Deyermond 1973, S. 222f ist die älteste gedruckte Romanze der *Conde Dirlos* von ca. 1510.

anonym, ihre Entstehung wird heute auf die zweite Hälfte des 14. und das 15. Jahrhundert angesetzt; der *Romancero nuevo* ist der Sammelbegriff für Romanzen, die etwa von der Mitte des 16. Jahrhunderts an geschrieben wurden. Die Romanze ist eine epische Kurzform, die häufig mit lyrischen Elementen durchsetzt ist. Sie wurde mündlich weitergegeben, wobei die typische Situation die Rezitation auf dem Jahrmarkt war. Die aus der romantischen Bewegung entstandene Philologie des 19. Jahrhunderts sah in den Romanzen die älteste Manifestation der Volksdichtung, die in die großen Volksepen mündete. Milá y Fontanals und Menéndez Pelayo hingegen vertraten am Ende des 19. Jahrhunderts die These, daß die Volksepen die frühere Stufe darstellen. Die These ist von Menéndez Pidal in einer Vielzahl von Arbeiten untermauert worden und gilt heute als gesichert.[61]

Der *Romancero viejo* ist ein Sammelbegriff für Werke ganz unterschiedlicher Thematik, Gestaltung und Länge. Der ursprüngliche Vers ist der Sechzehnsilbler, der in zwei Hemistichien zu acht Silben geteilt ist, woraus sich im 15. Jahrhundert der rhythmisch lebhaftere Achtsilbler entwickelte. Man gliedert die große Masse der Werke traditionell nach ihren Themen, wobei von den einzelnen Forschern verschiedene Varianten mit unterschiedlichen Benennungen bevorzugt werden. Die erste Hauptgruppe bilden die *Romances históricos*, die nach den dargestellten Ereignissen in drei Untergruppen geteilt werden: die *Romances épicos-nacionales* handeln von weit zurückliegenden Episoden der *Reconquista*; die *Romances fronterizos* (auch *Romances noticieros* genannt) von aktuellen Ereignissen an der Grenze zu Granada; schließlich gibt es eine nicht fest umrissene Gruppe von Romanzen, die Themen der französischen *Chansons de geste* übernehmen. Die zweite Hauptgruppe wird von *Romances de invención* (auch *Romances novelescos*) gebildet. Die Gruppe ist völlig heterogen und ist eigentlich nur negativ definiert, insofern, als die betreffenden Werke sich zumindest nicht direkt auf ein historisches Ereignis beziehen, also "erfunden" sind. Das lyrische Element tritt bei den Romanzen dieser Gruppe weitaus häufiger in den Vordergrund, als dies bei den Werken der ersten Gruppe der Fall ist. Allerdings sind die Grenzen unscharf, was insbesondere für die Romanzen gilt, die von französischen Vorbildern inspiriert sind. Für beide Hauptgruppen ist die Problematik von Literatur und Geschichte zentral, die gerade in den letzten Jahren in den Mittelpunkt des Interesses gerückt ist.

---

[61] Milá y Fontanals 1874; Menéndez Pelayo, "Tratado de Romances viejos", in: ders., *Antología de poetas líricos*, Bd. 6-7; Menéndez Pidal 1953 (2ª ed. 1968), das als Summe seiner Forschungen gelten kann, und zahlreiche weitere Publikationen zum Thema. Menéndez Pidal hat die Grundlage der modernen, sehr umfangreichen Forschung über den *Romancero* gelegt. S. dazu Samuel G. Armistead, "Estudios sobre el romancero en los Estados Unidos", in: *Arbor* 116, 1983, Nr. 451-454, S. 37-53; ders., "Current Trends in 'Romancero' Research", in: *Corónica* 13, 1984, S.23-36. Bibliographie der Drucke s. Rodríguez-Moñino 1970 und 1973-1977 sowie Piacentini 1982. - Weitere Literatur: Leo Spitzer, "Los romances españoles", in: *Asomante* 1, 1945, S. 7-29; Bénichou 1960, Rafael Lapesa, "La lengua de la poesía épica en los cantares de gesta y en el romancero viejo", in: ders. 1967, S. 9-28, Catalán 1969; Alvar López 1974; Alan D. Deyermond, "Medieval Spanish Epic Circles: Observations on their Formation and Development", in: *Kentucky Romance Quarterly* 23, 1976, S. 281-303; Armistead u.a. 1979.

Entwistle hat in Analogie zu den dänischen Balladen eine andere Systematik vorgeschlagen, die von der Entstehung der Romanzen ausgeht.[62] Er unterscheidet historische und literarische Romanzen (*romances a noticia* vs. *romances a fantasía*). Die historischen Romanzen beginnen mit den Bürgerkriegen in der Mitte des 14. Jahrhunderts und setzen sich mit den Kriegen an der Grenze zu Granada im 15. Jahrhundert fort. Diese Gruppe entspricht somit den *Romances fronterizos* (oder *noticieros*) der traditionellen Einteilung. Die literarischen Romanzen sind Bearbeitungen, Um- und Neuformungen von bereits existierenden Texten aller Art, wobei es sich um "alte nationale Epen und Geschichten, mittelalterliche Romane oder Motive der internationalen Folklore" handeln kann (S. 323). Sie unterscheiden sich also von den historischen Romanzen nicht im Gegenstand, da auch sie von historischen Ereignissen handeln oder zumindest handeln können, sondern in der literarischen Vermittlung. Zwischen den historischen Ereignissen und der literarischen Form liegt eine Folge von literarischen Zwischenstufen, die von Fall zu Fall unterschiedlich lang sein kann, einfacher oder komplizierter, nachvollziehbar oder nicht erkennbar. Die Leistung der Forschungen von Menéndez Pidal liegt besonders auf diesem außerordentlich komplizierten Gebiet der literarischen Überlieferung.

Die Entstehungsgeschichte der Romanzen macht es sehr schwer, wenn nicht unmöglich, den Anteil der anonymen Autoren des 15. Jahrhunderts zu bestimmen. Allein die *Romances fronterizos* können uneingeschränkt dem 15. Jahrhundert zugeschrieben werden.[63] Mit der Eroberung Granadas endet ihre Geschichte. Am Ende des Jahrhunderts setzt der Übergang von der mündlichen zur schriftlichen Weitergabe ein.[64] Die Romanzen werden gedruckt und verlassen damit die Jahrmärkte, sie verlieren die Spontaneität des mündlichen Vortrags, gewinnen aber an literarischer Wirkung. Von der Mitte des 16. Jahrhunderts an ist die Romanze eine beliebte Kunstform der spanischen Dichtung, die bis in unsere Gegenwart gepflegt wird. Daneben lebt aber auch die Romanze als anonyme Volksepik weiter, wie noch in unserem Jahrhundert die während des Spanischen Bürgerkriegs entstandenen Romanzen zeigen. Außerhalb Spaniens ist die Gattung bei den Nachkommen der 1492 vertriebenen Juden wie auch in Lateinamerika lebendig geblieben.

4. Prosa

Die Versdichtung ist im 15. Jahrhundert in Theorie und Praxis so übermächtig, daß die Prosaliteratur demgegenüber fast an den Rand gedrängt wird. Der Eindruck täuscht jedoch. Es gab im 15. Jahrhundert eine sehr reiche Prosaliteratur,

---

[62] W.J. Entwistle, "The 'Romancero del rey don Pedro' in Ayala and the 'Quarta crónica general'", in: *Modern Language Review* 25, 1930, S. 306-326; vgl. dazu das zusammenfassende Referat in Deyermond 1983, S. 226-228.

[63] S. dazu U. Knocke, *Die Spanische 'Maurenromanze'. Der Wandel ihrer Inhalte, Gehalte und Ausdrucksformen zwischen dem Spätmittelalter und dem Beginn des Barock*, Diss. Göttingen 1966.

[64] Mündlichkeit und Schriftlichkeit ist ein weiteres vieldiskutiertes Thema der aktuellen Forschung.

deren wichtigster Teil jedoch in den Bereich gehört, den wir heute zur nicht-fiktionalen Literatur zählen. Die Geschichtsschreibung im weitesten Sinn ist eines der wichtigsten Genera des Jahrhunderts; daneben ist das weite Feld der didaktischen und moralistischen Werke zu nennen, dessen Grenzen in der Prosa ebenso unscharf sind wie in der Versdichtung. Der Roman hingegen spielt im 15. Jahrhundert tatsächlich nur eine untergeordnete Rolle.

4.1 Geschichtsschreibung

Nach dem Urteil von Robert B. Tate erreicht die mittelalterliche Geschichtsschreibung auf der iberischen Halbinsel im 15. Jahrhundert ihren Höhepunkt. Zwar habe das Jahrhundert - mit Ausnahme allein des Portugiesen Fernâo Lopes - keinen herausragenden Historiker hervorgebracht; die besondere Leistung der Historiographie des Jahrhunderts liege in der Vielfalt der Formen und der Ansätze. Nie zuvor habe sie in diesem Ausmaß das Interesse von Adel, Klerus und der Angehörigen des Bildungsstands gefunden.[65] Werke in den drei großen Sprachen der Halbinsel stehen neben lateinischen Werken, wobei die Interferenzen zwischen lateinischer und volkssprachlicher Literatur zahlreich sind.[66] Der Ausrichtung dieses Bandes folgend werden in diesem kurzen Überblick nur die Werke in spanischer Sprache behandelt. Man unterscheidet in der Regel Chroniken und Biographien, wenngleich die Grenzen zwischen den beiden Untergattungen fließend sind. Im zeitgenössischen Sprachgebrauch wurden auch solche Werke *Crónica* genannt, die einer einzelnen Person gewidmet waren. Ein besonders schwieriges Problem sind die Beziehungen zwischen den historiographischen Werken und dem Roman, deren unterschiedliche Identität erst im Verlauf des Jahrhunderts von den Autoren konzeptuell schärfer gefaßt wird. Die Zahl der Grenzüberschreitungen ist hoch, und man kann im Einzelfall oft nur schwer unterscheiden, ob sie bewußt oder unbewußt erfolgt sind.

Die Herrscherchroniken

Die Geschichte der Chroniken des 15. Jahrhunderts beginnt mit den Werken des López de Ayala vom Ende des 14. und Anfang des 15. Jahrhunderts, in denen er die Regierungszeit der vier Könige darstellt, denen er gedient hatte: Pedro I, Enrique II, Juan I und Enrique III.[67] Besonders die erste, Pedro I gewidmete Chronik wurde wegen der Dramatik der dargestellten Ereignisse gerühmt; die geringere Spannung der späteren Werke wird durch größere literarische Eleganz mehr als ausgeglichen. Den Autoren des 15. Jahrhunderts dienten die Chroniken

---

[65] Tate 1970, S. 281. Tate ist der wichtigste Forscher über die iberische Historiographie des 15. Jahrhunderts, der eine große Zahl von Arbeiten auf diesem Gebiet publiziert hat.

[66] Zur lateinischen Historiographie s. Barbara Reynolds, "Latin Historiography: A Survey, 1400-1600", in: *Studies in the Renaissance* 2, 1955, S. 7-66; zu der portugiesischen und katalanischen Historiographie s. Tate 1970.

[67] Ausg. s. Bibl.; die Niederschrift der letzten Chronik wurde durch den Tod des Autors unterbrochen.

des López de Ayala als Modell, das sie in individuell unterschiedlichem Ausmaß nachahmten.

Für die Regierungszeit Juans II sind drei Chroniken zu nennen. Die wichtigste unter ihnen ist die *Crónica de don Juan II* (Ausg. s. Bibl.), die mehreren Autoren zugeschrieben wird. Verfasser des größten Teils (etwa zwei Drittel des Werks) ist vermutlich Alvar García de Santa María aus der berühmten Familie der *Conversos*, der auch Alonso de Cartagena angehörte;[68] die Autorschaft des restlichen Drittels ist in der Forschung umstritten. Wegen ihrer sorgfältigen Dokumentation und der kritischen Unparteilichkeit des Autors wird die *Crónica del Halconero de Juan II* von Pedro Carrillo de Albornoz (Ausg. s. Bibl.) von manchen Forschern heute noch höher eingeschätzt. Sie wurde vom Bischof Lope de Barrientos überarbeitet, der den strengen Stil des Originals allerdings rhetorisch überfrachtete. Schließlich ist noch die anonyme *Crónica de Alvaro de Luna* (Ausg. s. Bibl.) zu nennen.

Ebenfalls drei große Chroniken gelten der Regierungszeit von Enrique IV. Diego Enríquez del Castillo war der offizielle Chronist, der in seiner Chronik ein positives Bild des Herrschers zeichnete (Ausg. s. Bibl.). Die entgegengesetzte Tendenz vertrat Alfonso Fernández de Palencia, dessen Chronik allerdings lateinisch geschrieben ist.[69] Am Ende des Jahrhunderts schrieb Diego de Valera eine Serie von drei Chroniken, die eine Art Summe der spanischen Geschichte bis zu den Katholischen Königen darstellen: Die *Crónica abreviada de España* umfaßt die spanische Geschichte von den Anfängen bis zu Juan II; der *Memorial de diversas hazañas* gilt der Regierung Enriques IV, und die *Crónica de los Reyes Católicos*, die bis 1488 reicht, der unmittelbaren Gegenwart (Ausg. s. Bibl.). Man wird an die Chroniken des López de Ayala erinnert, die Valera jedoch weder im dokumentarischen Wert noch in der Kraft der Darstellung erreicht.

Die Chronik der Katholischen Könige von Hernando del Pulgar (1436-1493) reicht nur wenig weiter - bis 1490 - als die Diego de Valeras (Ausg. s. Bibl.). Dennoch liegt zwischen den beiden Werken eine Wende. Hernando del Pulgar ist der erste spanische Historiker, der bewußt dem Vorbild der antiken Autoren, vor allem des Titus Livius, folgt und damit die humanistische Historiographie Spaniens einleitet.

Biographien

Zwei Ritterchroniken zeichnen in der Lebensdarstellung vorbildlicher Gestalten das Bild des Adels und seiner Ideale: die bereits genannte *Crónica de Don Pero Niño* des Gutierre Díez de Games (Mitte des 15. Jahrhunderts) und die anonymen *Hechos del Condestable Don Miguel Lucas de Iranzo* aus der Regierungszeit Enriques IV (Ausg. s. Bibl.).

---

[68] S. dazu Serrano 1942 und Cantera Burgos 1952.

[69] Der lateinische Titel ist *Gesta hispaniensia ex annalibus suorum dierum*. A. Paz y Melia übersetzte sie unter dem Titel *Crónica de Enrique IV* ins Spanische (Madrid 1904-1908, 4 Bde.; auch in B.A.E. 257).

Der in diesen Werken spürbare didaktisch-moralische Anspruch wird von Fernán Pérez de Guzmán (1376-1460) in seinen *Generaciones y semblanzas*[70] theoretisch begründet. Es handelt sich um eine Sammlung von Porträts zeitgenössischer Gestalten von Enrique III bis Alvaro de Luna. Daran schließt sich ein zweiter, *Mar de historias* genannter Teil an, in dem der Autor Gestalten aus verschiedenen Zeiten und Ländern darstellt, von Alexander dem Großen bis zu den Tartaren. Im Titel dieses Teils wird das Vorbild erkennbar, dem Fernán Pérez de Guzmán gefolgt ist: das *Mare historiarum* des italienischen Dominikaners Giovanni della Colonna.

Der Prolog ist nach Tate der erste kastilische Traktat über das Wesen der Geschichte und die Aufgaben des Historikers.[71] Fernán Pérez de Guzmán nennt drei Bedingungen, die ein historisches Werk erfüllen muß: es muß in einem schönen und hohen Stil geschrieben sein; der Autor muß bei den Ereignissen, die er darstellt, anwesend gewesen sein oder, wo dies nicht möglich ist, über glaubwürdige Zeugen verfügen, und schließlich darf er sein Werk erst nach dem Tod des Fürsten veröffentlichen, damit er ohne Angst die Wahrheit schreiben kann. Ziel des historischen Werks ist es, moralische Vorbilder für die Lebenden darzustellen (ebda., S. 2f).

Einige Jahrzehnte später folgte Hernando del Pulgar dem Beispiel der *Generaciones y semblanzas* und sammelte in den *Claros varones de Castilla* 24 Porträts von Gestalten aus der Zeit Juans II und Enriques IV. Das Werk ist der Königin Isabella gewidmet, an die er sich im Widmungsbrief und zwei *Razonamientos* wendet, von denen der eine etwa in der Mitte des Werks, der andere am Ende plaziert ist. Wie seine Chronik der Katholischen Könige ist auch dieses Werk von dem Bestreben getragen, die zeitgenössische Geschichte im Geist der Antike zu erneuern.

Historiographie und Ritterroman

Die Darstellung der Geschichtsschreibung im 15. Jahrhundert wäre unvollständig ohne die Erwähnung von zwei merkwürdigen Werken, in denen die Grenze zwischen Historiographie und Ritterroman zu verschwimmen scheint. Das erste ist die sogenannte *Crónica Sarrazina* des Pedro del Corral, die etwa um 1430 geschrieben wurde.[72] Es handelt sich um eine Art von Roman, der sich den Anschein einer Chronik gibt. Der Autor faßt die spanische Geschichte von den westgotischen Königen bis zu Enrique III in einer Synthese zusammen; sein eigentliches Interesse gilt jedoch dem letzten westgotischen König und dessen Nie-

---

[70] Das Werk entstand in den Jahren nach 1430. - Ausg. s. Bibl. - Literatur: Francisco López Estrada, "La retórica en las 'Generaciones y semblanzas' de Fernán Pérez de Guzmán", in: *Revista de Filología Española* 30, 1946, S. 310-352; Franco Meregalli, "Le 'Generaciones y semblanzas' di Fernán Pérez de Guzmán", in: ders. 1957; Carlos Clavería, *Notas sobre la caracterización de la personalidad en 'Generaciones y semblanzas'*, Murcia 1952.

[71] Tate in seiner Ausg. der Generaciones: XV.

[72] Das Werk wurde am Ende des 15. und im 16. Jahrhundert mehrfach gedruckt.

derlage gegen die eindringenden Araber, weshalb sein Werk auch unter dem Namen *Crónica del Rey Don Rodrigo* bekannt ist. Wie populär es im 15. Jahrhundert war, läßt sich daran ermessen, daß es zur Quelle zahlreicher Romanzen wurde.

Das zweite Werk ist der *Libro del Passo honroso defendido por el Excelente Cavallero Suero de Quiñones*. Der junge Ritter hatte das Gelübde abgelegt, jeden Donnerstag einen eisernen Ring um seinen Hals als Zeichen dafür zu tragen, daß er Gefangener seiner Dame sei. Um sich von dieser Last zu befreien, schwor er, zusammen mit neun Freunden eine Brücke gegen alle Ritter zu verteidigen, die diese Herausforderung annehmen wollten. 1434 kämpften die zehn Ritter erfolgreich gegen 68 Herausforderer. Das Geschehen wurde von dem königlichen Schreiber Pero Rodríguez de Lena protokolliert und - wie Horst Baader in einer Studie nachgewiesen hat - 150 Jahre später von dem Franziskaner Juan de Pineda bearbeitet.[73] Anders als bei der *Crónica Sarrazina* ist nicht der Bericht fiktiv, es ist vielmehr die Realität selbst, die von den Akteuren ästhetisiert wird.[74]

4.2 Satire, Didaktik und Moralistik

Die Aussagen, die über die satirische, didaktische und moralistische Literatur bei der Darstellung der Versdichtung getroffen wurden, gelten auch für die Prosa. Viele dieser Werke haben heute nur noch historisches Interesse.[75] Das gilt auch für die zahlreichen Traktate, die Enrique de Villena hinterlassen hat, der dessenungeachtet eine der farbigsten Gestalten des Jahrhunderts war. Die *Vision delectable* des Alfonso de la Torre - ein allegorisches Lehrwerk über die *artes liberales* (1430-1440) - wurde in unserem Jahrhundert der Anlaß zu einer Polemik über die "kulturelle Verspätung Spaniens".[76] Die Frage nach der richtigen Lebensführung war Gegenstand zahlreicher Werke, unter denen Lucenas *De vida beata* hervorgehoben zu werden verdient.[77] Im politischen Kontext führte die gleiche Frage zu den sogenannten Fürstenspiegeln, da die Politik weitgehend als Problem der persönlichen Moral des Herrschers angesehen wurde.[78]

---

[73] Das Werk erschien 1588; Faksimile-Nachdruck von A.M. Huntington, New York 1902. S. dazu Horst Baader, *Die literarischen Geschicke des spanischen Ritters Suero de Quiñones*, Wiesbaden 1959.

[74] S. dazu Riquer 1970 und Huizinga 1973.

[75] Zur didaktischen Literatur s. die Bibliographie in Mettman 1983-1985, Bd. 2, H. 7.

[76] Der Ausdruck stammt von Curtius (1961, S. 524-526) und hat heftigen Widerspruch gefunden, der vor allem von M.R. Lida de Malkiel formuliert worden ist: "La tradición clásica en España", in: *Nueva Revista de Filología Hispánica* 5, 1951; dies., "Perduración de la literatura antigua en Occidente", in: *Romance Philology* 5, 1951-1952, S. 99-131. - Zu Torre s. Verf. 1978, S. 68-71.

[77] Der eigentliche Titel ist *Diálogo moral entre don Alonso de Cartagena, obispo de Burgos, don Iñigo López de Mendoza, marqués de Santillana, y Juan de Mena, cordovés*. Moderne Ausg. in *Testi spagnoli*, 1950, S. 97-182. S. dazu Margherita Morreale, "El tratado de Juan de Lucena sobre la felicidad", in: *Revista de Filología Hispánica* 9, 1955, S. 1-21. S. weiterhin die Werke von Fray Martín de Córdoba und Fray Lope Fernández de Minaya in *Prosistas castellanos* II.

[78] Vgl. oben den Kommentar zu Santillanas *Proverbios morales*. In der politischen Prosa spielte *De regimine principum* des Aegidius Columna eine große Rolle; es wurde ins Spanische und ins Katalanische übersetzt. Einige wichtige Werke dieser Literatur hat Mario Penna in dem Band *Pro-*

Das wichtigste Werk der moralistischen Literatur im weitesten Sinn ist der *Corbacho o Arcipreste de Talavera* des Alfonso Martínez de Toledo, bekannter als Arcipreste de Talavera (1398-1468). Der Autor beendete das Werk 1438, wie er zu Beginn schreibt, und schickte es ohne Namen auf den Weg: "Sin bautismo sea por nombre llamado Arcipreste de Talavera donde quier que fuere levado".[79] Der Ruhm des Werks beruht auf der außerordentlich lebendigen Zeichnung der zeitgenössischen Sitten. Die häufig von einer offenen Frauenfeindlichkeit inspirierte Satire ist eingebettet in moralistische Traktate gegen Ausschweifungen und die verschiedenen Formen des Aberglaubens seiner Zeit. Auch bei diesem Werk ist in vielen Passagen die Nähe zum Roman spürbar.[80]

4.3 Der Roman

Der Roman des 15. Jahrhunderts ist wie die Lyrik auf dem Boden der höfischen Gesellschaft gewachsen. Die wichtigste Form ist die sogenannte *novela sentimental*, deren erstes Beispiel der *Siervo libre de amor* des Rodríguez del Padrón (oder de la Cámara) aus der ersten Hälfte des Jahrhunderts ist. Ihren Höhepunkt erreicht sie aber erst am Ende des Jahrhunderts in den Werken von Diego de San Pedro und Juan Flores.[81] Menéndez Pelayo leitete die *novela sentimental* vom Ritterroman ab, von dem sie sich seiner Meinung nach durch die stärkere Betonung der Liebesverwicklungen unterscheidet:

> Tal es la novela erótico-sentimental, en que se da mucha más importancia al amor que al esfuerzo, sin que por eso falten en ella lances de armas, bizarrías y gentilezas caballerescas, subordinadas a aquella pasión que es alma y vida de la obra, complaciéndose los autores en seguir su desarrollo ideal y hacer descripción y anatomía de sus personajes (*Orígenes de la novela*, II 3).

Die Unterschiede zum Ritterroman führte Menéndez Pelayo vor allem auf den Einfluß von Boccaccios *Fiammetta* und Enea Silvio Piccolominis *Historia de duobus amantibus Eurialo et Lucretia* zurück, in schwächerem Maße auf französische Vorbilder (ebda., S. 4-11). María Rosa Lida de Malkiel hat für Rodríguez del Padrón den italienischen Einfluß zurückgewiesen (s.u.); Samoná (1960) hat sogar bezweifelt, ob man überhaupt vom sentimentalen Roman als einer eigenen Gattung sprechen könne. Trotz dieser Einwände wird der Begriff der *novela sentimental* von der Forschung bis heute als bequemer Sammelbegriff gebraucht.[82]

---

sistas castellanos I gesammelt; u.a. Diego de Valera, *Doctrinal de príncipes* (S. 173-202) und Rodrigo (Sánchez) de Arévalo, *Suma de la política* (S. 249-309) und *Vergel de los príncipes* (S. 311-341).

[79] Der Titel *Corbacho o Reprobación del amor mundano* erschien im Colophon des Erstdrucks von 1498. Text. s. Bibl. - Literatur: Michael Gerli, *Alfonso Martínez de Toledo*, Boston 1976; E.W. Naylor, *The Text and Concordances of the Escorial MS h.iii.10 of the 'Arcipreste de Talavera' of Alfonso Martínez de Toledo*, Madison 1983.

[80] S. dazu Dámaso Alonso, "El Arcipreste de Talavera a medio camino entre moralista y novelista", in: ders. 1964, S. 126-136.

[81] Zu Flores vgl. auch hier: Chr. Strosetzki, Der Roman im Siglo de Oro, Kapitel 5, S. 99.

[82] S. dazu Krause 1929; Kany 1937; Samoná 1960; José Luis Varela, "Revisión de la novela sentimental", in: *Revista de Filología Española* 48, 1965 (1967), S. 351-382; Regula Rohland de Langbehn,

Der *Siervo libre de amor* von Juan Rodríguez del Padrón (?-nach 1440) ist eine allegorisch eingekleidete autobiographische Erzählung.[83] Der Autor nennt sein Werk *tratado*, den er in drei Teile gliedert, die drei Phasen der Liebe entsprechen. Im ersten Teil liebt er und wird geliebt. Dieser Phase werden die Myrthe und das Herz des Menschen allegorisch zugeordnet. In der zweiten Phase liebt er und wird nicht geliebt; zugeordnet werden hier die Weißpappel und der freie Wille. In der dritten Phase liebt er nicht und wird nicht geliebt; diese Phase steht im Zeichen der Olive und der Vernunft (*entendimiento*). Eingeschoben ist eine kurze Erzählung, die *Estoria de dos amadores*, in der sich Liebe und Abenteuer verbinden.

Die Allegorisierung der Liebeshandlung setzt sich im Werk von Diego de San Pedro fort.[84] Sein erster Roman, der *Tractado de amores de Arnalte y Lucenda*, entstand vermutlich um 1480 und wurde 1491 gedruckt. Ein Jahr später erschien der Roman, der als das Hauptwerk der *novela sentimental* gilt: *Cárcel de amor*.

"Desarrollo de géneros literarios: la novela sentimental española de los siglos XV y XVI", in: *Filología* 21, 1986, S. 57-76, sowie die Literatur zu Rodríguez del Padrón und San Pedro.

[83] Ausg. s. Bibl. - Literatur: María Rosa Lida de Malkiel, "Juan Rodríguez del Padrón: Vida y obras", in: *Nueva Revista de Filología Hispánica* 4, 1952, S. 313-351; dies., "Juan Rodríguez del Padrón: Influencia", in: *ebda.* 8, 1954, S. 1-38; dies., "Adiciones", in: *ebda.* 14, 1960, S. 318-321 (auch in dies. 1978. S. 21-144); Carmelo Samonà, "Per una interpretazione del 'Siervo libre de amor'", in: *Studi Ispanici* 1, 1962, S. 187-203; César Hernández Alonso, *'Siervo libre de amor'*, Valladolid 1970; Gilderman 1977; Gregory P. Andrachuk, "On the Missing Third Part of 'Siervo libre de amor', in: *Hispanic Review* 45, 1977, S. 171-180; ders., "A Further Look at Italian Influence in the 'Siervo libre de amor', in: *Journal of Hispanic Philology* 6, 1981, S. 45-56; O.T. Impey, "The Literary Emancipation of Juan Rodríguez del Padrón. From the Fictional 'Cartas' to the 'Siervo libre de amor'", in: Speculum 55, 1979, S. 305-316; J. Herrero: "The Allegorical Structure of the 'Siervo libre de amor'", in: *Speculum* 55, 1980, S. 751-764; Antonio Gargano, "Stato attuale degli studi sulla 'novela' sentimental. II. Juan Rodríguez del Padrón", in: *Studi Ispanici* 1980, S. 39-69; Peter Cocozzella "The Thematic Unity of Juan Rodríguez del Padrón's 'Siervo libre de amor'", in: *Hispania* 64, Cincinnati 1981, S. 188-198; Maria S. Brownlee, "The Generic Status of the 'Siervo libre de amor': Rodríguez del Padrón's Reworking of Dante", in: *Poetics Today* 5, 1984, S. 629-643.

[84] Die Lebensdaten des Autors sind nicht bekannt, wie überhaupt sein Leben weitgehend im Dunklen liegt; man weiß nicht viel mehr als daß er in der zweiten Hälfte des Jahrhunderts gelebt hat. Ob er *converso* war, ist umstritten. - Ausg. s. Bibl. - Literatur: Anna Krause, "Apunte bibliográfico sobre Diego de San Pedro", in: *Revista de Filología Española* 36, 1952, S. 126-130; Bruce W. Wardropper, "Allegory and the Role of 'el Autor' in the 'Cárcel de amor'", in: *Philological Quarterly* 31, 1952, S. 39-44; ders., "El mundo sentimental de la 'Cárcel de amor', in: *Revista de Filología Española* 37, 1953, S. 168-193; Carmelo Samonà, "Diego de San Pedro: dall'Arnalte e Lucenda alla Cárcel de amor", in: *Studi in onore di Pietro Silva*. Firenze 1957, S. 261-277; H. Bermejo Hurtado y D. Cvitanovic, "El sentido de la aventura espiritual en la 'Cárcel de amor'", in: *Revista de Filología Española* 49, 1966 (1968), S. 289-300; F. Márquez Villanueva, "'Cárcel de amor', novela política", in: *Revista de Occidente* 14 (2a época), 1966, S. 185-200; Pamela Waley, "Love and Honour in the 'novelas sentimentales' of Diego de San Pedro and Juan de Flores", in: *Bulletin of Hispanic Studies* 42, 1966, S. 253-275; Regula Rohland de Langbehn, *Zur Interpretation der Romane des Diego de San Pedro*, Heidelberg 1970; Bruno M. Damiani, "The Didactic Intention of the 'Cárcel de amor'", in: *Hispanófila* 56, 1976, 29-44; Juan Fernández-Jiménez, "La trayectoria literaria de Diego de San Pedro", in: *Cuadernos Hispanoamericanos* 129, 1982, Nr. 387, S. 647-657; Barbara E. Kurtz, "Diego de San Pedro's 'Cárcel de amor' and the Tradition of the Allegorical Edifice", in: *Journal of Hispanic Philology* 8, 1984, S. 123-138; dies., "The Castle Motiv and the Medieval Allegory of Love: Diego de San Pedro's 'Cárcel de amor'", in: *Fifteenth-Century Studies* 11, 1985, S. 37-49; Ivy A. Corfis, "The 'dispositio' of Diego de San Pedro's 'Cárcel de amor'", in: *Iberoromania* 21, 1985, S. 32-47.

Das 15. Jahrhundert

Der Roman wurde das ganze 16. Jahrhundert über gelesen, wie die etwa 20 Ausgaben beweisen, und er wurde ins Katalanische (1493), Italienische (1515), Französische (1525), Englische (1549?) und Deutsche (1625) übersetzt.

Die zentrale Gestalt des Romans ist der Autor selbst, der die Rolle eines Spielleiters innehat. In der Sierra Morena trifft er Leriano, Sohn des Herzogs Guersio, der ihm seine Liebe zu Laureola, der Tochter des Königs Gaulo, gesteht. Er ist in einem allegorischen Kerker gefangen, dessen Fundament sein Glaube ist; darauf erheben sich Vernunft, Verstand, Gedächtnis und Wille. Der Autor spricht mit Leriano und Laureola, während die Liebenden in Briefen miteinander verkehren. Nach zahlreichen Verwicklungen endet die Geschichte mit dem Freitod Lerianos. Noch im Sterben verteidigt er wortreich die Frauen gegen alle Angriffe. Mit bewegten Worten trauert die Mutter über das Schicksal ihres Sohnes und klagt den Tod an:

> ¡O muerte, cruel enemiga, que ni perdonas los culpados ni asuelves los inocentes! Tan traidora eres, que nadie para contigo tiene defensa; amenazas para la vejez y lievas en la mocedad; a unos matas por malicia y a otros por enbidia; aunque tardas, nunca olvidas; sin ley y sin orden te riges (Ausg. Whinnom, S. 173).

Wenige Jahre nach *Cárcel de amor* erschienen zwei Romane des Katalanen Juan Flores: *Historia de Grisel y Mirabella, con la disputa de Torrellas y Braçayda* und *Breve Tratado de Grimalte y Gradissa*.[85] Die Romane waren kaum weniger erfolgreich als *Cárcel de amor* (sie wurden ins Deutsche, Französische, Italienische, Englische und Polnische übersetzt), bleiben aber innerhalb der durch Diego de San Pedro vorgezeichneten Grenzen der Gattung.

Der Ritterroman ist das ganze Jahrhundert über präsent, wird als Text aber erst zu Beginn des 16. Jahrhunderts greifbar. Es ist die Geschichte eines Romans, der einer unter vielen Nachkommen des französischen höfischen Romans ist und der seinerseits zum Vater einer zahlreichen Nachkommenschaft werden sollte: der *Amadís de Gaula*.[86] Obwohl die Vorgeschichte des Ritterromans zahlreiche Forscher angezogen hat, ist die konkrete Entstehung des *Amadís* bis heute nur hypothetisch erschlossen. Eine erste Version entstand vermutlich Ende des 13. oder Anfang des 14. Jahrhunderts. Im letzten Drittel des 14. Jahrhunderts gab es eine Version in drei Büchern. In den Jahren um 1420 ist seine Existenz durch Fragmente des 3. Buchs belegt. Etwa zwischen 1482 und

---

[85] Über den Autor weiß man ebensowenig wie über Diego de San Pedro. Das Erscheinungsdatum der Romane ist vermutlich 1495; moderne Ausg. in Matulka 1931, S. 331-432; daneben mehrere Faks.- Ausg. S. dazu Pamela Waley 1966; Anthony Van Beysterveldt, "Revisión de los debates feministas del siglo XV y las novelas de Juan Flores", in: *Hispania* (Cincinnati) 64, 1981, S. 1-13; s. weiterhin Anm. 83.

[86] Ausg. s. Bibl. - Literatur: aus der Fülle der Studien kann nur eine knappe Auswahl gegeben werden: Marcelino Menéndez Pelayo, *Orígenes de la novela*, Bd. 1; Thomas 1952, Riquer 1970 und zahlreiche weitere Arbeiten; Durán 1973; Eisenberg 1982; Fogelquist 1982; Van Beysterveldt 1982; Albert Gier, "Garci Rodríguez de Montalvo. Los quatro libros del virtuoso Cavallero Amadís de Gaula", in: Volker Roloff, Harald Wentzlaff-Eggebert (Hg.), *Der spanische Roman vom Mittelalter bis zur Gegenwart*, Düsseldorf 1986, S. 16-32. Weiteres s. in der Bibl. in der Ausg. von Cacho Blecua; vgl. auch hier: A. Gier, 12.-14. Jahrhundert: Lyrik, Epik, Roman und Drama, Kapitel 8 und Chr. Strosetzki, Der Roman im Siglo de Oro, Kap. 3, S. 89f.

1492 überarbeitete Garci Rodríguez de Montalvo (ca. 1430-vor 1505) die vorliegenden drei Bücher, fügte ein viertes hinzu und schrieb als fünftes *Las Sergas de Esplandián*. Das Werk erschien postum 1508.[87]

Der Roman erzählt die Geschichte des unbesiegbaren Ritters Amadís von seiner Geburt an, die der Geburt Moses' nachgebildet wird. Im Mittelpunkt steht seine unerschütterliche Liebe zur Prinzessin Oriana, die er nach unzähligen Kämpfen mit Rittern und Ungeheuern, nach Ver- und Entzauberungen schließlich heiratet. Der Roman spielt in einer phantastischen Welt fern der Realität, einer Welt, in der die hohen Ritterideale über alles Böse siegen. Amadís ist von seiner wunderbaren Geburt an herausgehoben aus der Schar der Ritter, er ist Vorbild in seiner unbesiegbaren Tapferkeit ebenso wie in seiner Liebe, die allen Anfechtungen standhält.

Der *Amadís* rief früh die Kritik zahlreicher Autoren hervor, die den Roman aus moralischen Gründen verurteilten. Rodríguez de Montalvo geht darauf in seinem Prolog ein, der sich als eine Replik auf den Prolog von Fernán Pérez de Guzmán zu seinen *Generaciones y semblanzas* lesen läßt. Der argumentative Kern des Prologs ist eine dreistufige Hierarchie der Erzählung (*historia*). Auf der obersten Stufe steht die historische Erzählung, die sich auf die innere Größe des Menschen konzentriert, auf der untersten Stufe der Roman, der erfundene Geschichten von wunderbaren Dingen erzählt, die außerhalb der Ordnung der Natur liegen. In der moralischen Zielsetzung jedoch ist der Roman der historischen Erzählung gleichwertig.[88] Doch Rodríguez de Montalvo konnte damit weder Theologen noch Humanisten überzeugen. Die Kritik am Ritterroman findet sich in zahllosen Werken des 16. Jahrhunderts, was den überragenden Erfolg der Gattung jedoch nicht aufzuhalten vermochte.[89]

5. Das Theater

Die Geschichte des Theaters im 15. Jahrhundert ist kurz. Nach dem *Auto de los Reyes Magos* aus dem 12. Jahrhundert bricht die Tradition des Theaters in Spanien ab - zumindest sind keine Texte überliefert. Über die Gründe ist in der Forschung viel spekuliert worden. Das Theater setzt im 15. Jahrhundert neu ein mit zwei kurzen *autos* von Gómez Manrique (1412-ca. 1490), deren dramatische Handlung aber nur rudimentär entwickelt ist.[90] Manche Autoren zählen auch den *Diálogo entre el Amor y el Viejo* des Rodrigo de Cota (ca. 1435-1505) zur Frühge-

---

[87] Nach Juan Manuel Cacho Blecua in seiner Ausgabe des *Amadís*, S. 80f.

[88] Ausg. Cacho Blecua, I, S. 219-225, s. dazu Fogelquist 1982, S. 9-27.

[89] Eine Vorstellung von der Zahl der Kritiken gibt die (bei weitem noch nicht vollständige) Zusammenstellung von Edward Glaser, "Nuevos datos sobre la crítica de los libros de caballerías en los siglos XVI y XVII", in: *Anuario de Estudios Medievales* 3, 1966, S. 393-410.

[90] Es handelt sich um die *Representación del Nacimiento de Nuestro Señor* und die *Lamentaciones fechas para Semana Santa*. Text in der Ausg. des *Cancionero* Gómez Manriques.

schichte des spanischen Theaters.[91] Der eigentliche Neubeginn erfolgt jedoch erst später mit den Werken von Juan del Encina und dessen Schüler Lucas Fernández.

Unter diesen tastenden Versuchen erscheint unvermittelt ein monumentales Werk: *La Celestina*.[92] Die Erstausgabe wurde anonym und ohne Titel (möglicherweise fehlt bei dem einzigen erhaltenen Exemplar das Titelblatt) 1499 in Burgos gedruckt. 1500 und 1501 folgten Ausgaben in Toledo und Sevilla unter dem Titel *Comedia de Calisto y Melibea*. In diesen Ausgaben erscheint zu Beginn ein Akrostichon, in dem sich der Autor als "El bachiller Fernando de Rojas" zu erkennen gibt. In späteren Ausgaben wird der Titel um mehrere Varianten bereichert: "Tragicomedia de Calisto y Melibea" steht neben "Libro de Calisto y Melibea y de la puta vieja Celestina". Als "Celestina" erscheint das Stück zum ersten Mal in der italienischen Übersetzung von 1519, in Spanien jedoch erst 1569. Die Erstausgabe umfaßt 16 Akte, denen in der Ausgabe Sevilla 1502 fünf weitere Akte hinzugefügt werden (die Akte 15-19 in der endgültigen Fassung). Mit der Ausgabe Valencia 1514 hat das Stück seine endgültige Form erreicht.

In der "Carta a un amigo", die zusammen mit dem erwähnten Akrostichon in der Ausgabe von 1500 abgedruckt ist, eröffnet der Autor dem Adressaten, daß der Ausgangspunkt seines Werks der Text eines unbekannten Autors war, den manche für Juan de Mena und andere für Rodrigo de Cota hielten. Gemeint ist der erste Akt des Werks, dessen Autorschaft in der Forschung bis heute umstritten ist; unstrittig hingegen ist, daß der aus einer Familie von *conversos* stammende Jurist Fernando de Rojas (ca. 1465-1541) Autor des übrigen Werks ist (eventuell mit Ausnahme der ersten Szene des zweiten Akts, die von manchen Forschern ebenfalls zur ursprünglichen Vorlage gezählt wird).

Ein weiterer Streitpunkt ist die Gattung des Werks. Menéndez Pelayo sah es als Roman an und behandelte es in seinen *Orígenes de la novela* (Bd. 3, Kap. 10, S. 219-458). María Rosa Lida de Malkiel hingegen ist die entschiedenste Verfechterin des dramatischen Charakters des Werks (1963, S. 29-78). In den neueren Literaturgeschichten ist noch keine einheitliche Linie zu erkennen; manche behandeln das Werk in der Abteilung "Prosa" (so etwa Deyermond 1985, S. 313, für den es der "erste spanische Roman" ist), andere unter "Theater" (so etwa Humberto López Morales in Díez Borque 1982). Allein die Länge des Stücks macht eine Aufführung unmöglich, weshalb es sich bei modernen Inszenierungen

---

[91] Das Werk ist im *Cancionero general de Hernando del Castillo* enthalten. Moderne Ausg. s. Bibl. Zum Autor s. Francisco Cantera Burgos, *El poeta Rodrigo Cota y su familia de judíos conversos*, Madrid 1970.

[92] Ausg. s. Bibl. - Literatur: Bibliographie s. Snow 1985; Gilman 1956 und 1972; Bataillon 1961; Deyermond 1961; Berndt 1963; Lida de Malkiel 1963; Leube 1971; Dietrich Briesemeister, "Die Sonderstellung der 'Celestina'", in: Klaus Pörtl (Hg.), *Das spanische Theater. Von den Anfängen bis zum Ausgang des 19. Jahrhunderts*, Darmstadt 1985, S. 91-107; Albert Gier, "Rodrigo de Cota (?) und Fernando de Rojas. (Tragi-)comedia de Calisto y Melibea (Celestina)", in: Volker Roloff, Harald Wentzlaff-Eggebert (Hg.), *Das spanische Theater. Vom Mittelalter bis zur Gegenwart*. Düsseldorf 1988, S. 23-35; vgl. auch hier: M. Rössner, Das Theater der Siglos de Oro, Kapitel 2, S. 166f.

immer um Bearbeitungen handelt, in denen der Text stark gekürzt und vereinfacht wird.

In der *Celestina* stehen zwei Welten nebeneinander, die hohe Welt des Adels und des Großbürgertums und die niedere Welt der Diener und Huren. Die ehemalige Hure Celestina, die im Alter zur Kupplerin geworden ist, gehört der niederen Welt an, hat aber auch Zugang zu der anderen. In dieser geht es um die ideale, etwas blasse Liebe Calistos zu Melibea, in jener um Sex und Geld. Celestina lebt davon, anderen zum Liebesglück zu verhelfen, hat daneben aber noch eine Vielzahl anderer Einnahmequellen bis hin zur Hexerei. Sie kennt die menschlichen Nöte und Triebe und bezieht daraus ihre Macht über die anderen. Sie selbst wird von einer unersättlichen Habgier getrieben, die alle anderen Regungen überdeckt und die schließlich auf ihre Umgebung übergeht. Daraus erwächst ein Kampf aller gegen alle, der zum Untergang der Diener und damit mittelbar auch der Herren führt. Daneben steht eine zweite Leidenschaft, nicht weniger verderblich als diese: die unbedingte Liebe Melibeas, die keine Grenzen und Schranken kennt und die sie in den Tod treibt, nachdem ihr Geliebter verunglückt ist. Am Schluß sind alle tot, die Herren und die Diener, und das letzte Wort hat der Vater Melibeas, der die trügerische Welt anklagt:

> Yo pensaba en mi más tierna edad que eras y eran tus hechos regidos por alguna orden; agora, visto el pro y la contra de tus bienandanzas, me pareces un laberinto de errores, un desierto espantable, una morada de fieras, juego de hombres que andan en corro, laguna llena de cieno, región llena de espinas, monte alto, campo pedregoso, prado lleno de serpientes, huerto florido y sin fruto, fuente de cuidados, río de lágrimas, mar de miserias, trabajo sin provecho, dulce ponzoña, vana esperanza, falsa alegría, verdadero dolor. Cébasnos, mundo falso, con el manjar de tus deleites; al mejor sabor nos descubres el anzuelo; no lo podemos huir, que nos tiene ya cazadas las voluntades. Prometes mucho, nada no cumples; échanos de ti, porque no te podamos pedir que mantengas tus vanos prometimientos (Ausg. Damiani, S. 295).

Dieser Schluß erinnert an die Totenklage im *Cárcel de amor*, die aber im direkten Vergleich flach und oberflächlich wirkt; die *Celestina* ist philosophisch tiefer und sprachlich weitaus kraftvoller. Die Forschung hat eine Vielzahl von Quellen erschlossen, die Fernando de Rojas in sein Werk eingearbeitet hat. Die bei weitem wichtigsten sind Petrarca, dessen Einfluß vor allem in der Absage an die Leidenschaften spürbar wird, und die humanistische Komödie, an deren Struktur sich das Stück orientiert. Aber wie im Fall der *Coplas* Jorge Manriques kann die Quellenforschung den Ursprung der philosophischen Aussage und der formalen Gestaltung erklären, nicht aber die verführerische Kraft, die das Werk trotz seines Pessimismus ausstrahlt. Sein Erfolg war unmittelbar und andauernd; im 16. Jahrhundert folgten zahlreiche Neuausgaben und Übersetzungen in die wichtigsten europäischen Sprachen. Darüber hinaus entstanden mehrere Fortsetzungen. Seiner Entstehung nach gehört das Werk noch in das 15. Jahrhundert; seine Wirkung liegt jedoch im 16. Jahrhundert, weshalb man es zu Recht an den Beginn der Literatur des Siglo de Oro stellt.

Bibliographie

1. Autoren

Arcipreste de Talavera: s. Martínez de Toledo

Averçò, Luis de, *Torcimany. Tratado retórico gramatical y diccionario de rimas. Siglos XIV-XV*, José María Casas Homs (Hg.), Barcelona 1956, 2 Bde

Baena, Juan Alfonso de, *Dezir que fizo Juan Alfonso de Baena*, Nancy F. Marino (Hg.), Valencia 1978

Barrientos, Lope de, *Refundición de la Crónica del Halconero*, Juan de Mata Carriazo (Hg.), Madrid 1946

Cancionero de Juan Alfonso de Baena, José María Azáceta (Hg.), Madrid 1966 (Clásicos Hispánicos), 3 Bde. (ed. crít.)

Cancionero de Estúñiga, Nicasio Salvador Miguel (Hg.), Madrid (Alhambra) 1987

Cancionero general recopilado por Hernando del Castillo (Valencia, 1511), Antonio Rodríguez-Moñino (Hg.), Madrid 1958 - José M. Aguirre (Hg.), Salamanca 1971. - Suplemento al *Cancionero general de Hernando del Castillo* (Valencia 1511) que contiene todas las poesías que figuran en la primera edición y fueron añadidas desde 1514 hasta 1557, Antonio Rodríguez-Moñino (Hg.), Valencia 1959

Cancionero Castellano del siglo XV, R. Foulché-Delbosc (Hg.), Madrid 1912-1915, 2 Bde. (NBAE 19, 22)

Cancionero, Poesía de, Alvaro Alonso (Hg.), Madrid (Cátedra) 1986

Carrillo de Albornoz (o de Huete), Pedro, *Crónica del Halconero de Juan II*, Juan de Mata Carriazo (Hg.), Madrid 1946, 2 Bde.

Coplas satíricas y dramáticas de la edad media, E. Rincón (Hg.), Madrid 1968

Cota, Rodrigo, *Diálogo entre el amor y un viejo*, Introduzione, testo critico, versione e commento a cura di Elisa Aragone, Firenze 1961

Crónica de Don Alvaro de Luna, Juan de Mata Carriazo (Hg.), Madrid 1940

Crónica de Juan II de Castilla y León, in: Cayetano Rosell (Hg.), *Crónicas de los Reyes de Castilla*, II, Madrid 1877 (B.A.E. 68), S. 277-695

Danza general de la muerte, Margherita Morreale (Hg.), Bari 1963. - Haydée Bermejo Hurtado und Dinko Cvitanovic (Hg.), Bahía Blanca 1966. - J.M. Solá-Solé (Hg.), Barcelona 1981 (ed. crít.). - V. Infantes (Hg.), Madrid 1982. - F.J. Rodríguez Oquendo (Hg.), Madrid 1983

Díez de Games, Gutierre, *El Victorial. Crónica de Don Pero Niño, Conde de Buelna*, J. de Mata Carriazo (Hg.), Madrid 1940

Encina, Juan del, *Cancionero*. Primera edición, 1496, ed. facs., Madrid 1928

-, *Poesía lírica y cancionero musical*, R.O. Jones und Carolyn R. Lee (Hg.), Madrid (Castalia) 1975

-, *Obras dramáticas*. I (*Cancionero* de 1496), Rosalie Gimeno (Hg.), Madrid (Istmo) 1975

-, *Teatro* (Segunda producción dramática), Rosalie Gimeno (Hg.), Madrid (Alhambra) 1977

Enríquez del Castillo, Diego, Crónica del Rey Don Enrique el Cuarto de este nombre, in: Cayetano Rosell (Hg.), *Crónicas de los Reyes de Castilla*. III, Madrid 1878 (B.A.E. 70), S. 97-222

Flores, Juan de, [Romane] s. Matulka 1931. - *Grimalte y Gradissa*, Pamela Woley (Hg.), London (Tamesis Books) 1971

García de Santa María, Alvar: s. *Crónica de Juan II*

Guillén de Segovia, Pero, *La gaya ciencia*, O.J. Tuulio und J.M. Casas Homs (Hg.), Madrid 1962, 2 Bde.

Hechos del Condestable Don Miguel Lucas de Iranzo, Juan de Mata Carriazo (Hg.), Madrid 1940

López de Ayala, Pero, *Libro rimado del Palaçio*, Jacques Joset (Hg.), Madrid 1978. - *Libro de Poemas o Rimado de Palacio*, Michel García (Hg.), Madrid 1978 (ed. crít.). - *Rimado de Palacio*, Germán Orduna (Hg.), Pisa 1981, 2 Bde. (ed. crít.)

-, *Crónicas de los Reyes de Castilla D. Pedro, D. Enrique II, D. Juan I, D. Enrique III*, Madrid (Sancha) 1779-1783, 3 Bde. - *Crónicas*. Selección por Gonzalo Torrente Ballester, Madrid 1943, 2 Bde.

López de Mendoza, Iñigo: s. Santillana

Manrique, Gómez, *Cancionero*, Antonio Paz y Mélia (Hg.), Madrid 1885, 2 Bde. (Escritores Castellanos, 36, 39)

Manrique, Jorge, *Cancionero*, Augusto Cortina (Hg.), [4]1960 (Clás. Cast. 94). - *Poesía*, Giovanni Caravaggi (Hg.), Madrid (Taurus) 1984. - Jesús-Manuel Alda Tesán (Hg.), Madrid (Cátedra) [11]1986. - *Obras*, Antonio Serrano de Haro (Hg.), Madrid (Alhambra) 1986

March, Ausias, *Obra poética completa*, Rafael Ferreres (Hg.), Madrid (Castalia) 1979-1982, 2 Bde.

Martínez de Toledo, Alfonso, *Arcipreste de Talavera o Corbacho*, Joaquín González Muela (Hg.), Madrid (Castalia) 1970. - Marcella Ciceri (Hg.), Modena 1975 (ed. crít.). - Michael Gerli (Hg.), Madrid (Cátedra) [2]1981

Mena, Juan de, *El laberinto de fortuna*, Louise Vasvari Fainberg (Hg.), Madrid (Alhambra) 1976. - John G. Cummins (Hg.), Madrid (Cátedra) 1982

-, *Coplas de los siete pecados mortales*, Salamanca 1500, in: *Primera Floresta de Incunables*, A. Pérez Gómez (Hg.), Cieza 1955. - *Coplas de los siete pecados mortales and First Continuation*, Gladys M. Rivera (Hg.), Madrid 1982

-, *Obra lírica*, Miguel Angel Pérez Priego (Hg.), Madrid (Alhambra) 1979

-, *La Coronación* (¿Toulouse 1489?), Ed. facs. Valencia 1964. - F. Delgado León (Hg.), Córdoba 1978

-, *La Yliada en romance según la impresión de Arnao Guillén de Brocar* (Valladolid 1519), Martín de Riquer (Hg.), Barcelona 1949

Mendoza, Iñigo de, *Fray Iñigo de Mendoza y sus 'Coplas de Vita Christi'*, Julio Rodríguez Puértolas (Hg.), Madrid 1968

Montesino, Ambrosio, Cancionero de diversas obras de nuevo trobadas, in: *Romancero y Cancionero sagrados*, Justo de Sancha (Hg.), Madrid 1950 (B.A.E. 35), S. 401-466

-, *Coplas*, in: *Segunda Floresta de Incunables*, Antonio Pérez Gómez (Hg.), Cieza 1957

Montoro, Antón de, *Cancionero*, Emilio Cotarelo y Mori (Hg.), Madrid 1900

Nebrija, Antonio de, *Gramática castellana*, E. Walberg (Hg.), Halle 1909. - I. González-Llubera (Hg.), London 1926. - P. Galindo Romeo und L. Ortiz Muñoz (Hg.), Madrid 1946, 2 Bde., ed. facs. Madrid 1976

-, *Diccionario latino-español* (Salamanca 1492), Germán Colón und Amadeu J. Soberanas (Hg.), Barcelona 1979

-, *Vocabulario de romance en latín*, Salamanca, ca. 1495. - Ed. facs. por la Real Academia Española, Madrid 1951. - Transcripción crítica de la edición revisada por el autor (Sevilla 1516) con una introducción de Gerald J. Macdonald, Madrid 1981

Padilla, Juan de, *Los doce triunfos de los doce apóstoles*, E.N. Gualdani (Hg.), Messina 1975-1978, 2 Bde.

Pérez de Guzmán, Fernán, *Generaciones y semblanzas*, Jesús Domínguez Bordona (Hg.), Madrid 1924 (Clás. Cast.). - R.B. Tate (Hg.), London 1965 (ed. crít.)

Poéticas castellanas de la edad media, Las. Estudio preliminar, edición y notas de Francisco López Estrada, Madrid 1984

Prosistas castellanos del siglo XV I, Mario Penna (Hg.), Madrid 1959 (B.A.E. 116); II. P. Fernando Rubio, O.S.A. (Hg.), Madrid 1964 (B.A.E. 171)

Pulgar, Fernando del, *Claros varones de Castilla*, Jesús Domínguez Bordona (Hg.), Madrid [4]1969 (Clás. Cast.). - R.B. Tate (Hg.), Oxford 1971 (ed. crít.)

-, *Crónica de los Reyes Católicos*, Juan de Mata Carriazo (Hg.), Madrid 1943, 2 Bde.

Rodríguez de Montalvo, Garci, *Amadís de Gaula*, Juan Manuel Cacho Blecua (Hg.), Madrid (Cátedra) 1987-1988, 2 Bde.

Rodríguez del Padrón (o de la Cámara), Juan, *Obras completas*, C. Hernández Alonso (Hg.), Madrid 1982

-, *Siervo libre de amor*, Antonio Prieto (Hg.), Madrid (Castalia) ²1985

Rojas, Fernando de, *La Celestina*, Bruno Mario Damiani (Hg.), Madrid (Cátedra) ⁷1980. - M. Marciales (Hg.), Urbana, Chicago 1985, 2 Bde. (ed. crít.)

Romancero viejo, El, Mercedes Díaz Roig (Hg.), Madrid (Cátedra) 1984

Romancero, Amelia García-Valdecasas Jiménez (Hg.), Bilbao (Plaza & Janés) 1986 (Clás. Plaza & Janés)

San Pedro, Diego de, *Obras completas*. I. *Tractado de amores de Arnalte y Lucenda. Sermón*, Keith Whinnom (Hg.), II. *Cárcel de amor*, Keith Whinnom (Hg.), III. *Poesías*, Dorothy S. Severin und Keith Whinnom (Hg.), Madrid (Castalia) 1979-1985

-, *La Passión trobada*, Dorothy Sherman Severin (Hg.), Napoli 1973

Santillana, Marqués de (Iñigo López de Mendoza), *Obras*, José Amador de los Ríos (Hg.), Madrid 1852

-, *Poesías completas*, Manuel Durán (Hg.), Madrid ³1984-1986, 2 Bde. (Clás. Cast. 64, 94)

-, *La Comedieta de Ponza*, José María Azázeta (Hg.), Tetúan 1957. - Maxim P.A.M Kerkhof (Hg.), Groningen 1976 (ed. crít.)

-, *Bías contra Fortuna*, Maxim P.A.M. Kerkhof (Hg.), Madrid 1982

-, *Los sonetos al 'itálico modo'*, J.M. Solá-Solé (Hg.), Barcelona 1980. - Maxim P.A.M. Kerkhof und Dirk Tuin (Hg.), Madison 1985 (ed. crít.)

-, *Refranero*, M.J. Canellada (Hg.), Madrid 1980

-, *Serranillas*, Rafael Lapesa (Hg.), Santander 1958

-, *Los prouerbios con su glosa*, y Mosén Diego de Valera, *Tractado de proudencia contra fortuna*, ed. facs. Valencia 1964

-, *Defunsion de Don Enrrique de Uillena, señor docto e de exçelente ingenio*, Maxim P.A.M. Kerkhof (Hg.), Den Haag 1977

Talavera, Arcipreste de: s. Martínez de Toledo

Testi spagnoli del secolo XV°, G.M. Bertini und R. Radicati di Marmorita (Hg.), Torino 1950

Valera, Diego de, *Memorial de diversas hazañas*, Juan de Mata Carriazo (Hg.), Madrid 1941

-, *Crónica de los Reyes Católicos*, Juan de Mata Carriazo (Hg.), Madrid 1927

Villena, Enrique de, El Arte de trovar, F.J. Sánchez Cantón (Hg.), in: *Revista de Filología Española* 6, 1919, S. 158-180

-, *Los doze trabajos de Hércules*, Margherita Morreale (Hg.), Madrid 1958

-, *Arte cisoria*, F.C. Sáinz de Robles (Hg.), Madrid 1967

2. Sekundärliteratur

2.1 Bibliographie

Piacentini, Giuliana, *Investigaciones sobre el romancero antiguo. Ensayo de una bibliografía analítica del romancero antiguo. Los textos (Siglos XV y XVI). I. Los pliegos*, Pisa 1982

Rodríguez-Moñino, Antonio, *Diccionario bibliográfico de pliegos sueltos poéticos del siglo XVI*, Madrid 1970

-, *Manual bibliográfico de Cancioneros y Romancero, (Siglos XVI y XVII)*, Madrid 1973-1977, 4 Bde.

Simón Díaz, José, *Bibliografía de la literatura hispánica*, III.1. Madrid 1963, S. 278-487; III.2. Madrid 1965

Snow, J.T., *Celestina by Fernando de Rojas. An Annotated Bibliography of World Interest 1930-1985*, Madison 1985

Steunou, Jacqueline, Lothar Knapp, *Bibliografía de los cancioneros castellanos del siglo XV y repertorio de sus géneros poéticos*, Paris 1975-1978, 2 Bde.

2.2 Literaturgeschichten

Alborg, Juan Luis, *Historia de la literatura española*. I. *Edad media y renacimiento*, 2ª ed. ampliada, Madrid 1972

Deyermond, A.D., *Edad media*, Barcelona 1980 (Historia y crítica de la literatura española. Al cuidado de Francisco Rico. I)

-, *Historia de la literatura española*. I. *La edad media*, Barcelona 1983

Díaz-Plaja, Guillermo (Hg.), *Historia general de las literaturas hispánicas*. I. *Desde los orígenes hasta 1400*, Barcelona 1949; reimpresión 1969; II. *Prerenacimiento y Renacimiento*, Barcelona 1953; reimpresión 1968

Díez-Borque, José María (Hg.), *Historia de la literatura española*. I. *La edad media*, Madrid 1982

Flasche, Hans, *Geschichte der spanischen Literatur*. I. *Von den Anfängen bis zum Ausgang des fünfzehnten Jahrhunderts*, Bern, München 1977

Huerta Calvo, Javier (coordinador), *Lectura crítica de la literatura española*. 1. *La poesía en la Edad Media: lírica*. 2. *La poesía en la Edad Media: épica y clerecía*. 3. *La prosa medieval*. 4. *El teatro medieval y renacentista*, Madrid 1982-1984

Mettmann, Walter (Hg.), *La littérature dans la Péninsule Ibérique aux XIVe et XVe siècles* (= Grundriss der romanischen Literaturen des Mittelalters, IX), Heidelberg. Bisher erschienen Bd. 1, H. 4 (1985), Bd. 2, H. 4 (1985), Bd. 2, H. 7 (1983)

Pedraza Jiménez, Felipe B., Milagros Rodríguez Cáceres, *Manual de literatura española*. I. *Edad Media*, Pamplona 1981

2.3 Autoren, Werke und Themen

Alonso, Dámaso, *De los siglos oscuros al de oro*, Madrid ²1964

Alvar López, Manuel, *El Romancero. Tradicionalidad y pervivencia*, Barcelona 1974

Andrews, J.R., *Juan del Encina. Prometheus in Search of Prestige*, Berkeley 1959

Armistead, Samuel G., Diego Catalán, Antonio Sánchez-Romeralo (Hg.), *El Romancero hoy: Poética*, Madrid 1979

Baehr, Rudolf, *Manual de versificación española*, Madrid 1981

Bataillon, Marcel, *'La Célestine' selon Fernando de Rojas*, Paris 1961

Battesti-Pelegrin, Jeanne, *Lope de Stúñiga. Recherches sur la poésie espagnole au XVe siècle*, Aix-en-Provence 1982, 3 Bde.

Bénichou, Paul, *Creación poética en el Romancero tradicional*, Madrid 1968

Berndt, E.R., *Amor, muerte y fortuna en 'La Celestina'*, Madrid 1963

Blecua, Alberto, *La poesía del siglo XV*, Madrid 1975

Blüher, Karl Alfred, *Seneca in Spanien. Untersuchungen zur Geschichte der Seneca-Rezeption in Spanien vom 13. bis 17. Jahrhundert*, München 1969. - Span. Fassung: *Séneca en España*. Trad. de Juan Conde, Madrid 1983

Boudet, Théodore Joseph, Comte de Puymaigre, *La Cour littéraire de don Juan II, roi de Castille*, Paris 1873

Burkart, Rosemarie, *Leben, Tod und Jenseits bei Jorge Manrique und François Villon*, Marburg 1931

Cacho Blecua, Juan Manuel, *Amadís: heroísmo mítico cortesano*, Madrid 1979

Cangiotti, Gualtiero: *Le 'Coplas' di Manrique tra Medioevo e Umanesimo*, Bologna 1964

Das 15. Jahrhundert

Cantera Burgos, Francisco, *Alvar García de Santa María y su familia de conversos. Historia de la Judería de Burgos y de sus conversos más egregios*, Madrid 1952

Castro, Américo, *Aspectos del vivir hispánico. Espiritualismo, mesianismo, actitud personal en los siglos XIV al XVI*, Santiago de Chile 1949

-, *España en su historia. Cristianos, moros y judíos*, Buenos Aires 1948

-, *La realidad histórica de España*, México 1954. 3^a ed., renovada y ampliada 1966, ^{6}1975

-, *El pensamiento de Cervantes*. Nueva edición ampliada con notas del autor y de Julio Rodríguez-Puértolas, Barcelona, Madrid 1972; reimpresión 1980

Catalán, Diego, *Siete siglos de Romancero (Historia y poesía)*, Madrid 1969

Clarke, Dorothy Clotelle, *Morphology of Fifteenth Century Castilian Verse*, Pittsburgh 1964

Curtius, Ernst Robert, *Europäische Literatur und lateinisches Mittelalter*, Bern, München ^{4}1963. - Span. Fassung: *Literatura Europea y Edad Media Latina*. Trad. de Margit Frenk de Alatorre, México 1976, 2 Bde., Madrid ^{3}1981

Cvitanovic, Dinko, *La novela sentimental española*, Madrid 1973

Darbord, M., *La poésie religieuse espagnole des Rois Catholiques à Philippe II*, Paris 1965

Deyermond, Alan D., *The Petrarchan Sources of 'La Celestina'*, Oxford 1961

Di Camillo, Ottavio, *El Humanismo Castellano del Siglo XV*, Valencia 1976

Díez Echarri, Emiliano, *Teorías métricas del Siglo de Oro. Apuntes para la historia del verso español*, Madrid 1949

Durán, Armando, *Estructura y técnicas de la novela sentimental y caballeresca*, Madrid 1973

Eisenberg, Daniel, *Romances of Chivalry in the Spanish Golden Age*, Newark 1982

Fogelquist, J.D., *El Amadís y el género de la historia fingida*, Madrid 1982

Foster, David William, *The Marqués de Santillana*, New York 1971

Fraker Jr., C.F., *Studies on the 'Cancionero de Baena'*, Chapel Hill 1966

Gilderman, Martin S., *Juan Rodríguez de la Cámara*, Boston 1977

Gilman, Stephen, *The Art of 'La Celestina'*, Madison 1956

-, *The Spain of Fernando de Rojas. The Intellectual and Social Landscape of 'La Celestina'*, Princeton 1972

Historia de España Ramón Menéndez Pidal, Madrid. XIV. *España cristiana - La crisis de la Reconquista - Luchas civiles*, por Luis Suárez Fernández y Juan Reglá Campistol, 1976. - XV. *Los Trastámaras de Castilla y Aragón en el siglo XV*, por Luis Suárez Fernández, Angel Canellas López y Jaime Vicens Vives, ^{2}1970. - XVI. *La Época del Gótico en la cultura española (circa 1220-circa 1480)* (in Vorbereitung). - *La España de los Reyes Católicos (1474-1516)*. Por Luis Suárez Fernández y Juan de Mata Carriazo, ^{2}1978, 2 Bde.

Huizinga, Johan, *Herbst des Mittelalters*, Stuttgart ^{11}1973

Jaen, Didier T., *John II of Castile and the Grand Master Alvaro de Luna. A Biography compiled from the Chronicles of the Reign of King John II of Castile (1405-1454)*, Madrid 1978

Kany, Ch.E., *The Beginnings of the Epistolary Novel in France, Italy and Spain*, Berkeley 1937

Kohut, Karl, "Der Beitrag der Theologie zum Literaturbegriff in der Zeit Juans II. von Kastilien. Alonso de Cartagena (1384-1456) und Alonso de Madrigal, genannt El Tostado (1400?-1455)", in: *Romanische Forschungen* 89, 1977, S. 183-226

-, "La posición de la Literatura en los sistemas científicos del siglo XV", in: *Iberoromania* 1978, N.F. Nr. 7, S. 67-87

Krause, Anna, *La novela sentimental: 1440-1513*, Chicago 1929

-, "Jorge Manrique and the Cult of Death in the Cuatrocientos", in: *Publications of the University of California at Los Angeles in Languages and Literatures* 1, 1937, S. 39-176

Lange, Wolf-Dieter, *El Fraile Trobador. Zeit, Leben und Werk des Diego de Valencia de León*, Frankfurt/M. 1971

Lapesa, Rafael, *La obra literaria del marqués de Santillana*, Madrid 1957

Laurenti, J.L., A. Porqueras Mayo, *The Spanish Golden Age (1472-1700). A catalog of rare books held in the library of the Universitiy of Illinois and in selected North American libraries*, Boston 1981

Le Gentil, Pierre, *La Poésie lyrique espagnole et portugaise à la fin du moyen âge*, Rennes 1949-1953, 2 Bde.

Leube, Eberhard, *Die 'Celestina'*, München 1971

Lida de Malkiel, María Rosa, *Juan de Mena, poeta del prerrenacimiento español*, México 1950, México ²1984

-, *La idea de la fama en la Edad Media castellana*, México 1952

-, *La originalidad artística de 'La Celestina'*, Buenos Aires 1963, ²1970

-, *La tradición clásica en España*, Esplugues de Llobregat 1975

-, *Estudios sobre la literatura española del siglo XV*, Madrid 1977

Matulka, Barbara, *The Novels of Juan de Flores and Their European Diffusion. A Study in Comparative Literature*. New York 1931

Menéndez Pelayo, Marcelino, *Orígenes de la novela*, Madrid ²1961, 4 Bde. (= *Obras completas*, XIII-XVI)

-, *Antología de poetas líricos castellanos*, Madrid 1944-1945, 10 Bde. (= *Obras completas*, XVII-XXVI)

-, *Bibliografía hispano-latina clásica*, Salamanca 1950, 10 Bde. (= *Obras completas*, XLIV-LIII)

Menéndez Pidal, Ramón, *Romancero hispánico (Hispano-portugués, americano y sefardí). Teoría e historia*, Madrid 1953, ²1968, 2 Bde.

-, *Romancero tradicional de las lenguas hispánicas (español-portugués-catalán-sefardí)*, Madrid 1957-1975, 7 Bde.

Meregalli, Franco, *Cronisti e viaggiatori castigliani del quattrocento*, Milano 1957

Milá y Fontanals, Manuel, *De la poesía heroico-popular castellana*, Martín de Riquer und Joaquín Molas (Hg.), Barcelona 1959 (Erstausgabe 1874)

Rambaldo, Ana María, *El 'Cancionero' de Juan del Encina dentro de su ámbito histórico y literario*, Santa Fe 1972

Riquer, Martín de, *Cavalleria fra realtà e letteratura nel quattrocento*, Bari 1970

Romero de Lecea, C., *El V centenario de la introducción de la imprenta en España, Segovia 1472*, Madrid 1972

Salinas, Pedro, *Jorge Manrique o tradición y originalidad*, Buenos Aires 1947, ²1952, Barcelona 1974

Salvador Miguel, Nicasio, *La poesía cancioneril. El 'Cancionero de Estúñiga'*, Madrid 1977

Samonà, Carmelo, *Studi sul romanzo sentimentale e cortese nella letteratura spagnola del quattrocento*, Roma 1960

Sánchez Alonso, Benito, *Historia de la historiografía española*, Madrid 1941-1950, 3 Bde.

Sánchez Romeralo, Antonio, *El villancico. Estudios sobre la lírica popular en los siglos XV y XVI*, Madrid 1969

Scholberg, Kenneth R., *Sátira e invectiva en la España medieval*, Madrid 1971

Serrano, Luciano, *Los Conversos D. Pablo de Santa María y D. Alfonso de Cartagena. Obispos de Burgos, gobernantes, diplomáticos y escritores*, Madrid 1942

Serrano de Haro, Antonio, *Personalidad y destino de Jorge Manrique*, Madrid 1966, ²1975

Solá-Solé, J.M., *Sobre árabes, judíos y su impacto en la lengua y literatura española*, Barcelona 1983

Soria, Andrés, *Los humanistas de la corte de Alfonso el Magnánimo*, Granada 1956

Sorrento, Luigi, *La poesia ed i problemi della poesia di Jorge Manrique*, Palermo 1941

Suárez Fernández, Luis, *Historia de los Reyes Católicos*, Madrid 1990, 5 Bde.

Sullivan, Henry W., *Juan del Encina*, Boston 1976

Tate, Robert B., *Ensayos sobre la historiografía pensinsular del siglo XV*, Madrid 1970

Terracini, Lore, "Tradizione illustre e lingua letteraria nella Spagna del Rinascimento", in: *Studi di Letteratura Spagnola* 1, 1964, S. 61-98; 2, 1965 (1967), S. 9-94

Thomas, Henry, *Las novelas de caballerías españolas y portuguesas*, Madrid 1952

Van Beysterveldt, Anthony, *La poesía amatoria del siglo XV y el teatro profano de Juan del Encina*, Madrid 1972

-, *Amadís - Esplandián - Calisto. Historia de un linaje adulterado*, Madrid 1982

Vindel, Francisco, *El arte tipográfico en España durante el siglo XV*, Madrid 1945-1951, 9 Bde.

Christoph Strosetzki

Der Roman im Siglo de Oro

1. Geschichtlicher Überblick

Als Ferdinand II. im Jahr 1516 starb, fiel die spanische Thronfolge an seine wegen einer Geisteskrankheit regierungsunfähige Tochter Johanna (1479-1555) und ihren Sohn Karl (1500-1558), der aus ihrer Ehe mit dem Habsburger Philipp dem Schönen (1478-1506) stammte. König Karl I. übernahm ein Land, das durch die Politik des Katholischen Königspaars einen machtpolitischen Höhepunkt erreicht hatte. Durch diese habsburgische Thronfolge und die Wahl Karls zum deutschen Kaiser Karl V. (1519-1556) wurde Spanien wesentlich stärker in die gesamteuropäische Politik mit einbezogen, als dies unter dem Katholischen Königspaar der Fall gewesen ist.

Den unterschiedlichen Ansprüchen seines immensen Herrschaftsreiches, "in dem die Sonne nicht untergeht", versuchte Karl V. durch eine universalistische Politik gerecht zu werden, die alsbald an ihre Grenzen stieß. Spanien bildete, nicht zuletzt wegen seiner wirtschaftlichen Machtposition, die Basis der kaiserlichen Politik. Während Karl V. die Aufgabe Spaniens neben der Fortsetzung der Mittelmeerpolitik Aragóns und der amerikanischen Kolonialpolitik Kastiliens darin sah, die nationale Glaubenseinheit zu erreichen, stieß er in Deutschland auf den Gegensatz zu den Protestanten und in Frankreich auf einen jahrhundertewährenden Konflikt, der sowohl im deutsch-französischen und im spanisch-französischen Grenzgebiet als auch in Oberitalien ausgetragen werden sollte. In Süditalien stieß Karl V. schließlich auf Streitigkeiten mit dem Papst.

Diese zahlreichen Konfliktherde überstiegen bei weitem die Kräfte des Kaisers und die finanzielle Leistungsfähigkeit Kastiliens. Die universalistische Politik Karls V. war in dem Maß zum Scheitern verurteilt, wie sich der Gegensatz zu Frankreich und zu den deutschen Protestanten verschärfte. Im Zeitraum von 1521 bis 1544 führte Karl V. insgesamt vier Kriege gegen Frankreich. Im deutschen Reich besiegelte der Augsburger Religionsfriede (1555) die konfessionelle Spaltung des Landes. In Anbetracht dieser widrigen Umstände unternahm Karl V. gegen Ende seiner Regierungszeit den Versuch einer Allianz mit England, die durch die Vermählung seines Sohnes Philipps mit Maria Tudor untermauert werden sollte. Karl beabsichtigte damit u.a. eine englisch-spanische Hegemonie im Atlantik und im europäischen Bereich. Der frühe Tod Marias (1558) machte diese Hoffnungen jedoch zunichte. Nach seiner Abdankung als König Spaniens und deutscher Kaiser (1556) zog sich Karl im Jahr 1557 in das Kloster San Jerónimo de Yuste in Neukastilien zurück, wo er am 21. September 1558 starb. Seinem Sohn Philipp vererbte er neben dem spanischen König- und Kolonialreich die wirtschaftlich einträglichsten Provinzen in Italien (Mailand, Neapel, Sizilien, Sardinien) und den Niederlanden. Die Kaiserwürde konnte er u.a. wegen des Einspruchs der deutschen Fürsten Philipp nicht übertragen, so daß es zur Aufteilung des habsburgischen Weltreiches kam. Hierdurch wurden die bestehenden Konflikte jedoch nicht gelöst, und so sah sich Philipp II. (1527-1598) schon zu Beginn seiner Regierungszeit zu einer Neuorientierung der spanischen Politik veranlaßt. Wesentlicher Bestandteil dieser Politik war der Versuch, einen friedlichen Ausgleich mit Frankreich zu erreichen. Diesem Ziel galt der 1559 abgeschlossene Friede von Cateau-Cambrésis, in dem die spanische Vorherrschaft in Italien und der Besitz der burgundischen Territorien bestätigt wurden. Dem dauerhaften Ausgleich beider Länder galt daneben die Vermählung Philipps II. mit Elisabeth von Valois. Philipp II. konnte sich künftig auf den Schutz der katholischen Kirche und den Kampf gegen die Osmanen konzentrieren. Gemeinsam mit seinen Verbündeten der Heiligen Liga (Papst, Venedig) gelang ihm 1571 mit dem Seesieg von Lepanto (am Golf von Korinth) der entscheidende Schlag gegen die Osmanen, deren Seeherrschaft nunmehr gebrochen war.

Mit der Vereinigung Portugals und Spaniens im Jahr 1580 vollzog sich der Zusammenschluß der iberischen Königreiche und ihrer Kolonien, der nicht nur die Vollendung der spanischen Herrschaft über die Pyrenäenhalbinsel bedeutete, sondern gleichzeitig eine gewaltige Stärkung der atlantischen und überseeischen Stellung Spaniens. Hierdurch verschärfte sich jedoch der Konflikt mit England. Schon zu Zeiten Karls V. hatten englische Piraten den spanischen Seeverkehr mit den Niederlanden zu stören versucht. Im Auftrag Königin Elisabeths I. griff die englische Piraterie auch auf den spanischen Handel mit den amerikanischen Kolonien über. England versuchte die Eskalation des Konflikts voranzutreiben, indem es den Aufstand in den niederländischen Provinzen unterstützte. Im Gegensatz zu seinem Vater Karl V. wurde Philipp II. in den Niederlanden als Fremdling empfunden, dessen Reorganisation im Verwaltungswesen und die Unterstellung der niederländischen Provinzen unter die spanische Zentralverwaltung auf großen Widerstand trafen. 1579 gelang es dem Herzog von Parma in der Union von Arras, die südlichen Provinzen der Niederlande für Spanien zurückzugewinnen, indem er ihnen die Rückgabe der ehemaligen Privilegien zusicherte. Die nördlichen Provinzen schlossen sich daraufhin in der Union von Utrecht zusammen und erklärten 1581 ihre Unabhängigkeit. 1585 kam es zu einem Bündnis Englands mit den aufständischen niederländischen Provinzen. Gleichzeitig intensivierte Sir Francis Drake im königlichen Auftrag seine Streifzüge durch das Mittelmeer und die karibische See.

Philipp II. entsandte 1588 schließlich eine spanische Flotte in Richtung der Niederlande, um die Engländer in einer entscheidenden Schlacht zu besiegen. Dieses Unternehmen endete jedoch in einer Katastrophe für die spanische Armada. Diese Niederlage bedeutete dennoch keinen Sieg Englands, da es Spanien gelang, binnen weniger Jahre die enormen Schiffsverluste auszugleichen und die spanischen Häfen in Übersee mit Küstenflotten auszurüsten. So war zwar der spanische Seeweg in Richtung der Niederlande nicht mehr befahrbar, stattdessen war aber der See- und Handelsweg nach Amerika sicherer als noch 20 Jahre zuvor.

Im Verlauf der französischen Religionskriege hatte Philipp II. die katholische Partei unterstützt. Während des 8. Hugenottenkrieges (auch Krieg der drei Heinriche genannt) in den Jahren 1585 bis 1590 intervenierte er sogar mit seinem Heer, um einerseits die calvinistische Thronfolge Heinrichs von Navarra zu verhindern und andererseits für seine Tochter Isabella Ansprüche auf die französische Thronfolge geltend zu machen. Der Kampf um die Thronfolge (1590-1598) entwickelte sich schließlich zu einem nationalen Krieg Frankreichs gegen Spanien. Als Heinrich von Navarra (König Heinrich IV. von Frankreich) 1593 zum katholischen Glauben konvertierte, waren die Bedenken im eigenen Land weitgehend ausgeräumt. 1596 schlossen England und Frankreich ein Bündnis mit dem Ziel der Erhaltung der nördlichen Provinzen der Niederlande. Zwei Jahre später mußte Philipp II. das Scheitern seiner Politik einsehen, als er im Frieden von Vervins, einem Separatfrieden mit Heinrich IV., auf jegliche Thronansprüche in Frankreich verzichtete.

Die außenpolitischen Niederlagen Spaniens hatten auch im Inneren der Monarchie ihre Spuren hinterlassen. Die enormen finanziellen Einbußen, die die zahlreichen Kriege dem spanischen Volk abverlangten, konnten weder durch die Edelmetalleinfuhren aus den Kolonien, noch durch höhere Steuern aufgefangen werden. Außerdem verteilte das spanische Steuersystem die Belastungen extrem ungleich, da einerseits Kastilien den größten Teil des Steueraufkommens beitragen mußte und andererseits die Hauptlast der Steuern auf den Bürgern und Bauern lastete, somit den einzigen produktiven Kräften der Bevölkerung, dem Gewerbe und der Landwirtschaft. Dennoch ist der wirtschaftliche Verfall zur Zeit Philipps II. nicht allein auf eine falsche Finanzpolitik, enorme Steuerlasten und eine regelrechte Preisrevolution zurückzuführen, sondern beruht ebenfalls auf sozialen Gründen. Einer zahlenmäßig kleinen, aber wirtschaftlich sehr starken Adelsschicht stand die Mehrheit der Bevölkerung gegenüber, die am Rande des Existenzminimums lebte. Handel, Industrie und Landwirtschaft hatten in der ersten Hälfte des 16. Jahrhunderts zwar eine enorme Blütezeit erlebt, die jedoch auch dadurch untergraben wurde, daß große Teile des aufstrebenden Bürgertums gleichzeitig einen sozialen Aufstieg beabsichtigten. Mit dem sozialen Aufstieg in die Klasse der *Hidalgos*, deren Lebensideal darin bestand, von den Zinsen und Renten des eigenen Vermögens zu leben, und die die Arbeit um des Lebensunterhaltes oder des Gewinns willen ablehnten, hatte das Ausscheiden vieler bürgerlicher Familien aus der wirtschaftlichen Produktivität zur Folge.

Nicht zu vernachlässigen ist jedoch auch die Rückläufigkeit der demographischen Entwicklung Spaniens, die einerseits auf die Auswanderung in die spanischen Kolonien zurückzuführen ist, andererseits aber auch in der Vertreibung der Morisken begründet ist. Dem Versuch, die Morisken zwangsweise durch Erlaß eines königlichen Ediktes in die spanische Gesellschaft zu integrieren, der in den Aufstand der Morisken von Granada (1568-70) mündete, folgte 1570-71 die Zwangsverteilung der Morisken auf die Provinzen Kastiliens und 1609-14 sogar ihre Vertreibung aus Spanien, was den enormen Bevölkerungsverlust von 300.000 Menschen zur Folge hatte.

Mit dem Tod Philipps II. (1598) war die Epoche des spanischen Niedergangs schon eingeleitet. Als Philipp III. (1578-1621) die Thronfolge antrat, hatte Spanien bereits seine Stellung als mächtigster europäischer Staat eingebüßt, Kastilien war finanziell erschöpft, die Assimilation der Morisken gescheitert. Wegen der materiellen Erschöpfung des Landes mußte Philipp III. zwangsläufig eine defensive Außenpolitik verfolgen. So schloß er 1604 einen Frieden mit England und 1614 einen zwölfjährigen Waffenstillstand mit den Niederlanden. Das Verhältnis zu Frankreich gestaltete sich weiterhin problematisch: so kam es im Jülich-Clevischen Erbfolgestreit (1609-1614) und im Savoyisch-Venezianischen Krieg (1615-1617) erneut zu Streitigkeiten.

Im Gegensatz zu seinem Vater versuchte Philipp IV. (1605-1665) bei seiner Regierungsübernahme im Jahr 1621, die spanische Weltmachtstellung mit militärischen Mitteln wiederherzustellen. Im gleichen Jahr, in dem der Waffenstillstandsvertrag mit den Niederlanden auslief, flammte der Krieg erneut auf. In dem Kampf um einen direkten Landweg in die Niederlande (über Mailand, das heutige Graubünden und das Rheintal) verwickelte sich Spanien zusätzlich in zahlreiche kriegerische Auseinandersetzungen mit den anderen europäischen Staaten. Den Niederlagen folgten innenpolitische Schwierigkeiten: 1640 ein Aufstand in Katalonien, in dem die Katalanen den französischen König Ludwig XIII. um Hilfe baten, und im gleichen Jahr die Ablösung Portugals aus dem spanischen Königreich, die eine enorme Schwächung der militärischen Situation Spaniens in Europa und in Übersee zur Folge hatte. Nach weiteren Niederlagen schlossen die Spanier 1648 einen Sonderfrieden mit den Niederlanden, in dem die Unabhängigkeit der Generalstaaten bestätigt wurde. Ein Kriegsbündnis Englands mit Frankreich brachte schließlich die Entscheidung. Der 1659 geschlossene Pyrenäenvertrag besiegelte den Verlust der europäischen Vormachtstellung Spaniens, den Niedergang seiner maritimen und kolonialen Herrschaft in Übersee und bestätigte die Pyrenäen als politische Grenze zwischen Frankreich und Spanien.

Im wirtschaftlichen und sozialen Bereich verschärfte sich der Niedergang Spaniens, der sich ja schon unter der Regierungszeit Philipps II. angekündigt hatte. Neben großen Teilen der Landbevölkerung lebten im 17. Jahrhundert jedoch auch Teile des Adels, insbesondere die *Hidalgos*, am Rande des Existenzminimums. Die wirtschaftliche Lage verschärfte sich sogar soweit, daß die Ernährung der spanischen Bevölkerung nur noch durch Importe aus dem europäischen Ausland gewährleistet werden konnte. Die europäischen Staaten, insbesondere England und die Niederlande, übernahmen schließlich auch die dominierende Stellung im Handel mit den Kolonien.

Nach dem Tode Philipps IV. übernahm die Königinmutter Maria Anna von Österreich die Regentschaft für den erst vierjährigen Thronfolger Karl II. (1661-1700). Dieser erwies sich nach seiner Volljährigkeit (1675) als regierungsunfähiger und erfolgloser König. Die Hoffnungen des spanischen Volkes richteten sich nun auf Juan José de Austria (1629-1679), einen unehelichen Sohn Philipps IV. Er leitete von 1669-1679 die Geschicke des Landes, ohne jedoch den Niedergang

Spaniens aufhalten zu können. 1687 brachen erneut regionale Differenzen in Katalonien aus, die ihren Ausdruck in dem von Frankreich unterstützten Aufstand der Barretins fanden.

Parallel zum außenpolitischen Machtverlust Spaniens zeichnete sich im Innern der Monarchie eine Stagnation ab. Kastilien hatte seine Führung über die anderen Provinzen verloren, so daß Spanien in einen losen Verband weitgehend autonomer Landesteile zurückverfiel - in einem Zeitalter, in dem die anderen europäischen Staaten im Zeichen des Absoslutismus ihre Völker zu nationaler Größe führten.

Mit Blick auf die spanische Thronfolge - die beiden Ehen Karls II. waren kinderlos geblieben - gab der französische König Ludwig XIV. (1643-1715) im Friedensschluß von Rijswijk (1697) den Spaniern verschiedene Gebiete zurück. Ein Jahr später beschäftigte der Streit um die spanische Erbfolge die europäischen Großmächte: während sich Österreich für den Erzherzog Karl, den zweiten Sohn des deutschen Kaisers, einsetzte, versuchte Frankreich, Thronansprüche für Philipp von Anjou geltend zu machen. Karl II. selbst sprach sich für eine Thronfolge des bayerischen Kurfürsten Joseph Ferdinand aus, der jedoch schon 1699 starb. England und die Niederlande suchten zu verhindern, daß das spanische Königreich Frankreich oder dem deutschen Reich zufiel. Vor dem Hintergrund dieser Tatsache ist die Entscheidung der europäischen Mächte zu sehen, das spanische Königreich aufzuteilen, während sich Karl II. für die Einheit Spaniens einsetzte. In seinem Testament bestimmte er Philipp von Anjou zu seinem Thronfolger. So kam es im Oktober 1700 nach dem Tode Karls II. zu einem Dynastiewechsel. Aufgabe der neuen Dynastie war es, Spanien aus der Krise herauszuführen. In den Randprovinzen, insbesondere in Katalonien, hatten sich bereits seit 1680 Anzeichen eines beginnenden Wiederaufstiegs erkennen lassen. Zur Überwindung der Krise Spaniens mußte jedoch in erster Linie dem Niedergang Kastiliens Einhalt geboten werden.

2. Einleitung

Das Goldene Zeitalter verdankt seine Bezeichnung nicht zuletzt der Tatsache, daß es sich um die Blütezeit des spanischen Romans handelt. Nicht nur neue Gattungen, die die abendländische Literatur nachhaltig beeinflußten, wurden geschaffen, es entstanden auch einzelne Werke, die zu den berühmtesten in der spanischen Literatur gehören. Im Folgenden soll zunächst auf den Ritterroman eingegangen werden, um im Anschluß daran den *Don Quijote* als Replik umso deutlicher werden zu lassen. Während die Schäferromane versprechen, in eine künstlich gestaltete Idylle zu führen, gewähren die Moriskenromane Einblick in eine exotisch fremde Welt. Den idealen, von Heliodor ausgehenden abenteuerreichen Wanderschaften, die in der Nachfolge der "byzantinischen" Erzählungen zu einem bedeutenden Ziel führen, stehen die Ortswechsel der Schelmen gegenüber, die mit Ernüchterung und ohne *happy end* schließen. Die Novellen schließlich schöpfen ihre Stoffe aus allen genannten Erzähltypen und konzentrieren sie auf engem Raum.

3. Der Ritterroman

Was man unter Ritterromanen verstand, hatte 1611 Sebastián de Covarrubias in seinem *Tesoro de la lengua castellana o española* genau definiert. Es handelte sich um "los que tratan de hazañas de caballeros andantes, ficciones gustosas y artificiosas de mucho entretenimiento y poco provecho, como los libros de Amadís, de don Galaor, del caballero del Febo y de los demás". Es waren also frei erfundene, sehr unterhaltsame und wenig nützliche Bücher, die unterschieden werden müssen von der wahrheitsgetreuen biographischen Literatur über Ritter und der *novela caballeresca*, in der Protagonist und Handlung zwar vom Autor erfunden sind, aber den tatsächlichen Verhältnissen eines fahrenden Ritters entsprechen.[1] Zum ersten Typ gehört z.B. *Livre des faits du bon messire Jean le Maingre, dit Bouciquaut*, zum zweiten z.B. *Tirant lo Blanch*. Nun kann man sich vorstellen, daß die tatsächliche Biographie eines fahrenden Ritters auf den ersten Blick nicht immer von einem realitätsnahen erdachten Roman zu unterscheiden ist. Ganz verschieden sind beide Typen jedoch vom *libro de caballerías*, dem Ritterroman, der im Anschluß an Chrétien de Troyes' *Lancelot* wunderbare Elemente, wie Drachen, Zwerge, Riesen, durch Magie erbaute Gebäude und eine uneingeschränkte Kraft der Ritter einbezieht.

Zwischen 1508 und 1550 hatte die Mode der Ritterromane ihren Höhepunkt erreicht. In der zweiten Hälfte des 16. Jahrhunderts ging diese bereits zurück, bevor sie mit dem Erscheinen des ersten Teils des *Don Quijote* 1605 endete.[2] Da die Ritterromane nicht selten vorgelesen wurden, waren sie sogar einem des Lesens unkundigen Publikum zugänglich. Vor allem aber entsprachen sie dem Geschmack der sozialen Schicht der *hidalgos*, die in diesen Fiktionen eine gereinigte und geschönte Darstellung der aristokratischen Gesellschaft sahen, mit der sie einer Nostalgie von Freiheit und Selbstverwirklichung nachgehen konnten, die ihnen in ihrer höfischen Abhängigkeit verwehrt waren.[3] H. Baader erklärt den Erfolg der Gattung und die enthusiastische Aufnahme des *Amadís* in Europa durch seine Klischeehaftigkeit, zu der ein durchgängiger Märchencharakter ebenso gehöre wie das glückliche Bestehen der Abenteuer, die zeitliche und

---

[1] Vgl. Riquer, M. de, *Vida caballeresca en la España del siglo XV, discurso de recepción en la Real Academia Española*, Madrid 1965.

[2] Vgl. Thomas, Henry, *Las novelas de caballerías españolas y portugesas*, Madrid 1952.

[3] Don Quijote sagt: "Con gusto general son leídos y celebrados de los grandes y de los chicos, de los pobres y de los ricos, de los letrados e ignorantes, de los plebeyos y caballeros, finalmente, de todo género de personas de cualquier estado y condición que sean" (1,50); Vgl. Maxime Chevalier, *Lectura y lectores en la España del siglo XVI y XVII*, Madrid 1976, S. 65-103.

räumliche Ungenauigkeit, das Zurückgreifen auf Magie und das Opfern der Psychologisierung zugunsten grober Schwarz-Weißmalerei.[4]

Die Kritik an Ritterbüchern ist schon alt. Man kennt sie beim Ritter Pedro López de Ayala, der sich im *Rimado de palacio* über die Zeit ärgert, die er mit Lügengeschichten wie dem *Lancelot* verloren hat. In der Reihe derer, die sich gegen die Ritterromane gewandt haben, steht eine große Zahl von Humanisten, wie z.B. Juan Luis Vives, Antonio de Guevara, Juan de Valdés, Francisco Cervantes de Salazar, Diego Gracián, Pedro Mexía, Alejo de Venegas, Alfonso García Matamoros, Andrés Laguna und Arias Montano. Unterstützung finden sie insbesondere in der zweiten Hälfte des 16. Jahrhunderts durch Autoren religiöser Bücher, wie z.B. Luis de Alarcón, Melchor Cano, Fray Luis de Granada, Fray Pedro de la Vega. In den meisten Fällen werden im gleichen Atemzug auch der Schäferroman und die Liebesdichtung angegriffen. Die Ritterromane und deren Leser werden in diesen Fällen nur kritisiert, während die Autoren gar als Lügner, die Unwahrheiten z.B. von der Liebe verbreiten, beschimpft werden.[5]

Schon die Zeitverschwendung, die mit der Lektüre der Ritterbücher verbunden ist und so für nützlichere Dinge verlorengeht, wird angeprangert. Schließlich verstoßen diese Bücher gegen die Horaz'sche Regel, die vorschreibt, die Unterhaltung mit der Belehrung zu verbinden. Wüßte man nichts über die Höhe und Zahl der Auflagen, dann wäre allein schon die Verbreitung der Kritik der Ritterromane ein Indiz für ihre breite Rezeption. Diese Verbreitung allerdings ist mit 86 000 Exemplaren, die zwischen 1551 und 1600 auf den Markt kamen, umso eindrucksvoller, als die spanische Monarchie zusammen mit Portugal und ohne die Neue Welt 9,5 Millionen Einwohner hatte.

Der bedeutendste Ritterroman, *Amadís de Gaula*, hatte mit seinen Ehren-, Liebes- und Höflichkeitsvorstellungen einen Maßstab gesetzt. Die überlieferte Fassung stammt von Garci Rodríguez (oder Ordóñez) de Montalvo, der in Zaragoza Ratsherr war. Erstmals 1508 veröffentlicht, wurde sie zu einem solchen Erfolg, daß der Autor mit *Las sergas de Esplandián*, der Geschichte des Sohnes von Amadís, eine Fortsetzung schrieb.

Von den insgesamt vier Büchern des *Amadís* behauptet Montalvo, nur das letzte geschrieben zu haben, während er sich bei den ersten drei Büchern an bereits vorliegenden Texten orientiert habe. Diese Aussage wird dadurch unterstützt, daß von früheren Fassungen des *Amadís* bereits im *Rimado de Palacio* von Pedro López de Ayala die Rede ist. Bekannt scheint die Geschichte des Amadís in Spanien schon vor 1325 gewesen zu sein.[6] Aus einem 1955 gefundenen handgeschriebenen Fragment einer vor Montalvo entstandenen Fassung des *Amadís* konnte man schließen, daß Montalvo den ursprünglichen Text gekürzt

---

[4] Vgl. Baader, Horst, "Typologie und Geschichte des spanischen Romans im 'Goldenen Zeitalter'", in: Klaus v. See (Hg.), *Neues Handbuch der Literaturwissenschaft, Renaissance und Barock* II. Teil, A. Buck (Hg.), Frankfurt 1972, S. 103f.

[5] Dessen beschuldigt M. de Cervantes den Ritterroman: "este género de escritura y composición cae debajo de aquél de las fábulas que llaman milesias." (*Don Quijote* I, 7).

[6] Vgl. auch hier: K. Kohut, Das 15. Jahrhundert, Kapitel 4.3., S. 73f.

und mit moralisierenden Bemerkungen bereichert hat. Während in der Urfassung Amadís von seinem Sohn Esplandián ermordet wird, begnügt sich Montalvo, ihn hinsichtlich der Heldentaten seinem Sohn unterlegen darzustellen. Mehr als über die Entstehungsgeschichte ist über die Wirkungsgeschichte bekannt: Zu den zahlreichen begeisterten Lesern des *Amadís* gehörten Ignatius von Loyola und Santa Teresa. Sogar der kritische Juan de Valdés empfiehlt die Lektüre des *Amadís* in seinem *Diálogo de la lengua* denjenigen, die die spanische Sprache erlernen wollen.

Amadís ist der uneheliche Sohn des Königs Perión von Gallien und der Prinzessin Elisena von England. Man hätte sich seiner mit Erfolg entledigt, da man ihn in eine Kiste steckte und den Strömungen des Flusses anvertraute, wäre nicht Gandales aus Schottland gewesen, der ihn fand und vor dem sicheren Tod bewahrte. Später verliebt sich Amadís in die Prinzessin Oriana, er erlebt Abenteuer, in denen er gegen Ungeheuer kämpft, und bewährt sich in Schlachten, die seinen Ruhm als Ritter erhöhen. Amadís gelingt es, sich heimlich mit Oriana zu verheiraten, der er treu bleibt.

Nachahmungen und Fortsetzungen des *Amadís* waren zahlreich. Zu ihnen gehört Garci Ordóñez de Montalvos eigenes, bereits erwähntes fünftes Buch *Las sergas de Esplandián* (Sevilla 1510), das sechste Buch von Páez de Ribera und ein anonym veröffentlichtes siebtes Buch über *Lisuarte de Grecia*, dem Sohn des Esplandián und Enkel des Amadís. Während Amadís in einem achten Buch von Juan Díaz in hohem Alter stirbt, wird er von Feliciano de Silva in *Amadís de Grecia* wieder zu neuem Leben erweckt.

Auffällig sind die Parallelen zwischen Amadís und Lancelot. Beide wachsen, ohne etwas von ihrer Abstammung zu wissen, fern von ihrem Elternhaus auf, gelangen zum Hof eines mächtigen Herrschers, wo sie ihre Geliebte finden. Im Gegensatz zu den Romanen des Artuskreises sucht Amadís jedoch nicht den Gral, sondern versucht, durch seine moralisch richtigen ritterlichen Taten einen weltlichen Ruhm zu finden, um so die Liebe Orianas zu verdienen. Diese entspricht als die schönste und treueste Dame ihrem Geliebten Amadís, dem im Kampf für eine gute Sache stärksten und besten Ritter, der sich auch in einer unritterlichen, feigen und hinterlistigen Welt nicht von seinem ritterlichen Mut abbringen läßt.

4. Miguel de Cervantes' 'Don Quijote'

Miguel de Cervantes (1547-1616),[7] der seinen *Don Quijote* als Satire der Ritterbücher ankündigt, hatte unterschiedliche Positionen bekleidet. Er war als Soldat in Italien, kämpfte in der Seeschlacht von Lepanto und geriet in algerische Kriegsgefangenschaft. Nach der Heirat mit einer Landadligen aus Esquivias bei Toledo kaufte er für die Flotte in Andalusien Öl und Getreide ein, betätigte sich

---

[7] Vgl. Canavaggio, Jean, *Cervantes. Biographie*, Zürich, München 1989; Krauss, Werner, *Miguel de Cervantes*, Neuwied, Berlin 1966.

als Steuereintreiber und war aufgrund ungerechtfertigter Anschuldigungen verschiedentlich im Gefängnis. Umstritten ist, ob seine Familie vom Judentum zum Christentum konvertiert war und ob dies erklärt, daß er seine eigenen gesellschaftskritischen Gedanken in seinem Werk geschickt hinter der Ironie verbarg.[8] Nach einigen lyrischen und dramatischen Versuchen schrieb er seine wichtigsten Werke[9] in den letzten Jahrzehnten des 16. und den ersten des 17. Jahrhunderts.

Geprägt ist er daher gleichermaßen durch den Optimismus der Renaissance wie durch den Relativismus und Skeptizismus des Barock. Glaubenskriege und Inquisition hatten das Vertrauen in die Erkennbarkeit der Wahrheit erschüttert. Als die von Erasmus von Rotterdam ausgehende Strömung wegen ihrer Kritik der Veräußerlichung des Katholizismus bereits verfolgt wurde, hatten die Jesuiten erasmistische Ansätze übernommen und erstrebten eine Erneuerung des christlichen Glaubens durch Meditation und Verinnerlichung. Gegenreformatorisches Denken wird im *Don Quijote* nicht nur im häufigen Gebrauch von Schlüsselbegriffen wie *conciencia*, *escrúpulo*, *ocasión* und *caso* deutlich, sondern auch in der Bücherbeurteilung durch den Barbier und den Pfarrer, die sich an den Kriterien des Konzils von Trient orientiert.

Noch immer waren die Folgen der Erfindung des Buchdrucks zu spüren: Die nunmehr neu gewonnene Leserschaft empfand ein Bedürfnis nach neuen literarischen Gattungen. Daraus und aus dem gesellschaftlichen Wandel des höfisierten Adels lassen sich die wechselnden literarischen Modeerscheinungen erklären. Vor dem Hintergrund des sich wandelnden Publikumsgeschmacks ist der *Don Quijote* als Satire und Überwindung des Ritterromans zu verstehen, die gleichermaßen Elemente des Schelmen-, Ritter- und Schäferromans enthält und den zeitgenössischen Kontext reflektiert.

Don Quijotes zahlreiche Abenteuer beginnen damit, daß er sich nach intensiver Lektüre von Ritterbüchern entschließt, selbst das Leben eines fahrenden Ritters zu beginnen. Das fahrende Rittertum benötigt dreierlei: Pferd, Reiter und die angebetete Herzensdame. Sein Pferd veredelt er, indem er das spanische Wort für "Gaul", "rocin", mit einer wohlklingenden Endung versieht und es "Rocinante" nennt. Seinen eigenen Namen adelt und verändert er durch Hinzufügung des Titels "Don". In Anlehnung an Namen wie Lanzarote wird aus "Quijada" und "Quesada" dann "Quijote". Indem er nun noch "de la Mancha" hinzufügt, orientiert er sich an *Amadís de Gaula*, ohne aber bei der Wahl des Landes im gleichen erhabenen Maßstab zu bleiben. Wenig wählerisch zeigt er sich bei der Dame seines Herzens. Auf der Suche nach ihr fällt ihm die Bäuerin Aldonza Lorenzo aus dem Nachbardorf El Toboso ein, in die er einmal verliebt war, ohne daß diese etwas davon wußte. Ohne zu zögern, beschließt er, daß sie künftig als "señora de sus pensamientos" zu gelten hat, betrachtet sie als "princesa y gran señora" und verleiht ihr den schönen Namen "Dulcinea". Die höchsten Qualitä-

---

[8] Vgl. Castro, Américo, "Cervantes el 'Quijote' a nueva luz", in: ders., *Cervantes los casticismos españoles*, Barcelona 1966, Madrid 1974, S. 1-183.

[9] Vgl. Strosetzki, Christoph, *Cervantes*, s. Bibliographie.

ten, die er ihr zuschreibt, sind der platonischen Liebeslehre entnommen, wie sie der spanische Arzt León Hebreo 1502 in den *Dialoghi d'amore* formuliert hatte.[10]

Der Roman besteht aus zwei Teilen (ersch. 1605/1615), in denen drei Ausfahrten des Ritters erzählt werden. Die erste Ausfahrt in den ersten sechs Kapiteln bildet eine in sich geschlossene Handlung, deren Veröffentlichung als Novelle möglich gewesen wäre. Aus dieser Tatsache haben Cervantesforscher geschlossen, daß die folgenden Ausfahrten spätere Erweiterungen waren, die Dulcineas Erwähnung im ersten Kapitel als nachträgliche redaktionelle Änderung notwendig gemacht haben. So erschiene die erste Ausfahrt als bloße Parodie der Ritterbücher, die mit deren Verbrennung einen Endpunkt erreicht hätte. Die später häufigen nachdenklichen Bemerkungen und Weisheiten des Helden fehlen noch in dieser durch derbe pikareske Komik charakterisierten ersten Ausfahrt. Die folgenden Fahrten dauern länger und führen weiter weg, bleiben aber, anders als im Ritterroman, zeitlich und räumlich deutlich begrenzt. In der ersten Ausfahrt steht die Wirkung von Ritterromanen auf Don Quijote im Zentrum. Dagegen dominiert in der dritten, die den Inhalt des zweiten Buches bildet, die Wirkung, die das erste Buch auf die Romanfiguren ausübte.

Es war durchaus üblich, den Erfolg eines Romans durch einen fortsetzenden, zweiten Teil zu verlängern. Nicht selten war es auch, daß ein anderer, unautorisierter Autor dem zuvorkam. Dies war 1614 der Fall, als Alonso Fernández de Avellaneda seinen *El ingenioso hidalgo Don Quijote de la Mancha que contiene su tercera y es la quinta parte de sus aventuras* veröffentlichte, in dem er Don Quijote nach einer kurzen Erholungspause einer Gruppe von Rittern nach Zaragoza folgen läßt. Die sich anschließenden Episoden und Novellen führen zwar äußerlich einige Motive Cervantes' fort, verlieren aber jede tiefere Dimension durch das Fehlen von Dialogen zwischen Don Quijote und Sancho, durch Dulcineas Entbehrlichkeit und infolge einer mangelhaften internen Logik. Cervantes scheint zur Zeit der Veröffentlichung dieses Romans mit der Redaktion seines eigenen zweiten Teils bis zum Kapitel 59 vorgedrungen zu sein, da er von diesem Kapitel an die Entscheidung seines Helden revidieren und ihn nicht nach Zaragoza, sondern nach Barcelona reisen läßt. Möglicherweise verdankt Cervantes Avellanedas Fehlern seine eigene Betonung der psychologischen und menschlichen Dimension in seiner Fortsetzung.

Don Quijotes Torheit hatte einen Vorläufer im *Encomium Moriae* (1509, *Lob der Torheit*), in dem Erasmus von Rotterdam (1465-1536) die unterschiedlichen menschlichen Eigenarten und Verstiegenheiten beleuchtet. Cervantes konnte aber auch auf die antike Temperamentenlehre zurückgreifen. Ihrer bedient er sich, wenn er seinen Helden als "de complexión recia, seco de carnes, enjuto de rostro" (I,1) oder als "flaco, amarillo, los ojos hundidos en los últimos camaranchones del cerebro" (II,35) beschreibt. Für H. Weinrich ist das ungewöhnliche Verhalten des Helden angesichts dieser Symptome eine Erscheinungsform einer durch die Lehre der Körpersäfte definierten Melancholie mit dem Hang zum Vi-

---

[10] Vgl. Parker, Alexander, *La filosofía del amor en la literatura española, 1480-1680*, Madrid 1986.

sionären und einer nachdenklichen Traurigkeit.[11] Bedingt ist die Krankheit Don Quijotes durch den Mangel an Schlaf, der auf die Lektüre von Ritterbüchern zurückzuführen ist.

Die Torheit als Verkennung der Realität erscheint M. Kruse[12] als unabdingbare Voraussetzung einer Existenz, in der die Literatur der Ritter- und Schäferbücher gelebt werden kann. Da schließlich für Don Quijote Leben und "gelebte Literatur" deckungsgleich geworden sind, erschließt sich das Romanende als Konsequenz eines nach Don Quijotes Verlust der Grundlagen seines ritterlichen Handelns nicht mehr fortsetzbaren Motivs.

Die Anwendung des Gelesenen auf die eigene Situation war bereits Bestandteil der humanistischen Pädagogik. So galt Plutarch mit seinen Lebensbeschreibungen antiker Helden als Ansporn zur Nachahmung vorbildlicher Taten. Die uneingeschränkte Übernahme des Gelesenen ohne jede Vermittlung mit den Verhältnissen des Lesers im *Don Quijote* ist jedoch als solche schon eine parodistische Übersteigerung dessen, was gewöhnlich im Leseakt vor sich geht. Mit der Parodie des Ritterromans wird also zugleich eine Parodie des (falschen) Lesens sichtbar.

Das fehlende Vermögen, das Gelesene mit der Realität zu vermitteln, macht Don Quijote in den Augen H.-J. Neuschäfers[13] zum asozialen Wesen und zur Gefahr für die öffentliche Ordnung. Besonders deutlich wird dies, wenn Don Quijote die berechtigte Bestrafung des Jungen Andrés vereitelt oder Strafgefangene befreit. Er wird damit zum Beispiel für die schlimmen Folgen ideologischer Verblendung.

Verständnisvoller Gesprächspartner bleibt für ihn allein sein Diener Sancho, der zunächst realitätsorientiert und anders als sein Herr durch Ritterbücher nicht beeinflußt ist. Im Laufe der gemeinsamen Fahrten entwickelt Sancho jedoch Verständnis für die Torheit seines Herrn. Demgegenüber bemerkt Don Quijote zunehmend, daß die Realität nicht seinen Vorstellungen entspricht. Diesen Prozeß der Charakterveränderung hat Salvador de Madariaga als "Quijotización" des Sancho und "Sanchificación" des Don Quijote bezeichnet.[14] Charakteristisch für Sancho ist die ihm eigene Art, volkstümlich zu reden. Wenn er im 5. Kapitel des zweiten Teils einmal scharfsinniger als gewöhnlich spricht, meldet der Übersetzer bzw. Erzähler sogleich Zweifel an der Authentizität seiner Vorlage an: Normalerweise beschränkt sich nämlich Sanchos Weisheit auf die Verwendung von Sprichwörtern, von denen er oft mehrere aneinanderreiht, oder die er unvollständig oder nach Veränderung einzelner Wörter zitiert. Seine falsche Verwendung gelehrter Begriffe dient einer volkstümlichen Satire am Bildungsdünkel der

---

[11] Vgl. Weinrich, Harald, "Die Melancholie Don Quijotes", in: H. Hatzfeld (Hg.) *Don Quijote. Forschung und Kritik*, Darmstadt 1968, S. 295-316.

[12] Vgl. Kruse, Margot, "Ariost und Cervantes", in: *Romanistisches Jahrbuch* XII, 1961, S. 248-264.

[13] Vgl. Neuschäfer, Hans-Jörg, "Don Quijote como ser social. Nuevo aspecto en la dialéctica cervantina", in: *Studia Hispanica in honorem R. Lapesa* II, Madrid 1974, S. 399-410.

[14] Vgl. Madariaga, Salvador de, *Guía del lector del 'Quijote'. Ensayo psicológico sobre el 'Quijote'*, Madrid 1976.

Humanisten. Wenn er z.B. darüber belehrt wird, daß ein Herrscher über eine Insel auch die *gramática* beherrschen müsse, entgegnet er, er könne wohl mit der *grama* (ein bäuerliches Werkzeug, um den Hanf zu zerstoßen), nicht aber mit der *tica* umgehen. (II,2)

Dem Zusammentreffen von Realität und Idealität, wie auch der Mischung von Elementen des Schäfer-, Ritter- und Schelmenromans, entspricht ein häufiger Wechsel der Stilebenen. Der Auflockerung dient es, wenn in einer seriösen Rede bewußt stilistische Fremdkörper eingesetzt werden, oder wenn traditionelle Vergleiche und Formeln variiert bzw. in einen unpassenden Kontext gesetzt werden. Häufig sind Wortspiele und Paradoxa. Ein beliebtes stilistisches Mittel ist die Antithese. So sagt Don Quijote z.B. in El Toboso zu Sancho: "Mira no me engañes, ni quieras con falsas alegrías alegrar mis verdaderas tristezas." (II,10) H. Hatzfeld hat die häufige Verbindung von Abstraktem mit Konkretem, wie z.B. bei "acompañada de mi criado y muchas imaginaciones" (I,28) vor dem Hintergrund des Gegensatzes von Realität und Idealität gedeutet.[15] Die durch derartige Stilmittel entstehende Vielseitigkeit läßt sich als barock kennzeichnen. So hat H. Hatzfeld sogar die ornamentalen Formen der Architektur des Barockzeitalters in spiralenartigen stilistischen Wendungen des *Don Quijote* wiedererkannt.[16] Zeichen für barockes Lebensgefühl sind u.a. die einander widersprechenden Wirklichkeitsdeutungen, die zutage treten, wenn Don Quijote das Barbierbecken als Helm des Mambrin sieht oder ein Bauernmädchen für Dulcinea hält.

Die Relativität der Erkenntnis wird auch in den einzelnen Abenteuern zum Strukturmerkmal. Es lassen sich drei Typen unterscheiden. Im ersten Fall sagt der Autor zunächst, was ein bestimmter Gegenstand oder eine Person in Wirklichkeit ist. Unmittelbar danach erfährt man von Don Quijote, welche davon unterschiedene Deutung er vornimmt. So ist von einem Wirtshaus die Rede, bevor Don Quijote darin eine Burg sieht. (I,2) Im zweiten Fall hat der Leser keinen Wissensvorsprung: Don Quijote erkennt zunächst etwas, sieht es unklar und kann es noch nicht identifizieren. Was es in Wirklichkeit ist, erfährt der Leser erst später. Dies trifft z.B. bei der Staubwolke zu, bei der Don Quijote und Sancho von einem Hügel aus vermuten, es handele sich um zwei feindliche Heere, die aufeinander losgehen. (I,18) Im dritten Typ von Abenteuern, der im zweiten Teil des Werkes dominiert, erkennt Don Quijote die Erscheinungen als das an, was sie sind. Dies ist nicht schwer für ihn, da man die Dinge für seine Anschauungsweise vorbereitet und verändert, um sich besser über ihn lustig machen zu können. Hinzu kommt, daß seine eigenen lichten Momente immer häufiger werden.

Die Erzähltechnik des Romans wird von der Parodie beherrscht. Indem *Don Quijote* die Übertreibungen in den Ritterromanen kritisiert, setzt er in den Au-

---

[15] Vgl. Hatzfeld, Helmut, *El 'Quijote' como obra de arte del lenguaje*, Madrid 1972.

[16] Vgl. Hatzfeld, Helmut, "Why is 'Don Quijote' Baroque?", in: *Philological Quarterly* 51, 1972, S. 158-176.

gen von H.-J. Neuschäfer eine Kritik fort, die man bereits in den besseren Ritterbüchern, wie z.B. im *Tirant lo Blanch*, selbst antreffen kann. Neuschäfers These ist, daß die Wirkung der Parodie darauf beruht, die Erwartungen eines Publikums, das mit den Strukturen der Welt der Ritterromane vertraut war, zu erwecken und dann zu durchkreuzen.[17] Die parodistische Intention kündigt bereits das Vorwort an, das *Don Quijote* als "una invectiva contra los libros de caballerías" bezeichnet. Gezielt spielen daher einzelne Passagen auf Stellen in Ritterromanen an, wie z.B. die Buße in der Sierra Morena auf den *Amadís* oder Don Quijotes Fahrt auf dem Ochsenkarren auf Chrétien de Troyes' *Le chevalier de la charrette*.

Unterstrichen wird die Parodie der wirklichkeitsfernen Ritterromane durch die Beanspruchung geschichtlicher Authentizität im *Don Quijote*, für den Cervantes einen arabischen Chronisten fingiert, an dessen Überlieferung er sogar Zweifel aufkommen läßt. Selbst die Figuren werden in die Fragestellung einbezogen, wenn sie im zweiten Teil den Wahrheitsgehalt des ersten Teils und der Fortsetzung durch Avellaneda begutachten. Der Eindruck von Authentizität entsteht schließlich durch das Erzählen der Entstehungsgeschichte des Romans und den Wechsel der Erzähler. Dabei werden unterschiedliche Quellen angegeben. Ein erstes Manuskript bricht in dem Moment ab, in dem Don Quijote und der Biskayer mit erhobenem Schwert aufeinander losgehen. Daher sieht sich der Herausgeber, der die Funktion eines Erzählers einnimmt, veranlaßt, nach weiteren Quellen zu suchen, um sich über den Fortgang zu informieren. Er stößt auf den Text des arabischen Geschichtsschreibers Cide Hamete Benengeli, den er ins Spanische übersetzen läßt und aus dem er dann den weiteren Text zusammenstellt.

Erzähltechnische Verwicklungen entstehen nicht nur durch die unterschiedlichen Erzählerebenen, sondern auch durch das häufige Unterbrechen einzelner Erzählungen durch andere und durch das Wiederholen identischer Ereignisse durch unterschiedliche Figuren. Die eingeschobenen Novellen sind im ersten Teil von der Haupthandlung weitgehend unabhängig, während sie im zweiten stärker eingebunden sind. Hinsichtlich der Thematik der Handlungsmotive und der unterschiedlichen Handlungsausgänge erscheinen die eingeschobenen Novellen als Erzählungen, die wie Spiegel symmetrisch in verschiedenen Blickwinkeln um die Haupthandlungen gruppiert sind, und Variationen und spielerische Lösungen von ihr darstellen.[18]

Unterbrochen werden Haupthandlung und eingeschobene Erzählungen häufig durch Dialoge und Reden. Zu den erörternden Dialogen zwischen Herrn und Schildknappen mag Cervantes die humanistische Dialogliteratur angeregt haben. Die Dialoge der eingeschobenen Novellen des ersten Teils orientieren sich am Schäferroman und den Regeln der Gesprächskultur, die von italienischen und

---

[17] Vgl. Neuschäfer, Hans-Jörg, *Der Sinn der Parodie im 'Don Quijote'*, Heidelberg 1963.

[18] Vgl. Immerwahr, Raymond, "Die strukturelle Symmetrie der eingeschobenen Erzählungen im ersten Buch des 'Don Quijote'", in: H. Hatzfeld (Hg.) *Don Quijote. Forschung und Kritik*, Darmstadt 1968, S. 450-475.

spanischen Humanisten formuliert wurden. Durch diese Dialoge konnte Cervantes dem Horaz'schen Postulat genügen, nicht nur zu unterhalten, sondern auch zu belehren. Demselben Zweck dienen die zahlreichen Reden zu unterschiedlichsten Themen, wie z.B. über das Goldene Zeitalter, die Definition der fahrenden Ritterschaft, das Verhältnis von Waffen und Wissenschaften, den Gegensatz zwischen dem fahrenden Ritter und dem Ritter am Hof oder über die Beziehung zwischen irdischem und himmlischem Ruhm.

Besonders deutlich wird humanistische Gelehrsamkeit in der Rede vom Goldenen Zeitalter (I,11), für die sich eine große Zahl von Quellen aus der Antike, der Spätantike, aber auch aus Italien und Spanien angeben läßt.[19] Der utopische Entwurf des Goldenen Zeitalters findet ein Korrelat in den gleichermaßen antiken wie humanistischen Quellen entnommenen Ratschlägen (II,42-43,51), die Don Quijote Sancho als dem zukünftigen Herrscher über die Insel gibt. Mit seinen Normen der fahrenden Ritterschaft steht Don Quijote ebenso wie das Goldene Zeitalter zu den Konventionen seiner Zeit im Gegensatz. Als eine Art Personifizierung der von der Renaissance erstrebten Verbindung von *armas* und *letras* lebte er in einer Zeit, in der Artilleriefeuerwaffen auf weite Entfernungen selbst den Tapfersten trafen. Es kam nicht mehr darauf an, im Zweikampf ritterliche Tugenden zu zeigen, sondern mit Kapitalkraft Söldner zu finanzieren.

Die Wirkungsgeschichte des *Don Quijote* beginnt mit Sanchos Ausführungen im zweiten Teil über die Meinung, die man sich über den fahrenden Ritter und seine Taten aus dem ersten Teil gebildet hat. (II,2) Er berichtet, daß man Don Quijote und ihn selbst für große Narren hält, daß die Ritter ihn für anmaßend halten, weil er sich ein "Don" verliehen hat. Dann fügt er hinzu, daß die einen in ihm bloß einen ergötzlichen Narren sehen, die anderen dagegen einen tapferen Mann, der vom Pech verfolgt ist. Damit hat Cervantes bereits selbst die beiden wichtigsten Ansätze der Rezeptionsgeschichte seines Helden und seines Buches vorweggenommen, den komischen und den heroisierenden.

Den von der komischen Seite ausgehenden Ansatz hat A. Castro[20] variiert, indem er der Komik eine Funktion zuschreibt und im Autor des Romans den nonkonformistischen Erasmisten und den Gegner der Gegenreformation erkennt, der dem Verfall der spanischen Größe realitätsbewußt als Kritiker gegenübersteht. Ihm habe der *Don Quijote* in erster Linie dazu gedient, die Falschheit der spanischen Gesellschaft in indirekter Form durch das Mittel von Komik und Satire zu entlarven. Den heroisierenden Ansatz vertrat Miguel de Unamuno, der in Don Quijote das Urbild des Idealisten und Prototyps des Spaniers sah, der für seine Träume lebt und auf Effizienz und Erfolg in der äußeren Realität keinen Wert legt. Auch die deutsche Romantik, von der Unamuno beeinflußt war, hatte sich die heroisierende Deutung zu eigen gemacht und eine Identifizierung Spaniens mit dem *Don Quijote* vorgenommen. Gerade "ein lebendiges und ganz

---

[19] Vgl. Stagg, Geoffrey L., "'Illo tempore': Don Quixotes Discourse on the Golden Age and its Antecedents", in: Avalle-Arce, Juan Bautista (Hg.), *'La Galatea' de Cervantes - cuatrocientos años después (Cervantes lo pastoril)*, Newark, Delaware 1985, S. 71-90.

[20] Vgl. Castro, Américo, *Cervantes los casticismos españoles*, Madrid 1974.

episches Gemälde des spanischen Lebens und eigenthümlichen Charakters" sah daher Friedrich Schlegel in seiner 11. Wiener Vorlesung im *Don Quijote*. Für ihn war der *Don Quijote* Symbol für Spanien, während sein Bruder wie viele deutsche Romantiker im Roman den Kampf zwischen Unendlichem und Endlichem, zwischen Realem und Idealem symbolisiert sah. Für A.W. Schlegel wurde der *Don Quijote* zum Paradigma einer allegorischen Kunst-Mythologie, in dem alles "Endliche" in einen Beziehungszusammenhang aufgenommen wird und einen höheren Sinn erhält.

5. Vom sentimentalen Liebesroman zum Schäferroman

Der Schäferroman verdankt seine Beliebtheit der utopischen Gestaltung des Landlebens, bei der die an den Höfen und in den Städten üblichen Zwänge fehlen. Die Schäfer der Romane leben fern von den Intrigen der absolutistischen Höfe und benötigen keinen hohen Geburtsadel, wenngleich sie im allgemeinen keine Schafe hüten und die vornehmen Umgangsformen des Hofes übernehmen. Das Land wird zur Metapher der Unverdorbenheit und Freiheit von den Mühen des Repräsentierens bzw. des Erwerbslebens. Eine derartige Idealisierung des ländlichen Ortes tritt jedoch nicht nur im Schäferroman auf. In der Lyrik wurde sie mit dem topischen *beatus ille* oder dem *locus amoenus* verknüpft.

Psychologisch läßt sich der pastorale Mythos aus einem Wunsch nach Unschuld und Glück erklären, der jenseits der christlichen Vorstellung von Selbstaufopferung in Tagträumen nach moralischer Entspannung sucht. Das *negotium* (Unrast) des Erwerbslebens bleibt ebenso ausgeklammert wie die Vorstellung der Sünde, obgleich die Vergänglichkeit sogar die Schäferidylle mit Melancholie überzieht. Der Rückzug aus dem männlichen Erwerbsleben erscheint als psychologischer Hintergrund ebenso deutlich wie die Tatsache, daß die traditionelle Schäferidylle von maskuliner Dominanz geprägt ist, in der Schäferinnen und Nymphen zu Objekten männlicher Erotik werden.[21] Umso krasser heben sich Ausnahmen wie z.B. Marcela im *Don Quijote* oder Gelasia in der *Galatea* ab, die gegenüber den Anstrengungen ihrer Liebhaber kalt, ichbezogen und frei bleiben.

Pastorale Gedanken und Argumente für das Leben der Schäfer gab es auch in der einschlägigen humanistischen Dialogliteratur, wie z.B. den *Diálogos satíricos* von Antonio de Torquemada. Pastorale Fiktionen gehen zurück bis auf die antiken Autoren Theokrit und Vergil. Ein italienisches Vorbild boten Sannazzaro mit seiner *Arcadia* (1502), die 1547 ins Spanische übersetzt wurde, und Torquato Tasso mit *Aminta* (1581). In Spanien waren bereits im Mittelalter vereinzelt Schäfer dargestellt oder thematisiert worden,[22] bevor Garcilaso de la

---

[21] Rivers, Elias L., "Pastoral, Feminism and Dialogue in Cervantes", in: Avalle-Arce, Juan Bautista (Hg.), *'La Galatea' de Cervantes - cuatrocientos años después*, S. 7-16.

[22] Bukolische Elemente gab es in Spanien schon zuvor beim Arcipreste de Hita, beim Marqués de Santillana, bei Lucas Fernández und bei Juan del Encina. Vgl. Hans Flasche, *Geschichte der spanischen Literatur*, Bd. 2, Bern und München 1982, S. 142.

Vega (1501?-1536), an der antiken Tradition orientiert, in seinen Eklogen Schäfer auftreten ließ. Die Episoden im ersten spanischen Schäferroman, der *Diana*, finden ihre Ergänzung in ausführlichen Erörterungen über die Liebeskasuistik, die auf den Italiener Baldassare Castiglione (1478-1529) und León Hebreo (1460-1521) mit seinen neuplatonisch geprägten *Dialoghi d'amore* (1502) zurückgehen.

Einen vorbereitenden Charakter für die in den Schäferromanen dominierende Liebesthematik kann man den sentimentalen Liebesromanen zuschreiben. Zu ihnen gehört Diego de San Pedros Roman *Cárcel de amor* (1492), der von der verzweifelten Liebe des Ritters Leriano zur Prinzessin Laureola handelt. Unglückliche Wechselfälle führen dazu, daß Leriano von Laureola abgelehnt wird. Dies treibt ihn zur Resignation und in den Tod. Da der Ritter gezwungen ist, sich dem Willen seiner Dame zu unterwerfen, wird das Akzeptieren der Ablehnung seiner Liebe durch die Geliebte für ihn zum selbstzerstörerischen Akt. Die Handlung wird unterstützt durch allegorische Elemente und Figuren wie z.B. den Hauptmann des Palastes von *amor*, Deseo. Sie ist geprägt von einer pathetischen Melancholie, die sich als Ausdruck eines tragischen Lebensgefühls deuten läßt, das für die höfische Elite charakteristisch war.

Eine vor dem Hintergrund des ritterlichen Verhaltenskodexes unmögliche Verbindung zweier Liebender ist es, die in Juan de Flores' sentimentalem Liebesroman *Historia de Grisel y Mirabella* (ca. 1485) den Hintergrund für eine Reihe langer Diskussionen über Themen und Probleme der Liebe abgibt.[23] Unerfüllte Liebe und Hoffnungslosigkeit vor dem Hintergrund eines höfischen Lebens in Luxus und Überfluß bestimmen die *Questión de amor* (1513), in der der anonym gebliebene Autor erörtern läßt, ob derjenige in der schlechteren Lage sei, dessen geliebte Dame seiner Liebe durch den Tod entzogen worden ist, oder derjenige, welcher seiner Dame dient, ohne daß sein Werben erhört würde. Daß dieser Roman in einem direkten Bezug zur zeitgenössischen Gesellschaft stand, belegt die Tatsache, daß er als Schlüsselroman konzipiert war und auch so gedeutet wurde. Er ist symptomatisch für die Verschiebung des Publikumsinteresses von ritterlichen Heldentaten zu der Beschäftigung mit eleganter und höfischer Lebensart, die auch für die sich anschließende Mode der Schäferromane charakteristisch war.

Obgleich der pastorale Rahmen den Schäferroman prägt, erlaubt er Parenthesen. Bereits die *Diana* hat zahlreiche Elemente, die der pastoralen Welt fremd sind. Gerade diese macht M. Chevalier[24] für den Erfolg des Werkes verantwortlich, da die pastorale Welt einem an die Ritterromane gewöhnten Denken diametral entgegengesetzt war. Wie konnte ein Verehrer des Amadís Gefallen an der Liebe zu einer Dame finden, deren Gunst nicht durch heroische Taten gewonnen werden kann, oder an einer jammernden und schmachtenden Leiden-

---

[23] Zu Flores vgl. hier: K. Kohut, Das 15. Jahrhundert, Kapitel 4.3, S. 71.

[24] Vgl. Chevalier, Maxime, "'La Diana' de Montemayor y su público en la España del siglo XVI", in: Jean François Botrel, S. Salaün (Hg.), *Creación y público en la literatura española*, Madrid 1974, S. 40-55.

schaft, die sich wie im sentimentalen Liebesroman, zur Passivität verdammt, platonischen Vorstellungen und einer vom Schicksal diktierten Leidenschaft fügt? Sicherlich hatte sich auf der einen Seite der Publikumsgeschmack weiterentwickelt. Auf der anderen Seite machte die *Diana* zahlreiche Konzessionen. Vielleicht war sie nicht zuletzt erfolgreich dank ihrer Anspielungen, die sie als Schlüsselroman erscheinen ließen, vielleicht dank der beschriebenen großen Feste, anläßlich derer es Ritter waren, die sich als Schäfer verkleideten. Schließlich mag sie beliebt gewesen sein, da man in ihr eine Sammlung von Gedichten finden konnte. Mit dem erfolgreichen Ritterroman teilt sie die Atmosphäre des Magischen und Wunderbaren. Die Konversationen von Felis, Felismena und Celia haben höfischen und modellhaften Charakter.

Der aus Portugal stammende Jorge de Montemayor (1520?-1561) lebte in Spanien. Seine undatiert veröffentlichte *Diana* lag im Jahr 1559 vor. Wie seine italienischen Vorgänger Boccaccio und Sannazzaro in der *Arcadia* vermischte auch Montemayor Prosa und Vers. Dies fand keine ungeteilte Zustimmung, denn bei der Bücherbeurteilung im *Don Quijote* plädiert der Pfarrer dafür, die *Diana* aufzubewahren, wenn ihr nach einer Zensur die "versos mayores" gestrichen werden. Einer größeren aristotelischen Wahrscheinlichkeit sollte daneben die Streichung der Passagen im Palast der Zauberin Felicia, die gar über einen Zaubertrank verfügt, im vierten und zu Beginn des fünften Buches dienen.

Bei Montemayor ist gleich zu Anfang von der Schäferin Diana die Rede, in die sich die Hirten Sireno und Sylvano verliebt haben. Sireno ist infolge einer längeren Reise abwesend, während Diana auf Wunsch ihrer Eltern den reichen Delio zum Mann nimmt. Dies betrübt Sireno nach seiner Rückkehr ebenso wie Sylvano. Im Verlauf der sich anschließenden Kapitel geht es immer wieder um erwiderte, vor allem aber um unerwiderte und unglückliche Liebe, gleichgültig, ob sie das Gerüst der mit der Titelfigur verbundenen Handlung oder den Gegenstand der eingeschobenen, von den Protagonisten vorgetragenen Erzählungen bildet.

Die Liebesbeziehungen der Protagonisten nehmen jedoch nicht mehr Raum ein als jene von "Nebenfiguren" wie Selvagia, Felismena und Belisa. Daß die Figuren nicht wie im Schelmen- oder Ritterroman in ständiger Bewegung sind, sondern vergangene Geschehnisse aus dem Blickwinkel der Gegenwart betrachten, verleiht ihnen einen statischen Charakter. Dieser wird noch unterstützt durch die Häufigkeit des Gebrauchs von Imperfekt und Gerundium, der insbesondere dem Anfang und den ersten drei Büchern eine poetische Unschärfe und den Eindruck einer nur langsam fortschreitenden Zeit vermittelt. Da in der Erzählung die vorgestellten ideellen Probleme der Liebeskasuistik ein größeres Gewicht erhalten als die eigentliche Handlung, fiel es den Fortsetzern nicht schwer, an die Thematik der *Diana* mit neuen Episoden anzuknüpfen.

Die *Diana* von Montemayor war ein großer Bucherfolg. Davon zeugen die 25 Ausgaben des spanischen Textes von 1559 bis 1600. Die französische Übersetzung von 1578 durch Nicolas Colin bereitete den Boden für den französischen Schäferroman *L'Astrée* (1623) des Honoré d'Urfé. Die Zahl der Imitationen ist groß. Fortsetzer des Werkes Montemayors waren Gaspar Gil Polo mit seiner *Diana enamorada* (1564) und Alonso Pérez mit seiner *Diana* (1564). Die bei Montemayor neuplatonischen Liebesdialoge sind bei Alonso Pérez scholastisch geprägt und haben bei dem erfolgreicheren Gil Polo einen stoischen Charakter. Die Welle der Schäferromane in Spanien wird abgeschlossen durch Lope de Vegas *Arcadia* (1598), einem Schlüsselroman mit viel literarischer Gelehrsamkeit und autobiographischen Elementen, in dem allerdings die Schäferwelt nicht mehr den Hintergrund für philosophische Fragestellungen bietet, sondern als Schauplatz der Überhöhung der unglücklichen Liebe des Mäzens Lope de Vegas, Antonio Alvarez de Toledo, der Herzog von Alba war, dient. Die Hauptperson Anfriso symbolisiert den Herzog von Alba, während Belisarda dessen Geliebte, Bresinda des Herzogs Mutter und Brasildo der bekannte Musiker Juan Blas de Castro ist. Hinter Belardo verbirgt sich Lope selbst. Während Anfriso in Belisarda verliebt ist, glaubt er, sie liebe Olimpo. Ihre Eltern jedenfalls haben sie schon gegen ihren Willen Salicio versprochen. Dies ist der Ausgangspunkt eines Geschehens, das wie im Vorbild der *Diana* Montemayors im Tempel des *desengaño* einer Lösung zugeführt wird.

Miguel de Cervantes' *Galatea* (1585) hat Aspekte, die für einen Schäferroman ungewöhnlich sind. Zwar handelt es sich nicht um eine Satire der Schäferromane, wie der *Don Quijote* eine Satire der Ritterromane ist. Dennoch ist der Gegensatz zwischen dem gattungsgerechten Schäfer Elicio und dem naturgetreuen, wirklichkeitsgerechten Schäfer Erastro geeignet, die Künstlichkeit der fiktiven Schäferwelt zu entlarven. Relativiert wird zudem die platonische Idealisierung der Frau, indem ihr eine entgegengesetzte Position gegenübergestellt wird, die die Schwächen des weiblichen Geschlechts hervorhebt. J.B. Avalle-Arce[25] sieht in derartigen Gegensätzen ein bewußtes Spiel mit einer neuen *ars oppositorum*, mit der es gelingt, die idealistische Tradition der Gattung durch die Realität des Lebens zu relativieren. So stehen auch bei Cervantes die eingeschobenen Erzählungen jenseits der Schäferidylle. Mit der Vorgeschichte, die Lisandro zur Erklärung seines Mordes an Carino erzählt, dringt Rache, Haß und Verbrechen in die Welt der Schäfer ein. Die Geschichte des Silerio erinnert mit den Schauplätzen Jerez, Barcelona und Neapel an die byzantinische Novelle.

Noch über Avalle-Arce hinaus geht F. Ynduráin,[26] wenn er den pastoralen Rahmen nur als Vorwand für eingeschobene Novellen im byzantinischen Stil sieht, die, wie später die *novelas ejemplares*, problemlos ohne ihn auskommen könnten. Byzantinisch sind sie infolge ihrer verwickelten Zufälle mit einer Häufung von Verwechslung, Verschwinden und Wiedererkennen.

In der *Galatea* stehen unterschiedliche Situationen der Liebe einander gegenüber: Die Freude der erwiderten Liebe bei Tirsi kontrastiert mit den Leiden des Crisio an der Trennung, der Verzweiflung des Orompo angesichts des Ver-

---

[25] Vgl. Avalle-Arce, Juan Bautista (Hg.), *'La Galatea' de Cervantes - cuatrocientos años después...*
[26] Vgl. Ynduráin, Francisco, "Relección de 'La Galatea'", in: *Miguel de Cervantes Saavedra. Homenaje de 'Insula' en el cuarto centenario de su nacimiento. 1547-1947*, Madrid 1948, S. 105-116.

lustes seiner Geliebten, der Geringschätzung des Marsilio und der Eifersucht des Orfinio.

Elicio jedoch gilt die Liebe als hoher Wert, wie sein Loblied zeigt, in dem er sie als durch die Schönheit hervorgerufene Tugend sieht, als Glück, das ohne Zögern zu ergreifen ist, das zur moralischen Vervollkommnung beiträgt und grenzenlos ist. Diese uneingeschränkte Bejahung der Liebe wird im sechsten Buch Gegenstand einer Auseinandersetzung zwischen Lenio und Tirsi. Lenio lehnt die Liebe mit rationalen Argumenten ab. Dem hält Tirsi entgegen, daß Liebe und Begehren zwei unterschiedliche Willensäußerungen sind. Die Liebe sei besonders ehrenhaft, wenn sie sich auf das Ewige und Göttliche richte; sie sei nützlich bezogen auf Reichtum und Macht und angenehm schließlich im Vergnügen. Keine der drei Arten sei abzulehnen. Das Streitgespräch findet einen Ausgang zugunsten Tirsis, als Lenio durch seine eigenen Argumenten widerlegt wird, die er sich, nunmehr selbst verliebt, von seiner Geliebten anhören muß.

6. Moriskenromane und "historische" Romane

Neben den bekannten Schäfer-, Ritter- und Schelmenromanen gibt es noch andere Romantypen. Will man sich einen Überblick verschaffen, dann sorgen schon die unterschiedlichen Bezeichnungen im Spanischen für Verwirrung. Denn das Wort "novela" bezieht sich gleichermaßen auf den Roman wie auf die an der italienischen Tradition orientierte Kurzgeschichte, während das an das deutsche Wort "Roman" erinnernde "romance" nicht auf den Roman, sondern auf die episch-lyrische Kleingattung der Romanze zu beziehen ist. Für weitere Verwirrung sorgt, daß die Autoren, um Authentizität für ihre Romane zu beanspruchen, im Titel gern Wörter wie "vida", "historia", "crónica" oder "tratado" verwendeten. Ein Buchtitel gab also keinerlei Auskunft darüber, ob es sich um ein geschichtliches oder literarisches Werk handelte.[27]

Eine irreführende Erwartung ruft auch Antonio de Guevaras (1480?-1545) *Libro áureo de Marco Aurelio* hervor, dessen vom Autor nicht autorisierte Ausgabe 1522 anonym erschien und einen größeren Erfolg hatte als Guevaras verbesserte Version mit dem didaktischeren Titel *Reloj de príncipes* (1529). Im Inhalt findet man jedoch nicht, wie man vermuten könnnte, an einer historischen Persönlichkeit orientierte romanhafte Ereignisse, sondern in didaktischer Absicht verfaßte Reden und Briefe. Das Werk gehört daher, wie die meisten Schriften des Autors, in den Kontext der moralistischen Literatur.[28]

Anders verhält es sich mit der Gruppe der Romane über die Morisken, wie man die auf der iberischen Halbinsel lebenden und zum Christentum bekehrten Mauren bezeichnete. Zu diesem Romantyp gehört die anonyme *Historia del Abencerraje y la hermosa Jarifa* (1565), in der ein maurischer Edelmann von ei-

---

[27] Zur Geschichtsschreibung im engeren Sinne und zu den Chroniken der Eroberung und Besiedlung Lateinamerikas vgl. hier: K. Kohut, Das 15. Jahrhundert, Kapitel 4.1, S. 67, und Chr. Strosetzki (Hg.), *Der Griff nach der Neuen Welt*, Frankfurt/Main 1991.

[28] Vgl. auch hier: Chr. Strosetzki, Grammatiker, Humanisten und Moralisten.

nem christlichen Burgherrn einen Urlaub aus seiner Gefangenschaft erhält, um seine Geliebte zu besuchen. Als er mit ihr nach einer heimlichen Heirat in die feindliche Burg zurückkehrt, wird ihm mit einer großmütigen Geste die Freiheit geschenkt.

Hier gibt es zwar einen historischen Hintergrund. Die Romanhandlung aber ist frei erfunden. Konkreter wird dagegen die geschichtliche Darstellung in Ginés Pérez de Hitas (1544-1619) *Historia de las guerras civiles de Granada* (1. Teil 1595, 2. Teil 1619), in der die Kämpfe zweier maurischer Adelsfamilien gegeneinander erzählt werden, deren Protagonisten in ihrer exotischen Welt mit deutlicher Sympathie gezeichnet sind. Der erste Teil der *Guerras civiles de Granada* schildert für die Zeit von 1482 bis 1492 neben den Kämpfen unter den Mauren auch solche zwischen Mauren und Christen, während sich der zweite Teil mit dem Moriskenaufstand der Jahre 1568 bis 1571 beschäftigt. Der gelehrte Autor Pérez de Hita hatte anhand von Chroniken und Beschreibungen von Festen so gut recherchiert, daß sich in seinem Roman historische Wahrheit und eingeflochtene Fiktion die Waage halten. Obgleich der zweite Teil insgesamt stärker historisch orientiert ist als der erste, enthält auch er eingeschobene Romanzen und Gedichte.

Pérez de Hitas zentrales Anliegen ist die Darstellung des heldenhaften ritterlichen Verhaltens der Mauren. Es ist wahrscheinlich, daß der Autor mit seinem Roman um Sympathie für die seit 1571 aus Granada und 1609 aus Valencia vertriebenen Morisken werben wollte. Daß um Verständnis für die Morisken geworben wurde, legt auch die Tatsache nahe, daß eine Version der *Historia del Abencerraje* in die *Diana* des Montemayor aufgenommen und die Maurengeschichte *Ozmín y Daraja* in den *Guzmán* von Mateo Alemán, der wahrscheinlich einer Familie von *conversos* entstammt, eingefügt wurde.

Von ihrer Ausdehnung her reichen die Moriskenerzählungen von der kurzen Novelle (*Abencerraje* oder *Ozmín y Daraja*) bis zum längeren Buch (*Guerras civiles de Granada*). Sie treten als selbständige Texte auf oder sind in andere Romane integriert. Die maurische Thematik, der man nicht nur in den Romanen, sondern auch in Romanzen, in traditioneller Lyrik, in epischen Gedichten oder Komödien begegnet, hat großes Echo in der europäischen Literatur gefunden.[29] Ein thematisches Gegenstück finden diese Erzählungen, die sich mit den spanischen Morisken auf der iberischen Halbinsel vor ihrer Vertreibung 1609 und der abschließenden Phase des alten Königreiches Granada beschäftigen, durch die Erzählungen von der maurischen Kriegsgefangenschaft spanischer Christen in Afrika, wie sie mit der *Viaje de Turquía* des Andrés Laguna (1499?-1559) oder mit einigen in den *Don Quijote* eingeschobenen Novellen vorliegen.

---

[29] Vgl. Carrasco Urigoiti, María de la Soledad, *El Moro de Granada en la literatura del siglo XV al XX*, Madrid 1956.

7. Von Heliodor ausgehende Romane und Graciáns 'Criticón'

Eine weitere Gruppe bilden die von Heliodor beeinflußten "byzantinischen" Erzählungen. Heliodors spätantike *Aithiopica* (3. Jh.) waren in einem griechischen Manuskript gefunden und 1534 in Basel veröffentlicht worden. Dem bald erwachten Interesse in humanistischen Kreisen folgte eine zunehmende Beliebtheit beim Lesepublikum. Das Werk wurde in Latein und den wichtigsten europäischen Sprachen veröffentlicht. In spanischer Sprache lag es bereits 1554 vor. Die "Wanderschaft", auf der die Protagonisten der *Aithiopica* vielfältige Abenteuer erleben, wurde zur Zeit der Gegenreformation als religiöses Motiv umgedeutet, das den verstoßenen und fremd auf der Erde umherwandelnden Christen symbolisierte.[30]

Zu diesem Romantyp zählen die *Historia de los amores de Clareo y Florisea y de los trabajos de Isea* (1552) des Alonso Núñez de Reinoso, die *Selva de Aventuras* (1565) des Jerónimo de Contreras und *El peregrino en su patria* (1604) des Lope de Vega. Das bekannteste Werk dieses Typs trägt den Titel *Los trabajos de Persiles y Sigismunda* (1617). In diesem postum erschienenen Werk sah sein Autor, Miguel de Cervantes, seine größte schriftstellerische Leistung.

Die Handlung besteht aus zahlreichen Episoden, die von einem Kern zusammengehalten werden: Die Protagonisten Persiles und Sigismunda, zwei Königskinder aus dem Norden, lieben einander. Da sich jedoch ihre Familien gegen eine Heirat stellen, fliehen sie und pilgern nach Rom. Um unerkannt zu bleiben, geben sie sich als Geschwister Auristela und Periandro aus. Für die Zeit der Pilgerschaft geloben sie Keuschheit. Im Verlauf ihrer Fahrten werden sie zwar häufig voneinander getrennt, finden jedoch immer wieder zusammen. Das erste Buch handelt von Meerfahrten und Schiffbrüchen, von bewohnten und unbewohnten Inseln, während das zweite zum Hof des Königs Policarpio führt. Im dritten Buch gelangen sie in das südliche Europa und reisen von Lissabon in die heilige Stadt Rom, wo sie dann im vierten Buch als Paar glücklich und geläutert zusammenfinden und nunmehr bereit sind, die Thronfolge in ihrer Heimat anzutreten.

Der Charakter der Protagonisten ist bereits am Anfang vollkommen und entspricht der aristotelischen Forderung nach Korrespondenz von Stilhöhe, Charakter und gesellschaftlichem Rang. Dadurch und durch den Versuch der Berücksichtigung der Wahrscheinlichkeit durch Verlegung eines Teils der Handlung in geographische und historische Entfernung zum Leser wird deutlich, daß Cervantes im *Persiles* die Nähe zur aristotelischen Tradition des Epos sucht. Dessen Normen waren ihm aus der *Philosophia Antigua Poética* (1596) des Pinciano vertraut, der Heliodors *Aithiopica* als Epos in Prosa definiert und den Versepen Vergils und Homers als gleichwertig gegenüberstellt. An Heliodor anknüpfend, konnte auch Cervantes seinen *Persiles* als Prosaepos betrachten, das

---

[30] Vgl. dazu Antonio Vilanova, "El peregrino andante en el 'Persiles' de Cervantes", in: *Boletín de la Real Academia de Buenas Letras de Barcelona* 22, 1949, S. 97-159.

zudem durch seine religiöse Thematik den Anspruch auf Neuartigkeit erheben konnte.

Der Roman hat zwei Teile. Die ersten beiden Bücher sind stärker von Heliodor und Vergil beeinflußt, während im dritten und vierten Buch zahlreiche Erzählereinschübe und eine stärkere Betonung der religiösen Komponente auffallen. R. Lapesa[31] erklärt den Unterschied zwischen beiden Teilen mit Cervantes' Arbeit an der Novelle *La española inglesa*, in der das Paar ebenso wie im *Persiles* nach zahlreichen Widerständen und Versuchungen zum glücklichen Ende gelangt. In dieser zwischen 1609 und 1611 entstandenen Novelle spielt die religiöse Thematik eine zentrale Rolle. Dadurch beeinflußt, erscheint auch im zweiten Teil des *Persiles* die Pilgerschaft der Liebenden als jene Wanderschaft, die in der Bibel als Symbol für das menschliche Leben gilt. Diese Symbolik wird ergänzt durch eine Hierarchie der Erscheinungsformen der Liebe, die von dem noch rohen Verhalten der Barbaren über zahlreiche weitere Beispielfälle die höchste Stufe in Persiles' und Segismundas geläutertem Zusammentreffen in Rom im Schoß der Kirche findet.

Eine Variante des byzantinischen Romans, die U. Schulz-Buschhaus[32] als "Anti-Heliodor" charakterisiert, stellt Baltasar Graciáns (1601-1658) *El Criticón* dar, dessen drei Teile zwischen 1651 und 1657 erschienen. Die typisch Heliodor'schen Elemente, wie der Beginn *medias in res*, die Wanderschaft oder die große Zahl von Begegnungen und Abenteuern verleihen dem Roman Vielfalt und Abwechslungsreichtum. Das Motiv der Liebe allerdings ist ebenso wie das *happy end* umfunktionalisiert. Daß das Romangeschehen in noch stärkerem Maß als in Cervantes' *Persiles* einem psychagogischen Zweck untergeordnet ist, kündigt bereits der Titel an: Angelehnt an die Wortbildung von Petronius' *Satiricon*, das eine Sammlung von Satiren war, bedeutet *Criticón* eine Summe von kritischen Betrachtungen. Diese finden sich in den einzelnen Kapiteln, die, ihrerseits einem barocken und Gracián'schen Brauch folgend, die übliche Bezeichnung abändern und "crisis" genannt werden. Gracián selbst definiert die "crisis juiciosas" in *Agudeza y arte de ingenio*: "Las juiciosas calificaciones participan igualmente de la prudencia y de la sutileza. Consiste su artificio en un juicio profundo, en una censura recóndita, y nada vulgar, ya de los yerros, ya de los aciertos."[33] Daß es sich um kritische und feinsinnige Beurteilungen und Bewertungen handelt, stuft die in den einzelnen Kapiteln erzählten Ereignisse auf die Ebene von Exempla zurück, die eine theoretische Abhandlung illustrieren und auflockern sollen. Das Primat der Theorie gegenüber der Wirklichkeit wird dadurch noch verstärkt, daß die meisten Ereignisse und Begegnungen der beiden Protagonisten einen allegorischen Charakter haben, also abstrakte Überlegungen versinnbildlichen.

---

[31] Vgl. Lapesa, Rafael, "En torno a 'La española inglesa' y el 'Persiles'", in: F. Sánchez-Castañer (Hg.), *Homenaje a Cervantes*, Bd. 2, Valencia 1950, S. 365-388.

[32] Schulz-Buschhaus, Ulrich, "Baltasar Gracián: 'El Criticón'", in: V. Roloff, H. Wentzlaff-Eggebert (Hg.), *Der spanische Roman vom Mittelalter bis zur Gegenwart*, Düsseldorf 1986, S. 129.

[33] Discurso XXVIII, in: Baltasar Gracián, *Obras completas*, Arturo del Hoyo (Hg.), Madrid 1967, S. 370.

Gracián bezeichnet sein Werk im Vorwort an den Leser folgerichtig als "filosofía cortesana, el curso de tu vida en un discurso".[34] Allein um es gefälliger zu machen, will er es mit Allegorien von Homer, Fabeln von Äsop, Lehren von Seneca, Einsichten von Lukian, Beschreibungen von Apuleius, sittlichen Lehren von Plutarch und Elementen aus Heliodor, Ariost, Trajano Boccalini und John Barclay ausstatten.

Nach diesen Ankündigungen erscheinen die Anleihen aus der literarischen Tradition und der Rückgriff des Handlungsschemas auf den beliebten Heliodor'schen Romantyp eine geschickte Konzession des Jesuiten Gracián an den Publikumsgeschmack, die es ihm erlaubte, abstrakte Gedankengänge zu konkretisieren. Dieses Verfahren, das er beim Emblem und bei der Devise bewundert, erklärt er in *Agudeza y arte de ingenio*: "El ordinario modo de disfrazar la verdad para mejor insinuarla sin contraste, es el de las parábolas y alegorías; no han de ser muy largas ni muy continas; alguna de cuando en cuando, refresca el gusto y sale muy bien."[35] Als Allegorien treten daher z.B. Gestalten der antiken Mythologie auf, wie der die Aufmerksamkeit verkörpernde Argos und Janus, der die Verstellung, aber auch die Einsicht in die Mehrschichtigkeit der Dinge darstellt. Neben ihnen stehen Abstrakta wie "Razón, madre del Desengaño", das Ungeheuer "Vulgacho", "el Descifrador", "el Fantástico" oder "el Ocioso". Als Orte werden z.B. "la Gran Plaza de la Apariencia", "la Cueva de la Nada" oder "el Mesón de la Vida" genannt. Stark befrachtet durch allegorische Anspielungen und Verschlüsselungen, hat es der Leser des *Criticón* schwer, sich seinerseits als "Descifrador" zu betätigen. Nicht selten verstellt der rhetorische Ornat den Blick auf den gedanklichen Inhalt, auf den es Gracián ankam.

Aufgeteilt ist das Werk in drei Teile, in denen die menschlichen Altersstufen auf die Jahreszeiten bezogen werden: Der erste lautet "En la Primavera de la Niñez y en el Estío de la Juventud", der zweite "Juiciosa cortesana filosofía, en el Otoño de la Varonil Edad" und der dritte "En el Invierno de la Vejez". Deutlich wird so erneut die Beziehung zwischen menschlichem Leben und Handlungsverlauf. Letzterer besteht im gemeinsamen Weg von Andrenio und Critilo, die zwei Aspekte des Menschen symbolisieren: Ersterer steht für einen den natürlichen Antrieben ausgesetzten, letzterer für einen vernunftgeleiteten Menschen. Dies wird bereits zu Anfang deutlich, wenn der Schiffbrüchige Critilo vom jungen Andrenio, der von wilden Tieren in einer Höhle aufgezogen wurde, gerettet wird. Critilo ist es, der ihn dann mit den Dingen der Welt vertraut macht. Dabei wird dem Leser, ähnlich wie bei Descartes' methodischem Zweifel, die Welt noch einmal vom Nullpunkt ausgehend vorgeführt und mit kritischer Vernunft beleuchtet. Critilo läßt Andrenio -und den Leser- Erfahrungen sammeln und gesteht seinem Zögling jene Freiheit zu, die Fehler zu machen, aus denen er lernen kann. Critilo rettet ihn mehrfach aus mißlichen Situationen und vermittelt ihm jene Einsich-

---

[34] Ebda., S. 521.
[35] Ebda., *Discurso* LV, S. 476f.; zu Gracián vgl. auch hier: Chr. Strosetzki, Grammatiker, Humanisten und Moralisten, S. 222ff.

ten, die ihn zum Ziel der Wanderschaft, zur vollkommenen Persönlichkeit ("el ser persona") führen sollen, die das Glück des Weisen auszeichnet.

Dieses Ziel wird zunächst konkret mit dem Namen Felisinda eingeführt: Sie ist die Mutter, nach der Andrenio sucht, und die Frau Critilos, die dieser wiederfinden will. Immer mehr aber wird sie zur abstrakten Vorstellung des Glücks. Da Felisinda den einzigen Wert des Weiblichen verkörpert, ergibt sich für Gracián als Konsequenz die Ablehnung aller übrigen Erscheinungsformen des Weiblichen. Misogyn sind daher alle Stellen, die die Verführungskunst der Frau als eine Gefahr brandmarken, über die der Weise erhaben ist. Die Suche nach der erhabenen Felisinda dagegen führt durch viele Länder Europas, deren Nennung Gracián zur Angabe der geläufigen nationalen Charakteristika und Vorurteile nutzt. Sie endet in Rom, wo die Protagonisten erfahren, daß sich Felisinda im Himmel befindet. Mit Hilfe des Rades der Zeit nehmen sie Einblick in die Zukunft und sehen die himmlischen Spinnräder, in denen die Lebensfäden abgespult werden. Einzige Rettung vor dem Vergessen nach dem Tod ist es, eine vollkommene Persönlichkeit zu sein. Critilos und Andrenios Weg endet, wie er begonnen hat: auf einer Insel. Sie werden zur Insel der Unsterblichkeit geführt, wo "el Mérito" sie überprüft, bevor er sie in den Palast des wahren Lebens einläßt.

Die Glückseligkeit ist also auf dieser Welt nicht zu erreichen. Die Insel der Unsterblichkeit läßt sich entweder als das christliche Jenseits deuten oder aber als Allegorie für den durch besondere Vollkommenheit erlangten unsterblichen Ruhm, den die Humanisten gern zum Thema machten. Die meisten praktischen Ratschläge zur Lebensklugheit, die Gracián in seinen Traktaten dem politisch Handelnden, dem Höfling und dem heldenhaft Handelnden an die Hand gibt, erscheinen im *Criticón* als "engaños", die nicht gebraucht, sondern durchschaut werden. Sie werden Gegenstand der Satire einer jeden *crisi*, die dazu dient, die Welt aus einer neuen Perspektive zu entwerten.[36] Man hat diese eher passive und pessimistische Haltung mit den biographischen Umständen des Autors in Verbindung gebracht, der sich, seinerseits im vorgerückten Alter, in seinen Aufstiegsambitionen im Jesuitenorden betrogen sah. Der Autor des *Criticón* erscheint daher als ein "zweiter Gracián", der von dem Autor der Traktate zu unterscheiden ist.

8. Der Schelmenroman

Der Schelmenroman hat einige konstante Merkmale: Er besteht aus zahlreichen, voneinander weitgehend unabhängigen Episoden. Verbunden werden sie durch die Figur des Schelms (span. pícaro, daher auch pikaresker Roman), der diese Episoden erlebt hat und in der ersten Person erzählt. Damit erhält der Schelmenroman einen autobiographischen Charakter und der Erzähler hat die Möglichkeit, sich vom Erzählten aus der Erinnerung heraus zu distanzieren. Der

---

[36] Vgl. Schröder, G., *Baltasar Graciáns 'Criticón'*, München 1966, S. 194.

Schelm ist niedriger Herkunft und lebt in unterschiedlichsten gesellschaftlichen Bereichen, in denen er sich mit List, aber ohne Anstrengung durchschlägt. Als Diener wechselnder Herren erhält er Einblicke in die "ehrenhafte Gesellschaft", die er als Außenstehender kritisch und satirisch betrachtet. Seine Taten sind nicht heldenhaft verklärt, sondern wirken nicht selten kriminell, immer aber komisch und lächerlich. Damit wird nicht nur die traditionelle aristotelische Korrespondenz zwischen Gesellschafts- und Gattungsebene bekräftigt, sondern auch das Vorurteil der Oberschicht gegenüber der Unterschicht. Fatalistisch und pessimistisch stimmt, daß es in der chaotisch erscheinenden Welt ein klares *happy end* nicht gibt. Ebenso fehlen phantastische und magische Elemente. Stattdessen bewegt sich der Schelmenroman in der damals bekannten alltäglichen Welt. Dies war ebenso neu wie deren realistische Darstellungsweise. Die Gattung löst sich durch Überlagerung mit moralisierenden Reden auf zu satirisch-moralischen Allegorien oder mündet infolge ausufernder Beschreibungen in costumbristische Darstellungen. Pikareske Elemente finden sich, verbunden mit der Erzähltechnik des byzantinischen Romans, auch in biographischen Erzählungen wie der *Varia fortuna del soldado Píndaro* (1626) des Gonzalo de Céspedes y Meneses, aber auch in kurzen Novellen.

Der erste, 1554 anonym erschienene Schelmenroman *La vida de Lazarillo de Tormes y de sus fortunas y adversidades* entspricht als Vorläufer der Gattung noch nicht allen ihr eigenen Merkmalen: Lazarillo wird noch nicht als "pícaro" bezeichnet, seine Taten können nicht als kriminell betrachtet werden und schließlich empfindet er subjektiv den Schluß als *happy end*. Als "Sieger" vom erreichten Höhepunkt seiner Karriere herabblickend, malt er seine Niederlagen in gebührender Distanz zu seiner Vergangenheit farbig aus. Aus seiner personalen "autobiographischen" Erzählhaltung wird erklärbar, daß alle Gegenstände nur dann dargestellte Wirklichkeit werden, wenn sie für Lazarillo eine Bedeutung hatten, wenn sie in seinem Daseinskampf eine Funktion einnahmen. Insofern ist der Realismus des Lazarillo nicht mit dem der Romane des 19. Jahrhunderts zu vergleichen, in denen ein auktorialer Erzähler dominierte, der alle Bereiche der Wirklichkeit überblicken konnte.

Geboren wurde Lazarillo als Sohn eines armen Müllers nahe dem Fluß Tormes. Noch als Kind wird er Diener eines geizigen Blinden, von dem er zwar Schläge, aber kaum Nahrung erhält. Nachdem er sich an ihm gerächt hat, tritt er den Dienst bei einem Kleriker an, dem er Brot rauben muß, um nicht vor Hunger zu sterben. Vor ihm flieht er nach Toledo, wo er einem ebenso armen wie eitlen Adligen dient. Als dieser vor seinen Gläubigern flieht, sucht sich Lazarillo neue Dienstherren: Nach dem Dienst bei einem Mercedariermönch, einem Ablaßhändler, einem Tamburinmaler, einem Kaplan und einem Gerichtsdiener wird er schließlich Ausrufer in Toledo und findet ein bescheidenes Glück durch die Heirat mit der Dienstmagd und Geliebten eines Erzpriesters. In diesem Moment sieht er sich nicht nur frei vom Hunger, der ihn zuvor quälte, sondern auch "en la cumbre de toda buena fortuna" - eine Einschätzung, die dem Leser als Ironie des Schicksal erscheint, da das Amt des Ausrufers nicht angesehener war als das des Henkers und der relative Wohlstand mit dem Verlust der Ehre eines betrogenen Ehemanns erkauft ist. Mit der Selbsttäuschung des Protagonisten wird die Eitelkeit der Welt zur Zielscheibe der Satire - und mit ihr auch die Literatur der Exempla hervorragender Persönlichkeiten, wie sie z.B. mit Boccaccios ins Spanische übersetzter *De casibus virorum illustrium* (it. 1355-74) vorlagen. So läßt sich der *Lazarillo* auch als ironisch-parodistische Auseinandersetzung mit dieser verbreiteten Gattung deuten, in der die Wirkung von *virtus* und *vitium* dargestellt wurde und deutlich wurde, wie tief die Mächtigen infolge von Hybris stürzen konnten. Vor diesem Hintergrund erscheint Lazarillo als Gegenexempel, dessen *virtud* allein darin besteht, sich an seine lasterhafte Umgebung anzupassen.[37]

Von den Ritterromanen unterscheidet sich der *Lazarillo* nicht nur durch einen weniger aufwendigen Druck und geringeren Umfang, sondern auch durch den gesellschaftlichen Stand der Figuren, die allgemein bekannten Schauplätze, die Ereignisse, die Umgangssprache und den nicht erhabenen, sondern komischen Stil:[38] In jeder Hinsicht ist der *Lazarillo* auf einer unteren Ebene angesiedelt. Diese erscheint umso glaubwürdiger, als Lazarillo selbst der Erzähler seiner Erlebnisse ist.

Weder die anonyme *Segunda parte del Lazarillo de Tormes*, die 1555 in Antwerpen erschien, noch mehrfache Neuauflagen können darüber hinwegtäuschen, daß in der zweiten Hälfte des 16. Jahrhunderts der Schäferroman mit noch zahlreicheren Neuauflagen in der Publikumsgunst höher stand als der Schelmenroman. B. König hat hervorgehoben, daß der *Lazarillo* in einer Tradition der Parodie der Ritterromane steht, die in Spanien durch die Übersetzungen der parodistischen italienischen Ritterepen, Pulcis *Morgante* (Valencia 1533/35) und Folengos *Baldus* (Sevilla 1542) eingeführt wurde, zumal da in der Baldusübertragung vom Übersetzer ein autobiographischer Lebensbericht des Schelms Cingar eingefügt wurde.[39] Ein weiteres wichtiges Vorbild war neben volkstümlichen Überlieferungen die Übersetzung von Apuleius' Eselsroman.[40]

Im *Lazarillo castigado* von 1573 hatte die Zensur jene Stelle gestrichen, in der Habgier und Geiz mit dem geistlichen Amt verknüpft werden. Der Klerus, der auch zahlreiche Herren von Lazarillo stellt, muß sich viele satirische Bemerkungen gefallen lassen, während auf der anderen Seite bürgerliche, bäuerliche und handwerkliche Schichten wie auch Staatsbeamte und Gelehrte nicht Gegenstand der Ständesatire werden. Wenn aber die Kluft zwischen Sein und Schein, zwischen Anspruch und Realität zum Gegenstand der Satire wird, wächst die Kritik

---

[37] Vgl. König, Bernhard, "(Anonym), La vida de Lazarillo de Tormes, y de sus fortunas y adversidades", in: V. Roloff, H. Wentzlaff-Eggebert, *Der spanische Roman vom Mittelalter bis zur Gegenwart*, Düsseldorf 1986, S. 33-47.

[38] Zum Stil vgl. Gustav Siebenmann, *Über Sprache und Stil im 'Lazarillo de Tormes'*, Bern 1953.

[39] Vgl. König, Bernhard, "Margutte-Cingar-Lázaro-Guzmán. Zur Genealogie des 'pícaro' und der 'novela picaresca'", in: *Romanistisches Jahrbuch* 32, 1981, S. 286-305.

[40] Vgl. Kruse, Margot, "Die parodistischen Elemente im 'Lazarillo de Tormes'", in: *Romanistisches Jahrbuch* 10, 1959, S. 292-300.

über die Ständesatire hinaus und erinnert an jene allgemeine Betrachtungsweise der Moraltheologen, Humanisten und Moralisten, bei der oft nicht mehr zu unterscheiden ist, ob ein *converso*, ein Erasmist oder ein orthodoxer Katholik spricht.

Mateo Alemán (1547-1614?), der Autor des ersten typischen Schelmenromans, *Guzmán de Alfarache*, führte selbst ein bewegtes Leben. Er war als Buchhalter tätig und wohl wegen Unregelmäßigkeiten in der Buchführung im Gefängnis. Schließlich wanderte er nach Mexiko aus. Alemáns Roman beginnt ab ovo. Guzmáns Eltern sind durchaus nicht arm, jedoch überaus unsittlich. In der ersten Phase sind die Laster des noch jungen Guzmán eher geringfügig. Er begeht kleine Diebstähle und verübt pikareske Streiche. Mit der Zeit aber wird dabei sein Charakter verdorben. Dies wird beim erwachsenen Guzmán deutlich, der sich gegenüber den Bemühungen des Kardinals, ihn durch Fleiß und Erziehung auf den rechten Weg zu führen, verschlossen zeigt und als "verlorener Sohn" aus dem Haus seines Förderers flieht. Nun wird Guzmán ein Krimineller, wenn er sich als Wucherer betätigt, seine eigene Frau an andere verkauft oder, auf seinen Vorteil bedacht, Priester werden will. Sein vorläufiges Ende findet er als Sträfling auf den Galeeren, wo er die Zeit hat, sein vorausgegangenes Leben zu bereuen. Er kehrt um, tut Buße und erkennt die moralischen Regeln an, gegen die er zuvor verstoßen hat.

Guzmán, der betont, daß er von Natur aus gut sei, erscheint also auf tragische Weise vom Gleis der Rechtschaffenheit abgekommen und mit seiner Umkehr wieder gerettet. Auf seinem Weg hatte er die Gelegenheit, zahlreiche Erfahrungen zu sammeln. So wie er von anderen betrogen wurde, betrog er die anderen. Ob von der Wirtin, die ihm eine verdorbene Eierspeise vorsetzte, oder von seiner eigenen Frau, die ihn ruinierte - seine Begegnung mit anderen ist eine Serie von Enttäuschungen. Sie führten ihn durch soziale Schichten wie das niedere Volk, den Klerus, den Adel, die Ärzteschaft, die Justiz, das Militär, das Bettlertum und die Halbwelt. Anders als Lazarillos Schelmenleben aus der Sicht eines Siegers, muß der desillusionierte Guzmán aus der Perspektive des Verlierers und Galeerensträflings schreiben, der sich am unteren Ende des Rades der Fortuna sieht. Ob nun dieser Pessimismus, wie A. Castro meint, sich aus der Sicht des Autors ergibt, der als *cristiano nuevo* gegen die etablierte Gessellschaft mit ihren etablierten Gesetzen der "Reinheit des Blutes" Stellung nimmt, oder ob es sich um jene Gestimmtheit handelt, die allgemein dem Barockzeitalter zugeschrieben wird und von der auch Mateo Alemán geprägt ist, kann nur vermutet werden.

Unterbrochen wird die Handlung von zahlreichen moralisierenden Einschüben. Vor dem Hintergrund der zeitgenössischen Literaturtheorie verleihen sie als belehrende Elemente dem Roman Nützlichkeit und entheben ihn der Verurteilung durch Kleriker und Humanisten als bloß unterhaltendes Werk. Sie verdeutlichen z.B. die Vorstellungen der Gegenreformation über die Erbsünde, die göttliche Gnade und die Freiheit des Menschen. Für letztere ist Guzmán selbst ein Beispiel, wenn er trotz seiner mit allen Fehlern und Makeln belasteten Familie aus freiem Willen den Entschluß zu guten Taten faßt, um für seine Seele

Gnade zu erlangen. Ob diese Tatsache allerdings schon dazu berechtigt, im Roman ein von kirchlicher Seite als realistisches und belehrendes Gegenstück zu der Weltflucht der Ritter- und Schäferbücher bewußt lanciertes Werk zu sehen, ist eher zweifelhaft.

1602 erscheint ein apokrypher zweiter Teil des *Guzmán* von Mateo Luján de Sayavedra und gegen 1650 ein dritter Teil des Portugiesen F. Machado de Silva. Als Anerkennung des Erfolges von *Guzmán* ist es wohl zu bewerten, wenn sich in der *Pícara Justina* von 1605 die Titelheldin mit Don Pícaro Guzmán de Alfarache vermählt. Der erste Teil von Mateo Alemáns Roman erscheint 1599, während der zweite im Jahr 1604 mit dem Untertitel "Atalaya de la vida humana" (Wächter über das menschliche Leben) veröffentlicht wird und möglicherweise, wie im Fall des *Don Quijote*, durch die apokryphe Fortsetzung beeinflußt ist.

Anders als der *Guzmán* erscheint Quevedos (1580-1645) Beitrag zur Gattung des Schelmenromans, *Historia de la vida del buscón* (1626), durch seinen Stil besonders charakteristisch. Schon Spitzer behauptete 1927, der *Buscón* sei der Versuch, die Vorbilder der Gattung durch sprachliche und stilistische Originalität zu übertreffen,[41] ein Gedanke, den H. Baader weiterverfolgt.[42] Bei Quevedo ist es bereits die Darstellungsweise, die die Unbeständigkeit und Scheinhaftigkeit der Realität verdeutlicht. Er hat den *Buscón*, seinen einzigen Roman, relativ früh geschrieben. Deutlich sind seine Anlehnungen insbesondere an den *Lazarillo* (1554), den ersten Teil des *Guzmán* (1599) und dessen apokryphe Fortsetzung (1602). Buscón, der von Anfang an als Pikaro bezeichnet wird, beginnt jedoch seine Laufbahn nicht als Diener, sondern als Hochstapler, der immer wieder einen gesellschaftlichen Rang darzustellen versucht, der ihm wegen seiner Herkunft verschlossen ist.

Drei Phasen des Geschehens lassen sich unterscheiden: erstens das Verlassen des Elternhauses, zweitens die Zeit als Pikaro in schlechter Gesellschaft und drittens das durch eigenes Verschulden herbeigeführte Unglück. Sein einziger Dienstherr, Don Diego, von dem er sich im zweiten und dritten Buch getrennt hat, um seinen Betrügereien nachzugehen, ist es auch, der ihn am Ende entlarvt, bevor er den Entschluß faßt, nach Amerika zu fliehen. Don Diego als Repräsentant der Ständegesellschaft ist daher ausschlaggebend für Pablos' Schicksal, wenn er ihm die gesellschaftliche Anerkennung verwehrt. Quevedos Held wird Pablos genannt, ist *converso* und hat vergeblich versucht, sich in die altchristliche Gesellschaft einzugliedern. Dabei wird er wie alle, die ähnliche Pläne verfolgen, für den Altchristen Quevedo zur Zielscheibe des Spottes. Jedes Mal, wenn Pablos über seinen Stand hinaus will, wird er zurückgeworfen und landet bisweilen buchstäblich im Dreck. Als Hybris erscheint die Sünde des *converso*, der versucht, als "Unreiner" in den ehrbaren Gesellschaftsschichten seinen Platz zu finden. Doch alle Bemühungen, seine Herkunft zu verschleiern oder vor ihr zu flie-

---

[41] Vgl. Spitzer, L., "Zur Kunst Quevedos in seinem 'Buscón'", in: *Archivum Romanicum* 11, 1927, S. 511-580.

[42] Vgl. Baader, Horst, "Typologie und Geschichte des spanischen Romans im 'Goldenen Zeitalter'", a.a.O., S. 126ff.

hen, bleiben schließlich vergeblich. Erst die vornehme Gesellschaft am Madrider Hof, die sich bald als eine Bruderschaft von Scharlatanen erweist, erlaubt es ihm, nunmehr schnell zu avancieren.

Der Pikaro wird also bei Quevedo zum verdächtigen und geächteten Neuchristen, während die ständische Gesellschaft vor dem Eindringling verteidigt wird, der sich nicht damit abfinden will, auf dem ihm gebührenden Platz zu verbleiben. So entnimmt Quevedo den vorausgegangenen Schelmenromanen zwar formale Strukturen, beschränkt aber die Schuldzuschreibung auf den Titelhelden. Eine gewisse Kritik an der ständisch denkenden Gesellschaft wird allerdings dort deutlich, wo diese in erster Linie nicht auf die Ehre, sondern auf das Geld sieht.

Es folgten weitere Schelmenromane, wie z.B. die *Vida del escudero Marcos de Obregón* des Vicente Espinel (1550-1624), die sich vom *Guzmán* durch das Fehlen von moralisierenden Abschweifungen und durch das plaudernde Erzählen der Erlebnisse des Protagonisten unterscheiden. Ein besonderer Erfolg wurde der bereits erwähnte, 1605 veröffentlichte und Francisco López de Ubeda zugeschriebene Roman *La pícara Justina*, mit einem weiblichen Schelm. Möglicherweise ist seine Beliebtheit darauf zurückzuführen, daß in ihm offen gegen die Forderung der Theologen und Humanisten nach Belehrung zugunsten der reinen Unterhaltung Stellung bezogen wird. Möglicherweise aber handelte es sich um einen Schlüsselroman, der die Neugier des Publikums weckte. Von *La pícara Justina* angeregt ist Alonso Jerónimo de Salas Barbadillos *La hija de la Celestina* (1612), in dessen Mittelpunkt gleichermaßen ein weiblicher Schelm steht. Einen Abschluß der Schelmenromane im engeren Sinn bildete die anonym erschiene *Vida y hechos de Estebanillo González* (1646). Pikareske Elemente allerdings hatten im Siglo de Oro in zahlreichen Romanen und Novellen Eingang gefunden.[43] Im Mexiko des 19. Jahrhunderts knüpfte Fernández de Lizardi mit seinem *Periquillo Sarniento* (1816) an den Schelmenroman an, der auch im gegenwärtigen spanischen Roman fortlebt.[44]

9. Die Novelle

Die mittelalterliche Form des "cuento folclórico", insbesondere im Fall des Exemplums, erfuhr in der Renaissance eine Veränderung. Da nämlich die Humanisten die antiken Apophthegmen und Kurzerzählungen besonders schätzten, wuchs auch das Interesse an einer Beschäftigung mit den volkstümlichen Erzählungen Spaniens, die von Hernán Núñez, Pedro Vallés und Juan de Mal Lara gesammelt und herausgegeben wurden. In derartigen Sammlungen vermischten sich antike Apophthegmen, moderne Späße, Witze, Kurzerzählungen, Ratschläge und vieles mehr. Sie dienten dann als Quellenmaterial für weitere erzählerische,

---

[43] Vgl. *Don Quijote* und *Rinconete y Cortadillo*.
[44] Vgl. z.B. Eduardo Mendoza, *La ciudad de los prodigios*, Barcelona 1989.

lyrische oder dramatische Werke,[45] wie für den *Lazarillo de Tormes* überzeugend belegt wurde.[46]

Als Cervantes' *Novelas ejemplares* im Jahre 1613 erschienen, lagen Anthologien unterschiedlichsten Typs vor: Die volkstümliche Anekdoten- und Farcensammlung der *Diálogos de apacible entretenimiento* (1605) von Gaspar Lucas de Hidalgo, die in einer gelehrten und italienischen Tradition stehenden *Noches de invierno* (1609) des Antonio de Eslava und die Sammlung mittelalterlicher wie antiker Fabeln, Gleichnisse und Exempla des *Fabulario* (1613) des Sebastián Mey. Über alle bisherigen Vorlagen, so erklärt Cervantes in seinem Vorwort, will er mit seinen Novellen hinausgehen, in denen er etwas Neuartiges sieht. Dessen ungeachtet machte er Anleihen nicht nur bei seinen italienischen Vorläufern, sondern auch beim zeitgenössischen Theater, dessen flüssige und realitätsgetreue Dialogführung und Komik er übernahm. Auch der humanistisch-didaktischen Dialoge, die man gegen Ende des 16. Jahrhunderts gern in fiktionale Texte integrierte, bediente er sich.[47] War es doch der erzieherische Wert, mit dem er seine Novellen von den italienischen unterschieden wissen wollte: Da es sich also um Beispielfälle handelte, bezeichnete er sie als "exemplarisch". Er orientierte sich dabei an den poetologischen Lehren des Horaz, der Belehrung und Unterhaltung verbunden sehen wollte, eine Forderung, die er christlich umdeutete. Wie ernst Cervantes dies wirklich nahm, bleibt umstritten. Während Entwistle Cervantes' Selbstbeurteilung Glauben schenkt, sieht A. Castro in der moralischen Dimension eine bloße Rücksichtnahme auf mögliche Reaktionen der Kirche, die gerade den freizügigen, in der italienischen Tradition stehenden Novellen besonders ablehnend gegenüberstand.[48]

Über die Entstehungsgeschichte der einzelnen Novellen ist wenig bekannt. Es ist nicht einmal möglich, mit Sicherheit festzulegen, ob die idealistischen oder die realistischen Novellen früher verfaßt worden sind.[49] Im Entstehungszeitraum zwischen 1590 und 1612 sind sie mehrfach überarbeitet worden. Dies jedenfalls legt der Vergleich zwischen der endgültigen Fassung und dem wahrscheinlich im Jahr 1604 entstandenen Manuskript des Francisco Porras de la Cámara nahe, in dem Fassungen von *Rinconete y Cortadillo* und *El celoso extremeño* enthalten sind, die vom späteren Text abweichen.

---

[45] Vgl. Chevalier, Maxime, *Cuentecillos tradicionales en la España del Siglo de Oro*, Madrid 1975; Maxime Chevalier, *Folklore y literatura: el cuento oral en el Siglo de Oro*, Barcelona 1978.

[46] Vgl. Chevalier, Maxime, "Des contes au roman: l'éducation de 'Lazarille'", in: *Bulletin Hispanique* CI, 1979, S. 189-199.

[47] Vgl. Jauralde Pou, Pablo, "Los diálogos de las 'Novelas ejemplares'", in: José Jesús de Bustos Tovar (Hg.), *Lenguaje, ideología y organización textual en las 'Novelas ejemplares'. Actas del Coloquio celebrado en la Facultad de Filología de la Universidad Complutense 1982*, Madrid 1983, S. 51-58.

[48] Vgl. Entwistle, William J., "Cervantes, the Exemplary Novelist", in: *Hispanic Review* 9, 1941, S. 103-109; Castro, Américo, "El celoso extremeño de Cervantes", in: *Hacia Cervantes*, Madrid 1960, S. 325-352.

[49] Vgl. Sobejano, Gonzalo, "Sobre tipología y ordenación de las 'Novelas ejemplares' (Artículo-reseña)", in: *Hispanic Review* 46, Winter 1978, S. 65-75.

Daß sich Cervantes' Novellen größter Popularität erfreuten, belegen schon die sechs Auflagen, die noch zu Lebzeiten des Autors erschienen sind. Während die etwas irreführend als "idealistisch" bezeichneten, von italienischen Erzählungen besonders beeinflußten Novellen wegen der dominierenden Liebesthematik, den immer wieder überraschenden und unwahrscheinlichen Wendungen einer Handlung, die durch Erzählerinterventionen kaum unterbrochen ist, besondere Spannung erzeugen, tritt bei den "realistisch-satirischen" Novellen die Handlung zugunsten einer detailreichen Beschreibung und satirischen Betrachtung der Realität in den Hintergrund. Zur "idealistischen" und italienisch beeinflußten Gruppe zählt man im allgemeinen *Las dos doncellas*, *El amante liberal*, *La española inglesa*, *La señora Cornelia* und zum Teil auch *La fuerza de sangre*. Nur bedingt gehören zu dieser ersten Gruppe *La gitanilla* und *La ilustre fregona*. Zur realistisch-satirischen Gruppe zählen *El licenciado Vidriera*, *Rinconete y Cortadillo*, *El celoso extremeño* und *El coloquio de los perros*. In den Beschreibungen und satirischen Erörterungen dieser Novellen hat man verläßliche Auskünfte über die damalige spanische Gesellschaft zu finden erhofft. Daß deren Verläßlichkeit aber nur bis zu einem gewissen Grad gegeben ist, darauf hat Casalduero hingewiesen, für den die scheinbar realistischen Novellen zahlreiche Elemente der idealistischen haben.[50]

Betrachtet man die Novellen im einzelnen, stellt sich heraus, daß sie untereinander sehr verschieden sind. Während *El amante liberal*, *Las dos doncellas* und *La española inglesa* handlungsreiche Abenteuer italienischen Stils mit Flucht, Rettung und Vereinigung der Liebenden in der Ehe enthalten, haben die realistisch-satirischen *Rinconete y Cortadillo* und *Coloquio de los perros* pikareske Elemente mit realistischer Gesellschaftsbeschreibung. Während *El licenciado Vidriera* zu einem guten Teil aus der Tradition der Apophthegmensammlungen schöpft, überwiegt in *El celoso extremeño* die psychologische Charakterstudie. Nicht weniger unterscheiden sich die einzelnen Novellen hinsichtlich der Länge. Daß angesichts solcher Unterschiede eine systematische Klassifizierung schwierig ist, führt W. Pabst vor, der als eine Dominante der Novellen die märchenhafte Atmosphäre und das Thema des "desengaño" herauskristallisiert hat.[51]

Besonders augenfällig ist das märchenhafte Element in der Novelle, die Cervantes seiner Sammlung vorangestellt hat, *La gitanilla*. Sie spielt im Zigeunermilieu, dem die zeitgenössische spanische Gesellschaft große Antipathie entgegenbrachte. Das Märchenhafte ergibt sich aus der Tatsache, daß in der pikaresken Welt der Zigeuner eine ideale Liebe einen Platz findet. Die Protagonisten, die "Zigeunerin" Preciosa, die in Wirklichkeit bürgerlicher Herkunft ist, und Andrés, werden wie im *Persiles* zahlreichen Prüfungen unterzogen, bis sich zeigt, daß sie jenem gesellschaftlichen Kodex entsprechen,

---

[50] Vgl. Casalduero, Joaquín, *Sentido y forma de las 'Novelas Ejemplares'*, Buenos Aires 1943, Madrid ²1969.

[51] Vgl. Pabst, Walter, *Novellentheorie und Novellendichtung. Zur Geschichte ihrer Antinomie in den romanischen Literaturen*, Heidelberg ²1967.

der neuplatonische Ideen von der Liebe mit den Idealvorstellungen der Ritterromane verbindet.

Ein Beispiel für den Gebrauch des Topos der "verkehrten Welt" bildet *Rinconete y Cortadillo*, eine Novelle, die im Milieu von Dieben und Gaunern spielt. Überraschend ist, daß dieses Milieu ganz im Gegensatz zur damaligen spanischen Gesellschaft wohlgeordnet und effizient ist, ja geradezu als utopischer Freiraum mit pastoralen Elementen gestaltet ist, die vor dem kriminellen Hintergrund allerdings als Parodie erscheinen müssen. Die zahlreichen Dialoge lassen die Erzählung häufig als szenische Darbietung und mit einem *entremés* verwandt erscheinen. Da von zahlreichen Delikten die Rede ist, gibt es zudem eine allerdings nur indirekte Parallelität zum Schelmenroman. Sie wird zusätzlich eingeschränkt durch das Fehlen der autobiographischen Erzählhaltung und durch die Aufteilung der Novelle: Während die Protagonisten im ersten Teil aktiv handeln, werden sie im zweiten Teil zu Beobachtern der Gesellschaft des Räuberhauptmanns.

El casamiento engañoso und *El coloquio de los perros* sind die Novellen, mit denen Cervantes seine Sammlung abschließt. Beide Novellen bilden eine Einheit. In der ersten erzählt ein Fähnrich seinem Freund, wie er durch einen Heiratsschwindel sein Hab und Gut verloren habe und krank geworden sei. Während seiner Genesung habe er einem Gespräch zugehört, bei dem ein Hund einem anderen seine Erlebnisse erzählte. Diese vom Fähnrich niedergeschriebene und von seinem Freund gelesene Erzählung des Hundes und die sich anschließenden Bemerkungen der beiden Freunde bilden die zweite Novelle.

Die aus aristotelischer Sicht unvertretbare Unwahrscheinlichkeit eines Gesprächs zwischen Hunden mildert Cervantes durch die Tatsache, daß er es von einem Kranken während einer Schwitzkur verfolgen und erst später niederschreiben läßt. So konnte er den aristotelischen Forderungen Pincianos entsprechen. Da Cervantes Pinciano sehr verehrte, war die Vermutung naheliegend, in den Namen der sprechenden Hunde verkürzte Anagramme zu entdecken und in "Berganza" "Zerb (=v)an (tes)" und in "Cipión" ein anderes für "Pinciano" zu sehen.

Beide Novellen haben einen Erzähler und einen Zuhörer. Unterschiedliche Erzählperspektiven entstehen, wenn der übergeordnete Erzähler von den beiden Freunden spricht, wenn diese mit den sprechenden Hunden konfrontiert sind, und wenn die Hunde ihrerseits die Welt kritisch betrachten. Die dabei geäußerten zynischen (vgl. griech. kyon, Hund) Bemerkungen lassen an die griechischen Kyniker denken, die die Gesellschaft aus der Perspektive des Hundes beurteilten. Da der Hund Berganza beim Bericht seiner Erlebnisse und Erkenntnisse die Gesellschaft aus einer Perspektive von unten betrachtet, erscheint ihr Gespräch dem Schelmenroman vergleichbar.[52] Hinzu kommt, daß die Desillusionierung der Er-

---

[52] Vgl. Sobejano, Gonzalo, "Un perfil de la picaresca: el pícaro hablador", in: *Studia hispanica in honorem R. Lapesa*, III, Madrid 1975, S. 467-485.

zähler wie im Schelmenroman in *El casamiento engañoso* und *El coloquio de los perros* eine Konstante bildet.

Gerade die Novellen haben also gezeigt, daß Elemente des Schäfer-, Ritter- und Schelmenromans, ebenso wie Strukturen der Heliodor'schen und der Moriskenerzählung in einer einzigen Gattung vertreten sein konnten. Aber auch andere Romantypen stellen sich als Mischformen dar. Dies erleichtert ihnen eine Romantechnik, die es erlaubt, eine große Zahl von erzählten oder erlebten Episoden in ein Schema der Haupthandlung einzufügen, dem oft nur die Funktion eines Rahmens zukommt. Deutlich wurde dieses Verfahren insbesondere beim *Don Quijote*, der zudem noch durch belehrende Dialoge und Reden humanistischer Provenienz bereichert war. Ebenso auffällig waren Elemente des Ritterromans im Schäferroman.

Der Episodentechnik bedienen sich auch Schelmenromane und die von Heliodor ausgehenden Romane. Letztere allerdings erscheinen einerseits durch eine aristotelisch definierte Stilhöhe festgelegt, die sich aus der Nachfolge des Prosaepos ergibt, und erstere andererseits durch eine konstant niedrige Ebene bei der Wahl von Stil und Handlung, was die Möglichkeit von Anleihen bei stilistisch widersprechenden Gattungen einschränkt.

Bewußt scheint der Versuch unternommen worden zu sein, die Grenzen zwischen literarischer Fiktion und geschichtlicher Realität offenzuhalten. So erfand man einen imaginären Geschichtsschreiber als Garanten der Authentizität oder war bemüht, bereits im Buchtitel den Eindruck einer historischen Darstellung zu erwecken. Eine Erklärung findet dieses apologetische Bemühen in der Tatsache, daß die Lektüre von bloß unterhaltsamen, erfundenen Geschichten intensiver Kritik ausgesetzt war. Cervantes verleiht, wie sich gezeigt hat, dieser Kritik eine neue Dimension, wenn er im *Don Quijote* gleichermaßen den Leser und dessen Kritiker zusammentreffen und zu Wort kommen läßt.

Bibliographie

Alonso, Damaso, *La novela cervantina*, Santander 1969

Bataillon, Marcel, *Erasmo y España*, Mexiko ^{2}1966 (Übers. der frz. Ausgabe von 1937)

Berchem, Theodor, Hugo Laitenberger (Hg.), *Actas del coloquio cervantino*, Würzburg 1983, Münster 1987

Bertrand, J.J.A., *Cervantes en el país de Fausto*, Madrid 1950

Blüher, Karl Alfred, *Séneca en España. Investigaciones sobre la recepción de Séneca en España desde el siglo XIII hasta el siglo XVII*, Madrid (Gredos) 1983

Brockmeier, Peter, *Lust und Herrschaft. Studien über gesellschaftliche Aspekte der Novellistik: Boccaccio, Sacchetti, Margarete von Navarra, Cervantes*, Stuttgart 1972

Brüggemann, Werner, *Cervantes und die Figur des Don Quijote in Kunstanschauung und Dichtung der deutschen Romantik*, Münster 1958 (Spanische Forschungen der Görresgesellschaft 2,7)

Cavillac, M., *Gueux et Marchands dans le Guzmán de Alfarache (1599-1604). Roman picaresque et mentalité bourgeoise dans l'Espagne du Siècle d'Or*, Bordeaux 1983

Chevalier, Maxime, *Arioste en Espagne (1530-1650). Recherches sur l'influence du 'Roland furieux'*, Bordeaux 1966

Criado de Val, Manuel (Hg.), *La Picaresca. Orígenes, textos y estructuras. Actas del I Congreso Internacional sobre la Picaresca organizado por el Patronato 'Arcipreste de Hita'*, Madrid 1979

Damiani, Bruno M., *Jorge de Montemayor*, Rom 1984

Día-Solís, Román, *Avellaneda en su Quijote*, Bogotá 1978

Dunn, P.N., *The Spanish Picaresque Novel*, Boston (Mass.) 1979

Eisenberg, Daniel, *A Study of Don Quixote*, Newark (Del.) 1987

-, *Romances of Chivalry in the Spanish Golden Age*, Newark (Del.) 1982

El Saffar, Ruth, *Novel to Romance: A Study of Cervantes's 'Novelas ejemplares'*, Baltimore, London 1974

Ferreras, Jacqueline, *Les dialogues espagnols du XVIe siècle ou l'expression littéraire d'une nouvelle conscience*, Paris 1985

Fiore, Robert L., *Lazarillo de Tormes*, Boston (Mass.) 1984

Fogelquist, James Donald, *El 'Amadís' y el género de la historia fingida*, Madrid 1982

Forcione, Alban K., *Cervantes' Christian Romance. A Study of 'Persiles y Sigismunda'*, Princeton, New Jersey 1972

Forcione, Alban K., *Cervantes, Aristotle and the 'Persiles'*, Princeton, New Jersey 1970

Fuentes, Carlos, *Cervantes o la crítica de la lectura*, Mexiko 1976

González, Cristina (Hg.), *Libro del Caballero Zifar*, Madrid 1983

Grant, Leonard, *Neo-Latin Literature and the Pastoral*, Chapel Hill, N. C. 1965

Greenwood, Pilar Fernández-Canadas, *Pastoral Poetics: The Uses of Conventions in Renaissance Pastoral Romances - 'Arcadia', 'La Diana', 'La Galatea', 'L'Astrée'*, Ann Arbor, Michigan 1985 (Diss. 1981, Cornell University)

Hahn, J.S., *The Origins of the Baroque Concept of 'Peregrinatio'*, Chapel Hill, N.C. 1972

Hatzfeld, Helmut (Hg.), *Don Quijote. Forschung und Kritik*, Darmstadt 1968

-, *Don Quijote als Wortkunstwerk. Die einzelnen Stilmittel und ihr Sinn*, Leipzig, Berlin 1927 (Span. Madrid 1972)

Heidenreich, H., (Hg.), *Pikarische Welt. Schriften zum europäischen Schelmenroman*, Darmstadt 1969

Hoffmeister, G., *Die spanische Diana in Deutschland: Vergleichende Untersuchungen zu Stilwandel und Weltbild des Schäferromans im 17. Jahrhundert*, Berlin 1972

Ihrie, Maureen, *Skepticism in Cervantes*, London 1982

Joly, Monique, *La bourle et son interprétation: Recherches sur le passage de la facétie au roman*, Lille 1982

Laurenti, Joseph L., *Estudios sobre la novela picaresca española*, Madrid 1970 (CSIC)

-, *Los prólogos en las novelas picarescas españolas*, Valencia 1971

López Estrada, Francisco, *Los libros de pastores en la literatura española*, Madrid 1974

Lukács, Georg, *Die Theorie des Romans*, Darmstadt, Neuwied 1971

Maravall, José Antonio, *El humanismo de las armas en el 'Don Quijote'*, Madrid 1948

-, *La literatura picaresca desde la historia social (siglos XVI y XVII)*, Madrid 1986

-, *Utopía y contrautopía en el Quijote*, Santiago de Compostela 1976

Márquez Villanueva, Francisco, *Personajes y temas del Quijote*, Madrid 1975

McGaha, Michael D. (Hg.), *Cervantes and the Renaissance. Papers of the Pomona College Cervantes Symposium, November 16-18, 1978*, Easton, Pennsylvania 1980

Molho, Mauricio, *Cervantes: Raíces folklóricas*, Madrid 1976

Nolting-Hauff, Ilse, "'La vida de Lazarillo de Tormes' und die erasmische Satire", in: K. W. Hempfer, G. Regn (Hg.), *Interpretationen. Das Paradigma der europäischen Renaissance-Literatur (Festschrift für A. Noyer-Weidner)*, Wiesbaden 1983, S. 83-104

Pabst, Walter, *Novellentheorie und Novellendichtung. Zur Geschichte ihrer Antinomie in den romanischen Literaturen*, Heidelberg 1967.

Parker, Alexander A., *Literature and the Delinquent. The Picaresque Novel in Spain and Europe 1599-1753*, Edinburgh 1967

Pelegrin, B., *De la géographie allégorique du 'Criticón' à l'espace jésuitique de Baltasar Gracián*, Thèse Bordeaux 1982

Reed, Helen H., *The Reader in the Picaresque Novel*, London 1984

Rodríguez Matos, Carlos Antonio, *El narrador pícaro: Guzmán de Alfarache*, Madison (Wis.) 1985

Roloff, Volker, Harald Wentzlaff-Eggebert (Hg.), *Der spanische Roman vom Mittelalter bis zur Gegenwart*, Düsseldorf 1986 (mit einschlägigen Aufsätzen von A. Gier, B. König, A. San Miguel, H. Bihler, H.G. Rötzer und U. Schulz-Buschhaus)

Rosales, Luis, *Cervantes la libertad*, Madrid 1960, 2 Bde.

Rosenblat, Angel, *La lengua del 'Quijote'*, Madrid 1971

Rötzer, H.G., Picaro, *Landtstörtzer, Simplicius. Studien zum niederen Roman in Spanien und Deutschland*, Darmstadt 1972

Ruhl, Klaus-Jörg, *Spanien-Ploetz. Spanische und portugiesische Geschichte zum Nachschlagen*, Freiburg, Würzburg 1986

Salazar Rincón, Javier, *El mundo social del 'Quijote'*, Madrid 1986

San Miguel, A., *Sentido y estructura del 'Guzmán de Alfarache' de Mateo Alemán*, Madrid 1971

Smitten, Theo in der, *Don Quixote (der 'richtige' und der 'falsche') und sieben deutsche Leser. Rezeptionsästhetische leseaktorientierte vergleichende Analysen an spanischen Ur-Quixote-Ausgaben von 1604/5 bis 1615 und sechs deutschen Übersetzungen von 1648 bis 1883*, Bern, Frankfurt/M., New York 1986, 2. Bde.

Sobejano, Gonzalo (Hg.), *Francisco de Quevedo*, Madrid 1978

Solé Leris, A., *The Spanish Pastoral Novel*, Boston 1980

Stegmann, Tilbert Dídac, *Cervantes' Musterroman 'Persiles'. Epentheorie und Romanpraxis um 1600 (El Pinciano, Heliodor, Don Quijote)*, Hamburg 1971

Strosetzki, Christoph, *Literatur als Beruf. Zum Selbstverständnis gelehrter und schriftstellerischer Existenz im spanischen Siglo do Oro*, Düsseldorf 1987

-, *Miguel de Cervantes*, München 1991

Tscheer, Rosemarie, *'Guzmán de Alfarache' bei Mateo Alemán und bei Juan Martí*, Bern, Frankfurt 1983

Weinrich, Harald, *Das Ingenium Don Quijotes. Ein Beitrag zur literarischen Charakterkunde*, Münster 1956

Wetzel, Hermann H., *Die romanische Novelle bis Cervantes*, Stuttgart 1977

Georges Güntert

Siglo de Oro: Lyrik. Erster Teil: Das 16. Jahrhundert

Die Frage nach dem Wesen und der Herkunft der Dichtung wird in den Poetiken des Spätmittelalters und des Humanismus immer wieder gestellt. Was ist Poesie? Wer war der erste Dichter und wie gelangte die Dichtung nach Spanien? Dies zu klären, bemühten sich im XV. Jahrhundert - neben Juan Alfonso, dem Herausgeber des *Cancionero de Baena* (1445) - auch Iñigo López de Mendoza, Marqués de Santillana (*Prohemio y carta que el M. de Santillana envió al Condestable de Portugal*, 1449) und Juan del Encina (im Vorwort seines *Cancionero* von 1496, mit dem Untertitel *Arte de poesía castellana*).[1] Allen drei Autoren ist, von Boccaccio her, der ursprünglich platonische Begriff des göttlich inspirierten Dichters bekannt. Die Poesie ist *gracia* oder *ciencia infusa*; sie ist aber auch erlernbare Kunst, *arte*, und auf genaue Kenntnis der Regeln wird Wert gelegt. Göttlich inspiriert waren die Propheten des Alten Testamentes, die ihre Werke schon vor den Griechen niederschrieben und deshalb zu den ältesten Dichtern der Welt gezählt werden. Seit Isidor von Sevilla galt Moses als der erste Dichter überhaupt, gefolgt von David und Salomon, eine Auffassung, der sich der Marqués von Santillana und Juan del Encina anschlossen.[2] Unterschiedlich hingegen wurde die Frage nach den Ursprüngen der romanischen (katalanischen, kastilischen, galicisch-portugiesischen) Dichtung beantwortet. Für den Marqués, dem wir die erste spanische Literaturgeschichte verdanken, bestand kein Zweifel, daß außer Griechen, Lateinern und Italienern vor allem die *Provenzalen* einen maßgebenden Einfluß auf die frühe Dichtung der Spanier ausgeübt hatten.

Knapp fünfzig Jahre später betrachtet der ganz dem Humanismus eines Nebrija verpflichtete Juan del Encina dieses Problem aus einer veränderten Perspektive: für ihn ist einzig das Kriterium der Romanität entscheidend, nennt er doch Vergil im gleichen Atemzuge wie Dante und Petrarca. Die Poesie, so schreibt er, habe zuerst in Italien, später auch in Spanien geblüht, das sie wie alle romanischen Länder von Rom empfangen habe. Über die Provenzalen fällt in der *Arte de poesía castellana* kein Wort. Interessanterweise gelangte Encina zu diesem Urteil noch vor seiner Reise nach Italien, wo er die Renaissancekomödie kennenlernen und zum Erneuerer der dramatischen Kunst werden sollte. Offenbar war das *kulturelle Prestige Italiens und seiner Humanisten* in der zweiten Hälfte des 15. Jh.s auch in Kastilien (Salamanca) derart gestiegen, daß die poeti-

---

[1] *Cancionero de Baena*, J.M. Azáceta (Hg.), Madrid (CSIC) 1966, I, S. 13-15; Iñigo López de Mendoza, Marqués de Santillana, *Prohemio e carta que el marqués de S. envió al condestable de Portugal con las obras* suyas, L. Sorrento (Hg.), in: RH 55, 1922, S. 21-30; Juan del Encina, *Cancionero, Arte de poesía castellana* (Salamanca 1496); Ed. facsímil, RAE, Madrid, 1928.

[2] I. López de Mendoza, Marqués de Santillana, *Prohemio*, IV, S. 23; Juan del Encina, *Arte de poesía castellana*, fol. IIr.; vgl. auch A. Porqueras Mayo, *La teoría poética en el renacimiento y manierismo españoles*, Barcelona (Puvill) 1986; zu Juan del Encina vgl. auch hier: K. Kohut, Das 15. Jahrhundert, S. 63f, sowie: M. Rössner, Das Theater der Siglos de Oro, Kapitel 1.2, S. 164f.

sche Leistung der *troubadours*, die doch in den *Cancioneros* nachwirkte, vorübergehend in Vergessenheit geraten konnte.

Erst Juan Boscán (*1542) sollte dank seines umfassenden historischen Wissens Encinas einseitiges Geschichtsbild wieder korrigieren. Dem vielseitig gebildeten Humanisten und gewandten Übersetzer des *Cortegiano* fiel diese Aufgabe umso leichter, als er die literaturtheoretischen Schriften der Italiener - u.a. Bembos *Prose della volgar lingua* (1525) - kannte, in denen auf die engen Beziehungen zwischen den *troubadours* und der ältesten italienischen Dichterschule hingewiesen wird. Boscán schloß sich dieser Auffassung an und betonte seinerseits den Einfluß der Provenzalen auf die frühe Dichtung der Kastilier und der Katalanen. Paradoxerweise tat er dies, obschon er selber nach Italien ausgerichtet war. Zu einer ausgewogenen Beurteilung der Einflüsse gelangte er dank seinen Beziehungen zu Castiglione und zu Bembo, die ihm die jüngsten Erkenntnisse der literarhistorischen Forschung vermittelten. Sein Urteil über die großen Dichter - man denke nur an seine Bewunderung für Petrarca, den er als Lyriker hoch über Dante stellte - entspricht demjenigen Bembos, wenn er schreibt:

> "Petrarca war es, der in jenem Land die Poesie zur letzten Vollendung führte; als Dichter ist und bleibt er - ich glaube für immer - unübertroffen. Dante liegt weiter zurück; auch er war ein Meister, wenn auch in anderer Weise als Petrarca. Zur Zeit Dantes und ein wenig früher blühte die Poesie der Provenzalen, deren Werke heute aus zeitlichen Gründen nur noch Wenigen bekannt sind. Viele vorzügliche Katalanen leiten ihre Kunst von ihnen her, unter ihnen Ausias March, der bedeutendste von allen".[3]

Der Vergleich zwischen den drei Autoren - Santillana, Encina, Boscán - mag als Hinweis dienen auf jene allmählich sich vollziehende Umorientierung zugunsten italienischer, bzw. klassisch-antiker Formen - ein Prozeß, der um 1450 zaghaft einsetzte, zwischen 1530 und 1580 zu seinem Höhepunkt gelangte und auch über diese Epoche hinaus die Entwicklung der spanischen Lyrik beeinflußte. Dennoch erfreuen sich die höfische Lyrik der *Cancioneros* und insbesondere die volkstümliche Dichtung das ganze XVI. Jh. hindurch größter Beliebtheit, und gerade das Theater eines Lope de Vega zeigt, wie sehr die traditionellen Versmaße von den Dramatikern des Siglo de Oro als Alternative zur italienischen Metrik geschätzt wurden.

Die These, daß sowohl die provenzalische wie die italienische Tradition die Dichtung des Siglo de Oro wesentlich beeinflußt hätten, wird von der modernen Literaturwissenschaft (die zudem die Überlieferung der mozarabischen *jarchas* zu berücksichtigen hat) bestätigt. Die Einführung der Sestine ist ein Beispiel für die komplexe Überlieferungsgeschichte poetischer Formen. Der hohe Schwierigkeitsgrad dieser auf den Provenzalen Arnaut Daniel zurückgehenden Strophenform hatte schon Dante zum Experimentieren angeregt. Petrarca komponierte gleich mehrere Sestinen. An eine Imitation dieses Metrums auf der iberischen Halbinsel wagte sich Gutierre de Cetina (ca. 1515-1555), der auch das

---

[3] Juan Boscán, "A la duquesa de Soma", in: *Obras poéticas de J. B.*, M. de Riquer, A. Comas und J. Molas (Hg.), Barcelona (Univ. de B.) 1957, S. 90.

Siglo de Oro: Lyrik 121

Madrigal in Spanien heimisch machte. Cetina griff auf Petrarca zurück. Merkwürdigerweise findet sich aber schon im *Cancionero General* von 1511 eine Sestine von Trillas und Valdaura, die anläßlich des Todes der Königin Isabel in Zwölfsilblern komponiert wurde. Das Reimschema setzt einen nicht petrarkistischen Ursprung voraus. Rafael Lapesa hat die zweifache Überlieferung - prov./it./kastilisch einerseits, prov./kat./kastilisch anderseits - mit einem Fluß verglichen, der sich eine Zeitlang in zwei Arme trennt, bis er sich dann (im Siglo de Oro) wieder vereint. (Lapesa 1967, S. 145)

1. Höfische und volkstümliche Lyrik der Cancioneros

Während in den ältesten *Cancioneros* nur die galicisch-portugiesische Poesie Aufnahme fand, erschienen im *Cancionero de Baena* (1445) erstmals auch Kompositionen in galicisch-kastilischer Sprache. Gattungsmäßig überwog die höfische Poesie: neben kurzen, zum Vorsingen geeigneten *cantigas* (Liebesgedichten) gab es längere, zur Lektüre bestimmte Texte narrativen oder lyrischen Charakters, die *decires*. Im *Cancionero de Herberay des Essarts* (ca. 1463) und im *Cancionero musical de Palacio* (um 1500) wurde nun zudem die volkstümliche Lyrik der *villancicos*, *zéjeles* und *canciones* gesammelt. Diese Gattung ist auch im Nachtrag zum *Cancionero general* von 1511 (und in späteren Auflagen desselben) auffallend gut vertreten. Obschon die meisten dieser Dichtungen anonym waren, fehlte es seitens bekannter Autoren (Hurtado de Mendoza, Gregorio Silvestre, Timoneda, Cervantes) nicht an Versuchen, die traditionellen Formen nachzubilden. Besonders die Dramaturgen zeigten eine Vorliebe für derartige Texte, die sie entweder dem Volksmund ablauschten oder selber erfanden. Einer der begabtesten Autoren des *teatro primitivo*, der zweisprachig schreibende Portugiese Gil Vicente (1465?-1536?),[4] fügt in sein allegorisches Weihnachtsspiel *Auto de Sibila Casandra* (dessen Hauptfigur, Cassandra, sich einbildet, die Rolle der Jungfrau Maria einnehmen zu können) eine erfrischende *cantiga* ein. Das Lied, das thematisch an die *serranillas* erinnert, wird von den Propheten und den andern drei Sibyllen vorgetragen:

>¡Sañosa está la niña!
>¡Ay, Dios, quién le hablaría!
>En la sierra anda la niña
>su ganado a repastar
>hermosa como las flores,
>sañosa como la mar
>está la niña.
>¡Ay, Dios, quién le hablaría![5]

---

[4] Zu Gil Vicente vgl. auch hier: M. Rössner, Das Theater der Siglos de Oro, Kapitel 3.2, S. 170f.
[5] Aufgebracht ist die Kleine, / Ach Gott, wer wagte es, sie anzusprechen? / Im Gebirge weilt die Kleine, / Weidet ihre Herde, / Schön wie die Blumen, / Aufgebracht wie das Meer / Ist die Kleine. / Ach Gott, wer wagte es, sie anzusprechen?

Bedenkt man die Rolle der Cassandra in Gil Vicentes Weihnachtsspiel, so ergeben sich Parallelen zu einer andern typischen Komposition des *Cancionero general* mit dem Titel: "Yo me soy morenica". Es handelt sich um die religiöse Variante eines weitverbreiteten Motivs, des Lobes auf die eigene Schönheit ("Aunque soy morena"). Die schöne Dunkelhäutige, die sich in unserm Lied vorstellt, kann nur die Jungfrau Maria sein, die mit Salomon ausruft: "Nigra sum et formosa". Hier der *estribillo* und die erste Strophe:

> Yo me soy la morenica,
> yo me soy la morená.
> Lo moreno, bien mirado,
> fue la culpa del pecado
> que en mí nunca fue hallado,
> ni jamás se hallará.[6]

Die Neuauflagen des *Cancionero general* (z. B. Sevilla 1535) weisen einen wachsenden Anteil religiöser Dichtung auf. Im Laufe der Zeit wird sich zeigen, daß insbesondere die Mystiker die Neigung haben, ihre affektvolle Lyrik in schlichte, volkstümliche Formen zu kleiden. (Alonso 1950, S. 245) So ist das Gedicht des *pastorcico* von San Juan de la Cruz, wie J. Manuel Blecua bewiesen hat, nichts anderes als ein umgeformtes Liebesgedicht der bukolischen Tradition, denn im *Cancionero general* gibt es zahlreiche, einem *pastorcico* gewidmete Verse.[7] Auch Teresa von Avila wird sich in der Nachbildung von volkstümlichen Gedichten versuchen. Allgemein kann gesagt werden, daß das häufige Umformen weltlicher in religiöse Poesie - "*a lo divino*" - ein Merkmal der Siglo de Oro-Lyrik ist.

2. Der Petrarkismus

Die wesentliche Erneuerung der spanischen Lyrik vollzog sich im Zeichen eines humanistisch geprägten Petrarkismus und einer nach den Errungenschaften der Renaissance neu verstandenen Antike. Als wichtigste Erneuerer sind vorab Garcilaso und Boscán zu nennen. Im benachbarten Portugal war es der zweisprachig dichtende Francisco Sa de Miranda, ein Verwandter Garcilasos, der während seines Italien-Aufenthaltes (1521/26) mit dem Petrarkismus Bekanntschaft gemacht hatte und ihn unter den Portugiesen verbreitete. Die dominierende Stellung der *italianizantes* fand ihren Ausdruck in der raschen Verbreitung der neuen Strophenformen (Sonett, Kanzone, Madrigal, *octava real*, Terzine) und in der intensiven Beschäftigung mit dem Werk Petrarcas, was zu einer tiefgreifenden Wandlung der lyrischen Sprache führte. Der intellektualistische, auf ingeniöse Wortspiele erpichte Stil der *Cancioneros* wich bei den begabtesten Petrarkisten (Garcilaso, Cetina, Acuña, Figueroa) einer verinnerlichten, lebensnah wirkenden, wenn auch stets idealisierenden Liebeslyrik. Rhetorische Affektiertheit war

---

[6] Dunkelhaarig bin ich, / pechschwarz! / Die schwarze Farbe, wenn man's bedenkt, / War die Farbe der Sünde / Von der ich frei bin, immer frei war / Und es auch bleibe.

[7] J. Manuel Blecua, *Sobre poesía de la edad de oro*, Madrid, Gredos 1970, S. 96.

verpönt: der Petrarkist bemühte sich um Ausgewogenheit, sein Stilideal war die schlichte Eleganz, die vornehme Natürlichkeit, (was nichts anderes als eine neue Konvention war). Die Distanz zwischen Dichtung und Leben schien sich in der neuen Poesie - ähnlich wie in der it. Malerei von 1520 - zu verringern, denn im Gegensatz zu den Dichtern der *Cancioneros*, die meist nur Variationen über bekannte Themen durchzuspielen pflegten, neigten die Autoren petrarkistischer Zyklen dazu, in ihren Liebesgedichten persönliche Erfahrungen zu verarbeiten, wobei freilich das *Dekorum* gewahrt werden mußte.[8] Die autobiographische Lektüre Petrarcas stellt in der Rezeptionsgeschichte ein Novum dar: im XVI. Jh. wurde der *Canzoniere* als Lebensgeschichte eines zwischen Lust und Reue hin und hergerissenen Liebenden gedeutet. Diese romanhafte Deutung erschien gewissen Interpreten (Bembo, Vellutello) umso plausibler, als der 366 Gedichte umfassende *Canzoniere* ursprünglich schon in zwei Teile (*In vita* und *In morte di Madonna Laura*) gegliedert war.

Der spanische *Petrarkismus* beginnt nicht erst mit jener berühmten Begegnung vom Juni 1526, die anläßlich der Vermählung Karls V. mit Isabel von Portugal zwischen Juán Boscán und dem venezianischen Botschafter Andrea Navagero in Granada stattfand. Wie dem Brief des Dichters an die Herzogin von Soma (*A la duquesa de Soma*) zu entnehmen ist, soll Navagero ihn bei dieser Gelegenheit auf die Ausdrucksmöglichkeiten des *endecasílabo* aufmerksam gemacht und ihm empfohlen haben, den Vers auch in der spanischen Poesie einzuführen. Im Bestreben, der Novität historische Bedeutung zu verleihen, gibt Boscán eine etwas stilisierte Darstellung der Ereignisse und legt für die "Erfindung" ein genaues Datum fest. In Wirklichkeit war der *endecasílabo* in Spanien kein unbekanntes Versmaß, denn sowohl die provenzalische als auch die galicisch-portugiesische Dichtkunst hatten ihren eigenen Elfsilbler, wenn auch mit anderen Betonungsregeln. Petrarkistisches Gedanken- und Formengut hatte sich seit der Mitte des XV. Jh.s durchgesetzt und war in die Sprache der *Cancioneros* eingedrungen. Verschiedene Autoren hatten Imitationsversuche gewagt: als erster hatte der Marqués de Santillana Sonette verfasst, und Juan de Mena, der in den *Trescientas* zuweilen den Elfsilbler verwendete, soll noch im Jenseits - wollen wir Castillejo Glauben schenken - ausgerufen haben: "*Once sílabas por pie / no hallo causa por qué / se tenga por cosa nueva / pues yo también las usé.*"[9]

Boscáns Brief *A la Duquesa de Soma*, der die Schilderung der historischen Begegnung mit Navagero enthält, erfüllt die Funktion eines poetischen Manifestes und will rückwirkend eine bereits eingetretene Wende in der Geschichte

---

[8] Über den Begriff des "Dekorums" im Petrarkismus vgl. *Lirici del Cinquecento*, L. Baldacci (Hg.), Firenze (Salani) 1957, *Introduzione*, S. VIII-XII. Zum Petrarkismus in Spanien: J. Fucilla, *Estudios sobre el petrarquismo en España*, Madrid (CSIC) 1960; Ma. Pilar Manero Sorolla, *Introducción al estudio del petrarquismo en España*, Estudios de lit. esp. y comparada, Barcelona (PPU) 1987 (mit ausführlicher Bibliographie).

[9] Cristóbal de Castillejo, *Reprensión contra los poetas españoles que escriben en verso italiano*, Octava, in: *Obras*, J. Domínguez Bordona (Hg.), Madrid (Clásicos Castellanos) 1958, III, S. 191.

der spanischen Lyrik dokumentieren. Bezeichnenderweise dient der Brief als programmatisches Vorwort zum zweiten Band der 1543 edierten Werke (*Las obras de J. Boscán y algunas de Garcilaso de la Vega repartidas en cuatro libros*). Diese enthalten - in Band I - die *coplas castellanas* (28 Texte), in Bd. II die italianisierenden Kompositionen (92 Sonette und 10 Kanzonen), in Bd. III die Dichtungen in *tercetos*, *octavas reales* und freien Elfsilblern, während Bd. IV dem Werk Garcilasos gewidmet ist. Die Disposition der postum erschienenen Obras weist also klar auf die Entwicklung vom *estilo cancioneril* zum spanischen Petrarkismus hin.

Gegen die *poetas italianizantes* sollte sich der Traditionalist Cristóbal de Castillejo (1490? - 1550) wenden. In seiner *Repensión contra los poetas españoles que escriben en verso italiano* reimt er spaßeshalber "petrarquistas" mit "anabaptistas" (= Täufer, Sektierer) und fragt sich, ob die Abtrünnigen nicht doch der Inquisition übergeben werden müßten. Die Schuld an dieser Entwicklung gibt er vier Autoren (Garcilaso, Boscán, Luis de Haro und Diego de Mendoza), von denen um 1550 nur noch der letztgenannte am Leben war. Castillejo war weder ein einfaches noch ein provinziell empfindendes Gemüt. Er hatte lange Zeit am Wiener Hof gewirkt, wo der Einfluß der italienischen Renaissance nicht unbedeutend war. Sein Plädoyer zugunsten der traditionellen Lyrik, die sich auf Juan de Mena und Jorge Manrique beruft, darf im übrigen nicht allzu ernst genommen werden. Schließlich verwendete er in der *Reprensión* selber die neuen italienischen Strophenformen.

2.1. Boscán

Joan Boscà Almugàver stammte aus einer angesehenen Barceloneser Familie, die durch Schiffahrt und Handel zu Reichtum gelangt war und sich der städtischen Oberschicht zugehörig fühlte. Seine vorzügliche Ausbildung genoß er in Aragón und Kastilien, und Kastilisch wurde die Sprache seines schriftlichen Ausdruckes. Als Schüler des Humanisten Lucio Marineo, der die Sprößlinge des Hochadels ausbildete, pflegte er Beziehungen zur Aristokratie. Am Hof des Herzogs von Alba, in dessen Dienste er trat, übte man sich in der Dichtkunst im traditionellen Stil, und es ist nicht zu verwundern, daß sowohl der Duque als auch Boscán Kompositionen zum *Cancionero General* beisteuerten. Der junge Boscán folgte darin dem Beispiel des Ausias March (*1459), und ein Teil seiner Lyrik verrät dieses Interesse für den größten aller *Cancionero*-Dichter.[10] Als Beispiel seines frühen Stils möge der folgende schlichte *villancico* (I, 2) dienen, der die Kunst der *Cancioneros* (Wortspiele, rhetorische Kunstgriffe wie die *figura etymologica* etc.) auf kleinstem Raum manifestiert:

---

[10] M. Menéndez Pelayo, *Antología de poetas líricos castellanos*, E. Sánchez Reyes (Hg.), *Ed. Nacional de las Obras*, Madrid (CSIC) 1945, X, cap. XLIV, S. 253-267; A. Armisén, *Estudios sobre la lengua poética de Boscán*, Zaragoza (Dept. de la Univ. de Zaragoza) 1982; K. McNerney, *The influence of Ausiàs March on Early Golden Age Castilian Poetry*, Amsterdam (Rodopi) 1982.

> Si no os hubiera mirado,
> no penara
> pero tampoco os mirara.
> Veros harto mal ha sido,
> mas no veros peor fuera;
> no quedara tan perdido,
> pero mucho más perdiera.
> ¿Qué viera aquél que no os viera?
> ¿Cuál quedara,
> Señora, si no os mirara?[11]

Ab 1526 bemüht sich Boscán um die Akklimatisierung italienischer Versformen, vor allem des *endecasílabo,* den die Italiener anders als die Spanier akzentuierten. Neu waren für diese der *endecasílabo real* (auch *heroico* oder *italiano* genannt), mit Betonung auf der 6. und 10. Silbe; ferner der *sáfico,* der *enfático,* der *melódico,* alles Verstypen, die gleichmäßiger und gemächlicher wirken als der eilige Elfsilbler *de gaita gallega* mit seinen vier Akzenten auf der 1.,4.,7. und 10. Silbe. Anstatt der coplas *castellanas* schrieb Boscán nun Sonette, petrarkistische Kanzonen und Stanzen (*octavas reales*). Daneben versuchte er sich in der Kunst der Terzine, einer Strophe, die im XVI. Jahrhundert bei der Darlegung moralischer und didaktischer Inhalte (*capítulos, epístolas*) Verwendung fand und die seinem nicht eben lyrischen Temperament besser entsprach.

Boscáns Reformbestrebungen waren von Erfolg gekrönt. Damit ist über den Wert seiner eigenen Dichtung noch nichts ausgesagt. An Versuchen, diese aufzuwerten, hat es nicht gefehlt.[12] Die Eleganz und ästhetische Perfektion eines Garcilaso erreicht er indes nie, und gerade dort, wo er Petrarca nachahmt, ist der Qualitätsunterschied zum Original deutlich erkennbar. Zu Recht bemerkt Menéndez Pelayo, keine von Boscáns lyrischen Kompositionen sei ganz geglückt, und man finde bei ihm viele Stilbrüche und - besonders im rhythmischen Bereich - Unebenheiten.[13] Der humanistisch gebildete, weltmännisch gesinnte Katalane darf jedoch nicht nur als Lyriker beurteilt werden. Seine Übersetzung von Castigliones *Il Cortegiano* verdient uneingeschränktes Lob. Er überzeugt als Theoretiker des neuen Stils, dessen humanistischen Wert er erkannt hat. Von nicht geringem Interesse ist schließlich der Moralismus seiner meditierenden Dichtung (*capítulos, epístolas*), der sich beim eleganten Gedankenaustausch mit anderen Humanisten manifestiert.

Ein Beispiel: In seiner *Respuesta a Don Diego de Mendoza* tritt Boscán als Weltbürger auf, der seinen Horaz kennt und dessen Ideal der *aurea mediocritas* auf die Situationen des täglichen Lebens anzuwenden weiß. (Ein Thema, das auch der fünften *Satira* des Ariost zugrunde liegt). Boscán erzählt, wie er erst

---

[11] Hätte ich Euch nicht angeschaut, / so litte ich nicht, / aber ich schaute Euch dann auch nicht. / Euch zu sehen war schmerzvoll, / Euch nicht zu sehen, wäre schlimmer; / so verloren wie ich bin, wäre ich dann nicht, / aber wieviel mehr würde ich verlieren! / Was sähe der schon, der Euch nicht gesehen? / und wie geschähe dem, / Señora, der Euch nicht erblickte?

[12] H. Flasche, *Geschichte der spanischen Literatur,* München/Bern (Francke) 1982, II, S. 58.

[13] M. Menéndez Pelayo, *Ed. Nacional de las Obras,* X, S. 188.

durch die Heirat mit Ana Girón de Rebolledo zu seinem irdischen Glück gefunden habe und wie ihm aus diesem Grunde die Ehe als die ideale Verbindung von praktischer Vernunft und genußvoller Lebensfreude erscheine. In diesem Zusammenhang charakterisiert er - ganz im Sinne einer laizistisch verstandenen, großbürgerlichen Renaissance-Kultur - das Ideal der *virtus* wesentlich anders als es damals klerikale oder asketisch gesinnte Kreise taten. In diesen sieht Boscán weltfremde Idealisten, von denen er sich ironisch distanziert. Da das sprechende Ich, wie betont wird, auf sinnliche Erfahrungen nicht verzichten will, bietet sich ihm die Ehe als die einzig vernünftige und doch genußversprechende Lebensform an. Sie wird zur Metapher des goldenen Mittelweges zwischen Askese und maßloser Genußsucht. Die *epístola* hat dichterische Qualitäten: Boscán begnügt sich nicht, in Versen aus seinem eigenen Leben zu erzählen; sein Vorgehen ist insofern poetisch, als er es versteht, konkrete Lebenssituationen figürlich, d.h. als Metaphern, einzusetzen. Das Lebensideal, nach dem der alternde Boscán trachtet, besteht im angenehmen Zusammensein mit seiner Gattin, die ihm auch Geliebte sein soll, sowie im beglückenden Familienleben, das im Bild des reich gedeckten, von Enkeln und Enkelinnen umringten Tisches (V. 217-223) seinen erfrischenden Ausdruck findet:

> Comamos y bevamos sin recelos,
> la mesa de muchachos rodeada,
> muchachos que nos hagan ser agüelos.
> Passaremos así nuestra jornada,
> agora en la ciudad ora en l'aldea,
> porque la vida esté más descansada.[14]

Daß sich das glückliche Landleben nicht in kulinarischen Freuden erschöpft, zeigen die letzten Strophen. Hier wird ein Spaziergang über Land (zu zweit!) geschildert, bei dem insbesondere Bücher nicht fehlen dürfen: Homer und Vergil, Properz und Catull gehören fortan in die Hausbibliothek des gebildeten Bürgers, womit ein Lebensideal Gestalt annimmt, das im Deutschland der Goethezeit seine volle Geltung erlangen sollte.

2.2. Garcilaso

Ist Boscán der kultivierte, aristokratisch erzogene Großbürger, der seinen Hang zum Pragmatismus nie verleugnet, so gehört Garcilaso de la Vega (1501? - 1536) ganz dem Hochadel an. Aus dem vornehmen Toledaner Geschlecht der Santillana und der Pérez de Guzmán stammend, verkörpert er wie kein zweiter das vielgepriesene Renaissance-Ideal der *armas y letras*. Am Hofe erzogen, ist er ebenso gebildet wie weltmännisch gewandt, und als Adeliger hat er den größten Teil seiner Jugend in Kriegsdiensten verbracht. Trotz seiner gehobenen sozialen Stellung scheint er mit der aufrührerischen Bewegung der *Comuneros*, der sein

---

[14] Essen und trinken wir frei von Furcht, / Den Tisch umringt von jungen Leuten, / Die uns als Großeltern betrachten. / So werden wir unsern Tag verbringen, / Bald in der Stadt, bald auf dem Lande, / Auf daß das Leben angenehm verlaufe.

Siglo de Oro: Lyrik 127

älterer Bruder Pedro Laso vorstand, zumindest zeitweise sympathisiert zu haben. Da er aber in königlichen Diensten steht, wird er gezwungen, militärisch gegen jene vorzugehen. Seine familiären Bindungen vertragen sich nicht immer leicht mit seinen politischen Pflichten. Es kommt zu Spannungen, die 1531 zu seiner Verbannung auf eine Donauinsel bei Regensburg führen (vgl. *Canción* III). Mit Boscán, der mit ihm an der Expedition nach Rhodos (1522) teilnahm, verbindet ihn vor allem das gemeinsame dichterische Ziel. Seit 1525 mit Elena de Zúñiga vermählt und zum *regidor* von Toledo ernannt, lernt er ein Jahr später die portugiesische Hofdame Isabel Freyre (Elisa) kennen, die von nun an die Rolle seiner Muse und Geliebten übernimmt. Ihr Tod gibt Anlaß zu eindringlichen, poetisch verklärten Liebesklagen; später wird er mythisch umgedeutet (vgl. *Eglogas* I und III). In politischer Mission weilt Garcilaso mehrmals für längere Zeit in Italien, wo sich ihm die Gelegenheit bietet, mit Dichtern wie Bembo, Bernardo Tasso, Tansillo zusammenzutreffen. Entscheidend für seine poetische Reifung werden die Jahre 1532-34, die er z.T. in Neapel verbringt. 1535 finden wir ihn wieder auf einer militärischen Expedition, diesmal vor Tunis. Anläßlich der Invasion Frankreichs - im Jahre 1536 - erleidet er so schwere Verletzungen, daß er, kaum 35jährig, an deren Folgen stirbt.

Garcilasos nicht sehr umfangreiches Werk (8 Coplas, 40 Sonette, 4 Kanzonen, 1 Ode, 2 Elegien, 1 Epistel, 3 Eklogen, dazu etliche lat. Gedichte) gehört zum Bedeutendsten in der spanischen Lyrik überhaupt. Es erreicht seinen Höhepunkt in den Eklogen und Elegien - poetisch vollkommene Werke, in denen die ästhetische Wahrnehmung der Welt (durch die Erinnerung oder aber in der Darstellung des Gegensatzes von Leben und Kunst) postuliert wird.[15] Rafael Lapesa hat gezeigt, wie sich der Dichter einerseits die Poesie der *Cancioneros* aneignet und wie er anderseits durch den bewußten Rückgriff auf Petrarca oder auf die Dichter der Antike (Horaz, Vergil) seinen Stil vervollkommnet, wobei ihm die Harmonisierung heterogener Elemente voll gelingt. (Lapesa [2]1968, S. 101) Das Prinzip der Harmonisierung ist ein Schlüssel zu seinem Werk: nicht nur gelingt ihm die Verschmelzung des traditionell-iberischen mit dem italienischen bzw. dem antiken Element, er findet auch zu einem neuen Verhältnis von Leben und Kunst, und darin liegt einer der bemerkenswertesten Aspekte seiner Lyrik. Seine Verse scheinen zu "atmen", sie werden bewegt und gelenkt von einem inneren Strömen, das bisher keinem spanischen Dichter eignete. Dieses rhythmische Ein- und Ausatmen findet im Wechsel der Sieben- und Elfsilbler seine formale Entsprechung. (Alonso 1950, S. 54) Man beachte etwa das Verhältnis von syntaktischen und metrischen Einheiten und insbesondere den Kunstgriff des *enjambements* in der folgenden Kanzonenstrophe (*Canción* I). Hier entsteht durch die Verlängerung des hypothetischen Wenn-Satzes, der ganze elf Verse umfaßt, eine wachsende Spannung, die sich erst im Schlußsatz löst:

---

[15] Zum Problem der ästhetischen Wertung von Garcilasos Eklogen: Margot Arce Blanco, *G. de la Vega: Contribución al estudio de la lírica española del siglo XVI*, Río Piedras (Univ. de Puerto Rico) 1969; Elías L. Rivers, *La poesía de Garcilaso*, Barcelona (Ariel) 1974.

> Si a la región desierta, inhabitable
> por el hervor del sol demasiado
> y sequedad d'aquella arena ardiente,
> o a la que por el hielo congelado
> y rigurosa nieve es intratable,
> del todo inhabitada de la gente,
> por algún acidente
> o caso de fortuna desastrada
> me fuésedes llevada,
> y supiese que allá vuestra dureza
> estaba en su crueza,
> allá os iría a buscar como perdido,
> hasta moriros a los pies tendido.[16]

Die Entwicklung von Garcilasos Dichtung läßt sich besonders gut an den *Sonetten* verfolgen. Stehen die Sonette I, II, IV und V mit ihren zahlreichen Wortspielen teilweise noch in der höfischen Tradition der *Cancioneros*, so stellt sich das Sonett XIII mit seiner mythologischen Thematik klar in die Reihe der antik-petrarkistisch geprägten Kompositionen. (Lapesa [2]1968, S. 81) Ovid und Petrarca standen diesem Gedicht Pate. Der Daphne-Mythos stammt aus den *Metamorphosen*, doch die Thematik der durch Apollo verfolgten, sich zum Lorbeerbaum verwandelnden Nymphe war von Petrarca zur Bildung kühnster paronomastischer Wortreihen genutzt worden (die it. Begriffe *lauro, alloro, oro* stehen lautlich in enger Beziehung zum Namen der Geliebten, *Laura*, und über die semantische Brücke *oro, sole, Febo Apollo* sind zudem poetologische Anspielungen möglich). Garcilaso, der nicht so sehr Petrarca als dem zeitgenössischen Petrarkismus folgt, ahmt derartige Wortspiele nicht nach, aber Petrarca lehrt ihn den Umgang mit der poetologischen Reflexion. Seine eigene Deutung des Daphne-Motivs äußert sich zunächst dadurch, daß er die Thematik der Metamorphose ins Zentrum rückt: Daphnes Menschengestalt wird zum pflanzlichen Gebilde, so wie leidenschaftlich bewegtes Leben sich in Kunst, bzw. in Poesie (Lorbeer!), verwandelt. Man beachte die Position der anthropomorphen und der vegetalen Begriffe in den Quartetten: jene befinden sich zuerst in den umschließenden Versen 1 und 4 (Arme, Haar), dann - in der zweiten Strophe - in den umschlossenen Versen 2 und 3 (Glieder, Füße). Entsprechend nehmen die vegetalen Elemente (Zweige, Blätter; Rinde, Wurzeln) zunächst die innere, dann die äußere Position ein. In den Terzetten hingegen tritt der Urheber der Verwandlung in den Vordergrund: Apoll, eine Figur des Dichters, der seinem schönen Traum nacheilt und zusehen muß, wie dieser sich (in Sprache) verwandelt und sich ihm für immer entzieht. Er ist, so heißt es, "Grund und Anlaß" des befruchtenden Weinens: als Dichter ist er nicht nur erste Ursache, sondern auch erster Betrachter - betroffener Leser - dieser

---

[16] Wenn Ihr, Señora, in die verlassenste, / Unbewohnteste, von Sonnenglut / Und brennendem Sand erfüllte / Oder in jene andere, vor Kälte erstarrende, / Von rauhen Wintern heimgesuchte, / Völlig menschenleere Gegend / Aus irgendeinem Grunde / Oder einem unglückseligen Zufall / Mir entführet würdet, / Und ich wüßte, daß Ihr auch dort noch / Eure Härte mir gegenüber walten ließet, / Dorthin würde ich, ein / Verlorener, Euch folgen, / Bis ich stürbe, Euch zu Füßen.

Siglo de Oro: Lyrik

Metamorphose. Die Gestalt des Lorbeerbaumes verweist allegorisch auf die Poesie und damit auf den Text selbst. Dieser "wächst" umso mehr, als ihn der Leser mit seiner Emotion belebt. Wenn im Schaffensprozeß Leben in Sprache umgestaltet wurde, so wird diese durch den Leser wieder in Leben zurückverwandelt. Leben und Kunst treten in eine Wechselbeziehung und bereichern sich gegenseitig. Hier nun das Sonett und seine deutsche Übertragung von Hans Felten:[17]

> A Dafne ya los brazos le crecían
> y en luengos ramos vueltos se mostraban;
> en verdes hojas vi que se tornaban
> los cabellos qu'el oro escurecían;
>
> d'áspera corteza se cubrían
> los tiernos miembros que aún bullendo 'staban
> los blandos pies en tierra se hincaban
> y en torcidas raíces se volvían.
>
> Aquel que fue la causa de tal daño,
> a fuerza de llorar, crecer hacía
> este árbol, que con lágrimas regaba.
>
> ¡Oh miserable estado, oh mal tamaño,
> que con llorarla crezca cada día
> la causa y la razón por que lloraba![18]

Einen weiteren Höhepunkt von Garcilasos Sonettkunst bildet Nr. XXIII, das den beliebten Carpe-Diem-Topos (Horaz, *Carmina* I, 11, 8) in Verbindung mit dem *collige, virgo, rosas* - Motiv (Ausonius) abwandelt. Anders als bei "barocken", vom *Vanitas*-Thema besessenen Autoren (Góngora), behält die Gegenwart bei Garcilaso ihren schönen Schein und damit ihren verlockenden, wenn auch vergänglichen Reiz. Der Faszination des Gegenwärtigen sind die beiden Quartette gewidmet, die durch die syntaktische Parallelkonstruktion zusammengehalten werden. Sie evozieren das Bild einer anmutigen Frauengestalt, deren scheuer, liebevoller Blick sich bald darbietet, bald verbirgt, und deren goldenes Haar - nach petrarkistischer Manier - aufgelöst im Winde weht. Statische und dynamische Elemente (der schöne, weiße Hals; das wehende Haar) wechseln ab und verweisen auf die Wechselbewegungen der Form, die sich in den Enjambements öffnet und an anderen Versenden wieder schließt (vgl. auch die kontrastierenden Wortpaare *ardiente-honesto*, *enciende el corazón y lo refrena*, sowie die

---

[17] Zit. nach H. Felten/A. Valcárcel, *Spanische Lyrik von der Renaissance bis zum Ende des XIX. Jh.s*, Spanisch-Deutsch, Stuttgart (Reclam) 1990.

[18] Daphnes Arme wuchsen schon zu Zweigen, / Zu langen Ästen wandelten sie sich; / Zu grünen Blättern, sah ich,ward das Haar, / Heller strahlt' es einst als Gold. / / Mit rauher Rinde deckten sich / Die zarten Glieder, die noch bebten; / Die weißen Füße drangen in die Erde, / Drehten sich zu Wurzeln. / / Jener, der dies Unheil brachte / Ließ mit seinem Weinen wachsen / Diesen Baum, den er mit Tränen tränkte. / / O großes Unglück, großes Leid, / Mit den Tränen Tag für Tag / Wächst Grund und Anlaß dieses Weinens.

bald grellen, bald verhaltenen Farben *rosa - azucena, oro - blanco,* die zum traditionellen Inventar der *descriptic mulieris* gehören).

> En tanto que de rosa y d'azucena
> se muestra la color en vuestro gesto,
> y que vuestro mirar ardiente, honesto,
> enciende el corazón y lo refrena,
>
> y en tanto que el cabello, que en la vena
> del oro s'escogió, con vuelo presto
> por el hermoso cuello blanco, enhiesto,
> el viento mueve, esparce y desordena:
>
> coged de vuestra alegre primavera
> el dulce fruto antes que el tiempo airado
> cubra de nieve la hermosa cumbre.[19]

An diese jugendlich harmonische Frauengestalt richtet sich der Aufruf zum freudvollen Lebensgenuß, solange die Zeit es erlaube - ein Motiv, das im ersten Terzett abgehandelt wird. Es folgt - im letzten Terzett - die philosophische Schlußfolgerung: Zwar werde die Rose verwelken und bringe die Zeit stetigen Wandel, doch zeige diese damit auch, daß sie, die Zeit, stets dieselbe sei. Anders gesagt: Die Erscheinungen verändern sich, aber das Prinzip ständigen Wandels bleibt erhalten ("*por no hacer mudanza en su costumbre*"), und die Weltordnung als solche bleibt unangetastet.

> Marchitará la rosa el tiempo helado
> todo lo mudará la edad ligera
> por no hacer mudanza en su costumbre.[20]

Die Dichtkunst Garcilasos gipfelt in den *Eklogen*. Damit sind drei kunstvolle Hirtengedichte gemeint, die an die Tradition der Antike (Theokrit, Vergil) und der Renaissance (Sannazaro) anschließen. Der Gattungsname "ecloga" bezeichnet in der Antike das "als vorzüglich ausgewähltes Stück" und taucht im Bereich der spanischen Literatur erstmals bei dem Vergil-Übersetzer Juan del Encina auf. Die Verbindung dieser Gattung mit der bukolischen Thematik ist schon im 15. Jh. üblich. Für die Renaissance bedeutet die Wiederentdeckung Arkadiens fast dasselbe wie für die Romantik die Wiederbegegnung mit der Kindheit. Die Hirtendichtung erlaubt es, in verklärter Form von "natürlichen" Gefühlen - Liebe, Liebesverlust, Tod - zu sprechen.

---

[19] Solang Euer Antlitz Blütenfarben / Von Rosen und von Lilien trägt, / Und glühend scheu der Blick / Das Herz bald sprechen, bald verstummen läßt / Solang der Wind in schnellem Flug / Euer Haar, aus Gold geschaffen, / Den weißen, stolzen Hals umwehen läßt / Und es bewegt, zerwühlt und lockt: / / Pflückt Eures heitren Frühlings / Süße Frucht, eh zürnende Zeit / Mit Schnee bedeckt das schöne Haupt.

[20] Eisiger Wind läßt die Rose welken, / Raschen Wandel bringt die Zeit, / Und bleibt sich dennoch treu in ihrem Tun.

Garcilasos *Egloga primera* ist in der Anordnung mit der achten Vergils zu vergleichen. Beide bestehen aus einleitenden, die Widmung enthaltenden Zeilen, bzw. Strophen, sowie aus den Äußerungen eines ersten und eines zweiten Hirten. Der Text umfasst 30 Kanzonenstrophen, wovon 3 die Einleitung und 27 den Hauptteil bilden. Von diesen haben die 4., die 17. und die 30. narrativen Charakter, so daß für die Liebesklagen der beiden Hirten je 12 Strophen übrigbleiben. Der Dreierrhythmus verrät den intensiven Formwillen. (Segre 1974, S. 162) Dieser tritt aber noch deutlicher in den binären Grundstrukturen hervor: im Gegenüber von Vizekönig und Dichter-Ich in der Widmung, bzw. im Aufeinanderfolgen der Hirten Salicio und Nemoroso im Haupttext. Zwischen den beiden Figurenpaaren bestehen gewisse Analogien. Der Vizekönig, Don Pedro de Toledo, wird vom Dichter-Ich eingeladen, sein *negotium* (die Politik, den Krieg) und sein gewohntes *otium* (die Jagd) vorübergehend ruhen zu lassen und der bukolischen Dichtung zu lauschen. Damit soll er, der Uhrzeit entrückt, in eine musikalische, zyklische Zeit - in den gemächlichen Ablauf des Hirtengedichts - versetzt werden. Es geht hier im wesentlichen um den Gegensatz zwischen der destruktiven Zeit des Lebens (Jagd, Krieg, Politik) einerseits, welcher sich auch der Dichter nicht entziehen kann, und der mythischen Zeit des Kunstwerks anderseits.[21] Der zeitlich begrenzten Existenz werden schon in der Widmung andere Dimensionen (z.B. die Fama) gegenübergestellt, wobei hier nicht nur auf die Thematik, sondern auch auf die syntaktische Gestaltung zu achten ist. Hier nämlich werden Strukturen der Simultaneität (en tanto que, en cuanto) und der alternierenden Zeit (agora-agora) eingeführt, womit die Hauptintention der *Egloga primera*, den Zuhörer (Leser) vom reißenden Fluß der Zeit abzuhalten und sein gewohntes Zeitempfinden durch eine ästhetische Erfahrung zu ersetzen, bereits durchscheint. Besonders ausdrucksvoll in diesem Zusammenhang ist der sechste Vers der zweiten Strophe, wo von einer Jagdszene und von den zum Tod verurteilten Tieren die Rede ist, "que en vano su morir van dilatando". Die Langsamkeit der poetischen Bewegung kontrastiert hier mit der Aussage, (daß nämlich jedes irdische Leben seinem Ende entgegentreibe). Die Widmung, die nicht bloß - wie behauptet wurde - den äußeren historischen Rahmen bildet, verweist also ihrerseits auf den ästhetischen Diskurs.

Auch die beiden Hirten, Salicio und Nemoroso, haben ein unterschiedliches Verhältnis zur Zeit. Salicio, dessen Name mit der aufsteigenden Sonne (salir) und den "aus"-fließenden Tränen (Salid, lágrimas) in Verbindung gebracht wird, ist von seiner Dame nicht erhört und schließlich verlassen worden. (Segre 1974, S. 167) Er hadert mit der Welt, ohne aber deren Ordnung grundsätzlich in Frage zu stellen, und er beschließt, dem bukolischen Ort, der ihm lange Zeit lieb war, den Rücken zu kehren. Nemoroso hingegen wurde von Elisa (Isabel Freyre) geliebt, doch diese ward ihm durch den Tod entrissen. Für ihn ist die Gegenwart

---

[21] Eine detaillierte, vor allem quellengeschichtlich interessante Analyse der *Egloga primera* leistet H. Flasche in seiner *Geschichte der span. Literatur*, II, S. 70-85; vgl. dazu auch die semiotisch ausgerichtete Analyse von G. Güntert, Garcilaso, "'Egloga primera': La adopción de la distancia estética", in: *Actas del X Congreso AIH de Barcelona*, agosto 1989, Barcelona (im Druck).

sinnleer geworden. Es bleibt nur die Erinnerung an eine vergangene Zeit voll schöner Empfindungen, welche als Fülle im Bewußtsein des Verlustes, d.h. als eine auf Negativität gründende *plenitud* erscheint. Elisa starb, wie Isabel Freyre, im Kindbett (vgl. Strophe 27), und am liebsten würde ihr Nemoroso ins Jenseits folgen (Str. 29). Einzig die Erinnerung zählt für ihn, und auch diese lebt nur kraft des evozierenden Wortes.

Die vielgerühmte *Egloga tercera* ist Maria Osorio Pimentel, der Gemahlin des Vizekönigs von Neapel, gewidmet. Italienische und klassische Vorlagen (Vergils *Georgica*, Sannazaros *Arcadia* etc.) sind hier rezipiert worden. Die Ekloge umfaßt 47 *octavas reales* und läßt sich inhaltlich in drei Hauptteile - Widmung, Beschreibung der badenden und stickenden Nymphen, Wechselgesang der Hirten - aufgliedern. (Alonso 1950, S. 86) Eine genauere Analyse führt uns wiederum zur Erkenntnis der binären Strukturierung. In der Widmung - nennen wir sie A - spricht zuerst der Dichter von sich selbst (A1, 1-4), dann erscheint die "ilustre y hermosísima María" als Leserin (A2, 5-7). Eine ähnliche Abfolge läßt der Hauptteil (B) erkennen: im ersten "aufsteigenden" Teil (B1, Str. 8-34) verwandeln vier künstlerisch tätige Nymphen Leben in Kunst: sie weben (= tejer, texto), sticken und "malen" bunte Motive nach dem bekannten Prinzip *Ut pictura poesis*. Im zweiten "absteigenden" Teil (B2, Str. 35-47) werden die Nymphen Zeugen eines Wechselgesangs von zwei Hirten, deren Singen etwas "Natürliches", ja Naives hat. Während auf diese Weise die Künstlerinnen zu Zuhörerinnen werden (gemäß einem Rollenwechsel, der schon in der Widmung anklingt), weist der Weg, der zunächst von der Natur zur Kunst geführt hat, nun zurück von der künstlerischen Betätigung ins unmittelbare Leben. Das als reversibel dargestellte Verhältnis *Natura-Ars* erweist sich bei der Strukturierung des Textes als das signifikante Kriterium. In B1 (8-34) wird erzählt, wie die vier Nymphen dem Tajo entsteigen und nach ihrem Bade - in einer *soledad amena* - Teppiche sticken, auf denen unglückliche Liebesgeschichten dargestellt sind. Drei Geschichten entstammen der klassischen Mythologie (Orpheus und Eurydike, Apollo und Daphne, Venus und Adonis); die vierte gilt einem modernen Mythos, der - von Garcilaso selbst erdichteten - Liebe zwischen Elisa (Isabel Freyre) und Nemoroso (Garcilaso). So treten wir aus der Dimension der rasch vergehenden Zeit, auf die schon die Widmung hinweist, in die heitere, durch ein gemächliches Fließen gekennzeichnete Tajo-Idylle. Der landschaftliche Rahmen, selbst schon ein Bild, steht im Gegensatz zu den Stickereien, dem Bild im Bild, auf welchen (literarisch vermitteltes) Leben in Kunst verwandelt wird. Auch diese Darstellungen bewahren ihre Lebendigkeit: die fliehende Daphne, die im Tod erbleichende Eurydike und der sterbende Adonis werden in ihrer Bewegung festgehalten. Sie lösen im Betrachter ein komplexes Zeitempfinden aus: was als Flucht zum Tod erscheint, ist zugleich Permanenz, dem Leben abgewonnene Ewigkeit.

Garcilasos Werke erschienen erstmals 1543, sieben Jahre nach seinem Tod. Zu seinem bleibenden Ruhm trug die Tatsache bei, daß wichtige Autoren des Siglo de Oro seine Dichtung kommentierten und sie als ein Muster "schöner Sprache und edlen Geschmackes" (Friedrich Schlegel) rühmten. 1574 erschienen in Salamanca die Anmerkungen des Francisco Sánchez de las Brozas, auch El Brocense genannt, auf die wenige Jahre später die *Anotaciones* von Francisco de Herrera (1580) folgten. Beide Kommentare erlebten mehrere Auflagen und waren für die Entwicklung der spanischen Lyrik wegweisend. Garcilaso wurde durch sie zum Klassiker; er war der Erfinder einer neuen Strophenform, der *lira*, und galt - wie vor ihm Petrarca - als Autorität. Die Dichter des späteren XVI. Jh.s, selbst die Mystiker, imitierten seine Sprache oder betrachteten sie als Grundlage ihres literarischen Schaffens.

3. Fray Luis de León

Spaniens Literaturhistoriker unterscheiden eine von Herrera angeführte "Escuela sevillana", die den Petrarkismus teils in manieristischem, teils in klassizistischem Sinne erneuerte, und eine "Escuela salmantina", welche Schlichtheit im Ausdruck anstrebte und sich an das Vorbild klassischer Autoren (Horaz) hielt. Sevilla, durch die Entdeckung Amerikas zur wichtigsten Hafenstadt Spaniens geworden, war um die Mitte des Jahrhunderts Wohnsitz angesehener Humanisten (Juan de Mal Lara) und zahlreicher Dichter. Literarisch nicht weniger bedeutend war die Universitätsstadt Salamanca, wo die Poesie unter den Gebildeten - man denke an F. Sánchez de las Brozas, "el Brocense", der Garcilasos Werke kommentierte, oder an den Petrarca-Übersetzer Juan de Almeida - hohes Ansehen genoß. Hier wirkte auch der gelehrte Musiker Francisco Salinas, der in sein umfangreiches Werk *De musica libri septem* viele volkstümliche Texte, u.a. sogar *jarchas*, aufnahm. Ob der Lyriker Francisco De la Torre ebenfalls in Salamanca gelebt hat, ist umstritten. Von ihm wissen wir lediglich, daß er um 1560/70 schrieb und daß seine Werke 1631 von Quevedo herausgegeben wurden. Im gleichen Jahr veröffentlichte dieser die Dichtungen von Fray Luis de León.

Luis de León (1527-1591), Sohn eines Advokaten aus Belmonte del Tajo (Cuenca), studierte Philosophie und Theologie an der Universität Salamanca, trat 1544 in den Augustinerorden ein und wurde 1561 zum Professor der Theologie ernannt. Für die Exegese war er gut vorbereitet, verstand er doch neben Griechisch auch Hebräisch. Von umfassender Bibelkenntnis und tiefer Gelehrsamkeit zeugen seine Prosawerke, vor allem *De los nombres de Cristo* und die Psalmenkommentare. Mit den Ideen eines Lorenzo Valla vertraut, war León ein moderner Philologe und ein kritischer Exeget. 1572 wurde er bei der Inquisition denunziert, weil er Zweifel am Text der Vulgata geäußert und das *Hohelied* aus dem Hebräischen ins Spanische übertragen hatte. Auch die Mißgunst der Kollegen war an dieser Anklage beteiligt. Doch der wahre Grund war ein anderer: León wurde als *judaizante* verdächtigt. In einer Zeit, da die sogenannten "Neuchristen" (d.h. Abkömmlinge ehemals jüdischer Familien) grausamste Verfolgungen erleiden mußten, hatte er den Mut, seine Liebe zur hebräischen Sprache offen zu bekennen. Sein Kampf gegen Vorurteil und Torheit sollten ihn fast fünf Jahre Freiheit kosten. Abgesehen von einigen Traktaten, zirkulierten seine

Werke zu Lebzeiten nur als Manuskripte. Die Gedichte wurden, wie gesagt, erst 1631 gedruckt.

1588 wurde León vom *Consejo Real* mit der Edition der Werke der Therese von Avila beauftragt. Zu den Mystikern kann man ihn nicht zählen, auch wenn neuere kritische Arbeiten seinem christlichen Horatianismus - Fray León hat Horaz übersetzt - eine mystische Seite abgewinnen. Ein Ausdruck wie "escondida senda" erinnert in der Tat nicht nur an den Horaz'schen "secretum iter", sondern auch an die "secreta escala disfrazada" eines Juan de la Cruz. Gewiß war die Übertragung des *Hohenliedes* - *Declaración del Libro de los Cantares* (1561) - für die Mystiker von größter Bedeutung; doch fehlen anderseits Hinweise auf eigentlich mystische Erfahrungen im Werk des Salmantiners. Nur in der Ode *A Francisco Salinas* wird die Entrückung - es handelt sich aber um eine ästhetisch-religiöse Welterfahrung - mit den für die mystische Sprache typischen *Oxymora* ("muerte que das vida", "desmayo dichoso", etc.) wiedergegeben. Die knapp zwanzig Gedichte des Fray Luis haben ethischen oder ästhetisch-religiösen Charakter: sie handeln von der *virtud* und den menschlichen Leidenschaften, von der inneren und äußeren Harmonie (die durch Musik oder Poesie vermittelt wird), von der Suche nach innerer Ausgeglichenheit, ein Thema, das, christlich umgedeutet, dem Horaz'schen *Beatus ille* nachempfunden ist und mehreren Oden des Dichters zugrunde liegt (*Canción de la vida solitaria*, *A Francisco de Salinas*, *A Felipe Ruiz*). (Lapesa 1967, S. 174) Darin verwendet León eine von Garcilaso erfundene Strophenform, die er nach dem Anfangsvers "Si de mi baja lira" *Lira* nennt. Hier die letzten drei Strophen der *Canción* und die Übersetzung von Hans Felten:

> A mí una pobrecilla
> mesa, de amable paz bien abastada,
> me baste; y la vajilla,
> de fino oro labrada,
> sea de quien la mar no teme airada.
>
> Y mientras miserable-
> mente se están los otros abrasando
> con sed insaciable
> del peligroso mando,
> tendido yo a la sombra esté cantando;
>
> a la sombra tendido,
> de hiedra y lauro eterno coronado,
> puesto el atento oído
> al son dulce, acordado,
> del plectro sabiamente meneado.[22]

---

[22] Mir ein karges / Mahl, aus Frieden nur bereitet, / Ist genug; Geschirr / Aus reinem Gold getrieben / Für den, der wütend Meer nicht fürchtet. / / Und während andre elend / Brennen / In unstillbarem Drang nach / Gefahrvoller Macht, / Möcht'ich im Schatten ruhn und singen. / / Im Schatten ruhn, / Efeu und ewger Lorbeer krönen mich, / In Andacht lausch' ich / Dem schönen Klang / Des Saitenspiels, kunstvoll geschlagen.

Der Autor des "kunstvoll geschlagenen Saitenspiels" ist - nach dem Weltschöpfungsmythos des *Timaios* - der göttliche Demiurg, in dem die Harmonie des Kosmos ihren Ursprung hat (vgl. *A Francisco Salinas*, Str. V). Leo Spitzer hat dem Thema eine größere Untersuchung gewidmet.[23] Harmonie wird auch durch das Gedicht selbst verwirklicht (vgl. die Vokalakkorde, den Rhythmus und die metrisch-syntaktischen Proportionen sowie die Thematik). Das Hinhorchen des lyrischen Ichs auf das kosmische Saitenspiel wird zur "Figur" des verinnerlichten Lesens.

Die christliche Umdeutung des Horaz, wie sie Luis de León leistet, hat auf die Lyrik der folgenden Jahrzehnte starke Auswirkungen. Sie ist in Sevilla nicht weniger wirksam als in Salamanca und beeinflußt - von Francisco de Medrano bis hin zu den beiden Argensola und zu Fernández de Andrada (*Epístola moral a Fabio*) - eine ganze Anzahl von Dichtern. Zur horazischen Lebensweisheit gehört immer auch ein anspruchsvolles Kunstverständnis, das vom Dichter Distanz und formale Überlegenheit verlangt. Gerade in dieser Formel wird sich die klassizistische Lyrik des XVII. Jh.s erkennen, die neben der "barocken" die wichtigste Stilrichtung jener Epoche darstellt.

Eine thematische Verbindung zu den *Romanceros* ergibt sich aus der Lektüre der *Profecía del Tajo*, eines aus der Frühzeit stammenden Gedichtes von Fray Luis. Erzählt wird die Geschichte des letzten Gotenkönigs Rodrigo, der die schöne Caba verführte und dadurch die Rache ihres Vaters, des Grafen Julián, auf sich zog. Dessen Verrat hatte die Invasion der iberischen Halbinsel durch die Araber zur Folge. Mehrere Romanzen (und vorher die Gotenchronik) hatten diese Episode erzählt. León hält sich aber auch hier an Horaz, wählt die klassische Form der Ode und läßt den Fluß Tajo die Prophezeiung sprechen. Als Vorbild dient ihm die Ode I, 15 des Horaz, in welcher der Meeresgott Nereus dem Paris die Zerstörung Trojas prophezeit. Der Dichter hispanisiert die Thematik, spricht von der Zerstörung Spaniens und hebt den moralischen Aspekt der *pasión amorosa* hervor.

4. Die Romanceros

Romanzen, ursprünglich Epenfragmente, die später volksliedhaften Charakter annahmen und zur Zeit des *Cancionero general* hoffähig wurden, zirkulierten seit dem XV. Jh. Seit 1506 wurden vereinzelte Texte gedruckt. In Buchform gesammelt wurden sie ab 1530 (*El libro de cincuenta romances*, um 1530; *Cancionero de romances*, auch *de Amberes*, hgg. von Martín Nucio, ca. 1547 u. 1550; *Silva de varios romances*, 1550/51; *Romancero general*, 1600). Da die meisten Texte zum Vorsingen bestimmt waren, wurden sie auch in die *Cancioneros musicales* aufgenommen. Nach der Thematik unterschied man mehrere Untergattungen: historische, epische, chevareleske, karolingische oder bretonische, dann auch maurische (bzw. *fronterizos*) und jüdische Romanzen. Ein Liederzyklus behandelte die Hel-

---

[23] L. Spitzer, *L'armonia del mondo. Storia semantica di un'idea*, Bologna (Il Mulino) 1967.

dentaten der *Infantes de Lara*, ein weiterer die des *Cid*; wieder andere beleuchteten berühmte Episoden aus der spanischen Geschichte (König Rodrigo und die Caba). Die Aufwertung der Romanzen fiel in eine Zeit, in der sich das historische Selbstbewußtsein der Nation zu äußern begann (Chroniken, Geschichtsschreibung, historische Dramen und Romane). Man sammelte das altehrwürdige Volksgut mit antiquarischem Eifer, wie Martín Nucio dies im Vorwort des *Cancionero de Amberes* bestätigt:

> Ich habe mir die Mühe genommen, in diesem Cancionero alle Romanzen zu vereinen, von denen ich Kunde hatte, denn mir schien, jedermann höre sich diese gern zum Zeitvertreib und zur Ergötzung an und die Verschiedenartigkeit der in Verse erzählten Geschichten, die er anbietet, würden allgemein gefallen. Mag sein, daß hier einige (allerdings nur wenige) der alten Romanzen fehlen. Ich nahm sie nicht auf, weil ich sie nur in bruchstückhafter Form überliefert vorfand. Ich bestreite nicht, daß in den hier abgedruckten etliche Fehler vorkommen können, aber das muß man den sehr beschädigten Exemplaren, in denen ich die Texte fand, oder dem mangelhaften Gedächtnis meiner Gewährspersonen zuschreiben. Ich hab mich angestrengt, die Fehlerquellen gering zu halten, und es kostete mich einige Mühe, die Lieder aus ihrem unvollkommenen Zustand zu befreien. Ich wollte zudem, daß diese in einer gewissen Ordnung dargeboten würden: deshalb führte ich zuerst diejenigen auf, die von französischen Themen und den Doce pares handeln, dann die kastilischen und die der Trojalegende und zuletzt die Liebesromanzen. Aber diese thematische Trennung gelang nicht ganz, und Überschneidungen waren nicht zu vermeiden.[24]

Bei den Liebesromanzen ergeben sich Verbindungen zur volkstümlichen Lyrik. Wir begegnen bspw. dem Motiv der schönen Dunkelhäutigen, die dem anerkannten Schönheitsideal nicht entspricht. Die Anfangsverse "Morenica me llama / el hijo del rey" lassen aber auch an ein berühmtes historisches Thema denken, zumal die Caba (oder die Jüdin von Toledo) dunkle Schönheiten waren. Andere erotische Lieder spielen die Situation der *pastourelle* mit vertauschten Rollen durch (*Una gentil dama y un rústico pastor*), wobei die volkstümlich gewordene Figur des *pastorcico*, des naturverbundenen, urwüchsigen Liebhabers, wieder auftaucht. Auch Legendenmotive wie *La infantina encantada* und das Heimkehr-Motiv des nicht erkannten Gatten kommen vor. Die entzückende Romanze *Fonte frida, fonte frida*, die im *Cancionero general* von 1511 glossiert wurde, hat den Mystiker Juan de la Cruz inspiriert. Als Dichter von kunstvollen Romanzen taten sich Góngora, Quevedo, Cervantes und Lope de Vega hervor. Dieser behauptet in einer seiner Komödien: "Estos romances nacen al sembrar los trigos", womit er die Popularität der Gattung unterstreicht und zu verstehen gibt, daß solche Lieder zum Alltag der Leute gehören. Schließlich darf die Bedeutung der Romanzen für das Theater nicht unterschätzt werden. Ein Teil der dramatischen Texte ist ja selbst im Metrum der *romances* (Achtsilbler, mit Assonanz in den Versen mit gerader Zahl) komponiert. Die Strophenform eigne sich für historische oder epische Berichte ("relaciones"), erklärt Lope in seinem *Arte nuevo*.

---

[24] *Cancionero de romances*, Martín Nuncio (Hg.), (Antwerpen, ca. 1547), Ed. facsímil, mit Vorwort von R. Menéndez Pidal, Madrid (CSIC) 1945.

5. Religiöse und mystische Lyrik: San Juan de la Cruz

Juan de la Cruz (eigentlich Juan de Yepes y Alvarez, 1542-1591) interessiert uns hier als Lyriker. Die Verdienste des Prosaschriftstellers und des Kommentators mystischer Texte werden andernorts gewürdigt.[25] In Avila geboren, trat er mit 19 Jahren dem Karmeliterorden bei. Er studierte Theologie in Salamanca und wurde 1568 unter dem Einfluß der Teresa von Avila zum Ordensreformer, d.h. zum Begründer der strengen Ordensrichtung ("unbeschuhte Karmeliter"). In seinem schmalen lyrischen Werk - es ist größtenteils in der Haft (1577 /1578) entstanden - verbindet sich die Tradition des *Hohenliedes*, dieses wichtigsten Bezugstextes aller mystischen Literatur, mit der Liebeslyrik des Jahrhunderts, wobei bald volkstümliche, bald klassisch-bukolische Motive ins Sakrale transponiert werden. Die mystische Lyrik, die als einer der Höhepunkte der spanischen Dichtung gilt, war wegen ihrer erotisch-sakralen Ambivalenz vielen Verdächtigungen ausgesetzt. Das Werk Juan de la Cruz' erschien postum. Die erste spanische Gesamtausgabe wurde im Ausland gedruckt (Brüssel, 1627; frz. Üb.: Paris 1622), doch waren in Spanien Teilausgaben bekannt (z.B. Alcalá, 1618).

Unter den lyrischen Werken des J. de la Cruz ragen drei hervor: Der *Cántico espiritual*, ein dem *Hohenlied* nachgestalteter Dialog zwischen der Braut (Seele) und dem Bräutigam (Christus), sowie die beiden Oden *En una noche escura* und *¡Oh llama de amor viva!*. Auch er verwendet nach dem Vorbild von Fray Luis die Lira-Strophe. Daneben hat er *coplas* und *glosas* im traditionellen Stil verfaßt:

> ¡Que bien sé yo la fonte que mana y corre,
> aunque es de noche![26]

In den Selbstkommentaren, die sich an Ordensleute und theologisch gebildete Leser richten, erläutert Juan, wie diese Verse den mystischen Aufstieg der Seele und ihre Vereinigung mit dem Göttlichen zu beschreiben *versuchen*. Er weiß, daß es für die mystischen Erfahrungen keinen adäquaten Ausdruck geben kann. (Alonso 1950, S. 281) Während der Theologe im didaktischen Kommentar das Problem des Unsagbaren zwar erörtert, aber es mit allegorischen Deutungen umgeht, sieht sich der Dichter herausgefordert. Ihm bleibt nur der letzte Weg, die sprachlichen Ausdrucksmöglichkeiten noch zu potenzieren. Das Dichten wird zur Suche, zum Ringen nach dem Wort, im Bewußtsein der Unmöglichkeit, dieses zu finden. Damit erlangt Juan eine Modernität, die den Dichtern des XX. Jh.s, etwa Jorge Guillén, imponiert hat.

Eine banalisierende Lektüre der mystischen Dichtung wird auf den Gebrauch der erotischen Metaphorik hinweisen und zeigen wollen, daß Liebesdichtung und religiöse Erfahrung sich derselben Bilder bedienen. Tatsächlich wird die Seele des Mystikers gewöhnlich "*esposa*", Braut, Christus "*esposo*", Bräutigam, genannt.

---

[25] Vgl. hier: D. Briesemeister, Religiöse Literatur.

[26] Wie gut kenn ich den Born, der überfließt, / Auch wenn es Nacht ist.

Auch das Begriffspaar "amado-amada" ist seit Ramón Llull verbreitet. Vereinfachende Deutungen übersehen jedoch die "Verfremdungseffekte", die dieser Sprache eignen. Wir versuchen, dies am *Cántico espiritual* zu zeigen. Zwar bereitet die Textgeschichte - es gibt zwei Manuskripte, Sanlucar und Jaén, mit 39 bzw. 40 Strophen - etliche Schwierigkeiten, da die Strophen z.T. in unterschiedlicher Reihenfolge erscheinen. Dennoch lassen beide Texte die ungewöhnliche Metaphorik - z.B. den raschen Wechsel der semantischen Bereiche oder der Bilderreihen - erkennen. In den Schlußstrophen ist die Technik des kühnen Assoziierens offensichtlich:

> El aspirar del aire,
> el canto de la dulce filomena,
> el soto y su donaire
> en la noche serena,
> con llama que consume y no da pena.
>
> Que nadie lo miraba,
> Aminadab tampoco parecía,
> y el cerco sosegaba,
> y la caballería
> a vista de las aguas descendía.[27]

Ähnliche Bildverfremdungen zeigt die Ode *En una noche escura*. Hier wird der Leser zunächst der Braut folgen, die "ihr Haus" heimlich verläßt, über "verborgene Stufen" schreitet und sich auf ihrem nächtlichen Weg nur einer "inneren Flamme" anvertraut. Wenn er sich weiterhin an den genauen Wortlaut hält, wird er spätestens in Strophe IV verunsichert. Wie ist es möglich, daß die nächtliche Flamme heller als das Mittagslicht erstrahlt? Und wie kann sie "Führerin" sein, ohne etwas anderes als "Flamme" zu bedeuten? Wie ist - ohne Kenntnis der mystischen Vorgänge - zu erklären, daß die Braut, die anscheinend den Bräutigam aufsucht, sich gerade dorthin begibt, wo "niemand ist"? Hier muß der Leser wissen: Der Mystiker, der sich mit dem Göttlichen vereinigen will, macht erst *tabula rasa*, verzichtet auf alles Irdische, entäußert sich der eigenen Wünsche und Gefühle, damit seine Seele für die Grenzerfahrung der *unio mystica* offen bleibe. Ekstatische Höhepunkte sind durch *Oxymora* gekennzeichnet ("O noche que guiaste"), wobei die Liebeslyrik - zugegebenermaßen - zu den gleichen Mitteln greift. Aber würde der erotische Dichter auch "niemand" und "jemand" gleichsetzen? Würde er sagen, daß sich die "amada" in den "amado" verwandelt? Mythische Diskurse, zu denen der mystische zweifellos gehört, setzen eine andere Art Rationalität voraus. Verfremdungseffekte finden sich auch wieder in den Schlußstrophen, wo zuerst von den Zedern (des Libanon!) oder von Lilien die Rede ist, als fände die Vereinigung in der freien Natur statt, dann aber auch von den Zinnen (des Tempels) und vom herabwehenden Winde. Die verwendeten

---

[27] Das Wehen der Lüfte, / Der Nachtigallen schluchzender Gesang, / Der Hain voll holder Düfte, / In der schweigenden Nacht / mit Flammen, die verzehren und nicht schmerzen. / / Denn niemand sah es, / auch nicht Amindabad, / Und es schwieg der Umkreis, / Als der Ritter Pferde / Zu den Wassern niederstiegen.

Bilder sind von verwirrender Mehrdeutigkeit: ein genaues Bezugsobjekt läßt sich nicht festlegen. Biblische Reminiszenzen, vor allem aus den Psalmen, klingen an: es sind mit Nebenbedeutungen angereicherte Begriffe, zumal der alttestamentliche Brautgesang seit ältesten Zeiten allegorisch interpretiert wurde. Hören wir nun die Ode und die (von uns an einzelnen Stellen abgeänderte) Übersetzung von Felix Braun:[28]

>En una noche escura
>con ansias en amores inflamada
>¡o dichosa ventura!
>salí sin ser notada
>estando ya mi casa sosegada.
>
>a escuras y segura
>por la secreta escala, disfrazada
>¡o dichosa ventura!
>a escuras y en celada
>estando ya mi casa sosegada.
>En la noche dichosa
>en secreto que naide me veía
>ni yo miraba cosa
>sin otra luz ni guía
>sino la que en el corazón ardía.
>
>Aquésta me guiava
>más cierto que la luz del mediodía
>adonde me esperaba
>quien yo bien me sabía
>en parte donde nade parecía.
>
>¡O noche, que guiaste!
>¡O noche amable más que la alborada!
>¡O noche que juntaste
>amado con amada,
>amada en el amado transformada!
>
>En mi pecho florido,
>que entero para él solo se guardaba
>allí quedó dormido
>y yo le regalaba
>y el ventalle de cedros aire daba.
>
>El aire del almena
>cuando yo sus cabellos esparcía
>con su mano serena
>en mi cuello hería
>y todos mis sentidos suspendía.

---

[28] Johannes vom Kreuz, *Die dunkle Nacht der Seele*, *Sämtl. Dichtungen*, übers. von F. Braun, Salzburg (Müller) 1952.

> Quedéme y olvidéme
> el rostro recliné sobre el amado;
> cesó todo, y dejéme
> dejando mi cuidado
> entre las azucenas olvidado.[29]

Die religiöse Dichtung des 16. Jh.s verdiente eine ausführlichere Betrachtung, als sie hier geboten werden kann. Nicht nur gibt es neben San Juan de la Cruz weitere dichterisch begabte Mystiker (z.B. Teresa von Avila), es existiert auch eine bedeutende religiöse Lyrik, die nicht als mystisch bezeichnet werden kann. Ein Beispiel wollen wir erwähnen: das anonyme Sonett "*No me mueve mi Dios*", das abwechslungsweise Ignatius von Loyola, Franz Xavier oder Teresa von Avila zugeschrieben wurde. Der Begriff der selbstlosen Liebe (vgl. erstes Quartett) war schon der höfischen Lyrik bekannt. Doch das zweite Quartett weist auf die Technik der Meditation hin, wie sie u.a. von den Jesuiten geübt wurde. Die Liebe zum Gekreuzigten erwächst aus der intensiven Betrachtung heraus und bewegt ("movere"). Dadurch, daß der Liebende auf alles, selbst auf die Hoffnung verzichtet, wird seine Liebe ins Absolute gesteigert.

> No me mueve, mi Dios, para quererte
> el cielo que me tienes prometido,
> ni me mueve el infierno tan temido
> para dejar por eso de ofenderte.
>
> Tú me mueves, Señor; muéveme el verte
> clavado en esa cruz y escarnecido;
> muéveme el ver tu cuerpo tan herido;
> muévenme tus afrentas y tu muerte.
>
> Muévesme al tu amor en tal manera
> que, aunque no hubiera cielo, yo te amara,
> y, aunque no hubiera infierno, te temiera.

---

[29] In einer dunklen Nacht / vom Liebesfeuer schmachtend / Oh! seliges Unterfangen! / Fort ging ich, unbeachtet, / Indes mein Haus in Frieden lag, umnachtet. / / Im Dunkel, doch gesichert, / Vermummt, geheime Stufen niedersteigend / Oh! seliges Unterfangen! / Im Dunkel, nicht mich zeigend, / Ließ ich mein Haus in Frieden, schweigend. / In jener Nacht des Glückes, / Verborgen, unerkannt, / Nichts drang zu meinem Blicke, / Kein Licht mich führt' noch sandte, / Es sei denn das im eignen Herzen brannte. / / Dies zeigte mir den Weg / Sicherer als die Mittagsleuchte / Dorthin, wo mich erwartet / Einer, den ich wohl kannte / Und der dort war, wo niemand schien. / / Nacht, der du führtest, / Nacht, tiefer als das Morgenlicht geliebte, / Nacht, zu Vermählung einend / Geliebten und Geliebte, / In den Geliebten wandelnd die Geliebte. / / In meiner Brust voll Blüten, / Die ganz für ihn ich hütete, / Ließ ich ihn schlummern / Und sich erfreuen, / Und Zedernzweige gaben Kühlung. / / Unter dem Sturmwind der Tempelzinnen / Spielt' ich mit seinem aufgelösten Haar, / Mit seiner Hand, der wunderbaren, / Setzt er mir Wunden zu am Halse, / Und mir entschwanden alle meine Sinne. / / Da lag ich in Verzückung / Das Antlitz über den Geliebten neigend, / Alles erlosch, entzog sich mir, / Und Wähnen, Wünschen, Wollen / War unter weißen Lilien verschollen.

>   No me tienes que dar porque te quiera;
>   que, aunque cuanto espero, no esperara,
>   lo mismo que te quiero, te quisiera.[30]

6. Neoplatonischer Petrarkismus: Aldana

Francisco de Aldana (1537-1578) nimmt schon von der Biographie her eine Sonderstellung ein. In Italien geboren, lebt der Extremadurer längere Zeit im Florenz der Medici, wo er in Literaten- und Künstlerkreisen (B. Varchi, Michelangelo) verkehrt. Später finden wir ihn, zum Feldherrn avanciert, in Flandern, dann als Diplomaten am Hof des Herzogs von Alba und als Spion im Dienste seiner königlichen Majestät. Er stirbt in der Schlacht von Alcázarquivir, an der Seite des legendenumwobenen Königs Sebastian. Aldana gehört zu den originellsten Dichterpersönlichkeiten des Jahrhunderts. (Vossler 1950, S. 212) Nur jene Teile seines Werks, die sein Bruder Cosme in einer fehlerhaften Ausgabe zum Druck freigab (4 Kanzonen, 45 Sonette, Episteln, Ovid-Übersetzungen) sind uns erhalten geblieben. Verschiedene Einflüsse, vor allem neoplatonische, prägen Aldanas lyrisches Werk. Ein komplexer Satzbau (vgl. Sonett VIII), dialogische Strukturen und ein virulenter Konzeptismus geben ihm den Aspekt des poetischen Experimentes, das Góngora und Marino vorwegnimmt. So ist die konzeptistische Heraushebung eines Details, etwa der Hand oder des Fußes der Geliebten, ein typisch marinistischer Kunstgriff (Son. VIII). Auch aus der Häufigkeit der *Vanitas*-Thematik könnte man barocke Züge herauslesen. Aber bei genauer Analyse erkennt man, daß diese Texte (z.B. Son. XXXIV) nichtsdestoweniger dem Neoplatonismus verpflichtet sind, der Aldanas antithetisches Denken (Hell-Dunkel, Körper-Seele) kennzeichnet:

>   En fin, en fin, tras tanto andar muriendo,
>   tras tanto variar vida y destino,
>   tras tanto de uno en otro desatino
>   Pensar todo apretar, nada cogiendo,
>
>   Tras tanto acá y allá yendo y viniendo
>   Cual sin aliento inútil peregrino,
>   ¡Oh Dios!, tras tanto error del buen camino,
>   Yo mismo de mi mal ministro siendo,
>
>   Hallo, en fin, que ser muerto en la memoria
>   Del mundo es lo mejor que en él se esconde,
>   Pues es la paga dél muerte y olvido,

---

[30] Dich zu lieben, mein Gott, bewegt mich nicht / Der Himmel, den du mir versprochen, / Noch bewegt mich Furcht vor der Verdammnis, / Daß ich der Sünde deshalb würd' entsagen. / / Du bewegst mich, Herr; es bewegt mich, / Dich verhöhnt, an diesem Kreuz zu sehen, / Den Körper voller Wunden; / Deine Leiden und dein Sterben bewegen mich. / / Zu deiner Liebe bewegst du mich in solcher / Weise, daß ich dich liebte, auch wenn es keinen / Himmel gäbe, und ich dich fürchtete, auch ohne Hölle. / / Nichts mußt du mir geben, damit ich dich liebe; / Denn, selbst wenn ich nicht hoffte, was ich hoffe, / Würde ich dich so sehr lieben wie ich dich liebe.

> Y en un rincón vivir con la vitoria
> De sí, puesto el querer tan sólo adonde
> Es premio el mismo Dios de lo servido.[31]

Unter den erotischen Gedichten hat das Zwiegespräch von Damon und Philis über die Liebe (Sonett XII) Berühmtheit erlangt. Es beschreibt die Liebe als körperlich-seelische Erfahrung. Philis fragt ihren Geliebten, warum die Liebenden nach erlebtem Sinnesrausch traurig und enttäuscht zurücksinken und Damon belehrt sie, indem er sich auf Ficino beruft: Die Körperlichkeit des Menschen, so sagt er, erschwere die Vereinigung der Seelen. Der Körper sei Mittel zu dieser Vereinigung und Hindernis dafür zugleich. Auch wenn die Seelen der Liebenden für einander bestimmt seien, könne sich, solange sie der physischen Welt verhaftet blieben, ihr letztes Sehnen nicht erfüllen ("no pudiendo pasar al dulce amado centro"). Ungewöhnlich für ein Liebessonett ist das beinahe realistische Vokabular, mit dem der Geschlechtsakt dargestellt wird ("la lucha de amor", "con lenguas, brazos, pies trabados", "de chupar cansados", etc.), doch ist das Gegenüber von platonischer Spiritualität und sexueller Konkretheit für einen in Italien großgewordenen Dichter nicht ganz ungewöhnlich.

7. Herrera

Garcilaso wird zu dem Zeitpunkt als Autorität der spanischen Dichter anerkannt, als diese beginnen, seinem Stilideal der eleganten Natürlichkeit untreu zu werden. Dies gilt für Francisco de Herrera und die sogenannte Sevillaner Schule (Juan de Arguijo, Baltasar del Alcázar, Francisco de Medrano, Francisco de Rioja) nicht weniger als für den aus Ostandalusien stammenden Luis Barahona de Soto, dessen Werk schon evident manieristische Züge aufweist.

Francisco de Herrera (1534-1597) stammte aus einfachen Verhältnissen, lebte am Hof des Grafen von Gelves und warb um die Gunst der Gräfin in wohlklingenden, fein ziselierten Versen, die ihm bald den Namen "El Divino" eintrugen. Nur ein Teil seines Werks ist uns erhalten geblieben (*Algunas obras*, 1582; *Versos de F. H.*, 1619), meist erotische oder heroische Gedichte in den klassischen Formen des Sonetts, der Kanzone, der Sestine, der Ode, der Elegie. Im Vergleich zu Garcilaso tendiert er, selbst in der Liebesdichtung, zum feierlich erhabenen Stil. Dies äußert sich: 1) im Wortschatz, mit seinen zahlreichen Abstrakta (alma belleza, eterna hermosura), seinen *cultismos* (peplo, aeria nube, belígero), seiner imposanten Adjektivierung (alto cielo, gloria inmensa, bello cerco, sacra ecelsa cumbre); 2) im reichen Ornat, durch den "die Dinge neu ge-

---

[31] Endlich, nach so viel müdem Gehen / So vielen Ortswechseln, Irrungen, / Wirrungen, eitlem Suchen nach dem Nichtigen, / Alles erhaschend, nichts ergreifend, // Nach so viel Hin und Her und Vorwärtsrennen, / So daß man atemlos ein unnütz Pilger war, / Oh Gott, nach so viel Irrtum, Sünde, Abweichungen, / Mir selber schadend als mein schlechter Diener, // Seh' ich nun endlich, wie im Gedächtnis der Welt / Vergessensein das beste ist, was diese bietet, / Denn Tod, Vergessen, ist ihr trauriger Lohn. // In Abgelegenheit zu leben, seiner selbst Herr, / Dorthin gerichtet die Gedanken, / Wo Gott die einzge Prämie unseres Dienens wär.

schaffen werden" (vgl. *Anotaciones a Garcilaso*); 3) in der Metaphorik, die würdevolle Planeten- und Götternamen, Gestirne, Edelsteine, kostbare Materialien bevorzugt ("Sol", "lumbre", "luna" sind *senhals* der Gräfin von Gelves); 4) im zelebrierenden Ton der patriotischen Gedichte, der elegischen Kanzone auf den unglückseligen Afrika-Feldzug des Königs Sebastian von Portugal (*Por la pérdida del Rey Don Sebastián*) und der Ode auf den Sieg von Lepanto (*Por la vitoria del Señor Don Juan*); 5) in der Neuinterpretation herkömmlicher Strophenformen und in der Hebung der jeweils entsprechenden Stillage. Die Kanzone, diese "schönste, aber auch schwierigste Gedichtform", soll sich - so lesen wir in den *Anotaciones* - nur aus "ausgewählten Vokabeln" zusammensetzen.[32] Ihre "textura" habe "gravísima" (= von großem Ernst, würdevoll) zu sein und dürfe nichts enthalten, was nicht "culto" sei. Die Prachtliebe des Dichters zeigt sich aber auch in den Sonetten. So vergleicht er im Gedicht "Rojo Sol" Sonne, Luft, Mond und Sterne mit der Schönheit seiner Angebeteten und hebt diese wörtlich zu den Gestirnen empor. Die Intention dieser Dichtung - die *aemulatio* - ist klar: die Geliebte ist schöner als die Himmelsgestirne, aber sie ist auch undankbarer (ingrata) als diese.

Man stelle nun dieses feierliche Sonett von Herrera neben das intimere von Francisco De la Torre (um 1570), mit dem es gewisse Ähnlichkeiten hat. Auch hier unterhält sich das lyrische Ich mit kosmischen Akteuren, mit der "clara y amiga Noche" und den "estrellas", ohne allerdings diese Elemente am Schluß zu summieren. Die Nacht in ihrem Faltenkleid ("los dobleces de tu manto") ist weder Allegorie noch eindeutige Metapher. Sie bleibt Nacht und ist zugleich mehr als dies (Frau? Vertraute? dunkle Macht? poetischer Raum?). Ebenso sind die Sterne, die um das Schicksal des Liebenden wissen, bald Himmelsleuchten, bald Späheraugen, wodurch sie eine faszinierende Ambivalenz erhalten. In der Technik der Anspielung und der Konnotation liegt ein Hauptverdienst dieser Dichtung, indes Herrera einmal mehr Posaunentöne anschlägt. Man vergleiche:

> Rojo Sol, que con hacha luminosa
> cobras el purpúreo y alto cielo
> ¿hallaste tal belleza en todo el suelo,
> qu'iguale a mi serena Luz dichosa?
>
> Aura suave, blanda y amorosa
> que nos halagas con tu fresco vuelo;
> cuando se cubre del dorado velo
> mi Luz tocaste trenza más hermosa?
>
> Luna, onor de la noche, ilustre coro
> de las errantes lumbres y fijadas
> ¿consideraste tales dos estrellas?

---

[32] *Obras de Garcilaso de la Vega con Anotaciones de F. de Herrera*, ed. facsímil, Ed. y prólogo de A. Gallego Morell, Madrid (Gredos) 1972, S. 394.

> Sol puro, Aura, Luna, llamas de oro
> ¿oistes vos mis penas nunca usadas?
> ¿vistes Luz más ingrata a mis querellas?[33]

Der häufige Gebrauch von astronomischen Metaphern ist signifikant: Planeten verhalten sich zu Blumen wie das erhabene Wortmaterial zum gewohnten Wortschatz der petrarkistisch-bukolischen Lyrik. Strebt Herrera im lexikalischen Bereich nach Subtilität, so wagt er in der syntaktischen Gestaltung noch keine kühnen Experimente. Er betrachtet die Worte als "Bilder der Gedanken" und fordert vom Dichter Klarheit. Die *oscuridad* könne zwar in den Dingen liegen, nicht aber in den Gedanken; hier müsse sie der Helle weichen. Die Dichtkunst Herreras befindet sich auf halbem Weg zwischen der "natürlichen" Anmut eines Garcilaso und der Preziosität der neuen Lyriker. Autorität und normatives Denken sind bei ihm groß geschrieben, was für seine Zeit - die Epoche Philipps II. - nichts Erstaunliches hat. Autoritäten bestimmen die literarische Praxis: neben die Antiken wird nun der neue "Klassiker" Garcilaso gestellt. Als Kritiker respektiert Herrera die anerkannten Dichtungsformen. Er charakterisiert sie einzeln, definiert sie in bezug auf die Stilhöhe, schreibt den dazu passenden Ornat vor. Im Unterschied zu Malherbe, der die Poetik der französischen Klassik einleitet, indem er Regeln aufstellt, begnügt sich Herrera aber mit Empfehlungen und entwirft kein strenges System. Seine Theorie der Stile und des Ornats stützt sich im wesentlichen auf J. C. Scaliger (*Poetices Libri Septem*, Lyon 1561).

Die Dichter der Sevillaner Schule werden Herrera nicht in allem folgen. Die meisten bleiben einem sich auf Horaz berufenden Klassizismus treu, was sie vor allzu großen Experimenten bewahrt. Bezeichnend für das Mißtrauen gegenüber Herreras pompöser Rhetorik ist der Prolog von Francisco De Rioja zur Herrera-Ausgabe von 1619, wo das obligate Lob durch reservierte Urteile und kritische Randbemerkungen verschleiert wird:

> Die Verse, die er (Herrera!) in kastilischer Sprache schuf, sind bildungsgesättigt, voll von Licht und poetischen Farben, sie haben Nerv und Kraft, und dies nicht ohne Vornehmheit und Schönheit. Auch gebricht es ihnen nicht an Gefühl, wie einige behaupten, denn sie besitzen wohl solche und sogar von den großzügigsten. Doch ersticken sie im Reichtum und verschwinden hinter dem Überschwang des Ornats, denn so geschieht den Dichtern, welche die Stillage zu hoch ansetzen. Je feiner und delikater die Liebesempfindungen sind, umso einfacher und angemessener müßten die Worte sein, damit diese in die Augen stechen und das Gemüt bewegen. Kurzum, sie müßten hervortreten, sich darbieten und nicht so versteckt bleiben, daß man sie suchen muß. Wer einen anmutigen, schön proportionierten Körper einzukleiden hätte und ihn in überschwenglicher Weise schmückte, der würde die schon vorhandene Schönheit verdunkeln und überdecken...[34]

---

[33] ¡Cuántas veces te me has engalanado, / clara y amiga Noche! ¡Cuántas llena / de escuridad y espanto la serena / mansedumbre del cielo me has turbado! // Estrellas hay que saben mi cuidado / y que se han regalado con mi pena; / que entre tanta beldad, la más ajena / de amor, tiene su pecho enamorado. // Ellas saben amar, y saben ellas / que he contado su mal llorando el mío, / envuelto en los dobleces de tu manto. // Tú, con mil ojos, Noche, mis querellas / oye y esconde; pues mi amargo llanto / es fruto inútil que al amor envío.

[34] *Versos de F. de Herrera, emendados y divididos por él*, Ed. de Francisco Pacheco, prólogo de Francisco de Rioja, (Sevilla 1619), zit. nach Begoña López Bueno, *La poética cultista de Herrera a Góngora*, Sevilla (Alfar) 1987, S. 85.

Herreras Erbe lebt im Werk des Luis Barahona de Soto (1547-1595) weiter. Dieser wirkte in Antequera, Granada, Lucena und Sevilla, hatte Kontakte zu Gregorio Silvestre, Francisco de Figueroa und zu Diego Hurtado de Mendoza. Dem Tod Garcilasos widmete er eine Elegie. Barahona versteht es, die natürliche Anmut eines Garcilaso mit Herreras *gravitas* zu verbinden. Seine Sprache ist klassizistischer als diejenige des Toledaners, aber poetischer als jene Herreras, und es eignet ihr ein seltener Schmelz. Als Beispiel zitieren wir die Anfangsstrophe der *Egloga de las Hamadríades* (= Baumnymphen), die zeitweise an Garcilasos *Egloga Primera* erinnert. Der Tod der Nymphe Tirsa wird von ihren früheren Gespielinnen beklagt - es handelt sich um einen Grabgesang, eine *oración fúnebre*. Hamadryaden sind Geschöpfe, die dem Bereich der Natur angehören; doch ihr griechischer Name ist ein ausgefallener *cultismo*. Man beachte nun auch die komplexe Syntax des Schachtelsatzes, die Góngoras Techniken vorwegnimmt. Zwar vermag das klar gegliederte, regelmäßige Ein-und Ausschwingen der Verse die Schwierigkeit der syntaktischen Kunstgriffe zu mildern, aber die Gesamtstruktur bleibt ein Wagnis. Das Gedicht ist musikalisch, elegisch-stimmungsvoll, in der Art der spätpetrarkistischen Lyrik (Della Casa). "Natürliche" ("tomillos y cantuesos") und preziöse Elemente ("preciosa carne y huesos") durchdringen einander und finden zum höheren musikalischen Einklang:

> "Las bellas hamadríades que cría / cerca del breve Dauro el bosque umbroso, / en un florido y oloroso prado, / en un tan triste día / cuanto después famoso, / por ser del pastor Pilas celebrado, / hicieron que el ganado de este pastor y de otros, que, abrevando, / al mal seguro pie de la Nevada / Sierra hallaron, estuviesen quedos, / los versos y canciones escuchando / que en loor cantaron de una mal lograda / ninfa, después que con mortales bledos / tomillos y cantuesos / cubrieron la preciosa carne y huesos."

Barahona de Soto muß zusammen mit andern Ostandalusiern (Espinosa, Soto de Rojas) zu jenen Dichtern gezählt werden, die den Übergang zum Barockstil vorbereiten. Umstritten ist der genaue Umfang seines Werks: neuere Arbeiten bezeichnen einen Teil der ihm zugeschriebenen Dichtungen als apokryph. Dies trifft nicht zu für sein umfangreichstes Gedicht, *Las lágrimas de Angélica* (1586), das seine Thematik Ariost verdankt. Der Pfarrer, der Don Quijotes Bibliothek auf ketzerische oder nichtige Werke hin durchsucht, rettet es mit der Bemerkung: "Ich würde selbst Tränen vergießen, wenn ein solches Buch verbrannt würde, denn der Verfasser ist einer der besten Dichter, nicht nur Spaniens, sondern der ganzen Welt".

Zweiter Teil: Das XVII. Jahrhundert (1600-1640)

1. Literatenstreite

Die Werke der meisten Lyriker des XVII. Jh.s werden, wie schon im Jh. zuvor, lange nach ihrer Entstehung gedruckt. Lope de Vega ist einer der wenigen, die ihre Gedichte zu Lebzeiten in Buchform drucken konnten. Seine um 1585 entstandenen *Rimas humanas* erschienen erstmals 1602, die *Rimas sacras* 1614 (bzw. 1627 und 1634). Die Lyrik Góngoras und Quevedos hingegen wurde erst nach deren Tod gesamthaft veröffentlicht. Die Zeitgenossen konnten die Texte dennoch - in Separatdrucken oder in Sammelbänden - lesen. Drei wichtige Anthologien dokumentieren die Entwicklung der Lyrik zwischen 1600 und 1640: die *Flores de poetas ilustres de España*, hg. von Pedro Espinosa (Teil I, Valladolid, 1605; Teil II von A. Calderón, 1611) und der *Cancionero Antequerano* (1627/28). Darin sind neben Sevillanern (Juan de Arguijo) und Aragonesern (Liñán de Riaza, die beiden Argensola) vor allem die Granadiner (Espinosa, Barahona de Soto, Soto de Rojas) gut vertreten. Diese sind für Neuerungen im Sinne einer Barockisierung der Sprache empfänglich; jene halten sich an klassische Vorbilder (Horaz) und gelten als wenig experimentierfreudig.

Auch Góngora und Lope de Vega veröffentlichen ihre frühe Lyrik in Anthologien. Beide profilieren sich als Romanzendichter, wobei Lope dem leidenschaftlich heroischen, Góngora eher dem burlesken Stil zuneigt. Als Lope im *romance morisco* "Ensíllenme el potro rucio" seine Liebe zu Elena Osorio in der ihm eigenen, exaltierten Art besingt, schreibt Góngora für die gleiche Anthologie (*Flor de varios romances*, 1591) eine böse Parodie dazu ("Ensíllenme el asno rucio"). Eine berühmte Dichterpolemik nimmt damit ihren Anfang. Beim Erscheinen von Lopes *Arcadia* (1598) verfasst Góngora das Sonett "Por tu vida, Lopillo", womit er seinen Gegner zum ersten Mal namentlich angreift und ihn wegen seiner angeblich adeligen Abstammung lächerlich macht. Es folgt das Pamphlet gegen *La Dragontea*, wofür dem Spötter ein Wortspiel mit "vega" und "llano" (=flach, geistlos) einfällt, und in einem andern Text verulkt er gar den Namen seines Gegners mit "Señora Lopa". Lope kontert mit Schmähbriefen und Streitgedichten, besonders nach 1613, als Góngoras *Soledades* die Gemüter erregen. Zwar behauptet er, seine Polemik richte sich nur gegen die Imitatoren Góngoras, doch ärgert ihn die Tatsache, daß dieser ihm, dem ersten Dichter der Nation, allmählich den Rang abläuft.

In ähnlich polemischer Weise verkehren Quevedo und Góngora miteinander. Hieb auf Hieb folgen sich die Schmähsonette. Quevedo stellt sich auf die Seite der *poetas llanos*, obschon er selber die Sprache mit größter Freizügigkeit handhabt. Seine Angriffe gelten den *culteranos* (vgl. *La Perinola*, *La culta latiniparla*, *La aguja de navegar cultos*), und als Beitrag zur Polemik veröffentlicht er demonstrativ die "klassische" Dichtung von Luis de León und Francisco de la Torre. Das hält ihn freilich nicht von konzeptistischen Experimenten ab. Sein Ziel ist die scharfsinnige Pointe, der Sprachwitz, die geistreiche Parodie. Er ist der Meinung, ein Dichter habe - angesichts der weitverbreiteten Mittelmäßigkeit - vorab sein Ingenium unter Beweis zu stellen und die Plattheit üblicher Redeweisen zu demaskieren.

Für die Geschichte des Barockstils ergiebiger ist die Polemik zwischen Góngora und Juan de Jáuregui, dem Verfasser des *Antídoto de las Soledades* und des *Discurso poético* (1624). Die Dichtung, so argumentiert dieser, dürfe nicht bloß "imposanter Klang", sie müsse auch inhaltlich anspruchsvoll sein. Die *cul-*

teranos ließen sich von rein formalen Spielereien blenden; die Dunkelheit sei ihnen Selbstzweck und "gründe auf dem Nichts". Góngora verteidigt sich mit dem Argument, die *obscuridad* schärfe den Verstand und ergötze den anspruchsvollen Leser. Stein des Anstoßes bleibt das Hyperbaton, dieses Hauptmerkmal des kulteranischen Stils (vgl. Quevedos "*Quien quisiera ser culto en solo un día*" und Lopes "*Inés, tus bellos, ya me matan, ojos*"). Jáuregui empfiehlt einen maßvollen Gebrauch dieser Figur und rügt Mißbräuche. Er vertritt insofern einen gemäßigten Konzeptismus, als er von den Dichtern eine ingeniöse Darstellung schwieriger Sinnzusammenhänge fordert. Für die Gegner Góngoras ist *obscuridad* nur da berechtigt, wo sie auf inhaltlicher Komplexität beruht.

Eine strikte Unterteilung der Dichter von 1600 bis 1640 in *Konzeptisten* und *Kulteranisten*, wie sie in der älteren spanischen Literaturgeschichte üblich war, ist ebenso nutzlos wie irreführend. Richtig ist die Feststellung, daß mit der Gegenreformation (Herrera) eine starke kultistische Strömung einsetzt, deren Anhänger das Renaissance-Ideal der eleganten *naturalidad* bald einmal als obsolet erachten und eine Verschiebung des Verhältnisses von Natur und Kunst zugunsten der letzteren erwirken. Auffallend ist auch ein rapides Ansteigen des Schwierigkeitsgrads in der Dichtung um 1600, wobei zu sagen ist, daß Spaniens Lyriker für den konzeptistischen Sprachstil - man denke an die *Cancioneros* - schon immer eine Vorliebe zeigten. Die scharfsinnige, verblüffende Metapher, *agudeza* genannt, wird in Baltasar Gracián (1601-1658), dem Autor von *Agudeza y Arte de Ingenio* (1648), ihren genialen Theoretiker finden. Während eine Aufteilung der Dichter in Konzeptisten und Kulteraner wenig hergibt, erweist sich eine Unterscheidung der *Dichtergenerationen* als nützlicher. Die um 1560 geborenen und ab 1580 schreibenden Autoren (Góngora, Lope, beide Argensola, J. de Valdivielso, Juan de Salinas) betrachten die Lyrik Garcilasos, Herreras und Fray Luis' als ihren Ausgangspunkt und unternehmen es, diese zu erneuern. Die zweite Generation, diejenige Quevedos, der Gongoriner (Conde de Villamediana, Pedro Soto de Rojas) und Antigongoriner (Jáuregui), reagiert bereits auf solche Neuerungen. Der dritten, nach 1600 geborenen Dichtergeneration, zu der Calderón, Gabriel Bocángel, Polo de Medina etc. gehören, ist der konzeptistische Barockstil zur gewohnten Ausdrucksform geworden. Daß die spanische Barocklyrik auch auf Lateinamerika übergreift und in der aus Mexiko stammenden Sor Juana Inés de la Cruz (1651-1694) ihre bedeutendste weibliche Vertreterin hat, dürfte allgemein bekannt sein.

2. Lope de Vega

Lope F. de Vega Carpio (1562-1635), der genialste Dramatiker seiner Epoche, war eine Zeitlang auch ihr beliebtester Lyriker. Im Zentrum seines lyrischen Werks steht die Liebesdichtung (Romanzen, Sonette), denn Lope macht sein Glück mit Hilfe der Frauen. Nach der (nie eindeutig bewiesenen) Teilnahme an der Expedition der Armada (1588) lebt er, wegen verschiedener Liebesaffairen aus Kastilien verbannt, mit seiner ersten Frau in Valencia, wo er sich als Dramatiker profiliert. Anschließend steht er in den Diensten verschiedener Adliger, bis er 1594 durch seine zweite Frau - eine Tochter aus reichem Haus - die finanzielle Unabhängigkeit erlangt, was ihm die endgültige Übersiedlung nach Madrid erleichtert (1610). Seine Berühmtheit hat nun ihren Höhepunkt erlangt, doch schon schreibt Góngora an seinen Meisterwerken, schon debattieren die Literaten über Ausmaß und Sinn der *oscuridad*, die Lope, auf Popularität erpicht, nie zum Ziel seiner Aussage machen wird.

Lopes literarisches Werk umfasst alle Gattungen: 28 Bände Dramen und eine dramentheoretische Schrift, Schäferromane, episch-romanhafte Dichtungen in Versen (*La hermosura de Angélica*, 1602; *La Jerusalén Conquistada*, 1609) und in Prosa (*La Dorotea*, 1632), Episteln, Romanzen, erotische und andere weltliche sowie religiöse Lyrik (*Rimas humanas* 1602, *Rimas sacras* 1614), die später gemeinsam veröffentlicht wird (*Rimas humanas y divinas*, 1627). Kurz vor seinem Tod erscheinen (unter einem Pseudonym) die *Rimas humanas y divinas del Licenciado Tomé de Burguillos* (1634). Auch die Volksdichtung der *tréboles*, *seguidillas*, *mayas*, *canciones* und *romances* nimmt in seinem Werk einen wichtigen Platz ein. Wenn Lope die volkstümliche Lyrik imitiert, trifft er wie kein zweiter den Ton: Arnald Steiger nennt ihn - im Unterschied zu Calderón oder Cervantes - "den Dichter des spanischen Volkes".[35] Einige seiner "Volkslieder" sind in Dramen, andere in Prosaromane eingefügt. Eines der schönsten, eine Romanze, ziert *La Dorotea*. Hören wir zunächst deren Anfang, dann - mit der Übertragung von A. Steiger - das berühmte "Lied vom Klee" aus dem Drama *Peribáñez y el Comendador de Ocaña*:

> A mis soledades voy,
> de mis soledades vengo,
> porque para andar conmigo
> me bastan mis pensamientos.
> No sé qué tiene el aldea
> donde vivo y donde muero....
>
> Trébole, ¡ay Jesús, cómo huele!
> Trébole, ¡ay Jesús, qué olor!
> Trébole de la casada
> que a su esposo quiere bien;
> de la doncella también,
> entre paredes guardada,
> que fácilmente engañada
> sigue su primer amor.
> Trébole, ¡ay Jesús, cómo huele!
> Trébole, ¡ay Jesús, qué olor![36]

---

[35] A. Steiger, "Zur volkstümlichen Dichtung Lope de Vegas", in: *Lope de Vega*, E. Müller-Bochat (Hg.), Darmstadt (Wiss. Buchgemeinschaft) 1975, S. 90.

[36] "Zu meiner Einsamkeit geh' ich, / Von meiner Einsamkeit komme ich, / Denn, um mir Gesellschaft zu leisten / Sind mir meine Gedanken genug. / Ich weiss nicht, was das Dorf in sich hat, / Wo ich lebe und wo ich sterbe... / / Grüner Klee, ach mein Gott, wie er duftet! / Grüner Klee, ach mein Gott, welch ein Duft! / Kleeblatt für die Ehefrau, / die dem Gatten treu ergeben, / für die jungen Mädchen auch, / die noch hinter Gittern leben, / darum leicht zu täuschen eben, / fol-

Lope, der leicht und viel schreibt, liebt es, sich als leidenschaftlich bewegtes Dichtertemperament darzustellen. Er behauptet, von seiner jeweiligen Geliebten unmittelbar inspiriert zu werden (vgl. *Ya pues que todo el mundo mis pasiones / de mis versos presume*), und setzt Leben und Schreiben in eine direkte, befruchtende Wechselbeziehung. So unmittelbar hätten weder Garcilaso noch Herrera das Verhältnis von Leben und Kunst definiert! Doch die Poetik Lopes ist zu einem schönen Teil Attitüde: In Wirklichkeit komponiert der geübte Rhetoriker seine Texte ebenso sorgfältig wie andere Dichter seiner Zeit, auch wenn er dabei in erster Linie auf leichte Verständlichkeit und sichere Popularität achtet. Für das folgende, antithetisch aufgebaute Sonett - es ist eines von 3000 und zeigt Lopes leichte Muse - mochte ihm der Erfolg gewiß sein:

> Es la mujer del hombre lo más bueno
> y locura decir que lo más malo,
> su vida suele ser y su regalo,
> su muerte suele ser y su veneno.
>
> Cielo a los ojos cándido y sereno
> que muchas veces al infierno igualo,
> por raro al mundo su valor señalo,
> por falso al hombre su rigor condeno.
>
> Ella nos da su sangre, ella nos cría,
> no ha hecho el cielo cosa más ingrata,
> es un ángel y a veces una harpía.
>
> Quiere, aborrece, trata bien, maltrata,
> y es la mujer al fin como sangría
> que a veces da salud y a veces mata.[37]

3. Góngora

Der Korduaner Luis de Góngora y Argote (1561-1627), Sohn eines *juez de bienes*, erhält nach dem Studium der Rechte in Salamanca eine Pfründe an der Kathedrale von Córdoba und wird zum Diakon geweiht. Um 1612 läßt er sich in Madrid nieder mit der Absicht, Ehrenkaplan zu werden. Der Aufenthalt in der Hauptstadt entspricht seinen Erwartungen nicht. Der Sturz des Herzogs von Lerma beraubt ihn zudem seines mächtigsten Gönners, so daß er sich enttäuscht

---

gen erster Liebeslust. / Grüner Klee, ach mein Gott, wie er duftet! / Grüner Klee, ach mein Gott, welch ein Duft!

[37] Das Weib ist für den Mann das Beste / Und Wahnsinn wär's, das Gegenteil zu sagen, / Sein Leben ist es und auch seine Labsal, / Sein Tod ist es und manchmal auch sein Gift. / / Dem Auge klarer, wolkenloser Himmel, / Den ich des öftern mit der Höll' vergleiche, / Ich preis' der Frauen Wert vor aller Welt, / Ich tadle es, sie allzu streng zu halten. / / Sie gibt ihr Blut uns, zieht uns auf, / Doch schuf der Himmel Undankbareres nicht, / Sie ist ein Engel, bisweilen auch Harpyie. / / Sie haßt, begehrt, handelt mal freundlich, dann wieder / Grausam, und gleicht, so scheint mir, einem Aderlaß, / Der bald Gesundheit bringt, bald tödlich wirkt.

nach Córdoba zurückzieht. 1626 erleidet er einen Schlaganfall, der nach wenigen Monaten zu seinem Tod führt.

Góngora beginnt als "poeta erudito". Ganz im Sinne Herreras, d.h. feierlich und würdevoll, ist sein Lob auf Córdoba, im Sonett *¡Oh excelso muro, oh torres coronadas!* Wie anders die satirischen Sonette über das sich hauptstädtisch gebärdende, aber im Straßenkot erstickende Valladolid und über das eitle Madrid, das nicht einmal einen richtigen Fluß sein eigen nennen kann! Sein einfallsreicher, spielerischer Umgang mit der Sprache kommt ihm beim burlesken und satirischen Sprachgebrauch zustatten (vgl. seine *Letrillas*, die rasch berühmt wurden). 1611 erscheint postum das von Luis Carrillo y Sotomayor verfaßte *Libro de la erudición poética*, das zu einem Manifest der *culteranos* werden sollte. Gracián nennt den (1610 verstorbenen) Andalusier "den ersten Kultisten Spaniens". Carrillo hatte in Italien gelebt und kannte sowohl Stiglianis wie Marinos "barocke" Sprachkunst. Ob Góngora Stiglianis *Il Polifemo* (1600) und Marinos *Rime* (1602) durch Carrillo oder anderswie kennenlernte, ist umstritten.[38] Sicher hat die Kenntnis dieser Autoren ihn in seinen literarischen Versuchen ermutigt. Da jedoch seine ersten barockisierenden Texte vor 1590 entstanden sind, kann von direkter Abhängigkeit nicht gesprochen werden. Worin bestehen nun die Neuerungen Góngoras? Sein architektonischer Sinn für Sprachstrukturen (Anaphern, Antithesen, Chiasmen) verwandelt das petrarkistische Sonett in ein dynamisches epigrammatisches Kunstwerk. Sein virtuoser Erzählstil erhebt den *romance* ins Kultische (*Angélica y Medoro*), wirkt aber zugleich artistischer und realitätsverfremdend. (Vossler 1950, S. 135)[39] Unbelebte Gegenstände und Personen unterscheiden sich kaum mehr voneinander, denn beide wandeln sich zur gleichen sinnlichen und sinnesbetörenden Wortmaterie. Die Sensibilität (vor allem für Farbenspiele, die die Dinge ins Körperlose auflösen) verwandelt einerseits Vorgänge und Gestalten bis zur Unkenntlichkeit, schafft aber anderseits neue Realitäten. Diese zu ergründen bedarf es des kundigen Interpreten, der mit seinem analytischen Verstand die zu Sprache gewordene Realität durchdringen und konstruieren muß.

Garcilasos *Carpe diem* (*Mientras por competir con tu cabello*), formt Góngora dadurch zum barocken Vanitas-Motiv um, daß er das letzte Wort *nada* (am Schluß der einzigen Fünferreihe, in einem Gedicht, das aus lauter Zweier- und Viererreihen besteht) mit der durchwegs zwei- bzw. viergliedrigen Sonettstruktur kontrastieren läßt, wodurch diese durchbrochen, "zunichte gemacht" und ironisch aufgelöst wird. Das unten aufgeführte Sonett kann als Paradebeispiel für das Korrelationsschema gelten. Die zwei Blumen (lirio, clavel) in entgegengesetzten, symbolträchtigen Farben (blanco, rojo) entsprechen den zwei Mineralien (cristal,

---

[38] L. Thomas, *Góngora et le gongorisme considérés dans leurs rapports avec le Marinisme*, Paris 1911; A. García Berrio, *España e Italia ante el conceptismo*, Madrid (CSIC) 1968; D. Alonso, "Il debito di Góngora verso la poesia italiana", in: AAVV., *Premarinismo e pregongorismo*, Atti del Convegno Internazionale, Roma, Accademia Nazionale dei Lincei, 1973; J.M. Rozas, *Sobre Marino y España*, Madrid (Ed. Nacional) 1978.

[39] R. Ball, "Poetic imitation in G.s 'Romance de Angélica y Medoro'", in: *BHS* LVII (1980), S. 33-54.

oro), bzw. deren Farbqualitäten; diese stehen in metaphorischer Beziehung mit dem Frauenkörper (*blanca frente* oder *gentil cuello; cabello de oro* und *labio*) und der Natur (*llano, sol*); die vier Körperteile und die vier Naturelemente werden im ersten Terzett summiert und im *Decrescendo* der Schlußstrophe wieder aufgenommen (wobei sich das leuchtende *oro* zum gräulichen *plata*, das helle *blanco* zum leichenblaßen *víola* verfärbt), bis dann die Viererreihe der Vergänglichkeitssymbole (*tierra, humo, polvo, sombra*) durch das letzte, absolut gesetzte Glied *nada* aufgehoben und durch die - nur im Geiste mögliche - Erkenntnis des Nichts zugleich überhöht wird. Wir zitieren in der Anmerkung die Übersetzung von Sigrid Meuer:[40]

> Mientras por competir con tu cabello
> oro bruñido al Sol relumbra en vano,
> mientras con menosprecio en medio el llano
> mira tu blanca frente al lilio bello;
>
> mientras a cada labio, por cogello,
> siguen más ojos que al clavel temprano,
> y mientras triunfa con desdén lozano
> de el luciente cristal tu gentil cuello,
>
> goza, cuello, cabello, labio y frente,
> antes que lo que fue en tu edad dorada
> oro, lilio, clavel, cristal luciente,
>
> no sólo en plata o víola troncada
> se vuelva, mas tú y ello juntamente
> en tierra, en humo, en polvo, en sombra, en nada.[41]

Nirgends aber entfaltet sich Góngoras sprachschöpferische Leistung mehr als in den großen Dichtungen. Das aus 63 *octavas* bestehende mythologische Gedicht *Fábula de Polifemo y Galatea* (1612, gedr. 1627) basiert auf Ovids *Metamorphosen*. Der in die Nymphe Galatea verliebte Zyklop erschlägt seinen Rivalen, den Hirten Acis, mit einem Felsbrocken. Acis wird in einen Fluß verwandelt. Der schon von Stigliani und Carrillo y Sotomayor poetisierte Mythos erhält durch das Zusammentreffen zweier gegensätzlicher Ästhetiken (Galatea entspricht dem klaren, harmonischen Schönheitsideal der Renaissance; Polyphem ist dunkel und monströs) seinen einzigartigen Hell-Dunkel-Effekt, der als Kennzeichen der neuen, "barocken" Kunst (vgl. die Malerei eines Caravaggio oder eines Ribera) gilt. Der überverzierte, verschnörkelte "Barockstil" (von port. bar-

---

[40] L. de Góngora, *Sonette*, übertrg. und komm. von S. Meuer; Berlin (Henssel) 1960.

[41] Noch während eifernd ganz umsonst mit deinem Haare / aufblitzt und gleißt im Glanz der Sonne pures Gold, / und während in dem Felde achtend kaum, noch hold / der schönen Lilie deine Stirn, die weiße, klare; // und während sehnsuchtsvoll nach deinem Lippenpaare / man ihm - wie früher Nelke kaum - Bewundrung zollt, / und während achtlos, üppig bleibt wie er gewollt / dein Hals, daß er selbst gen Kristall den Sieg bewahre; // erfreun sich Hals, Stirn, Haar und Lippen ganz in Ruh, / noch ehe sie in deiner Jugend goldnen Zeiten / als Lilie, Nelke, als Kristall und Goldgetu // nicht nur zum Wandel sich in Silber vorbereiten / und in gebrochnes Veilchen, sie, mit ihnen du: / zu Erde, Rauch und Staub, zum Schatten und zum Nichts ist euer Schreiten.

roco = unregelmässige Perle), ein Name, dem lange Zeit ein exotischer Nebengeschmack anhaftete, wird in den Str. 57/58 des *Polifemo* mittels eines kunstvollen, aus Südostasien stammenden Elfenbeinbogens (es handelt sich um das Geschenk eines Genuesen an den gastfreundlichen Zyklopen) vorgestellt:

> Colmillo fue del animal que el Ganges
> sufrir muros le vio, romper falanges:
>
> Arco, digo gentil, bruñida aljaba,
> obras ambas de artífice prolijo,
> y de malaco rey a deidad java
> alto don,...[42]

Die unvollendeten *Soledades* (1613, gedr. 1630, bzw. 1636) sind Góngoras wichtigstes Werk. Sie sind in *silvas amorfas*, d.h. unterschiedlich langen Versen ohne strophische Gliederung, abgefaßt. Mit dem Wort *silva* bezeichnete man "keine metrische Form, sondern eine Unform". (Vossler 1950, S. 141) Der Titel *Soledades*, vgl. port. *saudade*, kann Einsamkeit, Pastoraldichtung, Utopie eines naturgemäßen Lebens etc. bedeuten. Als Metonymie von *selva* (=Wald) verweist er auch auf die Strophe der *silva*. Von den geplanten vier Teilen der *Soledades* wurden nur zwei geschrieben: der erste umfaßt 1091, der zweite, Fragment gebliebene, 979 Verse. Nach dem Kommentar von J. Pellicer sollten sie die vier Lebensalter des Menschen symbolisieren; nach einem andern, unveröffentlichten Kommentar bedeuten sie die vier Stationen des Erdenwanderers in der Einsamkeit des flachen Landes, der Flüsse und Meere, der Wälder und der Wüste. Allegorische Deutungen vermögen dieser Dichtung jedoch nicht gerecht zu werden.

Die Handlung der *Soledades* ist die folgende: Ein namenloser, von der Geliebten abgewiesener Jüngling (Teil I) erreicht als Schiffbrüchiger eine Küste: er verbringt die Nacht bei Ziegenhirten und gelangt dann zu Gebirgsbewohnern, die ihn zu einer Hochzeit einladen. Am folgenden Tag (Teil II) trifft er am Ufer eines Flusses auf Fischer. Er hilft ihnen und erzählt von seinem Liebesleid. Die Unterhaltung, die sich nun auf die Abenteuer der Fischer erstreckt, wird auf einer Insel fortgesetzt. Am nächsten Tag nimmt der Jüngling von einem Boot aus an einer Jagd teil. Hier bricht die Erzählung ab. Der komplexe Bedeutungsgehalt der *Soledades* kommt in einer Inhaltszusammenfassung nicht zur Geltung, und mit Walter Pabst kommt der Leser zur Einsicht, daß "nur das Thema realistisch sei".[43] Góngoras rhetorisch überdimensionierte Sprache bildet die Welt nicht ab, sie *schafft* - durch Vergleiche, Wortdefinitionen, Analogien, Synekdochen, Metonymien, Metaphern - Realität. Jeder auch noch so gewohnte Gegenstand, den sie nennt, wird sprachlich umschrieben und rekonstruiert. Durch die diesen Vorgang leistenden, rhetorisch gesteuerten Gedankengänge gelangt der Leser zu

---

[42] Zahn jenes Tieres, das der Ganges / Mauern aushalten, Schlachtreihen durchbrechen sah: / / Einen Bogen, sag' ich, lieblich, einen güldenen Köcher, / Beides Werke eines bizarren Künstlers, / Javanischer Göttin vom König Malakkas / Geweiht,...

[43] W. Pabst, "Góngoras Schöpfung in seinen Gedichten Polifemo und Soledades", in: *RH* 80, 1930, S. 119.

Siglo de Oro: Lyrik 153

einer veränderten Wirklichkeitserfahrung. Noch nie in der spanischen Dichtung wurde Sprache so kunstvoll gehandhabt, und noch nie wurde so elitär gedichtet: Góngora schirmt sich durch seine kultistische Stilsprache nach außen ab und schafft sich sein eigenes Universum. Die Figur des wandernden Jünglings ist - u.a. von Vossler - als Projektion des Dichters gedeutet worden. Aus der Sicht einer semiotisch orientierten Lektüre handelt es sich jedoch um die "Figur" (= metaphorische Darstellung) des impliziten Lesers. Beide - Wanderer und Leser - entdecken eine ihnen unbekannte, sinnenfreudige Welt, machen neue Erfahrungen, stellen ideologisch tiefgreifende Überlegungen an (Reflexionen über Naturzustand und Zivilisation, über die Folgen der Schiffahrt und der Entdeckungen, über Vergangenheit und Zukunft der Menschheit etc.). Schon die ersten Widmungsverse sind aufschlußreich: "*Pasos de un peregrino son, errante, / cuantos me dictó versos dulce Musa*". Das Fortschreiten des Wanderers meint auch dasjenige der Versfüße. Die Einsamkeit, in die eingedrungen wird, ist literarischer Ort. Mit Jáuregui zu behaupten, der Inhalt der *Soledades* sei irrelevant, wäre falsch. Anderseits bereitet das Festlegen der Bedeutungen bei Góngora fast unüberwindbare Schwierigkeiten. Seit der ersten modernen Ausgabe von Foulché-Delbosc (1921), die auf dem Manuskript Chacón gründet, und vor allem seit der Wiederentdeckung durch die Generation von 1927 (Lorca, Dámaso Alonso) gilt Góngora als einer der innovativsten Sprachschöpfer aller Zeiten.[44]

4. Quevedo

Auch Francisco G. de Quevedo y Villegas (1580-1645) hat sein Talent in den verschiedensten Gattungen (Schelmenroman, Satire, politische und philosophische Essays, burleske, erotische und sakrale Lyrik) erprobt. Als Sproß einer Hidalgo-Familie mit Beziehungen zum Königshof wird er von den Jesuiten erzogen. Es folgt ein Studium der Alten Sprachen und der Theologie. Briefkontakte mit Justus Lipsius und literarische Freundschaften bringen ihm schon früh die Literatur näher. Seine politische Laufbahn ist vom Schicksal seines Gönners, des Herzogs von Osuna, abhängig, mit dem er 1613 nach Sizilien reist. Die guten Beziehungen zur Aristokratie ermöglichen ihm eine politische Karriere. 1632 wird er zum Sekretär Philipps IV. berufen, fällt aber in Ungnade und verbringt mehrere Jahre im Kerker. So erfährt er am eigenen Leib die Mechanismen der Macht. Erste poetische Texte Quevedos erscheinen in Espinosas *Flores de poetas ilustres* (1605). Seine - in *El parnaso español* (1648/51) und *Las tres últimas musas castellanas* (1670) - postum herausgegebene Lyrik ist vielseitig, wobei die moralischen Sonette (über die *vanitas* des Irdischen und den *desengaño*) überwie-

---

[44] Foulché-Delbosc basiert seine erste moderne Góngora-Ausgabe (*Obras poéticas de D. Luis de Góngora*, New York 1921) auf dem sog. Manuscrito Chacón. Don Antonio Chacón, ein Freund Góngoras, hatte die Werke des Dichters gesammelt und wollte sie mit Hilfe Pellicers veröffentlichen. Doch Vicuña kam ihm zuvor (*Obras en verso del Homero español*, Madrid 1627). Chacón widmete sein Manuskript dem Conde-Duque de Olivares. - Zur Wiederentdeckung G.s durch die Generation von 1927 vgl. E. Dehennin, *La résurgence de G. et la génération poétique de 1927*, Paris 1962.

gen. Die Thematik des *desengaño* steht denn auch im Mittelpunkt seiner poetischen Reflexion. Auf die Torheit der Welt, der jedermann, auch der Dichter selbst, zu verfallen droht, antwortet sein Wille, die Truggewebe zu zerreißen. Die verbale Zuspitzung der *agudezas* dient dazu, die Gemeinplätze im Gerede der Leute vergrößernd sichtbar zu machen und zu entlarven. Auch sprachliche Vernebelung wird ironisch beleuchtet. Denn die Sprache macht sich - wie im *Buscón* - zur Komplizin des Scheins. Dem Sprachverfall zu Automatismus und Schönrede gilt es durch konzeptistische Überraschungsangriffe zu begegnen. Quevedos verbale Artistik verheißt indessen keine Verbesserung der Zustände. Sie ist ein Brillantfeuerwerk der Enttäuschung und beleuchtet eine nicht zu verändernde, hinfällige Welt.

Quevedo hat an die 500 Sonette geschrieben. Sein Hang zur prägnanten Sinnstruktur mußte ihm diese feste Form zum idealen Ausdrucksmittel werden lassen. Der Kernbereich seiner Dichtung fokalisiert das Verhältnis von Ich und Welt im Bewußtsein der Vergänglichkeit. Ausgangspunkt eines Sonetts ist des öftern eine moralische Sentenz. Damit abstrakte Gedanken lyrisch umgesetzt werden können, braucht Quevedo den Hinweis auf eine konkrete Lebenssituation. Im folgenden Sonett, zu dem wir auch die Übersetzung von Werner von Koppenfels angeben, ruft das Ich nach seinem eigenen Leben, als träte es in ein verlassenes Haus ("¡Ah, de la casa!").[45] Man beachte vor allem die Personifizierungen der Abstrakta:

> ¡Ah de la vida!... ¿Nadie me responde?
> ¡Aquí de los antaños que he vivido!
> La Fortuna mis tiempos ha mordido
> La Hora mi locura las esconde.
>
> ¡Qué sin poder saber cómo ni adónde
> la salud y la edad se hayan ido!
> Falta la vida, asiste lo vivido,
> y no hay calamidad que no me ronde.
>
> Ayer se fue, mañana no ha llegado;
> hoy se está yendo sin parar un punto:
> soy un fue, y un será, y un es cansado.
>
> En el hoy y mañana y ayer, junto
> pañales y mortaja, y he quedado
> presentes sucesiones de difunto.[46]

---

[45] Francisco de Quevedo, *Auf dem Turm*, *Sonette*, ausgewählt und übertrg. von Werner von Koppenfels, Berlin, Henssel, 1981.

[46] Heda, mein Leben! Rührt sich nichts? Nur Schweigen? / Herbei zu mir, ihr abgelebten Tage! / Das Mißgeschick hat meine Zeit erschlagen / Die Stunden ließ mein Wahn ins Dunkel gleiten. // Weiß nicht zu sagen, wie, und nicht, wohin / Sich Leibesheil und reife Kraft verloren; / Leben läßt nach, Geliebtes drängt nach vorn, / Und keine Plagen, die mich nicht umziehn. // Gestern verging; mein Morgen tagt noch nicht ; / Heute treibt weiter, dauernd fortgeschoben. / Ein War bin ich, und Wird, und müdes Ist. // Das Heute, Morgen, Gestern dicht verwoben, / Windel zum Bahrtuch: meine Dauer mißt / Gleichzeitige Nebeneinander nur von Toden.

Siglo de Oro: Lyrik 155

Schwieriger ist der Zugang zu Quevedos Liebesgedichten. In den idealistisch zu nennenden wird die Liebe als spirituelle Herausforderung erfahren, die den Einbruch des Todes vorwegnimmt (vgl. *Amor constante más allá de la muerte*). Für Quevedo typischer sind jedoch die burlesken Sonette. Sie entwerfen ein völlig anderes Bild der Frau, die im grotesken Inventar ihres Äußeren zum Inbegriff des kreatürlichen Materialismus wird. Neben den rhetorischen (Anapher, Korrelationsschema) zieht Quevedo hier zusätzlich die subliterarischen Register und unterstreicht auf diese Weise die antithetische Struktur der Realität. Als Beispiel diene uns *Mujer puntiaguda con enaguas*, wiederum mit der Übersetzung von Werner von Koppenfels in der Anmerkung:

> Si eres campana, ¿dónde está el badajo?
> si pirámide andante, vete a Egito;
> si peonza al revés, trae sobrescrito;
> si pan de azúcar, en Motril te encajo.
>
> Si chapitel, ¿qué haces acá abajo?
> Si de disciplinante mal contrito
> eres el cucurucho y el delito,
> llámente los cipreses arrendajo.
>
> Si eres punzón, ¿por qué el estuche dejas?
> Si cubilete, saca el testimonio;
> si eres coroza, encájate en las viejas.
>
> Si búida visión de San Antonio,
> llámate doña Embudo con guedejas;
> si mujer, da esas faldas al demonio.[47]

Mit Quevedo, Lope und Góngora hat der sogenannte Barockstil in Spanien seinen Höhepunkt erreicht. Vergleicht man die Werke der drei Großen, so wird man zunächst wenig gemeinsame Züge erkennen, weil jeder von ihnen als starke Dichterpersönlichkeit auftritt. Bei den *minores* kann der sog. Epochenstil leichter definiert werden. Thematische Aspekte (so der *desengaño* oder die dramatische Behandlung des Verhältnisses von Sein und Schein) und rhetorische Besonderheiten (der Hang zur Antithese, zum *chiaroscuro*, zum Konzeptismus) finden sich bei den meisten Dichtern dieser Zeit. Bei vielen artet die konzeptistische Technik zu einem reinen Spiel mit Formen aus, das in Spanien umso belangloser erscheint, als sich die soziale Realität in der Zeit des Absolutismus kaum mehr verändert. In der zweiten Jahrhunderthälfte fehlt es denn auch an schöpferisch begabten Dichtern, und bei den Wenigen, die im Stil der großen Autoren weiter-

---

[47] Wandelnde Glocke, sag, wo blieb dein Schwengel? / Verirrte Pyramide, fort zum Nile! / Mach dich, du Zuckerhut, auf nach Brasilien! / Verrückter Kreisel, mußt kopfüber hängen! / / Turmspitze, was hast du so tief zu schaffen? / Bist einem Heuchler aus der Geißlerbande / Zugleich die Büßermütze und die Schande? / Zypressen schelten dich als ihren Affen. / / Bist Pfriem und hast dein Futteral verloren! / Wenn Mörser, soll der Stößel dich nicht schonen! / Armsünderhut, behüt die alten Huren! / / Wenn aus Sankt Antons stachligen Visionen, / Nenn dich Frau Trichter-Mähne Wohlgeboren! / Wenn Weib, vermach die Röcke den Dämonen.

schreiben, erhält man den Eindruck der allmählichen Erschöpfung, der mühsamen Fortführung eines sinnentleerten Rituals.

Mehrmals zitierte Studien:

Lapesa ²1968: Lapesa, Rafael, *La trayectoria poética de Garcilaso*, Madrid (Revista de Occidente), ²1968

Lapesa 1967: Lapesa, Rafael, *De la edad Media a nuestros días*, Madrid (Gredos) 1967

Segre 1974: Segre, Cesare, *Le strutture e il tempo*, Turín (Einaudi) 1974

Alonso 1950: Alonso, Dámaso, *Poesía española. Ensayo de métodos y límites estilísticos*, Madrid (Gredos) 1950

Vossler 1950: Vossler, Karl, *Poesie der Einsamkeit in Spanien*, München (Beck) 1950

A. Bibliographie zu Teil I (XVI. Jh.)

I. Allgemeines

Anthologien:

J. Cejador y Frauca, *La verdadera poesía castellana. Floresta de la antigua lírica popular*, 10 Bde., Madrid 1921-30; José Manuel Blecua y Dámaso Alonso, *Antología de la poesía española*, Madrid (Gredos) ⁴1964; F.C. Sainz de Robles, *Historia y antología de la poesía española*, Madrid, Aguilar, 1964; J.M. Blecua (Hg.), *Poesía de la edad de oro, I, Renacimiento*, Madrid, Clásicos Castalia, 1982; P. Alzien, R. Jammes u. Y. Lissorgues (Hg.), *Poesía erótica del siglo de oro*, Barcelona (Crítica) 1983; Susan Espie (Hg.), *Antología de la lírica renacentista*, Barcelona (Plaza y Janés) 1986; H. Felten und A. Valcárcel (Hg.), *Spanische Lyrik von der Renaissance bis zum Ende des XIX. Jh.*, Span.-Deutsch, Stuttgart (Reclam) 1990.

Übersichten, Gesamtdarstellungen, Allgemeines zur Lyrik des XVI. Jh.s:

M. Menéndez Pelayo, *Historia de las ideas estéticas en España*, Obras Completas, Ed. Nacional, Bd. II (siglos XVI y XVII), Madrid (CSIC) 1947; J.M. de Cossío, *Fábulas mitológicas en España*, Madrid (Espasa-Calpe) 1952; A. Gallego Morell, *Estudios sobre poesía española del primer Siglo de Oro*, Madrid (Insula) 1970; János Riesz, *Die Sestine*, München (Fink) 1971; Antonio Rodríguez-Moñino, *La transmisión de la poesía española en los Siglos de Oro*, Barcelona (Ariel) 1976; Fernando Lázaro Carreter, *Estudios de poética*, Madrid (Taurus) 1976; Antonio Prieto, *La poesía del siglo XVI*, 2 Bde., Madrid (Cátedra) 1984/87.

Literaturgeschichten (XVI. und XVII. Jh.)

J. Fitzmaurice-Kelly, *Geschichte der spanischen Literatur,* ins Dt. übers. von E. Vischer, Heidelberg (Winter) 1925; L. Pfandl, *Geschichte der spanischen Nationalliteratur in ihrer Blütezeit*, Freiburg, 1929; R.O. Jones, *Historia de la literatura española, Siglo de oro: prosa y poesía*, II, Barcelona (Ariel) 1974; F. Rico (Hg.), *Historia y crítica de la literatura española*, Barcelona (Ed. Crítica) 1980, Bd. II, *(Renacimiento)*; H. Flasche, *Geschichte der spanischen Literatur, II, Das goldene Zeitalter*, Bern/München (Francke) 1982.

II. Zu den einzelnen Kapiteln:

1. Höfische und volkstümliche Lyrik der Cancioneros

A. Rodríguez-Moñino, *Poesía y cancioneros*, Madrid, 1968; ders., *Diccionario de pliegos sueltos poéticos*, Madrid (Castalia) 1970; E.M. Torner, *Lírica hispánica. Relaciones entre lo popular y lo culto*, Madrid (Castalia) 1966; A. Sánchez Romeralo, *El villancico. Estudios sobre la lírica popular en los siglos XV y XVI*, Madrid (Gredos) 1969; J.M. Alín, *El cancionero español de tipo tradicional*, Madrid (Taurus) 1968; M. Frenk Alatorre (Hg.), *Lírica española de tipo popular: Edad Media y Renacimiento*, Madrid (Cátedra) 1978.

2. Der Petrarkismus

Lit.: A. Farinelli, *Sulla fortuna del Petrarca in Ispagna nel Quattrocento*, Torino (Bocca) 1904; J.G. Fucilla, *Estudios sobre el petrarquismo en España*, Madrid (CSIC) 1960; R. Lapesa, *"Poesía de cancionero y poesía italianizante"*, De la Edad Media a nuestros días, Madrid (Gredos) 1967; H. Baader, *Hofadel, Melancholie und Petrarkismus in Spanien*, Petrarca (1304-1374), Festschrift für F. Schalk, Frankfurt/M. (Klostermann) 1975; S. Gertman, *Petrarch and Garcilaso. A Linguistic Approach to Style*, London(Tamesis) 1975; M. Pilar Manero Sorolla, *Introducción al estudio del petrarquismo en España*, Barcelona (PPU) 1987 (mit ausführlicher Bibliographie).

Ausg. (außer Garcilaso u. Boscán): D. Hurtado de Mendoza, *Poesía completa*, J. I. Díez Fernández (Hg.), Barcelona (Planeta) 1989; G. de Cetina, *Sonetos y madrigales completos*, B. López Bueno (Hg.), Madrid (Cátedra) 1981; B. del Alcázar, *Poesías*, F. Rodríguez Marín (Hg.), Madrid (RAL) 1910; F. de Figueroa, *Poesía*, M. López Suárez (Hg.), Madrid (Cátedra) 1989; P. Laynez, *Obras de Pedro Laynez*, J. de Entrambasaguas (Hg.), Madrid (CSIC) 1951, 2 Bde.

2.1. Boscán

Ausg.: Riquer M., Comas A., Molas J., *Obras poéticas de J. Boscán*, Barcelona, (Univ. de Barcelona) 1957.

Lit.: M. Menéndez Pelayo, *Antología de poetas líricos castellanos*, Bd. XIII, *Juan Boscán*, Madrid (CSIC) 1945; E. Rivers, "The Horatian Epistle and its introduction into Spanish Literature", in: HR XXII, 1954, S. 175-194; M. Morreale, *Castiglione y Boscán: el ideal cortesano en el Renacimiento español* (Estudio léxico-semántico), Madrid (Anejos del BRAE I) 1959, 2 Bde.; D. Darst, *Juan Boscán*, Boston (Twayne) 1978; A. Armisén, *Estudios sobre la lengua poética de Boscán*, Zaragoza (Univ. de Z.) 1982.

2.2. Garcilaso

Ausg.: E. Rivers (Hg.), *Garcilaso. Obras completas*, krit. Ausg., Madrid (Castalia) 1974;

Lit.: R. Lapesa, *La trayectoria poética de G.*, Madrid (Revista de Occidente) 1968; M. Arce Blanco, *Garcilaso de la Vega: contribución al estudio de la lírica española del siglo XVI*, Río Piedras (Univ. de Puerto Rico) 1969; C. Segre, "Analisi concettuale della I egloga di Garcilaso", *Le strutture e il tempo*, Turin (Einaudi) 1974; AA.VV., *Garcilaso*, Salamanca (Academia Renacentista) 1986.

3. Fray Luis de León

Ausg.: P. Angel C. Vega, *Poesías*, Madrid 1955; O. Macrí, *Poesías*, Estudio, texto crítico, bibl. y comentario, Barcelona (Crítica) 1982; C. Cuevas, *Fray L. de León y la escuela salmantina*, Madrid (Taurus) 1982; *Fray L. de León: Ausgewählte Gedichte*, span. und dt., üb. von Ernst-Edmund Keil, Vorwort und hg. von Ludwig Schrader, Düsseldorf (Droste) 1989.

Lit.: L. Spitzer, "Fray L. de Leóns Profecía del Tajo", in: RF XLIV (1952), S. 225-40; ders., *Estilo y estructura en la lit. española*; Barcelona (Crítica) 1980; K. Maurer, *Himmlischer Aufenthalt. Fray L. de Leóns Ode Alma región luciente*, Heidelberg 1958; D. Alonso, "Fray L. de León y la poesía renacentista", in: *Obras completas* II, Madrid (Gredos) 1973, S. 769-788; R. Senabre, *Tres estudios sobre Fray L. de León*, Salamanca (Univ. de Sal.) 1978; AA.VV., *Academia Renacentista. Fray L. de León*, Salamanca 1981.

3. 2. Francisco de la Torre

Ausg.: *F. de la Torre, Poesía completa*, Ma. L. Cerrón Puga (Hg.), Madrid (Cátedra) 1984.

Lit.: M. Luisa Cerrón Puga, *El poeta perdido: Aproximación a Francisco de la Torre*, Sevilla (Univ. de Sevilla) 1982; A. Blanco Sánchez, *Entre Fray Luis y Quevedo. En busca de Francisco de la Torre*, Salamanca 1982.

4. Die Romanceros

Ausg.: *Cancionero de romances impreso en Amberes*, ed. facsímil, con notas de R. Menéndez Pidal, Madrid (Junta para la ampliación de Estudios e Investigaciones científicas) 1914; A. Durán, *Romancero general o Colección de romances castellanos anteriores al siglo XVIII*, Madrid (BAE) 1945, 2 Bde.; *Romancero General*, A. González Palencia (Hg.), 2 Bde., Madrid (CSIC) 1947; *Cancionero de romances* (Anvers, 1550), A. Rodríguez-Moñino (Hg.), Madrid (Castalia) 1967; A. Rodríguz-Moñino, *Las fuentes del Romancero General*, Bd. I-XII, Madrid (RAE) 1957-1971; ders., *Manual bibliográfico de cancioneros y romanceros impresos durante el siglo XVII*, Madrid (Castalia) 1977/78.

Lit.: R. Menéndez Pidal, *Estudios sobre el Romancero*, Madrid (Espasa-Calpe) 1970, in: *Obras completas* XI; *El Romancero viejo*, Mercedes Díaz Roig (Hg.), Madrid (Cátedra) 1977 (mit Bibl.).

5.1. San Juan de la Cruz

Ausg.: G. Brenan (Hg.), *San Juan de la Cruz*, Barcelona (Laia) 1974; D. Ynduráin, *Poesía*, Madrid (Cátedra) 1983.

Lit.: J. Baruzi, *Saint Jean de la Croix et le problème de l'expérience mystique*, Paris 1924; P. Crisógono, OCD, *San J. de la Cruz: Vida y obras de San J. de la Cruz*, Madrid (BAC) 1946; J.M. Blecua, "Los antecedentes del poema del Pastorcico de San Juan de la Cruz", in: RFE XXXIII (1949), S. 378-380; J. Guillén, "San J. de la Cruz o lo inefable místico", *Lenguaje y poesía*, Madrid (Alianza) ²1972; D. Alonso, "La poesía de San J. de la Cruz (desde esta ladera)", in: *Obras completas* II, Madrid (Gredos) 1973, S. 869-1075; A. Ruffinatto, *Semiotica ispanica. Cinque esercizi*, Alessandria (Ed. dell'Orso) 1985 (mit zwei Aufs. über San J. de la Cruz);

Üb.: J. vom Kreuz, *Die dunkle Nacht der Seele. Sämtliche Dichtungen*, übers. v. F. Braun, Salzburg, Müller, 1952.

5. 2. Religiöse Lyrik

Sebastián de Córdoba, *Garcilaso a lo divino*, Glen R. Gale (Hg.), Madrid (Castalia) 1971; Bryant L. Creel, *The Religious Poetry of Jorge de Montemayor*, London (Tamesis) 1981.

E. Rivers, "Soneto a Cristo crucificado, Line 12,", in: BHS XXXV (1958), S. 36-37.

6. Francisco de Aldana

Ausg.: F. de Aldana, *Poesías*, E. Rivers (Hg.), Madrid (Espasa-Calpe) 1957; *F. de Aldana, Poesías castellanas completas*, J. Lara Garrido (Hg.), Madrid (Cátedra) 1981.

Lit.: K. Vossler, "Francisco de Aldana", in: *Poesie der Einsamkeit in Spanien*, München (Beck) 1950, S. 210-231; C. Ruiz Silva, *Estudios sobre Francisco de Aldana*, Valladolid (Dept. de Literatura Española) 1981.

7.1. Herrera y la escuela sevillana

Ausg.: F. de Herrera, *Obra poética*, Kritische Ausgabe, J. M. Blecua (Hg.), Madrid (RAE) 1975; F.H., *Poesía original castellana completa*, Cristóbal Cuevas (Hg.), Madrid (Cátedra) 1985; *Obras de Garcilaso de la Vega con Anotaciones de F. de Herrera*, Ed. facsimilar, prólogo de A. Gallego Morell, Madrid (CSIC) 1973; F. de Medrano, *Vida y obra*, Dámaso Alonso und St. Reckert (Hg.), Madrid (CSIC) 1958 (bzw. dies., *Poesía*, Madrid (Cátedra) 1988).

Lit.: O. Macrí, *Fernando de Herrera*, Madrid (Gredos) 1972; B. López Bueno, *La poética cultista de Herrera a Góngora*, Sevilla (Alfar) 1987.

Siglo de Oro: Lyrik 159

7.2. Luis Barahona de Soto

Ausg.: F. Rodríguez Marín, *Luis Barahona de Soto. Estudio biográfico, bibliogáfico y crítico*, Madrid (RAE) 1903; L.B. de Soto, *Las lágrimas de Angélica*, J. Lara Garrido (Hg.), Madrid (Cátedra) 1981.

Lit.: J. Lara Garrido, *Poética manierista y texto plural. Barahona de Soto en la lírica española del XVI*, Málaga (Univ. de M.) 1980.

B. Bibliographie zu Teil II (XVII. Jh.)

I. Allgemeines

Anthologien:

Poesía de la edad de oro, II, *Barroco*, J. M. Blecua (Hg.), Madrid (Castalia) 1984; *Poesía española del siglo XVII. Antología*, J. M. Pozuelo Yvancos (Hg.), Madrid (Taurus) 1984; *Antología de la poesía española*, II: *Edad Barroca*, M.a del Pilar Palomo (Hg.), Barcelona (Planeta) 1985.

Gesamtdarstellungen, Übersichten, Allgemeines zur Lyrik des XVII. Jh.s:

D. Alonso, *Poesía española. Ensayo de métodos y límites estilísticos*, Madrid (Gredos) 1952; ders., *Obras completas*, III, Madrid (Gredos) 1974 (enthält Aufsätze über Lope, Quevedo, die "Epístola moral de Fabio", Carrillo, etc.); F. Lázaro Carreter, *Estilo barroco y personalidad creadora. Góngora, Quevedo, Lope de Vega*, Madrid (Anaya) 1966; E. Orozco, *Manierismo y Barroco*, Salamanca (Anaya) 1970; J.A. Maravall, *La cultura del barroco*, Barcelona (Ariel) 1975; J.M. Rozas u. M.A. Pérez Priego, "Trayectoria de la poesía barroca. Introducción, Bibliografía", in: *Historia crítica de la lit. española . Siglos de Oro: Barroco*, Bruce Wardropper (Hg.), Barcelona (Crítica) 1982; M.a del Pilar Palomo, *La poesía en la Edad de Oro (Barroco), Historia crítica de la lit. hispánica*, Madrid (Taurus) 1987.

II. Zu den einzelnen Kapiteln

1. Literatenstreite, Anthologien (1600-1640); Culteranismo y conceptismo

Ausg.: *Primera parte de las flores de poetas ilustres ord. por Pedro Espinosa (Valladolid, 1605)*, Adolfo de Castro (Hg.), Madrid (BAE) 1875; *Segunda parte de las flores de poetas ilustres, ord. por J.A. Calderón*, J. Quirós de los Ríos y F. Rodríguez Marín (Hg.), Sevilla 1896; *Cancionero antequerano 1627/28*, D. Alonso y R. Ferreres (Hg.), Madrid (CSIC) 1950; L. Carrillo y Sotomayor, *Libro de la erudición poética*, Angelina Costa (Hg.), Sevilla (Alfar) 1987.

Lit.: L. P. Thomas, *Góngora et le gongorisme considérés dans leurs rapports avec le marinisme*, Paris 1911; M. García Soriano, "Don L. Carrillo y Sotomayor y los orígenes del culteranismo", BRAE, XIII, 1926; J. de Entrambasaguas, "Una guerra literaria del Siglo de Oro", in: ders., *Estudios sobre Lope de Vega*, I u. II, Madrid (CSIC) 1946/47; A. García Berrio, *España e Italia ante el conceptismo*, Madrid (CSIC) 1968; AA.VV., *Premarinismo e pregongorismo*, Atti del Convegno, Roma (Accademia Nazionale dei Lincei) 1973; E. Orozco Díaz, *Lope y Góngora frente a frente*, Madrid (Gredos) 1973.

2. Lope de Vega - Lyrisches Werk

Ausg.: L. de Vega, *Poesías líricas*, 2 Bde., José F. Montesinos (Hg.), Madrid (Espasa-Calpe) Clásicos Castellanos, 1926/27; L. de Vega, *Obras poéticas*, J.M. Blecua (Hg.), Barcelona (Planeta) 1969; ders., *Lírica*, J.M. Blecua (Hg.), Madrid (Castalia) 1981; ders., *Rimas de Tomé de Burguillos*, J.M. Blecua (Hg.), Barcelona (Planeta) 1976 .

Lit.: O. Jörder, *Die Formen des Sonetts bei Lope de Vega*, Beihf. zur ZRPH, Halle (Niemeyer) 1936; J. de Entrambasaguas, *Vivir y crear de Lope de Vega*, Bd. I, Madrid (CSIC) 1946; A. Rennert/ A. Castro, *Vida de Lope de Vega*, Salamanca (Anaya) 1968; S. Scheid, *Petrarkismus in L. de Vegas Sonetten*, Wiesbaden (F. Steiner) 1968; A. Zamora Vicente, *Lope de Vega - Su vida y su obra*, Madrid (Campo Abierto) 1969; A. Carreño, *El romancero lírico de L. de Vega*, Madrid (Gredos) 1971; A. Steiger, "Zur volkstümlichen Dichtung L. de Vegas", in: *Lope de Vega*, E. Müller-

Bochat (Hg.), Darmstadt (WBG) 1975, S. 76-90; J. Ferrán, "Lope poeta", in: *L. de Vega y los orígenes del teatro español*, Madrid (Edi 6) 1981, S. 513-522; A. Carreño, "Los engaños de la escritura: Las Rimas de Tomé de Burguillos de Lope de Vega", in: *L. de Vega y los orígenes del teatro esp.*, op. cit., S. 547-564; M. Rössner, "L. de Vegas mystische Dichtung oder das große Dichtungstheater", in: H.J. Niederehe (Hg.), *Siglo de Oro*. Akten des Dt. Hispanistentages Wolfenbüttel 1985, Hamburg (Burke) 1986, S. 9-26.

3.1. Góngora

Ausg.: *Obras en verso del Homero español, que recogió J. López de Vicuña*, Ed. facsímil, prólogo de D. Alonso, Madrid (CSIC) 1963; *Obras poéticas de Don Luis de Góngora*, R. Foulché-Delbosc (Hg.), New York (The Hispanic Society of America) 1921, 3 Bde; *Antología poética en honor de Góngora*, Gerardo Diego (Hg.), Madrid (Revista de Occidente) 1927 (nachgedr. 1979); *Sonetos completos*, B. Ciplijauskaité (Hg.), Madrid (Castalia) 1969; *Romances*, A. Carreño (Hg.), Madrid (Cátedra) 1982; *Letrillas*, R. Jammes (Hg.), Madrid (Castalia) 1980; *Fábula de Polifemo y Galatea*, A. Parker (Hg.), Madrid (Cátedra) 1983; *Soledades*, J. Beverley (Hg.), Madrid (Cátedra) 1979.

Lit.: W. Pabst, "Góngoras Schöpfung in seinen Gedichten Polifemo und Soledades", in: RH LXXX, (1930), S. 109-127, span. Ausg.: Madrid (CSIC) 1966; Ders., *L. de Góngora im Spiegel der dt. Dichtung und Kritik*, Heidelberg (Winter) 1967; K. Vossler, "Die Soledades des Góngora", in: *Die Poesie der Einsamkeit in Spanien*, op.cit., S. 139-147; A. Vilanova, *Las fuentes y temas del Polifemo de G.*, Madrid (CSIC) 1957; D. Alonso, *Estudios y ensayos gongorinos*, Madrid (Gredos) 1960; B. Müller, *Góngoras Metaphorik*, Wiesbaden (Steiner) 1963; R. Geske, *Góngoras Warnrede im Zeichen der Hekate*, Berlin (Colloquium) 1964; R. Jammes, *Etude sur l'oeuvre poétique de L. de Góngora*, Bordeaux (Univ. de Bordeaux) 1967; M. Molho, *Sémantique et Poétique, (Góngora, Quevedo)*, Bordeaux (Ducros) 1969, span. Üb., Barcelona (Crítica) 1977; D. Alonso, *Góngora y el Polifemo*, Madrid (Gredos) 3 Bde., 1974; J. M. Woods, *The Poet and the Natural World in the Age of Góngora*, Oxford (Univ. Press) 1978; R. Nuñez Ramos, *Poética semiológica. El "Polifemo" de Góngora*, Oviedo (Univ. de Ov.) 1980; E. Orozco, *Introducción a Góngora*, Barcelona (Crítica) 1984.

Üb.: L. de Góngora, *Soledades*, übers. v. H. Brunn, Berlin 1932; *Sonette*, übers. und komm. von S. Meuer, Berlin (Henssel) 1960; ders., *Polyphem*, übers. v. M. Eichenberger, Viernheim (Viernheim Verlag) 1966.

3.2. Gongorinische und antigongorinische Dichter

Ausg.: Juan de Jáuregui, *Obras I: Rimas. II: Orfeo, Aminta*, I. Ferrer de Alba (Hg.), Madrid (Espasa-Calpe) 1978, 2 Bde.; Gabriel Bocángel, *Obras* . Tomos I y II, R. Benítez Claros (Hg.), Madrid (CSIC) 1946; ders., *La lira de las musas*, Trevor J. Dadson (Hg.), Madrid (Cátedra) 1985; Pedro Soto de Rojas, *Obras*, A. Gallego Morell (Hg.), Madrid (CSIC) 1950; ders., *Paraíso cerrado para muchos, Jardines abiertos para pocos. Los fragmentos de Adonis*, A. Egido (Hg.), Madrid (Cátedra) 1981.

4. Quevedo

Ausg.: F. de Quevedo, *Obra poética*, 4 Bde., J.M. Blecua (Hg.), Madrid (Castalia) 1969-1981; *Poemas escogidos*, J.M. Blecua (Hg.), Madrid (Castalia) 1974.

Lit.: Otis H. Green, *El amor cortés en Quevedo*, Zaragoza (Bibl. del Hispanista) 1955; A. Mas, *La caricature de la femme, du mariage et de l'amour dans l'oeuvre de Quevedo*, Paris (Ed. Hispanoamericanas) 1957; James O. Crosby, *En torno a la poesía de Quevedo*, Madrid (Castalia) 1967; ders., *Guía bibliográfica para el estudio de Quevedo*, Valencia (Grant and Cutler) 1976; G. Sobejano (Hg.), *Francisco de Quevedo. El escritor y la crítica*, Madrid (Taurus) 1978; L. Schwartz Lerner, "Supervivencia y variación de imágenes clásicas en la obra satírica de Quevedo", in: *Lexis* 2, 1, (1978), S. 27-56; J. M. Pozuelo Yvancos, *El lenguaje poético en la lírica amorosa de Quevedo*, Murcia (Univ. de Murcia) 1979; M.G. Profeti, *La scrittura e il corpo*, Roma (Bulzoni) 1987.

Üb.: Quevedo, *Aus dem Turm*, übers. von W. von Koppenfels, Berlin, Henssel, 1981.

Michael Rössner

Das Theater der Siglos de Oro

0. Einleitender Überblick

Das spanische Drama des 16. und 17. Jahrhunderts zählt mit Sicherheit zu den Höhepunkten der europäischen Theaterentwicklung. Umso erstaunlicher mutet es an, daß dieses Theater sozusagen aus dem Nichts entstanden sein dürfte: die dramatischen Texte, die uns aus dem Mittelalter erhalten geblieben sind, beschränken sich auf ein Fragment eines Weihnachtsspiels aus dem 12. und auf einige wenige geistliche und höfische Spiele aus dem 15. Jahrhundert.[1] Selbst wenn sich aus historischen und juristischen Quellen (etwa den *Siete Partidas* Alfons' des Weisen) schließen läßt, daß es in gewissem Umfang doch eine wenigstens kirchliche Spieltradition gegeben haben muß, so ist klar, daß sie bei weitem nicht an Dichte und Niveau etwa der französischen Dramenproduktion herangereicht haben kann.[2] Vor allem sind uns keine Hinweise auf eine einheimische Farcen- oder Komödientradition überliefert. Das Theater ist daher um die Jahrhundertwende vom 15. zum 16. Jahrhundert eine völlig neue Realität, die erst ins Bewußtsein der Menschen dringen muß, für die etwa Begriffe wie "comedia" und "tragedia" noch nicht notwendigerweise mit in Dialogform sprechenden Schauspielern auf einer Bühne verbunden waren.[3] Diese allmähliche Verankerung in der lebensweltlichen Realität erfolgt im Laufe des 16. Jahrhunderts, das unter starkem italienischen Einfluß steht (vor allem in Bezug auf das Hoftheater, aber auch auf das gelehrte Humanistentheater und später auf die volkstümliche Komödie, für die die *commedia dell'arte* eines der Vorbilder abgibt). Mit Lopes Generation, um die Jahrhundertwende zum 17. Jahrhundert, etabliert sich das spanische Theater dann in einer Weise, die es zum ersten wirtschaftlich organisierten Nationaltheater im modernen Sinn überhaupt werden läßt. Auch im Roman kann man in Spanien das Phänomen der wirtschaftlich orientierten Produktion von Texten einer "Modegattung" (Ritter-, dann Schäfer-, schließlich Schelmenroman) beobachten, das viel mehr den Gesetzen des Literatur*marktes*

---

[1] Ruiz Ramón, Francisco, *Historia del teatro español...*, ²1971, S. 13, spricht von einem "naufragio del que sólo se han salvado dos islotes". Tatsächlich haben auch gründliche Nachforschungen (wie etwa von R.B. Donovan, *The Liturgical Drama in Medieval Spain*, Toronto 1958) keine Ergebnisse gebracht. Das jüngst entdeckte *Auto de la Pasión* von Alfonso del Campo (vgl. González Ollé, "Die Anfänge des spanischen Theaters", in: Klaus Pörtl (Hg.), *Das spanische Theater...*) stammt erst aus 1487 und kann die Lücke zwischen den beiden "islotes" nicht schließen.

[2] Vgl. dazu R. Hess, "Das religiöse Drama in der Romania" und "Das profane Drama in der Romania", in: E. Erzgräber (Hg.), *Neues Handbuch der Literaturwissenschaft*, Bd. 8: *Europäisches Spätmittelalter*, Wiesbaden 1978, S. 657-712.

[3] So war es ja im Mittelalter auch bei antiken Komödien (etwa von Terenz) üblich, dramatische Texte zu rezitieren und höchstens von maskentragenden Schauspielern pantomimisch begleiten zu lassen. - vgl. dazu J. Suchomski, M. Willumat, *Lateinische Comediae des 12. Jahrhunderts*, ausgewählt, übersetzt und mit Einleitung und Erläuterungen versehen, Darmstadt 1979, S. 16.

zu folgen scheint, wie wir ihn aus dem 19. und 20. Jahrhundert kennen, als den zeittypischen ästhetischen Normen der Renaissance und des Barock, die durch die starke Rolle des Mäzenatentums und kleiner literarischer Zirkel im Frühabsolutismus geprägt waren. Die Ursache hierfür kann im sozioökonomischen Bereich gesucht werden: in der Gesellschaft vor allem Madrids, die quer durch die Stände von dem aus den Kolonien hereinströmenden Gold lebte, wenig produzierte und viel Zeit für Spektakel und Künste zur Verfügung hatte;[4] in der finanziell und durch das Interesse der Gegenreformation am Propagandainstrument Theater begründeten Partnerschaft zur katholischen Kirche; wohl aber auch in der enormen Begeisterungsfähigkeit der Spanier für Schauspiele schlechthin, die um 1600 aber zu einer wahren Theatermanie führte. Das war nur möglich, weil dieses Theater zwar adelige Protagonisten und deren Wertvorstellungen auf die Bühne brachte, daneben aber im *gracioso* eine durchaus ebenbürtige volkstümliche Gegenfigur schuf,[5] die in ihrer kontrastiven Partnerschaft mit den Herrenfiguren auf der Bühne Spiegel der Partnerschaft im Publikum zwischen den gefürchteten "mosqueteros" aus dem Stehparterre und den großen Herren in den Logen war. Erst um die Mitte des 17. Jahrhunderts führte dann das Palasttheater, das Volk ausschließend, das spanische Drama zu seinen Wurzeln im höfischen Fest zurück, während nur die musikalische Komödie in Form der *zarzuela* als bescheidene Nachfolgerin der großen Epoche des Volkstheaters verblieb. Diese Entwicklung soll hier in groben Zügen und in ihren wesentlichsten Phasen nachgezeichnet werden.

1. Ursprünge des spanischen Theaters: Höfisches Fest und Renaissance-Ekloge in der Schule Juan del Encinas

1.1. Die Wurzeln des spanischen Theaters im Siglo de Oro

Das um 1500 entstehende spanische Theater läßt sich auf wenigstens fünf Wurzeln zurückführen: auf die liturgische Darstellung, auf das höfische Fest, auf Dialoggedichte in mittelalterlicher oder antiker Tradition, auf die gelehrte (und v.a. zur Vorlesung bestimmte) Humanistenkomödie und schließlich auf die volkstümliche Farce, die allerdings erst durch den italienischen Einfluß der *commedia dell'arte*-Tradition theaterfähig geworden sein dürfte. In der ersten Generation

---

[4] Vgl. dazu José María Diez Borque, *Sociedad y teatro en la España de Lope de Vega*, Barcelona 1978, vor allem Teil I: "Estructura económica, social y administrativa del espectáculo teatral".

[5] Übrigens im Unterschied zur französischen Komödie des frühen 17. Jahrhunderts; in den Komödien Corneilles und seiner Generation sind die Protagonisten entweder ausdrücklich (z.B. Pierre Du Ryer, *Les vendages de Suresnes*) oder implizit durch ihren Wertehorizont (Geld als Wertmaßstab statt Abstammung, Kriegsruhm oder Ehre) als Bürger gekennzeichnet; die Dienerfiguren sind dort nur ansatzweise entwickelt. In der spanischen Konzeption kann man nun mit H.J. Müller, *Das spanische Theater im 17. Jahrhundert oder zwischen göttlicher Gnade und menschlicher List*, Berlin 1977, S. 12, eine "wahrhaft egalisierende Personenkonstellation" sehen, in der sich "das katholische Weltbild des Siglo de Oro" spiegle, dem zufolge "vor Gott alle Menschen gleich sind". Angesichts der ökonomischen Notwendigkeiten geht es aber wohl vor allem darum, für *alle* Schichten ein Identifikationsangebot bereitzuhalten, um so den Erfolg des Stückes sicherzustellen.

von Theaterautoren, der mit dem Namen Juan del Encinas verbundenen Salmantiner Schule, haben wir es vor allem mit einer Verschmelzung der ersten drei Erscheinungen zu tun:

1) Schon im Mittelalter dürfte es in gewissem Umfang eine quasi-dramatische Darstellung neutestamentarischer Erzählungen (v.a. Weihnachten, Ostern) zur Verdeutlichung der Heilsgeschichte für Analphabeten gegeben haben (im Siglo de Oro sind dann von den Missionaren ähnliche Spiele für die amerikanischen Indios geschaffen worden): erhalten sind nur das *Auto de los Reyes Magos* aus dem 12. und eine dialogisierte Klage über die Passionsgeschichte von Gómez Manrique aus der Mitte des 15. Jahrhunderts.[6] Zu Anfang des 16. Jahrhunderts verbindet sich diese Tradition mit der höfischen Festkultur zu höfisch-religiösen *autos* (Encina), mit dem Jesuitentheater zu *autos*, die für das Kirchenvolk bestimmt waren (z.B. jenen von Lucas Fernández), aus denen sich dann im Laufe des 16. Jahrhunderts u.a. die Form des *auto sacramental* entwickelt.

2) Die Dialoggedichte: Aus der mittelalterlichen Tradition ist das Streitgespräch (*Poema de debate*) als Gedichtform überliefert, sei es für sich stehend (*Elena y María, Agua y vino*) sei es in Form von eingeschobenen Dialogen in lyrischen oder erzählenden Werken (etwa im *Libro de buen amor* des Arcipreste de Hita). Aus der Kommunikationspraxis mittelalterlicher Literatur (mündlicher Vortrag vor Publikum) ergibt sich bei solchen Dialoggedichten eine paratheatrale Situation. Ein zum eigentlichen Theater überleitendes Spätprodukt dieser Traditionslinie ist z.B. Rodrigo de Cotas lyrischer Dialog *Amor-Viejo* aus dem späten 15. Jahrhundert. Dazu tritt nun durch die Renaissance das Dialoggedicht aus antiker und humanistischer Tradition, die Ekloge im Sinne von Vergils *Bucolica*. Vorbilder hierfür waren zahlreiche mittellateinische Eklogen, die bis in die karolingische Zeit zurückreichen, aber auch die italienische Eklogendichtung des 15. Jahrhunderts (Boiardo, Sannazaro) und die sich wachsender Beliebtheit erfreuende Schäferdichtung, die sich mit politisch-allegorischen Traditionen des Mittelalters verbinden kann wie in Francisco de la Madrids *Égloga* von 1495. Typisch ist dabei die enge Verbindung von Lyrik und Drama zu Beginn (erst Lucas Fernández führt in der Ausgabe seiner Werke die Trennung zwischen lyrischen und dramatischen Gedichten ein.)

3) Die höfische Festkultur hat ihren Ursprung in der Tradition mittelalterlicher Spiele (Turniere) und Sängerwettstreite sowie in Triumphzügen, die antiken Inszenierungen nachempfunden sind. Schon in der 2. Hälfte des 15. Jahrhunderts bringt sie mit Gómez Manriques *Momos* (einer Art Ballett-Pantomimen) erste dramatische Versuche hervor; sie wird vor allem durch das Vorbild der italienischen Renaissancefürstenhöfe geprägt.

---

[6] Eine vielfältige Spielkultur wie in Frankreich hat wegen des mozarabischen Ritus, in den sich theaternahe Formen der dargestellten Heilsgeschichte nicht einbauen ließen, in Spanien nicht bestanden, Mirakelspiele treten überhaupt erst im Siglo de Oro als *comedias de santos* auf.

1.2. Juan del Encina (1468-1529)[7]

Juan del Encina beginnt seine Karriere als Hofdichter und Festausstatter bei den Herzögen von Alba, später reist er nach Rom und ist dort an Kardinalshöfen tätig. Seine 14 dramatischen Eklogen entstehen zwischen 1492 und 1513 und werden schon zu seinen Lebzeiten in mehreren Werkausgaben (noch zusammen mit seiner Lyrik) veröffentlicht. Im gedruckten Text ist dabei der eigentlichen Ekloge stets eine kurze Prosabeschreibung des Anlasses der Aufführung (oft mit Fürstenlob) vorangestellt. Nach der (gewöhnlich im spanischen Achtsilber gehaltenen) Ekloge folgt am Ende ein gesungener *villancico* (eine traditionelle Liedform mit tanzartigem Charakter) und damit die Überleitung zum nächsten Programmpunkt des höfischen Festes.

Schema der Eklogen von Juan del Encina

    1,2: Weihnachtseklogen
    3,4: Ostereklogen: Passionsgeschichte
    5,6: Eklogen zum Faschingdienstag/Aschermittwoch
    7,8: *Ecloga en recüesta de unos amores*: Werben eines Knappen um eine Hirtin, Verkleidung als Schäfer, nach einem Jahr Rückkehr an den Hof
    9: Weihnachtsekloge "de las grandes lluvias"
    10, 12: italienisierende Eklogen: Liebeskranke Schäfer klagen ihr Leid
    11: Allegorische Ekloge: Streit über die Berechtigung der Weltflucht, Entscheidung für Lebensgenuß im Sinne der Renaissance
    13: "Auto del repelón": Satire des *pastor bobo*, der von den randalierenden Studenten Prügel bezieht
    14: "Plácida y Vitoriano": italienisierende Ekloge erstmals in der Länge eines "abendfüllenden" Dramas; Neben neoplatonisch liebenden Schäfern tritt als Kontrastfigur wieder der *pastor bobo* auf.

Während die ersten vier Eklogen noch liturgischer Natur sind, weisen die Eklogen fünf und sechs nur noch eine äußerliche Beziehung zum Kirchenjahr auf, da sie am Beginn der Fastenzeit aufzuführen sind, der Inhalt ist dagegen teils politischer Natur (Konflikt mit Frankreich), teils eine Variation über das alte Thema der Schlacht zwischen Carnal (Karneval) und Frau Cuaresma (Fastenzeit). Die vermutlich zum Jahresausklang gespielten Dialoge sieben und acht lösen sich vollends vom kirchlichen Festkalender. Inhaltlich schließen sie an die lyrische Tradition der mittelalterlichen Pastourelle an, die ebenfalls stark dialogisch geprägt war. In der Behandlung des für die Bukolik konstitutiven Gegensatzes zwischen Hof und Land wird letztlich dem Hof der Vorzug gegeben, aber schon die für die Schäferliteratur typische Verkleidung von Höflingen als Hirten angedeutet. In der Gestalt des Mingo finden sich zudem erste Elemente der komischen Hirtenfigur, aus der später der *pastor bobo* und damit einer der Ahnherren des *gracioso* wird. Dieser Typus wird vor allem in der Ekloge 13, dem sogenannten *Auto del repelón* weiterentwickelt, in dem die naiven Hirten von den schlauen Studenten hinters Licht geführt und verprügelt werden.

---

[7] Zu Juan del Encina vgl. auch hier: K. Kohut, Das 15. Jahrhundert, S. 63f, sowie G. Güntert, Siglo de Oro: Lyrik, Teil I, S. 119f.

Die Eklogen 10, 12 und 14 stehen dagegen in der Tradition des italienischen Schäferspiels, in dem Amor die Hirten seine Macht spüren läßt und Liebe zu Leid und bisweilen sogar zum Selbstmord führt, aber auch hier ergänzt der spanische "pastor bobo" das Personenrepertoire. Die letzte Ekloge (*Plácida y Vitoriano*), die 1513 in Rom aufgeführt wurde, vollzieht (schon allein von der "abendfüllenden" Länge her) endgültig den Schritt vom höfischen Spiel zum Schäferdrama. Hier findet sich neben dem Hirten- und Liebesinventar der Prolog einer "niederen" Figur (des Korbflechters Gil) mit einer Inhaltsangabe des Stückes wie bei dem zur gleichen Zeit in Rom weilenden Torres Naharro; es gibt eine Kupplerin und Szenen im Dienermilieu wie zuvor in der *Celestina* sowie realistische Genreszenen, wie sie im italienischen Bereich nur bei dem parodierenden Ruzante denkbar wären. Vieles ist auch bei Encina Parodie: Als Vitoriano die Selbstmörderin Plácida findet, spricht er ein blasphemisches Gebets-Pastiche, gerichtet an Amor/Cupido: erst eine Vigilie mit lateinischen Brocken als Villancico, dann Psalmen als Gebet mit dem Schlußestribillo: "Pater noster, niño y ciego,/ a tí digo, dios de amor" und schließlich "Lecciones": "Cupido, kirieleyson/ dina Venus, Christeleyson/ Cupido, kirieleyson", und dieses blasphemische Gebet bewirkt tatsächlich die Auferweckung des Mädchens. Bedenkt man, daß dieses Stück an einem Kardinalshof aufgeführt wurde, sieht man, wie frei das Rom der Renaissance unter den weltlichen Genüssen nicht abgeneigten Päpsten wie Julius II. und Leo X. im Umgang mit religiösen Fragen gewesen ist. Somit erweist sich Juan del Encina zwar wie fast jeder in Hofdiensten stehende Renaissancedichter als Mann der "Ordnungsmächte";[8] aber sein Werk zeigt zugleich auf, daß diese Ordnungsmächte zu Beginn des 16. Jahrhunderts offenbar gehörig in Unordnung geraten waren und daher weitgehende Freiheiten im Umgang mit ihren Dogmen und Prinzipien zugestanden.

1.3. Lucas Fernández (1474?-1542)

Die 1514 veröffentlichten dramatischen Werke von Lucas Fernández, der ebenfalls zwischen 1496-98 im Dienst des Duque de Alba steht und später die von Encina angestrebte Kantorsstelle in Salamanca erhält, haben thematisch und strukturell, aber auch in der Sprache viel mit Juan del Encinas Eklogen gemeinsam: beide verwenden den sogenannten "sayagués", einen literarischen Kunstdialekt, basierend auf dem Dialekt der Gegend von Salamanca. Wie Encina hat Fernández zwei Weihnachtseklogen verfaßt, weiters ein *Auto de la pasión*, sein bekanntestes Werk, das zum Unterschied von Encinas Eklogen mit Sicherheit nur für die Aufführung im Kirchenraum, während der Karfreitagsliturgie, gedacht war, und schließlich drei *farsas o cuasi-comedias* mit den stehenden Figuren Bras und Juan. Diese *farsas* bringen, offenbar angeregt von der Lektüre antiker Komödienautoren (Terenz und/oder Plautus), einige traditionelle Komödienfiguren in das spanische Theater ein: so den "bösen Alten", der die

---

[8] Schoell, Konrad, in: V. Roloff, H. Wentzlaff-Eggebert (Hg.), *Das spanische Theater...*, S. 12.

Hochzeit des verliebten Schäferpaares aus materiellen Interessen (Abstammung und Geld) verhindert, oder den "miles gloriosus", der im Wortgefecht gegen den "pastor" unterliegt. Dadurch stellen Fernández' *farsas* den ersten Ansatzpunkt zu einer spanischen Komödie im engeren Sinn dar.

2. Die Tradition der Humanistenkomödie

Die in Italien und Frankreich sehr beliebte lateinische Humanistenkomödie mit profanen Themen ist in Spanien erst nach dem Erfolg der in Spanisch verfaßten *Celestina* anzutreffen (das erste Werk dieser Gattung, Juan Maldonados *Hispaniola*, stammt von 1517). Die spanische Produktion ist jedoch sehr früh durch die *Celestina* (eigentlich *Tragicomedia de Calisto y Melibea*)[9] zu Weltruhm gelangt. Dabei handelt es sich um eine Art Stück ohne Bühne, der Text gibt keine Hinweise auf die Aufführungstechnik, das Publikationsdatum der ersten Version (1499) zeigt, daß es in eine Welt hineingestellt wurde, die über kein Theater im heutigen Sinne, kein theatererfahrenes Publikum, keine Truppen, keine bekannten Komödientypen verfügte. Aber auch mit dem höfischen Fest hat die *Celestina* schon vom Thema her wenig zu tun. Zahlreiche Indizien deuten auf einen Lesevortrag mit verteilten Rollen in einem gebildeten Freundeskreis hin (besonders der Kommentar des Herausgebers Alonso de Proeza zu der Ausgabe von 1514 - "dize el modo que se ha de tener leyendo esta comedia").[10] Die Autorenschaft ist umstritten, das Akrostichon der Eingangscoplas gibt den "bachiller Fernando de Rojas" an, der in seinem Vorwort allerdings betont, er habe nur die Fortsetzung zu dem bereits existierenden ersten Akt (vermutlich um 1490 entstanden) verfaßt, für den als mögliche Autoren u.a. Juan de Mena und Rodrigo de Cota genannt wurden. Als Zweck seines Werkes bezeichnet der Autor die Abschreckung der Jugend von den Gefahren der Liebe,[11] als Gewährsmann für die Form der "comedia" (wie die *Celestina* in der Version von 1499 hieß) den römischen Autor Terenz. Die Umgestaltung zur "Tragicomedia" (um 1500) stützt sich auf eine Tradition der lateinischen Humanistendichtung und sollte als Gattungsmischung die Dramenpoetik des Siglo de Oro noch nachhaltig bestimmen.

Die drei Teile der *Celestina*

> 1) 1. Akt: Calisto, ein vornehmer junger Mann, dringt bei der Verfolgung eines Falken in Pleberios Garten ein, spricht dort mit dessen Tochter Melibea und verliebt sich unsterblich in sie, wird aber abgewiesen. Als er daraufhin liebeskrank wird, rät ihm sein Diener Sem-

---

[9] Zur *Celestina* vgl. auch hier: K. Kohut, Das 15. Jahrhundert, Kapitel 5, S. 74ff.

[10] Demzufolge wurde die *Celestina* im 16. und 17. Jahrhundert als Drama, im von der Klassik geprägten 18. und 19. Jahrhundert als Dialogroman angesehen. Erst seit Maria Rosa Lida de Malkiels *La originalidad artística de La Celestina*, Buenos Aires ²1970 ist die Zugehörigkeit zur dramatischen Gattung eindeutig nachgewiesen und anerkannt.

[11] Diese "moralisch-didaktische" Intention läßt sich freilich ebenso in Frage stellen wie etwa die des Arcipreste de Hita im *Libro de Buen Amor*. So sieht etwa Albert Gier in: V. Roloff, H. Wentzlaff-Eggebert (Hg.), *Das spanische Theater*..., S. 33, m.E. zu Recht auch eine gewisse "Sympathie oder Bewunderung" des Autors für Calistos "romantische Leidenschaft".

pronio, der stets das eigene Wohl im Auge hat, die alte Kupplerin, Bordellmutter und Hexe Celestina zu konsultieren. Der treue Diener Pármeno rät vergeblich ab und versucht, die Alte fernzuhalten. Calisto schenkt ihr 1000 Golddukaten, sie verspricht, für ihn zu arbeiten.
2) Akt 2-16 der ersten Version (*Comedia*, 1499): Celestina gelingt es durch Teufelsbeschwörung, Melibea zu einem Stelldichein mit Calisto zu bewegen, sie schließlich sogar ihrerseits liebeskrank zu machen; die Kupplerin zeigt dabei jedoch auch menschlich-kreatürliche Schwächen (Angst). Nun wollen die Diener (Pármeno hat mittlerweile seinen Widerstand aufgegeben) auch ihren Anteil an der Belohnung, bringen die Alte im Streit um und werden dafür unverzüglich hingerichtet. Bei einem nächtlichen Stelldichein fällt Calisto von der Mauer und bricht sich den Hals. Die verzweifelte Melibea bekennt vom Turm herab den Eltern ihre Liebe und stürzt sich zu Tode.
3) 2. Version (*Tragicomedia*, Erstdruck 1507): Zwischen den Tod der Celestina und den Calistos werden fünf Akte eingeschoben, die möglicherweise von einem dritten Autor stammen: zwei Insassinnen des Bordells, die ehemaligen Freundinnen der Diener, wollen gemeinsam mit einer Gaunerfigur ("rufián") namens Centurio den Tod der Drei rächen und führen Calistos Tod bei dem Stelldichein, dem nun ein ganzer Monat nächtlicher Liebestreffen vorausgegangen ist, durch einen Überfall herbei.

Die wesentliche Neuerung der *Celestina* besteht in der Einführung "unliterarischer", realistisch gezeichneter Figuren aus dem Volk (im Gegensatz zu den Hirten der Encina-Schule, deren "sayagués" einen Kunstdialekt darstellt, und die teils transponierte neoplatonische Liebende, teils zur Belustigung dienende "bobos" sind). Die Sprache dieser "niederen" Figuren ist voll humanistischen Bildungsgutes, zugleich aber auch recht derb. Die neuere Forschung hat jedoch gezeigt, daß auch die Dialoge der "niederen" Figuren nicht einer realistischen Darstellung, sondern einer möglichst großen Variation rhetorisch fundierter Argumentationsstrategien dienen.[12] Im großen und ganzen drückt sich in der Celestina aber wohl (ähnlich wie in den Komödien Machiavellis) vor allem ein skeptisches Menschenbild aus, das der Autor durch Beteuerung seiner moralistischen Absicht (im Untertitel: "contiene ... avisos muy necessarios para mancebos, mostrándoles los engaños que están encerrados en sirvientes y alcahuetas") nur oberflächlich zu mildern vermag.

Die enorme Nachwirkung der Celestina drückt sich darin aus, daß der Stoff praktisch sofort in Romanzen verarbeitet wird. Zahllose Stücke, von Torres Naharros *Himenea* bis zu einer *Segunda* (1534), *Tercera* (1539) und *Cuarta parte de la Celestina* (1542) aus der Feder verschiedener Autoren bezeugen ebenso ihre Beliebtheit wie die Übersetzungen (italienisch schon 1506, deutsch 1520, englisch und französisch 1527, 1624 sogar lateinisch durch Kaspar von Barth). Trotz des Verbots durch den Inquisitionsindex bleibt diese Nachwirkung auch in den späteren Generationen erhalten; noch im 19. und 20. Jahrhundert finden sich zahlreiche Bühnenbearbeitungen, 1975 entsteht sogar eine deutsche *Celestina*-Oper.[13]

---

[12] A. Gier in: V. Roloff, H. Wentzlaff-Eggebert (Hg.), *Das spanische Theater*..., S. 27.
[13] Siehe zum Nachleben der Celestina Eberhard Leube, *Die "Celestina"*, München 1971, S. 53-57 und Dietrich Briesemeister, "Die Sonderstellung der 'Celestina'", in: Klaus Pörtl (Hg.), *Das spanische Theater*..., S. 101.

3. Die weitere Entwicklung vom höfischen Spiel zum Theater: Torres Naharro und Gil Vicente

3.1. Torres Naharro und die Sittenkomödie unter italienischem Einfluß

Bartolomé de Torres Naharro (ca. 1475-1520) stammt aus der Extremadura, aus Torre de San Miguel Sesmero (Provinz Badajoz). Von seiner Biographie ist kaum etwas Sicheres bekannt, um 1500 soll er zum Priester geweiht, kurz danach aber schon wieder Soldat geworden sein. Die oft tradierte Geschichte von einer kurzen Gefangenschaft in den Händen maurischer Piraten ist in der neueren Forschung angezweifelt worden.[14] Ab ca. 1503 lebt er hauptsächlich in Italien, zunächst in Rom. Dort gibt es in dieser Zeit, in der auch die meisten Päpste weltlichen Vergnügungen zugetan sind (vgl. die Ausführungen zu Juan del Encina), eine große spanische Kolonie (10.000 von insgesamt 60.000 Einwohnern waren Spanier, darunter viele *conversos*, auch der päpstliche Hofstaat umfaßte zahlreiche spanische Kirchenfürsten).

Noch in der Nachfolge der Salmantiner Schule von Encina, mit dem er in Rom um die Gunst der Kirchenfürsten wetteiferte, schreibt Torres um 1505 einen *Dialogo del Nascimiento*. Danach überwiegt der Einfluß der italienischen Renaissancekomödie, Nachwirkungen der Encina-Schule bleiben nur in den von *bobo*-Figuren gesprochenen *Introitos* spürbar - auch sprachlich durch Verwendung des *sayagués*. Der Autor steht im Dienst zweier Kardinäle, schließlich übersiedelt er 1517 zu Fabrizio Colonna nach Neapel, wo im selben Jahr die erste Ausgabe seiner Werke (*Propalladia*) mit dem berühmten "Prohemio" (der ersten spanischen Dramenpoetik) erscheint. Die Sammlung enthält sechs *comedias*: *Seraphina* (ca. 1509), *Soldadesca* (1510), *Trophea* (1514), *Jacinta*(1514/15), *Tinelaria* (1516), *Himenea* (1516). Später entstehen noch *Calamita* (1519) und *Aquilana* (1520?).

Das theoretische Werk: der "prohemio" zu "propalladia"

In diesem Vorwort findet sich die erste eigene Komödiendefinition der spanischen Literatur, die einerseits die eingangs erwähnte Unerfahrenheit seiner Zeit mit der Realität des Theaters zeigt, andererseits bereits auf die Gattungsmischung der Schule Lope de Vegas vorausweist: "comedia no es otra cosa sino un artificio ingenioso de notables y finalmente alegres acontecimientos, por personas disputado."[15]

Bezüglich Struktur und Aufbau des Dramas hält Torres an der aus der Antike stammenden Fünfaktigkeit fest (bei Lope wird die Dreiaktigkeit üblich), aber er führt schon die später übliche Bezeichnung *Jornadas* für die Akte ein. Er fordert eine Personenzahl zwischen sechs und zwölf, gibt aber gleich zu, in der *Tinelaria*

---

[14] Vgl. Joseph Gilliet, *Torres Naharro and the Drama of the Renaissance*, Philadelphia 1961 (Hg. Otis H. Green), S. 404.

[15] Bartolomé de Torres Naharro, "'Prohemio' zu 'Propalladia'", in: Federico Sánchez Escribano, Alberto Porqueras Mayo (Hg.), *Preceptiva dramática española...*, S. 63-65.

selbst dagegen verstoßen zu haben. Im Sprechen und Handeln dieser Personen sei die ständische Gliederung zu beachten. Schließlich unterscheidet er zwei Untergattungen der Komödie: die reale oder historische Fakten darstellende *comedia a noticia* ("de cosa nota y vista en realidad de verdad") und die fiktionale *comedia a fantasía* ("de cosa fantástiga o fingida, que tenga color de verdad aunque no lo sea").

Das dramatische Werk: Torres' wichtigste Komödien

Allen seinen Stücken ist ein Introito/Argumento vorangestellt, eine witzige und weitschweifige Einführung durch einen *bobo*-Typus in *sayagués*, in der oft auf den Anlaß der Aufführung angespielt wird, und die mit einer kurzen Zusammenfassung des Inhalts ausklingt. Es bildet eine Art Überleitung aus der lebensweltlichen Sphäre in die Bühnenrealität, die zeigt, daß es sich noch immer um ein für ein ganz bestimmtes Publikum konzipiertes höfisches Theater handelt. Der *Introito* weist aber auch auf die Loas des späteren Corral-Theaters voraus, die ebenfalls durch derbe Komik die Aufmerksamkeit des Publikums auf die Bühne zu lenken trachten.

Die *comedias a noticia* stellen Genrekomödien ohne eigentliche dramatische Handlung dar, die meist der satirischen Betrachtung eines bestimmten Milieus gewidmet sind. So führt die *Soldadesca* Szenen aus dem Leben arbeitsloser Söldner in Rom vor, wobei der Realismus sich mit farcenhaften Elementen wie Prügelszenen mischt, die sich etwa im Rahmen der Einquartierung von Söldnern bei römischen Bauern mit gegenseitigen Übertölpelungsversuchen oder des Schwindels der Hauptleute mit nichtexistenten Soldaten, deren Sold sie kassieren, ergeben. Die Hauptquelle der Komik bilden jedoch aus Verständnisschwierigkeiten zwischen Italienisch- und Spanisch-Sprechern resultierende Kommunikationsprobleme. Ähnliches gilt für die *Tinelaria*, die eine endlose Reihe von köstlich gezeichneten Schmarotzern in Küche und Haushalt der großen Herren (Kardinäle) vorführt, die nur betrügen und an ihren eigenen Vorteil denken, wobei auch hier viel Komik aus dem Sprachengemisch (Deutsch/Latein, Katalanisch, Französisch, Portugiesisch, Italienisch, Spanisch) und den entsprechenden Mißverständnissen entsteht. Die Moral für die zusehenden Kirchenfürsten wird im *Introito* gleich mitgeliefert: "para que aquí lo riáis/y en casa lo castiguéis".[16]

In den *comedias a fantasía* finden sich wie später bei Gil Vicente oft Parallelen zum Ritterroman. Die *Comedia Himenea* lehnt sich jedoch noch mehr an die *Celestina* an, vor allem in der Bedeutung der Diener als handelnde Figuren und in der Struktur der Handlung. Die Figur der Kupplerin selbst kommt freilich ebenso wenig vor wie der Liebestrank, außerdem gibt es ein *happy end*. In der Personenkonstellation (Liebhaber, Dame, eifersüchtiger Bruder als Hindernis) klingt bereits die *comedia de capa y espada* an. In ähnlicher Weise findet sich in der *Aquilana* bereits die Parallelführung von Herren- und Dienerhandlung, die später zu einem Topos des Siglo-de-Oro-Theaters wird: Aquilano

---

[16] Torres Naharro, Bartolomé de, *Comedias*, D.W. McPheeters (Hg.), Madrid 1973, S. 105.

liebt die Königstochter Felicina, sein Diener Faceto ihre Zofe Dileta. Als komische Tölpel treten zwei Gärtner mit einer Vaterunser- und Beschwörungsparodie auf, die die Tendenz zur Hereinnahme des *bobo* aus dem isolierten *Introito* in die szenische Handlung selbst demonstrieren.[17] Vom Standpunkt der Sozialgeschichte ist schließlich die Szene der Rollenumkehr von Interesse: Um Nachrichten über ihren Aquilano zu erfahren (der beim nächtlichen Rendezvous erwischt worden ist, sich aber als Erbprinz von Ungarn erwiesen hat und sie heiraten darf), muß Felicina kurzzeitig mit ihrer Zofe Rollen tauschen und deren Capricen erfüllen (vor ihr knien, Hand küssen, Schleppe tragen). Hier wird eine Aufwertung der Dienerfigur angedeutet, die auch in manchen besonders gebildeten *gracioso*-Figuren des späteren Theaters (etwa dem Turín in *La verdad sospechosa* von Ruiz de Alarcón) sichtbar wird.

3.2. Gil Vicente: Hoftheater zwischen mittelalterlicher Tradition und Charakterkomödie

Gil Vicente (ca. 1480-ca. 1540) schreibt wie viele portugiesische Dichter seiner Zeit ganz oder teilweise in Spanisch (Kastilisch), das als Sprache der Gebildeten am Hof der portugiesischen Könige, an dem er als Hofdichter tätig ist, großes Ansehen genießt. Von seinen 46 Bühnenwerken (überliefert in der 1562 von seinem Sohn Luis herausgegebenen *Copilaçam*) sind 19 ganz in portugiesischer, 12 ganz in spanischer Sprache abgefaßt, 15 weisen gemischtsprachige Dialoge auf, in denen einige Personen Spanisch, andere wiederum Portugiesisch sprechen. Seine frühen Hirtendramen (1502ff.) weisen deutliche Einflüsse von Encina und Fernández auf, wie z.B. das *Auto pastoril castellano*. In weiterer Folge erschließt er dem religiösen Theater freilich auch ganz neue Stoffbereiche, z.B. in seinem Weihnachtsspiel *Auto de la Sibila Casandra*, das eine Verbindung zur antiken Mythologie herstellt.[18] Dazu nimmt Gil Vicente Einflüsse des französischen mittelalterlichen Theaters (*moralités*) und der spätmittelalterlichen Totentanztradition auf, was besonders in den drei *Autos das Barcas* (1517-19) zum Ausdruck kommt. Sehr früh beginnt er neben dem religiösen Theater auch mit einfachen Intrigenkomödien (*farsas*), etwa dem *Auto das Indias*, in dem die untreue Ehefrau eines unheroisch-raffgierigen "Entdeckers" sich mit dem aus den Kolonien heimkehrenden Mann ebenso rasch wie heuchlerisch versöhnt oder der *Farsa de Inês Pereira*, in der die gebildete und anspruchsvolle Inês erfahren muß, daß ein dummer, aber nachsichtiger Ehemann besser ist als ein kluger Haustyrann.

---

[17] So sieht Nina Cox Davies ("Torres Naharro's comic speakers: Tinellaria and Seraphina", in: *Hispanic Review* 56, 1988, 139-155) auf den Spuren von John Lihani (*Bartolomé de Torres Naharro*, Boston 1979, v.a. S. 149) im Werk des Autors eine allmähliche "Hereinnahme" des *bobo* aus dem *introito* in eine immer stärker ausgestaltete und dramaturgisch aufgewertete Rolle in dem eigentlichen Dramengeschehen, wodurch er zu einem deutlichen Ahnherrn des *gracioso* würde.

[18] Teyssier, Paul, *Gil Vicente...*, S. 48, gibt hierfür eine italienische Quelle, den Ritterroman *Guerino il Meschino*, an, den Vicente in spanischer Übersetzung gelesen haben dürfte.

Das Theater der Siglos de Oro

Um 1521 beginnt Gil Vicente, prunkvollere Ausstattungsstücke zu verfassen, da der Hof offenbar nun raffiniertere Schauspiele verlangt. In der an den König João III gerichteten *Carta-Prefácio* zu *Don Duardos* (1522) erklärt Gil Vicente auch programmatisch seine Absicht, nunmehr kunstvoller und in höherem Stil schreiben zu wollen. Die Stoffe für diesen neuen Dramentypus bezieht er aus den in Blüte stehenden Ritterromanen (z.B. *Don Duardos* 1522, *Amadís de Gaula* 1523) und aus der antiken Mythologie (z.B. *Templo de Apolo*, 1526).

In Gil Vicentes Werk ist somit nicht nur eine starke Erweiterung der Thematik des noch jungen Hoftheaters, sondern vor allem auch eine bedeutende Interaktion mit anderen literarischen Gattungen und Traditionen zu beobachten. Er etabliert zahlreiche Komödientypen: Kupplerin, unwürdige Kleriker, dumme Bauern, unfähige Ärzte, usw., wie sie später in *pasos* und *entremeses* als lächerliche Figuren auftauchen, aber auch das mythologische Festspiel am Hof mit aufwendigem technischen Apparat, wie es in Spanien noch der späte Calderón pflegen wird. Schließlich weist auch bei ihm die Gattungsmischung (hohes und niederes Personal, teils ernste, teils komische Handlung mit *happy end*) bereits auf Lopes Dramenkonzeption voraus.[19]

3.3. Die übrige dramatische Produktion der ersten Hälfte des 16. Jahrhunderts

Die restliche dramatische Produktion dieser Zeit hat eher geringe Bedeutung, es handelt sich meist um Imitationen der zuvor genannten Autoren. Der *Códice de Autos viejos* gibt einen Überblick über diese Produktion meist anonymer Stücke, bei denen das religiöse Theater noch vorherrscht. Der bedeutendste Autor ist Diego Sánchez de Badajoz (gestorben um 1550) dessen 22 vorwiegend religiöse Werke 1554 postum als *Recopilación en metro* veröffentlicht werden. Viele dieser Stücke sind nun nicht mehr für Weihnachten oder Ostern, sondern für Fronleichnam bestimmt, zudem führt Sánchez de Badajoz in großem Umfang Allegorien ein und wird somit zu einem der wesentlichsten Vorläufer des *auto sacramental*. Wie Torres Naharro verwendet auch er eine Eingangsszene im burlesken Ton, um die Aufmerksamkeit des Publikums auf das Bühnengeschehen zu lenken; die ebenfalls religiösen *farsas* stehen dem komischen Theater Gil Vicentes nahe.

Darüber hinaus sind durch den Inquisitionsindex von 1559 und das damit verbundene Aufführungs-, Verbreitungs- und Leseverbot vermutlich viele interessante Dramentexte aus der ersten Hälfte des 16. Jahrhunderts verlorengegangen.

4. Der Beginn des kommerziellen "Volkstheaters" mit Lope de Rueda (1509?-1565)

Ab 1535 besuchen italienische Theatergruppen Spanien, teils mit einem *commedia dell'arte*-Repertoire, teils mit Renaissancekomödien. In einer dieser Truppen lernt Lope de Rueda das Handwerk, ehe er ab 1540 oder 1545 mit seiner eigenen

---

[19] Zu Gil Vicente vgl. auch hier: G. Güntert, Siglo de Oro: Lyrik, Teil I, Kap. 1, S. 121f.

wandernden Theatertruppe durchs Land zieht. So wird er zum ersten Berufs-Theaterunternehmer Spaniens. Die einfache Bühnenausstattung dieser Zeit beschreibt Cervantes im Vorwort zu *Ocho comedias y ocho entremeses* als vier im Quadrat aufgestellte Bänke mit vier bis sechs darübergelegten Brettern, dazu eine an Seilen von links nach rechts zu ziehende alte Decke, hinter der die Musiker standen.[20] Lope de Ruedas Repertoire bestand aus Prosa-Übertragungen italienischer Renaissancekomödien, die oft auf Novellenstoffen (Boccaccio, Bandello) beruhten. Seine Komödien sind mehr Nachdichtungen als eigenständige Schöpfungen, seine Neuerungswirkung beruht daher vor allem auf der Schaffung einer Bühnenprosa, auf der praktischen Theaterarbeit und auf den eingeschobenen Zwischenspielen (*pasos*). Lope de Rueda war als Schauspieler berühmter denn als Autor, seine Paraderollen sind Gauner, Tölpel und Negerinnen und allgemein die Dienergestalten, denen deshalb auch die besondere Liebe des Autors Lope de Rueda gilt, während die Charaktere seiner Protagonisten nicht sehr ausgeführt sind.

Die *pasos* sind kurze Zwischenspiele, meist mit einem oder mehreren gegenüber Encinas Schule weiterentwickelten *bobos*. 1567 gibt Juan de Timoneda postum die erste Ausgabe von Lope de Ruedas Komödien heraus (*Eufemia*, *Armelina*, *Los engañados* und *Medora*, zwei "coloquios pastoriles", *Camila* und *Tymbria*, sowie eine Ausgabe von sieben *pasos* unter dem Titel *El deleitoso*), 1570 veröffentlicht er im *Registro de representantes* weitere drei *Pasos*. Dort findet sich auch ein Hinweis auf Verwendung der *pasos* - wie die *lazzi* der italienischen *commedia dell'arte* sind sie an beliebiger Stelle einsetzbar, um lange Stücke kurzweiliger zu gestalten - zu Beginn, als Ausklang oder als Zwischenspiele, und sie lassen sich mit den verschiedensten Stücken kombinieren. Auch innerhalb der Stücke gibt es "paso-artige" Szenen, die dramaturgisch nicht nötig sind und nur lose mit der Handlung zusammenhängen, aber der Unterhaltung des Publikums durch komische Figuren dienen. Insgesamt sind uns zehn eigenständige und vierzehn in die Komödien eingeschobene *pasos* erhalten. Die Themen sind farcenhaft, oft Betrügereien, manchmal mit volkstümlichem Einschlag (*La tierra de Jauja*). Am bekanntesten ist der *paso Las aceitunas*, in dem eine Familie in einen handgreiflichen Streit über die Frage gerät, zu welchem Preis die frühestens in 20 Jahren zu erwartenden Früchte eben erst gepflanzter Olivenbäume verkauft werden sollen.

Aus der Form des *paso* entwickelt sich später der *entremés* und die ganze Palette der dramatischen Kleinformen des Siglo de Oro. Noch wesentlicher ist Lope de Rueda aber im "praktischen" Bereich: mit ihm etablieren sich die umherziehenden Theatertruppen als professionelle Organisationsform.

---

[20] "No había en aquel tiempo tramoyas, [...] no había figura que saliese de la tierra por lo hueco del teatro, al cual componían cuatro bancos en cuadro y cuatro o seis tablas encima, con que se levantaba del suelo cuatro palmos; [...] El adorno del teatro era una manta vieja tirada con dos cordeles de una parte a otra, que hacía lo que llaman vestuario, detrás de la cual estaban los músicos, cantando sin guitarra algún romance antiguo." (Cervantes, *Obras completas*, Angel Valbuena Prat (Hg.), Bd. I, Madrid [18]1986, S. 209).

Das Theater der Siglos de Oro 173

In der Nachfolge Lope de Ruedas schreibt in Valencia in dieser Zeit sein Herausgeber, der Buchhändler und Verleger Juan de Timoneda (1520?-1583) kurze komische Stücke, vor allem aber religiöses Theater: *Ternarios Sentimentales* (1. Bd. 1558, 2. 1575). Der 1. Band, der sechs Einakter über die Eucharistie enthält, stellt nach Wardropper den "Schlüssel für den Wandel von der "farsa sacramental anónima" zum "auto sacramental precalderoniano" dar; tatsächlich weisen die kurzen Stücke (z.B. *Aucto de la Fee*, 400 Verse) sowohl in der Verwendung von Allegorien (Glaube, Vernunft, Gerechtigkeit; Welt und Mensch) als auch in der Behandlung des für die Fronleichnamsliturgie zentralen Eucharistie-Themas auf diese wichtigste religiöse Theatergattung der Blütezeit voraus.[21]

5. Die Generation der Tragödienautoren (ca. 1575-1585)

Nach der Etablierung des Theaters als wirtschaftlich organisiertes Schauspiel auch außerhalb der Hofgesellschaften kommt es zunächst (vor allem in den großen Theaterstädten Madrid und Valencia) zu einer Blütezeit der Tragödie, deren Ursprünge in humanistischen Versuchen zu finden sind, die antike Tragödie (v.a. Senecas) nach Spanien zu bringen. Das wichtigste Werk in diesem Kontext ist die anonyme *Tragedia de San Hermenegildo* über den Vater/Sohn-Konflikt zwischen dem heidnischen Gotenkönig Leovigildo und dessen getauftem Sohn Hermenegildo.

5.1. Die Tragödienautoren

Die bedeutendsten Tragödienautoren dieser Blütezeit der Tragödie sind:
- der um eine streng klassische Form (fünf Akte, Chor) bemühte Jerónimo Bermúdez (Madrid, 1530?-1599) mit seinen Tragödien *Nise lastimosa* und *Nise laureada*;
- Andrés Rey de Artieda (Valencia, 1544-1613) mit *Los Amantes* (1581), wo sich im Vorwort eine Absage an die Antike findet (Da Spanien großjährig ["en su edad robusta"] sei und in Sprachkunst wie Waffenhandwerk gleichermaßen mächtig, müsse es auch frei sein, seinen eigenen Geschmack zu entwickeln); tatsächlich entsteht hier die Tragödie ohne mythologische "Verursacher", nur durch menschliche Leidenschaft in einem zeitgenössischen Ambiente;
- Cristóbal de Virués (Valencia, 1550-1609), wie Cervantes ein Veteran der Schlacht von Lepanto, der in seinen Tragödien, wie später in Frankreich Alexandre Hardy, eine Vorliebe für menschliche Monster und Verbrecher zeigt (z.B. *La gran Semiramis*, *La cruel Casandra*, *Atila furioso*);
- und schließlich Juan de la Cueva (1550-1610), der nicht nur Dramatiker war, sondern auch Epen, Eklogen und v.a. die Poetik *Ejemplar poético* (1606) verfaßt hat. Seine dramatischen Werke umfassen neben Tragödien auch Tragikomödien; am bekanntesten ist *El infamador*, der als eines der Vorbilder für Tirsos Don

---
[21] Bruce W. Wardropper, *Introducción al teatro religioso del Siglo de Oro*, Madrid 1967.

Juan-Stück *El burlador de Sevilla* gilt und die in der Gegenwart spielende Geschichte eines Wüstlings mit mythologischem Inventar (Götterfiguren, Allegorien) vermischt.

5.2. Ein Dramatiker zwischen den Generationen: Miguel de Cervantes Saavedra (1547-1616)

Neben seinen bekannteren erzählerischen Werken hat Miguel de Cervantes[22] sich stets mit besonderer Liebe dem Theater gewidmet.[23] Die erste der beiden Phasen seiner dramatischen Produktion in den 80er Jahren steht unter dem Einfluß der Generation der Tragödienautoren. Aus dieser Zeit sind uns die Stücke *El trato de Argel* und *El cerco de Numancia* erhalten, wobei vor allem letzteres als Spaniens wesentlichste klassische Tragödie angesehen wird.[24]

> *El cerco de Numancia*, vermutlich 1583 entstanden, schildert in vier Akten den Heldenmut der "Spanier" in der von den Römern belagerten Stadt Numancia, die schließlich den Massenselbstmord der Kapitulation und Gefangenschaft vorziehen. In der Metrik herrscht der getragene Elfsilber vor, die Achtsilber sind auf die wenigen Liebesszenen beschränkt. Allegorische Figuren (*España, Duero, Guerra, Hambre, Fama*) untermalen das Geschehen und weisen auf eine bessere Zukunft (Cervantes' Gegenwart unter Philipp II.) hin.

In den 90er Jahren des 16. Jahrhunderts zieht Cervantes sich nach eigener Aussage wegen der übermächtigen Konkurrenz des "monstruo de la naturaleza" Lope de Vega und seiner Schule vom Theater zurück. Zwischen 1600 und 1615 entstehen einige nicht mehr unmittelbar für die Aufführung geschriebene Stücke, 1615 veröffentlicht als *Ocho comedias y ocho entremeses nuevos, nunca representados* mit einem Prolog über Geschichte und Theorie des spanischen Theaters. Diese Sammlung umfaßt verschiedene auch von Lope gepflegte Gattungen: *capa y espada, picaresca, comedia de santo*, etc., sie übernimmt viel von der neuen Schule, setzt sich aber zugleich ironisch-selbstironisch mit ihren Normen auseinander, etwa wenn in *La entretenida* (einer *comedia de capa y espada*) der Konvention der mehrfachen Heirat am Schluß eine Absage erteilt wird, oder in der Theaterkritik in *Pedro de Urdemalas*:

> *Pedro de Urdemalas* ist eine pikareske Komödie in drei Akten um eine volkstümliche Hauptfigur (eine Art Eulenspiegel). Das zentrale Thema ist das Verhältnis zwischen Theater und Lebensrealität. Dadurch kommt es auch zu Theater auf dem Theater, die Einheit der Handlung wird, anders als in der Lope-Schule, nicht respektiert.
>
> 1. Akt: Pedro stiftet als Ratgeber des dummen Alcalde Crespo zwei Ehen, wird dann auf Aufforderung des Zigeunerkönigs Maldonado selbst *gitano*, um die schöne Belica heiraten

---

[22] Zu Cervantes vgl. auch hier: Chr. Strosetzki, Der Roman im Siglo de Oro, Kap. 4, S. 91ff.

[23] In letzter Zeit findet auch der Dramatiker Cervantes zunehmend Beachtung in der Kritik: vgl. etwa Robert Marrast, *Miguel de Cervantès, dramaturge*, Paris 1957; Joaquín Casalduero, *Sentido y forma del teatro de Cervantes*, Madrid 1966; schließlich Jean Canavaggio, *Cervantès dramaturge. Un théâtre à naître*, Paris 1977 und Manuel García Martín, *Cervantes y la comedia española en el siglo XVII*, Salamanca 1980.

[24] Vgl. etwa Francisco Ruiz Ramón, *Historia del teatro español*..., S. 128.

zu können und erzählt als "Aufnahmeprüfung" seine pikareske Lebensgeschichte. Belica träumt jedoch, adelig zu sein und verschmäht ihn.

2. Akt: Pedro betrügt eine hartherzige Witwe, die den Zigeunern kein Almosen gibt, indem er ihr als frömmelnder Blinder einen Besuch aus dem Fegefeuer ankündigt. Als Belica ihn zurückweist, hat er Verständnis dafür, weil auch er von Höherem träumt. Der ihr zufällig auf der Jagd begegnende König läßt sie um ein Rendezvous bitten. Zuvor aber kommt es zu einer Tanzaufführung vor dem Königspaar, in der nach einem grotesken Bauerntanz die Zigeuner auftreten. Als Belica strauchelt und der König sie aufhebt, läßt die eifersüchtige Königin sie einsperren.

3. Akt: Pedro als Bote aus dem Fegefeuer entlockt der Witwe ein "Lösegeld" für ihre Verstorbenen. Der Ritter Marcelo enthüllt, daß Belica in Wahrheit die Nichte der Königin ist. Pedro als Student betrügt Bauern um zwei Hühner, dann schließt er sich zufällig vorbeikommenden Schauspielern an ("als Schauspieler kann ich alles sein, auch König") Als der *autor* über die Lage der Theaterleute klagt, wendet sich Pedro um Hilfe an Belica, indem er ihr zu verstehen gibt, sie hätten beide ihr Ziel erreicht: sie wäre Prinzessin in der Realität, er König auf dem Theater. Seine Bitte, der König solle nur professionelle Schauspieler gutes Theater spielen lassen, wird gewährt, Pedro schickt daher das Publikum nach Hause, um hinter der Bühne dem Hof "wirklich gutes" Theater vorzuspielen und kündigt im Schlußmonolog für den nächsten Tag ein neues Stück ohne Schlußheirat an.

Die weiteren Dramentypen dieser Sammlung stehen trotz der Distanz von Cervantes zur Lope-Schule eher in deren Tradition.[25] Noch wesentlicher als die *comedias* sind aber die *entremeses*, Zwischenspiele, die eine Weiterentwicklung der *pasos* darstellen; bei Cervantes werden sie zu einer eigenen Kleinkunstform wie die Novelle im Bereich der Erzählgattung (er verwendet teilweise auch Stoffe aus den *Novelas ejemplares*). Die sprachliche Form ist meist, wie schon bei Lope de Rueda, die Prosa. Die Verbindung zur europäischen Farcentradition und die pointenorientierte Struktur zeigt sich etwa in folgendem Beispiel:

La cueva de Salamanca
Zu Beginn erlebt man den rührenden Abschied eines Ehepaars mit - kaum ist er fort, wartet sie mit ihrer Zofe auf die jeweiligen Galane, einen Sakristan und einen Barbier. Zuerst kommt jedoch ein armer Student und bittet um Nachtlager, danach erscheinen die beiden Liebhaber mit einem Essenskorb. Plötzlich klopft der Ehemann an, der zurückgekehrt ist, weil ihm das Wagenrad gebrochen ist. Die zwei Galane verstecken sich im Keller, der Student bleibt. Er behauptet zaubern zu können (weil er in einer Höhle in Salamanca die Magie studiert hat) und beschwört die beiden Versteckten mitsamt ihrem Essenskorb als Teufel aus dem Kohlenkeller. Zum Schluß essen und singen alle gemeinsam.

Ab der Jahrhundertwende zum 17. Jahrhundert, d.h., mit dem endgültigen Triumph von Lope de Vegas *comedia nueva*, erreicht das spanische Theater des Siglo de Oro seine endgültige Form. An dieser Stelle soll daher in kleinen Exkursen ein Überblick über das Gattungsrepertoire, die Dramentheorie und die Theaterpraxis dieser Zeit gegeben werden.

---

[25] Daraus läßt sich wohl nicht unbedingt ableiten, daß Cervantes Lopes poetologische Vorstellungen voll übernommen hat, wie Franco Meregalli ["Para una perspectiva del teatro de Cervantes", in: Ramos Ortega (Hg.), *Teoría y realidad...*, S. 23-35] zu Recht feststellt. Auf der anderen Seite scheint mir die Behauptung eines "frontalen Gegensatzes" zum dominierenden Theatermodell der Zeit (J. Talens, N. Spadacchini in ihrem Vorwort zu Cervantes' *El rufián dichoso - Pedro de Urdemalas*, Madrid 1986, S. 77) übers Ziel zu schießen, insbesondere, wenn daraus eine revolutionäre Wirkungsintention durch Verweigerung gegenüber der Konfliktpotential abbauenden Wirkung tatsächlich aufgeführter *comedias* abgeleitet werden soll.

6. Die Vielfalt der dramatischen Gattungen im 'Siglo de Oro'

Die Aufführung einer *comedia* im Corral-Theater war stets ein Spektakel, das sich aus der Kombination mehrerer dramatischer Kurzformen mit dem eigentlichen Stück ergab.[26] Die Einleitung erfolgte durch einen Prolog (Introito, Loa), der der "Einführung" in die Illusionswelt der Bühne dient und seinen Ursprung im höfischen Fest hat. Dort wurde an dieser Stelle der Anlaß der Aufführung (Festtage, Hochzeiten, usw.) genannt. Schon bei Torres Naharro ist dieser einführende Prolog einer komischen Figur, dem *pastor bobo*, übertragen worden. Neben der Einführung in die theatralische Fiktion schlechthin hatte dieser *Introito*-Sprecher auch eine Erläuterung der Handlung (eine kurze Inhaltsangabe) zum besseren Verständnis vorzutragen. Später kam diese spannungsfeindliche Technik aus der Mode. Schon López Pinciano lehnt sie 1596 in seiner Poetik ab.

Dagegen dient die *Loa* im Corral-Theater vor allem dazu, sich Ruhe zu verschaffen und die Aufmerksamkeit der lärmenden, nicht sehr disziplinierten Zuschauer allmählich auf die Bühne zu lenken. Dazu sind alle Mittel recht: derbe Späße, ein direktes Ansprechen des Publikums, usw. Das Publikum wird dabei nicht ohne Ironie als "ilustre senado", "generoso auditorio", "ilustre congregación" bezeichnet, auch Anspielungen auf Ort oder Anlaß der Vorstellung sind noch üblich. Carvallo lobt in seinem *Cisne de Apolo* 1602 die *loa mixta*, die alle vier Grundarten (Lob des Publikums, Inhaltsangabe, Bitte um Ruhe und Tadel der Ruhestörer) enthält. Die Entwicklung läuft vom Monolog zum Dialog, später auch mit Tanzbegleitung; im Palasttheater des 17. Jahrhunderts wird wie im höfischen Fest um 1500 v.a. wieder das Fürstenlob betont.

Zwischen den Akten findet sich nun ein *entremés*, die aus dem *paso* entstandene Hauptform des kurzen Spiels. Es stellt meist ein realistisch-burleskes Gegenstück zur Haupt-*Comedia* dar, das mit wenigen Figuren niedrigen Standes auskommt. Während die *entremeses de enredo* einen kleinen Streich inszenieren, verzichten die *entremeses de costumbres y de carácter* oft überhaupt auf eine zusammenhängende Handlung. An die Stelle des *entremés* tritt bisweilen eine *jácara*, ein ursprünglich volkstümliches, dem Bänkelsang entsprechendes Genre, das die Geschichte eines Anti-Helden erzählt und in extremem Gegensatz zur *comedia* steht. Sie kann auch statt der Loa eingesetzt werden. Die Entwicklung läuft hin zu einer komplizierteren Form, der *jácara entremesada*, die nicht bloß gesungen, sondern auch auf der Bühne dargestellt wird. An Formen wie der *jácara* zeigt sich im übrigen, daß die Bedeutung der Bühnenmusik im 17. Jahrhundert gegenüber der Lope-de-Rueda-Zeit besonders stark zunimmt. Die *compañías* haben zwei bis vier ständige Musikanten (Instrumente: Gitarre, Violine, Harfe, Oboe), alle Schauspieler müssen singen und tanzen können. Bis-

---

[26] Die Forschung hat sich in den 80er Jahren wieder verstärkt diesen kombinatorisch verwendbaren Kleingattungen zugewendet. Vgl. etwa als Beispiel die Ausführungen von Hugo Laitenberger, "Ehre und Ehrenrache in den Zwischenspielen von Calderón", in: Angel San Miguel (Hg.), *Calderón...*, S. 95-113.

weilen tritt an die Stelle der bisher genannten Zwischenspiele überhaupt ein *baile*, mit oder ohne Bezug zur Handlung, der sich auch mit dem *entremés* zu einem *baile entremesado* bzw. *entremés cantado* verbinden kann, das aus gesungenen Dialogen unter Verwendung volkstümlicher Romanzen, Lieder und Tänze besteht.

Üblicherweise nach dem Stück, manchmal auch zwischen den Akten, findet sich schließlich eine *mojiganga*, ursprünglich eine volkstümliche, groteske Maskerade, die in der Karnevalszeit, später aber auch im Rahmen der Weihnachts- und Fronleichnamsprozessionen üblich war, und die in einem allgemeinen, das Publikum einbeziehenden Tanz endete. Darüber hinaus waren am Schluß der Aufführung auch *jácaras* und *bailes* möglich.

Die längeren Formen, die von dieser Vielfalt an Vor-, Nach- und Zwischenspielen eingerahmt wurden, erscheinen demgegenüber weniger differenziert: Die Entwicklung des spanischen Theaters geht von Schäferspiel (Encina) und Renaissancekomödie über die volkstümliche Farce Lope de Ruedas und die Tragödie der Generation um 1580 in der Zeit Lope de Vegas hin zu einem *comedia* genannten Kontinuum, das reine Komödien (Intrigen- und Charakterkomödien, v.a. *comedias de capa y espada*, Mantel- und Degenstücke), Tragikomödien, historische Schauspiele (*comedias históricas*), Ehrendramen (*dramas de honor*), lyrische Dramen, Märtyrerdramen (*comedias de santos*), ja sogar Tragödien umfassen kann (etwa Lopes Ehrendrama *El castigo sin venganza*).[27] Darüber hinaus entwickelt sich im Laufe des 17. Jahrhunderts eine spezifische Form des religiösen Theaters, das einaktige Fronleichnamsspiel *auto sacramental*, und das barocke Theaterfest, die *fiesta mitológica* (s.u., Kap. 10). All diesen Formen sind aber gewisse Strukturmerkmale gemeinsam, etwa der *gracioso*, die spezifische Form der komischen Dienerrolle, die auch noch im religiösen *auto* ihren Platz hat, und die lyrische (polymetrische) Sprache, die aus ihnen im eigentlichen Wortsinn "dramatische Gedichte" macht.

7. Zur Theorie des spanischen Theaters

7.1. Die italienische Vorgeschichte

Die Geschichte der europäischen Poetiken in der Renaissance ist zunächst eine Geschichte der humanistischen Rezeption antiker Dichtungslehren, die teilweise über die mittelalterliche Rhetorik vermittelt worden ist. Zu Beginn orientiert man sich an Horaz' *Epistola ad Pisones* und Plato. Ab 1508 beginnt der Siegeszug des Aristotelismus, der 1540-1600 in Italien eine Reihe von Kommentaren und eigenständigen Poetiken hervorbringt. Wichtige Fragen in diesem Zusammenhang waren:

1) *Gattungstheorie*: Bei Aristoteles wird von den dramatischen Gattungen nur die Tragödie behandelt, daher gebührt ihr der Vorzug. 2) *Stil und Personal*: Aus

---

[27] Menéndez Pelayo unterscheidet allein für Lope 18 (nach Themen gegliederte) Gruppen von Dramen - vgl. J.L. Alborg, *Historia de la literatura española...*, Bd. II, S. 295f.

der aristotelischen "Angemessenheit" folgert man die Beschränkung des Personals in der Tragödie auf Götter, Könige und Fürsten. 3) *Die "drei Einheiten"*: Aus der Einheit der Handlung bei Aristoteles und der beiläufigen Erwähnung, daß Tragödien meist nicht länger als ein Sonnenlauf oder wenig darüber dauern, formen die italienischen Kommentatoren die Theorie der drei Einheiten (Ort, Zeit, Handlung). Für die Komödie wird Aristoteles "adaptiert", indem man auf die Komödienpraxis von Plautus und Terenz verweist: man fordert auch hier die drei Einheiten und eine "angemessene" Personendarstellung, die Unterschiede zur Tragödie betreffen nur die Themen und das Personal der Stücke. Die Vermischung von Tragödie und Komödie wird mehrheitlich abgelehnt.

7.2. Die spanische Theoriediskussion

Eigenständige Poetiktraktate treten in Spanien erst später auf als in Italien, sieht man von Torres' Vorwort zur *Propalladia* einmal ab.[28] Ein Problem bildet die Terminologie: Der Begriff *comedia* wird verwendet für 1) Gegensatz zu *tragedia*; 2) für das Drama im allgemeinen; 3) für das "teatro nacional español", was in der Folge oft Tragikomödie im Sinne Lopes heißt. Um 1590 verfaßt Alonso López Pinciano den ersten, gemäßigt aristotelischen Dialogtraktat *Filosofía antigua poética*, veröffentlicht 1596; darin zeigt sich eine Vorliebe für die Tragödie, weil der Autor noch unter Eindruck der Generation der Tragödienautoren steht, es wird aber auch die Komödie gelobt. Pinciano vertritt durchaus originelle Ansichten (z.B. Freiheit bei den drei Einheiten), lehnt aber jede Gattungsmischung (Tragikomödie) ab. Der erste Apologet der Lope-Schule ist Luis Alfonso de Carvallo: In seinem Dialogtraktat *El cisne de Apolo* (1602) wird die Dramatik als höchste literarische Gattung gesehen, die *comedia* von heute nehme dabei Anregungen aus allen nur denkbaren "Blütenarten der Poesie" auf.[29] Da er stark von der platonischen Furor-Lehre beeinflußt ist, wird Carvallo von späteren Aristotelikern abgelehnt. Auch der bereits erwähnte Juan de la Cueva wendet sich in seinem *Ejemplar poético* (1606) mit dem Argument "Die Zeiten ändern sich" gegen die Nachahmung der Antike. Er verteidigt auch die Einführung von "reyes y dioses" in die *comedia* (gemischtes Personal). Lope de Vega selbst hat seine theoretischen Vorstellungen im *Arte nuevo de hacer comedias en este tiempo* (1609), einer wenigstens partiell ironischen Antwort an eine aristotelische Akademie in Versen, zusammengefaßt. Der Autor behauptet dort, er wäre ja gerne Aristoteliker, aber das Publikum gestatte es ihm nicht. In der Folge wird die Dreiaktigkeit für jedes Drama vorgeschrieben, es werden Regeln für eine (polymetrische) Versifizierung angegeben, ebenso Anweisungen zur Personenzeichnung, wobei Lope vor allem mit der Notwendigkeit der Spannung argumentiert. Die Einheiten werden zwar gerühmt, aber mit dem Geschmack des Publi-

---

[28] Für die spanische Dramentheorie ist immer noch aktuell die bahnbrechende Arbeit von Margarete Newels, *Die dramatischen Gattungen in den Poetiken des Siglo de Oro*, Wiesbaden 1959.

[29] "de todos los géneros de flores que en la poesía se puede imaginar", Sánchez Escribano, Porqueras Mayo, *Preceptiva dramática española*..., S. 117

kums wird der Verstoß gegen sie entschuldigt (Ausnahme: Einheit der Handlung). Das Motto scheint also zu lauten: "Erlaubt ist, was gefällt".

Danach dreht sich die Diskussion hauptsächlich um die Unterstützung oder Ablehnung Lopes bzw. seines Konzepts der "comedia nueva"; aber trotz heftiger Attacken der Aristoteliker wie Suárez de Figueroa und Cascales setzen sich in der Praxis Lopes Vorstellungen durch.

8. Produktions- und Aufführungsbedingungen des Theaters im 'Siglo de Oro'

Das spanische Theater ist eng mit der Kirche verbunden: Die Truppen bilden sich immer zu Fronleichnam (schon ab 1520), und vor allem im 17. Jahrhundert ist die festliche Aufführung eines *auto sacramental*, die durch die Gemeinden fürstlich bezahlt wird, die finanzielle Basis dieser Unternehmungen. Dazu kommt die Verbindung mit den Spielstätten (Höfen - *corrales*), die meistens Laienbrüderschaften gehören, welche mit dem Erlös Spitäler und Waisenhäuser finanzieren, so daß die Kirche immer am Theater wirtschaftlich partizipiert und daher bei aller moralischen Gegnerschaft Interesse daran haben mußte, es zu erhalten. Zudem ist das Theater ein wichtiges Mittel des religiösen Anschauungsunterrichts im Rahmen der Gegenreformation ebenso wie bei der Missionierung Lateinamerikas.

8.1. Die Spielstätte

Gespielt wird zu Beginn wie erwähnt in Höfen von Brüderschaften (*cofradías*), die Spitäler betreiben und Geld dafür brauchen. Ab 1570 gibt es fast überall in Kastilien solche festen Spielstätten, in Madrid zwei: den Corral de la Cruz und den Corral del Príncipe. Ein solcher *corral* bestand aus drei großen Teilen: der *Vivienda* (8 x 10,5 m,[30] Eingangshalle, Kasse, kleine Läden, Büros, Garderobe), dem Hof (14 x 7,5 m, 110 Bänke à 3 Personen und viele Stehplätze, am Rand 3 *gradas*, überdachte Stufen; für Adel und Reiche darüber *aposentos*, an den umgebenden Hauswänden angebaute, manchmal auch mit diesen verbundene Logen) und der hölzernen, erhöhten und überdachten *Bühne*, 2,5 m hoch, 7,5 x 4,2 m. Der darunterliegende Hohlraum enthält Herrengarderobe und Requisitenraum, im späteren Hoftheater auch die Bühnenmaschinerie, im *corral* gibt es jedoch nur die *tramoya*, eine sackartige Leinwandpyramide, die drehbar war, verschiedene Schauplätze simulieren konnte und verborgenes Auf- und Abtreten ermöglichte, dazu eine einfache Falltür und Versenkung. Hinter der Bühne ist die Damengarderobe aufgebaut, darüber zwei Gänge, etwa für Turmszenen. Dazu kommen die Logen an der Rückwand, v.a. die *cazuela* für Frauen aus dem Volk: ein geschlossener Holzkäfig, 8,4 m lang, mit eigenem Eingang und einem *apretador*, der nachzudrängen hatte, um das Fassungsvermögen zu erhöhen. Später entstand darüber wegen großen Andrangs noch eine *cazuela alta*, dazwi-

---

[30] Die Zahlenangaben entsprechen dem Corral de la Cruz.

schen lagen die "Staatslogen" für den *Consejo de Castilla* und die Madrider Ratsherren.

In der Levante (Valencia) bzw. in Andalusien (Sevilla) waren die Theater dagegen überdacht, die Beleuchtung erfolgte durch Fenster (Kerzenbeleuchtung war verboten, die Stücke beginnen daher - im *corral* wie im gedeckten Theater - je nach Jahreszeit zwischen zwei und vier Uhr nachmittags). Diese überdachten Theaterbauten waren an italienische Vorbilder (Palladio) angelehnt und verfügten vor allem in Katalonien nicht über Stehplätze, was die ständische Gliederung etwas milderte.

8.2. Die Organisation des Bühnenwesens

Die administrative Theater-Hierarchie sah wie folgt aus: An der Spitze stand ein *protector* als oberster Herr und Richter; er läßt die *compañías* zu, genehmigt die Stücke nach Begutachtung durch die Zensur, ernennt die nachgeordneten Beamten und erstellt die Theaterordnung. Neben den administrativen Theaterbeamten (*comisarios*) fungieren als Ordnungsbeamten eigene *alguaciles*, von denen je einer in jedem *corral* mit seinem Gefolge auf der Bühne saß, um die Ordnung während der Vorstellung zu überwachen.

Die *Schauspieler* schließen sich in Truppen zusammen: vom Einmannensemble (*bululú*) bis zur *compañía* (16-20 Schauspieler) unter einem Theaterunternehmer (*autor de comedias*: Direktor, Regisseur, Dramaturg in einem, erwirbt die Stückrechte vom *poeta* und haftet für alles). Ab 1600 ist für eine *compañía fija* eine königliche Konzession erforderlich, die Zahl dieser Truppen wird mit acht, ab 1615 mit zwölf begrenzt. Daneben gibt es viele (zeitweise bis zu 300) *compañías de la legua*, die in kleineren Dörfern spielen - ab 1646 sind sie jedoch verboten. Die *compañía fija* umfaßt ca. 20 Mitglieder, die Schauspieler haben meist einen Jahresvertrag mit einer nach Rollenfach gestaffelten Bezahlung, der jeweils ab Ostern (dem Probenbeginn für das Fronleichnamsspiel) läuft. Neben *autor* und Schauspielern gehören zur Truppe ein Requisiteur (*guardarropa*), ein Billeteur (*cobrador*) und ein Souffleur (*apuntador*). Ab 1631 gibt es mit der *cofradía de los representantes* eine Art Sozialversicherung, sie ist auch für die *compañías de la legua* zuständig, sorgt für Mittellose und kann den *autor* zu Gagenfortzahlung bei Krankheit zwingen. Die Finanzierung erfolgt durch Beiträge des *autor* und der Schauspieler.

Getrennt von den Ausführenden agierte der *poeta*: Der Dichter konnte bei hoher Produktionsgeschwindigkeit vom Theater recht gut leben (deshalb die "Vielschreiberei"). Er verkaufte sein Stück mit allen Rechten an den *autor*, der es später drucken lassen konnte. Der *poeta* bekam in diesem Fall keine Tantiemen mehr, was zu mangelndem Interesse der Dramatiker an Buchausgaben und dadurch zu sehr fehlerhaften Drucken führte.

Das Publikum umfaßt alle Bevölkerungsschichten[31] - auch viele stellenlose Diener, einfache Handwerker, Tagelöhner, usw., da die Eintrittspreise sehr niedrig sind und kaum andere Unterhaltungsveranstaltungen angeboten werden. Gefürchtet waren vor allem die *mosqueteros* im Stehparterre mit ihren Pfeifkonzerten und Wurfgeschossen. Manchmal gab es sogar Stinkbombenattentate. Zugleich war das Theater aber auch ein gesellschaftliches Ereignis für Adel und Bürgertum in den Logen.

8.3. Theatermaschinerie und Aufführungspraxis

Schon die Tragödienautoren um 1580 verwendeten etliche technische Hilfsmittel. Das Palasttheater verfeinert dann vor allem die Geräusch- und Lichteffekte. Kompliziertere Hebeeinrichtungen, Versenkung und dergleichen für "Erscheinungen" und Effekte spielten besonders bei Privataufführungen am Hof (*fiestas mitológicas*) und im religiösen Theater eine Rolle, sonst waren sie zu teuer. Die Corral-Bühne hat zwei Seiteneingänge, manchmal dazu einen durch einen Vorhang verdeckten Mitteleingang; Balkon, Fenster, Fassade der Rückwand können einbezogen werden. Dazu gibt es bewegliche Dekorationsstücke aus bemalter Leinwand. Im Palasttheater findet sich bereits eine perspektivische, wesentlich kunstvollere Dekoration, bei den *autos sacramentales* ebenfalls. Dort ist sie allerdings auf mehreren Wagen (*carros*) aufgebaut, die zusammengeschoben die Spielstätte ergeben. Die Kostüme - teils Eigentum der *compañía*, teils der Schauspieler, vor allem bei den *primeros actores* - sind prächtig und teuer und machen einen Teil der Faszination des Theaters aus.

9. Die Generation Lope de Vegas

9.1. Die "minores"

Vorläufer und Anreger, teilweise auch Schüler Lopes war eine Gruppe von Autoren in Valencia um den Canónigo Tárrega. Dazu gehört etwa Guillén de Castro (1569-1630), bekannt vor allem durch seine beiden *Cid*-Dramen *Las mocedades del Cid* I und II, die Romanzenstoffe aus der Jugend des Cid behandeln und später Vorbild für Corneilles berühmtes Drama *Le Cid* wurden. Aber auch in Kastilien und Andalusien beginnen sehr bald Autoren, Lopes Dramenkonzeption zu übernehmen, etwa Antonio Mira de Amescua (1574-1644), dessen *comedia de santo* "El esclavo del demonio" von 1612 das Faust-Motiv des Teufelspaktes behandelt, oder Luis Vélez de Guevara (1579-1644), der Autor der *novela picaresca El diablo cojuelo*, der wie Lope eine Vorliebe für Romanzenstoffe zeigt (*La serrana de la Vera*). Der Priester José de Valdivielso (ca. 1575-1638) schreibt

---

[31] Siehe dazu (und auch zu der vorhergehenden Schilderung der administrativen Organisation und der sozialen Lage der Theaterschaffenden) José María Díez Borque, *Sociedad y teatro...*, die Materialsammlungen von J.E. Varey, Norman D. Shergold, (*Comedias en Madrid 1603-1709. Repertorio y estudio bibliográfico*, London 1989; *Los arriendos de los corrales de comedias de Madrid 1587-1719. Estudio y documentos*, London 1987), sowie Josef Oehrlein, *Der Schauspieler im spanischen Theater...*

nur *autos sacramentales* und *comedias divinas*, sein religiöses Theater ist aber viel volkstümlicher als das Calderóns, er verbindet realistische und allegorische Elemente (z.B. in *El hospital de los locos*). Luis Quiñones de Benavente (ca.1592-1651) schließlich ist der große Meister des *entremés* nach Cervantes (1645 erscheint seine Sammlung *Joco seria*). Der *entremés* wird bei ihm endgültig zum satirisch-moralischen Einakter, der nun ebenfalls gereimt ist; dargestellt wird entweder ein farcenhafter Streich ("burla": ein *gracioso* lenkt das Opfer ab, eine zweite Person stiehlt ihm Geld oder entführt seine Frau) oder ein realistisches Sittenbild.

9.2. Lope Félix de Vega Carpio (1562-1635)

Lope ist die prägende Gestalt der Theaterentwicklung im Siglo de Oro. Durch seine ungeheure Popularität bei allen Volksschichten macht er das Drama zur dominierenden Literaturgattung. Cervantes' Wort vom "monstruo de la naturaleza" zeugt ebenso von seiner Wirkung wie die volkstümliche Redensart "es de Lope", die heute ungefähr "das ist super!" lauten müßte. In seiner Jugend wegen Spottgedichten auf seine erste große Liebe Elena Osorio (Tochter eines *autor*, Ehefrau eines Schauspielers) aus Kastilien verbannt, lernt er in Valencia die dortige Dramatikerschule kennen, die auch während der Blütezeit der Tragödie die Komödie gepflegt hatte. In den folgenden Jahren, vor allem nach seiner Rückkehr nach Madrid (1595), entwickelt Lope sein Konzept der *comedia nueva*, das sich durch bewußte Gattungsmischung Tragödie-Komödie, v.a. auch im Stil und im Personenrepertoire, ebenso auszeichnet wie durch das Übergewicht der spannungsgeladenen Handlung gegenüber den Charakteren bei gleichzeitiger Handlungseinheit. Bei den Komödien im eigentlichen Wortsinn kommt dazu noch die Konvention der mehrfachen Hochzeit am Schluß. In der *comedia nueva* gelangt auch die Dienerfigur des vorhergehenden Theaters im Typus des *gracioso* zu ihrer vollen Ausformung: der Diener ist nun eine Kontrastfigur zu seinem idealistischen, verliebten Herrn, die sich im Gegensatz zu dessen vergeistigten Liebesproblemen durch irdische Interessen wie essen, trinken und schlafen bemerkbar macht. Er ist jedoch nicht mehr als Tölpel gezeichnet wie der *villano bobo*, sondern mit einem gewissen Hausverstand begabt, oft sogar als Ratgeber wichtig für seinen Herrn. Dramaturgisch ist er einerseits Hauptträger der Komik, andererseits Mittler zum Publikum durch seine Apartes und die Möglichkeit der Identifikation, die er vor allem dem Stehparterre bietet. Die meisten *graciosos* tragen sprechende Namen, die an sich bereits eine komische Wirkung auslösen.[32] Mit Lope vollendet sich auch die durchgehende Versifizierung des Dramas in ständig wechselnden metrischen Formen (Polymetrie).

Durch die erwähnte Gattungsmischung kann sich nun unter dem Begriff *comedia* wie erwähnt jede traditionelle Gattung von der Komödie über die Tragikomödie bis zur Tragödie verbergen. Angesichts der riesigen Zahl seiner Stücke

---

[32] Siehe dazu Barbara Kinter, *Die Figur des Gracioso*...

läßt sich Lopes Werk, vor allem in diesem Rahmen, daher nur exemplarisch anhand einiger weniger Dramentypen erörtern:

1) *Ehrendrama* (Mischung Tragödie/Komödie): Viele dieser Stücke lassen sich auf ein Dreiecksschema der Macht zurückführen: Der guten, ehrlichen Landbevölkerung steht ein ungerechter Feudalherr gegenüber, der sich meist sexuelle und damit gegen die Ehre gerichtete Übergriffe erlaubt; in diesen Konflikt greift ein rettender König ein, der den Feudalherrn bestraft. Ideologisch bildet bei Lope den Hintergrund dieses Schemas wohl der beginnende Absolutismus mit seiner Tendenz zur Einschränkung der Feudalrechte, wobei der König ein Bündnis mit dem "Volk" gegen den Adel sucht.

> Drei Beispiele dieses Dramentyps: *Peribáñez y el Comendador de Ocaña* (1610?), *Fuenteovejuna* (ca. 1613), *El mejor alcalde, el Rey* (ca. 1621) weisen folgende strukturellen Gemeinsamkeiten auf: Beginn mit Hochzeit eines bäuerlichen Paares, der Bräutigam ist ein "villano noble" und bekleidet oft ein Ehrenamt bzw. ist sogar ein kleiner Hidalgo. Der örtliche Feudalherr ist entweder von Natur aus böse oder wird durch eine "pasión" geblendet und stellt so der Frau mit List und Gewalt nach. Angesichts dieser Situation nehmen die beleidigten *villanos* pflichtwidrig die Rache selbst in die Hand (1, 2) oder wenden sich an den König (3); dementsprechend erfolgt zunächst eine Untersuchung bzw. Strafandrohung gegen sie (1,2) oder es wird die Strafe an dem Feudalherrn vollstreckt (3). In jedem Fall erhalten jedoch die *villanos* am Ende Recht, wie es auch moralisch gerechtfertigt erscheint, und zwar durch eine jeweils souveräne Entscheidung des Königs, die freilich dadurch erleichtert werden kann, daß die Feudalherren jeweils nicht nur gegen die Moral verstoßen und sich an ihren Untertanen vergehen, sondern auch dem König die Treue brechen. Besonders interessant sind die Frauenfiguren, v.a. Casilda in *Peribáñez* als die treue Ehefrau par excellence, oder Laurencia in *Fuenteovejuna*, die nach ihrer Vergewaltigung die zögernden Männer des Dorfes zum Aufstand mitreißt, indem sie ihnen ihre Männlichkeit abspricht, wenn sie zu feig sind, die Frauen zu verteidigen. Eine Fortsetzung findet die Tradition des Ehrendramas in der vorgeführten Konstellation schließlich in Calderóns *El alcalde de Zalamea*.

2) *Das lyrische Drama*: Manchmal sind Lopes Dramen so stark lyrisiert, daß sie förmlich um ein oder mehrere Gedichte gebaut werden, besonders, wenn sie Romanzenstoffe behandeln: so etwa *El caballero de Olmedo*, beruhend auf der gleichnamigen Romanze über den Eifersuchtsmord an einem jungen Ritter 1521 zwischen Medina del Campo und Olmedo. Das Stück enthält auch Elemente des Celestina-Stoffes. Vom Personal her liegt ebenfalls eine Gattungsmischung vor (zahlreiche Dienerfiguren), der Ausgang ist der einer Tragödie (Tod des *galán*, Bestrafung der Mörder durch den König).

3) *Tragödie*: Die reine Tragödie ist bei Lope selten, ein Beispiel wäre jedoch sein bekanntes Stück *El castigo sin venganza* (1631), beruhend auf einem in der 44. Novelle Bandellos behandelten historischen Stoff, der unerlaubten Liebe der jungen Frau des "libertinen" Herzogs von Ferrara zu ihrem Stiefsohn, der schließlich vom Herzog gezwungen wird, die Geliebte zu töten, um dann als Muttermörder hingerichtet zu werden. Die Hauptpersonen sind durchweg Hochadelige, und durch die geschickte Schlußwendung (der "böse" Herzog ist plötzlich geläutert, ehe er zu der schrecklichen Rachetat schreitet) ist angesichts der Fatalität der Katastrophe sogar ein Hauch von antiker Schicksalstragödie zu spüren.

4) *comedia de capa y espada*: Ursprünglich rein auf Äußerlichkeiten anspielend (nächtliche Straßen- bzw. Fechtszenen), bezeichnet dieser Begriff bald die handlungsbetonte Intrigenkomödie schlechthin, in der mehrere *galán*-Figuren um eine oder mehrere Damen werben, bis es schließlich ein *happy end* mit mehrfacher Hochzeit gibt. Eine der bekanntesten und auch heute noch gespielten Komödien dieses Typs ist *La dama boba* (1613), in der die Charakteristika der *capa y espada*-Komödie mit einer Behandlung der neoplatonischen Liebestheorie verbunden werden:

> Liseo reist mit dem *gracioso* Turín nach Madrid, wo er sich aufgrund einer Vereinbarung der Eltern mit der dummen, aber mit einer reichen Mitgift ausgestatteten Finea verheiraten soll. Er lehnt sie aufgrund ihrer Dummheit bald ab und fühlt sich zu ihrer Schwester Nise hingezogen, die einen literarischen Salon führt. Nise liebt Laurencio, der aber kein Geld hat und sich deshalb in einem Monolog-Gedicht davon zu überzeugen versucht, daß er Nise aufgeben muß, weil ein *caballero pobre* eine reiche Partie braucht. Er wendet sich deshalb Finea zu und erweckt in ihr tatsächlich Liebe, die sie allmählich (zwischen den Akten vergeht jeweils ein Monat) klüger werden läßt. Dazwischen kommt es fast zum Duell zwischen Laurencio und Liseo, wobei ersterer glaubt, um Finea, letzterer, um Nise zu kämpfen. Als Finea im letzten Akt durch Liebe klug geworden ist, will Liseo nun doch um sie werben, sie ist aber nun sogar klug genug, sich wieder dumm zu stellen. Am Schluß versteckt Finea sich mit ihrer Zofe auf Befehl des Vaters in derselben Rumpelkammer, in der sie vorher Laurencio und seinen Diener (*gracioso*) verborgen hat. Als die vier gefunden werden, bleibt aus Ehrengründen nur die Hochzeit übrig, es gibt also eine doppelte Doppelhochzeit (zwei Herrenpaare, zwei Dienerpaare).

5) *comedias históricas*: Hier behandelt Lope Stoffe aus der spanischen Geschichte, teilweise auch aus mittelalterlichen Epen und Romanzen. Die Einheiten von Zeit und Ort werden bei diesem Typus gar nicht mehr respektiert (so vergehen etwa in *Los paces de los Reyes o judía de Toledo* zwischen den Akten einige Jahrzehnte).

Weitere Dramentypen sind etwa die italienisch beeinflußten Schäferdramen (*comedias pastoriles*), die auch parodistischen Charakter tragen können (*Arcadia*) oder der weite Bereich des religiösen Theaters (*autos sacramentales, comedias de santos*). Insgesamt soll Lope nach eigener Aussage an die 2000 Stücke geschrieben haben, ca. 450 davon sind uns erhalten.

9.3. Tirso de Molina (ca.1580-1648)

Tirso de Molina ist das Pseudonym des Mercedariermönchs Gabriel Téllez. Er wird 1606 zum Priester geweiht, im selben Jahr beginnt seine Aktivität als Theaterautor. 1625 wird er von der "Junta de reformación" wegen seiner "profanen" *comedias* verurteilt und aus Madrid fortgeschickt. In Sevilla schreibt er dann *El condenado por desconfiado* und *El burlador de Sevilla*. Im Zentrum seiner Stücke steht meist eine moralistische Sittenkritik aus christlicher Perspektive,[33] daneben ist Tirso aber auch der Autor von perfekt gebauten Unterhaltungsstücken vom Typus der *comedia de capa y espada* (z.B. "Don Gil de las calzas verdes").

---

[33] Dietrich Briesemeister spricht sogar von einer "eindrucksvollen Predigt von der Bühne herab" [in: Klaus Pörtl (Hg.), *Das spanische Theater...*, S. 229].

Sein bekanntestes Stück ist *El burlador de Sevilla o convidado de piedra*, mit dem der Siegeszug des Don Juan-Stoffes beginnt. Es geht vermutlich auf volkstümliche Quellen zurück, wenigstens was das Motiv des steinernen Gastes anbelangt. Der erste Teil des Dramas ist streng symmetrisch gebaut: Don Juan verführt zwei adelige Damen und zwei Frauen aus dem Volk, immer alternierend, und zwar mehr durch Gewalt und List als durch Liebeskünste. Sein Diener/*gracioso* Catalinón warnt ihn mehrmals vor Gottes Strafe, er antwortet stets mit einem leitmotivischen "Tan largo me lo fiáis" (So lange gebt ihr mir Kredit!). Erst nach der letzten Verführung tritt das zweite Motiv auf, die Rache des Toten (steinerner Gast), die mit Tod und Höllenfahrt des Don Juan endet, wobei seine Bitte um einen Priester "zu spät" kommt. Don Juan ist zum Unterschied zu späteren Bearbeitungen (z.B. Molière) kein Libertin, Freigeist und Vernunftmensch, sondern dem Wertekatalog seiner Zeit durchaus verhaftet (Kult der Ehre und Tapferkeit, der allerdings Listen und brutale Gewalt zuläßt) und ein exemplarischer Sünder: er glaubt an Gott, denkt sich aber das Jüngste Gericht so fern, daß er sich einstweilen darum nicht zu kümmern braucht.

Ein ähnliches, noch eindeutiger religiöses Drama über Sünde und Verdammnis bildet *El condenado por desconfiado*. Hier spielt der theologische Gnadenstreit zwischen den Jesuiten (Molinisten) und den Dominikanern um 1600 herein, in dem es um die Frage des freien Willens geht, die auch noch in Pedro Calderóns *La vida es sueño* erörtert wird. Typisch für Tirso de Molina sind darüber hinaus die besonders aktiven Frauengestalten, mit deren Gestaltung als eigentliche Protagonistinnen seiner Dramen er über die rein äußerliche und wohl auch ein wenig voyeuristisch motivierte Vorliebe des Siglo de Oro für Frauenrollen in Männerkleidern weit hinausgeht: vgl. v.a. die Titelfigur in *Marta la piadosa* und die Juana in *Don Gil de las calzas verdes*.

9.4. Juan Ruiz de Alarcón y Mendoza (ca.1580-1639)

Juan Ruiz de Alarcón stammt aus Mexiko, war aber Jurist in Madrid und hat in dieser Zeit für das spanische Publikum seine Stücke geschrieben.[34] Er ist klein, rothaarig, bucklig und wird von vielen Autoren seiner Zeit verspottet (Góngora nennt ihn etwa "bucklige Schildkröte", Suárez de Figueroa "Affe in Menschengestalt"), was seine literarische Außenseiterrolle unterstreicht. In seinen Stücken setzt er sich über viele sittliche Normen hinweg, versteht sich wie Tirso de Molina als Moralist, aber im französischen Sinne, d.h. als eine Art humanistischer, bisweilen geradezu voraufklärerischer Sittenkritiker ohne den religiösen Hintergrund Tirso de Molinas. Eines der Hauptziele seiner Kritik ist der gesellschaftliche Zwang zu Verstellung, Heuchelei und Rollenspiel. In der Behandlung seiner sittenkritischen Themen zeigt er erste Ansätze zur Typen- bzw. Charakterkomödie, wie sie später bei Moreto und in Frankreich bei Molière ausgebildet wird. Sein (neuartiger) Ehrbegriff setzt sich zusammen aus Vernunft, durch edle Taten erworbenem Adel der Person, aus der Beherrschung der Leidenschaften und aus dem Widerstand gegen Vorurteile. Die von ihm angeprangerten negativen

---

[34] Deshalb seine Behandlung in dieser spanischen Literaturgeschichte. Der Streit über "mexicanidad" oder "hispanidad" von Alarcón beschäftigte die Kritik vor allem in der ersten Hälfte unseres Jahrhunderts (siehe dazu Antonio Alatorre, "Brief History of a Problem: The Mexicanidad of Ruiz de Alarcón", in: *Anthology MCC 1956*, Mexico City College, México 1956), ist aber heute wohl endgültig zugunsten seiner "hispanidad" entschieden.

Eigenschaften sind z.B. die Lüge in *La verdad sospechosa*, der böse Tratsch in *Los paredes oyen* (statt dem schönen Verleumder Mendo wird Juan, "pobre y feo", aber moralisch integer, als Gatte gewählt), oder die Undankbarkeit in *La prueba de las promesas*. Sein Verhältnis zum Publikum, das er in der Vorrede zum ersten Band seiner Dramen (1628) als "vulgo" und "bestia" bezeichnet, ist stets gespannt; Höhepunkt ist die Skandalpremière seines einzigen religiösen Stücks *El Anticristo* (1623), die durch ein Stinkbombenattentat gesprengt wird.

10. Die Generation Calderóns

10.1. Pedro Calderon de la Barca (1600-1681)

Calderón ist seit der Romantik der im deutschen Sprachraum am stärksten rezipierte Autor des Siglo de Oro und auch das liebste Studienobjekt der deutschen Hispanistik. Hat man bisher an seinem Werk vor allem Dramaturgie und Ideengeschichte der bekannteren Stücke in den Mittelpunkt gestellt, so legen neuere Ansätze stärkeres Gewicht einerseits auf den "unbekannten" Calderón (etwa der *entremeses* oder der *fiestas*),[35] andererseits auf das soziale und ökonomische Umfeld seines Schaffens,[36] das in eine Zeit fällt, in der der wirtschaftliche und politische Niedergang immer deutlicher spürbar wird: Das Gold aus Amerika verursacht eine starke Inflation, die dadurch verarmten kleinen Adeligen und Bürger versuchen, sich ein Hofamt als Versorgungsgarantie zu besorgen. Auch das Theater konzentriert sich mehr und mehr am Hof, das Palasttheater beginnt das Corral-Theater abzulösen. Calderóns Familie hat ein solches Hofamt inne; nach dem frühen Tod des Vaters beginnt Pedro jedoch aus wirtschaftlicher Not im Stil der *comedia nueva* für das Theater zu schreiben. In den 20er Jahren entstehen vor allem *comedias de capa y espada* (Höhepunkt 1629 mit *La dama duende* und *Casa con dos puertas mala es de guardar*), aber auch erste religiöse Stücke (v.a. *comedias de santo*: *La devocion de la cruz* 1625, *El príncipe constante* 1629). Schon in dieser Zeit läßt sich aus technischen Details erschließen, daß Calderón nicht nur für das Corral-Theater arbeitete, sondern das (überdachte und künstlich beleuchtete) Palasttheater vor Augen hatte.[37] In den 30er Jahren verlegt er sich mehr und mehr aufs Palasttheater und festigt seine Stellung bei Hof: 1635 wird er Hofdichter, 1637 Santiago-Ritter, von da an beinahe jedes Jahr Autor des Fronleichnamsspiels von Madrid. Dazu inszeniert Calderón barocke Bühnenfeste mit dem italienischen Architekten Cosme Lotti (z.B. 1635 *El mayor encanto, amor* zur Eröffnung des neuen Retiro-Palastes). 1636 erscheint die *Pri-*

---

[35] Vgl. etwa Sebastian Neumeister, *Mythos und Repräsentation. Die mythologischen Festspiele Calderóns*, München 1978 und die neueren Texteditionen von Calderóns *entremeses* sowie den Aufsatz von Hugo Laitenberger, "Ehre und Ehrenrache in den Zwischenspielen von Calderón", in: Angel San Miguel (Hg.), *Calderón*..., S. 95-113.

[36] So vor allem Manfred Engelbert, "Calderón de la Barca", in: Klaus Pörtl (Hg.), *Das spanische Theater*..., S. 240-279.

[37] Das zeigt sich an der Bedeutung des Lichtes in den "Kobold"-Szenen, insbesondere im 2. Akt, die wohl nur bei der Möglichkeit einer angemessenen Verdunkelung wirksam werden konnten.

mera Parte de las comedias im Druck. In diesem Jahrzehnt entstehen auch seine bedeutendsten Werke (*La vida es sueño, El alcalde de Zalamea, El gran teatro del mundo*), danach tritt eine Schaffenspause ein: 1640-42 kämpft er im Krieg gegen das aufständische Katalonien, 1644-49 sind die Theater wegen mehrerer Todesfälle in der königlichen Familie geschlossen. Calderón muß daher 1646 in den Dienst des Herzogs von Alba treten. Ähnlich wie Lope de Vega hat er mit 50 Jahren eine spirituelle Krise, wird in der Folge 1651 zum Priester geweiht und schreibt danach nur noch religiöses Theater und *fiestas mitológicas* bzw. *zarzuelas* (musikalische Gelegenheitsstücke, die ab 1656 im Lustschlößchen Zarzuela aufgeführt werden) bzw. arbeitet viele frühere Werke "a lo divino" um.

Seine Dramenkonzeption bringt eine gewisse Straffung gegenüber Lope de Vegas "comedia nueva" mit sich: es gibt nun meist eine Haupt- und eine Nebenhandlung, die beide dasselbe Thema behandeln (z.B. in *La vida es sueño* der Vater-Kind-Konflikt Basilio/Segismundo bzw. Clotaldo/Rosaura), sowie eine stärkere Ausarbeitung der Charaktere gegenüber Lopes vorwiegend handlungsbetonter *comedia*.

Vor allem aber fällt in die Zeit Calderóns der Höhepunkt des auch schon in der Lope-Zeit gepflegten Fronleichnamsspiels *auto sacramental*: ein aus "lebenden Bildern" in der Prozession entstandenes einaktiges lyrisch-dramatisches Spiel, das stark mit allegorischen Figuren arbeitet. Es wird auf mehreren Wagen in den Straßen der Städte aufgeführt. Das Thema ist dem Anlaß entsprechend die Eucharistie, aber da das Fest erst im Mittelalter von der Kirche eingeführt wurde und auf keine biblische Geschichte verweist, ist der Autor in der Gestaltung der Handlung relativ frei. Die Struktur umfaßt im Idealfall symbolisch drei Phasen: Schöpfung, Sündenfall, Erlösung. Das einheitstiftende Prinzip ist die Entfaltung einer zusammenhängenden Bildebene, wie jener des Marktes in *El gran mercado del mundo* oder der des Theaters als Sinnbild der Welt in *El gran teatro del mundo*.

> *El gran teatro del mundo* (vor 1635): Gott = *autor*, Welt = Bühne, Menschen = Schauspieler, die mit den ihnen vom *autor* zugeteilten Rollen nicht alle zufrieden sind, insbesondere der Bauer, eine Art *gracioso*, der lieber eine mit weniger Arbeit verbundene Rolle hätte. Am Ende des Spiels müssen sie alle ihre Kostüme wieder abgeben, und es erfolgt eine Kritik der Darstellung, (d.h. eine Beurteilung dessen, was jeder aus seiner Rolle gemacht hat). Als Ergebnis derselben kommt der Reiche in die Hölle, der König, die Schönheit und der Bauer ins Fegefeuer, der Arme und die *discreción* (die eine Nonne und damit den geistlichen Stand im allgemeinen darstellt) gleich in den Himmel. Der Souffleur dazu heißt "Gesetz der Gnade" und souffliert ständig den "Refrain": "Obrar bien, que Dios es Dios."

Die Darstellung der Welt als Theater ist eine der Hauptmetaphern des Barock. Sie findet sich schon bei Lope in seinem Märtyrerdrama *Lo fingido verdadero* über einen Schauspieler, der zur Zeit der Christenverfolgungen einen Christen spielt und plötzlich auf offener Bühne seine Rolle zu leben beginnt, d.h. bekehrt wird, im weiteren Sinn auch in Cervantes' *Pedro de Urdemalas* und Ruiz de Alarcóns *La prueba de las promesas*.

Auch die übrigen religiösen Genres (*comedias de santo* - Märtyrer- und Heiligenstücke) pflegt Calderón von Beginn an: etwa in *El mágico prodigioso*, das die Bekehrung eines Zauberers Cipriano in frühchristlicher Zeit zum Inhalt hat und das Motiv des Teufelspaktes enthält.

Besonders klar tritt in Calderóns Werk auch die barocke *desengaño*-Thematik zutage, d.h. die Aufhebung der Täuschung des Menschen durch die diesseitige Welt, die ihm Realität vorgaukelt. Dies verdeutlicht er insbesondere in der Thematik von Leben und Traum in seinem berühmten Drama *La vida es sueño*:

> Der polnische König Basilio hat seinen Sohn Segismundo wegen einer bösen astrologischen Voraussage in einen Turm gesperrt, wo ihm der Wächter Clotaldo seine Identität verheimlichen muß. Die von einem polnischen Adeligen verführte und verlassene Rosaura kommt in Männerkleidern mit ihrem Diener, dem *gracioso* Clarín, zu diesem Turm, soll getötet werden, weil sie das Geheimnis entdeckt hat, zeigt aber einen Degen vor, an dem Clotaldo erkennt, daß sie sein Kind ist. Nun kann er das Urteil nicht vollstrecken. Unterdessen entdeckt Basilio sein Geheimnis seinen Vertrauten; er hat als Probe den betäubten Segismundo in den Palast bringen lassen, wo er für einen Tag König sein darf. Der Prinz ist jedoch zornig und aufbrausend, versucht, Frauen zu vergewaltigen und wirft einen Diener aus dem Fenster. Da läßt ihn der Vater wieder schlafend zurückbringen, so daß er glauben muß, es sei alles ein Traum gewesen. Im 3. Akt kommt es jedoch zum Volksaufstand, Segismundo wird fast gegen seinen Willen aus dem Turm geholt, siegt und verzichtet zugleich: auf Rache gegen den Vater, auf Rosaura, die er liebt, die aber ihren Verführer Astolfo heiraten will; ja, er bestraft sogar die Führer seines eigenen Aufruhrs. Das Motto des Stücks wird schon am Ende des 2. Aktes ausgesprochen: "¿Qué es la vida? Un frenesí./ ¿Qué es la vida? Una ilusión,/ una sombra, una ficción;/ y el mayor bien es pequeño;/ que toda la vida es sueño,/ y los sueños, sueños son." Das Stück zeichnet sich neben den pschologischen Studien der Hauptpersonen und der originellen Gestaltung des *gracioso* zu einer beinahe tragischen Figur, die am Schluß eben deshalb, weil sie sich aus Feigheit versteckt, in den Tod läuft, auch im Bereich des Lyrischen durch einige Höhepunkte aus (wie etwa die berühmten Klage-*décimas* des Segismundo aus dem 1. Akt).

Den Höhepunkt des Ehrendramas in der Lope-Tradition, d.h. in Verbindung mit der Figur des *villano noble*, bildet Calderóns *El alcalde de Zalamea* (1635):

> Pedro Crespo, ein reicher, ehrlicher Bauer mit Tochter Isabel und Sohn Juan, lehnt es ab, sich einen Adelsbrief zu erkaufen, und muß daher durchziehende Soldaten auch bei sich einquartieren. Deren Hauptmann interessiert sich für Isabel, die der Vater in einer Dachkammer versteckt hat, und inszeniert eine Verfolgungsjagd mit seinen eigenen Leuten, um so in das Versteck einzudringen. In die darauf folgende Auseinandersetzung platzt der General Don Lope, der sich selbst einquartiert und dem Hauptmann ein anderes Haus anweist. D. Lope und Pedro Crespo, zwei knorrige Alte, streiten, gewinnen einander aber sofort lieb. Als die Soldaten weiterziehen, gibt Crespo D. Lope seinen Sohn Juan als Rekruten mit. Aber der Hauptmann kehrt in der Nacht zurück, raubt Isabel, vergewaltigt sie und überläßt sie im Wald ihrem Schicksal. Pedro Crespo wird an einen Baum gebunden. Als Isabel ihn findet und ihm alles erzählt, berichtet ein Bote, daß Crespo soeben zum Alkalden gewählt worden ist. Als solcher bestraft er seinen Sohn, der auf die Nachricht vom Raub seiner Schwester hin fahnenflüchtig geworden ist und läßt den Hauptmann, der nur wenige Soldaten bei sich hat, einsperren. Der Hauptmann weist ihn darauf hin, daß er als Bauer kein Urteil über Adelige fällen darf, Crespo kniet vor ihm nieder und bietet ihm all sein Hab und Gut an, wenn er seine Tochter heiratet, um die Schande wiedergutzumachen. Als der Hauptmann sich dennoch weigert, läßt Crespo ihn hinrichten. Da kommt D. Lope zurück und belagert das Dorf, um den Hauptmann herauszuholen. In dieser bedrohlichen Lage erscheint plötzlich als *deus ex machina* der König, entscheidet für Crespo und macht ihn zum Alkalden auf Lebenszeit. Das Grund-Schema ist dasselbe wie bei Lope de Vega,

aber die Figuren sind psychologisch noch mehr ausgearbeitet, auch die Nebenfiguren (etwa die pikaresken Soldatentypen).

Insgesamt ist Calderón wohl als Moralist christlicher Prägung zu verstehen, selbst die *graciosos* werden bei ihm mehr und mehr zu Trägern moralischer Wahrheit, sei es auch nur durch gutes oder schlechtes Beispiel - so Clarín in *La vida es sueño*. Dennoch sind die meisten moralischen Begriffe nicht mehr eindeutig: insbesondere kann die Ehre einerseits für die von Gott gegebene Würde des Menschen in seinem Stand stehen (*El alcalde de Zalamea*), andererseits aber auch für eine Art menschlichen Wahns, wenn sie durch Übererfüllung absurde Züge annimmt wie in *El médico de su honra, A secreto agravio, secreta venganza* oder *El pintor de su deshonra*.

10.2. Autoren um und nach Calderón

Francisco de Rojas Zorrilla (1607-48): Seine wesentlichste Schaffensperiode sind ebenfalls die 30er Jahre. Er liebt "außerordentliche" Charaktere und schreckliche Taten, wie sie auch für das französische Barocktheater (Hardy) typisch sind (vgl. *El Caín de Cataluña, Morir pensando matar*, und andere Stücke über Brudermord, Gattenmord, Vergewaltigung). Ab 1638 beginnt er sich den charakterzentrierten *comedias de figurón* zuzuwenden. Von ihm stammt auch die erste Komödie, in der Herr und Diener die Rollen tauschen: *Donde hay agravios no hay celos* mit dem *gracioso* Sancho als komisch-parodistische Herrenfigur. Diese Konstellation wurde später, vor allem in Frankreich, mehrfach nachgeahmt, bis hin zu Marivaux' *Le jeu de l'amour et du hasard*.[38]

Agustín de Moreto y Cabaña (1618-1669): Sein Schaffen konzentriert sich in den 50er Jahren und bringt den Höhepunkt der *comedia de figurón*, die um einen satirisch betrachteten, meist auf eine hyperbolisch beschriebene Eigenschaft beschränkten Charakter zentriert ist. Dadurch tritt in diesem Charakter eine Verbindung der Rollenfunktionen von *galán* (Herr und Hauptheld) und *gracioso* (komische Figur) ein; der eigentliche *gracioso* wird infolgedessen noch stärker zur schlauen, ja überlegenen Figur. Die bekanntesten *figurones* sind der Schönling in *El lindo don Diego* und die eitle Cecilia in *De fuera vendrá*. Dazu schrieb Moreto galante Palastkomödien (z.B. *El desdén con el desdén*) und historische Dramen.

Francisco Antonio de Bances y López Candamo (1662-1704) war während der 80er und 90er Jahre Hofdichter und schrieb nur mehr für das Palasttheater, v.a. über Stoffe aus der ausländischen Geschichte (*El esclavo en grillos de oro* über Kaiser Trajan, *Quién es quien premia el amor* über Christina von Schweden, ihre Konvertierung und Abdankung), die er geschickt zu verdeckten aktuell-politischen Ratschlägen gestaltet.[39] Seine Schrift *Teatro de los Teatros* stellt gleich-

---

[38] Die Komödie gelangte über Paul Scarrons französische Nachdichtung *Jodelet ou le maître valet* (1643) nach Frankreich.
[39] So soll mit beiden zitierten Stücken dem impotenten, kinderlosen Carlos II. die Bestimmung eines Nachfolgers in der Art der römischen Adoptivkaiser (*esclavo*) bzw. eine Abdankung zur Regelung

zeitig eine Geschichte des Theaters im Siglo de Oro und den letzten großen theoretischen Traktat dieser Zeit dar.

Mit Bances Candamo geht die unmittelbare Tradition des spanischen Theaters zu Ende. Das Corral-Theater war schon vor ihm allmählich verkümmert und stark repetitiv geworden. Die Theaterverbote häuften sich, und mit dem Spanischen Erbfolgekrieg fiel auch der Hof als Impulsgeber und Spielort aus. Die Theaterdichtung des 18. Jahrhunderts versucht unter französischem Einfluß einen neoklassischen Neubeginn mit strenger Trennung der Gattungen, Einhaltung der klassischen Regeln und dergleichen mehr. Manche Züge des Siglo-de-Oro-Theaters bleiben aber im volkstümlichen Musiktheater der Zarzuela und dem "género chico" des "sainete" erhalten.

Bibliographie

Alborg, J.L., *Historia de la literatura española*, Bd. II, Madrid 1970

Arroniz, Othón, *Teatros y escenarios del siglo de oro*, Madrid 1977

Asensio, Eugenio, *Itinerario del entremés. Desde Lope de Rueda a Quiñones de Benavente*, Madrid 1971

Aubrun, Charles V., *La comédie espagnole (1600-1680)*, Paris 1966 (span. Ausgabe Madrid ²1981)

Canavaggio, Jean, *Cervantès dramaturge. Un théâtre à naître*, Paris 1977

Criado de Val, Manuel (Hg.), *Lope de Vega y los orígenes del teatro español* (actas del primer congreso internacional sobre Lope de Vega), Madrid 1981

Diez Borque, José María, u.a. (Hg.), *Historia del teatro en España*, Bd.1: *Edad Media, Siglos XVI y XVII*, Madrid 1984

-, *Sociología de la comedia española del siglo XVII*, Madrid 1976

Flasche, Hans (Hg.) *Calderón de la Barca*, Darmstadt 1971 (Wege der Forschung Bd. CLVIII)

Fries, Fritz Rudolf, *Lope de Vega*, Frankfurt/M. 1979

Froldi, R., *Lope de Vega y la formación de la comedia*, Salamanca 1968

Hermenegildo, Alfredo, *La tragedia en el renacimiento español*, Barcelona 1973

Hesse, Everett W., *La comedia y sus intérpretes*, Madrid 1972

Heydenreich, Titus (Hg.), *Pedro Calderón de la Barca (1600-1681). Beiträge zu Werk und Wirkung*, Erlangen 1982

Kinter, Barbara, *Die Figur des Gracioso im spanischen Theater des 17. Jahrhunderts*, München 1978

Müller-Bochat, Eberhard (Hg.), *Lope de Vega*, Darmstadt 1975 (Wege der Forschung Bd.CCLIV)

Oehrlein, Josef, *Der Schauspieler im spanischen Theater des Siglo de Oro 1600-1681. Untersuchungen zu Berufsbild und Rolle in der Gesellschaft*, Frankfurt 1986

Pörtl, Klaus (Hg.), *Das spanische Theater. Von den Anfängen bis zum Ausgang des 19. Jahrhunderts*, Darmstadt 1985

Ramos Ortega, Francisco (Hg.), *Teoría y realidad en el teatro español del siglo XVII. La influencia italiana* (Actas del Coloquio de Roma 1978), Roma 1981

Reichenberger, K.u.R., *Das spanische Drama im Goldenen Zeitalter. Ein bibliographisches Handbuch*, Kassel 1989

---

der Nachfolge nahegelegt werden. Der *esclavo* enthält darüber hinaus erzieherische Passagen in der Art eines Fürstenspiegels - siehe dazu Carmen Díaz Castañón, "El esclavo en grillos de oro. Acercamiento al teatro político de Bances Candamo", in: Francisco Ramos Ortega (Hg.), *Teoría y realidad...*, S. 387-418.

Roloff, Volker, Harald Wentzlaff-Eggebert (Hg.), *Das spanische Theater*, Düsseldorf 1988

Ruiz Ramón, Francisco, *Historia del teatro español*, I (*Desde sus orígenes hasta 1900*), Madrid 1967, ²1971, ³1979

Salomon, Noël, *Recherches sur le thème paysan dans la "Comedia" au temps de Lope de Vega*, Bordeaux 1965

San Miguel, Angel (Hg.), *Calderón. Fremdheit und Nähe eines spanischen Barockdramatikers*, Frankfurt 1988

Sánchez Escribano, Federico, Alberto Porqueras Mayo (Hg.), *Preceptiva dramática española. Del renacimiento al barroco*, Madrid ²1972

Sánchez Romeralo, Antonio, *Lope de Vega: El teatro*, Madrid 1989, (2 Bde.)

Shergold, Norman D., *A History of the Spanish Stage from Medieval Times until the End of the Seventeenth Century*, Oxford 1967

Teyssier, Paul, *Gil Vicente - o autor e a obra*, Lissabon 1982

Wilson, E.M., D. Moir, *The Golden Age Drama 1492-1700*, London/N.York 1971

Ziomek, Henryk, *A History of Spanish Golden Age Drama*, Kentucky University Press, 1984

Dietrich Briesemeister

Religiöse Literatur

Die Behandlung des religiösen Schrifttums im Rahmen einer spanischen Literaturgeschichte wirft eine Reihe schwieriger Fragen auf. Zunächst darf die Einteilung in religiöse und profane Literatur nicht zur Annahme verleiten, die weltliche Literatur entfalte sich losgelöst und unberührt von der Welt des Glaubens. Im Zeichen gegenreformatorischer Kunst- und Literaturauffassung stehen Formen und Inhalte weiterhin wie im Mittelalter im Dienst und unter dem Anspruch katholischer Glaubens- und Sittenlehre, der Erbauung, religiösen Erziehung und Bildung. Zwischen Literatur und Christentum besteht nach wie vor grundsätzlicher Einklang. So sind beispielsweise viele *comedias* im Siglo de Oro religiöse Schauspiele, die mit ihren Gestalten und Konflikten auch nur vor dem Hintergrund dogmatischer Aussagen und zeitgenössischer Streitigkeiten über deren Auslegung (Gnade, freier Wille, Vorherbestimmung, Erlösung, Sünde, Heiligkeit) verständlich werden.[1] Sie führen den bedrohten Menschen in einem großen Welttheater zwischen Gott und Teufel als Sünder oder Büßer, als Rebellen wider Gott und menschliche Ordnung oder als vorbildlichen Heiligen vor, und zwar nicht realistisch in genau bestimmbaren biographischen, historischen Umständen, auch nicht in psychologischer Ausleuchtung der handelnden Figuren bei sittlichen Grenzentscheidungen, sondern im Widerstreit der Prinzipien von Gut und Böse innerhalb eines auf Gott hin ausgerichteten Ordnungsgefüges. Deshalb bleibt hier kein Raum mehr für ein tragisches Weltverständnis. Die *autos sacramentales* werden definiert als "in Vers gebrachte Predigten"; sie übersetzen Glaubenslehren, indem sie diese mit Hilfe einer aufwendigen Bühnentechnik (mit Musik, Tanz, emblematischen Schaubildern, Lichteffekten) in szenischen Handlungen sinnfällig veranschaulichen und deuten. Ein überwältigendes Aufgebot von allegorischen Gestalten und religiösen Symbolen sowie eine üppige Sprachmetaphorik unterstützen die zeichenhafte Annäherung an das gezeigte Heilsgeheimnis. Liturgisches Feiern, geistliche Einübung und Unterweisung im Glauben sowie öffentlich-gesellschaftliches Schau-Spiel fließen in ein "Gesamtkunstwerk" zusammen, das als Bekenntnis der Verherrlichung von Glaubenswahrheiten dient. Auch profane, nichtchristliche *argumentos* (etwa aus der antiken Mythologie) werden in die Schaustellung selbstverständlich einbezogen; sie können sinnbildlich auf die Heilsgeschichte verweisen und so der Glaubensbezeugung dienen. Außerdem werden weltliche Gattungen und Formen häufig im religiösen Sinn (*a lo divino*) umgesetzt und gleichsam in geistlicher Kontrafaktur parodiert. Nichts bleibt von solchen allegorisierenden Umformungen ausge-

---

[1] Vgl. González, Gabriel, "Theologische Aspekte im spanischen Theater des Goldenen Zeitalters", in: Klaus Pörtl (Hg.), *Das spanische Theater von den Anfängen bis zum Ausgang des 19. Jahrhunderts*, Darmstadt 1985, S. 280-305; Márquez Villanueva, Francisco, *Espiritualidad y literatura en el siglo XVI*, Madrid 1968.

nommen, die Welt und Überwelt, literarische Kunst und theologischen Hintersinn spielerisch zu vermengen.² Nicht wenige Dichter und Schriftsteller gehören als Priester oder Mönche dem geistlichen Stand an. Sie schreiben gleichsam aus einem *milieu divin* heraus, selbst wenn ihr persönlicher Lebenswandel nicht immer dem strengen sittlichen Anspruch des Amtes genügen mag. Auch die sogenannte weltliche Literatur durchdringen allgegenwärtig religiöse Motive, Anspielungen, Ausdrucksweisen. Über die Literatur, über das gedruckte Wort wacht die kirchliche Glaubensbehörde, welche die Druckerlaubnis und Unbedenklichkeitsvermerke erteilt, Autoren maßregelt oder Leseverbote ausspricht. Insbesondere religiöse Literatur unterliegt strengen Kontrollverfahren, die häufig zu Eingriffen in die ursprüngliche Textfassung führen, wobei sich je nach Ländern und Zeiten allerdings auch unterschiedliche Bewertungen ergeben können.³ Das Heilige Offizium ist unanfechtbar der oberste Hüter der Rechtgläubigkeit. Schon die bloße Existenz inquisitorischer Zensur hat die Entstehung oder Veröffentlichung so mancher Werke verhindert beziehungsweise insgeheim auf die Aussage eingewirkt. Nicht wenige religiöse Schriften entstanden unter Weisung von Beichtvätern, Seelenführern und Ordensoberen (z.B. geistliche Autobiographien). Der spanische Index von 1559 belegte nicht nur etwa den anonymen Schelmenroman, sondern auch geistliches Schrifttum in der Volkssprache mit dem Bann, und sogar noch 1601 forderte ein Dominikaner das vollständige Verbot religiöser Bücher in der Muttersprache. Über die Frage der Zulässigkeit des Theaters oder der Lektüre von Romanen kam es zu heftigen Fehden mit rigoristischen Theologen. Zum Zeichen öffentlicher Trauer bei Todesfällen im Königshaus blieben die Bühnen des Landes wiederholt für Jahre geschlossen. Kirchliche Aufsicht und Inquisition verursachen Konflikte und unterschwellige Spannungen sowohl zwischen weltlicher und religiöser Literatur als auch jeweils innerhalb beider Bereiche.

Der Sammelbegriff "religiöse Literatur" läßt sich weder von Formen und Funktionen her noch den Inhalten nach eindeutig bestimmen. Er kommt in deutschen literaturwissenschaftlichen Wörterbüchern bezeichnenderweise nicht vor. Allenfalls ist von geistlichem Schauspiel (Drama) oder geistlicher Dichtung die Rede. "Geistliche Literatur" bezeichnet - ähnlich wie Erbauungsliteratur - im engeren Sinn lehrhaftes, betrachtendes Schrifttum zur Unterrichtung über Glaubensdinge, zur Frömmigkeitsübung und Seelenführung. Geistliche Literatur steht in engem Zusammenhang mit der Entfaltung der christlichen Spiritualität, die wiederum nur einen Teilbereich religiöser Literatur darstellt.

Im weitesten Sinn umfaßt religiöse Literatur das theologische Fachschrifttum mit seiner breiten systematischen Aufgliederung des christlichen Glaubenswissens sowohl auf Lateinisch als auch in der Volkssprache. Die Literaturgeschichtsschreibung berücksichtigt unter dem Sammelbegriff religiöse Literatur im Mit-

---

² Etwa Ritterromane wie Jerónimo de San Pedro mit seinem *Libro de caualleria celestial del Pie de la Rosa fragante*, 1554, oder Lyrik wie Sebastián de Córdoba Sazedo mit *Las obras de Boscan y Garcilasso traladadas en materias christianas y religiosas*, 1575.

³ Pinto Crespo, Virgilio, *Inquisición y control ideológico en la España del siglo XVI*, Madrid 1983.

telalter und in der frühen Neuzeit üblicherweise nur geistliches Gebrauchsschrifttum in der Volkssprache, das mit ausgesprochen didaktischer Zielsetzung die Seelsorge, die Glaubensunterweisung und die Frömmigkeitspraxis der Gläubigen unterstützt und formt,[4] und zwar in erheblichem Umfang für die Zeit bis zum Ausgang des Mittelalters, immer weniger jedoch seit Beginn der Neuzeit. Hierunter fällt auch die geistliche Dichtung, die Glaubensdinge, Heilsgeschichte, biblische Themen und Gestalten sowie kirchliche Überlieferungen zum Gegenstand nimmt. Dem Zweck der Verkündigung bleiben die künstlerischen Mittel und Formen sowie die Sprache stets untergeordnet. Geistliche Dichtung erhebt nicht in erster Linie einen sprachkünstlerischen, fiktionalen Anspruch, folgt keinem eigenen literarischen Gestaltungswillen, sondern bleibt stets "Magd der Theologie". Theologische Fachprosa und geistliche Dichtung stehen inhaltlich und funktional in engem Wechselverhältnis. Eine ausschließlich formal-ästhetische Betrachtungsweise und Wertung würde geistlicher Dichtung nicht gerecht.

Eine weitere Schwierigkeit bei der Beschäftigung mit dem religiösen Schrifttum in literaturgeschichtlichem Zusammenhang bereiten die Auswahlkriterien für die zu berücksichtigenden Werke. Zumeist bleibt die einschlägige lateinische Produktion ausgeschlossen, obwohl gerade auf dem Gebiet der Theologie und Spiritualität die Verflechtung zwischen dem Schrifttum in der Sprache des kirchlichen Lehramtes und der volkssprachlichen Vermittlung besonders wichtig und offenkundig ist. So findet beispielsweise Ignatius von Loyola keinen Platz, weil seine *Exercitia spiritualia* zunächst nur in lateinischer Fassung verbreitet waren. Bei Luis de León oder Luis de Granada kommen lediglich die Werke in kastilischer Sprache in Betracht. Eine erstaunliche Bandbreite von Namen, die in den neueren gängigen Literaturgeschichten entweder übergangen oder aufgenommen werden, läßt sich bei den aszetischen, mystischen und theologischen Schriftstellern Spaniens in der Volkssprache feststellen.

Merkwürdigerweise wird die ebenso umfangreiche wie bedeutende spanische Fachprosa auf anderen Wissensgebieten (etwa Philosophie, Geschichtsschreibung, Rechts- und Staatswissenschaft) im Vergleich zu theologischen und hier speziell zu den asketisch-mystischen Schriftstellern mehr vernachlässigt, obwohl sich hier durchaus auch Gesichtspunkte der literarisch-ästhetischen Qualität und sprachlich-rhetorischen Formung anwenden ließen. Da seit jeher die Religiosität der Spanier als "Verteidiger des Glaubens" in der apologetischen Selbstdarstellung wie in der oft polemischen Fremddeutung mit dem spanischen "Nationalcharakter" in Verbindung gebracht wird, genießt das asketisch-mystische Schrifttum traditionell in spanischen Literaturgeschichten eine größere Wertschätzung. Die Art und Weise, wie theologische Fachprosa dabei behandelt - oder abgetan - wird, bleibt allerdings mancherlei Zufällen, Beschränkungen und Ungereimtheiten unterworfen.

---

[4] Predigt, Katechese, Erbauungs- und Betrachtungsbücher, Formularien für Gottesdienst und Sakramentenspendung, Bibelerklärung u.a.

Spanischen Theologen ist die Erneuerung und erneute Verbreitung des Thomismus im 16. und 17. Jahrhundert zu verdanken. Schultheologie und Schulphilosophie stehen im katholischen Europa weitgehend unter dem Einfluß von Spaniern, deren Schriften natürlich auf lateinisch aufgenommen werden. Auch die spanischen Werke geistlicher Autoren finden vielfach in lateinischer Fassung internationale Verbreitung. Daneben ergießt sich aber lange Zeit spanische Andachtsliteratur, mystisches und aszetisches Schrifttum, in einer Flut von Übersetzungen und Bearbeitungen über ganz Europa. Die Ausformung der spirituellen Literatur in Spanien stellt, abgesehen von der Systematisierung und spekulativen Durchdringung der Lehre sowie ihrer tätigen, gelebten Umsetzung, eine einzigartige sprachschöpferische Leistung dar. Sie beruht auf der Entscheidung für den Einsatz der Volkssprache. Wenn man den schwierigen, von kirchlichen Behörden argwöhnisch überwachten Gang der Bibelübersetzungen, der Schriftlesung in der Volkssprache betrachtet, ist die Verwendung der Muttersprache keineswegs selbstverständlich. Mit der Befürwortung von Übersetzungen erregte der Valencianer Humanist Fadrique Furió Ceriol einiges Aufsehen, jedoch wurde sein Dialogtraktat *Bononia, sive de Libris Sacris in vernaculam convertendis* (Basel 1556) indiziert, und der Gelehrte konnte sich nur unter dem besonderen Schutz Kaiser Karls V. vor den Verfolgungen retten. Die bedeutenden jüdischen und reformatorischen spanischen Bibelübersetzungen konnten natürlich nur im Ausland (Italien, Schweiz, Holland, England) erscheinen. Die Zweisprachigkeit Lateinisch-Kastilisch besteht noch lange fort (übrigens auch im Bereich der weltlichen Literatur). Die Verdrängung der katalanischen und galicischen Sprache ist hier als kultur-politisches Phänomen in Spanien zu vermerken. Ihr Ausschluß von der Schriftlichkeit hat für Jahrhunderte gravierende Folgen. Das Kastilische gewinnt Boden dank der entschiedenen Verteidigung und Pflege durch berühmte geistliche Autoren. Sie sind Pioniere der Volkssprache. Bereits Nebrija hatte sie 1492 in der Vorrede zu seiner *Gramática castellana* als "compañera del imperio" auch ausdrücklich in den Dienst der Glaubensverbreitung gestellt. Aus gelehrtem Theologenmund läßt sich eine beredte, selbstbewußte "défense et illustration" der kastilischen Muttersprache als literaturfähigem und dem Lateinischen ebenbürtigen Ausdrucksmittel zusammenstellen. "No se puede sufrir que digan que en nuestro castellano no se deben escribir cosas graves", ereifert sich Pedro Malón de Chaide. Auch für den gelehrten Luis de León ist die Verwendung der Volkssprache "negocio de particular juicio" und keineswegs mit der Vulgarisierung der Gottesgelehrsamkeit oder mit der Rede des *vulgo* gleichzusetzen. Damit eröffnet sich die Möglichkeit, ähnlich wie in der "schönen Literatur" im Wetteifer mit dem Italienischen, die kastilische Sprache zum differenzierten Medium für die Erörterung theologischer Gegenstände auszubilden. Die in mehreren Spielarten überlieferte und mit Karl V. in Zusammenhang gebrachte Anekdote, er bete zu Gott auf spanisch wegen der erhabenen Würde dieser Sprache, unterhalte sich mit Frauen auf französisch wegen der Eleganz, verhandele mit Fürsten auf italienisch wegen der eindrucksvollen Beredsamkeit und rede die Feinde (oder auch die Hunde) deutsch an wegen des schreckeinflößenden rauhen Tones, spiegelt sowohl die Wertungen im Rangstreit unter den europäischen Nationalsprachen als auch deren Rollenverteilung in Gesellschaft und Kultur wider. Selbst das in konfessionellem, polemischem Eifer überspitzte Urteil Heinrich Doergangks, der die erste in Deutschland 1614 gedruckte Grammatik des Spanischen verfaßte, beruht noch darauf. Für diesen Sprachzuchtmeister sind die Spanier das ausgewählte Volk Gottes und Beschützer des wahren Glaubens. Darum zähle ihre Sprache zusammen mit dem Hebräischen, Griechischen und Lateinischen zu den heiligen Sprachen. Das Erlernen des Spanischen, das Herder als "fast eine heilige Kirchensprache" galt, wurde gleichsam zu einer Heilsübung emporstilisiert. Freunde Gottes seien denn immer Freunde der Spanier. Folglich liebten nur jene die Spanier, die auch Gott und Christus lieben. In der protestantischen Spruchpolemik verlautete dagegen, Gott habe, als er Adam und Eva aus dem Paradies vertrieb, sein Urteil in dieser grausam klingenden Sprache verkündet, und der Teufel würde seine Schlichen in der Schule der spanischen Sprache erlernen. Spanischen Philologen wiederum erschien der Nachweis von Ähnlichkeiten, ja weitgehender Übereinstimmung zwischen dem Lateinischen und Kastilischen als Argument, um den Universalanspruch des Kastilischen auf die Nachfolge der römischen Weltsprache zu rechtfertigen.

Das Spannungsverhältnis zwischen der durch die theologische Systematisierung und Reflexion auferlegten sprachlich-begrifflichen Abstraktion, der eigenen überwältigenden Gotteserfahrung und der Unangemessenheit menschlichen Redens über Glaubensgeheimnisse haben die spanischen Mystiker der frühen Neuzeit ebenso intensiv erlitten wie Gottsucher des Mittelalters und anderer Kulturkreise. Johannes vom Kreuz[5] gelingt es, die Kluft zwischen Seelenerleben, der Unzulänglichkeit jeder sprachlichen Aussage über Gott und der "Lehre von den göttlichen Dingen" (Theologie) in reinster Poesie aufzuheben, allerdings erklärt er gleichzeitig den lyrischen Gesang in Prosakommentaren, die mystagogisch den Lehrgehalt ausschreiben und entfalten. Die Auslotung des Seeleninnenraums (Teresa von Avila spricht von "muy muy interior") stellt eine geistesgeschichtlich einzigartige Errungenschaft dar. Die alle Begrifflichkeit und menschliche Sprache übersteigende Intuition Gottes ist weder ein irrationales Abenteuer beim Ausbruchsversuch aus der Wirklichkeit der Welt noch eine experimentelle Simulation des Unirdischen in außerordentlichen, psychopathologischen Rausch- und Ausnahmezuständen. Zur Sprache wird die Ekstase gebracht durch eine unerbittliche geistliche Zucht und mit Hilfe eines kühnen Figurenrepertoires, das sich Vergleichen, Metaphern, pardoxaler und hyperbolischer Ausdrucksweisen, Oxymora, Ellipsen, Häufungen und Reihungen bedient, doch diese Sprachtechniken vermitteln nur unvollkommen, unangemessen, unscharf eine angenäherte Aussage mittels der Analogie im Sinne der *Theologia negativa*. Die Bedeutung der Aszetik und vor allem der Mystik für die spanische Literatur liegt in der exi-

---

[5] Zu Johannes vom Kreuz (Juan de la Cruz) vgl. auch hier: G. Güntert, Siglo de Oro: Lyrik, Teil I, Kapitel 5.

stentiellen Erfahrung und sprachlichen Erschließung bislang unbekannter Gefühls- und Erlebniswelten in Grenzsituationen.

Auf der Gegenseite dazu steht der Dominikaner Melchor Cano (1509-1560), der die Orthodoxie unerbittlich gegen Iluminados, Mystiker und Jesuiten abschirmen wollte. In den *Locis theologicis* (1563) entwarf Cano als neue Disziplin eine theologische Methodenlehre oder Fundamentaltheologie im ungebrochenen Vertrauen auf das Vermögen der Vernunft in Glaubensdingen und auf die Macht der Sprache. Dieses Programm sollte, ausgehend von den Quellen theologischer Erkenntnis (Offenbarung, Schrift, Überlieferung, Konzilien, Vätertheologie, natürliche Erkenntnis), unter Einbeziehung der philologisch-textkritischen und historischen Forschung die streng wissenschaftlich-logische Richtigkeit von theologischen Erkenntnissen und Aussagen gewährleisten, ähnlich wie die aristotelische Topik allgemeine philosophische Denkprinzipien aufstellt. In zahlreichen Traktaten zur Dialektik und Rhetorik behielt die Autorität des Aristoteles im Schulbetrieb wie im dichterischen Handwerk weiterhin Gültigkeit. Besonders wichtig ist die Erneuerung der Rhetorik - der *Ratio dicendi* - nicht nur für die Kanzelberedsamkeit, sondern auch für die Dichtung und das Erziehungswesen.

"Eine theologische Poetik, ja eine theozentrische Metaphysik der Künste" (Ernst Robert Curtius)[6] entfaltet daneben die spanische Dichtungstheorie vor allem im 17. Jahrhundert. Sprachkunst wird durch die Theologie vom göttlichen Wort überhöht; Dichtung kommt aus sakralen Ursprüngen, sie ist verborgene Theologie. Luis de León erklärte, Gott habe dem Menschen die Poesie ins Herz gelegt, um es so zum Himmel zu lenken - eine Umkehr des *furor divinus*! Die sichtbare Welt, die Dinge, die ganze Schöpfung, werden als "erste Schrift" verstanden, durch die göttliche Bedeutung hindurchscheint. Offenbarung und Schöpfung zusammen bilden gleichsam ein Gedicht. Die Welt als "Lied und Gedicht Gottes" entspricht einer alten patristischen Vorstellung. In Anlehnung an die paulinische Formel für die Erlösten als *poiema* (*factura*) Gottes (Eph. 2,10) wird der Mensch sogar als "Poesía de Cristo" bezeichnet, die Welt überhaupt als "Poesía de Dios" verstanden. Kunst ist letztlich Spiel vor Gott. Die theologische Kunsttheorie in Spanien beruht noch auf einer Theologie des Schönen, die das Zusammenwirken aller Künste in ihrem Verweischarakter auf die Übernatur begründet.

Die religiöse Literatur nimmt seit dem frühen 16. Jahrhundert in Spanien einen unvergleichlichen Aufschwung, der gegenläufig zur Erprobung der Selbstbehauptung der Vernunft, zu den Säkularisierungstendenzen, zu den rationalistischen Denkansätzen und Lebensentwürfen in der zeitgenössischen Philosophie, aber auch in den Erfahrungswissenschaften im übrigen Europa erfolgt. Reformatorische Bewegungen sind in Spanien schnell und gründlich unterdrückt worden. Dafür setzte eine seelisch-religiöse Innenerkundung ein im Rahmen

---

[6] Vgl. Curtius, Ernst Robert, *Europäische Literatur und lateinisches Mittelalter*, Bern, München ⁴1963.

(zuweilen auch am Rande) der alten Orthodoxie, ja zu deren Schutz vor den Verwüstungen der neuen Ketzerei. Dieser Kreuzzug nach innen vermochte freilich mit seinen hohen Werten, Zielen und spirituellen Techniken keine erneuernde Breitenwirkung unter den Spaniern auszulösen angesichts der Herausforderung an die weltliche Gesellschaft der Moderne durch politisch-soziale Umwälzungen.[7] Mystik (von griech. *myein* = die Augen schließen) bedeutet geistliche Versenkung und Beschauung. Mystik ist eine Weise menschlichen Umgangs mit dem göttlichen Bereich in der Abkehr von der Welt, in der Überwindung und Übersteigung der irdischen Bedingtheit. Indem der Mystiker auf die zuinnerst erfahrene Verbindung mit dem Urgrund hinstrebt und in der restlosen Selbstaufgabe schließlich die Erfüllung, die Vergöttlichung, die mystische Vereinigung erreicht, bildet sich ein Frömmigkeitsstil aus mit verschiedenen, das Bewußtsein schärfenden und erweiternden Praktiken (Gebete, asketische Übungen, Meditationstechniken, Beschauung). Mystische Frömmigkeit sieht von der Welt ab und über sie hinaus, wenngleich Heilige wie Teresa von Avila mit ihren Reformen, Klostergründungen, Beziehungen zu hochgestellten Persönlichkeiten, Reisen und ihrem Briefwechsel durchaus weltgewandt gewesen sein mögen. Askese (griech. *askein* = üben) übt ein in die Abtötung des Leibes, der Affekte und führt über Gebet und Bußübungen stufenweise empor zur Selbstaufgabe und zur schauenden Versenkung. Im alten kirchlichen Sinn schließt auch die Askese das Abstandnehmen von allen Dingen dieser Welt ein.

Wie und warum es am Beginn der europäischen Neuzeit zu dieser Blüte der Aszetik und Mystik gerade in Spanien kam, läßt sich historisch nicht eindeutig erklären. Mystik ist an sich nichts Neues oder Fremdes auf der Iberischen Halbinsel. Im Verlauf des jahrhundertelangen Zusammenlebens dreier Buchreligionen haben sich in mehreren Wellen deren reiche spirituelle Erfahrungen (Sufi-Mystik, Ramon Llull, jüdische Mystik) entfalten können. Die spanische Mystik wurde gelegentlich als Entgegnung auf reformatorische "Irrlehren" in Mittel- und Nordeuropa sowie als Reaktion auf die pastoralen Zustände im eigenen Land verstanden. Es ist jedoch nicht zu übersehen, daß sie sich nur gegen erhebliche Widerstände, Verdächtigungen, ja sogar Verfolgung gerade seitens des kirchlichen Lehr- und Hirtenamtes entwickelt und behauptet hat. Sie mußte zugleich einen schmerzlichen Prozeß der Läuterung und Abgrenzung von pseudomystischen Erlebnissen, billiger Sensationssuche, Schwindelei und hysterischen Gefühlsausbrüchen durchmachen. Die spanische Mystik vermochte ihren übermenschlichen Anspruch nicht lange aufrechtzuerhalten. Gerade die massenhafte Verbreitung mystischen Schrifttums dürfte zur Verflachung beigetragen und den Kurzschluß bestärkt haben, daß mittels gewisser Techniken mystische Zustände für jedermann beliebig erzeugbar und erreichbar seien. Mystik artet dann aus in die Gefühlsseligkeit der "schönen Seelen" oder in abstruse Schwärmerei und visionäre Übersteigerung. Ursprünglich eignet dem Mystiker eine charismatische,

---

[7] Dazu zählen: Vertreibung der Juden, Araber und später der *moriscos*, überseeische Expansion und Missionsanspruch, Wirtschaftsprobleme einer europäischen Hegemonialmacht.

nonkonformistische, antiinstitutionelle Grundhaltung an. Er legt die Erstarrung der Orthodoxie im Umgang mit den göttlichen Geheimnissen bloß und bestärkt den einzelnen, begnadeten Gläubigen in seinen unmittelbaren Erfahrungen gegenüber der organisatorisch-dogmatisch verfaßten Gläubigkeit. Berühmte spanische Mystiker, die inzwischen längst zur Würde von Kirchenlehrern erhoben und heiliggesprochen wurden (Teresa von Avila, Johannes vom Kreuz) sowie geistliche Lehrer (Luis de León) haben schreckliche Demütigungen und Verfolgungen seitens ihrer Glaubensbrüder und der kirchlichen Obrigkeit erleiden müssen. Die Phänomene der Mystik äußern sich in Spanien auch literarisch in einer bemerkenswerten Breite zwischen Esoterik und Orthodoxie, wobei sich allerdings gerade die eher heterodoxen Strömungen am wenigsten greifbar in Texterzeugnissen niederschlagen, nicht zuletzt natürlich wegen der strengen kirchlichen Kontrolle, die Anhänger einer abweichenden Glaubenspraxis als sektiererisch verfolgte und an den Rand bzw. in den Untergrund abdrängte, ihre Schriften konfiszierte.

Am Anfang der außerordentlich reichen Entwicklung religiöser Literatur in Spanien während des 16. und 17. Jahrhunderts stehen die kirchlichen Reformen, die die Katholischen Könige auf dem Höhepunkt des nationalstaatlichen Einigungsprozesses in die Wege leiteten. Sie wurden von Kardinal Francisco Jiménez de Cisneros (1436-1517) getragen, der die Erneuerung des Frömmigkeitslebens, der Studien sowie der geistlichen Orden, insbesondere der Franziskaner, vorantrieb und damit eine wichtige Voraussetzung für das in der Folgezeit so reich differenzierte (zumeist monastische) spirituelle Schrifttum schuf. Die Ausweisung der Juden 1492 bzw. ihre Zwangsbekehrung schuf andererseits eines der größten Probleme spanischer Geistes- und Gesellschaftsgeschichte der Neuzeit: die Minderheit der *conversos*, der "Neuchristen". Die damit verbundenen Gewissens- und Sozialkonflikte wirken tief auf das Zusammenleben (die Doktrin der *limpieza de sangre*, "Blutreinheit"), die Kultur sowie die Literatur, ihre Themen und Sprechweisen ein, ja sie lösten gerade den Drang zum Schreiben, zur kryptischen Rechtfertigung und Wehr gegen Ächtung, Verdächtigung und aufgenötigtes Außenseitertum aus. Das Spektrum der *conversos* umfaßt nach neueren Erkenntnissen sehr verschiedene Standorte, etwa Konvertiten zum Luthertum, aber auch Illuminaten, katholische Spiritualisten mit mystischen Neigungen sowie erasmianisch geprägte christliche Humanisten.

Conversos oder aus Familien jüdischer Konvertiten stammende Autoren spielen, wie allein die Beispiele von Fray Luis de León und der Hl. Teresa zeigen, im geistigen und literarischen Leben der Zeit eine bedeutende Rolle. Aus dem Exodus der Juden ging die juden-spanische Literatur der Sephardim hervor, die auch nur im Ausland gedruckt werden konnte.

Neben Übersetzungen des Alten Testaments ist gerade der Anteil religiöser Dichtung (etwa Miguel de Barrios - 1635-1701 - in den Niederlanden) sowie liturgischer, apologetischer, kabbalistischer und erbaulich-moralistischer Schriften in dieser Diasporaliteratur beträchtlich.

In der islamisch-christlichen Mischkultur Südspaniens hielt sich bis zur endgültigen Vertreibung der Morisken (1609) eine Untergrundliteratur der mit den Christen zusammenlebenden Muslime, die sich zur Tarnung der arabischen Schriftzeichen für die Aufzeichnung ihrer Textüberlieferung in spanischer Sprache (*romance*) bedienten. Auch den *mudéjares* wurde der christliche Glaube aufgezwungen, dennoch praktizierten viele insgeheim den Islam. Im Kampf um den Glauben der Väter nimmt die religiöse Thematik breiten Raum ein.[8] Die meisten der inzwischen aufgefundenen Handschriften stammen aus dem 16. Jahrhundert.

Der Aufbruch der religiösen Literatur zeigt sich an der Wende zum 16. Jahrhundert in einer auffallenden Zunahme einschlägiger Drucke vor allem in der Volkssprache, die den missionarischen, apologetischen und katechetischen Erneuerungsanspruch der Nationalkirche unter der Herrschaft der Reyes *Católicos* vertreten. Dem Buchdruck kommt für den Aufschwung des religiösen Schrifttums eine zentrale Bedeutung zu. Trotz aller sich verschärfenden Überwachung der Herstellung und des Vertriebs von Büchern, trotz des verbreiteten, kirchlichen Mißtrauens gegenüber dem Buch wird dieses zum wirksamsten Mittel der Glaubensverbreitung ("propaganda fide") neben der mündlichen Verkündigung in Predigt und Unterweisung. Wie deutlich dabei von Anfang an das Sprachbewußtsein ausgeprägt ist, belegt die Widmungsvorrede von Fray Pedro de Alcalá zu seinem *Vocabulista arauigo en letra castellana* (1505) und, aus dem gleichen Jahr, die *Cartilla y doctrina en romance ... para enseñar niños a leer* des Erzbischofs von Granada Hernando de Talavera, die 1512 in 2.000 Exemplaren in die Neue Welt verschickt werden sollte. Der Anteil des religiösen (kirchlich-theologischen) Schrifttums wird auf 40 bis 50 Prozent der gesamten Druckerzeugnisse im Siglo de Oro veranschlagt, liegt damit also weit über der "Schönen Literatur".

Im engeren Sinn werden etwa dreitausend Werke dem Bereich der Mystik und Aszetik zugerechnet, wobei freilich die Grenzen zum Devotionalienschrifttum (Gebets- und Andachtshilfen, Betrachtungen, Heiligenverehrung, Homiletik, Sakramentenpraxis u.ä.) nicht immer klar zu ziehen sind. Spanisches religiöses Schrifttum gelangt auch außerhalb Spaniens zum Druck, vor allem in den Niederlanden (bis Anfang des 18. Jahrhunderts), in Italien und Frankreich sowie in der Neuen Welt.

Der Blick auf die Buchproduktion der beiden ersten Jahrzehnte des 16. Jahrhunderts läßt bereits die Bedeutung von Übersetzungen für die Herausbildung der religiösen Literatur in Spanien erkennen. Diese Übersetzungen eröffnen vielfältige Vermittlungswege zu den Frömmigkeitsidealen der *Devotio moderna* der Niederländer, der Italiener, der Deutschen und der franziskanischen Spiritualität. Sprachlich sind sie die Schule, in der sich der Fachwortschatz und die Beschreibungstechniken ausformen.

---

[8] Vgl. z.B.: Koranauslegung, Gebete, Spruchüberlieferungen und Lobgesänge im Zusammenhang mit dem Propheten Mohammed, Anweisungen zum frommen Leben, Mystik, Apologetik, Legenden und Beispielerzählungen, Übersetzungen arabischer Lehrschriften.

Die Erneuerungsbewegung der *Devotio moderna* mit ihrer praktisch-ethischen Zielsetzung und dem Versuch, über meditative Bibellesung, Gebet und Betrachtung - etwa des Lebens und Leidens Christi - eine persönlich verinnerlichte Frömmigkeit zu leben, fand in Spanien über die *Imitatio Christi* (verfaßt im frühen 15. Jahrhundert) zuerst in katalanischer Übersetzung seit 1482 Verbreitung. Zahlreiche Ausgaben und Übersetzungen (u.a. von Luis de Granada und Juan Eusebio Nieremberg) markieren die nachhaltige Wirkung dieses Erfolgsbuches. Bezeichnenderweise wurde die zweite anonyme spanische Fassung 1495 und 1500 zusammen mit einem *Tractado pequeño de la imaginación del coraçon* gedruckt. Die Verinnerlichung der Gebetslehre in Spanien ist wesentlich auf Einflüsse der unter den Brüdern vom Gemeinsamen Leben geübten Frömmigkeit zurückzuführen. Ignatius kam auf dem Montserrat mit dieser Spiritualität in Berührung. Dort hatte der Benediktinerabt García Jiménez de Cisneros mit dem zunächst auf spanisch geschriebenen *Exercitatorium vitae spiritualis* (1500) das grundlegende Handbuch für die neue Frömmigkeit in seinem Kloster drucken lassen. Es wirkt bis in das 18. Jahrhundert hinein nach, ähnlich wie der *Carro de dos vidas* (1500) von Gómez García, der vor allem die theologisch-mystischen Lehren des Richard von St. Victor (gest. 1173) aufarbeitet.

Weitere in Spanien erfolgreiche Betrachtungsbücher aus dem Norden sind der Traktat des Kartäusers Dionysius Rijckel *Delas quatro cosas postrimeras*,[9] seines französischen Ordensbruders Hugues de Balma (spätes 13. Jh.) mit *Sol de contemplativos* (1514) sowie Gerhard Zerbolt van Zutphens *Tractatus de spiritualibus ascensionibus* (Montserrat 1499) aus dem späten 14. Jahrhundert, der für die Lehre von den Seelenkräften in *La subida del Monte Carmelo* von Johannes vom Kreuz wichtig ist.

Die *Vita Jesu Christi* des Kartäusers Ludolf von Sachsen (gest. 1378), ein riesiges Sammelbecken mittelalterlichen aszetischen Schrifttums, erschien 1502/1503 in der Übersetzung des Franziskaners Fray Ambrosio de Montesino, einem Dichter am Hof der Katholischen Könige. Mit seiner gefühlvollen Sprache und anschaulichen, die Christus- und Passionsmystik eines Bernhard von Clairvaux, Franz von Assisi und Bonaventura popularisierenden Darstellungsweise gelangte das Werk zu europäischer Verbreitung. Es spielt in der Bekehrung des Ignatius von Loyola eine Rolle und bildet eine der Quellen für die *Exercitia spiritualia*.

Die bereits in den Übersetzungen der Werke von Angela da Foligno (1510) und Katharina von Siena (1512) erkennbare italianisierende Strömung hat ihre Wurzeln in der Wirkung des Bußpredigers und Dominikaners Girolamo Savonarola vor allem auf die Gebetslehre. Schriften des wegen Häresie und falscher Prophetie exkommunizierten, als Schismatiker und Häretiker 1498 auf dem Scheiterhaufen verurteilten Mönchs erschienen um 1550 in Antwerpen in spanischer Übersetzung, noch bevor sie 1558 von der Indexkongregation wieder

---

[9] Zuerst 1491 in der Übersetzung des *converso* Gonzalo García de Santa María, in einer späteren Fassung von 1548 indiziert.

für rechtgläubig erklärt wurden. Hier kamen 1556 auch die *Obras espirituales* des Serafino de Fermo auf spanisch heraus, die zusammen mit Battista de Cremas *Tratado de la victoria de si mismo* (1550, in der spanischen Fasung durch Melchor Cano) den italienischen Einfluß zumal in Franziskanerkreisen verstärken. Die in dem berühmten anonym überlieferten Sonett "No me mueve, mi Dios, para quererte" ausgedrückte Haltung vollkommener Hingabe an Gott auf italienische Auffassungen zurückzuführen, wie es Eugenio Asensio vorgeschlagen hat, läßt sich schwerlich überzeugend nachweisen.

Neben Übertragungen moderner und mittelalterlicher theologischer Werke eröffnet der Rückgriff auf die Quellen der patristischen Literatur ein weites Feld für Übersetzungen, Bearbeitungen und Kompilationen, die das Gedankengut der kirchlichen Lehrüberlieferung einbringen in die religiöse Situation der Zeit. Die Nachwirkung des Augustinus im Denken und in der Religiosität, aber auch in der Literatur des 16. und 17. Jahrhunderts, ist beträchtlich. Sie beruht darauf, daß der Kirchenvater das Verhältnis von Religion und Philosophie im Sinne einer trotz aller Spannungen letztlich doch fruchtbaren Verbindung sah und das antike, zumal das platonische und neuplatonische, mit dem christlichen Denken verknüpfte. Hier liegt auch ein Grund für die im 16. Jahrhundert in Spanien in gewissen Kreisen so optimistisch vorgenommene Verflechtung von Wissenschaft und Frömmigkeit.

Der Aufbruch der religiösen Literatur in Spanien fällt mit gleichzeitigen Veränderungen im Bereich der Universitäten zusammen. Die Gründung der Universität Alcalá (1498/99) durch den Primas von Spanien, Kardinal Cisneros, sollte ein Gegengewicht zur Salmantiner Hohen Schule schaffen und aus dem Geist der christlichen Erneuerung den vernachlässigten klassischen Studien Auftrieb geben. Orientalistik und klassische Philologie bereicherten die von Cisneros geförderte Bibelwissenschaft. Die folgenreichste Leistung der Spanier ist die Erneuerung des scholastischen Denkens. Spanier beherrschten damit die katholische Philosophie der Gegenreformation. Sie wirkte alsbald auch in Deutschland nicht nur auf katholischer Seite, sondern selbst in der protestantischen Schulmetaphysik weiter. Der Jesuit Francisco Suárez (1548-1617), der *Doctor eximius* aus Granada, arbeitet in einem riesigen Werk den Ertrag scholastischen Denkens seit Thomas von Aquino auf und entwickelt als Krönung der spanischen Barockscholastik den scharfsinnigsten Neuansatz in der nachthomistischen Metaphysik. Sein Hauptziel ist die systematische Begründung einer von Theologie und Offenbarung unabhängigen, jedoch propädeutisch zu ihr hinführenden Metaphysik. Theologisches Denken setzt damit die umfassende Klärung des begrifflichen und sprachlichen Instrumentariums voraus.

Um die Wahrung der Integrität der menschlichen Person, einem der großen Anliegen spanischen Denkens im Siglo de Oro, kreist auch eine heftig umstrittene theologische Fragestellung um Willensfreiheit und das Verhältnis von Gnade und menschlicher Natur. Der kühnste Theologe der noch jungen Gemeinschaft Jesu, Luis de Molina (1535-1600) griff in den bis 1607 zwischen Jesuiten, Dominikanern und Mercedariern anhaltenden Gnadenstreit ein, der auch

Rückwirkungen auf die Literatur der Zeit hatte. Molinas Lehren bestimmen die begriffliche Klärung und Reichweite der verschiedenen ontologischen und dogmatischen Folgerungen bis heute. Molina beansprucht für den Menschen volle, durch die Erbschuld nicht geschmälerte Freiheit der sittlichen Entscheidung. Er bedenkt das Zusammenwirken von Gott und Mensch, Gnade und Freiheit im Heilsgeschehen unter Wahrung sowohl der Eigenständigkeit und Würde der Person als auch in Erkenntnis der göttlichen Wesensfülle. Die Gnade Gottes bewegt nicht voraus den Willen des Menschen, sondern wirkt in dessen Gegenwart, gleichzeitig mit ihm und unter Wahrung seiner Kräfte. Mittels der *scientia media* sieht Gott allerdings die Wirkung der Gnade beim Menschen aufgrund von dessen freier Zustimmung oder Ablehnung voraus. In diesen neugesehenen Freiheitsraum des Menschen fügt sich auch die Theologie und Ethik des Probabilismus, die ursprünglich nicht als kasuistische Haarspalterei gedacht war, sondern die Entscheidung erleichtern sollte, da sittliche Prinzipien mit allgemeingültiger Formulierung in konkreten Lebenssituationen nicht immer klar genug erkennbare Weisung zu erkennen geben. Die jesuitische Anthropologie hat nicht nur für Seelenführung und Frömmigkeitsleben, sondern auch in der Pädagogik eine kaum zu überschätzende Wirkung ausgeübt.

Seit den zwanziger Jahren hat Erasmus in Spanien außerordentliches Ansehen gewonnen und tiefe Anstöße für den Aufbruch und die Entwicklung der religiösen Literatur gegeben. Er wurde zum Wortführer einer religiösen Erneuerungsbewegung, die freilich alsbald auf erbitterten Widerstand seitens der Kirchenführung stieß und verketzert wurde.[10]

Auf der Höhe seiner politischen und geistig-spirituellen Wirkung in den Jahren 1527-1532 wurde der Erasmismus, eine der erregendsten Erscheinungen in der Geschichte der Begegnung Spaniens mit Europa, zerrieben und abgewehrt. Erasmus, dessen Werke in zahlreichen Übersetzungen erschienen,[11] der jedoch eine Lehrkanzel in Alcalá ausschlug, faszinierte nicht nur Männer um Kaiser Karl V. in politischen Schlüsselstellungen, Kirchenmänner und Humanisten, sondern auch die Alumbrados, Illuminaten und frühen Protestanten. Seine *Philosophia Christi* mit ihrer Kritik an Sprachen und Methode des überkommenen spätmittelalterlichen Denkens, mit dem vom Vertrauen auf Vernunft und Ethos getragenen Rückgriff sowohl auf die Heilige Schrift als auch auf die antike Weisheit im Sinne einer Vorschule des Christentums, wirkte befreiend auf Menschen in einer Aufbruchstimmung, die ihren Glauben in einer von innen geläuterten Kirche zu leben ersehnten.

Literarisch wurde der Erasmismus in mehrfacher Hinsicht bedeutsam. Zunächst hat er die offene Form des Dialogs gefördert (Juan de Valdés, *Diálogo de doctrina cristiana*, 1529; Alfonso de Valdés, *Diálogo de las cosas ocurridas en Roma* und *Diálogo de Mercurio y Carón*), der die mehrstimmig geführte, leben-

---

[10] Vgl. Bataillon, Marcel, *Erasmo y España*, Mexiko 1979; ders., *Erasmo y el erasmismo*, Barcelona 1977.

[11] U.a. das *Enchiridion o manual del caballero cristiano*, 1526, dessen spanische Fassung Juan de Valdés als dem lateinischen Original stilistisch ebenbürtig befand.

dige Erörterung aktueller Themen aus sehr verschiedenen Sachgebieten und gerade auch religiöser Fragen ermöglicht. Neben dem bei den Humanisten beliebten Gespräch trägt ferner der Traktat, zumal über geistliche Probleme, die erasmianischen Anliegen weiter, wie zahlreiche *Doctrinas cristianas*, die *Comentarios para despertamiento del ánimo en Dios* von Juan Luis Vives (zuerst lateinisch *Ad animi exercitationem in Deum commentatiunculae*, 1535) oder der *Libro de instrucción cristiana y de ejercicios espirituales* von Juan López de Segura, 1554, zeigen. Der *Tratado de la oración* von Antonio de Porras, 1552, nach dem *Modus orandi*; *La agonía del tránsito de la muerte* von Alejo Venegas, 1537, der sich an der *Praeparatio mortis* von Erasmus inspiriert; der *Commento en romance a manera de repetición latina y scholástica de juristas* von Navarro Martín de Azpilcueta, 1542, oder die bewegende Betrachtung von Constantino Ponce de la Fuente, *Confesión de un pecador penitente*, 1554, sind Beispiele für die Vielseitigkeit, die sprachliche Ausdruckskraft und den Gedankenreichtum religiöser Traktatliteratur im Umkreis und Gefolge erasmianischer Ideen.

Die Wertschätzung für die volkstümlichen *refranes* und *proverbios* - die "philosophia vulgar" der Spruchweisheitsüberlieferung - erhielt durch die *Adagia* und Apophthegmata des Erasmus in Spanien eine neue, philosophische Begründung. Auch das Sprachbewußtsein, Sprachempfinden, die Sprachkultur, die Übersetzungen verdanken ihm neue Qualität. In dem in Italien, aus dem Gesprächs- und Briefkontakt mit italienischen Freunden entstandenen *Diálogo de la lengua* (1535/36) entwickelt Juan de Valdés seine Ideen über die spanische Sprache und Literatur mit dem Ziel "ilustrar y enriquecer la lengua que nos es natural" und gemäß dem Stilideal "escribo como hablo". Die veränderte Figur des Schreibenden als "amigo de scrivir", als Philologe aus Berufung und Mann der Feder - ganz im Sinn von Dürers Holzschnittporträt des Erasmus -, kennzeichnet die indirekte Selbststilisierung des Valdés im Munde eines der Gesprächsteilnehmer als "un San Juan Evangelista, la peñola en la mano", der "escrive de noche lo que haze de día, y de día lo que ensueña de noche".

Im Geiste erasmianischer Spiritualität lebend, gehört Juan Luis Vives (1492-1540), ein Valencianer jüdischer Herkunft, zu den großen europäischen Humanistengestalten. Zwischen mittelalterlichen Denktraditionen und der sie erschütternden neuen Philosophie suchte er besonnen den kritischen Ausgleich, getreu seinem Leitspruch "sine querela, harmonia interna, scopus vitae Christus". Dabei entwickelte er eine Fülle von ebenso kühnen wie weitblickenden Gedanken für die Begründung des Menschenbildes, das er in Ethik, Psychologie, Pädagogik und Gesellschaftslehre absicherte. Die anthropologische Begründung der Erziehungs- und Lebenslehre für den Einzelnen, in der Familie und in der Gesellschaft, gab Vives in *De anima et vita* (1538). Indem er nicht wie bislang nur theoretisch von der Frage ausgeht, was die Seele sei, sondern wie sie sich manifestiert, Bildung und Gesittung trägt, steht er vor allem mit seiner Untersuchung der Gefühle und Leidenschaften am Beginn der modernen empirischen Psychologie. Seine Analyse der Sinnesfunktionen, des Verstandes, der Urteilskraft und der Sprache bleibt stets auf die sittliche Lebensgestaltung aus christlichem Geist hin ausgerichtet. Beobachtung, Erfahrung und Selbsterkenntnis erhalten dabei einen neuen Stellenwert an der Schwelle zu einer Zeit mystisch-asketischer Erkundungen. Die Wahrung des Friedens bildet in einer politisch und religiös ruhelosen Zeit das Anliegen mehrerer seiner Schriften. Die *Introductio in veram sapientiam* (1524) wurde zum größten Erfolg Vives' unter Katholiken wie unter Protestanten gleichermaßen. In Maximen zur Lebensführung faßt er darin die Kernfrage sokratischer Selbsterkenntnis zur *Philosophia Christi* zusammen.

War das Verhältnis von Vernunft- und Gefühlskräften in einer verinnerlichten Religiosität bei Erasmus und seinen spanischen Anhängern mit ihrer eher intellektuellen Ausrichtung und kritischen Einstellung zur Amtskirche ausgewogen (es ist bezeichnend, daß als erste Übersetzung eines Werkes von Erasmus in Spanien der *Tratado o sermón del niño Jesu*, 1516, erschien), so ist die von ihm zumeist in Laienkreisen ausgelöste oder zumindest bestärkte Bewegung eher emotional, irrational und charismatisch geprägt. In diesen Kreisen kam es nicht in erster Linie auf Schreiben an, auf Beschreiben von Seelenzuständen und Gemeindeerfahrung oder auf die Weitergabe einer schriftlich niedergelegten, in Reflexion ausgeformten Lehre, sondern auf Erlebnis und Praxis. Die "Erleuchteten" - Alumbrados, das Wort ist wahrscheinlich erstmals belegt in der spanischen Übersetzung der Briefe der Hl. Katharina von Siena (1512) - suchten geistliche Vollkommenheit in der Befolgung der Evangelischen Räte, in Gebet und Betrachtung sowie in der Schrift. Sie gerieten alsbald in den Verdacht der Irrlehre, wurden verurteilt und verfolgt als Sektierer und Abweichler. Die Frage der Erleuchtung, wie sie etwa Barnabé de Palma in *Via spiritus o de la perfección espiritual del alma* (1532) behandelt, beschäftigt die gesamte geistliche Literatur des 16. und 17. Jahrhunderts. Im radikalsten Fall treten Ekstasen und Visionen an die Stelle von "Wissenschaft", von schriftlich-rational vermittelten oder mittelbaren Erkenntnissen über Gott. Der Illuminismus ist eine spontane, nach Zirkeln, Führergestalten (vielfach Frauen) und Regionen breit gefächerte Schwärmerbewegung mit gewissen Tendenzen zur Zügellosigkeit. Dagegen bewahren die *recogidos* stärker die orthodoxe Lehre, Moral und geistliche Zucht. Ihnen kommt es auf das in der franziskanischen Frömmigkeitsschule (Francisco de Osuna, *Tercer Abecedario*, 1527) geübte innerliche Gebet im Zustand kontemplativer Sammlung nach vorausgegangener Reinigung der Seele an. Die sogenannten *dejados* schließlich werden in Prozeßakten als "gente idiota y sin letras" bezeichnet, als ungebildete, einfache Laien, die jeglicher äußeren Erscheinung von Gottesliebe als teuflischer Vorspiegelung mißtrauen und sich allein der Praxis des *dejamiento*, der Gelassenheit, hingeben.

Die dramatische Spannung und Spannbreite religiösen Lebens und seiner literarischen Ausdrucksmöglichkeiten in Spanien wird deutlich, wenn man demgegenüber Gestalt und Werk des Antonio de Guevara (um 1480-1545) betrachtet. Der Franziskaner und spätere Bischof wurde Hofprediger bei Karl V und königlicher Chronist. Er vereinigt *docta pietas* mit dem Leben des aristokratischen Höflings und dem schriftstellerischen Beruf. Als Ratgeber des Kaisers spielte er eine politisch wie auch spirituell wichtige Rolle. Er war einer der berühmten

Kanzelredner einer ohnehin an Predigern reichen Zeit. Als moralistisch-asketischer Autor richtete er sich gleichermaßen an Fürsten, Höflinge und Religiöse. Als höfischer Zuchtmeister spielte er in ganz Europa bis in das 18. Jahrhundert eine Rolle. An einen geistlichen Leserkreis wenden sich Erbauungsbücher wie *Oratorio de religiosos y ejercicio de virtuosos* (1542) und Meditationen über das Leiden Christi. Guevara ist ein Meister der "Buntschriftstellerei", der es versteht, Bildungswissen popularisierend umzusetzen in unterhaltsame und zugleich erbauliche Belehrung für ein breites Publikum. Sein Werk bietet ein Arsenal an griffig aufbereiteten Beispielerzählungen, Sentenzen und Anekdoten, das vielseitig ausgezogen und trivialisiert wurde. Die Mischung von Fiktion und Information, Übersetzung und eigener Erfindung, Gelehrsamkeit und Fabulierkunst hat Guevara unerhörten Erfolg gesichert.

Die spanische Mystik mit ihrer entsprechenden philosophisch-theologischen Ordenstradition der Dominikaner, Franziskaner, Augustiner, Karmeliter und Jesuiten differenzierten Spiritualität zielt im Unterschied zur ontologisch-spekulativen Mystik der alten Kirche stärker auf die Analyse individueller Erfahrung und auf das praktische Tun. Verstand und Gefühl, Wille und Vorstellungskraft setzen zum "Begreifen" Gottes an in der Dialektik von Entselbstung durch asketische Vorübung des Menschen und Vergöttlichung durch Gnade und Liebe. Der Weg zur Vereinigung mit Gott führt über Selbstkenntnis. Strengste, stufenweise in Abtötung, Gebet und Kontemplation eingeübte Selbstzucht sichert den Mystiker vor pantheistischen, schwärmerischen Täuschungen. In der Schau Gottes werden Vernunft und Glaube aufgehoben.

Bei den Dominikanern verkörpern Melchor Cano und Erzbischof Bartolomé Carranza die Spannung zwischen intellektualistisch-asketischen und affektiv-mystischen Grundpositionen. Carranza (gest. 1576), an dessen tiefer Rechtgläubigkeit heute kein Zweifel besteht, wurde von seinem Ordensbruder auf bloßen Verdacht lutherischer Ideen hin fast zwanzig Jahre lang in Haft gehalten wegen der *Comentarios sobre el catechismo christiano* (1558).

Der volkstümlichste, fruchtbarste und auch im Ausland am weitesten verbreitete spirituelle Autor der Dominikaner ist Fray Luis de Granada (1504-1588). Seine *Guía de pecadores* (1556/57, zunächst von der Inquisition verboten, dann überarbeitet 1567) stellt entsprechend dem Titel einen Wegweiser für den Christen dar "vom Anfang seiner Bekehrung bis zum Ende seiner Vervollkommnung", und zwar in der Verbindung von Glaubens-, Tugend- und Lebenslehre. Im *Memorial de la vida christiana* (1561) bietet der Mönch ein Handbuch der Gottesliebe, das den *Libro de oración y meditación* (1554) ergänzt. Beide Werke vermitteln einen umfassenden Abriß der Methoden und Formen asketisch-mystischer Frömmigkeitspraxis.

Die *Introductio del symbolo de la fe* (1583/88) stellt in einem enzylopädischen Aufriß den christlichen Glauben im Rahmen der Schöpfungslehre dar. Hierbei gibt Luis de Granada wie auch andere asketische und mystische Autoren sehr lebhafte Naturbeschreibungen. Seine Darstellung der Theodizee und Apologie des Christentums sowie der Selbstvervollkommnung weitet sich mit Hilfe thomistisch-scholastischer Begrifflichkeit und Anthropologie zu einer auch sprachlich-rhetorisch eindrucksvollen Phänomenologie des geistlichen Lebens. Nicht umsonst zählt die *Ecclesiastica Rhetorica* (1575) des andalusischen Predigermönches zu den Hauptwerken für die theoretische Grundlegung der Kanzelberedsamkeit sowie für die Erneuerung der kirchlichen Rede- und Schreiblehre in der nachtridentinischen Zeit.

Der Franziskanerorden, der in Spanien im 16. Jahrhundert eine Blütezeit erlebte, ist gemäß der vom Stifter Franziskus vorgelebten Spiritualität der unbedingten Liebe für die Entwicklung der Aszetik und Mystik von besonderer Bedeutung. Bernardino de Laredo (gest. um 1540) war zunächst Arzt. Er beobachtet und beschreibt das religiöse Innenleben und seine Stufenfolgen in der *Subida del Monte Sión por la vía contemplativa* (1535) mit geradezu medizinisch-experimentellem Interesse. Auch hier fallen wie bei Luis de Granada, Diego de Estella und Francisco de Osuna (gest. um 1542) die Naturschilderungen auf. Osuna schrieb den monumentalen sechsteiligen *Abecedario espiritual* (1525/54), eine weitverbreitete systematische Darstellung der Selbstzucht, Meditation und Gebetslehre, auf die immer wieder zurückgegriffen wurde. Ein noch heute erhaltenes Exemplar des dritten Teils (1527) trägt die Leseanmerkungen der Hl. Teresa. Sie schätzte auch Fray Alonso de Madrid mit seinem häufig aufgelegten und übersetzten Werk *Arte de servir a Dios* (1521). Ambrosio de Morales, Geschichtsschreiber und Humanist, hatte im späten 16. Jahrhundert das Bedürfnis, dieses Werk "in besserem Stil" neu bearbeitet herauszubringen, ein bemerkenswertes Beispiel dafür, daß auch Fachprosa unter dem Anspruch sprachlicher Eleganz betrachtet wurde. Diego de Estellas (1524-1578) *Meditaciones devotísimas del amor de Dios* (1576) bleiben international lange erfolgreich; noch Franz von Sales erwähnt den Spanier ausdrücklich als einen der Gewährsmänner, die ihm für den *Traité de l'amour de Dieu* als Vorbild dienten. Estella faßt die aus dem Johannesevangelium entwickelte Theologie der Gottesliebe und die spätmittelalterlich-franziskanische Überlieferung geschickt zusammen. Der *Libro de la vanidad del mundo*, wie die Meditationen für ein breites Publikum bestimmt, haben als beliebte Erbauungsbücher den Frömmigkeitsstil des späteren 16. Jahrhunderts nachhaltig geformt. Zusammen mit Diego de Estella entwickelte Juan de los Angeles (1536-1609) die "Ciencia de amor" als meisterlich verfeinerte Vollkommenheitslehre in Werken wie *Triunfos del amor de Dios* (1590, umgearbeitet unter dem Titel *Lucha espiritual y amorosa entre Dios y el alma*, 1600), *Diálogos de la conquista del espiritual y secreto reino de Dios* (1592, fortgesetzt mit dem *Manual de vida perfecta*, 1608) sowie Hoheliedmeditationen.

Der von Teresa von Avila (1515-1582) reformierte Unbeschuhte Karmeliterorden hat zur spanischen Mystik einen außerordentlichen Beitrag geleistet: Die 1970 wegen ihrer theologischen Qualitäten zur Kirchenlehrerin erhobene Nonne mit jüdischen Vorfahren verbindet das kontemplative Leben mit dem apostolischen Einsatz: sie will der Kirche durch Abtötung und Gebet dienen. Auf Weisung ihres Beichtvaters schrieb sie zwischen 1562 und 1566 eine "Autobiographie", die den Weg der Berufung und die inneren Konflikte aus der überwältigenden Visionserfahrung als Bekenntnis und Rechenschaft vor den kirchlichen Autoritäten nachzeichnet. Das Originalmanuskript dieser *confessio* ist erhalten. Luis de León veranstaltete 1588 die Gesamtausgabe der Werke der Heiligen. Unter dem metaphorischen Titel *El Castillo interior* (oder *Las Moradas*) schrieb Teresa 1577 die Summe ihrer späten religiösen Erfahrungen unter Zuhilfenahme zahlreicher Gleichnisse in anschaulicher Sprache nieder. Voraus geht - 1565/1570 abgefaßt, 1583 gedruckt - *Camino de perfección*, auf Weisung ihres Seelenführers als praktisches spirituelles Aktionsprogramm für eine neue Klostergemeinschaft zusammengestellt. Über ihre Klosterneugründungen berichtet sie auf Anregung eines anderen Beichtvaters im *Libro de las fundaciones* (ab 1573), ohne in diesem Zusammenhang auf ihre geistlichen Erlebnisse einzugehen. Einen einzigartigen Einblick in Seelenleben und Tätigkeit dieser rastlosen Frau vermittelt die umfangreiche, nur noch zum Teil erhaltene Korrespondenz, ein außergewöhnliches Zeugnis der Briefschreibkunst jenes Jahrhunderts. Teresa verfaßte auch mystische Gedichte. Bemerkenswert ist ihr Verhältnis zu Büchern und Bildung. Die Lektüre von Ritterromanen und Heiligenleben wurde zum Bildungserlebnis des jungen Mädchens.

Später gesteht die Nonne, zur eigenen "recreación" gern gelesen zu haben, beteuert aber auch ständig in der Geste der Unterwerfung, als Frau keine "Bildung" (*letras*) und gelehrte Fachkompetenz wie die Geistlichen zu besitzen. So konnte sie ihren Augustinus nur in spanischer Übersetzung lesen, bis dies untersagt wurde. Teresa von Avila schreibt nicht aus eigenem Drang, sondern wider Willen, im Auftrag, aus Gehorsam gegenüber ihrer Lebensaufgabe. Daß sie angesichts der Umstände ihres rastlosen Lebens, ihrer Gesundheit und überwältigenden Seelenerlebnisse sowie der auferlegten Kontrollen überhaupt noch soviel zu Papier zu bringen vermochte, ist erstaunlich. Leben, religiöses Erleben und Schreiben fließen bei ihr ineinander. Sie kann die flüchtigen Niederschriften nicht mehr überlesen, so daß die Ausdrucksweise die spontane, volkstümliche, lebendige Umgangssprache wiedergibt, aber Gedankenführung und Aufbau bleiben nicht selten sprunghaft. Sie beansprucht auch nicht, ein theologisches Denkgebäude oder eine systematische geistliche Lebenslehre zu entwickeln.

Für Johannes vom Kreuz (1542-1591) entschied 1568 die Begegnung mit der Ordensreformerin über seinen Lebensweg in der heftigen Auseinandersetzung zwischen Karmelitern der gestrengen und milden Observanz. War Teresa erst auf Geheiß kirchlicher Oberer zum Schreiben "verpflichtet" worden, so blieben die Schriften des Johannes vom Kreuz bis lange nach seinem Tod unveröffentlicht, obwohl er hohe Ämter in der Ordensführung bekleidete. Die *Obras espirituales que encaminan a un alma a la perfecta unión con Dios* erschienen, postum revidiert, 1618, der *Cántico espiritual* erst 1627; dreihundert Jahre später wurde er zum Kirchenlehrer erhoben. 1577 von den eigenen Ordensbrüdern in Einzelhaft gesteckt, schrieb er wahrscheinlich hier, unter entwürdigenden Bedingungen, drei der größten geistlichen Dichtungen der Weltliteratur: *Llama de amor viva*, *Cántico espiritual* und *Noche oscura*.

In der vom Heiligen selbst als Hauptschrift bezeichneten *Subida del Monte Carmelo* stellt er als Erläuterung zum Gedicht *En una noche oscura* dar, "wie die Seele sich bereitmachen kann, um in kürzester Zeit zur Vereinigung mit Gott zu gelangen". Eine Handzeichnung veranschaulicht die Grundgedanken dieser mystische Beschauung, metaphysische Spekulation, theologisch-exegetische Gelehrsamkeit und psychologische Beobachtung einzigartig verbindenden Abhandlung. Auf den Berg der ewigen Vollkommenheit führen drei Wege: links der im Leeren endende Weg des gewöhnlichen frommen Lebens und in der Mitte der enge, steile Pfad, der die Seelen der wenigen Berufenen zur Anschauung Gottes emporgeleitet. Darüber erscheinen die Worte: "Nichts, nichts, nichts und auf dem Berge nichts". Die erste Stufe der Umgestaltung in Gott ist die Abtötung der Sinne als Reinigung von Leidenschaft, bis die Nacht der Sinne hereinbricht. Die aktive "Nacht des Geistes" bewirkt die Läuterung des Verstandes, mit dem Verlöschen der Erinnerung. An ihre Stelle tritt die Hoffnung. Schließlich erstirbt der Wille und geht vollends in der göttlichen Liebe auf, die das letzte Wirkprinzip ist. In die ihrer selbst entäußerte Seele dringt das "dunkle Licht" der Gottheit ein, bis der Zustand mystischer Einigung eintritt, der die beseligende Schau Gottes auf Erden vorwegnimmt. Johannes vom Kreuz prüft und ordnet mit verstandesmäßiger Klarheit seine im Grunde unaussprechbaren geistlichen Erfahrungen. Er unternimmt damit einen der kühnsten intellektuellen und spirituellen Versuche in der europäischen Geistesgeschichte, um den abgründigen seelischen Spielraum in den Beziehungen zwischen göttlichem Du und menschlichem Ich mit strengster persönlicher Zucht auszuloten und zu beschreiben.

Cántico und *Llama de amor viva* stellen die stärker auf Christus als Erlöser ausgerichtete und der biblischen Offenbarung folgende Erfahrung des Mystikers dar. Das Gedicht *Noche oscura* kommentiert ein zweites Traktat. Mit dem Sinnbild der Nacht umschreibt Johannes nicht den Tod oder Zustand der Sünde oder das Dunkel des Zweifels, sondern er bezieht es auf die Verfassung der Seele nach ihrer Entblößung von allen Anwandlungen der Sinne und Regungen des Geistes. In die nach unsäglicher Anstrengung leer gewordene, sich selbst enthobene Seele strömt die Selbstmitteilung der göttlichen Liebe ein. Wie das Licht, das nicht unmittelbar angeschaut werden kann, die von ihm getroffenen Gegenstände sichtbar macht, so wird der durchklärte Geist in Kontemplation vergöttlicht. In Bildern und Vergleichen von großer suggestiver Kraft gelingt es dem Doctor Extaticus, die schreckliche Schönheit des Nachterlebnisses fühlbar zu machen.

Llama de amor viva wird ebenfalls Vers für Vers erläutert unter Vermeidung jeglichen persönlichen, anekdotischen Elements. Der Mönch warnt vor unerleuchteten Seelenführern und Grobschmieden mit "Stümperhänden" und verlangt mehr Feingespür, damit nicht jene innige "Künstlerhand" des Heiligen Geistes gestört werde, wenn sie der Seele das Antlitz Gottes aufdrückt. Die zuweilen hymnisch-rhythmische Prosa des Kommentars ist reich an lautmalerischen Elementen, kühnen Bildern, Hyperbeln, Paradoxa. Gedicht und Kommentar bilden eine einzige geistige Textur, wenngleich im Hinblick auf das Verhältnis zwischen lyrischer Intuition und theologischer Reflexion der unüberbrückbare Abstand erkennbar wird, den Johannes bei seinem Wagnis, das "Innerliche und Geisthafte" in die menschliche Sprache zu übersetzen, immer wieder selbst empfunden hat: Alles Gesagte bleibt so weit hinter dem Wirklichen zurück wie etwas Gemaltes hinter dem Vorbild.

Die kaum mehr als tausend Verse umfassende Dichtung des Heiligen kann nicht losgelöst vom theologischen Kontext der Prosakommentare und ihrer "Bedeutung" verstanden werden. Formal nimmt Johannes vom Kreuz die italienische Lira auf und knüpft an die poetischen Umgestaltungen "a lo divino" an. Er ist sowohl mit der spanischen Volksdichtung (*romances*) und ihrem Ausdrucksschatz, als auch mit den Konventionen der pastoralen Dichtung und ihrer erotischen Sprachbildlichkeit vertraut.

Gegenüber Franziskanern und Karmelitern bringt die von Ignatius von Loyola (1491-1556) gegründete Societas Jesu eine eigene Spiritualität ein. Zunächst im höfischen und militärischen Dienst, erfuhr der Baske eine religiöse Bekehrung. Seine *Exercitia spiritualia* (seit 1522 konzipiert, 1534 niedergeschrieben, 1548 veröffentlicht) haben nicht nur die geistliche Erziehung in der Gesellschaft Jesu und der Gegenreformation bestimmt, sondern überhaupt die Erneuerung der Andachtsformen und Betrachtungstechnik der Katholischen Kirche der Neuzeit entscheidend verändert. Neben einem umfangreichen Briefwechsel ist das Geistliche Tagebuch und der autobiographische Bericht eines Pilgers für die religiöse Literatur und ignatianische Spiritualität aufschlußreich.

Die enorme Breite der von Mitgliedern der Gesellschaft Jesu produzierten religiösen und philosophischen Fachliteratur kennzeichnen Namen und Werke von Francisco Suárez, Luis de Molina auf der einen und Alonso Rodríguez (1538-1616) auf der anderen Seite mit seinem *Ejercicio de perfección y virtudes cristianas* (1609). Dieses Werk des Laienbruders, der nicht zum Studium der Theologie zugelassen wurde und fast vierzig Jahre als Klosterpförtner diente, fand eine riesige Verbreitung. Es zeigt, wie sich ein frommer Laie die mystische Lebenslehre eklektisch aneignet.

Der im katholischen Europa verbreitete *Tratado de la tribulación* (1589) des Pedro de Ribadeneira (1527-1611) kennzeichnet treffend die handfeste asketische Lebenslehre des spanischen Barock mit dem apostolischen, gegenreformatorischen Eifer, der verchristlichten stoischen Weisheit und der biblisch-patristischen Grundlegung der neu gewonnenen religiösen Erfahrung.

Unter den Augustinern hat Alonso de Orozco (1500-1591) als überaus fruchtbarer Schriftsteller stets praktische Belange der geistlichen Unterrichtung bei einfachen Menschen im Auge behalten mit Werken wie *Arte de amar a Dios y al Prójimo* (1585), dem *Epistolario cristiano para todos estados* (1567) oder dem *Libro de la suavidad de Dios* (1576). Pedro Malón de Chaide (gest. 1589) brachte mit dem *Libro de la conversión de la Magdalena* (1588) das im guten Sinne weltlichste aller spanischen Erbarmungsbücher (L. Pfandl) heraus.

Es stellt die Geschichte der Sünderin Magdalena dar als Sinnbild für die Zustände der menschlichen Seele zwischen Unschuld und Versöhnung mit Gott.

Einerseits verteidigt er sehr beredt die Volkssprache, deren Verwendung für ein religiöses Werk ihn fast die Druckerlaubnis gekostet hätte, bezieht andererseits aber auch heftig Stellung gegen die schöne Literatur, die abenteuerlichen Ritterbücher, die Liebesgeschichten der Schäferromane und die Dichtung der Boscán und Garcilaso. Er schiebt jedoch selbst in seine Abhandlung lyrische Gedichte ein - vielfach Psalmenparaphrasen -, die den belehrenden Prosatext auflockern und zusammenfassen.

Luis de León (1527-1591) gehört als Dichtergelehrter und Mensch zu den leuchtendsten Gestalten des Siglo de Oro. Aus seinem umfangreichen bibeltheologischen Werk ist die spanische Prosaübersetzung des Hohenlieds hervorzuheben nicht nur wegen dessen Schlüsselbedeutung für die Mystik, sondern weil diese Fassung einer der Anklagegründe im Inquisitionsverfahren gegen den Salmantiner Professor war, der 1572 bis 1576 im Kerker verbrachte. Auf Bitten einer engen Vertrauten der Heiligen Teresa schrieb er die *Exposición del libro de Job* (1591 vollendet), die das Buch Hiob fortlaufend erklärt und die einzelnen Kapitel jeweils mit einer Versparaphrase abschließt. Auch sein berühmtes, kulturgeschichtlich aufschlußreiches Werk *La perfecta casada* (1583) gibt eine Auslegung von Sprüchen Salomons, einerseits als Pflichtenlehre und Unterweisung für die christliche Frau, andererseits als allegorisches Vorbild für das Wirken des Heiligen Geistes in der Kirche. Ein Meisterwerk wissenschaftlicher Prosa ist Luis de León mit *De los nombres de Cristo* (1583) gelungen. Er stellt in diesem dialogisch verfaßten Werk Meditationen über die biblischen Ehrentitel Christi (Friedensfürst, Hirte, Weg, Lamm Gottes, Sohn Gottes u.a.) an. Einer der Gesprächsteilnehmer, hinter dem sich wohl Luis de León selbst verbirgt, zitiert einmal ein Gedicht, bei dessen Deutung sich das Gespräch über die *poesis theologica*, über Dichtung als (verborgene) Theologie entwickelt. Nur Dichter, die sich mit religiösen Gegenständen befaßten, seien imstande, echte Dichtung zu schaffen.

Luis de Leóns eigene Lyrik, die Quevedo 1631 zuerst als Musterdichtung gegen den Gongorismo gesammelt herausgegeben hatte, ist von seinen gelehrten theologischen Schriften zu trennen, auch wenn die Thematik durchaus religiös bestimmt ist.

Die umfangreiche religiöse Literatur des 16. und 17. Jahrhunderts ist zur Schule der Nation geworden: Sie formt zutiefst Mentalität, Ideen und Ideale sowie das Verhalten zu Gott, Mensch und Welt über Generationen hinaus. Sie bestimmt einerseits Sprache und Dichtung, begründet und festigt zugleich aber auch die Identifikation von spanischer Nation und katholischer Rechtgläubigkeit. Nichtsdestoweniger hat die Amtskirche die Entfaltung dieses spirituellen Schrifttums oft genug mit Mißtrauen verfolgt und reglementiert. Spanische Literatur galt lange als schlechterdings religiöse Literatur. Die Blüte des asketisch-mystischen Schrifttums, der Theologie und Philosophie wird in Spanien zeitgleich von einer ebenso reichen Entwicklung der religiösen Kunst, Architektur, Musik begleitet. Alle zusammengenommen begründen Spaniens kulturellen Ruhm. Religiöse Literatur fand in Übersetzungen und Bearbeitungen nach der Zahl der

Titel und Auflagen weite Verbreitung im alten Europa als die "Schöne Literatur" der Spanier, sogar in Ländern und Kreisen (etwa der Pietisten), die sich der reformatorischen Bewegung angeschlossen hatten. Diese fromme Lektüre mit ihrer tiefgreifenden Rezeptions-, Wirkungs- und Lesergeschichte sowie ihre allmähliche Ablösung durch das bürgerliche, moralisch erziehende Schrifttum ist bisher noch kaum untersucht worden. Volksfrömmigkeit und Andachtsbuch bleiben in Deutschland bis in das 19. Jahrhundert hinein deutlich von Spanien her geprägt. In der Romantik kam es zur Wiederentdeckung der christlichen Mystik, deren Aufarbeitung Joseph von Görres in einer umfassenden Kompilation *Die christliche Mystik* (1836-1842) vornahm. Der bedeutendste deutsche Theologe vor dem Ersten Vatikanischen Konzil, Matthias J. Scheeben, brachte 1862 sein Werk *Herrlichkeiten der göttlichen Gnade* heraus, eine "freie Bearbeitung" von *Aprecio y estima de la divina gracia* (1638) des Jesuiten Juan Eusebio Nieremberg. Massenhaft wurden in der katholischen Restaurationsbewegung des vorigen Jahrhunderts Übersetzungen spanischer Erbauungsbücher und mystischer Schriften aufgelegt, um damit das Bollwerk der Altgläubigkeit gegen den verderblichen Zeitgeist der Moderne aufzurichten. Auch in neuerer Zeit bleibt die Mystik weiterhin im Gespräch. Die bedeutendste philosophisch-theologische Auseinandersetzung mit der Mystik des Johannes vom Kreuz ist die *Kreuzeswissenschaft* der vom Judentum konvertierten Edith Stein (1891-1942). Eine *Summa* theologischer Ästhetik entwarf Hans Urs von Balthasar (unter Berücksichtigung der Spanier) in dem einzigartigen Aufriß *Herrlichkeit* (1961-1969). Eine *histoire littéraire du sentiment religieux*, wie sie Henri Bremond für Frankreich im 17. Jahrhundert versucht hatte (1916-1933), bleibt erstaunlicherweise für die Geschichte der Spiritualität in Spanien weiterhin ein dringendes Desiderat.

Bibliographie

Abellán, José Luis, *El erasmismo español*, Madrid 1976

Allison Peers, Edgar, *Studies of the Spanish mystics*, London (SPCK) 1951-1960

Andrés Martín, Melquíades, *Los recogidos. Nueva visión de la mística española (1500-1700)*, Madrid (FUE) 1976

Baruzi, Jean, *Sain Jean de la Croix et le problème de l'expérience mystique*, Paris (Alcan) 1925; [2]1931

Behn, Irene, *Spanische Mystik. Darstellung und Deutung*, Düsseldorf (Patmos) 1957

Bennassar, Bartolomé, *L'homme espagnol. Attitudes et mentalités du XVIe au XIXe siècle*, Paris 1975

Blüher, Karl Alfred, *Seneca in Spanien. Untersuchungen zur Geschichte der Seneca-Rezeption in Spanien vom 13. bis 17. Jahrhundert*, Bern, München 1969

Caro Baroja, Julio, *Las formas complejas de la vida religiosa. Religión, sociedad y carácter en la España de los siglos XVI y XVII*, Madrid 1978

Cilveti, Angel L., *Introducción a la mística española*, Madrid 1974

-, *Corrientes espirituales de la España del siglo XVI*, Barcelona 1963

Cruz Moliner, José María, *Historia de la literatura mística en España*, Burgos 1961

Fernández Leborans, María J., *Luz y oscuridad en la mística española*, Madrid 1978

Green, Otis H., *Spain and the Western Tradition*, Madison, Milwaukee 1963-1966

Groult, Pierre, *Los místicos de los Países Bajos y la literatura espiritual del siglo XVI*, Madrid (FUE) 1976

Hatzfeld, Helmut, *Estudios literarios sobre mística española*, Madrid (Gredos) ²1968

-, *Historia de la teología española*, Madrid (FUE) 1983 (Bd.I: *Desde sus orígenes hasta fines del siglo XVI*)

Parker, Alexander Augustine, *The Philosophy of Love in Spanish Literature 1480-1680*, Edinburgh 1985

Pfandl, Ludwig, *Geschichte der spanischen Literatur in ihrer Blütezeit*, Darmstadt (Wissenschaftliche Buchgesellschaft) 1967 (Reprint)

Rodríguez, Isaías, "Autores espirituales españoles (1500-1570)", in: *Repertorio de historia de las ciencias eclesiásticas en España*, Bd. 3, Salamanca 1971, S. 407-625

Sainz Rodríguez, Pedro, *Espiritualidad española*, Madrid (Rialp) 1961

-, *Introducción a la historia de la literatura mística en España*, Madrid 1984 (Hatzfeld ²1968)

Schulte, Hansgerd, *El desengaño. Wort und Thema in der spanischen Literatur des Goldenen Zeitalters*, München 1969

Strosetzki, Christoph, *Literatur als Beruf. Zum Selbstverständnis gelehrter und schriftstellerischer Existenz im spanischen Siglo de Oro*, Düsseldorf 1987, S. 197-222

Swietlicki, Catherine, *Spanish Christian Cabala*, Columbia, Miss. 1986

Wardropper, Bruce W., *Historia de la poesía lírica a lo divino*, Madrid 1958

Christoph Strosetzki

Grammatiker, Humanisten und Moralisten

Zahlreich sind die Beziehungen, die zwischen der religiösen und der humanistischen Literatur bestanden. So teilte jeder Humanist mit dem Theologen das Bemühen um das Verständnis von besonders gehaltvollen Texten: Während der Theologe die Bibel interpretierte, setzte sich der Humanist mit der antiken Literatur auseinander. Beide waren bemüht, einen Kanon der wertvollen Bücher aufzustellen, diese zu tradieren und zu kommentieren. Dieser positiven Bewertung der als lesenswert erachteten Bücher stand die Verurteilung der wertlosen, die der Humanist durch Mißachtung und der Theologe durch die Zensur der Inquisition strafte, gegenüber. Die Parallelen der Aufgaben von Grammatikern und Theologen bei der Kanonbildung zeigten sich deutlich bei Fray Luis de Alarcón, der in seinem *Camino del cielo* (1547) gemäß augustinischer Tradition zwei Typen von Phänomenen in der Welt unterschied. Die einen, die er, die beliebte Metapher der Welt als Buch aufgreifend, Bücher Gottes nannte, ließen sich als Werke Gottes erkennen, die anderen, die er als Bücher des Teufels bezeichnete, als Werke und Instrumente des Teufels. Zu beiden Typen von Phänomenen gehörten natürlich auch, unter anderem, die entsprechenden gedruckten Bücher. Vor diesem Hintergrund wird verständlich, daß sich die Inquisition der Grammatiker als Gutachter bedienen konnte, zu deren traditionellen Aufgaben Textkritik und Textbewertung gehörten.

Diese Allianz von Theologen und Grammatikern hatte zur Folge, daß man im Rückgriff auf die Horaz'sche Forderung, in der Literatur das Belehrende mit dem Unterhaltenden zu verbinden, die religiöse Literatur der weltlichen vorzog. In der weltlichen Literatur war es wiederum die belehrende, d.h. vor allem die humanistische, die der bloß unterhaltsamen Literatur, z.B. den Liebes- oder Ritterromanen, von Seiten der Theoretiker vorgezogen wurde. Dies hatte dann zur Folge, daß die Autoren der unterhaltsamen Literatur eine belehrende und nützliche Komponente ihrer Werke zumindest in den Vorworten in den Vordergrund stellten. Wenn man schon kein religiöser Autor war, wollte man doch zumindest als *poeta eruditus* gelten.

Die Theologen hatten seit dem Mittelalter eine Bibelhermeneutik zur Verfügung, deren Grundlagen nunmehr den Humanisten bei ihrer Kunst der Textauslegung dienten. Diese Hermeneutik als Lehre von der Sinnentschlüsselung konnte auf Elemente der Rhetorik zurückgreifen, mit deren Hilfe Texte verfaßt und verschlüsselt wurden. Insbesondere in der Predigt verbanden sich Bibelauslegung und Rhetorik. Universales Wissen von den in einer Rede möglicherweise vorkommenden Gegenständen wurde seit der Antike vom Redner gefordert. Universales Wissen wird daher auch ein Postulat für die Textauslegung des Humanisten.

Theologe und Humanist erörtern moralphilosophische Fragen und vermitteln ethische Verhaltensnormen. Der Stoizismus stellt dabei unter dem Einfluß

Senecas[1] die Grundhaltung für die christlichen und die humanistischen Lehren zur Verfügung. Die Humanisten hoffen, insbesondere in der Antike Auskünfte über Fragen zum Menschen zu finden. Ihre Beschäftigung mit der antiken Literatur verhilft dieser dabei zu einer Renaissance.

Die Auseinandersetzung mit Texten war seit Quintilian ein Anliegen der Grammatiker, die nicht nur zum richtigen Sprachgebrauch erziehen sollten, sondern mit der *poetarum enarratio* die vorliegende Literatur auch zu deuten hatten. Die in ethischer und sprachlicher Hinsicht vorbildlichen Texte wurden in einem Kanon zusammengestellt, der den Schülern und Lesern zur Nachahmung dienen sollte. Daher bezog die Grammatik als Wissenschaft ihren Rang nicht zuletzt aus dem Glanz ihres Gegenstandes, einer blühenden Literatur oder einer bedeutenden Sprache. Auch aus diesem Grund war der Grammatiker am Zustandekommen eines literarischen Kanons auf seinem Gebiet interessiert. Dieses Interesse teilte er mit dem Humanisten, der nicht nur um die Texte in den alten Sprachen, sondern auch um die seiner eigenen Sprache verfaßten bemüht war.

Als Konkurrent wurde der in der lateinischen und griechischen Sprache versierte Grammatiker von den Theologen angesehen, deren sprachliche Kompetenz bei der Lektüre der Originaltexte der Bibel er übertraf. Seinerseits war es der traditionelle Grammatiker, der im humanistischen Schriftsteller einen Konkurrenten sah.

Seit dem Mittelalter war man es gewohnt, sich in der wissenschaftlichen Literatur der lateinischen Sprache zu bedienen. Daran wurde auch in der Renaissance noch festgehalten, wenngleich gerade die Humanisten Texte, die für ein breiteres Publikum bestimmt waren, in der Sprache ihres eigenen Landes verfaßten. Bei dem bereits im Kontext des 15. Jahrhunderts erwähnten, bekanntesten Grammatiker und Humanisten Antonio de Nebrija (1442-1522)[2] ging die Beschäftigung mit dem Lateinischen dem Interesse am Spanischen voraus. Er hatte mit 19 Jahren Spanien verlassen, um seine Ausbildung in Italien abzurunden, wo er seine Kenntnisse der antiken Autoren vertiefte. Nach Spanien zurückgekehrt, lehrte er an der Universität von Salamanca als *grammaticus*, "poesía, oratoria (de la que formarían parte gramática, retórica, escritos científicos y quizá filosofía moral), historia, jurisprudencia y literatura cristiana"[3], Disziplinen, mit denen er nicht als Fachmann, sondern als Grammatiker konfrontiert werde. Mit diesem Anspruch verteidigte er sich auch 1499 gegen die Anschuldigungen des Hauptinquisitors Diego de Deza, der ihm vorwarf, in seiner *Quinquagena* kontroverse Stellen der Bibel grammatisch kommentiert zu haben.[4] Später veröffentlichte er weitere Bibelkommentare (1515, 1516) sowie Arbeiten zur Orthographie (1517) und zur Rhetorik (1515). Er betätigte sich als Herausgeber und

---

[1] Vgl. Blüher, K.A., *Seneca in Spanien*, München 1969.
[2] Vgl. F. Rico, *Nebrija frente a los bárbaros*, Salamanca 1978; V. García de la Concha (Hg.), *Nebrija y la introducción del Renacimiento en España*, Salamanca 1983.
[3] Zit. nach Schmidt-Braselmann, Petra, *Humanistische Grammatik und Volkssprache. Zur 'Gramática de la lengua castellana' von Antonio de Nebrija*, Düsseldorf 1989, (Habil., im Druck)
[4] Ebda.

Kommentator antiker und spätantiker Werke und schrieb, in Nachbardisziplinen eingreifend, einen Traktat über die Kindererziehung (1509), ein Medikamentenlexikon (1518), die *Aenigmata Juris Civilis* (1506) und ein historisches Werk über die spanischen *Antigüedades* (1499).

Nebrijas, nach ihrem ersten Erscheinen in vielen Nach- und Raubdrucken verbreitete, *Introductiones latinae* (1480) beschäftigten sich mit der lateinischen Sprache, während er 1492 mit der *Gramática de la lengua castellana* die erste vollständige und systematische Beschreibung des Kastilischen publizierte. Mit ihr setzten sich im 16. Jahrhundert zahlreiche andere Grammatiken und Erörterungen auseinander. Juan de Valdés bezweifelt in seinem assoziativen und geistreichen *Diálogo de la lengua* (1535) ganz generell die Möglichkeit eines grammatischen Regelsystems für das Kastilische, da es aus mehreren Volkssprachen zusammengesetzt sei. Wie Nebrija nimmt Juan Luis Vives zwischen 1519 und 1538 eine sprachliche Entwicklung des Spanischen an und sieht dessen Vorläufer im Lateinischen und im Griechischen. Anders als Nebrija jedoch interessiert ihn nicht der Hintergrund einer *translatio imperii*, sondern die Geschichtsgebundenheit der Sprache und ihre Entwicklung. Cristóbal de Villalón (1505-1558) macht sich im Vorwort seiner an Nebrija orientierten *Gramática castellana* (1558) dessen Engagement für die Volkssprache zu eigen, kritisiert aber Nebrijas zu enge terminologische Orientierung am Lateinischen.

Daß nicht allein eine Grammatik für das Prestige erforderlich ist, sondern auch die Rhetorik zur Verfeinerung der Sprachpraxis sowie eine Reihe von Musterautoren, deren Werke sprachliche Maßstäbe setzen, betont Ambrosio de Morales in seinem *Discurso de la lengua castellana* (1585). Da es in der spanischen Volkssprache lange Zeit keine Texte gegeben habe, die man hätte nachahmen können, und schlechte Liebesgeschichten und Unterhaltungsromane dem Ansehen der Sprache geschadet hätten, hätten gute Schriftsteller die Volkssprache gemieden. Diese Situation habe sich seit einiger Zeit geändert. Als Beispiele für die neuen Musterautoren nennt er Pedro Mexía, Hernando del Pulgar, Alejo Venegas, Francisco Cervantes de Salazar, Luis de Granada und Juan Luis Vives. Es zeigt sich also, daß es in erster Linie Humanisten sind, die mit ihrer Literatur das Kastilische zu neuem Rang erheben. Ihre Werke erscheinen Morales als Wegbereiter für eine gelehrte volkssprachliche Literatur und damit in der Rolle, die Ciceros Schriften für die lateinische Sprache hatten. Auf einige von ihnen soll im folgenden näher eingegangen werden.

Da die Rhetorik als Fortsetzung der Grammatik in der Sprachpraxis gedacht war, ist es naheliegend, daß Grammatiker und Humanisten auch das praktische Verhalten des Einzelnen in der Gesellschaft erörterten. Sie schrieben Verhaltenslehren mit sprachlichen und taktischen Ratschlägen insbesondere für den Höfling, aber auch für zahlreiche andere Berufsgruppen. Anliegen der Humanisten war es bekanntlich, den Menschen in den Mittelpunkt ihrer Betrachtungen zu stellen. In erster Linie diesem Zweck waren ihre schriftstellerischen

Bemühungen gewidmet. Der Humanist Juan Lorenzo Palmireno (1524-1579)[5] sieht sich als Grammatiker und bezeichnet seine Tätigkeit als "profesión de enseñar letras humanas", wenn er in *El estudioso cortesano* (1573) die *Agibilia* lehrt, zu denen er den sprachlichen Umgang ebenso zählt, wie die Fähigkeit, sich ins rechte Licht zu setzen. Aus dieser von den Humanisten eingeführten Wissensdisziplin ist die Reflexion von Moralisten wie Baltasar Gracián über das angemessene Verhalten in der Gesellschaft entstanden, das sich nicht nur an moralischen Werten orientiert, sondern auch im Bereich des sprachlichen Verhaltens gemäß dem rhetorischen Postulat des *aptum* optimale Effizienz anstrebt. Im Zusammenhang mit den Agibilia entstehen zahlreiche Schriften, in denen Fragen der Staatsform, der Erziehung, des Verhaltens von Fürsten, Grammatikern, Mönchen, Frauen oder Höflingen angeschnitten werden; zudem werden darin der Sinn des Adels, die Bedeutung der Liebe bzw. die Gegensätze zwischen kontemplativem und aktivem Leben, zwischen Hof und Land, zwischen Waffenhandwerk und literarischer Bildung sowie zwischen Müßiggang und Arbeit erörtert.[6]

Es läßt sich also eine Entwicklung in der Tätigkeit des Grammatikers beobachten, die von der Kommentierung und kritischen Edition von Texten über die Bücherbewertung und Zusammenstellung von ausgewählten Zitaten hinführt zur Benutzung der so gewonnenen Materialsammlungen und Hintergrundinformationen zu eigenen Texten. Dabei handelt es sich um Dialoge und essayistische Abhandlungen zu unterschiedlichsten Themen. Zu ihnen gehören z. B. ebenso Pedro Mexías (1497-1551) *Silva de varia lección* (1540) wie seine *Coloquios* (1547). Mexía wurde 1548 Hofchronist. Er stand in brieflichem Kontakt mit Erasmus, von dem er, wie die meisten spanischen Humanisten des 16. Jahrhunderts, beeinflußt war. Seine in der Struktur an Aulus Gellius' *Noctes Atticae* orientierte, aus Übernahmen von antiken Autoren zusammengesetzte *Silva* erwies sich als Bestseller, der in 150 Jahren 33 Mal neu aufgelegt wurde. Auch seine in der beliebten Dialogform verfaßten *Coloquios* wurden ein Bucherfolg, wie zahlreiche Neuauflagen und Übersetzungen belegen. Während in der *Silva* Themen, wie die Geschichte des Buches, der Schrift und des Papiers, erörtert werden, kündigen die Kapitelüberschriften der *Coloquios* Gespräche über Ärzte, Einladungen, die Sonne, die Natur und die Erde sowie ein Gespräch mit einem, der immer recht haben will, an. Die Dialogform erlaubt es den unterschiedlichen Gesprächspartnern, zahlreiche gelehrte Erkenntnisse einzufügen.[7]

Da sich die Gesprächspartner meist hinsichtlich Herkunft und Vorwissen unterscheiden, können Sachverhalte aus wechselnden Perspektiven betrachtet werden. Die Fiktion des Gesprächs hat zudem den Vorzug einer aufgelockerten

---

[5] Vgl. Gallego Barnés, Andrés, *Juan Lorenzo Palmireno (1524-1579). Un humanista aragonés en el Studi General de Valencia*, Zaragoza 1982.

[6] Vgl. Strosetzki, Christoph, *Literatur als Beruf. Zum Selbstverständnis gelehrter und schriftstellerischer Existenz im spanischen Siglo de Oro*, Düsseldorf 1987, S. 277ff.

[7] Vgl. Castro Díaz, Antonio, *Los 'Coloquios' de Pedro Mexía. Un género, una obra y un humanista sevillano del siglo XVI*, Sevilla 1977, S. 105ff.

und zwanglos assoziativen Präsentation der Gedanken, die gerade dem breiteren Laienpublikum entgegenkam, das die Humanisten als Leser gewinnen wollten. Die assoziative und unsystematische Anordnung des Wissens, wie sie im Dialog modellhaft vorliegt, prägte auch andere Darbietungsformen, wie z.B. Mexías *Silva*, den *Escolástico* von Villalón, die *Miscelánea* von Luis Zapata (1526-1595), die *Filosofía vulgar* von Juan de Mal Lara (1524-1571), aber auch die Sammlung bemerkenswerter Aussprüche von Melchor de Santa Cruz (1520-1580) *Floresta española de apothegmas o sentencias, sabia y graciosamente dichas...* (1574).[8] Letztere ist den *Adagia* (1500; 1515) des Erasmus von Rotterdam vergleichbar. Derartige Sammlungen von Sprichwörtern oder Sentenzen haben einen Ursprung in der Gewohnheit der Grammatikschüler, bei der Lektüre die besten und bedeutendsten Sätze der gelesenen Autoren in eigenen Heften niederzuschreiben. Diese wurden als *loci communes*-Hefte bezeichnet, da ihre immer wieder notierten Sätze zu Gemeinplätzen wurden. Die Apophthegmensammlungen sind also eine literarische Gattung, die sich aus einer verbreiteten Schulpraxis entwickelte.

Die Dialogform ist es, die es dem Humanisten Hernán Pérez de Oliva (1494?-1531?)[9] erlaubt, im *Diálogo de la dignidad del hombre* (1546) Argumente für und wider die Größe des Menschen auszutauschen. Das Gespräch beginnt mit der Darstellung der *miseria hominis*, die durch die Mühsal der Arbeit belegt wird, und schließt in der Fortsetzung des Herausgebers des *Diálogo*, Francisco Cervantes de Salazar (1518-1575), mit der für die Renaissance charakteristischen positiven Bewertung des Menschen, der sich durch die Arbeit selbst verwirkliche und zu Ruhm gelange: "De ninguna cosa los hombres ganaron gloria, que no fuese trabajosa."[10]

Dialogform und Bewertungen aus unterschiedlichen Perspektiven charakterisieren auch die beiden Teile des von den Götterdialogen Lukians beeinflußten *Diálogo de Mercurio y Carón* (1529), in dem zunächst der menschliche Egoismus entlarvt, dann aber der Wert gewissenhafter Pflichterfüllung vorgestellt wird. Sein Autor, Alfonso de Valdés (1490?-1532), war mit Erasmus und Melanchthon befreundet und folgte Karl V. als Sekretär. In seinem *Diálogo de las cosas ocurridas en Roma* (1529) läßt er die Plünderung der heiligen Stadt Rom durch die kaiserlichen Truppen im Jahr 1527 rechtfertigen, indem er der päpstlichen Kirche durch den Gesprächspartner Lactancio Ämterkäuflichkeit, Habsucht, Ablaßwesen und äußerlichen Pomp anlastet. Sein Bruder, der Humanist Juan de Valdés (1491-1541) wendet sich gleichfalls gegen die verbreiteten religiösen Sitten, die er als Äußerlichkeiten empfindet und denen er ein verinnerlichtes Christentum gegenüberstellt. Unter dem Einfluß Erasmus' von Rotterdam entwirft er seine Vorstellungen dazu im *Diálogo de doctrina cristiana* (1529) und

---

[8] Vgl. Prieto, Antonio, *La prosa española del siglo XVI*, Bd. 1, Madrid 1986, S. 48ff.

[9] Vgl. Atkinson, W., "Hernán Pérez de Oliva: a Biographical and Critical Study", in: *Revue hispanique* 71, 1927, S. 309-484.

[10] Cervantes de Salazar, F., *Obras que Francisco Cervantes de Salazar ha hecho, glossado y traducido*, Madrid 1772, S. 108.

in *Alfabeto cristiano* (1546). Die in Zusammenarbeit mit seinem Bruder entstandenen *Ciento diez consideraciones divinas* (1539) lehren die Suche des Seelenheils durch innere Erleuchtung. Derartige Positionen mußten Juan de Valdés die Verfolgung durch die Inquisition fürchten lassen, zumal da die offizielle Förderung der Lehren des Erasmus in Spanien durch Jiménez de Cisneros endete und die Werke von Erasmus auf den Index gesetzt worden waren. Als Juan de Valdés' *Diálogo de doctrina cristiana* der Häresie beschuldigt wurde, entzog er sich möglichen Verfolgungen durch seinen Weggang nach Italien. Neben diesen religiös geprägten Werken ist besonders sein bereits erwähnter *Diálogo de la lengua* bekannt geworden, in dem J. de Valdés getreu der Tradition des Grammatikers nicht nur den Wert der Volkssprache lobt und ihren Gebrauch in einem einfachen und direkten Stil empfiehlt, sondern auch die volkssprachliche Literatur beurteilt und die wertvollen Werke den minderwertigen gegenüberstellt.

So weit war die Volkssprache im Bereich der Wissenschaft schon anerkannt, daß sich ihrer auch der Mediziner Juan Huarte de San Juan (1529?-1588) bediente. In seinem *Examen de ingenios para las ciencias* (1575) analysiert er ausgehend von der individuell unterschiedlichen Zusammensetzung der Körpersäfte die verschiedenen psychologisch unterscheidbaren Begabungen für unterschiedliche Bereiche der Wissenschaften. Die Erkenntnis des eigenen Charakters wird vor diesem Hintergrund zur Voraussetzung für die richtige Berufswahl. Da diese allgemeinverständliche psychologische Studie einem breiten Leserkreis Selbsterkenntnis und direkten persönlichen Nutzen versprach, wurde sie zu einem Bucherfolg mit zahlreichen Neuauflagen und Übersetzungen.

Anders als Huarte bedient sich der Humanist Juan Luis Vives (1492-1540)[11] vorzugsweise des Lateinischen. Dies ist jedoch nicht auf seine Geringschätzung des Spanischen, sondern auf seine internationale Orientierung zurückzuführen. Als Christ aus jüdischem Elternhaus mußte er im Ausland Schutz vor der spanischen Inquisition suchen. Er studierte in Paris, war Hauslehrer am englischen Königshof und lehrte in Löwen, Oxford und Brügge. In *De causis corruptarum artium* setzt er sich mit der aristotelischen Lehre auseinander, die er in der scholastischen Hochburg Paris kennengelernt hatte, und vertritt eine empiristische Theorie. In *De subventione pauperum* (1526) tritt er für die Armenfürsorge ein, während sein *De dissidiis Europae et bello turcico* (1526) umfassende außenpolitische Kenntnisse belegt. Davon, daß er als Humanist auch pädagogisch tätig war, zeugt sein der Mädchenerziehung gewidmetes Werk *De institutione feminae christianae* (span. Übersetzung 1528). Hier wie in anderen Schriften sieht er in der fiktionalen Literatur nur dann einen Wert, wenn diese Wissen vermittelt oder moralischen Nutzen bietet. Der Gelehrte mit seiner abgeklärten Weisheit verkörpert für ihn die Idealfigur, die er in *Introductio ad sa-*

---

[11] Vgl. Buck, August (Hg.), *Juan Luis Vives, Arbeitsgespräch in der Herzog-August-Bibliothek in Wolfenbüttel*, Hamburg 1982.

pientiam (1524) entwirft. Dieser Text ist 1554 von F. Cervantes de Salazar ins Spanische übersetzt sowie mit Anmerkungen erweitert und kommentiert worden.

Die Kanonisierung einer Literatur mit nachahmenswerten Idealfiguren und Verhaltensnormen war schon das Anliegen der Grammatiker gewesen. Nunmehr sind es die Humanisten, die sich verstärkt dieser Aufgabe widmen. Ein Beispiel dafür ist Antonio de Guevara (1480?-1545)[12]. Nach einer Zeit als Page wurde er am königlichen Hof Franziskaner, Prediger, Chronist und schließlich Bischof. Seine Nähe zum Hof erklärt seine Distanz zu einer ihm pedantisch erscheinenden Exaktheit der universitären Textkritik und Zitierweise. Demgegenüber geht Guevara als mondäner Schriftsteller bewußt "dilettantisch" und freizügig bei der Bearbeitung der ihm zur Verfügung stehenden Textmaterialien vor. Ungenaue Zitierweisen, falsche Autorenzuschreibungen sowie Erfindungen von Zitaten und Autoren trugen ihm schließlich die Vorwürfe des Grammatikers Pedro de Rúha ein, die in den *Cartas de Rhúa lector en Soria sobre las obras del Rev. señor Obispo de Mondoñedo* (1549) nachzulesen sind.

Dem Hof nahestehend, schrieb Guevara zunächst einen vielgelesenen und vielfach übersetzten Fürstenspiegel in Briefform, in dessen Mittelpunkt er als Vorbild den weisen Stoiker Marc Aurel stellte: *Libro áureo de Marco Aurelio* (1528), der zunächst unautorisiert und anonym erschien, bevor der Autor ihn ergänzte und im darauf folgenden Jahr unter dem Titel *Libro llamado relox de príncipes* erscheinen ließ. Auf die bewährte Briefform kam Guevara später noch einmal in den an Cicero orientierten Essays über unterschiedlichste Themen *Epístolas familiares* (1. Teil: 1539, 2. Teil: 1541) zurück, während er in seiner *Década de Césares* (1539) weitere Biographien römischer Herrscher zusammenstellte.

Von besonderem Interesse ist sein *Libro llamado auiso de privados y doctrina de cortesanos* (1539). Hier beschreibt er nämlich Normen für die effiziente Dialogführung des auf Karriere bedachten Höflings. Er entspricht damit der von den Grammatikern erhobenen Forderung nach Vervollkommnung der sprachlichen Praxis durch die Rhetorik ebenso wie der Aufstellung von Verhaltensnormen, die er allerdings weniger an der christlichen Moral orientiert als am rhetorischen Postulat des *aptum*. Analysiert wird, welchen Sinn ein Gespräch haben soll, wie der Sprecher und seine Gesprächspartner einzuschätzen sind, welche Redelänge und -häufigkeit empfohlen wird und schließlich, wie Lüge, Schmeichelei, üble Nachrede und Spott einzuschätzen sind.

Mit der Abkehr von einer ausschließlich religiös orientierten Moralisierung und mit dem Interesse an Normen für effizientes Verhalten leitet er als humanistisch geprägter Schriftsteller eine Entwicklung ein, die beim Moralisten B. Gracián einen Höhepunkt erreichen wird. Während bei Vives Ratschläge zur Gesprächsführung unter Bezug auf die Kirchenväter und die Antike religiös und ethisch fundiert sind, deutet sich die bei Guevara beobachtete Säkularisierung

---

[12] Vgl. Redondo, Augustin, *Antonio de Guevara (1480?-1545) et l'Espagne de son temps*, Genf 1976.

auch unter italienischem Einfluß in Juan Boscáns (1487?-1542)[13] Übersetzung von Castigliones *Cortegiano* und in Lucas Gracián Dantiscos *Galateo español* (1590) an, der den italienischen *Galateo* von Della Casa auf spanische Verhältnisse übertragen wollte.[14]

Daß das Leben des Höflings nur schwer mit den Interessen des humanistischen Schriftstellers zu verbinden ist, wird in *Menosprecio de corte y alabanza de aldea* (1539) deutlich. Hier greift Guevara auf den antiken Topos des *Beatus ille* zurück, der denjenigen glücklich preist, der sich fern von den Verpflichtungen des Hofes oder politischer Geschäfte ungestört und ungezwungen, in guter Luft auf dem Land seinen literarischen Studien widmen kann. Es kann aber auch sein, daß Guevara mit dieser Schrift nicht beabsichtigt, einen humanistischen Lebensstil zu verteidigen, sondern daß er der damals bedrohliche Ausmaße annehmenden Landflucht Einhalt gebieten möchte. Die Tatsache, daß sein Spätwerk durch religiöse Schriften charakterisiert ist, verbindet ihn mit den ein Jahrhundert später lebenden Moralisten Francisco Quevedo und B. Gracián, die im folgenden vorgestellt werden sollen.

Die Moralisten beschäftigten sich, ähnlich wie die Humanisten, in erster Linie mit den menschlichen Verhaltensformen (*mores*). Wenn sie diese erörterten oder mit Beispielen veranschaulichten, erhoben sie jedoch nicht den moralischen Zeigefinger, um zur Einhaltung ethischer und religiöser Normen aufzufordern, sondern beschränkten sich auf die Thematisierung faktisch bestehender Sitten. Diese führten sie, wie Quevedo in seinen "Sueños", satirisch und kritisch vor, oder sie leiteten - wie Gracián - ganz affirmativ zur Optimierung des Verhaltens im gegebenen Kontext an.

Der mit seinem Schelmenroman *El Buscón* bereits vorgestellte,[15] humanistisch gebildete Francisco Gómez de Quevedo y Villegas (1580-1645) wurde nach einem Theologiestudium hoher Beamter, Diplomat und Sekretär Philipps IV., bevor er infolge einer Intrige in Ungnade fiel. Von seinen zahlreichen religiösen, lyrischen, politischen, satirischen und literaturkritischen Werken können nur wenige erwähnt werden. Mit Góngora war er durch einen literarischen Streit verbunden, den er von 1603 bis zu dessen Todesjahr 1627 führte. Scharf ist seine Polemik z.B. in der Prosasatire *Aguja de navegar cultos* (1613) gegen Góngoras mit reichem rhetorischen Schmuck ausgestattete culteranistische Lyrik,[16] die er als Kauderwelsch bezeichnet. Für die Abfassung eines solchen Gedichts an einem einzigen Tag weiß er, ein geeignetes Rezept anzubieten.

Quevedo leistete einen bedeutenden Beitrag zur Tradition der Traktate über das rechte Verhalten des Fürsten. Diese auch Fürstenspiegel genannten Schriften "de regimine principum" sind in Spanien während des Siglo de Oro zu großer

---

[13] Vgl. auch hier: G. Güntert, Siglo de Oro: Lyrik, Teil I., Kap. 2.1., S. 124f.

[14] Vgl. Strosetzki, Chr., "Sprache als Handlung in der spanischen Renaissance", in: *Wolfenbütteler Renaissance-Mitteilungen* 5/1, 1981, S. 43-49.

[15] Vgl. hier: Chr. Strosetzki, Der Roman im Siglo de Oro, Kap. 8., S. 111f.

[16] Vgl. auch hier: G. Güntert, Siglo de Oro: Lyrik, Teil II., Kap. 3., S. 149ff.

Blüte gelangt. Sie greifen auf die Antike und auf Thomas von Aquin zurück. Nicht selten dienen sie der Auseinandersetzung mit Niccolò Machiavellis *Il principe* (1532), dessen verabsolutierte Staatsraison sie ablehnen. Diese Haltung charakterisiert auch Quevedos *Política de Dios, gobierno de Cristo, tiranía de Satanás* (1626, 1655). Er geht darin von Christus aus, der als wahrer König nicht nur andere, sondern auch sich selbst beherrsche. Wie ihn andere Herrscher nachahmen sollen, legt er mit Vergleichen aus der Bibel dar. Er zeigt, wie sie Gerechtigkeit und Frieden sichern, aber auch, wie sie sich kleiden oder Schmeichlern gegenüber verhalten sollen.

Während er mit seinem Fürstenspiegel zur Nachahmung positiv bewerteter Normen auffordert, erscheinen seine *Sueños* (1627)[17] als Gesellschaftssatire, in der die verbreitete Befolgung falscher Normen zum Teil vor dem Hintergrund der "letzten Dinge" angeprangert wird. Durch den ernsthaften Rahmen wird das Thema der Weltverachtung eingeführt und bloß vordergründige Komik durch eine didaktische Komponente relativiert. Es handelt sich um Traumvisionen, deren satirische Gestaltung Lukians Göttergesprächen nachempfunden ist. Der Einleitung dienen erzählende Elemente, in denen der Dichter, der an den folgenden Gesprächen selbst kaum beteiligt wird, Protagonist ist. Die durch Karikatur, Hyperbolik, Wortspiele und Pointen erzielte Satire gilt einzelnen Personen ebenso wie der Politik, der Literatur und der Sprache. Die einzelnen *Sueños* sind von 1606 bis 1622 entstanden: *El juicio final, El alguacil endemoniado, El sueño del infierno, El mundo por de dentro* und *El sueño de la muerte*. Die Titel wurden verschiedentlich mit Rücksicht auf die Zensur abgewandelt. Diesen *Sueños* hatte man aus anderen Werken des Autors noch bis zu drei weitere hinzufügen wollen. In *El juicio final* treten Repräsentanten unterschiedlichster gesellschaftlicher Gruppen auf: Nachdem ein Engel die Toten geweckt hat, treten Geizhälse, Ärzte, Schneider, Kleriker, Apotheker und leichte Mädchen auf, die vor Jupiters Thron vorgelassen werden und für ihr vergangenes Verhalten Erklärungen abgeben. So tritt neben die Standessatire die der Charaktere. In *El alguacil endemoniado* beklagt sich ein Geist, daß er in der Haut eines Gerichtsvollziehers Unterschlupf finden muß, während in *El sueño del infierno* die unterschiedlichen Bestrafungen der verschiedenen Berufsgruppen in der Hölle geschildert werden. In *El mundo por de dentro* schließlich ist es die allegorische Figur der "Desilusión", die die Scheinhaftigkeit des Reichtums und der Schönheit in einer Welt entlarvt, in der jene Verstellung herrscht, die den Blick auf die Wahrheit versperrt. Einen vergleichbaren Prozeß der Desillusionierung nahm wenige Jahre später Gracián mit seinem *Criticón* (1651-1657) vor.[18]

Der einer Lehrtätigkeit nachgehende Jesuit B. Gracián (1601-1658), dessen einziges theologisches Werk *El comulgatorio* (1655) war, mußte seine gleichermaßen an der Rhetorik orientierten und für das höfische Leben konzipierten

---

[17] Vgl. Nolting-Hauff, Ilse, Vision, Satire und Pointe in Quevedos "Sueños", München 1968

[18] Der *Criticón* wurde im Zusammenhang mit dem Roman des Siglo de Oro bereits vorgestellt.

Schriften mit dem Pseudonym Lorenzo Gracián veröffentlichen, um möglichen Anfeindungen seiner Ordensbrüder zu entgehen. Für die von ihm modellhaft in den meisten Werken entworfenen Idealfiguren stellt er Maximen, Verhaltensweisen und Denkmuster vor, mit denen sie in dem ihnen zur Verfügung stehenden Rahmen optimale Effizienz erreichen:

> *Hombre en su punto.* No se nace hecho; vase de cada día perficionando en la persona, en el empleo, hasta llegar al punto del consumado ser, al complemento de prendas, de eminencias: conocerse ha en lo realzado del gusto, purificado del ingenio, en lo maduro del juicio, en lo defecado de la voluntad. Algunos nunca llegan a ser cabales, fáltales siempre un algo; tardan otros en hacerse. El varón consumado, sabio en dichos, cuerdo en hechos, es admitido y aun deseado del singular comercio de los discretos.[19]

Ein möglicher Konflikt zwischen zweckorientierter Taktik und christlicher Moralität ist in diesem Ansatz immer latent vorhanden. Gracián umgeht ihn dadurch, daß er die religiöse von der weltlichen, in seinen Werken im Vordergrund stehenden Sphäre getrennt wissen will. *"Hanse de procurar los medios humanos como si no hubiese divinos, y los divinos como si no hubiese humanos*: regla de gran maestro, no hay que añadir comento."[20]

In seiner schematisch nach einem Tugendraster aufgebauten und idealisierten Fürstenbiographie *El político don Fernando el Cathólico* (1640) stellt er das kluge Verhalten des Königs Ferdinand allen ihm folgenden Herrschern als nachzuahmendes Vorbild vor. Dabei handelt es sich nicht nur um eine der rhetorischen Gattung der Lobrede entsprechende Huldigung Ferdinands, sondern zugleich um eine Zusammmenstellung der wichtigsten Voraussetzungen und Qualitäten eines jeden guten Herrschers, die im einzelnen exemplifiziert werden.

Um Idealfiguren geht es auch in anderen Schriften Graciáns: *El héroe* (1647) stellt ausgehend von Seneca, Äsop, Homer, Aristoteles und Tacitus, die als Quellen genannt, aber nicht mit Stellenangabe und zum Teil bewußt ingeniös verändert zitiert werden, die Fähigkeiten und Eigenschaften der Idealfigur schlechthin vor. Dazu gehören z.B.: "medir el lugar con su artificio", "cifrar la voluntad", "entendimiento", "corazón de rey", "gusto relevante", "eminencia en lo mejor" und "excelencia de primero". Derartige Qualitäten werden in den einzelnen Abschnitten in knappen und prägnanten Sätzen vorgeführt, die zum Teil rhetorisch in ihrer Kürze so verschlüsselt sind, daß man sie erschließen muß. Diese Art des Stils wurde als konzeptistisch bezeichnet und den langatmigen, mit viel rhetorischem Schmuck ausgestatteten Sätzen Luis de Góngoras gegenübergestellt, die als kulteranistisch gelten. Allerdings wird diese Unterscheidung bei genauerer Analyse unscharf.[21]

Die Knappheit der Sätze Graciáns findet ein Vorbild in der im Barockzeitalter beliebten Emblematik und der Kunst der Devise, bei der einer bildlichen Darstellung, die meist eine Tugend verkörperte, ein knapper Satz zugeordnet

---

[19] Gracián, Baltasar, *Obras completas*, A. del Hoyo (Hg.), Madrid (Aguilar) 1967, S. 154

[20] Ebda., S. 218. "Gran maestro" bezieht Gracián auf den Ordensgründer Ignatius von Loyola, von dem P. Pedro de Rivadeneyra in dessen Biographie einen ähnlichen Satz überliefert.

[21] Vgl. hier: G. Güntert, Siglo de Oro: Lyrik, Teil II, Kap. 1., S. 147.

wurde. Derartige Devisen, die insbesondere Fürsten zu feierlichen Anlässen als Motti ihrer Herrschaft gern zur Schau trugen, wurden auch in Fürstenspiegeln benutzt. Ihre Spuren lassen sich bei Gracián entdecken. Deutliches Strukturprinzip sind sie im antimachiavellistischen Fürstenspiegel des Diplomaten Diego de Saavedra Fajardo *Idea de un príncipe político-cristiano, representada en cien empresas* (1640).

Ihre Bedeutung unterstreicht Gracián in seinem poetologischen Werk *Agudeza y arte de ingenio* (1642), in dem er sie mit Perlen vergleicht, die trotz ihrer geringen Größe von hohem Wert sind. Sie sind für sein Verständnis des Konzeptismus ebenso paradigmatisch wie das Bemühen darum, das Wesentliche zunächst nicht offenzulegen: "Cuanto más escondida la razón, y que cuesta más, hace más estimado el concepto, despiértase con el reparo la atención, solicítase la curiosidad, luego lo exquisito de la solución desempeña sazonadamente el misterio."[22] Gracián selbst unterstreicht die Parallelen zwischen seiner Poetik und den Regeln der Rhetorik. Da es nun auch Regeln der Rhetorik sind, die der Höfling im gesellschaftlichen Umgang und in der Konversation zu berücksichtigen hat, wundert es nicht, daß in Graciáns Schrift über das Verhalten des Höflings vergleichbare rhetorische Regeln anzutreffen sind. So findet man in Graciáns *El discreto* (1646) jene *Agibilia* wieder, die schon J.L. Palmireno thematisiert hatte. Der in der "Agudeza" als Rätsel vor einem zu entlarvenden Kern geschickt täuschende Schein einer schriftstellerischen Aussage begegnet auch in der zwischenmenschlichen Interaktion als zu nutzendes oder zu durchschauendes taktisches Mittel.

> *Hacer y hacer parecer.* Las cosas no pasan por lo que son, sino por lo que parecen. Valer y saberlo mostrar es valer dos veces: lo que no se ve es como si no fuese. No tiene su veneración la razón misma donde no tiene cara de tal. Son muchos más los engañados que los advertidos; prevalece el engaño y júzganse las cosas por fuera; hay cosas que son muy otras de lo que parecen. La buena exterioridad es la mejor recomendación de la perfección interior.[23]

Mit den Humanisten des vorausgegangenen Jahrhunderts teilt Gracián die Gewohnheit, zentrale Sätze aus unterschiedlichen Werken zu sammeln und kommentiert zu veröffentlichen. Sein von A. Schopenhauer ins Deutsche übersetzter *Oráculo manual y arte de prudencia* (1647) steht somit in der Tradition der humanistischen Apophthegmatasammlungen. Allerdings entstammen Graciáns Sentenzen, die er in den einzelnen Aphorismen kommentiert oder amplifiziert, im allgemeinen seinen eigenen Werken. Dies belegt erneut die enge Verbindung zwischen den Anliegen der Grammatiker und Humanisten des 16. Jahrhunderts und jenen der Moralisten des 17. Jahrhunderts.

---

[22] Gracián, Baltasar, *Obras completas*, S. 266.
[23] Ebda., S. 188

Bibliographie:

Bahner, Werner, *Beitrag zum Sprachbewußtsein in der spanischen Literatur des 16. und 17. Jahrhunderts*, Berlin 1956

Bataillon, Marcel, *Erasmo y el Erasmismo*, Barcelona 1977

Bataillon, Marcel, *Erasmo y España. Estudios sobre la historia espiritual del siglo XVI*, Mexico, Madrid, Buenos Aires 1979

Batllori, Miguel, *Gracián y el Barroco*, Rom 1958

Buck, August, *Die humanistische Tradition in der Romania*, Bad Homburg, Berlin, Zürich 1968

Elias, Norbert, *Über den Prozeß der Zivilisation. Soziogenetische und psychogenetische Untersuchungen*, Frankfurt 1977, 2. Aufl., 2 Bde. (Die Situation in Frankreich zum Vergleich mit Parallelen zu Spanien)

Jansen, Hellmuth, *Die Grundbegriffe des Baltasar Gracián*, Genf/Paris 1958

Krauss, Werner, *Graciáns Lebenslehre*, Frankfurt 1947

Kristeller, Paul Oskar, *Humanismus und Renaissance*, München 1976, 2 Bde.

Maravall, José Antonio, *Antiguos y modernos. La idea de progreso en el desarrollo inicial de una sociedad*, Madrid 1966

Maravall, José Antonio, *Carlos V. y el pensamiento político del Renacimiento*, Madrid 1960

Maravall, José Antonio, *Estado moderno y mentalidad social. Siglos XV a XVII*, 2 Bde., Madrid 1972

Porqueras Mayo, Alberto, *La teoría poética en el renacimiento y manierismo españoles*, Barcelona 1986

Rothe, Arnold, *Quevedo und Seneca. Untersuchungen zu den Frühschriften Quevedos*, Genf/Paris 1965

Schröder, Gerhart, *Baltasar Graciáns "Criticón"*, München 1966

Schulte, Hansgerd, *El desengaño. Wort und Thema in der spanischen Literatur des Goldenen Zeitalters*, München 1969

Sobejano, Gonzalo (hg.), *Francisco de Quevedo*, Madrid 1978

Stupperich, Robert, *Erasmus von Rotterdam und seine Welt*, Berlin, New York 1977

Torre, Esteban, *Sobre lengua y literatura en el pensamiento científico español de la segunda mitad del siglo XVI*, Sevilla 1984

Manfred Tietz

Das 18. Jahrhundert

1. Die Wiederentdeckung und Neubewertung eines Jahrhunderts: die Aufklärung in Spanien

Es gehörte lange zu den Gemeinplätzen der Hispanistik, das spanische 18. Jahrhundert verdiene die Aufmerksamkeit der Forschung nicht, sei es doch entweder nur die Fortsetzung des seit dem Tod Pedro Calderóns (1681) immer epigonaler werdenden Barock oder aber eine bloß oberflächliche Imitation der französischen Aufklärung, die schon deshalb keine originellen Werke hervorbringen konnte, weil der Geist der Aufklärung dem religiös katholischen Wesen Spaniens zutiefst widerspreche. Sein faktisch geringes Wissen vom Spanien der Aufklärung hinter einer witzigen Formulierung verbergend, hatte schon 1808 A.W. Schlegel (1767-1845) festgestellt, die Spanier seien "wie es scheint, in Absicht auf die leidige Aufklärung des letzten Geschlechts mit den Windpocken abgekommen, während die entstellenden Blattergruben in den Zügen anderer Nationen nicht zu verkennen sind. In ihrer etwas insularischen Existenz haben sie das achtzehnte Jahrhundert verschlafen, und wie konnte man im Grunde seine Zeit beßer anwenden?"[1] Hinter Schlegels Auffassung steht das Bild eines romantisch verklärten, poetischen Spaniens, das mit der historischen Realität wenig zu tun hat. Es identifiziert die Epoche des Siglo de Oro, in der, wie man meinte, der ritterliche und religiöse Geist des Mittelalters fortlebe, mit einem schlechthinnigen Spanien, das sich der Moderne nur bei gleichzeitiger Aufgabe seiner selbst öffnen konnte.

Der im 19. Jahrhundert einsetzenden, einem eher konservativen Spanienbild verbundenen Hispanistik erscheint daher die Vorstellung einer "spanischen Aufklärung" als sachlicher Widerspruch. So sieht der eigentliche Begründer der neueren Hispanistik, M. Menéndez Pelayo (1856-1912), in der europäischen Epoche der Aufklärung "el (siglo) más perverso y amotinado contra Dios que hay en la historia", ein von flachem Utilitarismus und atheistisch-diesseitigem Glücksstreben geleitetes Zeitalter, an dem das wahre, das monarchisch-katholische Spanien nicht teilgenommen haben kann. Menéndez Pelayo lenkte daher das Interesse der Hispanistik auf das - christliche - Mittelalter und das - katholische - Siglo de Oro und dessen in der Tat überreiche Literatur.[2] Demgegenüber geriet das 18. Jahrhundert immer stärker aus dem Blickfeld der Forschung und aus der offiziellen Vorstellung vom "nationalen Erbe" und von der "nationalen Identität". Die These, die - unleugbar doch vorhandenen - spanischen Autoren des 18. Jahrhunderts seien der Ausländelei und Heterodoxie verfallen, diente unter den Schlagworten vom "afrancesamiento" und von den "afrancesados"

---

[1] "Über dramatische Kunst und Literatur", 35. Vorlesung, in: *Sämtliche Werke*, Eduard Böcking (Hg.), 6. Bd., Leipzig 1846, S. 399.

[2] Zu diesen Ausführungen s. Manfred Tietz, "Zur Polemik...", S. 75-92.

(Französlinge) nur noch stärker zu deren Ausschluß aus dem "kollektiven Bewußtsein" der Spanier. Selbst ein solch liberaler und gut informierter Geist wie J. Ortega y Gasset (1883-1955) sollte noch 1930 in seinem Artikel "El siglo XVIII, educador" auf das angebliche Fehlen der Aufklärung in Spanien hinweisen; ja, er glaubte sogar, die evidenten Mißstände des Landes erklärten sich daraus, daß dieses "un siglo insustituible" übersprungen habe. Selbstverständlich war der Franquismus nicht berufen, diesen Mythos vom "Spanien ohne Aufklärung" zu korrigieren, war sein Vorbild doch wiederum das autoritär und nationalkatholisch verstandene Spanien der Katholischen Könige, Philipps II. und Calderóns.

Es erstaunt daher nicht, daß die entscheidenden Impulse zu einer intensiven Beschäftigung mit dem spanischen 18. Jahrhundert und zu einer grundsätzlich neuen, positiven Bewertung der Aufklärung in Spanien zunächst von nicht-spanischen Hispanisten ausgingen. Es sei hier auf die programmatischen Arbeiten von J. Sarrailh [1954; ^{2}1964; span. Ü. in Mexiko (!) 1957] und R. Herr (1958; span. Ü. Madrid 1964) verwiesen, die Standardwerke geworden sind. Zwischenzeitlich haben sich die Dinge fast in ihr Gegenteil verkehrt: Das 18. Jahrhundert ist in der Hispanistik zur Mode geworden, und es wird immer schwieriger, die Flut der kritischen Literatur zu überblicken. Der Forschung stehen sogar zwei spezielle Zeitschriften zur Verfügung: das *Boletín del Centro de Estudios del Siglo XVIII* (BOCES, Oviedo 1972ff.) und *Dieciocho. Hispanic Enlightenment. Aesthetics and Literary Theory* (1978ff.). Eine groß angelegte, von der Cátedra Feijoo in Oviedo besorgte *Colección de Autores Españoles del Siglo XVIII* will einem entschiedenen Mangel der Aufklärungsforschung abhelfen, dem Fehlen kritischer Textausgaben. Das wohl wichtigste Arbeitsinstrument wird aber die von Fr. Aguilar Piñal erstellte *Bibliografía de Autores Españoles del Siglo XVIII* sein (1981ff.; geplant auf 10 Bde.; z.Z. bei Bd. 5, bis "M"). In ihr wird das gesamte gedruckte und handschriftliche, in spanischer und lateinischer Sprache verfaßte Schrifttum des 18. Jahrhunderts aufgeführt und um die Forschungsliteratur ergänzt. Einen eher knappen, doch informativen Überblick über die Literatur des 18. Jahrhunderts vermittelt N. Glendinning (1972); umfassender und einzelne Forschungsbeiträge referierend ist J.L. Alborg (1972). Aktueller sind die einzelnen Forschungsreferate bei J.M. Caso González (1983); den Stand der Forschung zur Geistesgeschichte des 18. Jahrhunderts referiert J.L. Abellán (1981, S. 281-861).

Der Beitrag der deutschsprachigen Hispanistik zur Erforschung des spanischen 18. Jahrhunderts und zur spanischen Aufklärung ist eher knapp und heterogen. Kultur- und sozialgeschichtlich interessant bleibt die Darstellung von W. Krauss (1973). Einen sehr kurzen literarhistorischen Überblick gibt W. Floeck (1980); umfangreicher, doch vor allem auf die "großen Autoren" zentriert bleibt H. Flasche (1989).

Die umfassendste neuere Darstellung des 18. Jahrhunderts und der Aufklärungsbewegung in Spanien sowie ihrer Ausstrahlung auf Lateinamerika sind die Bände 30, 1+2 der von Menéndez Pidal initiierten *Historia de España* (1987-88), die auch ausführlich über Aufklärung und Religion, Musik, Architektur und Malerei informieren.

2. Die spanische Aufklärung aus zeitgenössischer Sicht

Die Spanier des 18. Jahrhunderts, besonders die seit der Jahrhundertmitte, hatten durchaus den Eindruck, in einer neuen Epoche zu leben. Die Mitglieder der an den Idealen der europäischen Aufklärung orientierten Elite bezeichneten sich selbst als "ilustrados", bisweilen auch - nach französischem Vorbild - als "filósofos": sie dienen den "luces", dem Denken der Aufklärung, streben nach dem Glück aller, der "felicidad pública", kämpfen gegen falsches Wissen, die "prejuicios" (Vorurteile) und erheben den Nutzen, die "utilidad" des Staates und des Einzelnen, zu ihrem höchsten Ziel. Sie verwenden auch bereits den Begriff "siglo de las luces"; die heute häufig gebräuchliche Bezeichnung [época de la] Ilustración ist demgegenüber neueren Datums.

Wie es der Nachruf auf Karl III. von Jovellanos (1788) zeigt, waren die "ilustrados" der Auffassung, in Spanien habe sich zu ihrer Zeit eine "feliz revolución" vollzogen, ein tiefgreifender, positiver Wandel hin zu einer besseren Zukunft. Die seit der Romantik so gepriesene Epoche des Barock sehen sie als eine Phase fortschreitender Dekadenz im Bereich der Politik, des Geisteslebens und der Kunst an, die im Grunde schon mit dem Regierungsantritt des ersten Habsburgers, mit Karl I. (1516-1556), ganz entschieden aber mit Philipp II. (1556-1598) einsetzt. Sie selbst glauben, wieder an die vorausgehende Regierungszeit der *Reyes Católicos* anzuschließen, an das von diesen initiierte Geistesleben des Humanismus, der Renaissance und einer von den veräußerlichten Formen des Mittelalters gereinigten Religiosität. Dieses Selbstgefühl der "ilustrados" bestätigt ein durchaus kritischer ausländischer Beobachter, der Franzose Jean-François Bourgoing. Sein dreibändiges *Tableau de l'Espagne moderne* (Paris 1789; ²1797) zeigt, daß die Spanier seiner Zeit nicht mehr die bedingungslosen Diener der Inquisition sind, daß der Einfluß des Klerus in den Familien und bei Hof im kulturellen und literarischen Leben abgenommen hat, daß schließlich die Zahl der "espagnols éclairés" ständig ansteige und dies trotz Karls III., der sich zwar als "roi philosophe" feiern ließ, persönlich aber eher zur Frömmelei neigte und dem die Propagierung des Dogmas der Inmaculada Concepción sehr am Herzen lag.

Einen tiefen Wandel zeigt auch die Kultur- und Sittengeschichte im spanischen 18. Jahrhundert, dessen interessantester Indikator eine neue Rolle der Frau ist: sie befreit sich nicht nur aus der moralischen Bevormundung der Geistlichen, sondern auch aus den Klammern des barocken Ehrbegriffs und der von den Männern dominierten Ehe und Familie. Sie folgt der neuen, bunten französischen Mode, läßt sich offen hofieren (*cortejo*), hält sich einen offiziell anerkannten Begleiter (*chichisbeo*), der durchaus auch die Rolle des Liebhabers einnehmen konnte, und beginnt, in (meist privaten Akademien) am geistigen Leben der Zeit teilzunehmen (Martín Gaite 1972). Auch die ständische Gliederung der Gesellschaft gerät ins Wanken. Die Adligen heben spielerisch die Standesgrenzen auf: sie verkleiden sich als *majos* und *majas*, jene kecken Typen aus dem einfachen Volk, die Goya wiederholt dargestellt hat. Dieser Francisco Goya y Luciente (1746-1828) war aber nicht nur der Maler der Aufklärung, der Porträtist vieler *ilustrados*, der Kritiker des Klerus und ihres als falsch und eigensüchtig enthüllten Wissens; er hat auch die "Dialektik der Aufklärung" vorausgesehen, ihr Umschlagen in Grauen, Blut und Gewalt, wie es die doppeldeutige Unterschrift eines seiner *caprichos* offenbart: "El sueño de la razón produce monstruos". Der "Schlaf der Vernunft" (das Fehlen von Aufklärung) oder aber das "Träumen der Vernunft" (ein sich selbst überlassenes, haltlos gewordenes Denken) bringt Ungeheuer hervor.

Doch wäre es völlig falsch, das ganze Spanien und alle Spanier des 18. Jahrhunderts als "aufgeklärt" anzusehen. Hier ist nach Regionen und nach sozialen Schichten stark zu differenzieren. Bereits bei Bourgoing - und in neuerer Zeit besonders bei Sarrailh - finden sich entschiedene Hinweise auf die Kontinuität der Mentalität des Barock. Auch nach 1780 lassen sich noch viele Spanier in Ordensgewändern beerdigen; an den Kirchentüren finden sich weiter reißerische Anschläge wie *Oy se sacan animas* - "Heute werden Seelen aus dem Fegefeuer geholt" -, und die auch für das Zivilleben obligatorischen Beichtbescheinigungen ließen sich weiterhin bei den Prostituierten kaufen.

So hat denn Spanien ganz gewiß an der europäischen Aufklärungsbewegung teilgenommen. Aber die Zahl der *ilustrados* war gering; andererseits war die Zahl der Analphabeten im 18. Jahrhundert außerordentlich hoch, und damit blieb die Zahl der Teilhaber am wichtigsten Instrument der Aufklärung, dem gedruckten Wort, im europäischen Vergleich sehr niedrig und gelangte kaum über das bereits im Barock erreichte Niveau hinaus.[3]

3. Historischer Überblick und Periodisierung des 18. Jahrhunderts. Ein Abriß

Ohne Erben starb am 1. November 1700 in Madrid König Karl II., der letzte Habsburger auf dem spanischen Thron. Er hinterließ ein Land, das nach übereinstimmender Auffassung der spanischen Aufklärer nur noch als Kadaver und Skelett anzusehen war. Als Thronfolger hatte er den Bourbonen Philipp von Anjou, den Enkel Ludwigs XIV., eingesetzt, der sich jedoch erst nach der langwierigen *Guerra de Sucesión* (1700-1714) gegen Erzherzog Karl von Österreich durchzusetzen vermochte.

Philipp V. und sein Minister Patiño (ab 1728) formten Spanien nach französischem Vorbild zu einem zentralistischen Staat, der die alten *fueros* abschaffte, darunter die Kataloniens, das auf der Seite von Erzherzog Karl gekämpft hatte. Philipp V. leitete eine erfolgreiche Reform- und Industrialisierungspolitik ein, die Spanien und sein Kolonialreich allmählich wieder in den Rang einer europäischen Großmacht zurückführte. Nach einer fast 50-jährigen Herrschaft hinterließ er seinem Erben Ferdinand VI. ein wiedererstarktes Spanien, das dieser zu-

---

[3] Vgl. Saugnieux, Joël, "Alphabétisation et enseignement élémentaire dans l'Espagne du XVIIIe siècle", in: ders., *Les mots et les livres. Etudes d'histoire culturelle.* Lyon 1986, S. 111-237.

sammen mit dem Minister Ensenada in einem während seiner Herrschaft (1746-1759) klug bewahrten Frieden einer neuen Prosperität zuführte. Es gelang, die Staatsfinanzen zu sanieren, die spanische Flotte wieder aufzubauen und damit die Verbindungen zu Hispanoamerika zu festigen, dessen neuerliche Edelmetallieferungen dem Land zugute kamen. Ferdinand VI. förderte in einem weitgehend unterentwickelten Spanien Straßen- und Kanalbau, Landwirtschaft, Industrie und Handel und öffnete das Land kulturell vor allem nach Italien, aus dem Maler, Schauspieler und Sänger (darunter der Kastrat Farinelli) an den spanischen Hof kamen und diesen zu einem ansehlichen Zentrum europäischer Kultur machten.

Diese Reformpolitik setzte Karl III. fort, der nach dem Tod seines Bruders Ferdinand VI. (1759) im Alter von 43 Jahren den spanischen Thron bestieg. Als König von Neapel hatte Karl bereits umfassende Regierungserfahrungen sammeln können. Dort war ihm auch das Denken der italienischen Aufklärer bekannt geworden. Seine Herrschaftszeit (1759-1788) gilt als der Höhepunkt des aufgeklärten Despotismus in Spanien. Allerdings fegte ein von einer Subsistenz-Krise ausgelöster Volksaufstand seine ursprünglichen italienischen Berater hinweg. Der sogenannte *motín de Esquilache* (1766) brachte jedoch spanische Aufklärer in höchste Regierungsämter: neben Campomanes, Floridablanca und Roda vor allem den aragonesischen Grafen Aranda, der im Verlauf eines längeren Auslandsaufenthaltes (1762-64) das Denken der europäischen Aufklärung kennengelernt hatte. Der Aufstand bot Karl III. einen willkommenen Vorwand zur Vertreibung der Jesuiten aus Spanien (2. April 1767). Diese wurde offiziell mit der Beschuldigung begründet, die Jesuiten hätten den *motín de Esquilache* provoziert. Im Grunde ging es Karl III. und seiner aufgeklärten Regierung jedoch darum, mit den Jesuiten die entschiedensten Reformgegner besonders im Bereich des Erziehungswesens, die Fürsprecher der Inquisition und die Vertreter der Interessen Roms auszuschalten. Ihre Vertreibung gab Raum für eine umfassende, doch letztendlich nicht sehr erfolgreiche Reform des Unterrichtswesens, besonders im Bereich der Universität (Abellán III, S. 576-593).

Der Rückschlag der keineswegs besiegten klerikalen Kräfte ließ jedoch nicht allzu lange auf sich warten. 1778 wurde einem der entschiedensten Aufklärer im Regierungsapparat Karls III., Pablo de Olavide (1725-1803), von der Inquisition der Prozeß gemacht. In einem spektakulären *autillo* hinter verschlossenen Türen, zu dem nichtsdestoweniger die gesamte aufgeklärte Elite in Madrid zur wohlberechneten Abschreckung eingeladen worden war, wurde Olavide als Ketzer verurteilt - und im rasch informierten Europa als "Märtyrer der Vernunft" gefeiert. Auch wenn er nur zu einer recht milden Haftstrafe in einem Kloster verurteilt wurde, so stellt sein Prozeß doch eine Wendemarke in der spanischen Aufklärung dar: Sie markiert die Neuformierung der antiphilosophischen Kräfte, die im Befreiungskrieg gegen Napoleon in der ultrakonservativen Herrschaft Ferdinands VII. den Sieg davon tragen sollten (Défourneaux 1959).

Dennoch kann das Spanien Karls III. auf eine Reihe von wirtschaftlichen Erfolgen blicken: so war 1765 der Getreidehandel liberalisiert, 1778 der Amerika-

Handel durch die Abschaffung der Monopolstellung von Cádiz geöffnet worden; das Land hatte eine leistungsfähigere Infrastruktur erhalten. Ein an seinen Geschicken interessiertes Europa begann Spanien nicht mehr nur als Hort eines klerikalen Fanatismus zu verstehen.

Als Karl III. starb, folgte ihm sein schwacher Sohn Karl IV. 1788 auf dem Thron nach. Zwar übernahm dieser zunächst die alte aufgeklärte Regierungsmannschaft, darunter den Grafen Floridablanca. Doch als 1789 in Frankreich die Revolution ausbrach und man in ihr die Folgen des aufgeklärten Denkens zu erkennen glaubte, wurde diese aufgeklärte Regierung, allen voran Floridablanca selbst, von Panik ergriffen:[4] Der Minister ließ Spanien - vor allem auch geistig - hermetisch von Frankreich abriegeln; die zuvor eher zurückgedrängte Inquisition wurde erneut zur geistigen Kontrolle des Landes ermächtigt. Jede aktuelle Berichterstattung verhinderte ein am 24. Februar 1792 ergangenes Verbot aller Zeitschriften, was der zumindest partiellen Liquidierung der Aufklärung in Spanien gleichkam. Karls IV. Favorit, der junge Godoy (1767-1851), der 1792 mit 25 Jahren faktisch zum allmächtigen Herrscher Spaniens wurde, ermöglichte der Aufklärung 1797 mit der Ernennung von Jovellanos zum Minister nochmals eine allerdings nur kurze Teilhabe an der Macht.

Außenpolitisch führte Godoy Spanien in eine ausweglose Lage. Er band das Land immer stärker an das nachrevolutionäre Frankreich. Dadurch geriet Spanien in Konflikt mit England, das 1805 unter Nelson bei Trafalgar die spanische Flotte vernichtete und damit das Land fast völlig von seinen amerikanischen Kolonien abschnitt, in denen so ein unumkehrbarer Unabhängigkeitsprozeß ausgelöst wurde. Als Godoy 1808 zuließ, daß französische Truppen nach Spanien einmarschierten, die mit ihm gemeinsam Portugal unterwerfen sollten, wo er sich ein eigenes Herrschaftsgebiet zu schaffen gedachte, nutzte Napoleon die Gelegenheit, um ganz Spanien zu besetzen. Er benutzte auch die Feindschaft zwischen Karl IV. und seinem putschenden Sohn, dem späteren Ferdinand VII., um beide in Bayonne zum Verzicht auf die spanische Krone zu zwingen und seinen eigenen Bruder Joseph als José I. (1808-1814) zum neuen spanischen König zu erklären. Dieser fand jedoch in Spanien kaum Rückhalt. Nur wenige Aufklärer wie Meléndez Valdés stellten sich seiner - objektiv gesehen durchaus positiven - Reformpolitik zur Verfügung. 1813 ist José I. endgültig gescheitert - und Spanien versinkt immer tiefer im Chaos des Unabhängigkeitskrieges (*Guerra de la Independencia* 1808-1814). Dieser Krieg hatte mit dem Volksaufstand vom 2. Mai 1808 begonnen, als die Madrider Bevölkerung die Abreise der letzten Mitglieder der Königsfamilie erfolglos zu verhindern suchte. Das plötzlich seiner zentralen Herrschaft beraubte Land zerfiel in regionale, unabhängig operierende Einheiten, die, wie das Städtchen Móstoles, Napoleon auf eigene Faust den Krieg erklärten. Aus ihnen konstituierte sich eine *Junta Central*, die in Cádiz, eine liberale, vom Geist der Aufklärung geprägte Verfassung schuf, die vom Prinzip der

---

[4] R. Herr hat diesen *pánico de Floridablanca* detailliert beschrieben (*España y la revolución...*, S. 197-221).

Volkssouveränität ausging, eine konstitutionelle Monarchie vorsah und den Katholizismus als einzige Religion Spaniens und Hispanoamerikas anerkannte. Es ist jene *Constitución de Cádiz*, die von einer aufgeklärten Minderheit geschaffen, 1814 zwar von Ferdinand VII. beschworen, doch dann sofort gebrochen wurde.

In Spanien hatte sich im Krieg gegen Napoleon ein tiefgehender Wandel vollzogen. Im Kampf gegen das mit dem areligiösen Denken der Aufklärung identifizierte Frankreich hatten die Gegner des aufgeklärten Denkens - die konservative Kirche und der traditionalistische Adel - sehr rasch die Führung der Volksmassen übernommen und mit ihnen - und der Hilfe Englands - über Frankreich gesiegt. Im Unabhängigkeitskrieg und mit dem Sieg der konservativen, gegenaufklärerischen Kräfte entstanden jene "zwei Spanien", die sich während des ganzen 19. und weiten Teilen des 20. Jahrhunderts gegenüberstanden: das "liberale" dem "karlistischen", das "rote" dem "schwarzen" Spanien. Mit der Rückkehr Ferdinands VII. war das 18. Jahrhundert endgültig zu Ende: Die Vertreter der Aufklärung entfernte er systematisch aus allen Ämtern, kerkerte sie wie Quintana ein oder trieb sie wie Meléndez Valdés oder Goya in das erste große Exil in der Geschichte des modernen Spanien. Die zahllosen Probleme des Landes aber blieben ungelöst.

Unter Berücksichtigung der hier dargestellten Daten ist immer wieder versucht worden, das 18. Jahrhundert auch unter geistesgeschichtlichen und literarhistorischen Gesichtspunkten genauer zu periodisieren, ohne daß dies zu wirklich befriedigenden Ergebnissen geführt hätte.[5] Zunächst zeigte sich, daß dem scharf gesetzten Einschnitt im Jahr 1700 im Bereich des Denkens und der Literatur keine entscheidende Bedeutung zukommt. Je genauer die fünf Jahrzehnte vor und nach 1700 untersucht werden, desto deutlicher wird, daß um 1680, etwa zusammenfallend mit dem Tod Calderóns (1681), verbunden mit der wirtschaftlichen Besserung, eine geistige Neuorientierung erfolgte. Die Frühphase einer spanischen Aufklärung bei den - noch in lateinischer Sprache schreibenden - *novatores* (1680ff.) endete 1726 mit dem Erscheinen des 1. Bandes des *Teatro Crítico Universal* des P. Feijoo, mit dem das aufgeklärte Denken in Spanien erstmals in der Volkssprache für breitere Leserkreise propagiert wurde. Die Jahrzehnte bis 1760 werden als die "Periode Feijoos" bezeichnet, die zur Regierungszeit Karls III. (1759-1788) überleitet, die als die eigentliche Phase der spanischen Aufklärung gilt. Sie gerät mit dem Ausbruch der Französischen Revolution in eine tiefe Krise (1789ff.), um mit den Liberalen (1810-1814) nochmals eine kurze Blüte zu erleben und um dann endgültig in die ultrakonservative Herrschaft Ferdinands VII. überzugehen, die das Geistesleben in Spanien bis 1833 weitgehend erstickte.

Dieser Periodisierung liegen allerdings kaum literarhistorische Kriterien zugrunde. Die Literaturgeschichten verwenden zur Charakterisierung der Literatur des 18. Jahrhunderts häufiger die Bezeichnung *neoclasicismo*. Zeitlicher Aus-

---

[5] Die grundsätzlichen Positionen diskutiert José María Caso González, "Ilustración y Neoclasicismo", S. 8-27.

gangspunkt ist dabei das Jahr 1737, in dem Luzáns *Poética* erschien, in der die Dichtung - in deutlicher Abkehr vom Barock - als ein Werk von Regeln verstanden wird, die bei den "klassischen" Autoren der Antike sowie den französischen und italienischen "Klassikern" des 17. Jahrhunderts ihre mustergültige Formulierung und Anwendung erhielten.[6] Doch wird ein praktisch auf das gesamte Jahrhundert ausgedehnter Begriff Neoklassizismus den tatsächlichen literarischen Strömungen der Zeit nicht gerecht. Dies gilt vor allem für die stark empfindsamen Elemente etwa in Cadalsos *Noches lúgubres* oder in der Lyrik von Jovellanos und Meléndez Valdés, die mit der Vorstellung eines neoklassizistisch-aufklärerischen Rationalismus kaum vereinbar sind. Es ist daher auf die Stil- und Epochenbezeichnungen 'Rokoko' (mit einem Höhepunkt zwischen 1765 und 1780) und 'Präromantik' oder *primer romanticismo español* für die Zeit von 1770 bis 1800 zurückgegriffen worden, deren Konturen jedoch überaus fließend bleiben.[7] Die in der Germanistik geläufige Unterscheidung zwischen einer rationalistisch-klassizistischen und einer komplementären sensualistisch-empfindsamen Strömung innerhalb der Literatur des 18. Jahrhunderts hat in der Hispanistik noch keine systematische Berücksichtigung gefunden, so daß diese weiterhin mit der wenig befriedigenden Kategorie der Präromantik arbeitet.

4. Grundprobleme des spanischen 18. Jahrhunderts

4.1. Die Ausbildung eines unabhängigen "Sozialsystems Literatur"

S.J. Schmidt hat anhand von Materialien und zahlreichen Vorarbeiten zur deutschen, französischen und englischen Literatur überzeugend gezeigt, wie sich das Sozialsystem Literatur im 18. Jahrhundert aus dem Gesamtfeld geistigen Tuns (Theologie, Philosophie, Naturwissenschaften) ausdifferenziert und einer eigenen Gesetzlichkeit folgend entwickelt. So tritt in diesem Zeitraum erstmals der moderne Schriftsteller auf, der sich nicht mehr wie der Autor des Barock als Illustrator vorgegebener Wahrheiten versteht, sondern der darauf dringt, neben dem Theologen oder dem Mediziner eigene, ästhetisch fundierte Wahrheiten zu vertreten. Es entsteht auch der moderne Leser, der nicht mehr nur *einen* sakrosankten Text (die Bibel etwa oder eine Anleitung zum frommen Leben) ständig wieder liest (intensive Lektüre), sondern nach immer neuen, unterhaltenden Texten verlangt, die er in einer von den Zeitgenossen bisweilen beklagten "Lesewut" verschlingt (extensive Lektüre). Es entsteht schließlich ein moderner Büchermarkt, mit einem immer differenzierteren und vielfältigeren Angebot, das neue Vertriebsmechanismen (z.B. die Subskription) und Orientierungs- bzw.

---

[6] Vgl. Sebold, R.P., "Contra los mitos antioneoclássicos", in: ders., *El rapto de la mente...*, S. 29-56.

[7] Vgl. Arce, Joaquín, "Rococo, neoclasicismo y prerromanticismo en la poesía española del siglo XVIII", in: *El padre Feijoo y su siglo*, Bd. 2, Oviedo 1966 (Cuadernos de la cátedra Feijoo), S. 447-477, sowie J. Arce, *La poesía del siglo ilustrado...*, S. 142ff.

Werbestrategien im neuen Medium der "Presse" entwickelt, wie die Rezensionen in der neu entstehenden Literaturkritik.[8]

Stärker als in den von Schmidt berücksichtigten Literaturen stellt sich jedoch in Spanien einer solchen Verselbständigung des Literatursystems der traditionelle Totalitätsanspruch der Religion entgegen. So zitiert 1746 der Mönch, Ordensgeneral, Doktor und Professor der Theologie Alejandro Aguado ohne jeden Vorbehalt einen Satz, den Francisco de Vitoria im 16. Jahrhundert geschrieben hatte und nach dem praktisch jede Frage dem Urteil einer sozusagen allzuständigen Theologie unterliegt:

> "Officium, ac munus Theologi tam latè patet, ut nullum argumentum, nulla disputatio, nullus locus alienus videatur à Theologica professione, et instituto."[9]

Spanien hat den Säkularisierungsprozeß, aus dem die Moderne hervorgegangen ist,[10] im 18. Jahrhundert nur in beschränktem Maß mitvollzogen: So ist etwa festzustellen, daß die Mehrzahl der damaligen Autoren Kleriker und nicht bürgerliche Intellektuelle waren[11] und daß in Spanien der Anteil des traditionell theologisch-religiösen Schrifttums im Laufe des 18. Jahrhunderts längst nicht in dem Maße zugunsten der schönen Literatur zurückging wie in Deutschland.[12]

4.2. Aufklärung und Religion

Es wäre allerdings falsch, Aufklärung und Religionsfeindlichkeit gleichzusetzen. So steht außer Zweifel, daß nicht nur die spanischen Könige der Aufklärungszeit, darunter besonders Karl III., sondern auch alle bedeutenderen Aufklärer, unter ihnen selbst Aranda und Olavide, keineswegs mit der katholischen Religion ihrer Zeit gebrochen haben oder brechen wollten. Der Mythos einer ungläubigen und ketzerischen Aufklärung hat sich für Spanien als unhaltbar erwiesen. Die strikte Orthodoxie der spanischen Aufklärer ist vielfach belegt.[13] So betont selbst der ansonsten recht kritische Journalist Luis Cañuelo (1744-1802):

---

[8] Vgl. S.J. Schmidt, *Die Selbstorganisation des Sozialsystems Literatur im 18. Jahrhundert*, Frankfurt/M. 1989.

[9] Aguado, Alejandro, *Política española para el más proporcionado remedio de Nuestra Monarquía*, Madrid [1746], S. 210.

[10] Vgl. Blumenberg, H., *Säkularisierung und Selbstbehauptung*. Frankfurt/ M. 1974.

[11] Domínguez Ortiz, Antonio, *Sociedad y estado...*, S. 490, schätzt, daß deren Anteil in der Aufklärung kaum geringer war als im barocken Siglo de Oro.

[12] Für den deutschen Büchermarkt liegen - anders als für Spanien - seit langem exakte Zahlen vor: 1740 betrug der Anteil der religiösen Literatur noch 76,60 %; im Jahre 1800 nur noch 21,28 %! Vgl. M. Tietz, "Die Aufklärung in Spanien...", S. 63.

[13] Teófanes Enciso stellt in seinem Kapitel "La religiosidad de los ilustrados" (*Historia de España*, Bd. 31, 1, 1987, S. 395-435) zutreffend fest: "Pocos capítulos de la historia del falseado siglo XVIII se han visto sometidos a manipulaciones tan descaradas o ingenuas como el de su religiosidad." (S. 397).

"Yo soy cristiano católico romano [...]; yo soy muy amante de la religión y estoy muy persuadido, y penetrado íntimamente de la verdad de sus dogmas y santidad de su moral."[14]

Es ist daher falsch, auf Spanien das - an Extremformen in Frankreich gewonnene - Modell einer zum Atheismus tendierenden Aufklärung zu übertragen. Wir haben es hier vielmehr - wie übrigens durchaus auch in weiten Bereichen in Frankreich, Italien oder Österreich - mit einer *Ilustración cristiana* zu tun. In der Tat gab es im spanischen 18. Jahrhundert eine starke, vor allem von Laien, aber auch von kritischen Bischöfen (z.B. Tavira, Climent) getragene Reformbewegung innerhalb der spanischen Kirche, die vor allem zwei Ziele hatte. Zum einen strebte sie nach einer "Entbarockisierung" des religiösen Lebens im Sinne einer Vereinfachung und Verinnerlichung der Religiosität, nach einer Reform der Predigt und der Liturgie im Sinne größerer Schlichtheit und Bibelnähe, mit der Erlaubnis der Bibellektüre für Laien,[15] verbunden mit einer moralisch strengen Glaubenspraxis ohne Wunderglaubigkeit und alle Formen ausufernder Volksfrömmigkeit (Prozessionen, Bruderschaften, Wallfahrten). Zum anderen zielte sie auf eine "Entpolitisierung" der Kirche im Sinne des europäischen Regalismus. Dies bedeutete vor allem die Beschneidung der weltlichen Privilegien der Kirche und ihrer Eingriffsmöglichkeiten in die Belange des Staates; die Förderung des Weltklerus, der - über die Predigt - als Erzieher des Volkes im Sinne des *despotismo ilustrado* wirken sollte, sowie die Reduktion des Ordensklerus, der *frailes*, die, wie es der durchaus fromme Mayans 1764 formulierte, "eine ständige Heuschreckenplage sind." Die komplexe Verbindung von politischem und religiösem Reformstreben zeigt gewiß auch säkularisierende Tendenzen, bricht jedoch nicht mit dem katholischen Dogma.

Vor allem von den *antifilósofos* am Ende des 18. und von den Traditionalisten des 19. Jahrhunderts ist diese Reformtendenz als *jansenismo* bezeichnet worden, wobei die wenig zutreffende Anspielung auf den französischen, vom Papst verurteilten Jansenismus deren Repräsentanten in Mißkredit bringen sollte.

4.3. Aufklärung und Zensur

Es hat Versuche gegeben, das, was man zu schnell das Scheitern der spanischen Aufklärung genannt hat, dem Eingreifen der Inquisition zuzuschreiben. Es fragt sich jedoch, ob deren damaliger faktischer Allgegenwart auch eine Allmacht entsprach. Zutreffend ist, daß die Inquisition - neben der staatlichen Vorzensur - als eine Art Nachzensur die Möglichkeit hatte, jedes Buch, jede Flugschrift, jedes Bild zu verbieten oder zu korrigieren, gleichgültig, ob der Vorwurf 'Häresie' oder 'Pornographie' lautete. Der Zugriff der Inquisition auf bereits gedruckte Werke bedeutete für Buchdrucker und -händler eine erhebliche finanzielle Einbuße.

---

[14] *El Censor, discurso* 23. Dieses grundsätzliche Bekenntnis zur katholischen Kirche hinderte Cañuelo aber nicht, im *discurso* 75 deren kritikwürdige Realität und Reformbedürftigkeit deutlich darzulegen.

[15] Neben T. Enciso, "La religiosidad de los ilustrados", S. 395-435, s. Antonio Mestre Sanchis, "Religión y cultura en el siglo XVIII español", in: R. García-Villoslada (Hg.), *Historia de la Iglesia en España*, Madrid 1979, Bd. IV, *La Iglesia*, S. 583-743.

Darüber hinaus konnte sie den Autor, den Drucker, den Buchhändler, den Besitzer oder den Leser eines anstößigen Werks schwer bestrafen.

Neuere Arbeiten, u.a. die von M. Défourneaux (1963) und L. Domergue (1984) haben jedoch ergeben, daß die Inquisition das Eindringen von Schriften europäischer Aufklärer nach Spanien nicht verhindert hat. Trotz dreier offizieller *Indices* (1707, 1747, 1790), trotz Kontrollen an den Grenzen und in den Buchhandlungen scheint das Repressionsinstrumentarium der Inquisition nicht richtig gegriffen zu haben. Selbst verbotene Autoren konnten zumindest von der Elite mit einer leicht erreichbaren *licencia* gelesen werden. Es fehlte auch nicht an Informationen über das Denken der europäischen Aufklärung. So hatte etwa ein Angehöriger des spanischen Hochadels, der Duque de Almodóvar, 1781 die spanischen Leser in seiner *Década epistolar sobre el estado de las letras en Francia* recht detailliert über die französischen Aufklärer unterrichtet. Dabei weist er häufig Auffassungen einzelner Autoren zurück - was aber zur Folge hat, daß er eben diese Auffassungen ausführlich darlegen muß. Im übrigen war diese Art der "indirekten Information" durch apologetische Schriften (und Predigten) im 18. Jahrhundert sehr geläufig: Die von Amts wegen mit einer Lektüreerlaubnis (*licencia*) ausgestatteten Prediger und *antifilósofos* widerlegen die in ihren Augen skandalösen Auffassungen der europäischen Aufklärer - und machen sie dadurch erst breiten Kreisen bekannt. Erst in den 90er Jahren wurde dieses Verfahren durch eine Politik des radikalen Verschweigens abgelöst.

Daß die Kenntnis der europäischen Aufklärung im Spanien des 18. Jahrhunderts erheblich umfangreicher war und auch extremere Positionen einschloß, belegt Francisco Sánchez-Blanco in einer Untersuchung zur Rezeption der französischen, englischen und deutschen *philosophes* in Spanien.[16] Aus dieser Untersuchung ergibt sich, daß die Phase der intensiven Rezeption dieser Autoren in Spanien eher vor als während der Herrschaft Karls III. liegt, dessen Lob als aufgeklärter Monarch und Förderer einer die breiten Massen einbeziehenden Aufklärung korrekturbedürftig erscheint. Doch bestätigt die spanische Situation nur die auch in Frankreich, Deutschland oder Österreich seinerzeit hartnäckig vertretene Illusion von der Notwendigkeit einer Fürstenaufklärung als der unabdingbaren Voraussetzung für eine - letztlich eher halbherzig angestrebte - Aufklärung des Volkes.

4.4. Die Reichweite der spanischen Aufklärung

Die unbestreitbare Präsenz des europäischen aufgeklärten Denkens im damaligen Spanien darf jedoch über zweierlei nicht hinwegtäuschen. Dieses Denken blieb in aller Regel auf kleine Kreise von Gebildeten beschränkt. Es war zwar

---

[16] Wie F. Sánchez-Blanco in einer noch unveröffentlichten Arbeit gezeigt hat, war in Spanien damals das gesamte französische und besonders auch das englische aufgeklärte Denken bekannt: es umfaßte Bacon, Locke, Hobbes, Sydenham, Newton, Derham, Boyle, Shaftesbury ebenso wie Helvétius, La Mettrie, Condillac und Holbach. Naturrecht, Tugend, Nützlichkeit und Glück waren - auf dem Hintergrund eines Skeptizismus, Deismus oder eines - zumindest praktischen - Atheismus auch zentrale Kategorien der spanischen Aufklärer.

möglich, das neue Denken zur Kenntnis zu nehmen, es war jedoch nicht möglich, dieses Denken öffentlich zu diskutieren und es in einen kritischen Dialog mit dem traditionellen, verkrusteten Denken der alles beherrschenden Scholastik einzubringen. So mancher Professor soll damals im Privaten Newton gelesen haben; auf dem Lehrstuhl und öffentlich vertrat er jedoch weiter die offiziell approbierten Lehren des scholastisch interpretierten Aristoteles.[17] Wie J. Habermas für das 18. Jahrhundert dargelegt hat, ist das Zustandekommen einer kritischen Öffentlichkeit, in der prinzipiell alles von jedermann diskutiert werden kann, die Bedingung für das gesellschaftliche Wirksamwerden des aufgeklärten Denkens. Diese Öffentlichkeit bildete sich in England und Frankreich heraus; sie wurde in Spanien trotz einiger Ansätze etwa im Entstehen einer Zeitschriftenliteratur durch staatliche Zensur, Inquisition und die daraus resultierende Selbstzensur der Autoren weitgehend verhindert oder in den fast gänzlich privaten Bereich der *tertulias* und Freundeskreise abgedrängt. In ihnen herrschte eine auf das gesprochene Wort begrenzte mündliche Öffentlichkeit, die sich jedoch nicht in eine schriftliche Öffentlichkeit verwandeln konnte, über die allein eine wirkliche Breitenwirkung zu erreichen ist. Gleiches gilt für die zahlreichen *sociedades de amigos del país*, die als Transmissionsriemen zwischen Theorie und Praxis der Aufklärung konzipiert und vom Königtum gefördert wurden. In ihnen wurden Reformprojekte von der Land- und Strafrechtsreform bis hin zu Detailfragen der Industrieproduktion und des Ackerbaus behandelt. Bezeichnenderweise war jedoch das "Volk" aus diesen *sociedades* ausgeschlossen (Abellán III, S. 733-747).

Ein Blick auf den längst noch nicht hinreichend analysierten Büchermarkt der Zeit illustriert das Fehlen einer wirklichen literarischen Öffentlichkeit in Spanien: selbst die auf Divulgation angelegte Presse gelangte bei den einzelnen Zeitschriften nicht über Auflagen von 300 bis 500 Exemplaren hinaus. In ganz Spanien gab es um 1760 kaum 180, z.T. äußerst bescheidene Buchhandlungen, weniger als zur gleichen Zeit allein in der französischen Hauptstadt Paris. Bezeichnend ist auch, daß im Spanien des 18. Jahrhunderts nicht eines jener zahllosen Nachschlagewerke vollständig übersetzt, adaptiert oder neu verfaßt wurde, die wie PierreBayles *Dictionnaire historique et critique* (1696/97), Diderots und d'Alemberts *Encyclopédie* (1751-1780) oder Panckouckes *Encyclopédie méthodique* (1781ff.) so unendlich viel zur Verbreitung des aufgeklärten Denkens und seiner praktischen Verwendbarkeit beigetragen haben.

Dennoch wäre es falsch zu behaupten, Spanien habe im 18. Jahrhundert das Rendez-vous mit der Moderne verpaßt. Diese Begegnung hat durchaus stattgefunden. Ihre möglichen Folgen wurden jedoch durch den Unabhängigkeitskrieg und das ultrakonservative Regime Ferdinands VII. wieder zunichte gemacht.

Im folgenden sei nun die spanische Literatur des 18. Jahrhunderts, nach Gattungen getrennt, vornehmlich im Hinblick auf ihre Teilhabe am Denken der Aufklärung dargestellt.

---

[17] So berichtet es José Cadalso in der 78. seiner *Cartas Marruecas* (1774).

Prosa und Essayistik

1. Der Neubeginn im Denken und in der Literatur Spaniens zu Anfang des 18. Jahrhunderts. Das Werk des P. Feijoo.

Im Jahre 1726 veröffentlicht der Benediktinermönch Benito Jerónimo Feijoo (1676-1764) den ersten Band seines *Teatro Crítico Universal*: Nichts scheint dieses Werk vorbereitet zu haben; seine erstaunlich moderne Sprache ist weit entfernt von der konzeptistischen Prosa eines Quevedo oder Gracián die Dinge und nicht mehr die Worte stehen hier im Vordergrund; in Spanisch und nicht mehr in Latein werden für ein breites Publikum (fast) alle Gegenstände behandelt, auch solche, die sich bis dahin die jeweiligen Spezialisten (Theologen, Philosophen, Mediziner, Bibliographen) als ihr 'Insider-Wissen' vorbehalten hatten. Dennoch ist die noch häufig formulierte These, Feijoos Werk sei ein unvermittelt in Erscheinung tretender Monolith in der kulturellen Wüste der ersten Jahrzehnte des 18. Jahrhunderts, unzutreffend. Es ist sicherlich zutreffend, daß seit dem Tod Calderóns (1681), vielleicht auch schon ein bis zwei Jahrzehnte früher, das literarische Leben in Spanien stark verödet war. Auch der - wie alle Bürgerkriege besonders unheilvolle - Erbfolgekrieg (1700-1714) hatte die spanische Kultur gewiß nicht gefördert. Und dennoch ist Feijoos *Teatro Crítico* kein totaler Neuanfang, sondern eher die Zusammenfassung einer geistigen Neuorientierung, die früher eingesetzt hatte und die Feijoo zu vulgarisieren bestrebt war. Das zeigt bereits seine bewußt schlichte, auf Kommunikation angelegte Sprache, die nichts mehr mit der absichtlich dunklen Sprache des Barock zu tun hat. Bezeichnenderweise strebte aber auch die 1713 gegründete Real Academia de la Lengua nach diesem Ziel, wie ihr Lema zeigt: "Limpia, fija, da esplendor". Ihre Arbeit schlug sich in dem heute noch sehr nützlichen *Diccionario de Autoridades* (1726-39) nieder, der die barocken Sprachformen nochmals umfassend aufnimmt und anhand von 'Autoritäten' belegt, aber sie gerade dadurch auch als historisch überwunden darstellt.[18]

Im wissenschaftlich-philosophischen Bereich hatten die sogenannten *novatores* einen Neuansatz vollzogen. Sie brachten zwischen 1680 und 1720 Spanien mit dem damaligen neuen, v.a. französischen Denken in Kontakt: mit Gassendis und Maignans Atomismus, Descartes' Rationalismus, mit einem zunehmenden Empirismus in den Naturwissenschaften, v.a. in der Medizin. Insgesamt orientierten sie das gesamte Wissen im Sinne einer umfassenden Laizisierung und Säkularisierung, befreiten es aus der Bevormundung durch die Theologie, ohne diese selbst in Frage zu stellen. Wie überall in Europa vollzog sich hier eine vorsichtig formulierte Abkehr von einem metaphysisch-religiös dominierten zu einem physikalisch-experimentellen Wissen, ohne daß der letztlich unvermeidliche Konflikt zwischen Glauben und Wissen sofort ausgebrochen wäre.[19] Das neue Wissen wurde in privaten Zirkeln und Akademien außerhalb der offiziellen

---

[18] Ein Nachdruck des *Diccionario de Autoridades* ist bei Gredos erschienen: Madrid 1964, 3 Bde.

[19] Vgl. Abellán, J.L., *Historia crítica del pensamiento español*, Bd. III., S. 283ff.

Schulen und Universitäten gepflegt, entwickelt, diskutiert: Diego Mateo Zapata (1664-1745) und seine *Verdadera Apología en Defensa de la Medicina racional, filosófica* (1690), die philosophischen Schriften von Luis de Losada (1681-1748) und Tomás Vicente Tosca (1651-1723) oder die medizinisch-wissenschaftstheoretischen Schriften von Martín Martínez (1684-1734) wie seine *Filosofía Escéptica* (1730) bedeuteten einen tiefen Bruch mit dem traditionellen, aristotelischen Denken der Scholastik, deren Vertreter wie der P. Francisco Palanco (1657-1720) oder Juan Martín de Lesaca sich dem neuen Denken in heftigen Polemiken mit umfangreichen Werken und einer globalen Verteidigung der Scholastik und des aristotelischen Hylemorphismus entgegenstellten. Feijoos erstes gedrucktes Werk ist ein Beitrag zu diesen Polemiken: die *Carta apologética de la Medicina Escéptica del Doctor don Martín Martínez* (1725). Der hier verteidigte Sevillaner Arzt sollte seinerseits eine Verteidigungsschrift für Feijoo verfassen, als dessen *Teatro Crítico* heftig attackiert wurde.

Feijoos Ansatz unterscheidet sich jedoch von dem der hier genannten, z.T. noch in Latein schreibenden Autoren. Er leistet keine Beiträge mehr zu einem auf einen kleinen Kreis von Gelehrten beschränkten, höchst spezialistischen Fachdisput. Er will breite Leserschichten erreichen und die bei ihnen bestehenden 'Vorurteile' (die 'errores comunes') bekämpfen. Dies geschieht nicht allein um der Wahrheit willen, sondern mit einem utilitaristischen Ziel und der Forderung nach geistig-moralischem und nach wissenschaftlichem Fortschritt. Zu diesem Zweck schreibt er keine langen Traktate, sondern 20 bis 40 Seiten umfassende *discursos*, in denen sich Vorformen des Essays erkennen lassen: eine allgemein verständliche Sprache, eine nachvollziehbare Argumentation ohne lange Zitate aus den sogenannten Autoritäten (auch wenn Feijoo noch recht häufig in die Manie des Zitierens zurückfällt), eine breite, allgemein interessierende Palette von Themen, die mit den verschiedensten literarischen Mitteln von der direkten Anrede des Lesers bis hin zum Einfügen von allerlei Anekdoten auch für den nicht-professionellen Leser anziehend dargestellt werden. Der Erfolg der Schriften Feijoos kannte im Spanien des 18. Jahrhunderts nicht seinesgleichen: mehr als 500.000 Exemplare seiner Werke wurden gedruckt und wohl vom fünf- bis zehnfachen an Lesern rezipiert. Noch 1777-1779 besorgte und finanzierte der bedeutende Staatsmann und Minister Campomanes eine 33-bändige Ausgabe der Werke Feijoos. Nicht weniger als drei verschiedene, in Buchform veröffentlichte *Indices* erschlossen das Gesamtwerk über Sachregister.[20]

Das äußere Leben des Theologieprofessors Feijoo verlief völlig ereignislos in seinem Kloster in Oviedo. Es ist weitgehend identisch mit der Geschichte seines Werks, das er erst im Alter von 50 Jahren zu veröffentlichen begann und über dessen Entstehungsgeschichte wenig bekannt ist.[21] Dieses Werk umfaßt zwei

---

[20] Am praktischsten ist der von J. Santos: *Indice alfabético de las cosas notables que contienen todas las obras de Fray B.J. Feijoo* (1774).

[21] Fast eine kleine Monographie sind Alborgs gut informierte Darlegungen zu Feijoo in seiner *Historia de la literatura española*..., Bd. III, S. 137-205. Die umfassendste Werkausgabe bleiben die 4

große Serien, deren vollständige Titel Feijoos aufklärerisches Grundanliegen erkennen lassen: *Theatro Crítico Universal, ò Discursos varios, en todo género de materias, para desengaño de errores comunes*, (8 Bde. sowie ein Suplemento), Madrid 1726-1740 [*TCU*]; *Cartas eruditas, y curiosas, en que, por la mayor parte, se continúa el designio del Theatro Crítico Universal, impugnando, o reduciendo a dudosas, varias opiniones comunes*, (5 Bde.), Madrid 1742-1760 [*CE*].

Das Ziel der 118 *discursos* und der 163 *cartas* ist der Kampf gegen das Unwissen, genauer gesagt gegen das falsche Wissen der Vorurteile (*errores comunes, opiniones, prejuicios*). Diesem Kampf hatte sich die Aufklärung allenthalben verschrieben, strebt sie doch nach der "Emanzipation des Menschen aus der Welt des geschichtlichen Herkommens, d.h. nach der Befreiung von allen Autoritäten, Lehren, Ordnungen, Bindungen, Institutionen und Konventionen, die der kritischen Prüfung durch die autonome menschliche Vernunft nicht standzuhalten vermögen, sich der Einordnung in ihr gesetzmäßiges System entziehen und sich infolgedessen als Aberglauben, Vorurteil, Irrtum etc. erweisen".[22] Ziel einer solchen Erkenntnis- und Wissensanalyse ist die Erziehung des Menschen; sie soll ihm durch neugieriges Forschen die "Wahrheit über Gott, Welt und Mensch" vermitteln,[23] ihn zugleich für das Gemeinwesen nützlich machen (Utilitarismus) und den Staat zum Nutzen und Glück aller von allen traditionellen Mißständen befreien (Reformismus).[24] Konsequenterweise setzt Feijoo im *Teatro Crítico Universal* I,1 mit einer umfassenden Analyse des Irrtums ein ("Voz del pueblo"), dessen vor allem sozialschädliche Folgen er in bunter, doch letztlich um einige große Themengruppen zentrierter Abfolge im *Teatro* und in den *Cartas* immer wieder behandelt: der Kampf gegen alle Formen falschen Wissens, vom volkstümlichen Aberglauben über die Astrologie und den Wunderglauben bis hin zu den Zeitungsenten ("Fábulas gacetales", *TCU* VIII, 5); die Grundlagen des Erwerbs wahren, auf Erfahrung beruhenden Wissens ("El gran magisterio de la experiencia", *TCU* III, 11) und seine Vermittlung in einem zu reformierenden Universitätssystem; medizinische Fragen; das 'Spanienproblem', wobei Feijoo nachdrücklich auf den Rückstand Spaniens gegenüber dem aufgeklärten Europa hinweist, zugleich aber betont, daß die Spanier keineswegs aufgrund ihres angeblichen Nationalcharakters oder einer nur theologischen Begabung vom

---

Bde. der BAE, bis die neue von Caso González edierte kritische Ausgabe der *Obras completas* erschienen sein wird. Bislang liegt nur Bd. 1 (eine systematische Bibliographie der Werke Feijoos sowie der gesamten Schriften um und über ihn bis 1980) vor. Oviedo 1981 (*Colección de Autores Españoles del Siglo XVIII*, 1-I).

[22] Brunner, O. u.a. (Hg.), *Geschichtliche Grundbegriffe. Historisches Lexikon zur politisch-sozialen Sprache in Deutschland*, 3 Bde., Stuttgart 1972, hier Bd. 1, "Aufklärung", S. 245.

[23] Ebda., S. 245.

[24] Vgl. Maravall, José Antonio, "La idea de la felicidad en el programa de la Ilustración", in: *Mélanges offerts à Charles Vincent Aubrun*, Edition établie par Haïm Vidal Sephiha, Bd. I, Paris 1975, S. 425-462.

modernen Wissen ausgeschlossen sind;[25] Fragen der Ästhetik, u.a. zur Kirchenmusik ("Música de templos", *TCU* I, 1; "El no sé qué", VI, 12); politisch-soziale Reformvorstellungen im Sinne der Physiokraten; Überlegungen zu einer positiveren Stellung der Frau ("Defensa de las mujeres", *TCU* I, 16).

Wie besonders *CE* II, 16 ("Causas del atraso que se padece en España en orden a las ciencias naturales") zeigt, verteidigt er gegenüber der sklerosierten, aristotelischen Scholastik das moderne empirisch-rationalistische Denken eines Bacon, Newton und Descartes und fordert die Entwicklung eines säkularen, theologiefreien wissenschaftlichen Bereichs, indem er sich gegen die unbegründete Furcht wendet, "de que las doctrinas nuevas traigan en materia de filosofía algún prejuicio a la religión". So stellt sich auch der Mönch Feijoo entschieden gegen eine Bevormundung allen Wissens durch die Theologie, ohne jedoch an der Religion als solcher die geringste Kritik zu üben. Dieser fideistischen Grundhaltung entsprach, wie Feijoos Ernennung zum Ratgeber Ferdinands VI. belegt, der generellen Sicht der damaligen Führungseliten.

Auch literarisch ist Feijoo durchaus neue Wege gegangen. Die essayartigen *discursos* des *TCU* brachen mit der Tradition der schwer lesbaren, nur an Fachleute gerichteten Traktatliteratur; die noch knappere Form des in aller Regel fiktiven Briefs der *CE* gab dem Leser die Illusion der unmittelbaren Teilnahme an einer Diskussion. Sie ermöglichte es andererseits Feijoo, rasch die Gegenstände zu wechseln und eher persönlich gefärbte, als strikt deduzierte und belegte Antworten zu geben und umstrittenere, gefährlichere Themen anzuspielen, wie das "Systema Copernicano" (*CE* III, 20).

Selbst wenn Feijoos noch stark dem barocken Enzyklopädismus verhaftete Wissen heute in vielen Details veraltet erscheint, so sind seine historische Stellung und sein intellektueller Verdienst doch unbestritten, wie dies bereits 1786 hellsichtig formuliert wurde:

> Las obras de este sabio produxeron una fermentacion útil; hicieron empezar á dudar; dieron á conocer otros libros muy distintos de los que habia en el país; excitaron la curiosidad; y en fin abrieron la puerta á la razón; que antes habian cerrado la indolencia, y la falsa sabiduria. (J. Sempere y Guarinos, *Ensayo* III, 24.)

Das gleiche gilt für die heftigen Polemiken, die besonders das *TCU* auslöste. Zu seinen zahlreichen traditionalistischen Gegnern gehörten u.a. Torres Villarroel, Mañer und der Franziskaner Soto y Marne. Zu seinen Verteidigern zählten neben Martín Martínez, den PP. Isla und Flórez vor allem sein Ordensbruder und Freund, der P. Martín Sarmiento (1695-1771), der mit seiner *Demonstración crítico-apologética* (1732) auf Mañers *Anti-Theatro Crítico* (1729-31) antwortete. Die zum Teil gehässigen Streitereien[26] vergingen, das in ihnen dargelegte und verwandte Wissen aber blieb. "Esta guerra literaria fue útil", stellte Sempere daher

---

[25] Kluge Überlegungen wie im *TCU* II, 15 ("Mapa intelectual y cotejo de naciones") wechseln auch hier mit z.T. unkritischen Kompilationen wie in den rein apologetischen *Glorias de España* (*TCU* IV, 13-14).

[26] Soto y Marne etwa brachte Feijoo in Häresieverdacht; dieser antwortete darauf sehr heftig in der *Justa repulsa de inicuas acusaciones* (1749).

zu Recht fest. Wenn Ferdinand VI. dennoch 1748 jegliche Polemik gegen das Werk Feijoos verbot, so zeugt dies von der Hochschätzung des Autors bei der Staatsführung. Das Verbot zeigt aber auch, wie gering diese immer noch eine wirkliche (literarische) Öffentlichkeit als Voraussetzung für die geistige und materielle Entwicklung des Landes einschätzte.

2. Die Wiederentdeckung der spanischen Vergangenheit

Eine analoge Leistung wie Feijoo, doch mit weit weniger vulgarisierenden Zielsetzungen und dem Nachdruck nicht auf den Natur-, sondern den Geisteswissenschaften, vollbrachte in Valencia Gregorio Mayans y Siscar (1699-1781).[27] Auch er erkennt - im Gegensatz zu den Traditionalisten - die desolate geistige Situation Spaniens an. Sein Streben nach einer Erneuerung des Landes, das dem der Erasmisten des 16. Jahrhunderts ähnelt, versteht sich jedoch nicht als Fortschritt, sondern als Restauration jenes besseren Spaniens des Mittelalters und des 16. Jahrhunderts, das jetzt erstmals als Siglo de Oro interpretiert wird.[28] Habgier und krasse Ignoranz der für das geistige Leben Verantwortlichen, d.h. aus Mayans' Sicht des Klerus, haben Spanien verkommen lassen. Als Philologe und Historiker bemüht er sich, durch Rückkehr zu den Quellen und ihre kritische Sichtung die Ursprünge der zeitgenössischen Mißstände offenzulegen. Eine Neubesinnung der verweltlichten Kirche und eine Erneuerung der Erziehung sind daher unmittelbare Hauptforderungen. Beides zielt auf eine geistige, nicht auf eine unmittelbare utilitaristische Aufklärung und Reform wie bei Feijoo. Eine schlichte, bibelnahe Predigt und Frömmigkeit propagiert Mayans antibarocker *Orador cristiano* (1733); einer Erziehung fern aller Scholastik dient seine *Retórica* (1757), die zugleich eine hervorragende Anthologie der spanischen Prosa ist.

Angeregt von den historiographisch-philologischen Arbeiten von Mayans oder parallel zu ihnen, unternahm es eine große Anzahl von Autoren mit dem fortschreitenden Jahrhundert, Spanien, seine Kunstgeschichte und seine Literatur wiederzuentdecken, auch wenn sie dabei häufig eher von apologetischen und weniger von unmittelbar politisch-reformerischen Absichten geleitet wurden. Francisco Cerdá y Rico (1739-1800) gab spanische Klassiker von Jorge Manrique bis Lope de Vega neu heraus; Tomás Antonio Sánchez (1723-1802) veröffentlichte vier Bände einer *Colección de Poesías Castellanas anteriores al Siglo XV* (1779-1790), in der das *Poema del Cid* als erstes Werk der mittelalterlichen europäischen Epik überhaupt im Druck erschien; die Literaturgeschichte Spaniens stellte als erster Luis José Velázquez de Velasco (1722-1772) in seinen *Orígenes*

---

[27] Vgl. Mestre, Antonio, *Ilustración y reforma de la Iglesia. Pensamiento político religioso de don Gregorio Mayans y Siscar* (1699-1781), Valencia 1968. Mestre gibt auch die *Obras completas* von Mayans heraus (1983ff.).

[28] Vgl. Lopez, Fr., "Comment l'Espagne éclairée inventa le Siècle d'Or", in: *Hommage des Hispanistes Français à Noël Salomon, publié par les soins de la société des Hispanistes Français*, Barcelona 1979, S. 517-525.

de la Poesía Castellana (1754)[29] dar, ein früher Versuch, den die Brüder Pedro und Rafael Mohedano mit ihrer monumentalen *Historia literaria de España*, 10 Bde. (1766-1791), viel umfassender ausführen wollten, der jedoch in der Römerzeit bei Lukan steckenblieb. Francisco Xavier Llampillas' *Saggio storico-apologetico della Letteratura Spagnola* (1778-1781; span. 1789) verteidigt die spanische Literatur vor dem Vorwurf, schuld am Niedergang der italienischen im 16. und 17. Jahrhundert zu sein, während der wie Llampillas als Jesuit aus Spanien vertriebene Juan Andrés (1740-1817) erstmals eine Weltgeschichte der 'Literatur' im weitesten Wortsinn (einschließlich der Mathematik) entwirft,[30] in der auch die Aufmerksamkeit auf die Rolle der Araber im europäischen Mittelalter gelenkt wird. Als Vertreter des Neoklassizismus verwirft Juan Andrés das Theater von Lope de Vega und Calderón ebenso wie das von Shakespeare wegen seiner 'Unregelmäßigkeit'. Hingewiesen sei noch auf die 29 Bände der *España sagrada o Theatro geográfico-histórico de la Iglesia de España* (1742-1772) des Augustinermönchs Enrique Flórez (1702-1773), die in der Folgezeit auf 51 Bände erweitert wurden, sowie den *Viaje por España* (2 Bde, 1772-73, 18 Bde. 1784-94) aus der Feder von Antonio Ponz (1725-92), zwei Werke, die aufgrund von Autopsie den architektonischen und künstlerischen Reichtum eines auch den Spaniern selbst 'unbekannten Landes' erschlossen. Allerdings vertrat Ponz einen ausgesprochen neoklassizistischen Geschmack, was die Verurteilung der Gotik und des Barock zur Folge hatte.

3. Das Aufkommen eines Pressewesens in Spanien

Zu einem wichtigen Medium für die Propagierung des aufgeklärten Denkens wurde - in der Nachfolge europäischer, besonders englischer und französischer Vorbilder - die *prensa periódica*, die Zeitschriftenpresse, die sich seit etwa 1750 stärker entfaltete, bis sie am 25.2.1791 durch Floridablanca abrupt und generell verboten wurde, weil die politische Führung ängstlich fürchtete, die Presse könne zum Propagandainstrument des Geistes der Französischen Revolution werden und auch in Spanien einen Aufstand auslösen.

P.-J. Guinard[31] hat für den Zeitraum 1737-1791 etwa 90 verschiedene Zeitschriften erfaßt, die allerdings zum Teil äußerst kurzlebig waren, nur wenige Nummern umfaßten, von lediglich einem Autor verfaßt wurden oder kaum eine Verbreitung außerhalb Madrids erlangten. Nur mit Einschränkungen kann daher von der spanischen Presse der Aufklärungszeit als Ort einer literarischen und wissenschaftlichen Öffentlichkeit gesprochen werden. Die Zahl der Abonnenten

---

[29] Das Werk wurde 1769 von J.A. Dieze als Geschichte der spanischen Dichtkunst in einer deutschen Übersetzung herausgegeben, die (aufgrund zahlreicher Anmerkungen und Erweiterungen nützlicher als das spanische Original) zum ersten viel benutzten 'Handbuch' der spanischen Literaturgeschichte wurde.

[30] Der Titel der weitverbreiteten spanischen Übersetzung lautet: *Origen, progresos y estado actual de toda la literatura*, 10 Bde, 1784-1806.

[31] *La Presse Espagnole de 1737 à 1791. Formation et signification d'un genre*, Paris 1973.

lag in der Regel kaum über 300.³² Doch stellt Sempere y Guarinos aus der Sicht des Zeitgenossen fest:

> Para los progresos de las ciencias y las letras, ó á lo menos para la mayor y más rápida extensión de sus conocimientos, han contribuido mucho en estos últimos tiempos los Papeles periódicos. (*Ensayo* IV, 176.)

Vorzüge der Presse, so führte er aus, sind die Kürze der Beiträge, die damit neue Leserschichten erreicht - jenseits der *clase de profesores*, des engen Kreises der traditionellen Verwalter eines zum Selbstzweck erstarrten Wissens. Die Zeitschriften wollten demgegenüber eher ein nützliches, gegenwartsbezogenes Wissen und seine Praxis vermitteln und neue Wissensquellen erschließen, insbesondere das Schrifttum des europäischen Auslands. Die einzelnen Zeitschriften vertraten dabei grundsätzlich recht verschiedene Konzepte. Das *Diario de los literatos de España* (7 Bde; 1737-42) verstand sich als wissenschaftliches Rezensionsorgan, das v.a. spanische Bücher aus allen Wissenssparten besprach und kritisierte, grundsätzlich fortschrittlich eingestellt war und im Bereich der Literatur den Spätbarock bekämpfte. Die *Memorias para la historia de Ciencias y Bellas Letras* (1752) berichteten demgegenüber vor allem über ausländische Veröffentlichungen, waren sie doch im wesentlichen eine Übersetzung des jesuitischen *Journal de Trévoux*. Ähnliches gilt für den *Correo literario de Europa en el que se da noticia de los libros nuevos, de las invenciones y adelantamientos hechos en Francia y otros reinos extranjeros* (1781-87). Andere Zeitschriften waren demgegenüber als eine Art Anthologie konzipiert, die ältere seltene Texte publizierten wie der *Cajón de sastre* (1760-61). Ein weiterer, dritter Typus stellte sich als reine Meinungspresse dar. Dies trifft für die beiden wohl bedeutendsten Zeitschriften des spanischen 18. Jahrhunderts zu, den *Pensador* und den *Censor*.

Der erste wirkliche Berufsjournalist in Spanien war Francisco Mariano Nipho (1719-1803), der nacheinander 15 Zeitschriften ins Leben rief. Darunter befindet sich auch das *Diario Noticioso, curioso-erudito y comercial, público y económico*, die erste spanische Tageszeitung, die als *Diario de Madrid* bis 1918 fortgeführt wurde. Der unermüdliche Nipho, der für Spanien die Zeitungsreklame, das Subskriptionsverfahren und den Straßenverkauf erfand, kritisierte in seinen Zeitschriften in satirischer Form das Denken der Aufklärung und zeigt so, daß die Presse auch rasch zum Sprachrohr eines eher konservativen Denkens wurde.³³ Literarisch gehört er zu den Verteidigern des traditionellen Theaters, besonders der *autos sacramentales*. Mit seinem *Pensador cristiano* (1763), der im wesentlichen eine Übersetzung aus dem Italienischen ist, stellte er sich gegen den *Pensador*, den J. Clavijo y Fajardo (1730-1806), das ferne Vorbild des *Clavigo* Goethes, 1762 gegründet hatte und dessen Seiten er bis 1767 als alleiniger Autor füllte. In

---

[32] Vgl. Herr, R., *España y la revolución del siglo XVIII*..., S. 161f. Dort wird die Presse zusammen mit den *Sociedades económicas* und der Universitätsreform zu den drei großen 'conductos de la Ilustración' gezählt, Kap. 6, S. 129ff. Eine vollständige Titelbibliographie liefert Fr. Aguilar Piñal, *La prensa española en el siglo XVIII. Diarios, revistas y pronósticos*, Madrid 1978. Eine Liste der wichtigsten Zeitschriften findet sich bei W. Krauss, *Die Aufklärung in Spanien*..., S. 188-189.

[33] Vgl. Enciso Recio, L.M., *Nipho y el periodismo español del siglo XVIII*, Valladolid 1956.

den insgesamt 86 als *pensamientos* bezeichneten, umfangreicheren Artikeln der Zeitschrift polemisiert Clavijo höchst satirisch und im Geist der Aufklärung gegen den unwissenden Klerus, gegen den müßiggängerischen Adel, gegen oberflächliches Wissen und - im Bereich der Literatur und Ästhetik fußend auf Luzáns *Poética* und der neoklassizistischen Poetik - gegen die barocke *comedia* des Siglo de Oro, so wie sie im 18. Jahrhundert fortlebte, und gegen das *auto sacramental*, dessen Verbot durch den König im Jahre 1765 im wesentlichen auf seinen Angriffen gegen dieses barocke Genus basiert, dem er vorwarf, es sei für das breite Publikum unverständlich und verdanke seine Anziehungskraft nur einer überaus aufwendigen und unnötig kostspieligen Aufführungstechnik, die nichts zur religiösen Erbauung der Zuschauer beitrage, sondern im Gegenteil durch Tanz- und Gesangseinlagen in den Zwischenspielen die Religion profaniere.

Der bedeutendste, mit seiner scheinbaren Naivität und seiner sarkastischen Ironie selbst einem Voltaire bisweilen kaum nachstehende Journalist der spanischen Spätaufklärung ist zweifelsohne Luis Cañuelo, dessen *Censor* von 1781 bis 1787 in 167 *discursos* - allerdings mit einigen zensurbedingten Unterbrechungen - erschien.[34] Nach dem endgültigen Verbot der Zeitschrift wurde Cañuelo von der Inquisition verurteilt. Wie Olavide sollte sich aber auch er aufgrund der revolutionären Entwicklung in Frankreich nach 1800 zum ausgesprochenen Gegenaufklärer entwickeln.[35] Hauptzielscheiben seines Spotts sind der müßiggängerische Adel und der ignorante Klerus, die beide ihren Reichtum nicht dem Staat nützlich zu machen wissen. Ihnen gegenüber preist er die Arbeit der einfachen Leute und nimmt in der damals hart umstrittenen Frage des Luxus für diesen Stellung, sofern er Handel und Gewerbe fördert. Im Sinne Beccarias plädiert er für ein humaneres Strafrecht und die Abschaffung der Folter, dem Klerus hält er in einem der wenigen spanischen utopischen Texte das regalistisch-jansenistische Ideal einer wirklich frommen, weisen und armen Priesterschaft vor (die Ayparchontes der *discursos* LXI und LXXV), die sich der höchsten Achtung des Volkes erfreut. Er polemisiert aber auch gegen die bedingungslosen Verteidiger Spaniens, die wie J.P. Forner Masson de Morvilliers' wenig klugen Anti-Spanien-Artikel in der *Encyclopédie méthodique* (1782) zum Anlaß nahmen, um alles Spanische vorbehaltlos zu preisen. Im *discurso* CXV, der ironischen *Oración apologética por el Africa y sus méritos literarios*, rechnet er scharf mit der theologisch dominierten Vergangenheit Spaniens ab, wenn er schreibt:

> En vano proponemos (sc. gegenüber dem aufgeklärten Europa) los nombres de nuestros teólogos; la ciencia de la religión no es de este siglo, y precisamente han de pasar de bárba-

---

[34] Eine vorbehaltlos positive Sicht Cañuelos und des *Censor* gibt J.F. Montesinos in seinem Vorwort zur Auswahl von *El Censor* (1781-1787), Barcelona 1972; ähnlich positiv ist die Darstellung bei A. Elorza in *La Ideología liberal en la Ilustración española*, Madrid 1970.

[35] Im Nachwort zu seinem Reprint des *Censor* hat J.M. Caso González die rätselhafte Persönlichkeit Cañuelos ebenso behandelt wie die ungeklärte Autorschaft einzelner Beiträge; des weiteren hat er die Frage aufgeworfen, ob der *Censor* nicht eventuell von Karl III. als 'Kampfblatt' unterstützt wurde, das auch gegen radikalere, dem König unerwünschte Positionen der Aufklärung Stellung bezog (Oviedo 1989, S. 777-799).

ras aquellas naciones en que se ha consumido más tiempo, más atencion y más papel en hablar de Dios, y de sus inefables fines.[36]

Cañuelo nimmt durchaus Gedanken Feijoos wieder auf, wenn er feststellt, in Spanien würden die Erfahrungswissenschaften, besonders die Mathematik, zu wenig gepflegt; und das Land müsse eine grundsätzliche Kehre vollziehen, um den Anschluß an das aufgeklärte Europa zu erreichen.

Auf der gleichen Linie wie der *Censor* lag der *Apologista universal*, den der Augustinermönch Centeno 1786 herausgab. Sein Spott über die religiöse Literatur der Zeit brachte auch ihm eine Verurteilung durch die Inquisition ein, ein Vorgang, der Centeno den Verstand verlieren ließ.

Viel nüchterner, doch auch durchaus mit dem Willen des Einwirkens auf politische Entscheidungen, ist das *Semanario erudito* konzipiert, dessen 34 umfangreiche Bände 1787-91 von A. Valladares y Sotomayor veröffentlicht wurden. Das *Semanario* druckte allerdings kaum zeitgenössische Originalbeiträge, sondern in der Regel noch nicht edierte Texte politischen, wirtschaftlichen, historischen und juristischen Inhalts, v.a. aus dem 17. Jahrhundert. Eine seiner Zielsetzungen war die Kritik an den religiösen Orden, besonders an den Jesuiten. Band 30, 1789, enthält wie der *Censor* den Text einer kurzen, eher konservativen Utopie.[37]

Erst nach 1800 erholte sich die spanische Presse wieder. 1802 gründete der Liberale J.M. Quintana eine literarische Zeitschrift, die *Variedades de Ciencias, Literatura y Artes*; im Kontext des Unabhängigkeitskrieges gab er dann ein politisches Blatt heraus, das *Semanario Patriótico* (1808-1812), das zum Sprachrohr des spanischen antinapoleonischen Patriotismus wurde. Da zwischenzeitlich das Prinzip der Öffentlichkeit als Vorraussetzung eines liberalen Staates erkannt war, wurde der Frage der Pressefreiheit in den Verfassungsberatungen in Cádiz (1812) ein breiter Raum gewidmet, die u.a. in Diego Muñoz Torrero (1761-1829) einen Vorkämpfer fand. Die Rückkehr Ferdinands VII. war jedoch gleichbedeutend mit dem endgültigen Untergang der aus dem Geist der Aufklärung geborenen spanischen *papeles periódicos* in Spanien. Erst mit Larra (1809-1837) sollte in den 30er Jahren des 19. Jahrhunderts die kritische spanische Presse neu entstehen.

4. Gebrauchsprosa im Dienst der Aufklärung

Eine gesonderte Darstellung verdient jenes umfangreiche, von der Literaturgeschichtsschreibung i.a. weniger beachtete Schrifttum der *memorias*, *informes*, *discursos*, *ensayos*, *relaciones*, und *viajes*, in denen einzelne, meist der Aufklärung und dem *despotismo ilustrado* als Minister, Beamte oder Abgesandte verbundene Autoren ihre Erkenntnisse und Auffassungen zu Problembereichen der spanischen und spanisch-amerikanischen Gesellschaft und Wirtschaft darlegen. Ihnen gemeinsam ist, daß es sich in vielen Fällen um Auftragsarbeiten handelt und daß

---

[36] *El Censor*, S. 761.

[37] Der - anonyme - Text wurde neu herausgegeben von Pedro Alvarez de Miranda, *Tratado de la Monarquía columbina (Una utopía del siglo XVIII)*, Madrid 1980.

sie oft erst Jahrzehnte nach ihrer Entstehung veröffentlicht, z.T. sogar bis heute nicht gedruckt worden sind. Es handelt sich häufig um geheime Informationen für die inneren Machtzirkel, deren Kenntnisnahme durch eine breitere Öffentlichkeit als gefährlich angesehen wurde. So wurde der umfassende Bericht unterdrückt, den Jorge Juan und Antonio de Ulloa über eine Amerikareise (1735-1746) anfertigten, die sie im Auftrag des Königs durchgeführt hatten. Zu deutlich zeigten sie die Mißstände in der staatlichen und kirchlichen Verwaltung Amerikas. Das Werk erschien erstmals 1826 in London mit dem Titel *Noticias secretas de América*. Es sollte von England aus die spanisch-amerikanische Unabhängigkeitsbewegung fördern: *Sacadas a luz para el verdadero conocimiento del gobierno de los españoles en la América meridional, por Don David Barry*.[38] Ein ähnliches Schicksal hatten die Schriften von José del Campillo (1693-1742), des Indienministers Philipps V. Sein zu den Schriften der *proyectistas*[39] zählendes Werk *Nuevo sistema de Gobierno para la América*, das 1742 entstand, wurde erst 1789 veröffentlicht als Replik auf die Vorwürfe v.a. Diderots, der in seinen Zusätzen zu Raynals *Histoire des Deux Indes* (^{3}1780) den Spaniern vorgeworfen hatte, sie wüßten noch nicht einmal über ihre eigenen Kolonien Bescheid.[40]

Zumindest teilweise anders verhielt es sich mit den Reformschriften des Conde de Campomanes (1723-1803), der als Minister Karls III. seinen *Discurso sobre el fomento de la Industria popular* 1774 in hoher Auflage über die *Sociedades de Amigos del País* hatte verteilen lassen. Direkt nach seiner Entstehung veröffentlicht wurde auch der *Informe en el expediente de Ley Agraria* (1795) von Gaspar Melchor de Jovellanos (1744-1811), in dem dieser eine tiefgreifende Landreform, besonders die *desamortización* der Majorate und des kirchlichen Landbesitzes forderte. Veröffentlicht wurde gleichfalls seine *Memoria para el arreglo de la policía de los espectáculos y diversiones públicas y sobre su origen en España* (1796), in der er die *comedia* des Siglo de Oro als unmoralisch verurteilt und eine Theaterreform im Sinne des Neoklassizismus fordert.[41]

5. Cadalso, das Spanienproblem und die Folgen

Innerhalb dieser bald empirisch nüchternen, bald polemisch aggressiven Literatur zum 'Spanienproblem' findet sich im Grunde nur ein literarisch wirklich

---

[38] In Spanien erschien das hervorragend informierte Werk zuerst 1918. Es liegt jetzt in einer kritischen Ausgabe von Luis J. Ramos Gómez (Madrid 1985) vor. Veröffentlicht wurden dagegen die bedeutenden, rein wissenschaftlichen, v.a. geographischen Arbeiten von Juan und Ulloa. Weitere spanische (Forschungs-) Reisen sind dargestellt bei F. del Pino (Hg.), *Ciencia y contexto histórico nacional en las expediciones ilustradas a America*, Madrid 1988 (= Sondernummer der *Revista de Indias* 1987).

[39] Begriff und Schrifttum erörtert P. Alvarez Miranda, "«Proyectos» y «Proyectistas» en el siglo XVIII español" in: *RAE* 65, 1985, S. 409-429.

[40] Diese lange und folgenreiche Polemik ist dargestellt bei M. Tietz, "Diderot und das Spanien der Aufklärung", in: Titus Heydenreich (Hg.), *Denis Diderot*, Erlangen 1984, S. 127-150.

[41] Dieses (z.T. auch weiterhin unveröffentlichte) Schrifttum hat P. Aullón de Haro knapp skizziert: *Los géneros ensayísticos en el siglo XVIII*, Madrid 1987 (Historia crítica de la Literatura Hispánica 14).

gelungenes Werk, die *Cartas Marruecas* von José de Cadalso (1741-1782). Sie wurden 1772 verfaßt, erschienen postum zunächst 1789 als 'Serie' im *Correo de Madrid* und 1793 schließlich als Buch. Nach kleineren Satiren, in denen Cadalso eine oberflächliche 'Aufklärung à la mode' der Lächerlichkeit preisgibt, so in den *Eruditos a la violeta* (1772), und nach einer bis vor kurzem unveröffentlicht gebliebenen Replik auf das europäische Bild von einem rückständigen, klerikalen, unwissenden Spanien als dem vollkommenen Gegenbild der Aufklärung,[42] entwirft er in seinen viel gelesenen *Cartas* ein geistvoll-ironisches Panorama der problematischen spanischen Realität und des *carácter nacional*. Das von Montesquieus *Lettres persanes* und Goldsmiths *The Citizen of the World* inspirierte Werk entstand zwischen 1768 und 1774; es handelt sich um 90 fiktive Briefe zwischen dem Marokkaner Gazel Ben-Aly, der sich im Gefolge der Botschaft seines Landes in Madrid befindet, und seinem früheren Lehrer Ben-Beley sowie dem Spanier Nuño Nuñez, der Gazel in der spanischen Gesellschaft begleitet. Mit der verfremdenden 'Sicht des Anderen' werden die spanischen Sitten und Denkweisen ganz im Sinne der Aufklärung als 'Vorurteile' enthüllt und durchleuchtet. Im Mittelpunkt der Kritik stehen das traditionelle ineffiziente Unterrichtswesen, die scholastische Philosophie, die mangelnde Förderung der Wissenschaften, der unnütze Adel, die Vernachlässigung des Ackerbaus, der Aberglaube und die Tendenz der seinerzeitigen Spanier, sich auf den Heldentaten der Vergangenheit auszuruhen, statt sich Neuem zu öffnen. Zweifelsohne sind die *Cartas Marruecas* auch ein Dialog mit der europäischen Aufklärung. Cadalso, der mit dem französischen und dem englischen Denken der Zeit gut vertraut war, ist jedoch nicht bereit, dessen globale und häufig wenig informierte Verurteilung Spaniens hinzunehmen. Er ruft die Spanier zur besseren Kenntnis ihrer Geschichte auf, verteidigt sein Land auf der Basis eines durchaus kritischen Patriotismus (so in der Frage der spanischen Grausamkeit bei der Eroberung Amerikas in Brief IX), weist auf die Notwendigkeit umfassender Reformen hin und fordert die Beschäftigung mit den positiven, nicht theologischen Wissenschaften, eine Ethik der Arbeit und der Nützlichkeit sowie eine politische und ästhetische Orientierung an der Renaissance, der Epoche der *Reyes Católicos* und eine Abkehr vom Barock des 17. Jahrhunderts und der Dekadenz der Habsburger seit Philipp II.[43] Cadalsos Werke, die in vielen Auffassungen die Gemeinplätze ihrer Zeit spiegeln, sie jedoch in pointiert knapper und ironisch distanzierter Form zu formulieren verstehen, sind fern vom blinden Patriotismus jener Berufsapologeten, wie er sich in dem von der europäischen Aufklärung so vielfach geschmähten Spanien besonders seit dem Spanienartikel von Masson de Morvilliers in der *Encyclopédie méthodique* immer häufiger manifestierte. Masson hatte behauptet, Spanien habe im Grunde seit Jahrhunderten nichts zur europäischen Kultur beigetragen. Noch das immense literarische Werk von M.

---

[42] Vgl. Mercadier, Guy (Hg.), *Defensa de la nación española contra la Carta Persiana LXXVIII de Montesquieu, texto inédito, por José de Cadalso*, Toulouse 1970.

[43] Die umfassendste deutschsprachige Darstellung der *Cartas* gibt H.-J. Lope, *Die Cartas Marruecas von José Cadalso...*

Menéndez Pelayo (1856-1912) ist der Versuch, diese abstruse, doch in Spanien überaus ernstgenommene These zu widerlegen.

Unter den unmittelbaren, zeitgenössischen - z.T. vom König bezahlten - Verteidigern Spaniens nimmt Juan Pablo Forner (1756-1797) eine besonders herausragende Stellung ein. Seine *Oración apologética por la España y su mérito literario* (1786) ist eine bedingungslose Verteidigung des traditionalistischen Spaniens und seiner Literatur. Obwohl durchaus einem (religiös) aufgeklärten Denken verbunden, wie seine *Reflexiones sobre el modo de escribir la Historia de España* (1787) zeigen, hat sein stark apologetischer Ansatz und sein Insistieren auf dem genuin Spanischen eine letztliche Abkehr vom innovierenden Denken der europäischen, speziell der französischen Aufklärung zur Folge.[44] Der Bruch zwischen Spanien und dem aufgeklärten Europa verstärkt sich mit der Französischen Revolution (1789), den Schrecken der Terreur und der Hinrichtung Ludwigs XVI. (1793). Es sind besonders spanische Autoren wie der Exiljesuit L. Hervás y Panduro (1735-1809), dessen materialreiche sprachwissenschaftliche Arbeiten von W. von Humboldt verwandt wurden, die, von diesem apologetischen Schrifttum ausgehend, die Mythen für das reaktionäre Denken der europäischen Restauration liefern. In seinen - 1794 entstandenen, doch erst 1807 endgültig veröffentlichten - sehr erfolgreichen *Causas de la Revolución de Francia en el año de 1789* vertritt Hervás die - abwegige - These, die Revolution sei das Ergebnis einer langfristigen Verschwörung der *philosophes*, deren Ziel es gewesen sei, durch Appell an die niedrigsten Instinkte des Pöbels die einzig heilbringenden Ordnungsmächte - den monarchischen Staat und die katholische Kirche - zu zerstören, um so die Welt dem Bösen zu anheimzugeben. Demgegenüber stelle das christliche Spanien den Hort eines wahren, vom Geist der Aufklärung nicht befleckten Denkens dar, das alle Spuren jener gottlosen Aufklärung als wesensfremd aus seiner Literatur und Kultur zu tilgen habe.[45] In dieser mythenbildenden, die historischen Sachverhalte gänzlich entstellenden Interpretation der Aufklärung und der Revolution liegen die Quellen für die Zwei-Spanien-Theorie, jener Theorie von einem echten, dem konservativen und einem falschen, dem aufgeklärt-liberalen Spanien, die im 19. und 20. Jahrhundert im Denken und in der Politik Spaniens so viel Unheil stiften sollte. Mit dem Sieg des spanischen Volkes über Napoleon und der Rückkehr Ferdinands VII. (1813) trat das *pensamiento reaccionario* in Spanien seinen Siegeszug bis weit ins 3. Jahrzehnt des 19. Jahrhunderts hinein. Quintanas Versuch, mit seinen *Vidas de españoles célebres* (2 unvollendete Serien, 1807 und 1830) der spanischen Jugend und dem 'anderen Spanien' anhand von Gestalten wie dem P. Las Casas, dem Cid oder Alvaro de Luna eine liberale Tradition zu schaffen, scheiterte an der stark historisierenden und letztlich auch apologetischen Tendenz des Autors.

---

[44] Die komplexe Persönlickeit Forners und ihren geistesgeschichtlichen Kontext hat François Lopez umfassend dargestellt: *Juan Pablo Forner...*

[45] J. Herrero hat die *Orígenes del pensamiento reaccionario español* sowie deren französische Quellen dargestellt (Madrid 1971).

In ihrer unmittelbaren, zeitgenössischen Wirkung scheiterten auch zwei andere Repräsentanten jenes aufgeklärt-liberalen Spanien, für die im Spanien Ferdinands VII. kein Platz war und die beide im Exil starben. Es ist dies der Maler Francisco de Goya (1746-1828), dessen Werke, v.a. die *Disparates* mit ihrer Dekuvrierung besonders des unwissenden, auf Kosten des abergläubischen Volkes lebenden Klerus und der vielfältigen weiteren Formen freiwilliger und unfreiwilliger Unmündigkeit, viele Parallelen zum Ideengut der Aufklärung zeigen.[46] Zum anderen sei hier José María Blanco-White (1775-1841) erwähnt, der 1800 auf Druck seines Elternhauses Priester wurde, den die Lektüre Feijoos und Fénelons zum Skeptiker werden ließ, der 1810 nach England floh, sich 1820 zum Anglikanismus, 1830 zum Unitarismus bekehrte und der in seiner Autobiographie schildert, welchen ungeheuren religiösen und intellektuellen Zwängen sich die aufklärerische Jugend im damaligen Spanien ausgesetzt sah, Zwängen, denen er sich nur durch das freiwillige Exil entziehen konnte. Die Tatsache, daß die *Life of the Reverend Joseph Blanco White written by himself* (3 Bde., London 1845) immer noch nicht vollständig in spanischer Sprache vorliegt,[47] ist ein beredter Beleg dafür, daß die Integration des 18. Jahrhunderts und der Aufklärung in das *patrimonio nacional* noch immer nicht ganz vollzogen und seine Erforschung noch längst nicht abgeschlossen ist.

Der Roman des 18. Jahrhunderts

Die Lyrik und das Theater setzen im 18. Jahrhundert zunächst weitgehend bruchlos die Modelle, Formen und Inhalte des Siglo de Oro fort. Für die Gattung Roman gilt dies jedoch nicht: Ritter- und Schäferroman haben über die zweite Hälfte des 17. Jahrhunderts hinaus ebensowenig eine Fortsetzung gefunden wie die *novela picaresca*. Im gesamten 18. Jahrhundert erscheint nicht eine Neuausgabe des *Lazarillo de Tormes*. Zwar wird der *Don Quijote* weiter ediert und gelesen, er ist aber im damaligen Spanien nirgendwo Anlaß für wirklich neue, als bedeutende Kunstwerke anzusehende Romane geworden. Die Feststellung, daß die spanische Aufklärung etwa im Vergleich mit dem englischen, französischen oder deutschen 18. Jahrhundert im Grunde eine Epoche ohne Roman gewesen ist,[48] vermögen auch neuere, vorwiegend bibliographisch orientierte Arbeiten nicht zu widerlegen. Ganze 150 bis 170 Romane konnte J.I. Ferreras für den Zeitraum von 1700 bis zum Beginn des Unabhängigkeitskrieges

---

[46] Goya im Kontext der Spanienkritik und der Aufklärung situierte als erster F.D. Klingender, *Goya in der demokratischen Tradition Spaniens*, Berlin 1978 (zuerst 1948). Goyas Verbindungen zu einzelnen Aufklärern und zum aufgeklärten Denken zeigt E.F. Helmann im Detail auf, u.a. in: *Jovellanos y Goya*, Madrid 1970.

[47] Die Übersetzung von A. Garnica (Sevilla 1975) ist nur ein Auszug; vollständig übersetzt sind dagegen Blancos *Letters from Spain* (1822), die das breite Panorama eines rückständigen, im Grunde von den Ideen der Aufklärung nicht berührten katholischen (Süd-) Spanien bieten: *Cartas de España*, Madrid 1983. S. auch M. Murphy, *Blanco-White: self-banished spaniard*, New Haven 1989.

[48] Vgl. Tietz, M., "Die Aufklärung in Spanien...", S. 51-74.

verzeichnen[49] - eine äußerst geringe Zahl, verglichen mit den 300 Romanen, die im deutschen Sprachgebiet allein im Jahr 1785 veröffentlicht wurden. Der *antinovelismo del XVIII* (Ferreras 1987, S. 89) ist so zwar eine erstaunliche, doch unbestreitbare Tatsache.

Die weniger als 200 Romane des 18. Jahrhunderts lassen sich - im Gefolge von Ferreras - in zwei große aufeinanderfolgende, sich aber auch überlappende Blöcke unterteilen: zum einen Romane, die inhaltlich und formal die Werke aus der Zeit vor 1650 fortsetzen, zu denen auch ein Reihe von *Quijote*-Imitationen gehören, zum anderen eine um 1780 einsetzende literarische Produktion, in der z.T. unter dem Einfluß von Übersetzungen aus dem Französischen und Englischen versucht wird, inhaltlich und formal neue Romane zu schaffen.

1. Die Epigonen der Romanproduktion des Siglo de Oro

Zu den epigonalen Fortsetzungen der überaus reichen Romanproduktion des Siglo de Oro gehört ebenso die *Historia de Lisseno y Fenissa* von Francisco Párraga Martel aus dem Jahre 1701 wie der schon an der Wende zum 19. Jahrhundert liegende Versuch von Cándido María Trigueros zur Neubelebung des Schäferromans. Ende der 90er Jahre unternahm es Trigueros, eine französische Bearbeitung der *Galatea* von Cervantes durch J.P. Claris de Florian (*Galatée, roman pastoral*, 1783) ins Spanische zurückzuübertragen unter dem Titel: *Historia pastoral de Miguel de Cervantes Saavedra, continuada y últimamente ordenada y limada en el estilo del día* (gedruckt in 2 Bden. Madrid 1798). Die noch in den Anfängen stehende Forschung zum spanischen Roman des 18. Jahrhunderts erlaubt es nicht, F. Aguilar Piñals These zu überprüfen, die Version Trigueros sei im Grunde ein bürgerlicher Roman und damit eigentlich der zweiten, der innovierenden Gruppe zuzurechnen.[50]

In unmittelbarer Nachfolge von Cervantes und seines *Don Quijote* steht etwa ein Dutzend sehr verschiedenartiger Werke. Zu ihnen gehören u.a. die unter dem Pseudonym Jacinto María Delgado wohl um 1770 veröffentlichten *Adiciones a la Historia del ingenioso hidalgo Don Quixote de la Mancha en que se prosiguen los sucesos ocurridos a su escudero el famoso Sancho Panza escritos en arábigo por Cide-Hamete Benengeli*, in denen Sancho es zu Adelswürden bringt. Ganz anders als später in der Romantik erscheint der *Quijote* hier jedoch als ausschließlich lächerliche Gestalt, die dazu dient, Mißbräuche der spanischen Gesellschaft (in den *Adiciones* ist es die Adelssucht) satirisch zu enthüllen.[51] In dieser Tradition steht auch der seinerzeit wohl erfolgreichste und heute noch bisweilen gelesene Roman, die *Historia del famoso predicador Fray Gerundio de Campazas, aliàs Zotes*, dessen zwei Teile der Jesuit José Francisco de Isla (1703-

---

[49] Vgl. Ferreras, J.I., *La novela en el siglo XVIII*... Überdies unterscheidet Ferreras häufig nicht zwischen Romanen (*novelas*) und Novellen (*novelas cortas*).

[50] Vgl. Aguilar Piñal, F., *Un escritor ilustrado. Cándido María Trigueros*, Madrid 1987, S. 255.

[51] Die grundsätzlich verschiedenen Deutungen des *Quijote* zur Zeit der Aufklärung und der Romantik stellt W. Brüggemann dar in *Cervantes und die Figur des Don Quijote in Kunstanschauung und Dichtung der deutschen Romantik*, Münster 1958.

1781) 1758 und 1770 unter Pseudonym veröffentlichte. Das Werk erregte sofort die Aufmerksamkeit der Inquisition, die bereits 1760 nicht nur den ersten Band, sondern gleich jegliche öffentliche Polemik um das Buch verbot. Der Roman erzählt in lockeren Episoden und satirischem Stil die Biographie des Bauernbuben Gerundio, der unter dem Einfluß seines grotesken geistigen Ziehvaters Blas zum 'Don Quijote der Prediger' wird: Lektüre und Vorbild des konzeptistisch-kulteranistischen Barockpredigers Hortensio Paravicino (1580-1633) rauben ihm den Verstand und lassen ihn in den sprachlichen und inhaltlichen Absurditäten seiner Predigtentwürfe schwelgen, die Isla dem Gelächter der Leser preisgibt. Das Werk, das gleich zweimal ins Deutsche übersetzt wurde (1772 und 1777), ist jedoch weniger die psychologisch eindringliche Biographie eines 'problematischen Individuums'[52] als vielmehr ein satirisches Traktat mit einer sehr allgemeinen Handlung. In ihm tritt Isla für die dringend notwendige Reform der spätbarocken spanischen Predigt vor allem bei den volkstümlichen Bettelorden ein. Mit seiner Satire will er eine schlichte, bibelnahe Predigt propagieren, die jeder Hörer wirklich verstehen kann und die etwas von der Würde der christlichen Botschaft vermittelt.[53] Ein Beleg für das polemische, bereits nationalistische Züge annehmende geistige Klima der 70er Jahre ist Islas (angebliche Rück-) Übersetzung von Lesages *Gil Blas* (1715-35), dem er vorwirft, seinen Roman aus verschiedenen spanischen *novelas picarescas* des Siglo de Oro zusammengestohlen zu haben. Das Werk mit dem beredten Titel *Aventuras de Gil Blas de Santillana, robadas a España, y adoptadas en Francia por Monsieur Le Sage, restituidas a su patria y a su lengua nativa por un español zeloso, que no sufre se burlen de su nación*, das Isla im italienischen Exil verfaßt hatte, erschien postum 1787-88.

Grundsätzlich stärker von Quevedo als von Cervantes inspiriert sind die erzählenden Werke des zweiten bedeutenden Autors innerhalb des eher fortführend-imitativen Strangs der Romane des 18. Jahrhunderts. Die Rede ist von dem äußerst schillernden Autodidakten Diego de Torres Villarroel (1694-1770), der vom armen Buchhändlersohn über den Stierkämpfergehilfen, Einsiedler und erfolgreichen Verfasser von Almanachen zum Mathematikprofessor in Salamanca (seit 1726) aufstieg und schließlich 1746 Priester wurde. Kaum als Professor pensioniert (1750), begann der geschäftstüchtige Torres mit einer Gesamtausgabe seiner Werke, die in 14 Bänden in öffentlicher Subskription, einem neuen und bis dahin in Spanien noch nie verwandten Verfahren, erschienen.[54] Torres ist zugleich der erste spanische Autor überhaupt, der nach den großen Theaterautoren des 17. Jahrhunderts von seiner Feder zu leben vermochte. Das

---

[52] Lukács, G., *Die Theorie des Romans* [...], Neuwied 1963 (zuerst 1920).

[53] Briesemeister, D., "José Francisco de Isla de la Torre, Fray Gerundio", in: V. Roloff, H. Wentzlaff-Eggebert (Hg.), *Der spanische Roman*, Düsseldorf 1986, S. 171-192 und ders., "La aventura de leer en Fray Gerundio", in: *IR* 23, 1986, S. 125-148.

[54] Eine für die Buchgeschichte und die Soziologie des Lesens wichtige Aufschlüsselung dieser und anderer, späterer Subskriptionslisten des 18. Jahrhunderts findet sich bei N. Glendinning, "El siglo XVIII...", S. 194-197.

Geld verdiente er allerdings weniger mit seinen Romanen als mit seinen *Almanaques y Pronósticos* (ab 1718), einer Art umfänglicher Kalender, die - als Lesestoffe für das Volk konzipiert - neben den eigentlichen Kalenderangaben und jahreszeitlichen Ratschlägen auch neugierig verfolgte, astrologisch begründete Prophezeiungen und viel gelesene kürzere Erzählungen, darunter allerlei Klatschgeschichten vom Hof, enthielten. In seinen *Sueños morales* (1727/28) greift Torres auf Quevedo und dessen literarische Traumfiktion zurück. Zusammen durchstreifen die beiden Autoren die Straßen Madrids und enthüllen in scharfer Satire Schwächen, Laster und Eitelkeiten der Zeitgenossen, v.a. der Ärzte, der Juristen, Gelehrten und der Frauen. In aller Regel atmen diese *Visiones y Visitas de Torres con Don Francisco de Quevedo por la Corte* (1727) nicht den Geist der Aufklärung; spürbar ist dieser allerdings in der *Barca de Aqueronte*, die zwar schon 1731 entstanden war, jedoch erst 1743 in die *Visiones* aufgenommen wurde. Sie enthält zwei äußerst heftige Satiren, zum einen gegen das längst erstarrte, geistentleerte Universitätssystem der Zeit, zum anderen gegen den Geburtsadel und dessen geringe Bildung, seine Verachtung der Arbeit und seinen grenzenlosen Egoismus. Diese scharfe Kritik an den Mißständen der Zeit hat Torres Villarroel - allerdings nur scheinbar und versteckt hinter einem weitgehend noch konzeptistischen Stil - in seiner *Vida* zurückgenommen, deren vier erste Stücke (*Trozos*) 1743 und deren zwei restliche 1751/52 und 1758 erschienen. Es ist dies die erste moderne spanische Autobiographie eines Laien, Nicht-Klerikers und Bürgers. Sie bedient sich weitgehend der Erzählverfahren der barocken *novela picaresca*, wie ihr vollständiger und umständlicher Titel zeigt: *Vida, ascendencia, nacimiento, crianza, y aventuras de el Doctor Don Diego de Torres Villarroel, Cathedrático de Prima de Mathemáticas en la Universidad de Salamanca*. Distanziert ironisch schildert Torres seinen in Jahrzehnte untergliederten Lebensweg, seine niedere Geburt, seinen sozialen Aufstieg als Autor, Professor und Priester, der schließlich mit Fürsten und Grafen Umgang pflegt. Aber es ist dies nicht der Weg eines Individuums, das gegenüber der traditionellen Ständegesellschaft selbstbewußt auf seine Leistungen verweist. Seine Forderung nach Gleichheit und Anerkennung durch die Großen der Welt wird im wenig zukunftsweisenden Rückgriff auf den barocken *Vanitas*-Gedanken und die Vorstellung von der Gleichheit aller angesichts des Todes formuliert. Der aufklärerische Impuls wird bereits in der *Introducción* zur *Vida* zurückgenommem:

> Mi vida, ni en su vida ni en su muerte, merece más honras ni más epitafios que el olvido y el silencio. A mí sólo me toca morirme á obscuras, ser un difunto escondido y un muerto de montón, hacinado entre los demás que se desvanecen en los podrideros. A mis gusanos, mis zancarrones y mis cenizas deseo que no me las alboroten, ya que en la vida no me han dejado hueso sano. [...] No aspiro á más memorias que á los piadosísimos sufragios que hace la Iglesia, mi madre, por toda la comunidad de los finados de su gremio.[55]

Torres strebt nicht nach Änderung, sondern nach Integration in die bestehende Gesellschaft, deren Werte und Institutionen - darunter die Inquisition, mit der er

---

[55] *Vida*, F. de Onís (Hg.), Madrid 1954, S. 9.

des öfteren in Konflikt geriet - er letztlich doch immer wieder vorbehaltlos anerkannte. Zwar durchschaute und verspottete er die gänzliche Leere des Wissenschaftsbetriebs seiner Zeit (was ihm seine Salmantiner Kollegen nie verziehen), doch hat er selbst, trotz seiner Bewunderung für die experimentelle Erkenntnis von Bacon, nicht positiv in die damals hochaktuelle Frage der Universitätsreform eingegriffen. Er blieb auf der Stufe der Satire stehen. Von den Büchern schätzte er jene, die wie Thomas von Aquin, Kempis oder die *Heiligenviten* Croissets, "dirigen las almas a la salvación" und die die "ventura de la última hora", die Todesstunde, überstehen helfen. Es sind dies die Bücher, die die christliche Wahrheit darstellen und nicht jene, die im Sinne der Aufklärer zur Suche nach den Wahrheiten der Wissenschaften anregen. Auch wenn hier im spanischen Kontext erstmals ein Lebensweg systematisch als gelungener Aufstieg in der Welt des Diesseits beschrieben wird, so zeigt diese Autobiographie doch nicht die für diese Gattung typische Spannung zwischen »Individuum« und »Gesellschaft«, keine scharfe Differenzierung von »privater« und »öffentlicher« Identität, was die *Vida* zwar als ein höchst bedeutsames Zeugnis für das Selbstverständnis eines spanischen aufgeklärten Autors im 18. Jahrhundert, die Autobiographie als solche aber als gescheitert erscheinen läßt.[56]

2. Neue Ansätze zu einem spanischen Roman

Erst die entschiedene Abkehr von der überwiegend satirischen Ausrichtung des Romans und - wie hinzuzufügen ist - seine Lösung aus den tradierten, den christlichen Wert- und Weltvorstellungen sollte in den 80er Jahren zu Neuansätzen in der Romanproduktion führen: Sie findet sich in den fünf Romanen von Pedro Montengón y Paret (1745-1824), der als Novize mit dem Jesuitenorden nach Italien vertrieben und dort 1773 säkularisiert worden war. Der vierbändige, an Rousseaus *Emile* (1762) orientierte Erziehungsroman *Eusebio* (1786-88), der noch im 19. Jahrhundert 12 mal aufgelegt wurde, hat - ein Novum der spanischen Literatur - einen nichtkatholischen Protagonisten, dessen Bildung zu einem sittlichen Menschen ohne Einfluß der Religion dargestellt wird. Der in Nordamerika spielende Roman zeigt "la moral desnuda y sin los adornos de la cristiana"; mit dieser säkularisierten Sicht der Moral und ihrer stark empfindsamen Darbietung teilt er Grundauffassungen der europäischen Aufklärung. Das Werk, dem u.a. die Propagierung des Toleranzgedankens vorgeworfen wurde, geriet mit der staatlichen Zensur und der Inquisition in Konflikt. Letztere verbot den Roman im Jahre 1798; Montengón überarbeitete ihn daraufhin, so daß er 1807/08 wieder offiziell erscheinen konnte als *Nueva edición corrigida con permiso de la Suprema y General Inquisición*. Die weiteren Romane Montengóns gehen teilweise wieder traditionalistischere Wege: *El Antenor* (1788); *Eudoxia, hija de Belisario* (1793), ein von Marmontels *Bélisaire* (1767) inspiriertes Werk für eine weibliche Leserschaft, das wie *El Rodrigo* (1793) zu den frühen Zeugnissen des

---

[56] Vgl. Gumbrecht, H.U., "Diego de Torres Villarroel, Vida", in: V. Roloff, H. Wentzlaff-Eggebert (Hg.), *Der spanische Roman*, Düsseldorf 1986, S. 168.

spanischen historischen Romans gehört. Zu nennen ist schließlich *El Mirtilo o Los pastores trashumantes* (1795), ein Werk, in dem Montengón ähnlich wie Trigueros auf den Schäferroman zurückgreift, zugleich aber Züge des utopischen Romans verwendet.

Eher als Illustration der katholischen Lehre, speziell der Idee der Vorsehung, versteht sich gegenüber dem säkularisierenden Ansatz eines Montengón der Roman *El Valdemaro* (1792) des Franziskanermönchs Vicente Martínez Colomer (1762-1820).[57] Das wenig umfangreiche Werk schildert das Schicksal des von seinem Bruder vertriebenen dänischen Königssohns Waldemar: den Verzweifelten bewahrt ein Einsiedler vor dem Selbstmord. Waldemar erlebt nicht nur zahlreiche Abenteuer und Schiffbrüche; es gelingt ihm auch, als stoischer, den Leidenschaften trotzender Christ seine Tugend der sinnlichen Königin Felisinda zu entziehen und, da das Schicksal es denn so einrichtet, seinen Thron wiederzuerlangen. Auch wenn hier noch auf die erzählenden Werke von José Mor de Fuentes (1762-1848) hinzuweisen wäre, der u.a. die *Nouvelle Héloïse* und den *Werther* ins Spanische übersetzte, oder auf Antonio Valladares de Sotomayor und Gaspar Zabala y Zamora (1750-1813),[58] so mag doch *El Valdemaro* als Beleg dafür genügen, "daß der spanische Roman [...] noch einen weiten Weg vor sich hatte, bis er, ab der zweiten Hälfte des 19. Jahrhunderts, im europäischen Kontext eine eigene Stimme und eine eigene Weise zur Geltung bringen konnte."[59]

Fragt man nach den Gründen, warum sich der Roman in Spanien im 18. Jahrhundert erst so spät und auch dann nur ansatzweise entwickelte, so ist als der vielleicht wichtigste Grund die im Vergleich zu anderen europäischen Ländern nur in recht geringem Umfang erfolgte Säkularisierung des spanischen Denkens und der spanischen Kultur im Zuge der Aufklärung anzuführen. Die breiteren Leserschichten und ganz besonders das in England, Frankreich und Deutschland die Romane geradezu verschlingende weibliche Publikum waren im weniger alphabetisierten Spanien als potentielle Romanleser nicht vorhanden oder blieben den traditionellen religiösen Lesestoffen und -verfahren der Frömmigkeitsliteratur treu.[60] Hinzu kam die - im übrigen nicht auf Spanien beschränkte, hier aber besonders wirkungsvolle - Ablehnung des Romans von seiten des Staates (Zensur) und der Kirche (Inquisition). Sah jener in der Romanlektüre eine private Zeitvergeudung und damit eine Gefährdung des öffentlichen Nutzens der arbeitenden Untertanen (was 1800 zu einem allgemeinen amtlichen Verbot der Romane führte, das aber nicht befolgt wurde), so waren die Romane für die Kirche nicht nur aufgrund der für dieses literarische Genus konstitutiven Liebesgeschichte eine permanente sittliche Gefährdung der Leser(innen) und

---

[57] Der Roman wurde neu herausgegeben und mit einer Einleitung versehen von G. Carnero, Alicante 1985 (Literatura y crítica, 1).

[58] Vgl. Ferreras, J.I., *La novela en el siglo XVIII...*, S. 59ff.

[59] Vgl. Hinterhäuser, Hans, "Ein spanischer Roman an der Schwelle zur Neuzeit", in ders., *Streifzüge...*, S. 55-68.

[60] Zu einer ausführlicheren Darlegung dieser Argumentation s. M. Tietz, "Die Aufklärung in Spanien...", S. 61ff.

eine mit allen Mitteln zu bekämpfende Verharmlosung der Sünde. Kirchlicherseits erkannte man sehr wohl, daß der Roman eine literarische Gattung ist, in der der moderne Mensch sich selbst als 'problematisches Individuum' und sein komplexes Verhältnis zur Gesellschaft reflektiert - und bei dieser Befassung mit sich selbst und seinem Glück im Diesseits das für den Menschen des Barock so elementare Verhältnis zwischen Mensch und Gott, die Fragen von Sünde und Gnade, von Vorsehung und Erlösung sowie des ewigen Heils im Jenseits gänzlich aus den Augen verliert. Wenn der Mönch Martínez Colomer einen Roman verfaßte, so geschah dies in der Absicht, mit dem *Valdemaro* christliches Gedankengut zu propagieren und ein allmählich in Mode kommendes, für die religiöse Lebenssicht als gefährlich angesehenes Genus sozusagen mit den eigenen Waffen zu schlagen. Denselben Geist atmet eine *censura* aus dem Jahre 1802, in der ein kirchlicher Zensor die Veröffentlichung einer Übersetzung von Goethes *Werther* (1774) ablehnt. Mit dem Hinweis auf den gar nicht so abwegigen Titel der Übertragung - *Cartas morales sobre las pasiones* - stellt der Zensor fest, die Theologen verständen von diesen Fragen der Leidenschaften erheblich mehr als "todos los Wertheres juntos". Ganz in den traditionellen Lesestoffen verwurzelt und ohne Gespür für die Attraktivität des neuen Genus Roman stellt er dann durchaus scharfsinnig fest:

> Hay infinitos libros que tratan esta materia tan interesante con claridad, con método, con distinción, y lo que es mejor, con arreglo a lo que nos enseña nuestra madre la Iglesia por los Concilios, Santos Padres y teólogos, y por lo tanto pueden leerse con mucho aprovechamiento, sin el inconveniente de que exciten las mismas pasiones, como sucederá tal vez con esta obra, que tan al vivo enseña a abrazar y a besar, con las demás caricias a que impele el amor desordenado [...].[61]

Die Lyrik des 18. Jahrhunderts

1. Der Vorwurf des 'afrancesamientos' und des Neoklassizismus

Es gehört sicherlich zu den ausgesprochenen Widersprüchlichkeiten der spanischen Literaturgeschichtsschreibung, daß der Bannstrahl gegen die Lyrik des 18. Jahrhunderts ausgerechnet von jenem Autor geschleudert wurde, der als erster eine noch heute brauchbare Anthologie der Dichtung jenes Zeitraums verfaßt und mit einer ausführlichen Einleitung versehen hat. L.A. de Cueto, marqués de Valmar, veröffentlichte 1869-1875 die drei Bände seiner *Poetas líricos del siglo XVIII*, die von zwei Grundüberzeugungen getragen sind und die lange eine negative Sicht der von ihm edierten Dichter zur Folge hatten. Für den Spätromantiker und Aufklärungsgegner Cueto ist das Jahrhundert der Aufklärung durch und durch rationalistisch und damit grundsätzlich unkünstlerisch, unkreativ, unlyrisch. Für den spanischen Patrioten Cueto ist das 18. Jahrhundert außerdem eine zutiefst unspanische und ganz unter französischem Einfluß stehende Epoche, die lediglich den gallischen Pseudoklassizismus widerspiegelt. So ist denn das ganze

---

[61] Zitiert nach J.F. Montesinos, *Introducción a una historia de la novela en España en el siglo XIX*, Madrid 1960, S. 29f.

18. Jahrhundert für Cueto lediglich eine unfruchtbare Parenthese zwischen dem poetisch strahlenden Siglo de Oro und der Neubelebung der spanischen Lyrik in der Romantik: es ist "un siglo, en fin sin ideas propias, sin doctrinas definitivas, sin energía moral, sin entusiasmo y sin poesía."[62] Diesem vernichtenden Urteil folgte dann die Abwertung der Lyrik des 18. Jahrhunderts durch die - negativ gemeinte - Bezeichnung als französierender Neoklassizismus.

Eine solche Sicht projiziert die romantischen Vorstellungen von Originalität und vom Künstler als Propheten auf eine Epoche, der diese Vorstellungen noch völlig fremd waren. Anstelle des Nur-Dichters, der fern von der bürgerlichen Berufswelt seinem Genie und seiner Inspiration folgt, kannte das 18. Jahrhundert nur den Beamten, den Geistlichen, den Berufssoldaten, der neben dem Bericht für seine Behörde auch Gedichte schrieb, die er als *ocio*, als Zeitvertreib verstand, als Gelegenheitslyrik und als Verse, die sozusagen als Handlungsanweisung und aufgeklärt engagiertes Denken dem Gemeinwohl unmittelbar dienen sollten.

Der Begriff des Neoklassizismus suggeriert darüber hinaus die Vorstellung, die Lyrik des 18. Jahrhunderts habe mit der literarischen Tradition Spaniens, besonders mit dem Barock gebrochen. Dies trifft jedoch in keiner Weise zu: alle traditionellen metrischen Formen des Siglo de Oro von den *letrillas* über die *romances* bis hin zu den *odas* und *epístolas* lebten im 18. Jahrhundert fort. Teilweise bis weit nach 1750 setzte sich auch die kulteranistische Tradition Góngoras und seiner Schule bruchlos fort, selbst nachdem Luzán in seiner *Poética* von 1737 die Lyrik Góngoras und seiner "enmarañadas cláusulas" (II,7) im Namen der Idee der Natürlichkeit und Schlichtheit einer grundlegenden Kritik unterzogen hatte. Ebenso erfreute sich Quevedos satirische Dichtung großer Nachfolge. Und als nach 1750 die spanischen Lyriker sich von den kulteranistischen, in dunklen Metaphern und klassischem Bildungsgut schwelgenden Vorbildern ebenso wie denen des barocken Konzeptismus mit seinen überraschenden Gedankenverbindungen lösten, wandten sie sich den großen, sprachlich schlichteren Autoren des 16. Jahrhunderts zu: Garcilaso, Fray Luis de León, Herrera und Villegas. Von einem radikalen Bruch mit der innerspanischen lyrischen Tradition kann nicht gesprochen werden, wohl aber von einer Akzentverlagerung auf die vorbarocke Phase, aus der nicht nur bestimmte metrische Elemente wie die *octavilla italiana* oder der *endecasílabo suelto* übernommen werden. Rezipiert wird auch die Idee, daß die Lyrik eine grundsätzlich jedem, auch dem weniger gebildeten Leser zugängliche, moralische oder gar soziale Funktion haben soll. Diese Neuorientierung ist kein *afrancesamiento*; wenn überhaupt, dann traten neben die Modelle der klassischen

---

[62] BAE, Bd. 61, S. CCXXXVI. Weit weniger umfassend, aber sehr brauchbar sind auch aufgrund ihrer Einleitungen zwei neuere Anthologien: *Poesía del siglo XVIII*, Ed., introducción y notas de John H.R. Polt, Madrid 1975 (Clásicos Castalia, 65) und Rogelio Reyes (Hg.), *Poesía española del siglo XVIII*, Madrid 1988 (Letras Hispánicas, 277). Das neue Standardwerk zur Lyrik des 18. Jahrhunderts stammt von Joaquín Arce, *La poesía del siglo ilustrado*, Madrid 1981.

Antike und der spanischen Tradition mit Pope, Thompson, Young oder Ossian englische, mit Parini oder Metastasio italienische Autoren.

2. Zur Periodisierung

Die gerade im Gegensatz zu Frankreich eher außerordentlich reiche lyrische Produktion des spanischen 18. Jahrhunderts läßt sich in drei Phasen gliedern,[63] die anschließend anhand einiger Textbeispiele illustriert werden sollen:
1. das Fortleben der barocken Tradition bis etwa 1750 in einer konzeptistischen und einer kulteranistischen Tradition;
2. eine die beiden Jahrzehnte zwischen 1750 und 1770 umfassende Periode des Rokoko als Phase des Übergangs zwischen Barock und Aufklärung; schließlich
3. die eigentliche Lyrik der Aufklärung, die um 1770 einsetzt und sich bis weit ins 19. Jahrhundert hinein erstreckt; wobei diese zwei parallel verlaufende und nicht immer klar zu trennende Strömungen umfaßt: die Präromantik (die Sebold als 'erste Romantik' bezeichnet[64]) etwa mit Meléndez Valdés oder Jovellanos sowie den Neoklassizismus mit Leandro Fernández de Moratín oder José Manuel Quintana.

3. In der Kontinuität des Barock

Die Fortsetzung des Barock findet sich in der konzeptistischen, auch der burlesken, an Quevedo orientierten Tradition bei Gabriel Alvarez de Toledo (1662-1714), Eugenio Gerardo Lobo (1679-1750) und Diego de Torres Villarroel (1694-1770). Das abschließende Terzett des Sonetts "La muerte es la vida" illustriert diese Zusammenhänge mit seinem scharfsinnigen, paradoxen Parallelismus und seiner asketischen Weltabkehr:

> Luego con fácil conclusión se infiere
> que muere el alma cuando el hombre vive,
> que vive el alma cuando el hombre muere.
>
> (G. Alvarez de Toledo)

Hierher gehören die zahllosen Gelegenheitsgedichte der Zeit mit für sich sprechenden Titeln wie dem folgenden: "Soneto - enviando unos dulces a una dama, que no gustaba de otros versos que los de Garcilaso, en ocasión de hallarse indispuesta". Es handelt sich um ein artiges Sprach- und Rollenspiel innerhalb einer gebildeten Gesellschaft ohne metaphysischen, aber auch ohne gesellschaftspolitischen Anspruch. Der Autor dieses Sonetts, José Antonio Porcel (1715-1794), repräsentiert mit seinem langen mythologischen Poem "Adonis", mit

---

[63] Die Periodisierung folgt der klassischen Studie von Joaquín Arce, *La poesía del siglo ilustrado*..., v.a. S. 24ff., sowie dem Vorwort von R. Reyes, *Poesía española*..., S. 28-36.

[64] Vgl. R.P. Sebold, "Sobre la lírica y su periodización durante la Ilustración española", in: *Hispanic Review* 50, 1982, S. 297-326. Sebold lehnt den besonders von Caso González und Arce verteidigten Epochenbegriff des Rokoko ab und plädiert für eine weitgefaßte Periode des Neoklassizismus.

seinen vier Jagdgedichten und der burlesken Mythenparodie "Acteón y Diana" eine eher kulteranistische, auf Góngora zurückgehende Tradition. Sie findet sich auch bei Lobo, dem Arce einen 'desorbitado posbarroquismo'[65] vorwirft, beim Conde de Torrepalma (1706-1767), der bei seinem Eintritt in die "Academia de Buen Gusto" den Beinamen 'der Schwierige' (El Difícil) erhielt, oder bei José León y Mansilla, der 1718 eine bewußt dunkel gehaltene "Soledad tercera" als Fortsetzung zu den beiden *Soledades* Góngoras schrieb. Gegenüber einer solchen, nur einer - aristokratischen - Elite von Lesern zugänglichen, höchst artifiziellen Lyrik barocker Wortexzesse und Metaphern[66] forderte Luzán in seiner *Poética* 1737 programmatisch eine Rückkehr zur Natur, zum *buen gusto*, zur Schlichtheit.

4. Die Lyrik des Rokoko

Dieser Geschmackswandel, der sich im Rückgriff auf andere als die bisherigen Modelle (vor allem auf den antiken Dichter Anakreon und seinen 'Übersetzer' Villegas mit seinen *Eróticas o amatorias* von 1618) und in engem Bezug zur neuen philosophischen Strömung des Sensualismus eines Locke vollzog, führte allmählich zur Lyrik des Rokoko. Sie zeichnet sich aus durch spezielle Formen (kurze Verse und kurze Strophen), ein neues, immer wieder variiertes, sehr beschränktes Themeninventar (tändelnde Liebe, die leicht geschürzte weibliche Schönheit zahlloser Dorilas und Filis, eine topische Natur aus Wasser, Wiesen, Frühling), einen leichten, frivolen Ton (Diminutive, Doppeldeutigkeiten), einen nur angedeuteten Rausch der Sinne und eine - im Gegensatz zum Barock - nur noch spärlich verwandte Mythologie. All dies summiert sich zu einem Bekenntnis zum Hedonismus und zu weltimmanentem Glücksstreben als bewußter, wenn auch nicht dogmatisch polemischer Abkehr vom religiösen, weltabgewandten Geist des Barock. Die Gedichte von Porcel markieren vielfach den Übergang vom Barock zum Rokoko. Fast ausschließlich dem Rokoko verpflichtet sind die Gedichte von Nicolás Fernández de Moratín (1737-1780), in besonderem Maße dann die Lyrik der Dichterschule von Salamanca, die sich um José de Cadalso (1741-1782) scharte, dessen *Ocios de mi juventud* (1773) stilbildend für Fray Diego Tadeo González (1733-1794), den frühen Gaspar Melchor de Jovellanos (1744-1811) und Juan Meléndez Valdés (1754-1817) wurden. Meléndez, der typischste aller Lyriker der spanischen Aufklärung, verfaßte zunächst anakreontische Gedichte, um später zum Hauptrepräsentanten einer *poesía filosófica* zu werden, ohne jedoch je die libertinistische, jeder Askese abholde Anakreontik ganz aufzugeben:[67]

---

[65] Arce, Joaquín, "La poesía en el siglo XVIII", in: J.M. Díez Borque (Hg.), *Historia de la literatura española*, Bd. III, Siglo XVIII/ XIX, Madrid 1980, S. 140.

[66] Glendinning, Nigel, "La fortuna de Góngora en el siglo XVIII", in: *RFE* 44, 1961, S. 323-349.

[67] Diese Kontinuität der Anakreontik im lyrischen Werk von Meléndez Valdés bis nach 1810 belegen eindringlich die Datierungen der einzelnen Gedichte in der kritischen Ausgabe von John H.R. Polt und Georges Demerson, *Obras en verso*, Bd. I u. II, Oviedo 1981-1983.

> Otros canten de Marte
> las lides y zozobras
> o del alegre Baco
> los festines y copas;
>
> la sien otros ceñidas
> de jazmines y rosa,
> del Amor los ardores,
> y de Venus las glorias.
>
> Pero yo sólo canto
> con cítara sonora
> de mi querida Filis
> la nevada paloma:
>
> su paloma, que bebe
> mil gracias de su boca
> y en el hombro le arrulla,
> y en su falda reposa.
>
> (La paloma de Filis, "Oda I", 1781)

Der tändelnd leichte Ton der Rokoko-Lyrik verhinderte aber bisweilen erheblich eindeutigere Aussagen nicht, wie sie sich u.a. bei N. Fernández de Moratín und seiner offenen Verteidigung der Sexualität in dem *Arte de las putas* trifft:

> ¡Castidad! gran virtud que el cielo adora,
> virtud de toda especie destructora,
> y si los brutos y aves la observaran
> comiéramos de viernes todo el año.

Dieser leichte Ton schlägt jedoch schon bald um und nähert sich dem der - romantischen - Melancholie. Dies erfolgt besonders dann, wenn das literarische Spiel unversehens aufgrund echten Empfindens oder durch die Konfrontation mit dem Tod plötzlich Ernst in der Lebenswirklichkeit wird, wie Cadalsos Sonett "A la primavera, después de la muerte de Filis" zeigt. In ihm beklagt Cadalso den Tod seiner Geliebten, der Schauspielerin María Ignacia Ibáñez, (gest. 1772) fassungslos und fast noch in der Sprache des Barock, doch ohne dessen religiöse Sicherheit und Trost:

> En vano anuncias, verde primavera,
> tu vuelta de los hombres deseada,
> triunfante del invierno triste y frío.
>
> Muerta Filis, el orbe nada espera,
> sino niebla espantosa, noche helada,
> sombras y sustos, como el pecho mío.

5. Die 'philosophische' Lyrik

In den 70er Jahren wird diese im allgemeinen aber doch eher spielerisch leichte Lyrik abgelöst durch eine Dichtung, die sich in den Dienst des aufgeklärten Denkens stellt, den Fortschritt und seinen Träger, den Menschen, feiert, Laster und Unwissenheit den Kampf ansagt, die Tugend und die Wissenschaften preist, erzieht und geißelt, dem Einzelnen und dem Staat nützlich sein will. Der Dichter muß jetzt Philosoph sein; zur Propagierung seiner 'vernünftigen Ideen' bedient er sich der affektiven Mittel der Dichtung. Die feierliche Ode, die weitausholende Epistel und die kritisch korrigierende Satire sind besonders gepflegte, inhaltlich bestimmte Gattungen, die sich allerdings weiter der traditionellen metrischen Formen bedienen. Die Tendenz geht hier zur flexiblen Strophe der *silva*, zum Langvers (*endecasílabo suelto*), zur Vermeidung des den Gedankengang störenden Reims und zu einer Syntax komplexer Sätze, die häufig das versbrechende Enjambement nötig machen. Dabei werden weder die Gefahren des Abgleitens in die Reimprosa vermieden noch die eines aufgeblähten, rhetorisch überzogenen Sprechens, das aus falsch verstandener Feierlichkeit entsteht. Das Themenspektrum dieser Lyrik ist - anders als das der Anakreontik - außerordentlich breit. Die Freundschaft (als Gruppengefühl der reformerischen Aufklärer), die Leistungen von Wissenschaften und Künsten, eine scharfe Sozialkritik, die Tugend der einfachen Leute und die Laster des Adels sind ebenso Gegenstand dieser Dichtung wie ein physikotheologisch gedeuteter Kosmos und eine auch in ihren dunklen Seiten erfahrene Natur oder einzelne politische Ereignisse. Ansätze zu dieser *poesía filosófica* finden sich bei Cándido María Trigueros (1736-1798) und seinem *Poeta filósofo, o poesías filosóficas* (1774-1778), dessen erster Zyklus "El hombre" mit einem Anruf an den "sublime Pope" beginnt, bei García de la Huerta (1734-1787) oder, in weiterentwickelter Form, in den *Discursos filosóficos sobre el hombre* von Juan Pablo Forner (1756-1797). Programmatisch hatte diese Wende Gaspar Melchor de Jovellanos vollzogen, der 1778 aus Sevilla an seinen Freundeskreis in Salamanca unter dem Dichternamen Jovino eine Epistel geschrieben hatte, in der er, der hohe Verwaltungsbeamte, seinen Freunden, besonders Meléndez Valdés (Batilo) erklärte, die anakreontisch-bukolische Liebesdichtung sei ernsthafter Männer nicht würdig und durch eine angemessenere, patriotische und nützliche Poesie (*didascálica poesía*) zu ersetzen, die sich als Medium aufgeklärten Denkens versteht. Thematisch bedeutet dies den Bruch mit der anakreontischen Liebeslyrik:

    ¿Siempre, siempre
    dará el amor materia a nuestros cantos?

Gefordert wird auch ein Bruch mit deren tändelndem Stil. Batilo, so heißt es, solle *el caramillo pastoril* (die Hirtenschalmei) durch die *sonante trompa* (das laut klingende Horn) ersetzen und "los héroes españoles,/ las guerras, las victorias y el sangriento/ furor de Marte" und die "virtud" - keineswegs die christliche, sondern die neue, die patriotische Tugend - besingen ("Carta de Jovino a sus amigos salmantinos"). Beispiele dieser Dichtung sind die vaterländischen *Odas* (1778/79) Montengóns (1745-1824) mit ihrem Lob der Erziehung, der Industrie, der Arbeit, des Handels und des Luxus, die "Oda a la batalla de Trafalgar" von Francisco Sánchez Barbero (1764-1819) oder der überwiegende Teil der Lyrik

Quintanas. Seine "Epístola a Valerio" (1790), stellt die Malerei in den Dienst des Patriotismus; die "Reglas del Drama. Ensayo didáctico" (1791) bringen Fragen der Ästhetik in Verse; die "Oda a Juan de Padilla" (1797) feiert den *Comunero* als Freiheitshelden und Patrioten; in "A la invención de la imprenta" (1802) preist er Gutenberg als Wohltäter der Menschheit; mit "El Panteón del Escorial" (1805) schreibt er ein Pamphlet gegen die *España negra* der Habsburger und in der Ode "A España, después de la Revolución de marzo" (1808) betreibt er schließlich direkte politische Propaganda.[68] Dergleichen auf direkten gesellschaftlichen Nutzen abzielende Dichtung pflegt auch die Satire, in der sich wiederum Jovellanos besonders hervortat. Seine beiden *Sátiras a Arnesto* geißeln in scharfer Form "los fieros males de mi patria", die Unmoralität der Frauen und Permissivität ihrer Ehemänner, den verschwenderischen Luxus und den Verfall des Adels, der sich als *majos* und *majas* schändlich mit dem niedersten Volk mischt, seinen Leidenschaften und Lastern frönt, statt seine alten Tugenden zu bewahren und seine Leitfunktion in Staat und Gesellschaft zu erfüllen. Die Lyrik von Jovellanos zeigt bisweilen sozialpolitische utopische Tendenzen, wenn sie ganz im Sinne Rousseaus sogar die Abschaffung des Privateigentums an Landbesitz fordert ("Respuesta de Jovellanos a Moratín").

Unmittelbare Manifestation dieser didaktischen Grundausrichtung der Lyrik seit den 70er Jahren ist der Aufschwung der Fabeldichtung. Félix María Samaniego (1745-1801) geht mit seinen für die adligen Schüler des Real Seminario Patriótico Váscongado in Vergara geschriebenen *Fábulas morales* (1781) ganz auf Aesop und La Fontaine zurück. Seine 160 Gedichte vertreten eine bisweilen recht wortreich vorgetragene laizistische Moral, die bürgerliche Tugenden wie Fleiß, Ordnung und Sparsamkeit propagiert. Wohl wegen einiger libertinistischer Verse geriet er mit der Inquisition in Konflikt. Die Lyrik der Zeit kannte noch einen zweiten bedeutenden Fabeldichter, Tomás de Iriarte (1750-1791). Der Gegenstand seiner Gedichte ist ein gänzlich anderer als der Samaniegos: seine 76 *Fábulas literarias* (1782) behandeln mit großem formalen Reichtum ausschließlich literarische Themen, "no están al servicio de la ética laica del siglo, sino al de su estética."[69] Die Fabel "El burro flautista" etwa illustriert eine klassizistische Grundauffassung: "Sin reglas del arte, el que en algo acierta, acierta por casualidad". "El té y la salvia" behandelt eine damals viel diskutierte Frage: "Algunos sólo aprecian la literatura extranjera, y no tienen la menor noticia de la de su nación". Iriarte verfaßte auch ein großes Lehrgedicht über die Musik (1779) sowie ein kleines Werk, *La barca de Simón*, das den Reichtum der Kirche geißelt. Nach Menéndez Pelayo handelt es sich um das erste spanische heterodoxe Gedicht überhaupt.

---

[68] Die Lyrik Quintanas liegt in einer guten, von A. Dérozier besorgten Ausgabe vor: *Poesías completas*, Madrid 1969 (Clásicos Castalia, 16).

[69] Arce, J., "La poesía en el siglo XVIII", S. 167. Ästhetische Fragen in Versform hat auch Juan Pablo Forner (1756-1797) behandelt, so in seiner antibarocken *Sátira contra los vicios introducidas en la poesía castellana* (1782), in der u.a. Calderón attackiert wird. Auf Quintanas "Reglas del Drama" wurde schon hingewiesen.

Den Höhepunkt der *poesía ilustrada* bildet zweifelsohne das Werk von Juan Meléndez Valdés (1754-1817), der zunächst Professor in Salamanca, dann hochgestellter Jurist im Staatsdienst war und der sein Bekenntnis zu dem von Napoleon eingesetzten José I. mit der Verbannung bezahlte. Das Werk dieses vielleicht am intensivsten mit dem Denken der europäischen Aufklärung vertrauten spanischen Dichters spiegelt in seinen drei jeweils neu bearbeiteten Auflagen (*Poesías* 1785; 1797; 1820) die gesamte lyrische Entwicklung seiner Zeit wider. Auf seine anakreontischen Gedichte wurde bereits hingewiesen. In den aufklärerisch-satirischen Dichtungen wie "La despedida del anciano" (1787) geißelt er das rückständige spanische Erziehungswesen, den müßiggängerischen, ungebildeten Erbadel, der auf Kosten des einfachen Volks lebt. Ihm wird ein Tugendadel entgegengestellt:

> Sólo es noble ante tus ojos
> El que es útil y trabaja
> Y en el sudor de su frente
> Su honroso sustento gana.

In Gedichten wie "Los segadores", "Los aradores", "La vendimia" wird ein überaus positives Bild des Landlebens entworfen, das von den Motiven der Bukolik und den Ideen des Physiokratismus getragen wird. Eine analoge Idealisierung der Landbevölkerung zeigt das Gedicht "El filósofo en el campo" (1794), das die ausgebeuteten Bauern als zu Unrecht verachtete Opfer der Habgier von Adel und Klerus zeigt:

> ¿Y éstos miramos con desdén? ¿La clase
> primera del estado, la más útil,
> la más honrada, el santuario augusto
> de la virtud y la inocencia hollamos?

In seinen *Odas filosóficas y morales* (1780-1812) thematisiert Meléndez Valdés ein breites Spektrum des aufgeklärten Denkens: Armut und Wohltätigkeit ("La mendiguez", 1802; "A un ministro, sobre la beneficencia", 1797), den Toleranzgedanken ("El fanatismo", 1794), das Erziehungswesen, die Rechtsreform im Sinne Beccarias, die natürliche Religion ("Al ser incomprensible de Dios", 1786), aber auch Fragen der Naturwissenschaften im Geiste Newtons, wie etwa die Schwerkraft:

> ¡O Atracción! ¡O lazada peregrina
> Con que inmensa creación aprieta
> Del sumo Dios la voluntad divina!

Ein politisch-patriotisches Engagement zeigen "Alarma española" (1808), "España a su rey José Napoleón I" und bei Beginn des Unabhängigkeitskrieges "A mi patria, en sus discordias civiles". Mit "Afectos y deseos de un español al volver a su patria" (1814) verfaßte er eines der ersten Beispiele spanischer Exillyrik.

6. Der Übergang zur Romantik

Die Lyrik von Meléndez Valdés enthält neben dieser rationalistisch aufklärerischen Tendenz, die allerdings bereits stets gefühlsbeladen ist, eine starke Komponente der Empfindsamkeit, die in Spanien häufig als Präromantik bezeichnet wird. Sie spiegelt die sensualistische Komponente im Denken des 18. Jahrhunderts und bringt darüber hinaus den Transzendenzverlust und die Einsamkeit des Einzelnen als Folge des modernen Subjektivismus zum Ausdruck. Die an Jovellanos gerichtete Epistel "A Jovino: el Melancólico" (1794) gestaltet diese neue, verzweifelte Gefühlslage und den Versuch, sie in Form von Liebe und Freundschaft zu überwinden:

> Tú me juzgas feliz ... ¡Oh si pudieras
> ver de mi pecho la profunda llaga,
> que va sangre vertiendo noche y día!
> ¡Oh si del vivo, del letal veneno
> que en silencio le abrasa, los horrores,
> la fuerza conocieses! ¡Ay Jovino!
> ¡ay amigo! ¡ay de mí! Tú solo a un triste,
> leal, confidente en su miseria extrema,
> eres salud y suspirado puerto.
> [...]
> Ten lástima de mí; tú solo existes,
> tú solo para mí en el universo.

Ein ähnliches Weltgefühl totaler Verlassenheit und Verzweiflung findet sich auch bei Jovellanos ("Epístola de Jovino a Anfriso, escrita desde El Paular", 1779) oder in Cadalsos *Noches lúgubres*, einem von E. Youngs *Night thoughts* inspirierten kurzem Werk in Prosa, das die Grenzen zwischen Lyrik und Prosa verwischt und das, anders als lange behauptet, nicht als Fragment anzusehen ist (verfaßt 1772-73; veröffentlicht 1789-90). Das knappe Werk schildert den Versuch des jungen, verzweifelten Tediato, den Leichnam seiner Geliebten mit Hilfe des Totengräbers Lorenzo wieder auszugraben, um sich - wie allerdings nur angedeutet wird - mit ihr und seinem gesamten Haus zu verbrennen. Das pessimistische, düstere, makabre Werk hat die spanische Romantik tief beeinflußt. Dergleichen präromantische Elemente werden von Nicasio Alvarez de Cienfuegos (1764-1809) und Francisco Sánchez Barbero (1764-1819) fortgeführt, bei denen der *estilo prerromántico* seinen Höhepunkt erreicht,[70] der einen späten Reflex in der - schon romantischen - Dichtung von José María Blanco-White und seinem im englischen Exil verfaßten berühmten Sonett "Mysterious Night" gefunden hat. In den Bereich des *prerromanticismo* wird auch die Lyrik des Conde de Noroña (1760-1815) gerechnet, der mit seinen *Poesías*

---

[70] Vgl. Arce, J., *La poesía en el siglo XVIII*, S. 192.

asiáticas (postum 1833) den Spaniern über von ihm benutzte lateinische und englische Übersetzungen die arabische, persische und türkische Lyrik erschloß.

Nicht ohne Berechtigung ist die Auffassung vertreten worden, daß im Spanien des 18. Jahrhunderts, wo sich der Roman nicht wirklich entwickelte und das Theater i.a. über mittelmäßige Leistungen nicht hinauskam, die Lyrik zum Medium der fortschrittlichsten und aktuellsten geistigen Auseinandersetzungen wurde. Dies gilt auch für die Entstehung einer Naturlyrik, wie sie sich bei Jovellanos in der Epistel "A Batilo" findet oder in Oden von Meléndez Valdés wie "La noche y la soledad", in denen Natur und Seelenzustand des Betrachters einander entsprechen und eher die schaudererregenden Elemente von Nacht und Einsamkeit hervorgehoben werden.

7. Neoklassizistische Dichtung

Neben dieser präromantischen Strömung findet sich jedoch eine zweite, die neoklassizistische, die gleichfalls weit ins 19. Jahrhundert hinein gewirkt hat. Deren humanistisch gebildete Repräsentanten bemühen sich, auch wenn sie durchaus die Themen der Aufklärung fortführen, um eine schlichte Sprache und um eine strenge, harmonische metrische Form, orientieren sich an der klassischen Antike (zumal Horaz), an Garcilaso, Fray Luis de León und Herrera sowie am französischen *siècle classique*. Bezeichnenderweise übertrug einer ihrer Vertreter, J.B. Arriaza y Superviela (1770-1837), erstmals Boileaus *Art poétique* ins Spanische (1807).[71] Typische Repräsentanten der neoklassizistischen Lyrik (auch wenn sie zugleich andere Stile und Themen pflegten) sind Leandro Fernández de Moratín (1760-1828), Félix Reinoso (1772-1841), J.M. Blanco-White und Alberto Lista (1775-1848) sowie J.M. Quintana, Juan Nicasio Gallego (1777-1835) und Manuel de Cabanyes (1808-1833). Für die Gleichzeitigkeit der poetischen Strömungen an der Wende zum 19. Jahrhundert ist es bezeichnend, daß Quintana selbst präromantische, neoklassizistische und liberale politische (Kampf-) Lyrik schrieb und sogar noch 1855 von Isabel II. feierlich zum Dichter gekrönt wurde.

8. Volkstümliche Lyrik

Neben dieser Lyrik, die letztendlich eine Dichtung für die Eliten blieb, kannte das 18. Jahrhundert jedoch noch eine bislang kaum untersuchte, vielfach auch verlorene *poesía popular en pliegos sueltos*, die von hierauf spezialisierten Autoren verfaßt, dann als wenige Seiten umfassende *literatura de cordel* gedruckt und von häufig blinden Kolporteuren als billige Massenware vertrieben, bzw. mit Musikbegleitung vorgetragen wurde. Es handelt sich in der Mehrzahl der Fälle um in der Form der *romance* behandelte religiöse Themen, um berühmt-berüchtigte

---

[71] J. Arce schreibt, den Neoklassizismus charakterisiere "un querer restaurar o revivir el clima de aspiraciones - armonía, sobriedad, serenidad, perfección - supuestamente asignadas al mundo greco-latino, ahora mitificado, participando de la misma eterna dimensión." Die Kodifizierung dieser Ästhetik sieht er in Esteban de Arteagas *Investigaciones filosóficas sobre la belleza ideal* (1789). J. Arce, *La poesía del siglo ilustrado*, S. 465.

Justizfälle im Stil des Bänkelsangs, um politische Ereignisse und gesellschaftlichen Klatsch mit häufig antifeministischer Note sowie ein Fortschreiben der *romances históricos* über die großen Gestalten der spanischen (mittelalterlichen) Geschichte.[72]

Das Theater

1. Der Streit um die spanische 'comedia antigua' und die französierte 'comedia nueva'

Für die ältere Literaturgeschichtsschreibung, besonders für M. Menéndez Pelayo und E. Cotarelo y Mori,[73] stellte sich die Entwicklung des spanischen Theaters im 18. Jahrhundert sehr vereinfacht folgendermaßen dar: Das spanische Volk blieb auch in der Epoche der Aufklärung dem traditionellen Theater des Siglo de Oro treu, das allein, so wird postuliert, seinem Wesen entsprach; es strömte zu den Aufführungen der Werke v.a. Calderóns, in dem sich angeblich der spanische Nationalcharakter in seinen monarchischen und religiösen Komponenten besonders manifestiere. Dieses nationale Theater wurde dann dem Volk entzogen durch eine schmale Schicht ausländelnder Aufklärer, die sogenannten *afrancesados*, die einem aus französischen Quellen gespeisten Neoklassizismus anhingen. Da sie sich des von den Franzosen wegen seiner 'Unregelmäßigkeit' verspotteten heimischen Theaters schämten, versuchten sie wie Vater und Sohn Moratín, ein neues, regelmäßiges Theater zu schaffen, dem das traditionsbewußte spanische Volk jedoch nichts abzugewinnen wußte und daher fernblieb. Als Beweis für diese Thesen wurde ganz besonders das Verbot der *autos sacramentales* angeführt, das 1765 durch den König erfolgte. Es wurde als der Versuch mehr oder minder atheistischer Voltairianer gedeutet, dem gläubigen Volk die Quellen seiner religiösen Erbauung und Belehrung zu nehmen.

Zutreffend in dieser Sichtweise ist, daß sich im 18. Jahrhundert zwei große Strömungen innerhalb des Theaters gegenüberstanden: die aus dem Siglo de Oro stammende *comedia antigua* und eine an der aristotelischen Poetik und ihrem Regelwerk orientierte neoklassizistische *comedia nueva*. Zutreffend ist auch, daß vor allem die Stücke Calderóns im Verlauf des 18. Jahrhunderts weiter aufgeführt und daß die *autos sacramentales* tatsächlich von Staats wegen verboten wurden. Unerwähnt bleibt dabei, daß bereits im 17. Jahrhundert sich auch kirchlicherseits Stimmen gegen die *autos* erhoben hatten, daß das Genus sich im 18. Jahrhundert weitgehend erschöpft hatte und faktisch nur noch die zwischenzeitlich fast ein Jahrhundert alten Stücke Calderóns wiederholt wurden. Übergangen

---

[72] Vgl. Aguilar Piñal, F., *Romancero popular del siglo XVIII*, Madrid 1972; J.F. Botrel, "Les aveugles colporteurs d'imprimés en Espagne", in: *Mélanges de la Casa de Velázquez*, Bd. IX, 1973, S. 417-476; Bd. X, 1974, S. 233-271; J. Marco, *Literatura popular en España en los siglos XVIII y XIX (Una aproximación a los pliegos de cordel)*, Madrid 1977.

[73] Von seinen zahlreichen grundlegenden Arbeiten, auch zu einzelnen Schauspielern der Zeit (Isidoro Máiquez; María Ladvenant; María del Rosario, la Tirana), sei hier besonders die Gesamtdarstellung *Iriarte y su época*, Madrid 1897, genannt.

wird gleichfalls die Tatsache, daß die Aufführungen der *autos* (die jetzt auch in den *corrales* aufgeführt wurden) nur zu etwa fünfzig Prozent besucht waren und die Zuschauer kaum vom theologischen Gehalt des Stückes, sondern von deren profanem Beiwerk (Zwischenspielen, Tänzen, Musik) angelockt wurden und daß schließlich das konkrete Verbot auf Betreiben des Erzbischofs von Toledo erfolgte, der in den *autos* eine Profanierung der Religion sah: soll doch etwa bei einer Aufführung das Publikum in schallendes Gelächter ausgebrochen sein, als die berühmte Schauspielerin María Ladvenant, die vier Kinder von drei verschiedenen, hochgestellten Liebhabern hatte, als Jungfrau Maria bibel- und rollengemäß feststellte, sie könne gar nicht schwanger sein, kenne sie doch keinen Mann.

Vor allem die Arbeiten von J.A. Cook[74] und R. Andioc[75] haben gezeigt, daß die behauptete Bevorzugung des *teatro antiguo* durch das Volk nicht zutrifft. Bei ihren Analysen stützen sie sich auf empirisches Material: zum einen auf die Spielpläne, die die aufgeführten Stücke und deren Spieldauer belegen; zum anderen auf die Listen, in denen seinerzeit der Kartenverkauf für jede Aufführung und jede Platzkategorie festgehalten wurde. Aus beidem ergibt sich, daß sich die Zuschauer - selbst die aus dem einfachen Volk (vulgo) - dem *teatro antiguo* keineswegs stärker verbunden fühlten als dem *teatro neoclásico*. Wenn etwa in der Spielzeit 1708/9 noch 30% der aufgeführten Stücke von Calderón stammten, so sind es 1777/78 noch 20%, 1804/5 schließlich nur noch etwas über 3%. So stellte denn auch 1793 der Corregidor von Madrid fest: "las comedias antiguas, por muy vistas, lejos de atraer, ahuyentan a las gentes del teatro." Die *comedias* von Lope oder Calderón starben also einen natürlichen Tod an Auszehrung; sie wurden keineswegs das Opfer aufgeklärter Verschwörungen.[76]

2. Zur Kontinuität des Barocktheaters

Um die Kontinuität des Theaters im Siglo de Oro richtig einzuschätzen, bedarf es zunächst der Feststellung, daß das gesamte Theaterwesen des 17. Jahrhunderts im 18. weiterhin funktionierte. So wird in Madrid in denselben Theatern (dem Corral del Príncipe und dem Corral de la Cruz) gespielt, mit gleich strukturierten Schauspieltruppen und im Kontext der Finanzierung von Hospitälern aus einem Teil der Eintrittsgelder. Gleich blieb auch das Verfahren der Aufführung, die nicht nur die *comedia* selbst auf die Bühne brachte, sondern sie zu einem etwa dreistündigen Theatererlebnis ausbaute, in dem zwischen die drei *jornadas* oder Akte besonders publikumswirksame Zwischenspiele (*entremeses*), häufig mit Tanz und Musik, eingeschoben wurden, die sich im 18. Jahrhundert

---

[74] Cook, J.A., *Neo-classic Drama in Spain. Theory and Practice*, Dallas 1959.

[75] Andioc, R., *Sur la querelle du théâtre...*

[76] Einen knappen Überblick bietet Duncan W. Moir, "Spanisches Theater im 18. Jahrhundert", in: K. Pörtl (Hg.), *Das spanische Theater. Von den Anfängen bis zum Ausgang des 19. Jahrhunderts*, Darmstadt 1985, S. 349-391. Ausführlicher auch in theatergeschichtlicher Hinsicht ist der von E. Palacios Fernández bearbeitete Teil in der *Historia del teatro en España*, Bd. II., Siglo XVIII/XIX, J.M. Díez Borque (Hg.), Madrid 1988, S. 57-376. Hier findet auch das Musiktheater, darunter die spanische Oper, die *zarzuela* und die *tonadilla*, Berücksichtigung.

zum (gesprochenen) *sainete* und zur (gesungenen) *tonadilla* entwickelten und ganz an die Stelle der alten *entremeses* traten, als diese wegen allzu starker Obszönitäten 1780 verboten wurden.

Was die einzelnen Theaterstücke des 17. Jahrhunderts angeht, die im 18. aufgeführt wurden, so ist zunächst festzustellen, daß die Texte in aller Regel nicht in der Originalfassung auf die Bühne gebracht wurden. Sie wurden als *refundiciones* gründlich neu bearbeitet, dabei ihrer barocken rhetorischen Ausgestaltung beraubt und teilweise auf das bloße Handlungsskelett reduziert.[77] Aufgeführt wurden sie allerdings in einer für das 18. Jahrhundert typischen, sehr spektakulären Weise unter Verwendung von Musik, Theatermaschinen, dem Einsatz von lebenden Tieren und Illusionseffekten, in der der Text lediglich der Anlaß für ein Spektakel war, das überwiegend auf bloße Unterhaltung abzielte. Entsprechend war die Auswahl unter den Stücken Calderóns: besonders beliebt waren die Prunkstücke *La Hija del Aire*, *Afectos de odio y amor*, *El tetrarca de Jerusalén*. Ganz in diesem Sinne sind Stücke der unmittelbaren Calderón-Schüler Francisco Antonio de Bances Candamo (1662-1704), Antonio de Zamora (1664-1728) und José de Cañizares (1676-1750) konzipiert. In *No hay plazo que no se cumpla ni deuda que no se pague* etwa entwickelt Zamora den *Don Juan*-Stoff weiter, indem er erstmals, lange vor José Zorrilla y Moral, die Möglichkeit einer Rettung des Helden andeutet. Diese spätbarocken Autoren behandeln jedoch auch zeitgenössische Themen, die sie allerdings nur in der Form der Burleske darzustellen vermögen. Das Ergebnis sind die *comedias de figurón*, in denen eine Gestalt der zeitgenössischen Gesellschaft ins Groteske entstellt (als *figurón*) erscheint. Hierher gehört Zamoras Stück vom 'eingebildeten Verzauberten', *El hechizado por fuerza* (1647), ebenso wie *El dómine Lucas* von Cañizares über einen einfältigen, stammbaumgläubigen Studenten aus Salamanca, der schließlich seine 'Eselin' (die geliebte Melchora) zur Frau bekommt.

Die eigentlichen Erfolgsstücke der Zeit waren jedoch die *comedias de magia*. Wie bereits in Calderóns *El mágico prodigioso* (1637) stehen im Zentrum dieser Stücke Magier und Zauberinnen, die - mit dem Teufel im Bunde - sich durch die Lüfte bewegen, Riesen und Ungeheuer besiegen, den Zuschauer in fernste Länder entführen und ihm überall die unwahrscheinlichsten, nur durch eine Liebesrahmenhandlung zusammengehaltenen Abenteuer erleben lassen, bei denen zahme Löwen ebenso auftreten wie sprechende Statuen. Außerordentlich erfolgreich waren Stücke wie *El mágico de Salerno*, *Pedro Vayalarde* von Juan Salvo y Vela, ein Werk, das zwischen 1715 und 1720 allein vier Fortsetzungen erhielt und noch in den neunziger Jahren immer wieder auf dem Spielplan erschien; *El anillo de Giges y mágico rey de Lidia* (1740 mit drei Fortsetzungen bis 1747) sowie *Marta la Romarantina* mit einer Fortsetzung *El asombro de la Francia* (1771) von Cañizares. Es handelt sich um sehr aufwendig inszenierte Spektakelstücke,

---

[77] Zu diesem noch wenig erforschten Komplex s. P. Mérimée, *L'art dramatique en Espagne dans la première moitié du dix-huitième siècle*, Toulouse ²1983. Die Theaterstücke des Siglo de Oro wurden im 18. Jahrhundert allerdings auch in der mehr oder minder wortgetreuen Originalfassung als sogenannte *sueltas* gedruckt und erfolgreich vertrieben.

deren einzige Funktion es war, den Zuschauer durch rasche Bilderfolgen in höchstes Staunen zu versetzen und ihn mit einer spannenden, wenn auch höchst unwahrscheinlichen Handlung zu unterhalten.[78] Dies gilt auch für die *comedias de santos*, die keineswegs als Anleitungen zum frommen Leben, sondern als spannende theatralische Gewaltstücke konzipiert sind, wie die folgenden Titel bereits erkennen lassen: *Princesa ramera y mártir, Santa Afra* von Añorbe oder *A un tiempo monja y casada, Santa Francisca Romana* von Cañizares (1719): Ganz analog zu den zahllosen *comedias militares* oder *heróicas* mit ihren effektvollen Tumultszenen und lautem Schlachtengetümmel, deren schlechthinniges Modell, Bances Candamos *La restauración de Buda* (1686), den König der Heiligen Allianz im Krieg gegen die Türken auf der Bühne zeigte.

3. Der Kampf um ein neues Theater: Die Poetik Luzáns

Gegen diese 'Orgien des Spektakels', die vorrangig auf die bloße Unterhaltung der Zuschauer abzielten, protestierte 1737 ([2]1789) die *Poética, o reglas de la poesía en general y de sus principales especies*, die in den 16 Kapiteln des dritten Buches ausführlich das Theater behandelt. Ihrem Verfasser, Ignacio Luzán y Claramunt (1702-1754), war die gesamte Theaterdiskussion im damaligen Europa bestens vertraut.[79] Vor ihrem Hintergrund stellt er die bloß unterhaltende Funktion des Theaters vom Typus der *comedia* ganz entschieden in Frage. In Übereinstimmung mit Muratori, Boileau und letztlich Horaz hat für Luzán alle Kunst die Funktion eines *aprovechar deleitando*, des *docere et delectare*: Kunst muß einen - moralischen - Nutzen haben, der in 'vergnüglicher' Form dargeboten wird; sie darf nicht dem bloßen Vergnügen dienen. Dies gilt auch für das Theater. Es hat den Zuschauer in unterhaltsamer Form in Fragen der Moral - d.h. des sittlichen Verhaltens sich und anderen gegenüber - zu belehren. Dies aber ist nach Auffassung des Klassizisten Luzán nur möglich, wenn das auf der Bühne Dargestellte tatsächlich nachgeahmte Natur ist, nicht von maßloser Phantasie überwuchert wird und nicht im Chaos der Geistesblitze, Theatercoups und der rhetorischen Bravourstücke verschwindet. Um aber Nachahmung der Natur zu sein, muß Kunst Regeln folgen; das Theater insbesondere denen der *tres unidades*, der drei Einheiten von Ort, Zeit und Handlung. Das Ziel dieser Regeln ist letztlich die Wahrung des Prinzips der Wahrscheinlichkeit (*verosimilitud*), ohne die eine moralische Wirkung aus psychologischen Gründen nicht erreicht werden kann. Gerade in den zahllosen Verstößen gegen die Wahrscheinlichkeit und die drei Einheiten sieht Luzán den Hauptmangel, an

---

[78] Die kaum noch lesbaren Texte und ihre spektakuläre Aufklärungsweise analysiert der Sammelband *Teatro de magia*, E. Caldera (Hg.), s.l. 1983. Julio Caro Barojas These, die *comedias di magia* hätten Magie und Teufel für das Volk durchschaubar gemacht und so zur Aufklärung beigetragen, bedarf weiterer Klärung. *Teatro popular y magia*, Madrid 1974.

[79] Die These von Menéndez Pelayo, die *Poética* sei eine bloße Kopie französischer, dem spanischen Wesen fremder Vorstellungen, hat R.P. Sebold mit einer Analyse der Quellen des Werkes widerlegt. Unter diesen Quellen nehmen die französischen eine eher untergeordnete Rolle ein: "Contra los mitos antineoclásicos españoles", in: ders., *El rapto de la mente...*, S. 29-56.

dem das Theater des Siglo de Oro leidet (*Poética* III, Kap. 15, "De los defectos más comunes de nuestras comedias"), dessen große poetische Leistungen bei Lope de Vega, Calderón oder Moreto er ansonsten durchaus respektiert.

In der Theaterpraxis der damaligen Zeit und in der Theorie von Luzán stehen sich letztlich jenseits der vordergründigen Diskussion um die Einheiten, um eine schlichtere Sprache ohne die Fülle der Polymetrie oder um die Unterscheidung zwischen Komödie und Tragödie zwei grundsätzlich verschiedene Theaterkonzeptionen gegenüber, deren Auseinandersetzungen bis ans Ende des 18. Jahrhunderts andauerten. Da ist einerseits die *comedia antigua*, auf die in der Aufführungspraxis immer wieder zurückgegriffen wurde, besonders auf die *comedias de teatro*: nicht weil diese der spanischen Tradition entstammten, sondern weil ihre spektakulären Inszenierungen v.a. das einfachere Publikum in Massen anzogen. Für sie traten häufig aus naheliegenden Gründen auch die Schauspieler ein: Sie bezogen kein festes Gehalt, sondern waren an der Tageskasse beteiligt. Neben dieser *comedia antigua* bildete sich im Verlauf des 18. Jahrhunderts im Gefolge Luzáns nun andererseits eine 'regelmäßige' *comedia nueva* aus. Ihre Durchsetzung im literarischen Leben und auf der Bühne war von einer langen Polemik und theoretischen Diskussion begleitet, an der u.a. Nasarre, Montiano, Erauso y Zabaleta, Clavijo y Fajardo;, García de la Huerta, Nicolás und Leandro Fernández de Moratín, Nipho, Olavide und Jovellanos beteiligt waren. Stationen dieses Streits sind das Verbot der *autos sacramentales* im Jahre 1765[80] und das der *comedias de magia y de santos* im Jahre 1788, sowie eine 1799 eingeleitete, grundsätzliche Reform des Theaterwesens von Staats wegen. Diese Reform zielte auch auf eine Verbesserung des Schauspiels ab und führte deshalb etwa die Generalprobe ein;[81] sie wollte das Repertoire der Stücke im Sinne des regelbewußten Neoklassizismus erneuern, weshalb man sich schon lange um die Übersetzung regelmäßiger Stücke bemüht hatte. Im Grunde ging es darum, das alte Spektakeltheater durch ein modernes Worttheater zu ersetzen, wo statt Zauberern und fernen adligen Helden 'Menschen von gleichem Schrot und Korn' (Lessing) wie die Zuschauer auf der Bühne agieren sollten. Dieses Wort- und Argumentationstheater zielte nicht auf das traditionelle, einfache Publikum, den lärmenden *vulgo* der Stehplätze. Es wollte die neue Schicht der aufgeklärten Bürger ansprechen, die im Theater einen Spiegel ihrer Probleme besitzen wollten. Das neue Theater sollte für sie zur 'moralischen Anstalt' (Schiller), zur sä-

---

[80] Zu dieser *querelle* der *autos sacramentales* s. die ausführliche Darstellung bei Andioc, *Sur la querelle du théâtre*, S. 317ff, der deutlich zeigt, daß diese Theaterstücke nicht als *cours de piété* (S. 384) rezipiert, sondern wegen ihrer in erster Linie aufwendigen (und für die Städte höchst kostspieligen) Aufführungsweise geschätzt wurden. In diesem Punkt hatte Clavijo y Fajardo in seinem *Pensador* sarkastisch bemerkt: "Si faltasen [sc. en las representaciones de los autos] los adornos referidos, quizá no serían tan instructivas, y tal vez los que oy suspiran por ir a los corrales a aprender Theología serían los primeros desertores." Zitiert nach Andioc, *Sur la querelle du théâtre*..., S. 387.

[81] Bis dahin konnten die i.a. alle fünf bis spätestens alle zehn Tage das Stück wechselnden Schauspieler häufig ihre Texte nicht auswendig. Der Souffleur (*apuntador*) sprach daher laut - und auch für die Zuschauer vernehmlich - den gesamten Text vor, den die Schauspieler dann lediglich nachsprachen.

kularisierten Predigt und Kanzel, zur Orientierung in der Lebenspraxis werden. Weil der *vulgo* in diesem neuen Theater und seinen Aufführungen störte, entledigte man sich seiner, indem einfach die Eintrittsgelder in für ihn unerschwingliche Höhen angehoben wurden. Gerade diese Entscheidung ließ aber das ganze Reformprogramm bereits 1802 in der Praxis mit einem riesigen Defizit scheitern.

4. Das neue Theater als Ausdruck und Medium einer neuen Ideologie

Der Streit um das Theater im 18. Jahrhundert kann keineswegs nur als rein literarischer Disput um ästhetische Probleme verstanden werden. Hinter ihm stand vielmehr die weiterreichende Frage, ob das Theater als bloße Unterhaltung in einer barocken Tradition angesehen und betrieben werden sollte, oder ob es nicht eher als Ort der Selbstdarstellung der Aufklärer und Instrument zur Propagierung ihrer Auffassungen verwandt werden sollte. Den Zeitgenossen war überdies klar, daß dem Theater des Siglo de Oro - einer über ein Jahrhundert zurückliegenden Epoche - eine Mentalität, moralische und sozialethische Auffassungen zugrunde lagen, die mit ihren eigenen nicht mehr zu vereinbaren waren. So schreibt das *Memorial Literario* 1764 von Calderóns *Médico de su honra*, in dem ein Adliger seiner des Ehebruchs verdächtigen Frau die Pulsadern öffnen läßt und für diese 'Todesstrafe' die Anerkennung des Königs erhält, das Stück sei "una pieza abominable, digna de que el Gobierno la prohiba seriamente. No se presenta en ella sino amores ilícitos, tanto más vituperables cuanto son ilustres personas que los mantienen". Diese Kritik zeigt, daß die Wertvorstellungen Calderóns im 18. Jahrhundert keine Plausibilität mehr besaßen. Sie widersprachen vielmehr den aufgeklärten Vorstellungen sittlichen Verhaltens.

Der neuen Ästhetik des neoklassizistischen Theaters entsprach eine neue Mentalität und eine neue Idee von der Funktion des Theaters. Diesen Sachverhalt beschreibt Nicolás Fernández de Moratín in seinen *Desengaños al teatro español* (1762/63) wie folgt:

> Después del Púlpito, que es la Cathedra del Espíritu Santo, no hay Escuela para enseñarnos más a propósito que el Theatro, pero está hoy día desatinadamente corrompido [sc. in der Theaterpraxis der *comedia antigua*]. El es la Escuela de la maldad, es el espejo de la lascivia, el retrato de la desemboltura, la academia del desuello, el ejemplar de la inobediencia, insultos, trabesuras y picardías.[82]

Der Bezug auf die barocken *comedias de capa y espada* ist überdeutlich: In ihnen gaben die jungen Liebenden ihren Leidenschaften nach; Mädchen wurden aus Klöstern entführt oder folgten - häufig als Männer verkleidet - ihren untreuen Geliebten, um sie erneut zu erobern; die jungen Adligen heirateten gegen den Willen ihrer Eltern und leisteten mit dem Degen der Staatsgewalt Widerstand. All dies widersprach zutiefst den neuen Vorstellungen der Aufklärer, die keineswegs für eine schrankenlose, individuelle Freiheit eintraten, sondern vom Einzelnen im Rahmen des absolutistischen Staates einen erheblich größeren Triebver-

---

[82] Zitiert nach Andioc, *Sur la querelle du théâtre...*, S. 573.

zicht[83] und eine generelle Unterwerfung unter die - als vernünftig propagierten - Normen des Staates verlangten, als dies beim noch nicht domestizierten spätfeudalen Adel der Barockzeit der Fall war. Den selbstvergessenen Dienst des Einzelnen am Staat sollte das neoklassizistische Theater als Patriotismus verherrlichen. Die Liebe zeigte es den jungen Leuten nicht mehr als unüberwindliche Leidenschaft, sondern als durchaus steuerbaren Drang zur Elternschaft.[84] Es propagierte den absoluten Respekt vor allen Autoritäten, besonders vor dem staats- und wirtschaftsfördernden, absolutistischen König und der in der Familie an seiner Stelle stehenden elterlichen Gewalt, besonders der des Vaters.

Dieses neoklassizistische Theater stellte sich - mit einer einzigen markanten Ausnahme, der von García de la Huerta - vorbehaltlos in den Dienst der gesellschaftspolitischen und moralischen Vorstellungen des aufgeklärten Absolutismus. So schreibt der Neoklassizist Moratín 1797 an Godoy, den Günstling Karls V., das Theater solle

> instruir al pueblo en lo que necesariamente debe saber, si ha de ser obediente, modesto, humano y virtuoso; [...] extinguir preocupaciones y errores perjudiciales a las buenas costumbres y a la moral cristiana, sin las cuales ni las leyes obran ni la autoridad se respeta; [...]. *Preparar y dirigir como conviene la opinión pública para que no se inutilicen o desprecien las más acertadas provisiones del Gobierno* dirigidas a promover la felicidad común, que todo esto y mucho más debe esperarse de un buen teatro.[85]

So wird denn in Nicolás F. de Moratíns Tragödie *Hermosinda* (1770) nachdrücklich festgestellt:

> "castigar al rey toca a Dios solo."

Ein früheres Stück, *Lucrecia* (1763), das noch ein negatives Bild vom Königtum entwarf und den Volksaufstand gegen den verderbten Königssohn rechtfertigte, konnte in unmittelbarer zeitlicher Nähe zum *motín de Esquilache* (1766), anders als die *Hermosinda*, nicht aufgeführt werden. Wie viele Theaterstücke der Zeit feiert Cadalsos *Don Sancho García* (1771) das Mittelalter der Reconquista als die heroische Phase der spanischen Geschichte und preist die - zu seiner Zeit neue - Idee des Patriotismus als einer bedingungslosen Hingabe des Einzelnen an den mit dem Staat gleichgesetzten König. Die gleiche Wertvorstellung findet sich in den damals zahlreichen Bearbeitungen des Stoffes von *Guzmán el Bueno*, eines adligen Ritters im Dienst des Königs, der den Erpressungsversuchen der Mauren nicht nachgibt, die seinen Sohn als Geisel gefangen genommen haben. Er übergibt die ihm vom König anvertraute Festung nicht, was - wie ihm völlig

---

[83] Vgl. Juan i Tous, P., "Representar vs. razonar: de los dramas de honor a la comedia burguesa", in: H. Flasche (Hg.), *Hacia Calderón. Octavo Coloquio Anglogermano*, Bochum 1987, (Archivum Calderonianum, 4), Stuttgart 1988, S. 83-99.

[84] Goethes *Werther* mit seiner Darstellung einer ungezügelten Liebesleidenschaft blieb in Spanien im ganzen 18. Jahrhundert verboten.

[85] Zitiert nach R. Andioc, "El teatro en el siglo XVIII", in: J.M. Díez Borque, *Historia de la literatura española, Bd. III,* Siglos XVIII/XIX, J.M. Díez Borque (Hg.), Madrid 1980, S. 283.

klar ist - unmittelbar den Tod seines Sohnes zur Folge hat.[86] Diente dem Christentum die Gestalt Abrahams, der seinen Sohn Gott zu opfern bereit ist, als Modell eines vollkommenen Christen, so wird hier als vollkommener Vasall und Vorbild gepriesen, wer dem absoluten Staat den eigenen Sohn opfert. Das den Aufklärern teure Thema der Erziehung hat Iriarte (1750-1791) in den beiden regelmäßigen Verskomödien *El señorito mimado, o la mala educación* (1783) und *La señorita mal criada* (1788) dergestalt illustriert, daß die beiden bürgerlichen Protagonisten, denen eine gesellschaftskonforme Selbstdisziplinierung nicht gelingt, ihr Lebensziel verfehlen: der señorito Don Mariano wird straffällig; die señorita Pepita erlangt nicht die Heirat mit dem eigentlich geliebten Mann. Eine andere gesellschaftspolitische Grundidee des aufgeklärten Absolutismus, die Ablehnung des sozialen Wandels, hat Cándido María Trigueros (1736-um 1801) in *Los menestrales* (1784) auf die Bühne gebracht. Er vertritt dort zwar die - gleichfalls aufgeklärte - Idee, daß wahrer Adel sich nicht auf Geburt, sondern auf Tugend und Arbeit gründet, lehnt zugleich aber alle daraus eventuell ableitbaren Wünsche eines sozialen Aufstiegs ab, wenn er seinen Protagonisten, einen Schneider, bekennen läßt:

> Vivamos donde el cielo nos ha puesto; único modo de que bien vivamos.
> Todo oficio
> da honor al que lo ejerce como honrado;
> sólo en abandonarlo está la culpa.

Zwar haben wir es hier mit den gleichen immobilistischen Anschauungen wie in Calderóns *auto sacramental El gran teatro del mundo* zu tun, doch ist hier nicht Gott der Garant und das Ziel einer hierarchischen und unveränderlichen Ordnung; es sind dies der moderne Staat und seine Wirtschaft. Diese Wertvorstellungen wurden jedoch nicht nur in den Gattungen der Komödie und der Tragödie vertreten. Zu ihrer Darstellung diente auch eine neue Form: die der *comedia sentimental* oder *lacrimosa*, des Rührstücks, wie es in Frankreich als *comédie larmoyante* entwickelt worden war. Ein frühes Beispiel ist Jovellanos' Werk *El delincuente honrado* (1774). In seinem Zentrum steht die seinerzeit aktuelle Frage des Duells, das in Spanien gerade verboten worden war und Herausforderer wie Geforderten streng bestrafte.

In Jovellanos' Stück tötet Torcuato den Mann, der ihn gefordert hatte. Dieser ist zugleich der Ehemann der jungen Frau, die Torcuato liebt und später heiratet. Zuvor hat er sich vor dem Richter Don Justo zu verantworten, der ihn aufgrund der Rechtslage zum Tode verurteilen muß, obwohl er in Torcuato seinen längst verloren geglaubten Sohn wiedererkennt. Erst nachdem Torcuato die Gerechtigkeit seiner Strafe eingesehen und tränenreich von der Geliebten Abschied genommen hat, wird er vom König begnadigt. Wie alle hier angeführten neoklassizistischen Theaterstücke fordert und propagiert dieses Werk eine, wie es Andioc

---

[86] Vgl. Sánchez-Blanco, F., "Transformaciones y funciones de un mito nacional: Guzmán el Bueno", in: *Revista de literatura* 50, 1988, S. 387-422.

nannte, 'filosofía de la conformidad', die bedingungslose Hinnahme der übergeordneten, tradierten Wertvorstellungen, deren erschreckende Konsequenzen für den Einzelnen durch das Eingreifen des gottähnlichen Monarchen verhindert werden.[87] Der mit seinen fünf Akten regelmäßige *Delincuente honrado* ist im übrigen auch durch sein emotionsgeladenes Plädoyer gegen die Folter dem Denken des aufgeklärten Absolutismus verbunden.[88]

5. Neue Form und alte Inhalte: Huertas 'Raquel'

Der Identifikation von neoklassizistischem Theater und *despotismo ilustrado* widerspricht jedoch die in ihrem Grundanliegen lang umstrittene Tragödie *Raquel* von Vicente García de la Huerta (1734-1784), die 1772 in Oran, dann 1778 in Madrid aufgeführt wurde.[89] Es handelt sich um eine Neugestaltung des Stoffs der Jüdin von Toledo, der Liebe zwischen Alfons VIII. von Kastilien und der Jüdin Rachel. Huerta zeigt, wie der König gänzlich den Reizen der schönen Frau (und den angeblichen, höchst negativ dargestellten Machenschaften der Juden) bis zu dem Punkt verfällt, daß er Rachel zum 'dueño absoluto' seiner Krone macht, was diese zu hochmütigem Verhalten gegenüber den Kastiliern und selbst gegenüber dem hohen Adel verleitet. Dieses Verhalten gefährdet die staatliche Ordnung, und der Adel beschließt, Rachel zu ermorden. Er zwingt deren Vertrauten, sie zu erdolchen. Der zunächst fassungslose König ersticht zwar seinerseits den Täter, gesteht dann aber den kastilischen Adligen ein, daß letztlich sein eigenes - der Rolle des Königs widersprechendes - Verhalten den Mord an Rachel verursacht hat. Er verzeiht die eungeheure Tat seiner Untertanen, die, wie er bekennt, das Vaterland gerettet haben.

Raquel ist zweifelsohne ein 'antiabsolutistisches Werk'.[90] Es zeigt einen kritikwürdigen, keineswegs gottähnlichen König, der der scharfen Korrektur durch eben jenen (Hoch-) Adel bedarf, den das absolutistische Königtum des 18. Jahrhunderts domestiziert und zur Festigung seines Machtmonopols zielstrebig durch bürgerliche Beamte und den niederen Adel aus seinen traditionellen Machtpositionen verdrängt hatte. Andioc sieht in Huerta den konservativen "porte-parole de l'opposition aristocratique de droite".[91] Sein vom Hochadel gefördertes Stück wurde 1778 nach nur fünf Tagen vom Spielplan genommen.

---

[87] Ein negatives Bild des Königs, das ihn als Tyrannen offenbart, findet sich erst nach 1800 mit dem Übergang zum Liberalismus, so in Cienfuegos' *La condesa de Castilla* (1803), Quintanas *Pelayo* (1805) und Martínez de la Rosas *La viuda de Padilla* (1812).

[88] T. Heydenreich hat das Stück in dieser Hinsicht ausführlich dargestellt in: V. Roloff, H. Wentzlaff-Eggebert (Hg.), *Das spanische Theater*, Düsseldorf 1988, S. 201-212. Weitere *comedias lacrimosas* stammen von Trigueros (*El precipitado*, 1785), Comella, Valladares y Sotomayor und G. Zavala (*El triunfo del amor y de la amistad*, 1793).

[89] R. Andioc hat dem Stück ein ausführliches Kapitel "Raquel et l'antiabsolutisme" gewidmet in: *Sur la querelle du théâtre...*, S. 275-370.

[90] Duncan W. Moir, in: K. Pörtl, *Das Spanische Theater...*, S. 375.

[91] Andioc, R., *Sur la querelle du théâtre...*, S. 292.

6. Formen des teatro menor: sainete und tonadilla

Deutlich vorhanden sind die Grundauffassungen des *despotismo ilustrado* auch in den *sainetes* von Ramón de la Cruz (1731-1794). Zwar wird in ihnen das einfache Volk 'literaturwürdig' erklärt, doch erscheint es mit den *majos* und *majas* in der bunten Vielfalt seiner durchtriebenen und doch dummen Bauern, seiner Prostituierten und zänkischen Frauen aus einer 'Sicht von oben': Sorgen und Bedürfnisse dieser als burleske Typen erfaßten Repräsentanten der untersten Schichten werden nicht thematisiert, wohl aber ihre - selbstverständlich in Lachen und Verlachen scheiternden - Versuche, sich sprachlich den gehobenen Schichten (*El petimetre*) anzupassen oder - wie in *Los bandos del Avapiés y La venganza del Zurdillo* - Wertvorstellungen des Adels, besonders die der Ehre, zu übernehmen. Der stark kostumbristische, häufig vom Wortspiel lebende *sainete* setzt den traditionellen *entremés* fort, von dem er sich lediglich dadurch unterscheidet, daß er eine weniger unflätige Sprache verwendet und in der unmittelbaren Gegenwart der Zuschauer spielt, im Madrid der Plätze, Straßen, Werkstätten und Büros. Der *sainete* umfaßt nur 400-500 Verse, er kennt keine ausgeführte Handlung, er will v.a. satirisch-burlesk sein. Wie der *entremés* ist der *sainete* ausschließlich als Zwischenspiel innerhalb der Aufführung einer *comedia* gedacht; dies gilt auch für die neoklassizistischen Komödien: so wurde Moratíns *Comedia nueva* zusammen mit dem *sainete El muñuelo* von Ramón de la Cruz gespielt. Gleiches trifft für die *tonadilla* zu, die sich lediglich durch die Verwendung von volkstümlicher Musik und Tänzen vom *sainete* unterscheidet[92] und ihre Blütezeit zwischen 1770 und 1790 erlebte.

Unbestrittener Meister des Genus war der bescheidene Beamte Ramón de la Cruz, der etwa 350 *sainetes* verfaßte. 1780 schrieb er für das Teatro de la Cruz nicht weniger als die Hälfte und für das Teatro del Príncipe sogar fast drei Viertel aller Zwischenspiele.[93] Eine Besonderheit sind seine *sainetes*, in denen das Theater selbst thematisiert wird, wie in *La Comedia de Maravillas* (1769).

7. Das Theater von Leandro F. de Moratín

Eine vollkommenere, die Zeiten überdauerndere Form hat das neoklassizistische Theater nur in den Komödien von Leandro Fernández de Moratín (1760-1828) erlangt. Moratín ist einer der entschiedensten Vertreter der spanischen Aufklärung; er stellte sich in den Dienst von José I. und mußte bei der Rückkehr Ferdinands VII. als *afrancesado* ins Exil gehen, wo er 1828 in Paris starb. Ihm war die europäische Theaterdiskussion der Zeit bestens vertraut. Als erster hat er in Spanien Shakespeares *Hamlet* aus dem englischen Original übersetzt, seinen Stil an Übertragungen von Molières *Médecin malgré lui* und der *École des maris* ge-

---

[92] Vgl. Subirá, José, *La tonadilla española*, Madrid 1928-30.

[93] Vgl. Ingenschay, D., "Ramón de la Cruz. Sainetes", in: V. Roloff, H. Wentzlaff-Eggebert (Hg.), *Das spanische Theater*..., S. 213-227 und den Abschnitt "Teatro menor" in der *Historia del Teatro en España*, Bd. II, S. 283-288.

schult und eine spanische Version des *Candide* von Voltaire (veröffentlicht erst 1838) geschaffen, die als kongenial gilt.

Seine *Comedia nueva o el Café* (1792) ist eine Satire auf das spätbarocke Theater, insbesondere auf die *comedias militares*. Der junge Don Eleuterio hat mit *El gran cerco de Viena* eines jener Schlachten- und Spektakelstücke verfaßt, mit dem er hofft, auch seine finanziellen Probleme lösen zu können. Dem Zuschauer wird er in einem Café sitzend gezeigt, wo er mit Don Hermógenes, einem Pedanten und fanatischen Anhänger der *comedia antigua*, und mit Don Pedro, dem maßvollen Vertreter der neoklassizistischen Ästhetik, sein gänzlich konfuses Stück hitzig diskutiert. Da eine Uhr stehengeblieben ist, versäumen die drei die Uraufführung des Werkes, die mit dem Durchfall der *comedia* und dem Tumult der Zuschauer endet. Das Schlußwort hat Don Pedro, der dem zur Einsicht gelangten Autor eine gute Stellung zu verschaffen verspricht, wenn er die Schreiberei im Stil des Spätbarocks aufzugeben bereit ist:

> Usted amigo, ha vivido engañado; su amor propio, la necesidad, el ejemplo y la falta de instrucción, le han hecho escribir disparates. El público le ha dado una lección muy dura, pero muy útil, puesto que por ella se reconoce y se enmienda. ¡Ojalá los que hoy tiranizan y corrompen el teatro por el maldito furor de ser autores, ya que desatinan como usted, le imitaran en desengañarse![94]

U. Schulz-Buschhaus sieht in diesem Schluß eine doppelte, für den Neoklassizismus und den *despotismo ilustrado* bezeichnende Disziplinierung: Eleuterio muß einerseits auf die exzessive, unzeitgemäße Ästhetik des Barock verzichten, andererseits hat er sich vom Traum des freien Schriftstellers zu verabschieden und in die 'bürgerliche Disziplin' eines nützlichen Berufs einzuüben.[95]

Die gleiche Verbindung von neuer Ästhetik, neuer Ideologie und neuem Verhalten findet sich auch in den weiteren Stücken Moratíns: *El viejo y la niña* (1790), *El Barón* (als *zarzuela* konzipiert, 1803 als Komödie umgearbeitet), *La Mogigata* (1804) und *El sí de las niñas* (1806). In ihnen werden Themen der Aufklärung behandelt: so die Erziehung, besonders die Klostererziehung der jungen Mädchen, die, wie in *La Mogigata* illustriert wird, zu falschem Verhalten und Heuchelei führt; oder die Frage der 'ungleichen Heirat', wobei diese auf Ungleichheit von Standesunterschieden (*El Barón*) oder auf dem erheblichen Altersunterschied zwischen den beiden Partnern beruhen kann. Gerade dieses letztere Thema hat Moratín geradezu obsessiv behandelt.

Angestrebt und propagiert wird in all seinen Stücken eine freiwillige, weil als vernünftig anerkannte Hinnahme der bürgerlich-aufgeklärten Normen. Dazu gehört ebenso das Beherrschen der Leidenschaften (der Liebe), wie das Befolgen der Autorität von Eltern und Staat. Bereits Moratín der Ältere hatte daher den adligen *galán* und Protagonisten der barocken Komödie entschieden verurteilt als "rompe-esquina, mata-siete, perdonavidas, que galanteaba a una dama a cu-

---

[94] *La Comedia Nueva o el Café II*, S. 9.
[95] So in seiner Interpretation des Stückes in: V. Roloff, H. Wentzlaff-Eggebert (Hg.), *Das spanische Theater...*, S. 228-240.

chilladas, alborotando la calle y escandalizando el pueblo, foragido de la justicia, sin amistad, sin ley y sin Dios".[96]

Ganz anders verhalten sich die Protagonisten von *El sí de las niñas*, dem erfolgreichsten Theaterstück seiner Zeit. Diese regelmäßige Prosakomödie in drei Akten mit nur sieben Personen spielt unter strikter Wahrung der Einheiten in einem Gasthaus in Alcalá de Henares; die Handlung dauert von 7 Uhr abends bis um 5 Uhr morgens am folgenden Tag.

Paquita, ein junges, im Kloster zu wenig Eigenständigkeit erzogenes Mädchen[97] hat dem Drängen ihrer Mutter Doña Irene nachgegeben und soll den begüterten, doch bereits älteren Don Diego heiraten. Tatsächlich liebt sie jedoch den jungen Leutnant Don Carlos, einen Neffen Don Diegos, der ihre Zuneigung erwidert und den sie durch einen Brief nach Alcalá bestellt hat, wo sich die beiden jungen Leute mit dem Heiratsplan konfrontiert sehen. Das *happy-end* des Stückes ergibt sich aus einem großmütigen Verzicht Don Diegos, als dieser erkennt, daß die wahren Gefühle Paquitas nicht ihm, wie er meinte und wie ihn Doña Irene glauben gemacht hatte, sondern dem jungen Carlos gehören. Erschaudernd bei der Vorstellung, wieviel Unglück - auch sein eigenes - die erzwungene Ehe hätte heraufbeschwören können, tadelt er scharf die falsche Erziehung und Bevormundung der Jugend:

> Esto resulta del abuso de la autoridad, de la autoridad, de la opresión que la juventud padece, y éstas son las seguridades que dan los padres y los tutores, y esto es lo que se debe fiar en el sí de las niñas.

Diese recht gefühlvoll ('präromantisch') dargestellte Entscheidung für die Liebe der jungen Leute ist jedoch keineswegs ein Plädoyer für ein Nachgeben gegenüber den Leidenschaften, wie es sich in der Romantik finden wird. Moratín läßt seine Protagonisten aber auch nicht mehr den Weg der Liebespaare der barocken *comedia* gehen, wo die Braut entführt und die Ehe heimlich ohne Zustimmung der elterlichen Autorität erfolgt wäre. Für ihn ist vielmehr das Verhalten des jungen Don Carlos vorbildlich, der sich bedingungslos der Autorität unterwirft und sich mit folgenden Worten respektvoll von seinem Onkel verabschiedet:

> Viva usted feliz, y no me aborrezca, que yo en nada le he querido disgustar... La prueba mayor que yo puedo darle de mi obediencia y mi respeto, es de salir de aquí inmediatamente. Pero no me niegue a lo menos el consuelo de saber que usted me perdona.

Die eigentlich drohende Tragödie wird nur durch den Großmut, die Einsicht und fast grenzenlose Güte der 'Autorität' vermieden, die sich in der gleichsam gottähnlichen Rolle des Glücksspenders gefällt. Die Komödie schließt daher mit folgenden Repliken:

---

[96] Zitiert nach R. Andioc, "El teatro en el siglo XVIII", S. 267.

[97] Die implizite Kritik an der Klostererziehung hatte zur Folge, daß die Komödie mehrfach bei der Inquisition denunziert wurde, die den von Godoy protegierten Moratín allerdings nicht behelligte.

D. Diego
Vosotros [...] seréis la delicia de mi corazón; y el primer fruto de vuestro amor..., sí, hijos, aquel..., no hay remedio, aquél es para mí. Y cuando le acaricie en mis brazos, podré decir: a mí me debe su existencia este niño inocente; si sus padres viven, si son felices, yo he sido la causa.
D. Carlos
¡Bendita sea tanta bondad!
D. Diego
Hijos, bendita sea la de Dios.

Hier wird nicht wie ein Beaumarchais' *Hochzeit des Figaro* (1785) für das Überlisten der Mächtigen und der Autoritäten plädiert. *El sí de las niñas* illustriert vielmehr in vollkommener Form die - auf den Bereich der Familie übertragene - Ideologie des aufgeklärten Despotismus: Der Einzelne soll zwar zu Selbständigkeit und sittlicher Autonomie erzogen werden, jedoch nur, um desto besser innerhalb der strikt vorgegebenen Ordnungen funktionieren zu können und dem Staat insgesamt nützlich zu sein. Nicht das Nachgeben gegenüber den Leidenschaften ist angesagt, sondern deren strikte Disziplinierung bis hin zur Selbstverleugnung. Wenn dennoch kein Widerspruch zwischen dem - anders als im Barock als durchaus legitim angesehenen - Glücksstreben des Einzelnen und dem Ordnungsanspruch des Ganzen zu entstehen scheint, so beruht diese Harmonie auf der Weitsicht und Güte der jeweiligen Autorität, sei diese der König oder sei sie das Familienoberhaupt. Die recht sentimentale Lösung der Komödie *El sí de las niñas* propagierte noch einmal das Vertrauen in den aufgeklärten Despotismus, der zu diesem Zeitpunkt (1806) in Frankreich bereits abgelöst war. Der weitere Lebensweg Moratíns sollte zeigen, daß dieses Vertrauen historisch nicht gerechtfertigt war.

Bibliographie

1. Bibliographien und Zeitschriften

Aguilar Piñal, Francisco, *Bibliografía de autores españoles del siglo XVIII*, Madrid 1981ff

-, *Bibliografía de estudios sobre Carlos III y su época*, Madrid 1988

-, *Bibliografía fundamental de la literatura española del siglo XVIII*, Madrid 1976

Boletín del Centro de Estudios del siglo XVIII (BOCES). José María Caso González (Hg.), Oviedo 1972ff

Dieciocho. Hispanic Enlightenment, Aesthetics and Literary Theory. Eva M. Kahiluoto Rudat (Hg.), Ithaca, N.Y 1978ff

Sempere y Guarinos, J., *Ensayo de una Biblioteca española de los mejores escritores del Reinado de Carlos III*. 6 Bde., Madrid 1785-1799. (Edición facsímil, Madrid 1969, 3 Bde.)

2. Gesamtdarstellungen

Abellán, José Luis, *Historia crítica del pensamiento español*. Bd. III: Del Barroco a la Ilustración (Siglos XVII y XVIII), Madrid 1981

Alborg, José Luis, *Historia de la literatura española*. Bd. III: El siglo XVIII, Madrid 1972

Aymes, Jean-René (Hg.), *España y la revolución francesa*, Barcelona 1989

Caso González, José María, "Ilustración y Neoclasicismo", in: Francisco Rico, *Historia y crítica de la literatura española*. Bd. IV, Barcelona 1983

Domínguez Ortiz, Antonio, *Sociedad y estado en el siglo XVIII español*, Barcelona 1976

Elorza, Antonio, *La ideología liberal en la ilustración española*, Madrid 1970

Flasche, Hans, Geschichte der spanischen Literatur, Bd. 3, Bern, Stuttgart 1989, (18. Jahrhundert, S. 8-185)

Floeck, Wilfried, "Die Literatur der spanischen Aufklärung", in: *Neues Handbuch der Literaturwissenschaft*. Bd. 13: Europäische Aufklärung III, Wiesbaden 1980, S. 359-390

Glendinning, Nigel, "El siglo XVIII", in: R.O. Jones, *Historia de la literatura española*. Bd. IV, Barcelona 1973

Herr, Richard, *España y la revolución del siglo XVIII*, Madrid 1973

Herrero, Javier, *Los orígenes del pensamiento reaccionario español*, Madrid ³1973

Juretschke, Hans, "Die Aufklärung und die innere Entwicklung in Spanien und Portugal von 1700 bis 1808", in: *Historia Mundi*. Bd. 9, Bern - München 1960, S. 135-157

Krauss, Werner, *Die Aufklärung in Spanien, Portugal und Lateinamerika*, München 1973

Sarrailh, Jean, *La España ilustrada de la segunda mitad del siglo XVIII*, México 1974

3. Einzelfragen:

Batllori, Miguel, *La Cultura hispano-italiana de los Jesuitas expulsos*, Madrid 1966

Défourneaux, Marcelin, *Inquisición y censura de libros en la España del siglo XVIII*, Madrid 1973

-, *Pablo de Olavide ou l'Afrancesado (1725-1803)*, Paris 1959 (Span. Ü.: *Pablo de Olavide el Afrancesado*, México 1965)

Demerson, Paula, Francisco Aguilar Piñal, *Las Sociedades Económicas de Amigos del País en el siglo XVIII*, Madrid 1974

Domergue, Lucienne, *Le livre en Espagne au temps de la Révolution Française*, Lyon 1984

Martín Gaite, Carmen, *Usos amorosos del dieciocho en España*, Madrid 1972

Mestre, Antonio, *Despotismo e ilustración en España*, Madrid 1977

Rodríguez Casado, Vicente, "El intento español de Ilustración cristiana", in: *Estudios Americanos* 9, 1955, S. 141-169

Saugnieux, Joël, *Foi et Lumières dans l'Espagne du XVIIIe siècle*, Lyon 1985

Sebold, Russel P., *El rapto de la mente. Poética y poesía dieciochesca*, Madrid 1970

Tietz, Manfred, "Zur Polemik um die spanische Aufklärung", in: *Archiv für das Studium der neueren Sprachen und Literaturen* 217, 1980, S. 75-92

Zavala, Iris M., *Clandestinidad y libertinaje erudito en los albores del siglo XVIII*, Barcelona 1978

4. Essay/Presse

Aguilar Piñal, Francisco, *La prensa española en el siglo XVIII. Diarios, revistas, pronósticos*, Madrid 1978

Aullón de Haro, Pedro, *Los géneros ensayísticos en el siglo XVIII*, Madrid 1987 (Historia crítica de la Literatura Hispánica 14)

Castañón Díaz, José, *La crítica literaria en la prensa española del siglo XVIII (1700-1750)*, Madrid 1973

Guinard, Paul-Jean, *La Presse Espagnole de 1737 à 1791. Formation et signification d'un genre*, Paris 1973

Lopez, François, *Juan Pablo Forner et la crise de la conscience espagnole au XVIIIe siècle*, Bordeaux 1976

5. Roman

Fabbri, Maurizio, *Un aspetto dell'Illuminismo spagnolo. L'opera letteraria di Pedro Montengón*, Pisa 1972

Ferreras, Juan Ignacio, *La novela en el siglo XVIII*, Madrid 1987 (Historia crítica de la Literatura Hispánica 13)

Hinterhäuser, Hans, "Ein spanischer Roman an der Schwelle zur Neuzeit", in: ders., *Streifzüge durch die romanische Welt*, Wien 1989, S. 55-68

Lope, Hans-Joachim, *Die 'Cartas Marruecas' von José Cadalso. Eine Untersuchung zur spanischen Literatur des 18. Jahrhunderts*, Frankfurt/M. 1973

Tietz, Manfred, "Die Aufklärung in Spanien - Eine Epoche ohne Roman", in: *Poetica* 18, 1986, S. 51-74

6. Lyrik

Arce, Joaquín, *La poesía del siglo ilustrado*, Madrid 1981

Caso González, José María, *Los conceptos del rococó, neoclasicismo y prerromanticismo en la literatura española del siglo XVIII*, Oviedo 1970

Demerson, Georges, *Don Juan Meléndez Valdés y su tiempo (1754-1817)*, 2 Bde., Madrid 1971

Derozier, Albert, *Manuel José Quintana y el nacimiento del liberalismo en España*, Madrid 1978

7. Theater

Andioc, René, *Sur la querelle du théâtre au temps de Fernández de Moratín*, Tarbes 1970 (Spanische, überarbeitete Übersetzung: *Teatro y sociedad en el Madrid del siglo XVIII*, Madrid 1976)

Cook, J.A., *Neo-classic drama in Spain. Theory and practice*, Dallas 1959

Makoviecka, Gabriela, *Luzán y su Poética*, Barcelona 1973

McClelland, Ivy Lillian, *Spanish Drama of Pathos: 1750-1808*, 2 Bde., Liverpool 1970

Pörtl, Klaus (Hg.), *Das spanische Theater. Von den Anfängen bis zum Ausgang des 19. Jahrhunderts*, Darmstadt 1985

Rull, Enrique, *La poesía y el teatro en el siglo XVIII*, Madrid 1987 (Historia crítica de la Literatura Hispánica 12)

Hans-Joachim Lope

Die Literatur des 19. Jahrhunderts

1. Das 19. Jahrhundert: Strukturen und Konturen

1.1 Geschichtlicher Überblick

Der Aufstand von Madrid am 2. Mai 1808 und der folgende Unabängigkeitskrieg hatten die Besiegbarkeit Napoleons für ganz Europa beispielhaft aufgezeigt. König Ferdinand VII., der 1813 nach Spanien zurückkehrte (Vertrag von Valençay), enttäuschte jedoch schnell die in ihn gesetzten Hoffnungen, als er ganz im Sinne der Heiligen Allianz die Wiederherstellung des Ancien Régime betrieb und damit gewollt oder ungewollt die für weite Teile des 19. Jahrhunderts so charakteristische "Herrschaft des liberalen Heeres im Schoß der Freimaurerei und der Karbonarisekten" (Vicens Vives 1969, S. 169) vorbereitete. Erst nach dem *pronunciamiento* von Rafael de Riego (1820) beschwor der König die Verfassung von Cádiz (1812) und leitete damit das *período constitucional* der Jahre 1820-1823 ein, das freilich durch die Flügelkämpfe der zwischen *moderados* (*doceañistas*) und *exaltados* (*progresistas*) schwankenden Liberalen gekennzeichnet blieb. Die französische Intervention von 1823 (*los cien mil hijos de San Luís*) setzte diesem *trienio liberal* ein frühes Ende. Als jedoch mit Bolívars Sieg bei Ayacucho (1824) das Kolonialreich bis auf Restbestände (Cuba, Puerto Rico, Philippinen) verloren geht und in Katalonien der Aufstand der *malcontents* losbricht, macht der König - auch angesichts des ungelösten Thronfolgeproblems - den Liberalen bald schon neue Zugeständnisse. Solange Ferdinand VII. keine Kinder hatte, galt ja sein Bruder Carlos, der die Ultras (*apostólicos*) um sich scharte, als designierter Thronfolger. Als jedoch 1830 die spätere Isabel II. geboren wird und der König zu ihren Gunsten die weibliche Thronfolge legalisiert (*pragmática sanción* 1830), wird der Konflikt unvermeidlich. Nach des Königs Tod (1833) greifen die *carlistas* zu den Waffen. Die Regentin, María Cristina de Borbón, sucht daraufhin Rückhalt bei den Liberalen, in deren Reihen die Flügelkämpfe weitergehen. Waren die *moderados* (Cea Bermúdez, Toreno) durchweg Vertreter eines gemäßigten Konstitutionalismus (Zensuswahlrecht), so bezweckten die *exaltados* (Mendizábal, Espartero) die Stärkung der *Cortes*, Gemeindeautonomie und eine Landreform zu Lasten kirchlicher Latifundien. Die spanische Politik wird sich während der gesamten Regierungszeit Isabels II. (1843-1868) in diesem Spannungsfeld bewegen, wobei die Karlistenkriege (1833-1839; 1846-1849; 1872-1876)[1] jede wirkliche Reformperspektive unmöglich machen. Die Gefährlichkeit der *carlistas* lag darin, daß sie die traditionelle Rivalität von Peripherie und Zentrum schürten und vorgaben, die alten *fueros* zu erneuern. So fanden sie Anhänger vor allem im Norden (Zumalacárregui) und in Katalonien. Ein großer Erfolg

---

[1] Vgl. Palacio Atard, V., *La España del siglo XIX, 1808-1898*, Madrid 1978.

für die Krone war 1839 das Überlaufen des Generals Maroto (*Abrazo de Vergara*). Der eigentlich starke Mann dieser Jahre war jedoch Baldomero Espartero, Herzog von Vitoria und Verteidiger Madrids (1836). Er macht sich 1840 zum Vormund der Thronerbin und regiert mit diktatorischer Gewalt, bis der Militärputsch von Torrejón de Ardoz (1843) ihn zu Fall bringt. Mit der Volljährigkeitserklärung der 14jährigen Isabel II. beginnt dann 1843 die sog. *década moderada* der Jahre 1843-1853.

1848 entstand mit den *demócratas* eine neue Gruppierung innerhalb des spanischen Liberalismus. Ihr Ziel war das allgemeine Wahlrecht. *Moderados* und *progresistas* vereinigen sich 1856 in der *unión liberal* und nennen sich fortan *unionistas*. Regierungswechsel vollziehen sich oft mit Hilfe der Armee auf der Basis sogenannter *pronunciamientos*. Allein zwischen 1833 und 1867 gab es (außer 51 Regierungschefs) 24 solcher Putschversuche.[2] Übereilte Reformen endeten nicht selten in der Sackgasse. So brachte z.B. die Einziehung der Kirchengüter (*desamortización*) 1836 nicht etwa die erhoffte Stärkung der Bauern, sondern nützte letztlich nur den Kreisen, die die geforderten Preise zu zahlen imstande waren. So brachte die Reform nur neue Ungleichgewichte, sowie - bis zum Konkordat von 1851 (Bravo Murillo) - erhebliche Spannungen mit der Kirche. Auch immobilisierten die Grundstückskäufe enorme Summen, die dann für Investitionen in Industrie und Infrastruktur nicht mehr verfügbar waren, obwohl die Signale der Industriezivilisation auch in Spanien unüberhörbar wurden: 1833 kommen die ersten Dampfmaschinen nach Barcelona. Die katalanische Tuchindustrie blüht auf, in Asturias und im Baskenland enstehen neue Industriezentren. Der Kanal von Urgel (1860) erschließt weite Brachlandgebiete. Das Fernstraßennetz wird ausgebaut (1833: 4.850 km; 1867: 17.500 km). 1848 fährt die erste spanische Eisenbahn von Barcelona nach Mataró. 1851 und 1864 kommen die Strecken Madrid-Aranjuez und Madrid-Irún hinzu. 1874 sind fast 6000 Gleiskilometer in Betrieb. Parallel dazu teilt eine Verwaltungsreform das Land in 49 Provinzen. Für die Tendenz zur Zentralisierung sprechen auch die Gründung der *Guardia Civil* (1844), die Erarbeitung des *Código civil* (1881-1889) und die Vereinheitlichung des Schulsystems (Gil y Zárate: *Plan de estudios* 1845). Die Bevölkerung wuchs zwischen 1857 und 1900 von 15,5 auf 18,5 Mio. Schon diese wenigen Fakten zeigen, daß es verfehlt wäre, das spanische 19. Jahrhundert nur als eine Zeit des Niedergangs anzusehen. Es gab große Fortschritte und zeitweise ein gehobenes Lebensgefühl, z.B. 1888 während der Weltausstellung von Barcelona.

Die Antagonismen, die die Regierungszeit Isabels II. durchziehen, führen schließlich zum Sturz der Monarchie in der Septemberrevolution des Jahres 1868 (La Gloriosa). Die im *pacto de Ostende* (1867) unter Juan Prim y Prats (1814-1870) verschworenen Generäle besiegen, angeführt von Francisco Serrano (Duque de La Torre) die königstreuen Truppen bei Puente de Alcolea (Cádiz). Die Königin flieht nach Frankreich, die als Allparteienparlament neu konstituierten Cortes erarbeiten eine neue Verfassung und tragen Amadeus von Savoyen die

---

[2] Busquets, Julio, *Pronunciamientos y golpes de estado en España*, Barcelona 1982, S. 45-88, 204-209.

Krone an. Dieser verzichtet 1873. Die daraufhin proklamierte I. Spanische Republik scheitert im Parteienhader und im "kantonalistischen Überschwang" (Vicens Vives 1963, S. 118). Es kommt zur Restauration der Monarchie unter Alfonso XII., dem Sohn Isabels II., der durch den gemäßigt konservativen Cánovas del Castillo und das *pronunciamiento* von Sagunt (Martínez Campos) gestützt wird. Die 1876 verkündete neue Verfassung wurde als tragbarer Kompromiß auch deshalb empfunden, weil es Cánovas gelang, mit seinem liberalen Gegenspieler Sagasta einen regelmäßigen Machtwechsel (*turno pacífico*) zwischen dem *partido conservador* (*moderados/unionistas*) und dem *partido liberal* zu vereinbaren. "Das Rückgrat dieses Systems bildet in beiden Parteien ... das ... Parteienhonoratiorentum (die *caciques*, daher *caciquismo*) über das die Basis gesteuert werden konnte, gegebenenfalls auch in die fällige Niederlage. Das System funktionierte bis zum Tode Cánovas' (1897), nicht zuletzt, da es unbestreitbare Erfolge erzielen konnte und auch der König 'mitspielte'" (Kreutzer 1982, S. 9).

So zeigt das spanische 19. Jahrhundert bei aller Buntheit der Vordergrundrealität eine wichtige Konstante: Den Kampf um die Verfassung[3]. Gleichzeitig wird Spanien von den Debatten der Arbeiterbewegung ergriffen. Nach dem liberalen Militärputsch von 1854 (*Vicalvarada*) treten zum ersten Male seit 1808 die städtischen Massen wieder in Erscheinung. 1857 streiken organisierte Arbeiter in Barcelona. 1868 entsteht die *Dirección Central de Sociedades Obreras de Barcelona*, 1870 die *Federación Regional española de la Internacional*, 1871 verteidigt Emilio Castelar das Recht der Arbeiter auf eigene Organisationsformen (*Discurso sobre la Sociedad de Trabajadores llamada la Internacional*). 1872 spaltet sich die Arbeiterbewegung in eine anarchistische und eine sozialistische Richtung. Pablo Iglesias gründet 1879 die PSOE. 1888 entsteht die UGT (*Unión General de Trabajadores*). Sichtbare Erfolge waren 1890 die Durchsetzung des allgemeinen Wahlrechts (für Männer) und 1904 die Einführung der Sonntagsruhe.

Die spanische Außenpolitik des 19. Jahrhunderts verfolgt aufmerksam die europäischen Entwicklungen. Juan Valera erlebt 1848 die Paulskirche, Donoso Cortés ist Zeuge der Revolution und ihrer Nachwehen in Berlin und Paris. Angel Ganivet beobachtet die Verhältnisse in Belgien, Deutschland und Skandinavien. Die Kandidatur eines Hohenzollernprinzen für den spanischen Thron führt zum deutsch-französischen Krieg von 1870/71. Auch beteiligt man sich am kolonialen Ausgriff nach Afrika (Marokkokrieg 1859-1860; Melillakrise 1893). Waren die Auseinandersetzungen im Pazifik und in Mexiko (1861) kaum mehr als "großartig apostrophierte ... propagandistische Feldzüge" (Vicens Vives 1969, S. 118), so gewann das Kubaproblem bald eine weltgeschichtliche Dimension. Zwar hatte man den Aufstand von 1868-1878 noch zu meistern vermocht. Die Unruhen der Jahre 1895-1898 führten jedoch - nach der ungeklärten Explosion des Kreuzers *Maine* im Hafen von La Habana - zum Krieg mit den Vereinigten Staaten. Im

---

[3] Zavala, I.M., "Características del siglo XIX. Burguesía y Literatura", in: José María Diez Borque (Hg.), *Historia de la literatura española*..., S. 19-26.

Vertrag von Paris verliert Spanien 1898 Cuba, Puerto Rico und die Philippinen. Die letzten ozeanischen Besitzungen (Marianen, Carolinen, Palaos-Archipel) werden 1899 an das Deutsche Reich verkauft. Damit war Spanien wieder ein europäisches Land geworden. Das Trauma von 1898 (*el desastre*) wirkte bestimmend auf die folgenden Generationen[4].

1.2 Neue Medien, neue Techniken, neue Leser

Ohne das niedrige Bildungsniveau im spanischen 19. Jahrhundert zu beschönigen,[5] läßt sich zumindest für die großen Städte sagen, daß das Informationsbedürfnis eines dem Analphabetismus entwachsenden Lesepublikums zunehmend neue Maßstäbe im Medienbereich setzt. Die Praxis der *novelas por entregas* macht die Literatur zur Ware im wohlkalkulierten Regelkreis von Angebot und Nachfrage.[6] Zeitungen, Illustrierte (*La Ilustración Española y Americana* u.a.), Boulevardpresse, Propaganda, Reklame und Tageskritik beeinflussen mehr und mehr politische und ästhetische Werthaltungen. Das nach dem Dekret vom 4.1.1834 der Zensur entzogene gedruckte Wort[7] wird zum bedeutenden Macht- und Wirtschaftsfaktor und nicht zuletzt auch, dank der Entwicklung von Telegraph, Telefon und Rotationspresse, zu einem wichtigen Motor des technischen Fortschritts. Der "periodismo noticiero" gewinnt eine beherrschende Stellung (González Ruiz 1958, S. 156). Die Lektüre einer Zeitung ist oft gleichbedeutend mit einem politischen Bekenntnis. Blätter wie *El Constitucional* (1848), *El Obrero* (1864), *La Federación* (1869), *El Orden* (1875), *El Liberal* (1879), *Los desheredados* (1882), aber auch *La Correspondencia Militar* oder *El Ejército Español* zeigen schon im Titel, welchen Leser sie ansprechen wollen. Ähnliches gilt für *El Socialista*, das seit 1886 erscheinende Organ der PSOE. Castelars *El Globo* zeigt seine kosmopolitische Grundtendenz schon im Titel, während *El Sol* und *La Aurora* eine revolutionäre Lichtmetaphorik andeuten und *El Vapor* (1833) und *El Telégrafo* (1858) die wachsende Faszination technischer Anspielungen veranschaulichen. Auch literarische Diskussionen spielen sich zunehmend in Zeitschriften ab. *El Artista* (1835-1836), *El Criticón* (1835), das *Semanario pintoresco* (Mesonero Romanos 1836-1858), die *Revista de Madrid* (1838-1845), *El Correo nacional* (1838-1842), das *Semanario popular* (1862-1865) sind an allen wichtigen Polemiken beteiligt. Das Monatsblatt *Siglo Pintoresco* (1845-1846) verdankt seine Beliebtheit seinen Feuilletonromanen, u.a. Ramón de Navarretes

---

[4] Nach Carlos Pérez-Bustamante, *Compendio de historia de España*, Barcelona [11]1967, S. 625-626; *Diccionario de historia española* (3 Bde.), Madrid [2]1981

[5] Artola, Miguel, *La burguesía revolucionaria*, S. 80: "El bajo nivel cultural se refleja en un porcentaje del 80% de analfabetos para 1860 (Francia, 32% en 1861; Inglaterra, 30-33% en 1850), situación que se prolonga con un alumnado de segunda enseñanza que... llega a...21.448 individuos, proporción que se reduce a la mitad en los estudios universitarios en los que sólo 1.617 estudiantes concurrieron a las facultades de Ciencias en el curso 64-65".

[6] Botrel, Jean-François, "La novela por entregas. Unidad de creación y consumo", in: J.-F. Botrel, S. Salaun (Hg.), *Creación y público en la literatura española*, Madrid 1974, S. 111-155.

[7] Zur Rolle der Inspección general de imprentas y librerías del reino von 1834 s. Miguel Artola, *La burguesía revolucionaria...*, S. 331-337.

Misterios del corazón. Über die Zeitschriften vollzog sich auch ein Teil des internationalen Kulturdialogs. *El Panorama* publiziert 1840 eine Übersetzung von Schillers *Taucher, La Abeja* (1859-1861) enthält Auszüge aus Goethes *Gesprächen mit Eckermann* und *El Eco de Euterpe* (1862-1864) macht Texte von Heine und Novalis zugänglich. Die Kunstdiskussionen der letzten Phase des 19. Jahrhunderts spielen sich außer in der *Revista de Europa* (1874) grossenteils in *El Solfeo* (Leopoldo Alas, 'Clarín' 1875) ab. In die gleiche Richtung wirken auch mehrere Literatenzirkel, in denen die Tradition der *tertulias* des 18. Jahrhunderts fortlebt. Hier wurde auch Politik gemacht, wie z.B. im *Café del Príncipe*, in dem während der letzten Regierungsjahre Ferdinands VII. die Gruppe *El Parnasillo* zusammentraf. Das *Ateneo* wurde 1835, das *Liceo* 1837 gegründet.

Das Kulturleben des 19. Jahrhunderts wird zunehmend auch durch einen "nuevo estilo de la vida urbana" (Artola [9]1983, S. 349) bestimmt, der sich aus den städtebaulichen Veränderungen der Zeit ergibt. Larra:

> "... pues, a ver las casas nuevas; esas que surgen de la noche a la mañana por todas las calles de Madrid, esas que tienen más balcones que ladrillos y más pisos que balcones; esas por medio de las cuales se agrupa la población ..., se apiña, se sobrepone y se aleja de Madrid, no por las puertas, sino por arriba...".[8]

Befestigte Straßen, unterirdische Abwässerkanäle und eine neue Straßenbeleuchtung geben Madrid bald sein modernes Gesicht und bestätigen seinen Führungsanspruch auch als Zentrum des Kultur- und Literaturbetriebs, der Presse und der Avantgarden. Die Calle Espoz y Mina verdankt ihr Entstehen dem Abbruch eines Franziskanerklosters und die Plaza del Progreso befindet sich an der Stelle des ehemaligen Klosters der *Mercedarios calzados*. Der 1916 unter dem Alcalde Nicolás Peñalver Zamora begonnene Durchbruch der Gran Vía krönt diese urbanistischen Großunternehmungen, die zuweilen an Haussmans Pariser Aktivitäten erinnern. Das mondäne Leben spielt sich in den Cafés, auf den Paseos und in den Theatern ab, den einzigen Räumen, die über 1000 Menschen zu fassen vermochten. Nachdem die Küsten in einem Tag mit der Eisenbahn erreichbar waren, wird der sog. *veraneo* bald zum Ritual der Madrider Gesellschaft. Mobilität als Alltagserfahrung: "... ya el viaje ... es una pura bagatela, y ... en el día se mira con asombro al que no ha estado en París".[9]

2. Utopien, geträumt und gelebt: Die Romantik in Spanien

2.1 Spanische Romantik, europäische Romantik

Spätestens seit dem Aufstand von 1808 galt Spanien vielen Ausländern als das romantische Land *par excellence*. "Wenn Religionsgefühl, ... Heldenmut, Ehre und Liebe die Grundlagen der romantischen Poesie sind, so mußte sie in Spanien

---

[8] Larra: "Las casas nuevas", in: *Artículos de costumbres*, antología, prol. Azorín, Madrid [29]1988 (= Col.Austral 306), S. 114-119; hier: S. 117.

[9] Larra: "La diligencia", ebd. S. 55-61; hier: S. 56.

... wohl den höchsten Schwung nehmen" schreibt August Wilhelm Schlegel[10] und für seinen Bruder Friedrich erstreckte sich Spaniens romantischer Geist "nicht nur auf den Charakter der ... Phantasie und Dichtkunst, sondern auf die Sitten und selbst auf die Verfassung des ganzen Landes".[11] "Lovely Spain! renown'd romantic land!" heißt es bei Byron (*Childe Harold's Pilgrimage* I; 1812) und auch für Chateaubriand, Hugo, Mérimée und Gautier ist diese Vorstellung lebendig, bis hin zu Washington Irvings 'Far West ante litteram'. In dieser Perspektive wird *Romantik* nicht selten zur überzeitlichen Konstante, die das historische Verständnis der Epoche nicht immer erleichtert. Eine ganz andere Auffassung besagt denn auch, daß die Romantik in Spanien eher ein "fenomeno ... parziale e attardato" sei (Di Pinto/Rossi 1974, S. 273), das sich zudem weit weniger als anderswo aus der Opposition gegen klassische und klassizistische Stilideale erkläre. Und tatsächlich haben die spanischen Romantiker sich stärker als anderswo "als historisch bedingt und gerechtfertigt" angesehen, was ihnen erlaubte, insgesamt "konziliant und ...wenig dogmatisch zu sein" (Krömer 1968, S. 203). *Romantik* im umfassenden Sinne wurde ohnehin erst nach dem Tod Ferdinands VII. möglich, als die Emigranten zurückkehrten und die Diskussionen ihrer Gastländer nunmehr auch für Spanien fruchtbar machten. Spätestens ab jetzt bewegen sich auch die spanischen Romantiker zwischen der Gefahr, "alles mittelalterig, romantisch zu sehen" (Marx an Engels, 25.3.1868) auf der einen, und dem Willen, "die Menschen mit Hilfe progressiver Ideen, stürmischer Gefühle und kühner Utopien"[12] aufzurütteln, auf der anderen Seite. In der spanischen Literaturwissenschaft hat sich daher die Unterscheidung eines "Romanticismo orientado hacia la restauración de los viejos valores tradicionales" und eines "Romanticismo de tipo liberal y revolucionario" (García López [9]1965, S. 430) als nützliche Hilfskonstruktion erwiesen, wenngleich der "äußerst komplexe... Begriff Romantik"[13] auch damit nicht eindeutig umrissen ist.

2.2 Romantik: Wörter, Begriffe, Polemiken

Seit der englische Reisende Borwell 1765 den "romantik aspect" korsischer Landschaften hervorhob,[14] verbreitete sich das Wort *romantisch* - auch unter dem Einfluß von Rousseaus 5. *Rêverie* - nach und nach in ganz Europa. Dabei steht auch in Spanien zunächst der Bezug zur Landschaftsbeschreibung im Vorder-

---

[10] 30. *Berliner Vorlesung*. Zum Kontext Gerhart Hoffmeister, *Spanien und Deutschland*, Berlin 1976, S. 123-126.

[11] Schlegel, F., *Vorlesungen zur Universalgeschichte*, E. Behler, H. Eichner (Hg.), München, Paderborn, Wien 1960, Bd. XIV, S. 182.

[12] *Französische Literatur im Überblick*. Nach der von einem tschechischen Autorenkollektiv unter J.O. Fischer herausgegebenen *Francouzká literatura* (Prag [2]1964), deutsch bearbeitet von einem Kollektiv unter Leitung von R. Schober, Leipzig 1970, S. 181.

[13] Hess, Rainer, u.a., *Literaturwissenschaftliches Wörterbuch für Romanisten*, Frankfurt [2]1972, S. 189.

[14] Belege bei Díaz-Plaja, Guillermo, *Introducción al estudio...*, S. 21-22. - Campos, Jorge, "El movimiento romántico...", S. 160, verweist auf einen "primer y arcáico precedente" von engl. 'romantik' aus dem Jahre 1659.

grund, wenn zum Beispiel Francisco de Miranda, der venezolanische Freiheitsheld, während seiner Rußlandreise von 1787 die "verdura y romantiquez" der Krim hervorhebt.[15] Die Konkurrenz von *romántico/romanesco/romancesco/romancista* und *románico* mit ihrer semantischen Nähe zum Wortfeld *Roman/romanhaft* ist auch in Spanien, bei Nipho schon 1764,[16] greifbar, bleibt jedoch wegen des lautlichen Abstandes zu span. *novela* (gegenüber dt./frz. *Roman/roman*) weniger stark ausgebildet und gilt zeitweise eher als Purismusproblem.[17] Weit klarer tritt hingegen der Bezug zur autochthonen Romanzentradition hervor,[18] vor allem, nachdem diese durch die Herausgebertätigkeit des in Cádiz lebenden Hamburger Exportkaufmann Nicolas Böhl von Faber (*Floresta de rimas antiguas castellanas*) und Agustín Duráns *Romancero* (1828) erneut verfügbar gemacht worden war. In der Polemik zwischen Böhl - "Das nenne ich ächt romantisch" (An Fouqué, 2.11. 1818) - und José J. de Mora, die zugleich eine Polemik zwischen konservativer und liberaler Romantik ist, gewinnt die neue Vokabel dann schnell an theoretischem Relief. Luis Monteggia definiert den "caracter principal del estilo romántico" als "un colorido sencillo, melancólico, sentimental, que más interesa al ánimo que a la fantasía" und beruft sich dabei u.a. auf Byron, Chateaubriand, Manzoni und Schiller.[19] Die Rezeption fremdsprachiger Werke,[20] die Verfügbarmachung des Mittelalters,[21] die Entdeckung des Nordens[22] und der Blick auf den europäischen Kontext[23] werden zu ausschlaggebenden Argumenten

---

[15] *Archivo del General Miranda, Viajes/Diarios (1785-1787)*, Caracas 1929, Bd. II, S. 237.

[16] Nipho, J.M., *Correo de los Ciegos* 64 (1764): *La nación española defendida de los insultos del 'Pensador' y sus secuaces*: "... una grandeza romanesca o de novela".

[17] *Diario mercantil de Cádiz* 747 (1818): "No es concepción para los que están tan a menudo vagando entre las voces bárbaras *romanesco, románico y romántico*, sin dar jamás en lo romancesco que es lo castellano y corriente".

[18] Monteggia, Luis, "Romanticismo", in: *El Europeo*, 25. Okt. 1823: "La lengua romanza... fue la que dio nombre a las poesías que se llamaron románticas", in: Ricardo Navaz-Ruiz (Hg.), *El romanticismo español. Documentos*, Salamanca 1971. Monteggias Artikel findet sich hier auf S. 48-56.

[19] Monteggia, ebd.

[20] Die Ossian-Übersetzung von José Alonso Ortiz stammt von 1778. Mor de Fuentes *Werther*-Übersetzung ist von 1797 (weitere Übertragungen 1804, 1813 u.ö.). Chateaubriands *Atala* erscheint schon 1801 (Übersetzer: Simón Rodriguez, der Lehrer Bolívars). - Neu 1803, 1806, 1807, 1811, 1812 u.ö. - Weitere Übersetzungen: Mme de Staël: 1816 Corina; 1825 Scott: *Ivanhoe, El Talismán*; 1818 Byron: *El sitio de Corinto*.

[21] López Soler, R., "Análisis de la cuestión agitada entre románticos y clasicistas", in: *El Europeo* 1823, S. 209-210: "El esplendoroso aparato de las Cruzadas, las virtudes y el pundonor de los caballeros en unión con sus galantes y maravillosas aventuras..."; Navas-Ruiz, Ricardo (Hg.), *El romanticismo español...*, S. 154-159.

[22] Monteggia, ebd. (s. Anm. 18): "... añadiremos ...la invasión del Norte, llevando consigo las lúgubres ideas de los climas septentrionales y el gusto por las melancólicas canciones de los bardos y de los druidas, recreo de los hijos del terrible Odino, cuando descansaban de los combates librados a las vírgenes de Escandinavia en medio de los convites y de la música [...].[...] los verdaderos poetas de aquellos tiempos son los trovadores que cantan los torneos, las aventuras de amor, las magias y los milagros".

[23] Alcalá Galiano, Antonio, Vorwort (1834) zu Rivas, *El moro expósito*: "... de aquí la poesía metafísica tan hermosa en ... Byron, en varios alemanes, en ... Coleridge y Wordworth, y en Victor Hugo y Lamartine [...]; de ahí la poesía patriótica de ... Delavigne y Beranger, del italiano Man-

der Debatte. Hinzu kommt die Fernwirkung des "primer romanticismo español" des 18. Jahrhunderts (Cadalso: *Noches lúgubres*, *A la muerte de Filis*, etc.), der sich fruchtbar mit der Rezeption der englischen *gothic novel* verband.[24] Die Übersetzungen von Ann Radcliffes *Julia* (*Julia o los subterráneos del castillo de Mazzini* 1819) und Lewis *The Monk* (*El fraile* 1821) begründen eine ganze spanische Schauertradition, darunter die *Galería fúnebre de espectros y cabezas ensangrentadas* (12 Bde. 1831) von Agustín Pérez Zaragoza y Godínez.[25] Victor Tapia karikierte diese Art der Romantik schon 1821:

> "Noche de tempestad, trueno, relámpagos,
> convento, panteón, ruina y cárceles,
> gerreros, brujas, campesinos...".[26]

Alle diese Zeugnisse bezwecken - auch mit ironischem Unterton - die Befreiung der Instinkte und Gefühle und münden schließlich in die Absage an jede Art von moralischem, ästhetischem oder politischem Zwang.[27] Larra: "¡Libertad en la literatura, como en las artes, como en la industria, como en el comercio, como en la conciencia!"[28]

2.3 Übergänge: Martínez de la Rosa und der Duque de Rivas

Francisco de Paula Martínez de la Rosa Berdejo Gómez y Arroyo (1787-1862) war 1811 Abgeordneter in Cádiz, saß unter Ferdinand VII. einige Jahre in Haft, floh 1822 nach Paris und wurde nach der Amnestie von 1834 für kurze Zeit Regierungschef. Dem Denken Condillacs verpflichtet, politisch und ästhetisch auf Ausgleich bedacht und wegen konservativer Neigungen nach 1833 oft kritisiert, gilt er als der typische "autor de transición" (García López [9]1965, S. 457) zwischen *neoclasicismo* und Romantik. Hatte er schon 1812 mit *La viuda de Padilla* den Kampf gegen Napoleon mit dem Comuneros-Aufstand des 16. Jahrhunderts in Verbindung gebracht und sich dabei im Umfeld der patriotischen Tragödien Alfieris und Quintanas angesiedelt, so entstand fünfzehn Jahre später im Pariser Exil seine *Poética* (1827), die bei aller Nähe zum klassischen Stilideal doch auch - etwa in der Charakteristik der *Romanze* als "poesía nacional de España" (Díaz-

---

zoni, del escocés Burns, del irlandés Moore, del inglés Cambell, del alemán Schiller ...", Navas-Ruiz, Ricardo (Hg.), *El romanticismo español*..., S. 107-128, hier S. 108-109.

[24] Sebold, Russel P., "La filosofía de la Ilustración y el primer romanticismo español", in: Zavala, Iris M. (Hg.), *Romanticismo y Realismo*..., S. 20-27.

[25] Gies, David Th., "Larra, 'La Galería fúnebre' y el gusto por lo gótico", in: *Atti del IV congresso*..., S. 60-69.

[26] Vollständig bei Díaz-Plaja, Guillermo, *Introducción al estudio*..., S. 67.

[27] Das gilt auch für die Abhängigkeit von klassischen Vorbildern: Espronceda: "Al ver a Homero cantar el Sitio de Troya, a Virgilio la fundación de Roma, parécenos oirles decir a la posteridad: 'Cantad... vuestras Troyas, vuestras Romas, vuestros héroes y vuestros dioses. ¿Tan estéril ha sido vuestra naturaleza que para presentar ejemplos de valor y virtud tenéis que retroceder veinte siglos?'", "Poesía", in: *Obras completas*, BAE XLII, Madrid 1954, S. 579.

[28] Larra, *El Español*, 18. Januar 1836, Art. *Literatura*. Navas-Ruiz, Ricardo (Hg.), *El romanticismo español*..., S. 131-140; hier: S. 132.

Plaja ⁴1972, S. 50-51) - zur Öffnung auf Formen und Inhalte der Romantik tendiert. Unverkennbar wird diese Tendenz mit der historischen Tragödie *Aben Humeya o la rebelión de los moriscos bajo Felipe II*, die - zunächst französisch abgefaßt - am 19. Juli 1830 im Pariser *Théâtre Saint-Martin* uraufgeführt wurde. Das seit 1836 auch in Spanien bekannte Stück thematisiert den Moriskenaufstand in den Alpujarras und verweist nicht nur chronologisch, sondern auch in der brisanten Frage nach Möglichkeit und Unmöglichkeit einer wirklichen Revolution auf Hugos *Hernani*. In *La conjuración de Venecia* (1834) folgt Martínez de la Rosa einer ähnlichen Grundkonzeption. Als Romancier siedelt er sich mit *Isabel de Solís* (3 Teile: 1837, 1839, 1846) in der Scott-Nachfolge an.

Mit Angel de Saavedra y Ramírez de Baquedano, Duque de Rivas (1791-1865), erreicht die Romantik in Spanien ihren ersten Höhepunkt. Der Autor, der sich unter Ferdinand VII. ein Todesurteil einhandelte (1822), lernte als Emigrant Gibraltar, London, Malta und Frankreich kennen und wurde später Staatsminister, Senator (1836/37), Geschäftsträger in Neapel (1844-1850) und Direktor der *Academia Española* (1850). Alle seine Werke (*Poesías* 1814-1821; *El faro de Malta* 1834, u.a.) bezeugen ein starkes Interesse an historischen Themen, z.B. in *El moro expósito o Córdoba y Burgos en el siglo X* (1833), das den ganzen Glanz des maurisch-christlichen Mittelalters entfaltet. Das Vorwort, das Alcalá Galiano dem *Moro* voranstellte, wurde zum Manifest. Rivas *Romances históricos* (1841-1843) enthalten mit dem auf ein Gemälde Tizians bezogenen Gedicht *Un Castellano leal*, aber auch mit *Una antigualla de Sevilla* und *Don Alvaro de Luna* weitere bekannte Schöpfungen der spanischen Romantik. In die gleiche Richtung weisen der Roman *Massaniello* (1847) und die 'genealogische Legende' *Maldonado* (1851).

Den größten Erfolg hatte Rivas mit *Don Alvaro o la fuerza del sino* (1835). Handlung und Thematik dieses Dramas (5 Akte), das Verdi als Vorlage zu *La forza del destino* (1862) diente, beziehen ihre Bühnenwirksamkeit aus einer gewagten Mischung von Prosa und heterometrischen Versformen (*redondillas, romances*, etc.), einem zwischen Dramatik und Lyrik angesiedelten Bühnenpathos und der gezielten Anwendung theatertechnischer Effekte (Kostüme, Beleuchtung, etc.). Die Handlung, die im kolonialen Peru des 18. Jahrhunderts ihren Ausgang nimmt, kreist um Liebe, Mord, Wahnsinn, religiöse und erotische Spannung und fügt sich unter Einbeziehung einer unterschwelligen Rassenproblematik (der Held ist Mestize) zum "drama más sugestivo de la época" (García López ⁹1965, S. 461) zusammen. Don Alvaro bewegt sich in einem absurden und gänzlich unberechenbaren Universum, in dem letztlich nur der Mechanismus der Rache funktioniert und jeden Rest von Vernunft, Menschlichkeit und Recht auf Glück zerstört. Das *Schicksal* ist der sinnloseste Zufall. Der Held kann nur daran zerbrechen.[29] Rivas' spätere Dramen weisen in die gleiche Richtung (*La morisca de Alajuar, El crisol de la lealtad*, u.a.). In *El desengaño de un sueño*

---

[29] Wentzlaff-Eggebert, C., "Angel de Saavedra, Duque de Rivas: 'Don Alvaro, o la fuerza del sino'", in: V. Roloff, H. Wentzlaff-Eggebert (Hg.), *Das spanische Theater...*, S. 241-249.

(1842) tritt er in einen Dialog mit Calderón (*La vida es sueño*) und Shakespeare (*The Tempest*).

2.4 Espronceda und die Lyrik der Romantik

José de Espronceda (1808-1842) gilt als "el más... representativo de los románticos españoles" (Campos 1958, S. 184). Sein durch die 20malige Wiederholung des elegischen *¡Ay!* charakterisierter *Canto a Teresa* ist das Musterbeispiel einer romantischen, zwischen Enthusiasmus und Entzauberung schwankenden Liebeslyrik. In Madrid besuchte er Alberto Listas *Colegio* in der Calle de San Mateo, mit 13 Jahren gründet er den Geheimbund der *Numantinos* und erhält eine Arreststrafe im Kloster San Francisco in Guadalajara. Hier entstehen erste Teile von *El Pelayo*. 1827 emigriert er - mehr aus Abenteuerlust als aus Gründen der Verfolgung - über Portugal nach London, wo er sich in Teresa Mancha, die Tochter eines im Exil lebenden Liberalen verliebt. Während der Revolution 1830 ist er in Paris. Wieder in London, entführt er seine inzwischen verheiratete Freundin und kommt mit ihr 1833 nach Spanien. Er wird Journalist, Abgeordneter unter Espartero, Legationsrat in Den Haag, schreibt Verse, einen historischen Roman (*Sancho Saldaña o el castellano de Cuéllar*) und die historische Tragödie *Blanca de Borbón*. Freundschaften verbinden ihn mit Larra, Gil y Carrasco, dem jungen Zorrilla u.a. 1842 stirbt er an einer Diphterie-Infektion.

Esproncedas *Poesías* (seit 1840) enthalten so bekannte Freiheitsgesänge wie *El dos de Mayo*, *El reo de muerte*, *El verdugo*, *El mendigo*, *Canto del cosaca* u.a. Die *Canción del pirata*, beredter Ausdruck des romantischen Banditenmythos, besingt das starke Elitewesen, das sich in byronscher Trotzhaltung den Konventionalismen der Gesellschaft entzieht:

> "Que es mi barco mi tesoro;
> que es mi Dios la libertad;
> mi ley la fuerza y el viento;
> mi única patria, la mar."

In einer Zeit, in der bereits Dampfschiffe die Meere befuhren, erfüllt diese Piratenromantik wohl eher kompensatorische als zukunftsweisende Funktionen. Dem entspricht zuweilen eine an Musset erinnernde Entzauberung, z.B. in *A Jarifa en una Orgía*, wo die Baudelaire'sche Dialektik von *Spleen* und *Idéal* vorweggenommen scheint:

> "Muere, infeliz: la vida es un tormento;
> un engaño el placer; no hay en la tierra
> paz para tí, ni dicha ni contento,
> sino eterna ambición y eterna guerra".[30]

Zu Esproncedas bekanntesten Werken gehören *El estudiante de Salamanca* (1837), ein narratives Gedicht über das romantische Thema der *weißen Dame*,

---

[30] Espronceda, *Poesías líricas y fragmentos épicos*, R. Marrast (Hg.), Madrid 1970, S. 225 ("Pirata"), S. 228 ("Jarifa").

und *El Diablo Mundo* (1840), dessen fünf *Cantos* nicht ohne Ironie und mit greifbaren Anklängen an Goethes *Faust* (Walpurgisnacht) die ebenso unbeantwortbare wie unausweichliche Frage nach Gott, der Welt und dem Sinn des Lebens stellen.

Die Autoren im literarischen Umfeld um Espronceda schöpfen zumeist - wenn auch mit jeweils charakteristischen Nuancen - aus dem gleichen Schatz an Formen, Inhalten und Versatzstücken. Während Juan Francisco Carbó (1822-1846), Bernardino Fernández de Velasco (1783-1851) und Juan Maury (1772-1845) zum Teil auch noch die Formensprache des 18. Jahrhunderts beherrschen, entscheiden sich Miguel de los Santos Alvarez (1818-1892), Ros de Olano (1808-1887) und Patricio de la Escosura (1807-1878) von Anfang an für die Romantik. Auch Gregorio Romero Larrañaga (1815-1872), Herausgeber der Modezeitschrift *La Mariposa* (1839) und Autor feinsinniger *Poesías* (1841) "vive y muere furibundamente romántico" (Campos 1958, S. 192), während der Piaristenmönch Juan Arolas (1805-1849) mit dem Exotismus seiner Odalisken- und Haremspoesie nicht immer der Gefahr der Trivialität entgeht. Nicomedes Pastor Díaz (1811-1863) schöpft aus der melancholischen Symbolwelt seiner galicischen Heimat (*A la luna, La mariposa negra*) und gleicht damit seiner Landsmännin Rosalía de Castro, die fast ihr gesamtes Werk in galicischer Sprache vorlegte und nur mit dem Lyrikband *En las orillas del Sar* (1884) zur kastilischen Literatur Spaniens gehört.[31] Der Heine-Übersetzer Florentino Sanz (1825-1881), widmete seinem früh verstorbenen Freund Enrique Gil y Carrasco (1815-1846) die ergreifende *Epístola a Pedro*. Die Liebeslyrik der auf Cuba gebürtigen Gertrudis Gómez de Avellaneda (1814-1873) tendiert zur Öffnung auf Themen der Religion (*Amor y orgullo*) und - ähnlich wie bei George Sand - der Naturmystik (*Al mar*). Carolina Coronado (1820-1911) hingegen, Diplomatengattin und Gastgeberin mondäner Salons in Madrid und Lissabon, kann allein schon aufgrund ihrer Lebensdaten nicht mehr nur als 'Romantikerin' gefaßt werden. Ihre Romane (*Paquita, Adoración, Jarilla*, 1850) und journalistischen Arbeiten machen sie zu einer wichtigen Zeitzeugin. Die *Genios gemelos*, eine Serie von parallelen Frauenportraits (z.B. *Safo y Santa Teresa*),[32] sind unorthodoxe Beispiele einer feministischen Essayistik, das Reisetagebuch *Un paseo del Tajo al Rhin, descansando en el palacio de Cristal* (in: *La Ilustración universal*, 1851/52) enthält interessante Beobachtungen über Deutschland. Über allem aber steht Carolinas musikalischmystische Liebeslyrik (*Poesías* 1852) mit dem deutlich am *Hohen Lied* orientierten *El amor de los amores*:

> "Tú pensarás, tal vez, que desdeñosa
> por no enlazar mi mano con tu mano
> huiré, si te me acercas, por el llano
> y a los pastores llamaré medrosa.

---

[31] Eine präzise Einordung Rosalías in den Kontext des 19. Jahrhunderts unternimmt Hans Felten in *Kindlers Literaturlexikon*, Bd. III, München 1989, Art. R. de Castro de Murguía.

[32] Torres Nebrera, Gregorio, *Carolina Coronado*, Mérida 1986, S. 10: "Safo y Teresa sintetizan la mujer perfecta...".

> Pero te engañas, porque yo te quiero
> con delirio tan ciego y tan ardiente,
> que un beso te iba a dar sobre la frente
> cuando me dieras el adiós postrero".³³

2.5 Historische Romane im Zeitalter der Romantik

"Pocos triunfos ofrece la literatura española tan meteóricos como el de la novela romántica" (Campos 1958, S. 217). Vor allem an der Fruchtbarkeit der *novela histórica* kann es im Spanien des 19. Jahrhunderts keinen Zweifel geben. Das bezeugen u.a. die vielbändige *Biblioteca británica o colección extractada de obras inglesas* (seit 1808), die *Biblioteca universal de Novelas, Cuentos e Historias instructivas* (1816-1819), die *Nueva colección de Novelas de diversos autores* (1831; später: *Nueva Colección de Novelas de Sir Walter Scott*) und die *Biblioteca de Damas* (ab 1831), die schon im Titel auf eine neue - weibliche - Leserschaft zielt. Hinzu kommt die in Barcelona erscheinende *Colección de novelas originales españolas* (1832-1834). Noch 1849 wurde eine *Colección de leyendas, hechos historicos, cuentos tradicionales, y costumbres populares* unter dem Titel *Mil y una noches españolas* gegründet. Hinzu kommt die wenig erforschte Tatsache, daß einige historische Romane von Telesforo Trueba y Cosío - *Gómez Arías o los Moros de las Alpujarras* (1831), *La España romántica* (1840), *El Castellano o el Príncipe Negro en España* (1845) - in frühen englischsprachigen Ausgaben vorliegen.³⁴ Auch Valentín Llanos *Don Esteban or Memoirs of a Spaniard written by himself* weist diese Besonderheit auf.

Am Beginn der Mode der "novela histórica romántica" (Shaw ⁹1986, S. 78) steht mit *Ramiro, conde de Lucena* (Paris 1828) von Rafael Húmara y Salamanca eine Erzählung über die verbotene Liebe des Titelhelden zu Zaida, der Schwester des Maurenkönigs von Sevilla, während der Belagerung der Stadt durch Ferdinand III. (1248). Das Grundthema der bedrohten Liebe durchzieht auch *El señor de Bembibre* (1844) von Enrique Gil y Carrasco - hier geht es um den Untergang der Templer vor dem Hintergrund der Michelet-Lektüre des Autors - sowie die Romane von Estanislao Kotska Vayo (*La conquista de Valencia por el Cid* 1831; *La Catedral de Sevilla* 1835, nach Hugos *Notre-Dame*), Patricio de la Escosura (*El conde de Candespina* 1832; *Ni Rey ni Roque* 1835) und nicht zuletzt Larras *El doncel de Don Enrique el Doliente* (1834), dessen schon von Lope de Vega (*Porfiar hasta morir*) behandelten Inhalt María P. Yañez treffend mit "Macías muere, Elvira enloquece" zusammenfaßt.³⁵ Mit *El auto de Fe* (1837) führt Eugenio de Ochoa in die düstere Welt des Hofs Philipps II., die bis hin zu Verdis *Don Carlos* ein dankbarer Lieferant melodramatischer Stoffe bleibt. Am Hofe

---

³³ In der bei Torres Nebrera angefügten *Antología*, S. 28-29.

³⁴ Z.B. Gómez Arías, *The Moros of the Alpujarras* (1828); *The Castillan* (1829); *The Romance of History. Spain* (1830), *The incognito* (1831); *Salvador* (1834), *The Guerrilla* (1834).

³⁵ Yañez, M.P., "Particularidades del marco histórico en 'El Doncel de Don Enrique el Doliente'", in: *Atti del IV congresso...*, S. 137-145. Hier S. 141.

Juans II. spielt Ramón López Solers (1800-1836) Erfolgsroman *Los bandos de Castilla o el caballero del cisne* (1830).

Die Mode des historischen Romans reicht weit in die 2. Hälfte des 19. Jahrhunderts hinein. So gab Francisco Navarro Villoslada nach *Doña Blanca de Navarra* (1846)[36] und *Doña Urraca de Castilla* (1849) noch im Jahre 1879 mit *Amaya o los Vascos en el siglo VIII* "una de las novelas de mayor calidad dentro del género" (Campos 1958, S. 225). 1859 entsteht Mariano González' archaisierender *Caballero de la Almanaca* und 1876 kommt Miguel Amat y Maestre mit *Don Jaime el Conquistador* noch zu einem großen Publikumserfolg. Der fruchtbarste Vertreter des Genres ist Manuel Fernández y González (1821-1888), der vielen seiner Leser - dem älteren Dumas vergleichbar - als der *novelista* schlechthin galt. Er schrieb über 500 Titel, darunter *El horóscopo real* (1847), *Allah-Akbar* (1849), *El laurel de los siete siglos* (1850), *Los Monfíes de las Alpujarras* (1853), *El pastelero de Madrigal* (1862) u.a. Meist steht im historischen Roman die Geschichte der Halbinsel im Vordergrund,[37] aber es finden sich auch Beiträge zur Kolonialgeschichte. So widmet sich Gertrudis de Avellaneda der Geschichte der Sklaverei auf Cuba (*Job*, 1841) und dem Untergang des Aztekenreichs (*Guatimozín*, 1846). Die *conquista* ist das Thema von Ignacio Pusalgas y Guerris (*El nigromántico mejicano*, 1838), Patricio de la Escosura (*La conjuración de México o La hija de Hernán Cortés*, 1850) und Pedro Alonso de Avecilla (*La conquista del Perú*, 1853).

Das Interesse an der Geschichte mußte früher oder später auch den Blick für die Gegenwart schärfen. Auch hier handelt es sich ja um historische Stoffe, mit dem Unterschied freilich, daß der zeitliche Abstand zwischen Leser und Romanhandlung tendenziell gegen Null strebt. Werke dieser Art wären u.a. *María o la hija de un jornalero* (1846), *La Marquesa de Bella-Flor* (1846/47), *El palacio de los crímenes* (1855) oder auch *El poeta y el banquero* (1846) und *Pobres y ricos en Madrid* (1849) von Wenceslao Ayguals de Izco. Bei Juan Martínez Villergas *Misterios de Madrid* (1845) ist die Anspielung auf Eugène Sues *Mystères de Paris* offensichtlich. Daß man auch in der eigenen Zeit Abenteuer bestehen konnte, die denen vergangener Jahrhunderte nicht nachstanden, bewiesen nicht nur Dumas' *Monte-Christo*-Romane, sondern auch spanische Autoren wie Abdón Terrada (*La Esplanada* 1835), José Mariano de Riera y Coma (*Misterios de las sectas secretas o el francmasón proscrito*, 1847-1851) oder A. de Letamendi (*Josefina de Comerford o El fanatismo*, 1849).

---

[36] "En la novela... se narran las peripecias protagonizadas por los bandos agramonteses y beaumonteses; los primeros, acaudillados por el señor de Agramont, serán los defensores de Juan II, rey de Navarra y Aragón; los segundos, dirigidos por Luis de Beaumont, abogarán por los intereses de su hijo Carlos, príncipe de Viana"; Rubio, E., "Las estructuras narrativas en 'Doña Blanca de Navarra'", in: *Atti del IV congresso*..., S. 113-121. Hier S. 113.

[37] U.a. Torcuato Tárrago Mateos [er schrieb über 100 Titel], *Carlos el Bondadoso* (1849); Juan Cortada y Sala, *El rapto de doña Almodis, hija del conde de Barcelona Don Berenguer III* (1837); Diego Luque, *La dama del Conde-Duque* (1852), etc.

2.6 Der Sieg der Romantik auf dem Theater

Mit dem Drama *El trovador* von Antonio García Gutiérrez (1813-1884) erlebt Madrid die Theatersensation des Jahres 1836. Das Stück, das zunächst vom *Teatro de la Cruz* abgelehnt und erst auf Larras Betreiben in das Repertoire des *Teatro del Príncipe* aufgenommen wurde, erzählt die tragische Liebesgeschichte des Troubadours Manrique zu der schönen Leonor, die nach der Ermordung des Geliebten Selbstmord begeht, um nicht die Ehefrau des gehaßten Conde de Artal werden zu müssen. Die Zigeunerin Azucena enthüllt schließlich das furchtbare Geheimnis: Der Graf hat seinen eigenen Bruder ermordet, der als Kind im Zusammenhang mit einer Fehde entführt worden war. Mit dieser 'wildromantischen' Handlung überträgt der *Trovador* die Ingredienzen des historischen Romans auf das Theater: Mittelalternostalgie und Behauptung der Liebe jenseits bürgerlicher Normen, Eifersucht, Brudermord, geheimnisvolle Abstammung, etc. Giuseppe Verdis *Trovatore* (1853) machte den Stoff weltberühmt. Auch später schöpft Gutiérrez gern aus der spanischen Geschichte (*El paje y el rey monje* 1837; *Juan Dandolo* 1839; *Juan Lorenzo* 1865) und liefert mit *Simón Bocanegra* (1843) den Stoff für eine weitere Verdi-Oper.

Der einer spanisch-deutschen Verbindung entstammende Juan Eugenio Hartzenbusch (1806-1880) schrieb mit *Los amantes de Teruel* (1837) das Meisterdrama der spanischen Romantik. Das auf alten Überlieferungen beruhende Stück, das zudem sichtbar von den *Romances fronterizos* und von Pérez de Hitas *Guerras civiles de Granada* beeinflußt ist, spielt in den Maurenkriegen des XIII. Jahrhunderts und hat die unerfüllte Liebe von Diego Marsilla zu Isabel de Segura zum Thema. Während Diego von der maurischen Königin von Valencia an der Heimkehr gehindert wird, muß Isabel gegen ihren Willen eine Ehe eingehen. Nach Diegos Rückkehr gehen die Liebenden daran zugrunde. Hartzenbusch konstruiert hier ein kompliziertes Drama um Liebe, Ehre, Macht, Erpressung, Geldgier, Wahn, Entsagung und verhaltene Erotik, das sich zu einem einzigen Aufschrei gegen das Philistertum aller Zeiten steigert. Diego und Isabel stehen gleichberechtigt neben Tristan und Isolde, Romeo und Julia, Pelléas und Mélisande. In späteren Stücken hat Hartzenbusch, der schließlich Direktor der *Escuela normal* und Akademiemitglied wurde, diese Intensität nicht mehr erreicht, obwohl er mit *Doña Mencia* (1838; Thema: Inquisition), *Alfonso el Casto* (1841), *La jura en Santa Gadea* (1845) und dem in der Zeit des Gotenkönigs Recesvindo angesiedelten *La ley de raza* (1852) zu neuen Erfolgen kam. Mit *La redoma encantada* schrieb er eine pompöse *comedia de magia* im Stil des 17. Jahrhunderts, mit *Los polvos de la madre Celestina* leistet er seinen Beitrag zur Rezeptionsgeschichte der Erzkupplerin *Trotaconventos*. Als Bibliothekar an der Nationalbibliothek betrieb er - in Zusammenarbeit mit Rivadeneyra, dem Gründer der BAE - die Neuausgabe spanischer Klassiker (Lope de Vega, Tirso, Cervantes u.a.).

Der Autor jedoch, der wie kein anderer im Bewußtsein der Zeitgenossen Spaniens *nationale* Romantik auf dem Theater verkörperte, ist José Zorrilla y Moral (1817-1893). Er erlebte die Karlistenkriege, das Mexiko Kaiser Maximilians, das Frankreich Victor Hugos und wurde 1889 in Granada zum Dichter gekrönt. Seine Unfähigkeit in wirtschaftlichen Dingen stürzte ihn in die tiefste Armut. Daß er schließlich wenigstens eine kleine Staatspension bekam, verdankt er einer offiziellen Anfrage Emilio Castelars in den *Cortes*.

Zorrillas *Leyendas* enthalten so bekannte Verserzählungen wie *A buen juez mejor testigo*, *Margarita la Tornera* und *El capitán Montoya*. Gegenüber den Dramen des Autors treten sie jedoch, ebenso wie die autobiographischen *Recuerdos*, in den Hintergrund. Nach *El zapatero y el rey* (1840/41), das - wie Rivas' *Una antigualla de Sevilla* - das Leben Pedros des Grausamen behandelt, gab er mit *Don Juan Tenorio* (1844) *den* Beitrag zum romantischen Bühnenschicksal des *Burlador de Sevilla*.

Zorrillas Don Juan ist ein jugendlicher Draufgänger mit byronschen Zügen. Drei Tage benötigt er für die Verführung der Frauen:

"Uno para enamorarlas,
otro para conseguirlas,
otro para abandonarlas,
y una hora para olvidarlas".[38]

Dennoch bleibt Don Juan letztlich doch der Erlösung fähig. Seine Liebessehnsucht ist Folge einer fatalen Triebstruktur, die jenseits von Schuld und Sühne die Errettung herausfordert. Das 'Ewig-Weibliche' bewirkt am Ende - mit deutlichen Anklängen an *Faust II* - seine Erlösung, womit Zorrilla dem klassischen *Don-Juan*-Repertoire - Tirso, Molière, Mozart u.a. - eine aus der romantischen Sympathie für den Verächter bürgerlicher Normen geborene Variante hinzufügt.

Traidor, inconfeso y mártir (1849) handelt von Pedro Espinosa, dem *pastelero de Madrigal*, den das Volk für den in der Schlacht von Alcazarquivir verschollenen König Sebastian II. von Portugal hält. Weitere historische Stoffe behandelt Zorrilla in *El puñal del godo* (1842), *La calentura* (1847) und in *Sancho García* (1846). Sie alle stehen in der Linie einer nostalgischen Romantik, in der die Zeichnung von Ehre, Treue, Liebe, Wahn und Heldentum nicht immer über das Stereotypische hinauskommt.

2.7 Weichenstellungen: Gustavo Adolfo Bécquer

Adolfo Domínguez Bastida (1836-1870), der den Namen Bécquer von seinen flämischen Vorfahren aus dem 16. Jahrhundert übernahm, verkörpert die "perfecta lírica subjetiva" (Llopis/Ferrer 1977, S. 375) eines Autors, dessen "andalusische Deutschheit"[39] im engen Zusammenhang mit dem entscheidenden Kapitel der spanischen Heine-Rezeption steht. Die Kenntnis Heines, sei sie direkt durch die Übersetzungen von Agustín Bonnat, Augusto Ferrán y Fornés,

---

[38] Zorrilla, J., *Don Juan Tenorio. El puñal del godo*, Madrid ⁹1974 (Col.Austral), S. 30, 35. D. Briesemeister, "José Zorrilla: Don Juan Tenorio", in: V. Roloff, H. Wentzlaff-Eggebert (Hg.), *Das spanische Theater...*, S. 250-263.

[39] Bécquer, G.A., *La ajorca de oro/Der goldene Armreif. Legenden*, Span./dt., F. Vogelgsang (Hg.), Stuttgart 1987 (=Reclam 8398), Nachw. S. 143.

Eulogio Florentino Sanz, oder über die französische Version Gérard de Nervals vermittelt,[40] war für Bécquers Generation eine Realität und für den Autor selbst wohl auch eine künstlerische Notwendigkeit. Frühwaise, seit 1861 unglücklich mit seiner Jugendliebe Casta Navarro verheiratet, dem Maler-Bruder Valeriano eng, oft zu eng, verbunden, perzipiert Bécquer "con intensidad fébril la existencia de un mundo de misterio y de poesía" jenseits der "belleza plástica del mundo físico" (García López [9]1965, S. 487), die die Romantiker der vorhergehenden Generation nicht losgelassen hatte. Insofern ist er nicht nur chronologisch, sondern auch vom Aufbau seines geistigen Universums her kein Romantiker mehr. Eher erscheint er als Architekt eines *real maravilloso*, das - ohne seine romantischen Quellen zu verleugnen - auf sehr viel modernere Tendenzen verweist. Unbeschadet der Qualität seiner kunsthistorischen (*Historia de los Templos de España*) und journalistischen Beiträge (*El Contemporáneo, Museo Universal*) sowie der *Cartas desde mi celda* (1864), die den Aufenthalt im Kloster von Veruela in Castas Heimatprovinz Soria behandeln, ist Bécquer daher für den modernen Leser der Autor der postum von Freunden zusammengestellten *Rimas y Leyendas* (1871) geblieben.

Poetologische Grundsatzüberlegungen, verhaltene Liebes- und Naturlyrik, Phantastik, Raumerfahrung ("Un cielo gris, un horizonte eterno"), Zeitklage ("Asi van deslizándose los días")[41] und die schließliche Auflösung in ein Nirwana jenseits des Leidens und Empfindens, sind die thematischen Konstanten der an die hundert Stücke umfassenden *Rimas*. Dabei meistert der Autor ein umfassendes inhaltliches und formales Repertorium, wenn er neben die biblisch-hellenistisch-mediterrane Inspiration die nordisch-germanisch-keltische treten läßt. Ossian steht neben Orpheus, zur Leier kommt die Harfe, zur glutäugigen Schönen ("Yo soy ardiente, yo soy morena") das blauäugige Burgfräulein ("Mi frente es pálida; mis trenzas de oro"). In ihrer Liebesverheißung unterliegen freilich beide der grünäugigen Fee der *matière de Bretagne*, die Faszination und Gefahr zugleich verkörpert ("Yo soy un sueño, un imposible"). Edelsteine, Blumen, Tiere, Quellen, Ruinen etc. charakterisieren dieses Universum, dessen ausgefeilte Präziosen-Motivik eher auf Parnass und Symbolismus als auf die Romantik verweist. Das in verhaltenen ("el trémulo fulgor de la mañana") oder großartigen Bildern ("Olas gigantes", "Ráfagas de huracán") entfaltete Naturschauspiel verrät genaue Beobachtung und erlaubt die sensible Parallelisierung von Naturphänomenen und Gefühlswerten, die zuweilen archetypische Bezogenheiten suggerieren. Im Eingangsvers der *Rimas* ("Yo sé un himno gigante y extraño") findet die "wundersame, gewaltige Melodei" aus Heines *Loreley* ihr spanisches Echo.

Das in der Lyrik erarbeitete Universum poetischer Querbezüge charakterisiert auch die *Cartas* und die *Leyendas*, deren musikalisch nuancierte Kunstprosa stets auch "un mensaje ético relacionado con los problemas espirituales de

---

[40] Díaz, J.P., "El ambiente prebecqueriano", in: Zavala, Iris M. (Hg.), *Romanticismo y Realismo...*, S. 273-279.

[41] Alle Bécquer-Texte nach *Rimas y leyendas*, Madrid [33]1973 (Col. Austral 3), S. 16/17, 21, 39.

su época" enthält.⁴² *El monte de las ánimas, La cruz del Diablo, El gnomo, La promesa* etc., beziehen sich alle auf eine übersinnliche Realität, ohne je in den Ton der erbaulichen Exempelliteratur vom Typ der *Legenda aurea* zu verfallen. In *Los ojos verdes* geht es um die 'Jagd' nach der großen Liebe, die auch um den Preis des Verderbens gewagt wird. *El Miserere* handelt von einer künstlerischen Besessenheit, *El rayo de luna* bewegt sich im Grenzbereich von Normalität und Wahn. Immer sind es Ausnahmewesen - Ritter, Künstler, 'Wilde Jäger' -, die dem Ruf des Abenteuers folgen und scheitern müssen, da das Ideal nur Selbsttäuschung ist. Horror (*La ajorca de oro, El beso*, u.a.), religiöse Überreizung (*El Cristo de la Calavera, La rosa de Pasión*), die Frage nach Künstler und Kunst (*Maese Pérez el organista*), sowie die tiefe Identität von *Eros* und *Thanatos* (*La corza blanca, La cueva de la mora*) bestimmen die Welt der *Leyendas* mit allen Details, die dem in der Romantik wurzelnden Autor noch wie selbstverständlich zur Verfügung stehen: Ruinen, wandernde Statuen, lebendige Tote, eine leere Rüstung, die kämpft, eine Orgel, die alleine spielt. Dieses Phantasiespiel ist zugleich ein Spiel mit den Welten des Traums und den Tiefenschichten des *Ich*. Rivas, Espronceda, E.T.A. Hoffmann, Nodier und der Hugo der *Odes et Ballades* waren hier vorausgegangen. In Bécquers Synthese vereinigen sich alle diese Anregungen und bilden in der Begegnung mit Heine die Grundlage für eine Erneuerung der spanischen Dichtersprache.

3. 'Sentido común' und realistischer Anspruch. Ideenliteratur

3.1 Der 'costumbrismo'

Los españoles pintados por sí mismos ist der Titel einer Buchkollektion (12 Bde.), in der der Verleger Ignacio Boix das spanische Leben umfassend einfangen wollte. Jeder dieser Bände enthält 49 Artikel mehr oder weniger bekannter Autoren, die das Leben in Hauptstadt und Provinz in allen Facettierungen beschreiben. Sammlungen wie *Les Français peints par eux-mêmes* (Paris 1841-1842), *Les Belges peints par eux-mêmes* (Brüssel 1843), *Los cubanos pintados por sí mismos* (La Habana 1852) und *Los mexicanos pintados por sí mismos* (México 1854-1855) sind um die Jahrhundertmitte keine Seltenheit. Die Autoren dieser *cuadros de costumbres* nannten sich selbst *costumbristas* und bezeichneten ihren Stil als *costumbrismo*.⁴³

---

[42] Benitez, R., "Estructura, temas y personajes de las 'Leyendas'", in: Zavala, Iris M. (Hg.), *Romanticismo y Realismo*..., S. 315-324, hier S. 315.

[43] Correa Calderón, E., "El costumbrismo en el siglo XIX", in: *Historia general*..., G. Díaz-Plaja (Hg.), S. 243-258. Hier S. 252: "Merecen ser recordados los firmados por Rodríguez Rubí (*El torero, La mujer del mundo*)..., Antonio Flores (*El barbero, El hortera, La cigarrera*), Ramón de Navarrete (*La coqueta, El elegante*)..., Vicente de la Fuente (*El estudiante, El colegial, La posadera*), José María de Andueza (*El guerrillero*), Sebastián Herrero (*La gitana*)..., Juan Juárez (*El contrabandista*) ..., Bonifació Gómez (*El bandolero*)..., Neira de Mosquera (*El gaitero gallego*), Salas y Quiroga (*La actriz*) y Eugenio de Ochoa (*El emigrado, El español fuera de España*)."

Mit seinen Madrid-Büchern (*Guía de Madrid* 1831; *El antiguo Madrid* 1861; *Tipos y caracteres* 1862; *Memorias de un setentón natural y vecino de Madrid* 1880) gilt Ramón Mesonero Romanos (1803-1882) vielen Hauptstadtbewohnern als der *Madrileño* schlechthin. Unter dem Pseudonym *El Curioso Parlante* wird er zum liebevollen *cronista* des Madrider Lebens, der zudem auch über die Grenzen blickt (*Recuerdos de viaje por Francia y Bélgica en 1840 y 1841*). Das *Panorama matritense* (1835-1838) und die *Escenas matritenses* (1842), deren Titel auf Balzacs *Scènes de la vie parisienne* verweist, beschreiben eine Stadt im Umbruch, die zuweilen an Ramón de la Cruz oder Goya erinnert, "con los cuales coincide incluso en títulos y asuntos".[44] *La calle de Toledo, El Prado, La posada o España en Madrid, La romería de San Isidro* erinnern zudem an die Mode der *physiologies* im zeitgenössischen Frankreich und erweisen den *costumbrismo* damit als die spanische Variante einer europäischen Modeströmung.[45] Was die *Escenas matritenses* für die Hauptstadt, sind die *Escenas andaluzas* (1847) von Serafín Estébanez Calderón (1799-1867) für die spanische Südprovinz. Der mit *El Solitario* zeichnende Autor zeichnet sie für die *Cartas españolas*, durchaus unter Einbeziehung von Stereotypen wie Toreros, Flamenco, Ferias, Dialektalismen, etc. Einige Titel sprechen für sich: *El bolero, Un baile en Triana, La feria de Mairena*, etc. In *Cristianos y Moros* (1838) unternimmt er den Versuch einer historischen Vertiefung des Andalusienthemas.

Weitere Autoren, wie José María de Freixas (*Enciclopédia de tipos vulgares y costumbres* 1838), Antonio Neira de Mosquera (*Las ferias de Madrid* 1845) oder Santos López Pelegrín (*Colección de artículos satíricos y festivos* 1840) bestätigen den costumbristischen Blick auf die umgebende Wirklichkeit, der sich deutlich von den "evasiones románticas a mundos exóticos y lejanos" (Llopis/ Ferrer 1977, S. 395) unterscheidet. Dieser Blick steht sicherlich in Verbindung mit dem Aufkommen des Realismus. Das bedeutet jedoch nicht, daß man die Texte der *costumbristas* als realistische Reportagen lesen dürfte: "En contra de una pretendida intención testimonial la literatura costumbrista ofrece una imagen distorsionada de la realidad..." (Artola ^{9}1983, S. 349).

3.2 'Fígaro' zwischen Literatur und Journalismus

Fígaro - so das Lieblingspseudonym[46] des in Madrid gebürtigen Mariano José de Larra y Sánchez de Castro (1809-1837) - "fue, ante todo, un hombre de su siglo, preocupado por los problemas de su país y el destino de sus compatriotas".[47] Als Sohn eines Arztes, der Spanien mit den Truppen Napoleons verlassen mußte,

---

[44] Ebd., S. 248. Zum Hintergrund: Ulrich Laumeyer, *Costumbrismo und Stadtentwicklung. Mesonero Romanos und Madrid*, Frankfurt, Bern, New York 1986 (Hispanistische Studien 17).

[45] Ucelay DaCal, M., "'Escenas' y 'Tipos'", in: Zavala, Iris M. (Hg.), *Romanticismo y Realismo...*, S. 354-357; hier: S. 355. - Hans-Rüdiger van Biesbrock, *Die literarische Mode der Physiologien in Frankreich (1840-1842)*, Frankfurt, Bern, Las Vegas 1978 (SDGRL 3).

[46] Weitere Pseudonyme: Ramón Arriola, Andrés Niporesa, El bachiller Juan Pérez de Mungaia.

[47] Goytisolo, J., F. Umbral, "Presencia de Larra", in: Zavala, Iris M. (Hg.), *Romanticismo y Realismo...*, S. 143-148. Hier S. 144.

war er erst 1817 nach Spanien zurückgekehrt und kam nach dem Bruch mit der Familie - er verliebte sich in die Geliebte seines Vaters - über Valencia nach Madrid, wo er sich als *dandy*[48] einem Weltschmerz hingab, den er zusehend durch die Beobachtung der Realität gerechtfertigt sah. 1828 gründet er den *El duende satírico*. Er wird nach fünf Nummern verboten. Seine gescheiterte Ehe mit Josefina Wetoret (1829) behandelt er in *Casarse pronto y mal*. Als Theaterautor kommt er zu Achtungserfolgen (1832: *Roberto Dillon o el católico de Irlanda*; 1834: *Macías*), doch erst die regelmässigen *charlas* im *Café del Príncipe* weisen ihm den Weg zu seiner eigentlichen Bestimmung: dem Journalismus. Seine Artikel im *Pobrecito hablador* (1832) - *Las casas nuevas, Nadie pase sin hablar con el portero, En este país, La fonda nueva*, u.a. - machen ihn bald zum Meinungspapst, obwohl einige Texte (*El día de difuntos de 1836, La Nochebuena de 1836, Horas de invierno*) schon früh auf Depressionen und wachsende Weltzweifel hindeuten. Liebeskummer führt den 27jährigen am 13. Februar 1837 in den Freitod. An seinem Grab versammelt sich die Crème des romantischen Spanien. Der junge Zorrilla hielt die Grabrede.

Den größten Einfluß erreichte Larra mit den *Artículos de costumbres*. Hier wendet er sich gleichermaßen gegen *moderados* und *carlistas* (*Dios nos asista*), kritisiert den schmarotzenden *señorito* (*La vida de Madrid*) und eine unfähige Bürokratie (*Vuelva Usted mañana*). In *Los toros* bekämpft er die *corrida* mit den Argumenten des aufgeklärten 18. Jahrhunderts:

> "Hasta la sencilla virgen, que se asusta si ve la sangre que hizo brotar ayer la aguja de su dedo delicado..., y...la tierna casada, que en todo ve sensibilidad, se esmeran en buscar los medios de asistir al circo, donde no sólo no...se desmayan al ver vaciarse las tripas de un cadrúpedo noble ..., sino que salen disgustadas si diez o doze caballos no han hecho patente a sus ojos la maravillosa estructura interior del animal y si algún temerario no ha vengado con su sangre, derramada por la arena, la razón y la humanidad ofendidas".[49]

Töne dieser Art vermutet man nicht unbedingt im Kontext einer spätestens seit Goya durchweg stierkampfbegeisterten Romantik.

3.3 'Literatura testimonial', Gebrauchsliteratur und Neuromantik

Das costumbristische Theater beruft sich auf den *sentido común* und erinnert in seinem Gesellschaftsbezug oft eher an Leandro Fernández de Moratín als an den Duque de Rivas. So gab Manuel Bretón de los Herreros (1796-1873), zeitweise Chef der *Gaceta de Madrid*, Sekretär der Academia Española und Direktor der Nationalbibliothek, mit *Marcela o ¿a cuál de las tres?* (1831), *El pelo de la dehesa* (1837) und *Muérete y verás* (1840) erfolgreiche Beispiele eines Sittentheaters, das in Themenwahl und Typenzeichnung zuweilen an Ramón de la Cruz erinnert: die verliebte Alte (*A la vejez viruelas*), der dilettierende Kunstliebhaber (*El furor fi-*

---

[48] García López, José, *Historia*..., S. 440: "Por educación y por temperamento fue Larra hombre de refinada elegancia, lo que nos explica su actitud crítica frente a la sociedad".

[49] "Corridas de toros", in: Larra, *Obras*, Madrid 1960, I, S. 30. Zum Gesamtthema: Luis Lorenzo-Rivero, "Larra y los papeles sediciosos del siglo XVIII", in: *Homage to Harvey L. Johnson*, Potomac 1979, S. 43-51.

larmónico), die Madrider Schickeria (*La manía de viajar*). In *La escuela del matrimonio* und *Dios los cría y ellos se juntan* zeigt er Paare, die durch die Verschiedenheit ihres Bildungshorizontes am Aufbau einer Partnerschaft gehindert werden. Bretón hinterließ insgesamt 175 Theaterstücke. Seiner Linie folgen u.a. Francisco Camprodón (*Flor de un día*) und Luis de Eguilaz (*La cruz del matrimonio*).

Die im *costumbrismo* angelegte Mäßigung einer Romantik, deren Gefühlskult der prosaischen Welt des Bürgertums jede Poesiefähigkeit absprach, ließ in der Folgezeit einen eklektisch gefärbten Intimismus entstehen. "... Ramón de Campoamor y Campoosorio (1817-1901) probeert in zijn *Doloras* (1846), *Pequeños poemas* (1872-1874) en *Humoradas* (1886-1888) voorvallen uit het dagelijks leven in eenvoudige, maar aangename gedichten met een wijsgerig karakter te gieten" (Metzeltin 1981, S. 326).[50] Sein Versuch, das ästhetische Ziel einer Entzauberung der Bourgeoisie in einer *Poética* (1883) theoretisch zu fundieren, mißlingt. Aber in der Praxis bleibt er ein Erfolgsautor (*Colón, El Tren expreso*, u.a.).

Aggressiver, progressiver und rhetorischer als Campoamor gibt sich Gaspar Núñez de Arce (1834-1903). Journalist im Afrikakrieg (1860), Abgeordneter, Minister, Akademiemitglied, Gouverneur der spanischen Notenbank, fügt er sich mit *Gritos de combate* (1875) in die Tradition einer *ars persuadendi*, deren Wurzeln bis in die revolutionäre Rhetorik des 18. Jahrhunderts zurückreichen. Freiheit, Fortschritt, Philhellenismus, aber auch Anarchiefurcht und Darwinismuskritik sind die Themen dieser Lyrik, die vor allem ideologiegeschichtlich interessant bleibt. Andere *poemas* beziehen sich auf Ramón Lull (1875), Dante (1879), Byron (1879) und Luther (1880). In den späteren Werken (*Un idilio* 1884; *Maruja* 1886, u.a.) überwiegt die intimistische Komponente.

Was das Theater angeht, so erlebt Spanien in dem Maße, wie sich die Gefühlswogen der Romantik glätten, das Aufkommen der sog. *alta comedia*, die zwar den Errungenschaften der Romantik, vor allem ihrer Verskultur, verpflichtet bleibt, diese jedoch bewußt verhalten zur Anwendung bringt. Von Ventura de la Vega (*El hombre de mundo* 1848) bis hin zu Jacinto Benavente (1866-1954), der noch in den letzten Jahren des 19. Jahrhunderts zu ersten Erfolgen kommt (*El nido ajeno* 1894, *Gente conocida* 1896), bleiben die Handlungen der *alta comedia* meist gegenwartsbezogen und dienen nicht selten der Illustration einer moralischen, sozialen oder volkspädagogischen These. Der Einfluß der sog. *pièce bien faite* (Scribe, Dumas d.J.) der französischen Julimonarchie und des *Second Empire* ist deutlich. So greift Adelardo López de Ayala (1829-1879) das Thema der üblen Nachrede auf (*El tejado de vidrio* 1856), geißelt die Spekulantenmilieus (*El tanto por ciento* 1861) und die Schürzenjäger (*El nuevo Don Juan* 1863). Manuel Tamayo y Baus (1829-1898) behandelt, nach romantischen Anfängen (*Juana*

---

[50] Kreutzer, Winfried, *Grundzüge...*, S. 80 definiert die *Dolora* als eine Gedichtform, "in der sich Eleganz und Gefühl, Präzision und Bedeutsamkeit der Gedanken treffen sollten [...]. Neben Ironie und Humor prägen häufig...Melancholie und Bitterkeit die rudimentär dramatisierten... Texte, von denen einige bis heute... bekannt geblieben sind (*El gaitero de Gijón, Nochebuena, Sufrir es vivir*)".

de Arco 1847; nach Schillers *Jungfrau*), den Materialismus des bürgerlichen Alltags (*Lo positivo* 1863), die anachronistische Praxis der Duelle (*Lances de honor* 1863), den Libertinismus der Geschäftswelt (*Los hombres de bien* 1870). *Un drama nuevo* (1867) führt in das elisabethanische England und zeigt, wie die Schauspieltruppe William Shakespeares durch die Nachricht von der Untreue der Gattin des Protagonisten Yorick so aus dem Gleichgewicht gebracht wird, daß die Grenzen von Bühne und Welt verschwimmen. Narciso Serra kritisiert in *El amor y la Gaceta* (1863) unterhaltsam aber deutlich ein Dienstreglement, das heiratswillige Berufssoldaten zwang, 4000 *duros* für die entsprechende Erlaubnis zu hinterlegen. In *El loco de la guardilla* (1861) verzichtet er jedoch auf den konkreten Zeitbezug. Der Held dieser historischen Komödie bricht jeden Abend zu einer bestimmten Stunde in schallendes Gelächter aus: Er heißt Miguel de Cervantes und arbeitet gerade an einem Roman mit dem Titel *Don Quijote de la Mancha*.

Bereitet die *alta comedia* einmal das realistische Drama der Folgezeit vor, so nährt sie zum anderen auch ein neues Interesse an den überkommenen Formen des *Sainete*, des *Entremés* und der *Zarzuela* und initiiert damit das sog. *género chico*, in dem sich der costumbristische Wille zum Dokumentarischen mit Elementen der Komik und dem Einsatz einer eingängigen Musik anreichert. Das *género chico* gleicht dem französischen Boulevardtheater und bringt mit der *Zarzuela* eine spanische Variante der Operette hervor, die Madrid zeitweise zur Operettenhochburg neben Paris und Wien werden läßt. Javier de Burgos (*El baile de Luis Alonso* 1881), López Silva (*La Revoltosa* 1898), Mariano Pina (*Colegialas y soldados* 1849) und Luis Olona (*El duende* 1849) - alle mit der Musik von Ruperto Chapí - verkörpern diese Mode. Von Olona folgen u.a. *Buenas Noches, Señor don Simón* (1852; Musik: Cristóbal Oudrid), *El postillon de la Rioja* (1856; Musik: Gaztambide), sowie - in Zusammenarbeit mit dem seit *Jugar con fuego* (1851) bekannten Erfolgskomponisten Francisco A. Barbieri - *Mis dos mujeres* (1855) und *Entre mi mujer y el negro* (1859). Die Mode setzt sich fort mit José Picón (*Memorias de un estudiante* 1860; *La isla de San Balandrán* 1862; Musik: Oudrid). Picóns *Pan y toros* (1867; Musik: Barbieri) wurde der größte Theatererfolg des Jahrhunderts. Vital Aza (*Aprobados y suspensos* 1876), Ramos Carrión (*La bruja* 1887), Federico Chueca (*La Gran Vía* 1885) und der erfolgreiche Ricardo de la Vega (*La verbena de la paloma* 1894; Musik: Tomás Bretón) verlängern dieses oft aufwendig inszenierte Unterhaltungstheater in die folgenden Jahrzehnte hinein.

Das Theaterwerk - über 80 Stücke - des in Madrid gebürtigen Ingenieurs und ersten spanischen Literaturnobelpreisträgers (1904, mit Frédéric Mistral), José Echegaray (1832-1916), der mit Prim sympathisierte, für kurze Zeit Minister wurde und 1874 ein paar Monate im Pariser Exil verbrachte, entspricht einem neuromantischen Trend, dessen Melodramatik sich bis zum "haarsträubendsten Moritat" (Kreutzer 1982, S. 71) steigern kann. In seinen Dramen, die er meist der Truppe von Vico und Matilde Diez anvertraute, bearbeitet er sowohl historische (1875: *En el puño de la espada*, Comuneros; 1880 *La muerte en los labios*, Miguel

Servede), wie auch zeitgenössische Themen, die in der letzten Phase (*El hijo de don Juan* 1891; *El loco de Dios* 1900) den Einfluß Ibsens ahnen lassen. In *O locura o santidad* (1877) zieht der Held das Irrenhaus der Annahme einer unerwarteten Erbschaft vor. *El gran Galeoto* (1881) handelt von der verheerenden Wirkung der üblen Nachrede.[51] Historisch ist *Galeoto* der Name des Pagen von Lancelot du Lac, der seinem Herrn als Mittler zur Königin Guenièvre dient. Echegarays *Gran Galeoto* ist der ehrvergessene Severo, der es fertigbringt, daß der im Duell verletzte Julián seine unschuldige Ehefrau Teodora anklagt, die damit der sozialen Ächtung anheimfällt. In späteren Stücken hat Echegaray diese Realitätsnähe nicht mehr erreicht. Seinem Erfolg tat das keinen Abbruch, weder in *Un crítico incipiente* (1891), das an L. Fernández de Moratíns *Comedia nueva* erinnert, noch in *Mariana* (1892) und *Mancha que limpia* (1895), die beide durch María Guerrero zum Erfolg getragen wurden. Leopoldo Cano y Masas (*La Pasionaria* 1883) und Eugenio Sellés (*La mujer de Loth* 1896) folgten zeitweise dem von Echegaray aufgezeigten Rückweg in die wilde Romantik des Jahrhundertbeginns.[52]

3.4 Standpunkte: Ideenliteratur im 19. Jahrhundert

Als bestimmende Vertreter der spanischen Ideenliteratur der 1. Hälfte des 19. Jahrhunderts gelten neben dem noch von den Enzyklopädisten beeinflußten José Gallardo (1776-1852) und dem Conde de Toreno (1786-1843; *Historia del levantamiento, guerra y revolución de España* 1838) vor allem Donoso Cortés und Jaime Balmes. Juan Donoso Cortés (1809-1853), Marqués de Valdegamas, wandelte sich unter dem Eindruck der Revolution von 1848, die er als Diplomat in Berlin und Paris erlebte, vom Liberalen zum Konservativen. In dem polemischen *Ensayo sobre el catolicismo, el liberalismo y el socialismo* (1851) vertritt er eine zutiefst bourgeoisiefeindliche Position, indem er dem Bürgertum die Schuld am Erfolg des Sozialismus anlastet. Eher gemäßigt gibt sich dagegen Jaime Balmes (1810-1848), wenn er in *El protestantismo comparado con el catolicismo y sus relaciones con la civilización europea* (1844) der liberalen Sympathie für die protestantische Art der Wirklichkeitsgestaltung den Hinweis auf die Kultur der katholischen Welt entgegenhält. Der intelligente Konservativismus dieses Werks zeichnet auch seine *Cartas a un escéptico en materia de religión* (1846) aus.

Die spanische Literaturgeschichtsschreibung des 19. Jahrhunderts verbindet ein traditionelles Eruditionsideal mit praktischem - nicht theoretischem - Positivismus. So stehen die Namen von Pedro José Pidal (Edition des *Cancionero de Baena* 1851), José Amador de los Ríos (*Historia crítica de la literatura española* 1861-1865), Manuel Milá y Fontanals (*De los trovadores en España* 1861/1874) und Leopoldo Alvarez de Cueto, Marqués de Valmar (*Historia de la poesía del siglo XVIII* 1890) für stoff- und perspektivenreiche Gesamtdarstellungen. B.

---

[51] Link-Heer, U., "José Echegaray: El Gran Galeoto", in: V. Roloff, H. Wentzlaff-Eggebert (Hg.), *Das spanische Theater...*, S. 264-173.

[52] Zu Echegaray s. ferner hier: W. Floeck, Drama: 20. Jahrhundert, Kap. 1., S. 369f.

Carlos Aribau und der Pater Rivadeneyra gründeten 1846 die *Biblioteca de Autores españoles*.
Die beherrschende ideologische Grundfrage der zweiten Jahrhunderthälfte betrifft die sog. *regeneración de España*. Sie spaltete das Land in ein konservatives und ein progressives Lager, die sich beide nicht immer durch die Fähigkeit des Zuhörens auszeichneten. Während die Traditionalisten die *regeneración* durch den Rückgriff auf das 'ewige Spanien' zu bewirken hofften und dabei besonders das Siglo de Oro nostalgisch verklärten, favorisierten die Liberalen die Öffnung auf Europa und die konkrete Arbeit an der ökonomischen, sozialen und infrastrukturellen Entwicklung. Für den antiaufklärerischen Affekt des erstgenannten Lagers stehen u. a. Menéndez Pelayos (1856-1912) *Heterodoxos españoles* (1880-1882), wobei anzumerken ist, daß der Autor in späteren Arbeiten (*Historia de las ideas estéticas en España* 1882, *Estudios de crítica literaria* 1884-1906) keineswegs auf die europäisierende Perspektive verzichtet hat. Das liberale Lager verband sich hingegen mit der Ideologie des *krausismo*[53] und schuf so die Grundlagen für eines der europäischsten Kapitel der spanischen Geistesgeschichte. Die Fakten sind bekannt:

> "Para promover el contacto directo con el pensamiento filosófico alemán el último de los ministros de Gobernación de la época en que ocupó la regencia Espartero, nombró a Sanz del Río profesor interino de la filosofía de la universidad Central que iniciaba por entonces sus actividades, con la condición de que pasase dos años en Alemania para perfeccionar sus conocimientos" (Artola ^{9}1983, S. 342).

Auf diese Weise kam Sanz del Río (1814-1869) nach Heidelberg und lernte dort das philosophische System von Karl Christian Friedrich Krause (1781-1832) kennen, das er in mehreren Arbeiten (*Lecciones sobre el sistema de filosofía analítica de K.C.F. Krause* 1850; *La cuestión de la filosofía novísima* 1860), vor allem aber durch die freie Übertragung von *Das Urbild der Menschheit* (1810) unter dem Titel *El ideal de la humanidad para la vida* (1860) nach Spanien hinein vermittelte. Der *krausismo* wurde zu einem beherrschenden Faktum der spanischen Geistesgeschichte des ausgehenden 19. und der ersten Jahrzehnte des 20. Jahrhunderts. Den Intellektuellen, die weder dem traditionellen Katholizismus noch dem positivistischen Utilitaritätsdenken anhingen, bot die neue Lehre eine "interpretazione razionale del mondo... nel quadro di una marcata esigenza metafisica" (Di Pinto/Rossi 1974, S. 235). Nicolás Salmerón, Gumersindo Azcárate, Leopoldo Alas (*Alcance y manifestaciones de la instrucción de los trabajadores* 1891), Ricardo Macías Picavea (*El problema nacional: hechos, causa y remedios* 1899) und viele andere fühlten sich von diesem laizistischen Spiritualismus angezogen, und es hieße ihren philophischen Sachverstand unterschätzen, wollte man das durch die Handbücher geisternde Bild Krauses als eines "filósofo de escasa trascendencia" (García López ^{9}1965, S. 531), "eines zweitrangigen Gelehrten" (Kreutzer 1982, S. 38) oder dasjenige seiner Lehre als "una combinación heteroclítica de elementos procedentes de los grandes filósofos del idealismo" (Artola

---

[53] Vgl. auch hier: W. Floeck, Drama: 20. Jahrhundert, Kap. 5., S. 380.

[9]1983, S. 342) kommentarlos übernehmen. Jüngere Forschungen haben dieses Krause-Bild stark nuanciert.[54] Sein Versuch, Einheit und Vielheit zusamenzudenken, seine liberale Vorstellung von Gesellschaft, Erziehung und Wissenschaft und nicht zuletzt seine im 19. Jahrhundert belächelten ökologischen Themen bis hin zum Tier-, Arten- und Landschaftsschutz rechtfertigen voll und ganz den Versuch einer neuen Krauselektüre und lassen auch die *krausistas*, die der Gefahr des Proselytismus nicht immer entgangen sind,[55] in einem neuen Licht erscheinen.

Als im Zuge der Restauration von 1875 allen Lehrern und Hochschullehrern die Verbreitung von Lehren untersagt wurde, die dem katholischen Dogma widersprachen, scharten sich zahlreiche Professoren um die 1876 von Giner de los Ríos gegründete *Institución Libre de Enseñanza*, eine *Freie Universität* mit wegweisenden pädagogischen Konzeptionen: Keine Strafen, gemeinsames Lernen von Schülern und Lehrenden, Unterricht in Kunst und Folklore, Sport im Freien, Vergabe von Auslandsstipendien und Gründung der *Residencia de Estudiantes*. Bis zu ihrem Ende (1936) bleibt die *Institución* mit den Namen führender Intellektueller verbunden (González Posada, Rafael Altamira, Antonio Machado u.a.). An der Wende vom 19. zum 20. Jahrhundert war Joaquín Costa (1846-1911) der anerkannte Sprecher der *krausistas*. Sein Thema ist die *Reconstitución y europeización de España* (1900). Ähnlich orientiert sich Ramiro de Maeztu (1874-1936; *Hacia otra España* 1899). Gegner der *krausistas* waren u.a. Juan Manuel Ortí y Lara (*Krause y sus discípulos convictos de panteismo* 1864) und der sevillanische Erzbischof Zeferino González y Díaz-Tuñón (*Filosofía elemental* 1872; *La Biblia y la Ciencia* 1891).

Die Kenntnis sozialistischer und marxistischer Denkansätze spielt, von punktuellen Begegnungen abgesehen, erst gegen Ende des Jahrhunderts eine Rolle. Pi y Margall interessiert sich für Proudhon, eine Übersetzung des *Kommunistischen Manifestes* erscheint 1872 in *La Emancipación*. Ab 1886 ist *Das Kapital* (*El Capital*), ab 1891 das *Elend der Philosophie* (*Miseria de la filosofía*), in spanischer Sprache zugänglich. 1868 kommt der Bakunin-Schüler Giuseppe Fanelli nach Spanien, 1871 läßt sich Paul Lafargue in Madrid nieder. Um diese Zeit schrieb Concepción Arenal (1820-1893) ihre pädagogischen und rechtsphilosophischen Werke (*La cuestión social* 1880; *La mujer de su casa* 1883, u.a) und damit zugleich ein frühes Kapitel des spanischen Feminismus. Von Pablo Iglesias war bereits an anderer Stelle die Rede.

---

[54] Kodalle, Klaus-M. (Hg.), *Karl Christian Friedrich Krause (1781- 1832). Studien zu seiner Philosophie und zum Krausismo*, Hamburg 1985; ders., "Krausismo", in: *Die Zeit*, 8. Nov. 1985, S. 10: "Ein europäischer Sozial-Liberaler vor der Zeit".

[55] Valera 1882 an Menéndez Pelayo: "Es raro que sean casi siempre, en España, los clericales...los acusados de parciales del oscurantismo [...]", in: J.M. Pemán (Hg.), *Epistolario de Valera y Menéndez Pelayo*, Madrid 1946, S. 124-125.

4. Erzählte Wirklichkeit in der 2. Hälfte des 19. Jahrhunderts

4.1 Wege zum Realismus: Fernán Caballero

1849 erschien der von Eugenio de Ochoa und anderen Kritikern begeistert begrüßte Roman *La Gaviota*. Das *Fernán Caballero* gezeichnete Werk stammte von Cecilia Böhl de Faber und verkörpert für manche Literaturhistoriker den typischen *Prärealismus*, der um die Jahrhundertmitte die Romantik ablöste. Allerdings ist gerade in diesem Falle die Handbuchchronologie 'Realismus folgt auf Romantik' nicht unproblematisch, wenn man bedenkt, daß *La Gaviota* die Frucht eines langen Reifeprozesses ist, der schon 1821/22 begann und damit der Mode des romantischen Romans um einige Jahre zuvorkommt. Die Handbuchchronologie, die durchweg besagt, daß 'Realismus' auf 'Romantik' zu folgen habe, ist somit gerade in diesem Falle nicht unproblematisch.

In der Schweiz geboren, dreisprachig (deutsch/französisch/spanisch) aufgewachsen, in Hamburg und Cádiz erzogen, verband Cecilia Böhl de Faber (1796-1877) mehrere Kultureinflüsse in ihrer Person. Als Tochter des hispanophilen Nicolas Böhl von Faber und seiner Frau Francisca Larrea, die selber einer spanisch-irischen Verbindung entstammte, blieb sie zeitlebens der konservativen Gedankenwelt des Elternhauses verpflichtet. Als Schriftstellerin zögert sie in der Wahl ihrer Literatursprache: *Sola oder Wahrheit und Schein* schrieb sie zunächst auf deutsch, *La Gaviota* auf französisch. Die Ehe mit dem Berufsoffizier Antonio Planells y Bardají (1816) führte sie für kurze Zeit nach Puerto Rico. Ihr zweiter Ehemann Francisco Ruiz del Arco, den sie 1822 heiratet, stirbt 1835 an der Cholera. Damals entstanden *Elia o España treinta años ha (1814)* und Teile von *La Gaviota*. Der Inhalt von *Clemencia* (1852) ist weitgehend autobiographisch geprägt und bezieht sich konkret auf die Liebesheirat mit dem 24 Jahre jüngeren Antonio Arrom, der sich in undurchsichtigen Geschäften ruinierte und durch Selbstmord starb. Erst jetzt, mit Armut und sozialer Ächtung konfrontiert, veröffentlicht Cecilia ihre Texte, unter einem männlichen Pseudonym, wie George Sand: *Cuadros de costumbres populares* (1852), *La familia de Alvareda* (1856), *Un servilón y un liberalito* (1857), *Un verano en Bornos* (1858).

Die Handlung von *La Gaviota* spielt zwischen 1836 und 1848. Sie schildert das Schicksal des deutschen Arztes Friedrich Stein, der sich - in den Karlistenkriegen verwundet - auf dem Rückweg nach Deutschland befindet und - von einem Kampfstier verletzt - Aufnahme in dem Fischerdorf Villamar in Andalusien findet. Er verliebt sich in das Fischermädchen Marisalada, *la gaviota*. Mit der Heirat der beiden beginnt für Marisalada der soziale Aufstieg. Sie glänzt als Sängerin auf den Bühnen Sevillas und Madrids, verliebt sich in einen Torero und verläßt Stein, der nach Amerika geht und dort stirbt. Der Torero findet den Tod in der Arena. Marisalada, die ihre Stimme verloren hat, kehrt in die Heimat zurück und heiratet den Dorfbarbier, der schon lange nach ihr schmachtet. Die Moral der Geschichte geht aus dem Titel der 1852 im *Semanario pintoresco español* enthaltenen Erzählung *Con mal o con bien, a los tuyos te ten* hervor. *La Gaviota* lebt aus einer Serie von Kontrasten - alt/neu, Stadt/Land, gottlos/gläubig, etc. -, die eindeutig zugunsten des nostalgischen Aspektes gewertet werden. Von "der Psychologie des Ehebruchs...", wie sie Flauberts *Madame Bovary* oder Claríns *Regenta* darstellen", ist *La Gaviota* in der Tat weit entfernt.[56] Allerdings soll dieses Buch auch gar kein Roman sein: "He repetido varias veces que no escribo novelas, puesto que la tendencia de mis obritas es combatir lo novelesco"[57]. An anderer Stelle vergleicht Fernán Caballero sich mit einem "vulgar daguerrotipo".[58] Nicht mit dem Roman also will sie konkurrieren, sondern mit der jungen Kunst der Photographie, über deren Stellenwert viele Realisten des 19. Jahrhunderts sich noch nicht recht klar waren. Es geht darum, *Bilder* festzuhalten - vor allem andalusische und madrilenische Milieustudien -, und nicht, *Entwicklungen* darzustellen, wie sie bei Emma Bovary oder Ana Ozores in die Katastrophe führen. Insofern ist Fernán Caballero dem *costumbrismo* oder der Mode der französischen *physiologies* deutlich näher als dem Realismus.

Zu den Nachfolgern Fernán Caballeros gehören u.a. Antonio de Trueba y de la Quintana (1819-1889; *Cuentos populares* 1853 u.a.), und María del Pilar Sinués (1835-1893; *Amor y llanto* 1857; *Glorias de la mujer* 1879 u.a.). Auch die *Hojas sueltas* von José Selgas y Carrasco (1822-1892; Pseudonym: *El padre Cobos*) erinnern an Fernán Caballeros "ideología tradicional" und an "lo suave de su realismo" (Baquero Goyanes 1958, S. 75). Ähnliches gilt für Antonio Flores' (1821-1866) Madridstudie *Ayer, Hoy y Mañana*. Der Jesuitenpater Luis Coloma (1851-1915) - seit 1908 Akademiemitglied - dokumentierte seine persönliche Bekanntschaft mit Fernán Caballero in den *Recuerdos de Fernán Caballero* (1910) und kam mit der Zeichnung der Madrider Aristokratie der Restaurationszeit in *Pequeñeces* zu einen Skandalerfolg (1891), den er weder mit *Boy* (1910) noch mit seinen historischen Studien (*La reina mártir* 1902: Maria Stuart; *Fray Francisco* 1914: Franz von Assisi) wiederholen konnte.

4.2 Pedro Antonio de Alarcón

"La novelística española alcanza al fin su nivel auténticamente moderno con Pedro Antonio de Alarcón y Ariza (1833-1891), cuya expresión literaria ofrece cierto paralelismo - lejano y con reservas - con la de Stendhal en Francia" (Llopis/Ferrer 1977, S. 399). In Guadix gebürtig, begeistert er sich 1854 für die *vicalvarada* und schreibt antiklerikale und antimonarchistische Artikel für *El látigo*. Er schlägt sich im Duell mit seinem Schriftstellerkollegen José Heriberto García de Quevedo (1819-1871) und erlebt in diesem Zusammenhang seine Konversion

---

[56] Tietz, M., "Fernán Caballero: La Gaviota", in: V. Roloff, H. Wentzlaff-Eggebert (Hg.), *Der spanische Roman...*, S. 193-214; hier: S. 210.

[57] An Barrantes (1853). Text bei J.F. Montesinos, *Fernán Caballero. Ensayo de justificación*, México 1961, S. 35.

[58] An Hartzenbusch. Bei J. Herrero, *Fernán Caballero*, Madrid 1963, S. 290. Vgl. auch: "Lo que yo he escrito mejor son los... pequeños dibujos al daguerrotipo que... permanecerán aún cuando el río haya arrebatado el... original", in: J. Herrero, J. Rodriguez Luis, "'La Gaviota'. Intención y logros de Fernán Caballero", in: Zavala, Iris M. (Hg.), *Romanticismo y Realismo...*, S. 363-371; hier: S. 365.

zu eher konservativen Gestimmtheiten. Seine frühen *Articulos* zeigen ihn in der Larra-Nachfolge, sein erzählerisches Talent enthüllt er 1855 mit *El final de Norma*. 1860 berichtet er aus dem Marokko-Krieg (*Diario de un testigo de la guerra de Africa*), 1869 ist er Mitglied der verfassungsgebenden Versammlung. Mit *El sombrero de tres picos* beginnt 1874 eine dichte Werkfolge: *La Alpujarra* (1873, zum Moriskenaufstand), *El escándalo* (1875), *El capitán Veneno, Historias nacionales, Historias amatorias* (1881), *El niño de la bola, La pródiga* (1882), *El clavo* (1889). Seine *Narraciones inverosímiles* (1882) sind ein wenig erforschtes Kapitel der spanischen Poe-Rezeption.

Alarcóns bekanntestes Werk bleibt *El sombrero de tres picos*. Der auf die bekannte Romanze *El molinero de Arcos* zurückgehende Stoff,[59] der auch Zorrilla interessierte (Baquero Goyanes 1958, S. 82-83), erzählt die durch Manuel de Fallas Musik berühmt gemachte Geschichte des alten Corregidors, der die hübsche Müllersfrau Frasquita, *la señá Frasquita*, zu verführen sucht und dabei Niederlage auf Niederlage erlebt. Währenddessen begibt sich Frasquitas Ehemann, der Müller Lucás, in das Haus der Corregidora, um es dem Alten mit gleicher Münze heimzuzahlen. Natürlich bleibt auch er erfolglos. Der im Titel erwähnte Dreispitz steht dabei für das alte Spanien, das Alarcón ironisch-nostalgisch vor dem Hintergrund der Unabhängigkeitskriege evoziert. Witz, Ironie und eine präzise Erzählsprache machen diesen Roman zu einem gelungenen "*juego del amor y del azar* más delicioso aún que el de Marivaux".[60]

4.3 Peredas Entdeckung der Nordprovinzen

José María de Pereda y Sánchez de Porrúa (1833-1906) aus Polanca (Santander), der seine Heimatprovinz Santander nur selten verließ, betrachtet die Literatur als ein Mittel der Identitätsbehauptung der Provinz gegenüber den 'Gefahren' der industriellen und sozialen Veränderungen und der wachsenden Verstädterung seiner Zeit. Ähnlich wie Maurice Barrès in Frankreich setzt er dabei die Stadtkultur mit sozialer und moralischer Entwurzelung gleich. Sein auf die vorkapitalistische Idylle zielendes Bild einer Agrargesellschaft, die sich in erdverbundenen Clans organisiert, machte ihn zum Parteigänger der *carlistas*. Schon 1864 veröffentlicht er - im Titel auf Mesonero Romanos und Estébanez Calderón anspielend - seine *Escenas montañesas*, denen er 1871 *Tipos y paisajes* folgen läßt. Er verteidigt Ehe und Familie (*El buey suelto* 1877), karikiert die *Gloriosa* (*Don Gonzalo González de la Gonzalera* 1879), antwortet mit *De tal palo tal astilla* (1882) auf Pérez Galdós *Gloria*. Wie bei Tolstoj wird die ländliche Idylle in immer neuen Variationen dem Konflikt mit dem *Neuen* ausgesetzt. Immer erweisen sich die beharrenden Kräfte des Landes und der Landschaft schließlich als die Stärkeren (*El sabor de la tierruca* 1882; Vorwort: Pérez Galdós). In *Pedro Sánchez* (1883) gibt der Titelheld das Landleben auf, um in Madrid Politik und

---

[59] Text in Pedro Majada Neila (Hg.), *Cancionero de la Garganta*, Cáceres 1984, S. 184-187.
[60] Gaos, V.,,"El acierto de Alarcón: El sombrero de tres picos", in: Zavala, Iris M. (Hg.), *Romanticismo y Realismo...*, S. 442-447. Hier S. 446.

Karriere zu machen, wo er jedoch nur Zersetzung und Korruption erlebt. Geläutert kehrt er aufs Land zurück. Einem ähnlichen Schema folgt *Sotileza* (1885). *La Montálvez* (1888) enthält die Lebensbeichte einer alternden Gräfin, die ihr unmoralisches Leben als Folge einer verfehlten Erziehung erkennt. *Tipos transhumantes* enthält eine Galerie lächerlicher Gesellschaftstypen vom krausistischen Kauz, über den zynischen Lebemann bis hin zum Raufbold und Taschendieb. In *Nubes de estío* (1894) karikiert Pereda die Mode des *veraneo*, in *Peñas arriba* (1895) erzählt er - das Schema von *Pedro Sánchez* umkehrend - wie Don Celso, der alternde *cacique* von Tablanca, seinen in Madrid lebenden Neffen Marcelo bittet, sein Nachfolger zu werden. Dieser läßt sich schließlich überzeugen und findet auf dem Lande das Glück. Ein ähnliches Thema behandelt Palacio Valdés wenig später in *Sinfonía pastoral*.

Mit Pereda wird die Provinz jenseits costumbristischer Stereotypen und Fixierungen in der spanischen Literatur des 19. Jahrhunderts literaturfähig. Nach ihm werden Palacio Valdés und Leopoldo Alas 'Clarín' mit der gleichen Selbstverständlichkeit über Asturias schreiben, wie Emilia Pardo Bazán über Galicien. Die bei Pereda mit deutlich konservativen Sympathien einhergehende Entdeckung der Landschaft als Quelle nationaler Selbstbesinnung wird für die 98er Generation - Unamuno (*Paisajes* 1902; *Andanzas y visiones españolas* 1922), Azorín (*Los pueblos* 1905; *Castilla 1912*), Antonio Machado (*Campos de Castilla* 1912) - eine Grundvoraussetzung ihres Selbstverständnisses und ihres Erneuerungswillens sein.

4.4 Roman und Humanismus bei Juan Valera

Hochgebildet, dem philanthropischen Denken des 18. Jahrhunderts verpflichtet und Akademiemitglied seit 1861, machte Juan Valera y Alcalá-Galiano (1824-1905), als Sohn des Grafen von Paniega in Cabra (Córdoba) geboren, eine blendende Diplomatenkarriere. Er begleitet Rivas auf seiner Neapelmission (1847-1849), lernt später Lissabon, Rio de Janeiro, Wahington, Dresden, Paris und Brüssel kennen. 1848 besucht er die Paulskirche.[61] 1860 veröffentlicht er mit *Mariquita y Antonio* eine erste - unvollendete - Erzählung im *Contemporáneo*. Mehr und mehr dem Konzept des *l'art pour l'art* zuneigend und von den Wirren der Jahre 1868-1874 enttäuscht, kam er 1874 - fast fünfzigjährig - mit *Pepita Jiménez* zu seinem ersten und zugleich größten Romanerfolg. Es folgten *Las ilusiones del doctor Faustino* (1875), *Pasarse de listo* (1877), *El comendador Mendoza* (1877), *Doña Luz* (1879), *Juanita la Larga* (1895), "sempre garbati e interessanti" (Di Pinto/Rossi 1974, S. 342), sowie eine Übersetzung von Longus *Dafnis y Cloe* (1880). Sein *Epistolario* verbindet ihn mit Menéndez Pelayo, Emilia Pardo Bazán, Alas 'Clarín' und vielen anderen Zeitgenossen.[62]

---

[61] Ferreiro Alemparte, Jaime, "Der Dichter Don Juan Valera y Alcalá Galiano als Vertreter Spaniens beim Deutschen Bund in Frankfurt", in: *Nassauische Annalen* 92, 1981, S. 208-216.

[62] Pageard, R., "L'oeuvre épistolaire de Juan Valera. Bibliographie critique", in: *BullHisp* 63, 1961, S. 38-41.

Valeras Literaturtheorie führt von einem impressionistischen Romankonzept (*De la naturaleza y carácter de la novela* 1860) zur polemischen Auseinandersetzung mit Emilia Pardo Bazáns *La cuestión palpitante* (1883). Seine in der *Revista de España* der Jahre 1886/87 enthaltenen *Apuntes sobre el nuevo arte de hacer novelas* - der Titel spielt auf Lope de Vegas *Arte nuevo* an - sind eine perspektiven- und argumentenreiche Diskussion der Zola-Rezeption und der Praxis des Naturalismus in Spanien. Die "novela naturalista" hält er für eine "investigación zoopatológica", allenfalls für ein interessantes "documento humano". Glücklicherweise habe der Künstler Zola den Theoretiker weit übertroffen.[63]

Pepita Jiménez[64] behandelt bekanntlich die Geschichte des Seminaristen Luis de Vargas, der um den Preis großer innerer Kämpfe erkennt, daß sein Glück nicht im Priesterberuf, sondern in der Ehe mit der schönen Witwe Pepita liegt, die er im Hause seines Vaters - und als dessen Braut - kennenlernt. Der Sieg der irdischen über die himmlische Liebe, der im sinnlichen *ambiente* Andalusiens nur eine Frage der Zeit ist, führt so zu einer Lösung, die Luis Vater lange vor seinem Sohn als unausweichlich erkennt und schließlich sogar selber fördert. Die Bloßlegung der psychischen Entwicklung des Protagonisten erlaubt Valera die Diskussion schwieriger theologischer Fragen, sowie die Entfaltung eines weiten Bildungshorizontes. Zwar wird der Konflikt zwischen diesseitiger und jenseitiger Glücksverheißung in *Pepita Jiménez* zugunsten der irdischen Liebe entschieden, aber das täuscht kaum darüber hinweg, daß das gestellte Problem ja in dem Augenblick unlösbar würde, in dem nicht ein Seminarist und eine Witwe, sondern - wie z.B. in *Doña Luz* - ein Priester und eine verheiratete Frau zusammenträfen. Eine solche Konstellation müßte in die psychische und soziale Katastrophe führen. *Pepita Jiménez* vergenwärtigt somit ein Thema, das u.a. bei Pérez Galdós (*La Tormenta*), Alas 'Clarín' (*La Regenta*), Eça de Queiroz (*O crim do P. Amaro*) oder auch Zola (*La faute de l'abbé Mouret*) mit ganz anderen, oft tragischen oder scharf gesellschafts- und kirchenkritischen Akzenten versehen worden ist.

4.5 Spanische Varianten des Naturalismus

Die spanische Rezeption des französischen Naturalismus, die nicht selten mit derjenigen des Realismus verschwimmt, fällt *grosso modo* in die Krisenjahre 1868-1874: "tanto la revolución del 68, como la novela realista...responden a un cambio fundamental de las conciencias colectivas", weshalb in diesem Falle auch gern von der "generación de 1868" gesprochen wird.[65] Die von Zola betriebene 'Verwissenschaftlichung' der Literatur hatte bekanntlich zum Gedanken eines

---

[63] "Apuntes...", I, in: *Revista de España* 111, 10. Aug. 1886. In der Rezension zu den *Poesías de Marcelino Menéndez Pelayo* (*Obras Completas*, 2 Bde., Madrid 1934; Bd. II, S. 592) liest man: "Si las novelas de Zola no son detestables..., es porque los preceptos del autor van por un lado, y su pluma, cuando es novelista...va por otro".

[64] Zum Folgenden K. Pörtl, "Juan Valera: 'Pepita Jiménez'", in: V. Roloff, H. Wentzlaff-Eggebert (Hg.), *Der spanische Roman...*, S. 215-230.

[65] Ferreras, J.I., "La novela del siglo XIX", in: Diez Borque, José María (Hg.), *Historia...*, S. 61.

roman expérimental geführt, in dem der Autor sich bewußt einem "concepto determinista de la vida" (García López 1958, S. 525) verpflichtet, indem er individuelle und gesellschaftliche Phänomene als Folgen wissenschaftlich berechenbarer Gesetzmäßigkeiten - Vererbung, Alkoholismus, Ökonomie, Naturgesetze, etc. - erscheinen ließ. Freilich hat gerade Émile Zola diesen Laboratoriumsnaturalismus in der Praxis oft weit hinter sich gelassen und ist zu stark symbolisch befrachteten Konzeptionen vorgedrungen, in denen zuweilen auch - und gerade - das oft geleugnete romantische Erbe des Naturalismus greifbar wird.[66] Viele spanische Autoren des ausgehenden 19. Jahrhunderts sahen in der Assimilation des Naturalismus die Möglichkeit der Erneuerung und Europäisierung ihrer Aktivitäten, die sie zugleich auf der Basis innerspanischer Voraussetzungen (Cervantes, *novela picaresca*, etc.) weiterentwickelten. Insgesamt vertreten sie dabei weit weniger radikale Positionen als die Anhänger Zolas, deren (pseudo)-wissenschaftliche "fidelidad a la verdad inmediata" nicht selten regionalistisch und costumbristisch angereichert wird. Auch in sprachlicher Hinsicht folgen sie den Franzosen nur zögernd. "Lo vulgar y prosáico se da, pero es difícil encontrar lo obsceno" (López Jiménez 1977, S. 16).

Emilia Pardo Bazán (1851-1912), adlig und hochgebildet - als 14jährige las sie Homers *Ilias* im Urtext - ist vielleicht diejenige Vertreterin des spanischen Naturalismus, die am bewußtesten auf Zolas Theorien eingeht und sie in *La cuestión palpitante* (1883) auf Möglichkeiten und Bedürfnisse der spanischen Literatur bezieht. Dabei nimmt sie Zola zwar gegen den Vorwurf der Immoralität in Schutz, kritisiert jedoch seinen Determinismus, d.h., die Verneinung der menschlichen Willensfreiheit, in der sich schon Racine von Calderón unterschied.

Emilia Pardo Bazáns eigene Romane leben allesamt aus dem Bezug zur galicischen Heimat der Autorin. In *Pascual López* (1871) beschreibt sie das galicische Schülermilieu. *Un viaje de novios* (1881) enthält die Geschichte einer frühen Frustration. Es folgen u.a. *La Tribuna* (1883) über ein Frauenschicksal im Galicien der industriellen Revolution und *El cisne de Vilamorta* (1885) über eine unglückliche Liebe im Dorfmilieu der Nordregion. Der Galicien-Roman *Los Pazos de Ulloa* (1886) mit seiner *La Madre Naturaleza* (1887) betitelten Fortsetzung zeichnet ein düsteres Bild des galicischen *caciquismo*.[67] Später kommen u.a. hinzu: *Insolación, Morriña* (1889), *La prueba* (1890), *Cuentos de Marineda* (1892), *La sirena negra* (1908), *Dulce dueño* (1911). *La Quimera* (1892) beschreibt den Leidensweg des Malers Vaamonde, der vergeblich gegen die Tuberkulose ankämpft, und weist insofern eine thematische Verwandtschaft mit Thomas Manns

---

[66] López Jiménez, Luis, *El naturalismo y España*..., S. 12: "Los elementos románticos...patentes en las novelas...naturalistas de Zola son:... la animación de los seres inertes... la... mineralización del ser humano..., las tendencias socializantes, la libertad creadora, el... colorismo poético [...]. La...subliteratura romántica folletinesca también influyeron en el Naturalismo por alguna exageración tremendista o sensiblera, por la casualidad demasiado frecuente en el desarrollo de algunas acciones, por cierto populismo, por la simplicidad de ciertas psicologías...y por distintos aspectos técnicos como la interrupción temporal del relato ... de ilustre ascendencia cervantina...".

[67] Clemessy, N., "La composición de 'Los Pazos de Ulloa'", in: Zavala, Iris M. (Hg.), *Romanticismo y Realismo*..., S. 452-456. Ferner Donald L. Shaw, "El siglo XVIII"..., S. 239-244.

Zauberberg auf. Die wissenschaftlichen Interessen der Autorin, die als Altphilologin an der Madrider Universität wirkte, jedoch als Frau nicht in die Akademie aufgenommen wurde, zeigen sich u.a. in einem wegweisenden *Estudio crítico de las obras del P. Feijoo* (1876).

Leopoldo Alas y Ureña (1852-1901), Jura-Professor in Oviedo, wurde als Journalist unter dem Pseudonym 'Clarín' bekannt. Seine liberalen Sympathien verbanden ihn mit Galdós, Valera und anderen und verleiteten ihn zuweilen zu scharfen Attacken gegen Pereda und Emilia Pardo Bazán, mit denen er immerhin die regionalistische Grundorientierung teilte. Seine thematisch vielfältigen Artikel sind in den Sammlungen *Solos* (1890-1898) und *Paliques* (1893) enthalten. Seinen naturalistischen Erzählungen *Pipá* (1886) und *El gallo de Sócrates* (1901) gab er bukolische und pastorale Elemente bei, bis hin zu den *Cuentos morales* (1896), die sich z.B. in *¡Adios Cordera!* zur Geschichte einer 'heiligen' Kuh in den vom Fortschritt bedrohten asturischen Bergen auswachsen. In *Su único hijo* (1895) erzählt er bitter ironisch die Geschichte einer gescheiterten Ehe, die um den Preis des Selbstbetrugs aufrecht erhalten wird.

Claríns' bekanntestes Werk bleibt jedoch *La Regenta* (1884/85).[68] In der "heróica ciudad" Vetusta, hinter der man unschwer Oviedo erkennt,[69] lebt Victor Quintanar mit seiner Frau Ana Ozores, die wegen der herausragenden Stellung ihres Mannes nur als *la regenta* bezeichnet wird. In dem vom Autor minuziös entfalteten kleinstädtischen Mikrokosmos stehen der Priester Don Fermín de Pas für die klerikal-konservative und Alvaro Mesía für die dynastisch-liberale Partei. Ana hat indes nicht aus Liebe geheiratet, sondern um dem Kloster zu entgehen. Fermín studiert Theologie nicht aus Berufung, sondern aus Angst vor seiner Mutter und um nicht Bergarbeiter werden zu müssen. Über den Beichtstuhl bringt er es zu großem Einfluß in Vetusta. Sein Gegenspieler ist der Kleinstadt-Dandy Alvaro. Beide Männer kämpfen um die Liebe Anas und spielen so ein Gesellschaftsspiel, das von der Umgebung begierig verfolgt wird. Als Ana die Begehrlichkeit des Priesters spürt, gibt sie sich Alvaro hin. Fermín informiert darauf ihren Ehemann. Alvaro tötet ihn im Duell und muß Vetusta verlassen. Ana sucht die Versöhnung mit der Kirche, die Fermín ihr unmöglich macht.

Die Ehebruchsthematik verbindet das Werk mit Flauberts *Madame Bovary*, Tolstojs *Anna Karenina*, Fontanes *Effie Briest* u.a. Die Protagonisten bewegen sich jedoch nicht im Dreiecksverhältnis der klassischen Ehebruchsgeschichte, sondern in einem teuflischen Parallelogramm: Der Calderón-Verehrer Victor wird Opfer seines Ehrbegriffs. Alvaro ist ein Möchtegern-Casanova mit Potenzängsten und langen Unterhosen, Fermín ein frustriertes Muttersöhnchen, eifersüchtig, machtbesessen und sadistisch. Ana schließlich schwankt ständig zwischen Hysterie, Gewissensbissen und mystischen Bedürfnissen. Eine im Übergang zur Industriekultur befindliche Stadtgesellschaft, eine Kirche, die nicht

---

[68] Link-Heer, U., "Leopoldo Alas 'Clarín': La Regenta", in: V. Roloff, H. Wentzlaff-Eggebert (Hg.), *Der spanische Roman...*, S. 247-269.

[69] Alas, L., 'Clarín', *La Regenta* I, G. Sobejano (Hg.), Barcelona 1976, S. 70.

Seelsorge, sondern Machterhalt betreibt, Heuchelei, Gesinnungsterror und Postenjägerei charakterisieren dieses (un)menschliche Universum, aus dem es keinen Ausweg gibt. Alle sind Opfer.

Mit Armando Palacio Valdés und Vicente Blasco Ibañez wird eine Generation erreicht, deren Schaffen sich bis weit in das 20. Jahrhundert hinein erstreckt. Palacio Valdés (1853-1938) in Asturias gebürtig und einer naturistischen eher als einer naturalistischen Orientierung zugehörig, schwankt zwischen romantischen (*El señorito Octavio* 1881) und realistischen (*Marta y María* 1883) Getragenheiten und gibt mit *José* (1885), *Riverita* (1886) und *El cuarto poder* (1888) auch Beispiele des wohldokumentierten Reportageromans. *La aldea perdida* (1903) zeigt ihn auf dem Weg zum sentimental befrachteten Regionalismus. Demgegenüber bleibt Blasco Ibañez (1867-1928) zeitlebens einem mitunter trivialisierten Naturalismus-Konzept treu. "El suyo no es un naturalismo de la mente, sino de las emociones".[70] Seine Romane - *Arroz y tartana* (1894), *Flor de Mayo* (1895), *La barraca* (1898), *Cañas y barro* (1902), sowie die Flauberts *Salammbô* nachempfundene *Sonnica la cortesana* (1901) - leben aus der Beobachtung des Mittelmeers und der *huerta valenciana*.

Weitere Autoren aus dem Umkreis dieser Generation sind u.a. Juan Ochoa (1864-1899), der mit seinen kurzen Erzählungen (*Su amado discípulo* 1894; *Un alma de Dios* 1899) immer der Welt seiner asturischen Heimat verhaftet blieb, sowie José María Matheu y Aybar (1855- 1929), dessen Romane (u.a. *La casa y la calle* 1884; *Rataplán* 1890) aus der minuziösen Beobachtung Aragóns leben. José Ortega Munilla (1845-1922) hinterließ mit *Panza al trote* (1880) ein costumbristisch inspiriertes Vagabundenleben mit deutlichen Anklängen an die traditionelle *novela picaresca*. Jacinto Octavio Picón (1853-1924), der die als Dokumentation bis heute zitierfähigen *Apuntes para la historia de la caricatura* (1878) hinterließ, wurde u.a. mit *Lázaro* (1882) und *Tres mujeres* (1896) bekannt. Hier wie auch in *Juanita Tenorio* (1910) brachte er für seine Generation eher atypische erotische Unterschwelligkeiten ein. "Y no faltan plumas femeninas en este cuadro general: Sofía Casanova (1862-1958), Rosario de Acuña (1851-1923), Teresa Arróniz (1827-1890) y otras, eclipsadas por la Pardo Bazán" (Llopis/Ferrer 1977, S. 406).

4.6 Das Universum des Benito Pérez Galdós

Auf Gran Canaria als Sohn einer Familie baskischen Ursprungs geboren, kam Benito Pérez Galdós (1843-1920) früh nach Madrid. Diese Stadt wird seine Welt. Intellektuellen- und Künstlermilieus, Geldadel, Pressemafia, Schickeria, *Chulos*, kleine Ladenbesitzer, Obdachlose, Cafés, Kneipen und Vorstadtpensionen. Mit Balzac teilt er die Fähigkeit zur Analyse einer Gesellschaft im Umbruch, seine theoretischen Grundlagen definiert er früh in den *Observaciones sobre la novela contemporánea en España* (1870) und kommt 1897 bei seiner Antrittsrede in der

---

[70] Pattison, W.T., "Etapas del naturalismo en España", in: Zavala, Iris M. (Hg.), *Romanticismo y Realismo...*, S. 421-428; hier: S. 427-428.

Akademie - *La sociedad como materia novelable* - darauf zurück. Schon seine ersten Romane, *La Fontana de Oro* (1870) und *El audaz* (1871) zeigen das liberale Credo, das er lebenslang vertreten wird. Als Abgeordneter der Sagasta-Partei vertritt er seit 1886 einen Distrikt der Insel Puerto Rico in den Cortes, wozu ihm nach den damaligen Wahlgesetzen 17 Stimmen genügten. 1906 wird er, diesmal für die Republikaner und mit 42.919 Stimmen, Abgeordneter von Madrid.

Knapp die Hälfte des Romanwerks von Pérez Galdós besteht aus den sog. *Episodios nacionales*.[71] In fünf Serien und 46 Bänden erschienen, enthalten sie eine *historia novelada* des spanischen 19. Jahrhunderts. Die Titel *Trafalgar* und *Cánovas* markieren die zeitlichen Grenzen dieses gigantischen Panoramas. Die erste Serie (1873-1875) umfaßt die Zeit von 1805 bis 1814 und rankt sich um den pikaresken Protagonisten Gabriel Araceli, der im Verlauf der *Guerra de la Independencia* den Patriotismus und die Freiheit entdeckt. Der eigentliche Held ist hier das kollektiv handelnde Volk, das die Zukunft des Landes verbürgt. Die der Zeit von 1815 bis 1834 gewidmete 2. Serie (1875-1879) führt in die Restauration unter Ferdinand VII. und in die Kämpfe der von den Stiefbrüdern Salvador Monsalud und Gabriel Navarro verkörperten *liberales* und *serviles*. Die 3. Serie (1879-1900) behandelt die *guerras carlistas* (*Zumalacárregui*), die vierte (1902-1907) die Vorgeschichte der *Gloriosa* von 1868 (*Aita Tettauen*, *Prim*) und die fünfte (1907-1912) die Zeit der Republik (*España sin rey*) und der Restauration (*Cánovas*). Der Wille, die eigene Gegenwart und den lähmenden Dualismus der *dos Españas* durch historische Vertiefungen verständlich zu machen, verbindet die *Episodios* mit Stendhals *Chartreuse de Parme* und Dickens' *Barnaby Rudge*. Auch könnte man von einer auf Kollektivitäten bezogenen *Recherche du temps perdu* sprechen. Vor allem aber drängt sich der Vergleich mit Tolstoj auf, der ebenso wie Pérez Galdós zutiefst durch das Trauma der napoleonischen Kriege geprägt wurde. Für den Spanier ist Trafalgar (21.10.1805) der alles erklärende Ausgangspunkt, für den Autor von *Vojna y Mir* ist es der Tag von Austerlitz (2.12.1805). Beide Daten liegen gerade sechs Wochen auseinander.

Das in den übrigen Romanen von Pérez Galdós entfaltete Universum "repräsentiert ... fast 50 Jahre Geschichte des realistischen Romans, wobei alle Entwicklungen, Brüche und Neuansätze der Gattung ... vertreten sind" (Kreutzer 1982, S. 49). Gern wird eine frühe, vom ideologisch-politischen Dualismus geprägte Phase der Jahre 1870-1878 - *La Fontana de Oro* (1870), *Doña Perfecta* (1876), *Gloria* (1876/77), *La Familia de León Roch* (1878) - von der 'hochrealistischen' Phase der *novelas españolas contemporáneas* der Jahre 1881 (*La Desheredada*) bis 1897 (*Misericordia*) unterschieden, in der mit *Realidad* (1881) und *Nazarín* (1895) verstärkt auch naturalistische Züge sichtbar werden. In der letzten Phase reichert sich dieses Konzept durch das verstärkte Interesse an formalen Fragen an und führt über die Aufnahme von Dialogelementen (*El abuelo. Novela en cinco jornadas* 1897), sowie phantastischer (*El Caballero encantado.*

---

[71] Hierzu umfassend Hans Hinterhäuser, *Los episodios nacionales de Benito Pérez Galdós*, Madrid 1963.

Cuento real inverosímil 1905) und christlicher (*Santa Juana de Castilla* 1918) Themen, schließlich zu einer Orientierung des Autors auf das bislang vernachlässigte Theater (*Electra* 1901; *La razón de la sinrazón* 1915). Nach wie vor geht es um das Ideal einer auf Arbeit, Entwicklung, Toleranz, Fortschritt und Konsensfähigkeit beruhenden Gesellschaft, die angesichts der das zeitgenössische Spanien durchziehenden Antagonismen mehr als Zukunftsvision, denn als Realität angesehen werden muß.

Diese Antagonismen zeigen sich deutlich in *Doña Perfecta* (1876), wo die konservativ-theokratische und die liberal-technologische Bourgeoisie in den Gestalten der fanatischen, aber äußerlich untadeligen Doña Perfecta und des fortschrittsgläubigen Ingenieurs José Rey unversöhnlich aufeinandertreffen. *Gloria* (1876/77) behandelt das Problem glaubensverschiedener Ehen (Juden/Katholiken) und auch *La Familia de León Roch* (1878) lebt aus der Spannung von Vernunft und Intoleranz, die den individuellen Glücksanspruch der Protagonisten durchkreuzen. Dabei vermeidet der Autor jede Schwarz-Weiß-Malerei. Auch seine positiven Helden sind oft fanatisch und "begehen zumindest psychologische Fehler", während die negativen Gestalten durchaus "Momente der Betroffenheit" erleben (Kreutzer 1982, S. 51) und sich zudem in einer Welt durch Erziehung und Tradition konditionierter Evidenzen bewegen, die die Frage nach Schuld und Sühne nicht mehr eindeutig beantwortbar machen. In *Marianela* (1878) kann der Arzt Teodoro Golfín dem blinden Pablo zwar das Augenlicht wiedergeben, aber die Helden werden damit keineswegs 'sehend' im gesellschaftlichen Sinn. *La desheredada* (1981) beschreibt den vergeblichen Kampf der adlig geborenen Isidora Rufete um soziale Anerkennung.[72] *El amigo Manso* (1882) zeigt einen krausistischen Quijote "que crea la imagen de su Dulcinea moderna: intelectual, nada católica, 'nórdica', y se encuentra con una Aldonza ... a quien ... quiere más que a la otra".[73] In *Lo prohibido* (1884) stellt Pérez Galdós das mit naturalistischer Detailtreue recherchierte Problem der Erbkrankheiten und Neurosen, *La de Bringas* (1884) thematisiert die Mentalität einer Beamtengattin, die sich um die Aufrechterhaltung einer längst anachronistischen Fassade bemüht. In *La Tormenta* (1884) geht es um die unerlaubte Liebe eines Priesters zu einer jungen Frau. Der meistgelesene Roman von Pérez Galdós bleibt jedoch *Fortunata y Jacinta* mit dem Untertitel *Dos historias de casadas* (1886/87). Eingebettet in die konkrete Madrider Stadtgeographie um 1875[74] erzählt der Autor hier die Geschichte der mit dem Psychopaten Maximiliano Rubí verheirateten Fortunata, einer instinktiv handelnden Frau aus dem Volke, die dem Werben von Juanito Santa Cruz nachgibt, dessen Ehe mit der bürgerlich erzogenen Jacinta kinderlos geblieben ist. Fortunatas unehelicher Sohn versöhnt jenseits von Klassenschran-

---

[72] Hinterhäuser, H., "Benito Pérez Galdós: La desheredada", in: V. Roloff, H. Wentzlaff-Eggebert (Hg.), *Der spanische Roman*..., S. 231-246.

[73] Lida, D., "Amor y pedagogía en 'El amigo Manso'", in: Zavala, Iris M. (Hg.), *Romanticismo y Realismo*..., S. 502-507; hier: S. 507.

[74] Details bei Geoffroy Ribbans, *Pérez Galdós: 'Fortunata y Jacinta'*, London 1977, S. 26-27.

ken und überlebten Ehrbegriffen die Ehegatten und über das Grab hinaus auch die beiden Rivalinnen.

In *Miau* (1888) geht Pérez Galdós dem Schicksal älterer Beamter nach, die durch die Kündigung nicht nur ihren Lebensunterhalt, sondern - schlimmer noch - ihr Selbstwertgefühl verlieren. Der Zusammenbruch geglaubter Selbstverständlichkeiten verbindet *Miau* mit dem Torquemadazyklus: *Torquemada en la hoguera* (1889), *Torquemada en la cruz* (1893), *Torquemada en el purgatorio* (1894), *Torquemada y San Pedro* (1895). Der Realitätsbegriff von Pérez Galdós spiritualisiert sich spätestens mit *Angel Guerra* (1890/91) und der durch Buñuels Verfilmung weltberühmt gemachten *Tristana* (1892). Hier ezählt er die Geschichte eines "don Juan desdonjuanizado" (Baquero Goyanes 1958, S. 111), für den die Eroberung der Frau ein Spiel ohne jeden erotischen Sinn geworden ist. Und auch sein körperbehindertes Mündel kann seine Liebe zu dem Maler Horacio nur als Selbsttäuschung erleben. Schließlich ist *Misericordia* (1897) nicht nur "la obra de la literatura española posiblemente más cargada de diminutivos" (Baquero Goyanes 1958, S. 112), sondern zugleich ein "desgarrado panorama de los barrios bajos madrileños" (Llopis/Ferrer 1977, S. 405), in die die Dienstmagd Benina hinabtaucht, um durch ihre Bettelei ihre ruinierte Herrschaft am Leben zu halten.

5. Übergänge: Strömungen und Gegenströmungen vor 1900

5.1 Paradigmenwechsel

In den Jahren vor 1900 erlebt die spanische Literatur einen Umbruch, der - wie in den westeuropäischen Nachbarliteraturen - mit einem deutlichen Wiederaufleben subjektivistischer und idealistischer Paradigmen einhergeht und sich durchaus als ein Rückgriff auf romantische Ansätze interpretieren läßt. Die Stichwörter Ästhetizismus, Exotismus und Ichkult umschreiben diese Entwicklung ebenso wie die neuerliche Suche nach den Quellen kollektiver und individueller Energien, von der die spanischen Autoren sich nicht ausschließen. Der archaisierende Ästhetizismus des frühen Valle-Inclán (*Femeninas* 1895; *Epitalamio* 1897; *Jardín umbrío* 1903; *Sonatas* 1902-1905), der Schönheitskult des jungen Jiménez (*Arias tristes* 1903; *Jardines lejanos* 1904) und die zögernden Orientierungen Unamunos in den Jahren vor 1900 (*Paz en la guerra* 1897; *La vida es sueño* 1898) erscheinen als die spanischen Varianten des westeuropäischen Dekadentismus, der die positivistischen Sicherheiten des 19. Jahrhunderts mit ihrem Glauben an die Berechenbarkeit der Welt - bis hin zum Determinismus - deutlich verunsichert. Ein neuer Kunst- und Literaturgeschmack orientiert sich auf das Unerhörte, Paradoxe und Unberechenbare einer problematischen Wirklichkeit, die sich eher in Symbolen als mit den Mitteln positivistischer Dokumentation einfangen läßt. Nietzsche und Schopenhauer, Baudelaires *correspondances*, Wagners *Gesamtkunstwerk*, Balzacs *recherche de l'Absolu*, Huysmans, Ibsen und die Präraffaeliten inspirieren diese neue Ästhetik, die gedankliches Experiment und Sprachalchimie in den Vordergrund stellt bis hin zu Texten, in denen das Ringen um Plastizität, Klangeffekte und Farbgebung zum Selbstzweck wird. "Fu insomma una vera rivolta contro il naturalismo, il realismo, il positivismo dei padri", eine Revolte zudem, die von der Lyrik ausgehend schnell die Bühne und den Roman erreicht. Und: "Per la prima volta infatti anche in Spagna il nuovo gusto e la nuova poetica si diffusero quasi contemporáneamente rispetto alle altre letterature" (Di Pinto/Rossi 1974, S. 349).

Diese 'dekadentistische' Umorientierung, die sich nach 1868 andeutet und im Umfeld des Jahres 1898 bestimmend wird, konnte sich in der Folgezeit leicht mit dem aus Lateinamerika nach Spanien übergreifenden *modernismo*[75] vereinigen, der dann auch das generell akzeptierte literarhistorische Etikett lieferte. Das ist angesichts des übergewichtigen Beitrags des in Nikaragua gebürtigen Rubén Darío (1867-1916) nicht unberechtigt, darf aber den Blick auf die innerspanischen Bedingungen, die dieser Bewegung entgegenkamen, nicht verstellen. Als Rubén Daríos *Azul* 1888 mit einem begeisterten Vorwort von Juan Valera erschien und mehr noch nach *Prosas profanas* (1896) war Spanien für diese Art von Literatur dank Ricardo Gil (1855-1908; *La caja de música, Tristitia rerum*), Manuel Reina y Montilla (1856-1905; *El jardín de los poetas*) und vor allem Salvador Rueda (1857-1933; *Piedras preciosas* 1900; *En Tropel* 1892, Vorwort: Rubén Darío) gut vorbereitet (Shaw, 1986, S. 178-185). Auch gab es kurz vor 1900 in Madrid und Barcelona bereits eine in der antibourgeoisen Attitüde der *modernistas* sich gefallende *bohème* nach Pariser Vorbild, die die neuen Ideen in einer ganzen Serie ephemerer Zeitschriften - *Vida nueva, Revista nueva, Juventud, Arte joven* u.a. - eifrig diskutierte. Die Zeitschrift *Luz* (1897) zählt Santiago Rusiñol und Eduardo Marquina zu ihren Mitarbeitern, im von Juan Ramón Jiménez herausgegebenen *Helios* (1903) schreiben Martínez Sierra und Pérez de Ayala. Anläßlich der *fiestas modernistas* im catalanischen Sitges kamen u.a. Maeterlinck, Wagner und César Franck zur Aufführung. In diesem *ambiente* lebte von 1896 bis 1905 auch der junge Picasso, bevor er nach Paris ging und mit *Les Demoiselles d'Avignon* (1906) den Weg zum Kubismus eröffnete. Manuel (1874-1947) und Antonio Machado (1875-1939), Francisco Villaespesa (1877-1936), aber auch Valle-Inclán und Marquina werden sich später dieser Vorarbeiten erinnern und sich ebenso wie der junge Jiménez mit jeweils charakteristischen Nuancen als *modernistas* bekennen.

5.2 Angel Ganivet als Wegbereiter

Der Autor, der den genannten Paradigmenwechsel bereits im Kontext des 19. Jahrhunderts ankündigt und somit zum anerkannten Vorläufer der Entwicklung wurde, die nach dem *desastre* von 1898 eine ganze Generation ergriff, ist der in Granada gebürtige Angel Ganivet (1865-1898). Er studierte Jura und Philosophie in seiner Heimatstadt, rivalisierte erfolglos mit Unamuno um einen Lehrstuhl und trat darauf in den diplomatischen Dienst, der ihn über Antwerpen und Hel-

---
[75] Zum Modernismus vgl. hier: K. Dirscherl, Die Lyrik im 20. Jahrhundert, Kapitel 1., S. 343ff.

sinki nach Riga führte. Dort stürzte er sich 33jährig und in der Erkenntnis, daß seine Liebe zu Amelia Roldán ohne Zukunft war, in die Dwina. Dieser Lebenslauf erinnert von fern an Larra, mit dem Ganivet u.a. die grundsätzliche Skepsis, die Entzauberung angesichts einer als unerträglich erkannten Wirklichkeit und die schließliche Entscheidung für den Freitod aus Liebeskummer teilt. Freilich hat Ganivet *Fígaro* die jahrelange Erfahrung Mittel- und Nordeuropas voraus.

Sieht man von dem *Epistolario* der Jahre 1893-1895 ab, das Ganivet als Beobachter der im vollen Aufschwung befindlichen Handelsmetropole Antwerpen - Georges Eekhouds *Nouvelle Carthage* (1888) - zeigt, in der die Gefahren und die Kreativität des siegreichen Kapitalismus überdeutlich wurden, so konzentriert sich sein gesamtes Werk auf die letzten Jahre vor seinem Freitod. In *Hombres del Norte* und *Cartas finlandesas* (1897/98) lenkt er die Aufmerksamkeit seiner Landsleute auf die nordischen Länder, insbesondere auf den Naturalismus Ibsens und Björnsons. In *Granada la Bella* (1896) zeichnet er ein Bild der idealen Stadt, in der die Industriezivilisation - etwa beim Eisenbahnbau - in ein Gleichgewicht mit den Traditionen und der kulturellen Persönlichkeit der jeweiligen Region gebracht werden muß.[76] Auf dem Theater versucht er sich mit *El escultor de su alma* (1897), einem symbolistischen Drama, das deutlich den Einfluß Maeterlincks verrät.

Ganivets erster Roman - *La conquista del reino de Maya por el último conquistador Pío Cid* (1897) - zeigt einen Titelhelden, der als Handelsvertreter nach Schwarzafrika kommt und dort Häuptling eines 'primitiven' Stammes wird, den er durch die Einführung moderner Segnungen (Medizin, Infrastruktur, Geldwirtschaft, Schulwesen, Gesetzgebung, Sprachunterricht) in die Gegenwart zu führen gedenkt. Dabei begreift er, daß sein eigenes Fortschrittsmodell nicht ohne Weiteres auf die afrikanische Stammeswirklichkeit übertragbar ist. Für die Zeitgenossen lag der Bezug dieses Romans auf Spanien offen zutage: die *Conquista del reino de Maya* sollte ursprünglich den Titel *Cánovas sive de restauratione* tragen. In *Los trabajos del infatigable creador Pío Cid* (1898) versetzt Ganivet seinen Helden dann nach Madrid, das als ein Zentrum des Niedergangs und der Verwahrlosung gezeichnet wird. Pío Cid wird zum einsamen Prediger in dieser Wüste und übernimmt damit eine Rolle, die später auch Unamuno und Baroja ihren oft auf verlorenem Posten stehenden intellektuellen Helden zuweisen werden.

Das bekannteste und zugleich wirksamste Werk von Angel Ganivet ist das *Idearium español* (1897). Ortegas *España invertebrada* vergleichbar, enthält es eine zum Teil aggressiv formulierte Spanienideologie, die den Weg aus der eingebildeten oder echten Krise des Landes weisen soll. Nach Ganivet steht am Anfang der spanischen Geschichte der von Seneca geprägte Stoizismus:

---

[76] Ganivet, A., *Granada la bella*, Madrid ²1920, S. 37: "A veces, una compañía de ferrocarriles crea, a modo de estaciones, núcleos de población, que en unos cuantos años, como Chicago o Minneapolis, son capitales de un millón o medio de almas. Más bien que capitales son aglomeraciones de 'buildings', o estaciones de ferrocarril prolongadas en todos sentidos".

"No te dejes vencer por nada extraño a tu espíritu; piensa, en medio de los accidentes de la vida, que tienes dentro de tí una fuerza madre, algo fuerte e indestructible, como un eje diamantino, alrededor del cual giran los hechos mezquinos que forman la trama del diario vivir; y sean cuales fueren los sucesos que sobre tí caigan, sean de los que llamamos prósperos, o de los que llamamos adversos, o de los que parecen envilecernos con su contacto, mantente de tal modo firme y erguido, que la menos se pueda decir siempre de tí que eres un hombre. - Esto es español".[77]

Diese Rückbesinnung auf die 'inneren' Werte machte das *Idearium* zum gern konsultierten Referenzwerk der folgenden Reformergeneration. Es mußte seine größte Wirksamkeit in dem Augenblick entfalten, in dem Spanien durch den Verlust seiner letzten Kolonien auf das europäische Mutterland zurückgeworfen wurde. Interessant ist das im *Idearium* entwickelte Geschichtsbild. Das Westgotenreich - bei Ortega Ausgangspunkt vieler Fehlentwicklungen - ist nach Ganivet nur insofern wichtig, als es die Entstehung der kirchlichen Machtposition begünstigte. Dem maurischen Einfluß verdanken die Spanier ihre Neigung zur Mystik und die Bewunderung des Tatmenschen. Wenn Inselstaaten wie England von Natur aus zu aggressiver Politik neigen, während kontinentale Staaten eher auf die Abwehr auswärtiger Nostalgien eingestellt sind, dann verbinden sich auf einer Halbinsel wie der iberischen diese beiden Grunddispositionen in der zähen Behauptung der Unabhängigkeit. Napoleon I. - auf einer Insel gebürtig, aber an die politische und militärische Leistungsfähigkeit eines Kontinentalvolkes gebunden - scheiterte an diesem inneren Widerspruch und daran, daß er Spaniens peninsularen Charakter nicht richtig einschätzte. Kastiliens führende Stellung ist eine Folge der *reconquista*. Die Spanier selbst sind streitsüchtig, aber nicht militaristisch, ihre Rechtsprechung ist grausam, kennt aber eine umfassende Gnadenpraxis. Der spanische Künstler ist genial und unwissend, es fällt ihm schwer, im rechten Augenblick innezuhalten. Mit den anderen europäischen Nationen teilt Spanien die Wurzeln der griechischen Zivilisation, des römischen Rechts und des Christentums. Die spanische Politik war selten aggressiv, sie richtete sich auf die Rückeroberung des Landes, wodurch sie einen wesentlich mediterranen Aspekt gewann. Nach 1492 griff diese Dynamik über den Atlantik hinaus. Ausländische Dynastien, Habsburger und Bourbonen, zwangen Spanien in eine imperialistische Politik hinein, die für Europa gefährlich und für Spanien katastrophal war. Für die Zukunft ergibt sich aus dieser Geschichtsanalyse, daß Spanien im Mittelmeer Zurückhaltung üben und sich in Lateinamerika auf eine geistige mehr denn politische Präsenz konzentrieren muß. Die afrikanische Mission des Landes ist zu überdenken. Das Verhältnis zu Portugal muß im Sinne eines iberischen Bewußtseins verbessert werden. Die Spanier sollen im übrigen weniger Außenpolitik und mehr - gute - Innenpolitik machen und die Ressourcen ihres Landes entwickeln: eine Empfehlung, die mit deutlich antikapitalistischen und romantisch-nationalistischen Tönen einhergeht. Spaniens Krankheit ist die *abulía*, die Willensschwäche, die - gepaart mit einem

---

[77] Ganivet, A., *Idearium español. El porvenir de España*, Madrid [10]1977 (Col.Austral 139), S. 10.

eingeredeten Minderwertigkeitskomplex - dazu führt, daß man die rettenden Ideen immer vom Ausland erwartet.

Dieses - hier nur angedeutete - Denksystem setzt einen ideologischen Rahmen, in dem viele Vertreter der folgenden Reformergeneration - Unamuno, Maeztu, Azorín - ihre eigenen Wünsche und Hoffnungen wiedererkannten. Für sie wurde Angel Ganivet der anerkannte Vorläufer im 19. Jahrhundert.

5.3 Der junge Unamuno

Miguel de Unamuno y Jugo (1864-1936) "fue escritor fecundo, removedor de ideas, magnífico profesor y conferenciante, y hombre universal que lo mismo abarcaba la poesía, el teatro y la novela como la filosofía y el ensayo" (Llopis-Ferrer 1977, S. 418). In der hier interessierenden Zeit vor 1900 zeigt er ähnliche Besorgnisse und Lösungsvorschläge wie Angel Ganivet. 1894 trat er der PSOE bei und wurde ein regelmäßiger aber unabhängiger Mitarbeiter an *La lucha de clases* und *El socialista*. Die Essay-Sammlung *En torno al casticismo* (1894) enthält so bekannte Artikel wie z.B. *La dignidad humana*, *La crisis del patriotismo* und *La regeneración del teatro español*. Es sind auch die Jahre, in denen Unamuno eine Wirtschaftsgeschichte seiner Heimatstadt Bilbao plante.

Der Roman *Paz en la guerra* (1897) ist das Ergebnis eines langen Reifeprozesses und umfangreicher Quellenstudien zum letzten Karlistenkrieg in Bilbao. Insofern, als es sich hier um die literarische Bewältigung erlebter Vorgänge der unmittelbaren Vergangenheit handelt, steht dieser Roman durchaus in dem von Galdós vorgegebenen Rahmen der *Episodios nacionales*. Die Handlung rankt sich um zwei junge Leute, den religiös erzogenen Ignacio, der als Anhänger der Karlisten im Kampf fällt, und den liberalen Intellektuellen Pachico, der schließlich die ihm auferlegte Wahl zwischen Krieg und Frieden meditiert. *Paz* würde die Anerkennung der bestehenden Verhältnisse bedeuten, *guerra* hingegen die Fortsetzung des Kampfes und des Engagements.

In der Tat ist das Jahr 1897 für Unamuno durch eine schwere persönliche Bewußtseinskrise gekennzeichnet, die er mit Hilfe seiner Frau Concha überwandt und die ihn später zur Lektüre Kierkegaards und zur Entwicklung der frühexistentialistischen Philosophie des tragischen Lebensgefühls - *El sentimiento trágico de la vida en los hombres y en los pueblos* (1913) - führen wird. Diese Krise, die mit Alpträumen und Wahnzuständen einherging, bedingte auch eine verstärkte Calderón-Lektüre und die Abfassung von *La vida es sueño* (1898). Diese Linie wird zu den *Tres ensayos* von 1900 mit den bezeichnenden Titeln *¡Adentro!*, *La ideocracia* und *La Fe* führen. In *Sobre la europeización* (1906) kommt Unamuno zu der Konsequenz, daß Spaniens eigentliche 'Weisheit' (*sabiduría*) im Wissen um den Tod bestehe, womit es sich grundsätzlich von seinen europäischen Nachbarn unterscheide, deren Wesen gerade im berechnenden Einsatz ihrer Kräfte, in der technologischen Kreativität, in der industriellen und sozialen Effektivität, in der *ciencia de la vida* also, bestehe. Die hier sich andeutenden Widersprüchlichkeiten werden Unamunos Denken lebenslang bestimmen.

5.4 Das Trauma von 1898

Mit den Ereignissen des Jahres 1898 "se cierra un paréntesis abierto cuatro siglos antes por las carabelas colombinas" (Llopis/Ferrer 1977, S. 413). Der Verlust des noch verbliebenen Kolonialreichs in Übersee wirft Spanien auf die Dimensionen eines europäischen Landes zurück und zwingt es zur Besinnung auf seine internen Möglichkeiten und Grenzen. Die weltweite Berufung wird zum Mythos, allenfalls ein geistiger Anspruch, ein Ressort der auswärtigen Kulturpolitik, das machtpolitisch nicht mehr abzusichern ist. Unter geopolitischem Gesichtspunkt war die Emanzipation der Kolonien nur eine Frage der Zeit. Die Spanier machen hier als erste Europäer eine Erfahrung, die im Verlauf des 20. Jahrhunderts auch den übrigen Kolonialvölkern nicht erspart blieb. Für Spanien ist das Jahr 1898 zudem mit der Erinnerung an den ersten Krieg zwischen einem europäischen Land und den Vereinigten Staaten von Amerika verbunden. Auch diese Erfahrung wird sich im Laufe des 20. Jahrhunderts für andere Europäer wiederholen.

Die folgenden Generationen werden sich die Analyse der Vorgänge und die Festlegung der zu ziehenden Konsequenzen zur Aufgabe machen. Dabei werden äußerst kritische Töne nicht nur über die Unfähigkeit der spanischen Regierungen geäußert. Die Tatsache, daß Tausende von Madrileños zur *corrida* gingen, während die spanische Flotte vor Cuba versank, war für viele Kritiker - darunter Francisco Fernández Villegas (1857-1916) - geradezu ein Symptom für Entpolitisierung, Desinteresse und Frivolität eines ganzen Volkes. Man inszeniert die 'Tragödie', ohne wirklich eine 'Katharsis' daraus ableiten zu können oder zu wollen. Am 16. August 1898 erschien in *El Tiempo* ein Artikel von Francisco Silvela[78] mit dem Titel *Sin pulso*, in dem Besorgnisse, Erfahrungen und Hoffnungen des Jahres 1898 klar und deutlich definiert werden. Er erspart uns lange Schlußfolgerungen:

> "Hay que dejar la mentira y desposarse con la verdad; hay que abandonar las vanidades y sujetarse a la realidad, reconstruyendo todos los organismos de la vida nacional sobre los cimientos modestos pero firmes, que nuestros medios nos consientan, no sobre las formas huecas de un convencionalismo que, como a nadie engaña, a todos desalienta y burla. No hay que fingir arsenales y astilleros donde sólo hay edificios y plantillas de personal que nada guardan y nada construyen; no hay que suponer escuadras que no maniobran ni disparan, ni citar como ejércitos las meras agregaciones de mozos sorteados, ni empeñarse en conservar más de lo que podamos administrar sin ficciones desastrosas, ni prodigar recompensas para que se deduzcan de ellas heroísmos, y hay que levantar a toda costa y sin pararse en amarguras y sacrificios de parciales disgustos y rebeldías, el concepto moral de los Gobiernos centrales, porque si esa dignificación no se logra, la descomposición del cuerpo nacional es segura".

Genau an dieser Stelle wird die folgende Reformergeneration anzusetzen versuchen.

---

[78] Der Artikel ist ungezeichnet. Zur Autorschaft Silvelas: González Ruiz, Nicolás, "Periodismo y literatura...", S. 181-182.

Bibliographie

Artola, Miguel, *La burguesía revolucionaria (1808-1874)*, Madrid ^{9}1983.

Atti del IV congresso sul Romanticismo Spagnolo e Ispanoamericano (Bordighera, 9/11 aprile 1987), Genova 1988 (= Testi universitari/ Bibliografie 6).

Baquero Goyanes, Mariano, "La novela española en la segunda mitad del siglo XIX", in: *Historia general...*, Bd. V (1958), S. 53-143.

Busquets, Julio, *Pronunciamientos y golpes de Estado en España*, Barcelona 1982.

Campos, Jorge, "El movimiento romántico, la poesía y la novela", in: *Historia general...*, Bd. IV (1958), S. 153-239.

Díaz-Plaja, Guillermo, *Introducción al estudio del romanticismo español*, Madrid ^{4}1972 (= Col. Austral 1147).

Diez Borque, José María (Hg.), *Historia de la literatura española*, Bd. III: Siglos XIX y XX, Madrid ^{2}1975.

Di Pinto, Mario, Rossi, Rosa, *La letteratura spagnola dal settecento a oggi*, Milano 1974.

Felten, Hans, Lope, Hans-Joachim, "Die spanische Literatur", in: N. Altenhofer (Hg.), *NHLW*, Romantik III, Wiesbaden 1985, S. 343-359.

Ferreras, J.I., *El triunfo del liberalismo y la novela histórica, 1830-1870*, Madrid 1971.

García López, José, *Historia de la literatura española*, Barcelona ^{9}1965.

González Ruiz, Nicolás, "Periodismo y literatura periodística en el siglo XIX", in: *Historia general...*, Bd. V (1958), S. 145-183.

Historia general de las literaturas hispánicas, G. Díaz-Plaja (Hg.), introducción de R. Menéndez Pidal, Barcelona 1958, Bd. IV (siglos XVIII y XIX), Bd. V (Post-romanticismo y Modernismo).

Kreutzer, Winfried, *Grundzüge der spanischen Literatur des 19. und 20. Jahrhunderts*, Darmstadt 1982 (= Grundzüge 47).

Krömer, Wolfram, *Zur Weltanschauung, Ästhetik und Poetik des Neoklassizismus und der Romantik in Spanien*, Münster 1968 (= SFGG I, Bd. 1).

Lissorgues, Yvan (Hg.), *Realismo y naturalismo en España en la segunda mitad del siglo XIX*, Toulouse, Barcelona 1988.

López Jiménez, Luis, *El naturalismo y España. Valera frente a Zola*, Madrid 1977.

Llopis, J. José, Ferrer, Miquel, *España. Literaturas castellana, catalana, gallega y vascuence*, Madrid, Barcelona, México 1977.

Metzeltin, Michael, "De achttiende en de negentiende eeuw", in: J.L. Alonso Hernández, H.L.M. Hermans, M. Metzeltin, H.Th. Oostendorp (Hg.), *Spaanse letterkunde*, Utrecht, Antwerpen 1981, S. 243-334.

Navas-Ruiz, Ricardo (Hg.), *El romanticismo español. Documentos*, Salamanca 1971.

Peers, E. Allison, *Historia del movimiento romántico español*, (2 Bde.) vers. esp. J.M. Gimeno, (2 Bde.), Madrid ^{2}1967 (= BRH 4).

Roloff, Volker, Wentzlaff-Eggebert, Harald (Hg.), *Der spanische Roman vom Mittelalter bis zur Gegenwart*, Düsseldorf 1986.

Roloff, Volker, Wentzlaff-Eggebert, Harald (Hg.), *Das spanische Theater vom Mittelalter bis zur Gegenwart*, Düsseldorf 1988.

Shaw, Donald L., "El siglo XVIII", in: *Historia de la literatura española*, trad. esp. H. Calsamiglia, Barcelona ^{9}1986.

Vicens Vives, Jaime, *Geschichte Spaniens*, dt. v. G. Dietrich, Stuttgart, Berlin, Köln, Mainz 1969.

Zavala, Iris M., *Ideología y política en la novela española del siglo XIX*, Salamanca 1971.

Zavala, Iris M. (Hg.), *Romanticismo y Realismo. (= Historia y crítica de la literatura española*, al cuidado de Francisco Rico, Bd. V), Barcelona 1982.

Manfred Lentzen

Der Roman im 20. Jahrhundert

1. Geschichtlicher Überblick

Der spanisch-amerikanische Krieg von 1898, der mit dem Verlust der letzten Reste des einst riesigen Kolonialreiches endet, bedeutet eine tiefe Zäsur in der neueren Geschichte des Landes. Spanien besinnt sich auf sich selbst zurück und versucht, einen neuen politischen und kulturellen Standpunkt zu finden. Mauras Sturz im Jahre 1909 und die Ermordung von Canalejas 1912 signalisieren das nahende Ende der Restaurationsepoche. Die wirtschaftlichen und sozialen Verhältnisse und die ungelösten Regionalprobleme (bes. die katalanische Frage) führen zu ständigen Unruhen, die sowohl von sozialistischen und anarchistischen wie auch von extrem rechten Kräften ausgenutzt und geschürt werden. 1909 kommt es zu einem blutigen Aufstand in Barcelona und 1917 zu einem Generalstreik. Der 1. Weltkrieg, in dem Spanien neutral bleibt, bringt für einige Wirtschaftszweige eine leichte Erholung, die aber nicht von Dauer ist. 1923 errichtet Primo de Rivera im Einverständnis mit Alfons XIII. eine Militärdiktatur, die das endgültige Ende der Restauration bedeutet. Sein Regime versucht vor allem, die sozialen Probleme und die Regionalkonflikte zu entschärfen, wobei selbst die Zusammenarbeit mit den Sozialisten in Erwägung gezogen wird. Trotz anfänglicher Erfolge kann Primo de Rivera indes - insbesondere auch bedingt durch die Auswirkungen der Weltwirtschaftskrise - die wachsende Gegnerschaft im Volk nicht überwinden; er scheitert und muß Anfang 1930 zurücktreten. Nach einem Wahlerfolg der Linksparteien dankt Alfons XIII. am 14. April 1931 ab und geht ins Ausland; die 2. Republik wird ausgerufen. Die Phase bis 1936 ist gekennzeichnet durch innenpolitische Kämpfe zwischen den rivalisierenden linken und rechten politischen Kräften; eine extreme Radikalisierung greift um sich, die eine vernünftige Lösung der anstehenden Probleme, vor allem eine von allen getragene Agrarreform, vereitelt. Die Wahlen von 1933 bringen den Rechtsparteien Gewinne, die vom 16.2.1936 führen zum Sieg der "Volksfront". Bereits 1933 gründet José Antonio Primo de Rivera die Falange als rechtsradikale Partei. Unter anderem ist es die chaotische politische und wirtschaftliche Situation im Land, die am 18. Juli 1936 zum Aufstand eines Teils des Heeres führt, wodurch der Bürgerkrieg ausgelöst wird; die Ermordung des Monarchistenführers Calvo Sotelo am 13. Juli 1936 ist lediglich der äußere Anlaß der "nationalen Erhebung". Der Bürgerkrieg, der auf beiden Seiten mit unvorstellbarer Grausamkeit geführt wird, mehr als 800.000 Menschen das Leben kostet und eineinhalb Millionen Verwundete sowie ein weitgehend zerstörtes Land zurückläßt, endet Ende März 1939 mit dem Sieg der Franco-Heere. Das erste Jahrzehnt der Nachkriegsära des Caudillo ist durch politische Repression, Terror und Polizeistaatmethoden gekennzeichnet. Im 2. Weltkrieg verhält sich Spanien trotz anfänglicher Sympathie für die Achsenmächte neutral. Innerhalb der Staatengemeinschaft bleibt das

Land nach 1945 anfangs geächtet und isoliert, was zu einer schwierigen wirtschaftlichen Situation führt. Erst in den fünfziger Jahren gelingt die Aufnahme in internationale Organisationen und Institutionen, so 1955 in die Vereinten Nationen und 1959 in die OECD. Die wirtschaftliche Lage erholt sich nicht zuletzt aufgrund der Regierung von "Technokraten"; eine allmähliche Öffnung zur westlichen Welt vollzieht sich. Die strengen Zensurgesetze werden bereits 1966 durch eine sogenannte "freiwillige Konsultation" ersetzt. Nach dem Tod Francos am 20. November 1975 wird ein Demokratisierungsprozeß in Gang gesetzt, der zu einer parlamentarischen Demokratie im Rahmen einer konstitutionellen Monarchie (mit Juan Carlos als König) führt. Am 6. Dezember 1978 wird eine neue Verfassung durch Referendum angenommen. Durch eine Verwaltungsneuordnung erhalten die alten historischen Provinzen Autonomierechte ("comunidades autónomas"). Im Jahre 1986 wird Spanien in die Europäische Gemeinschaft aufgenommen, wodurch das Land endgültig in die westliche Staatengemeinschaft integriert wird.

2. Der Roman im 20. Jahrhundert

Als weitaus komplexer und vielfältiger als im 19. Jahrhundert erweist sich die literarische Entwicklung des 20. Jahrhunderts. Dies trifft auch für den Roman zu. Die großen und in ihren Konsequenzen weitreichenden politischen und sozialen Umwälzungen und Veränderungen der Zeit haben ihren Niederschlag in allen literarischen Genera gefunden. Die Niederlage von 1898, die Diktatur Primo de Riveras, die 2. Republik, der Bürgerkrieg, die lange Franco-Ära und schließlich die Demokratisierung Spaniens sind die markantesten Ereignisse, die sich besonders auch im Roman widerspiegeln und ihm z.T. in thematischer wie formaler Hinsicht neue Wege gewiesen haben. Oft werden dabei die historischen Geschehnisse und ihre Folgen in einer Weise verarbeitet, daß Perspektiven für die Zukunft entwickelt werden.

3. Die Generation von 1898

Der Beginn des Jahrhunderts steht unter dem Eindruck der Ereignisse von 1898, die die letzten Reste des einst riesigen spanischen Weltreichs zerschlagen und eine Ära einleiten, in der sich das Land auf sich selbst zurückbesinnt und einen neuen Standort sucht. Ohne über die Zugehörigkeit zur sogenannten Generation von 1898 groß streiten zu wollen[1] und ohne darüber zu diskutieren, ob ihr ideologischer Kern nicht schon von Joaquín Costa, Macías Picavea und Lucas Mallada vorbereitet wird und die 98er nicht etwa innerhalb des Modernismus anzusiedeln sind, hat man als die bedeutendsten Romanciers, die den Geist der

---

[1] Zur Generation von 1898 gibt es eine umfangreiche Literatur; vgl. bes. Luis Sánchez Granjel, *La generación literaria del 98*, Salamanca 1966; zuletzt Martin Franzbach, *Die Hinwendung Spaniens zu Europa. Die generación del 98*, Darmstadt 1988; vgl. auch hier: W. Floeck, Drama: 20. Jahrhundert, Kapitel 2., S. 371f.

Generation widerspiegeln, vor allem Unamuno, Baroja, Azorín und Valle-Inclán anzusehen. In einem vom Dezember 1901 stammenden Manifest von Baroja, Azorín und Maeztu werden die Ziele der neuen Gruppe hervorgehoben. Unter anderem will man "poner al descubierto las miserias de la gente del campo, las dificultades y tristezas de millares de hambrientos, los horrores de la prostitución y del alcoholismo".[2] Die Ursachen der Krise sollen aufgedeckt und Möglichkeiten der Umwandlung aufgezeigt werden. Dabei schlagen die einzelnen Romanautoren die verschiedenartigsten Wege ein. Miguel de Unamuno fühlt vielleicht wie kein anderer die "unidad de España" und sucht sie in einer Reihe fiktiver Gestalten zu fassen. In seinem berühmten Roman *Niebla* (1914) werden die Wechselfälle von Augusto Pérez dargestellt, der in seiner äußersten Not sogar seinen Schöpfer, nämlich Unamuno selber, aufsucht; wie eine Marionette ist er - wie auch die übrigen Gestalten - vom Autor abhängig. Dieser manipuliert als selbständiger Lenker, als "creador" und "Dios", seine Figuren und degradiert sie zu "entes de ficción". Der Roman intendiert mit seinen schon als experimentell-avantgardistisch zu bezeichnenden Techniken vor allem eine Kritik an den traditionellen realistisch-naturalistischen Beschreibungsmechanismen; in diesem Sinne charakteristisch ist bereits die Gattungsbezeichnung "nivola", die im Gegensatz zu "novela" steht und das Werk gleichsam zu einem Anti-Roman erklärt. Auf der inhaltlichen Ebene überlagern und vermischen sich Realität und Phantasie, wodurch die komplexe Situation der Zeit, die durch Trauer um die verlorene Größe und Konfrontation mit der bitteren Wirklichkeit charakterisiert ist, wiedergegeben wird. In dem Roman *Abel Sánchez* (1917) wird der Neid als Ferment der spanischen Gesellschaft zum zentralen Thema erhoben. In paralleler Darstellung werden das Leben von Abel Sánchez und das von Joaquín Monegro aufgerollt; Abel ist der vom Schicksal Verwöhnte, der nur Triumphe feiert, Joaquín derjenige, der zwar fleißig und arbeitsam ist, aber immer im Schatten steht und eine Enttäuschung nach der anderen zu erdulden hat. Die Folge ist, daß die "envidia" ihn erfaßt, ihn entstellt und ihn schließlich zerfrißt. Unamuno kommt es in seinen Werken in erster Linie darauf an, die "realidad íntima" der Personen und Dinge zu enthüllen; er löst sich von den äußeren Gegebenheiten, um zum Essentiellen der menschlichen Existenz vorzustoßen; das, was sich hinter den "hechos exteriores" verbirgt, die "intra-historia", ist für ihn das Entscheidende.

Der größte Romancier der Generation von 1898 ist zweifellos Pío Baroja, der anfangs als Landarzt tätig war und dann für einige Zeit die Bäckerei einer Tante in Madrid übernahm. Zeit seines Lebens hat er geschrieben und mehr als sechzig Romane verfaßt. Die große spanische Erzähltradition eines Cervantes und Galdós wird von ihm würdig fortgesetzt. Im Gegensatz zu Unamuno kommt es ihm weniger auf die Erörterung philosophischer und ideologischer Probleme an als darauf, ein Panorama der sozialen Realität Spaniens zu entwerfen, einer Wirklichkeit, die durch Armut, Elend, Pessimismus, Materialismus und

---

[2] Vgl. Sánchez Granjel, Luis, *La generación literaria...*, S. 209.

Grausamkeit bestimmt wird. Hat man ihm auch zuweilen seine grobe und teilweise unkorrekte Sprache zum Vorwurf gemacht, so hat man gleichwohl nicht aus dem Auge zu verlieren, daß sie gerade Ausdruck der Spontaneität und Vitalität seines Stils ist und seinem Diskurs ein nahezu natürliches Dahinfließen ermöglicht. Was Barojas ästhetische Prinzipien angeht, so ist der Roman für ihn grundsätzlich ein offenes Genre, das keine vollständig entwickelte Intrige zu haben braucht. Oft mischen sich die Techniken der "novela de episodio" und der "novela de personaje", so daß ein Typus entsteht, den man als "novela espacial" bezeichnen könnte. Dies zeigt sich besonders schön an *El árbol de la ciencia* (1911): Andrés Hurtado ist der Held des Romans ("personaje"), dessen Ideen entfaltet werden und der dem Leser in seiner familiären und sentimentalen Geschichte vorgeführt wird ("episodio"), der zugleich aber auch eine Vielzahl von Räumen ("espacio") durchschreitet und ein umfassendes Itinerarium vollzieht, indem z.B. sein Leben als Student oder seine Erfahrungen auf dem Lande und in Madrid geschildert werden. Die Verbindung von Bericht und Dialog verleiht dem Werk eine nahezu dramatische Struktur. Generell kommt es Baroja darauf an, ein Panorama von Meinungen zu entwickeln, eine Auffassung der anderen gegenüberzustellen, ohne sich auf die eine oder andere festzulegen. Stets läßt er die Dinge, Ideen, Ereignisse und Episoden im Fluß. Die Szenen mit ihren Aussagen werden gleichsam mit impressionistischen Pinselstrichen aneinandergereiht. Diesbezüglich orientiert sich der Autodidakt an der Feuilletontechnik der Zeit. Darüberhinaus kennt er die philosophischen und literarischen Strömungen genauestens; Einflüsse von Schopenhauer und Nietzsche und vor allem der großen Romanciers des 19. Jahrhunderts wie Balzac, Dickens, Tolstoi und Dostojewski sind in seinen Werken nahezu immer präsent. Ideologien und Doktrinen sind Baroja grundsätzlich suspekt; man könnte ihn als radikal-liberal, individualistisch und anarchistisch charakterisieren; er ist antiklerikal, antimilitaristisch, antisemitisch, antisozialistisch und antikommunistisch eingestellt und schließt fast alle *Antis* der Zeit in sich. Das Leben ist nach seiner Auffassung ein permanenter Kampf, in dem der Schwache untergeht und sich nur der Starke behaupten kann. Der Exemplifizierung dieser Einsicht, die frei ist von jeglicher ideologischen Verbrämung, dienen nahezu alle seine Romantrilogien, wie z.B. *El pasado* (1905-1907), in der u.a. die frivole und korrupte Welt von Paris, dem modernen Babylon, zur Zeit Napoleons III. dargestellt wird, oder *Las ciudades* (1910-1920), in der die intrigante, brutale und skrupellose römische Gesellschaft beschrieben wird. Den einheitlichsten und geschlossensten Zyklus stellt zweifellos die Trilogie *La lucha por la vida* - bestehend aus *La busca* (1904), *Mala hierba* (1904) und *Aurora roja* (1905) - dar, die ein faszinierendes Bild des "Madrid suburbial" der Epoche entwirft. *La busca* ist vielleicht der gelungenste Roman, dessen zentrale Gestalten der "golfo" Manuel und der im Nietzsche'schen Sinne willensstarke Roberto Hastings sind. *Aurora roja* entfaltet eine Fülle von sozialen Doktrinen, ohne daß - gerade charakteristisch für Baroja - eine Präferenz für eine bestimmte Lehre zum Ausdruck gebracht wird. Die Bewunderung des Autors für Tatkraft und Willensstärke schlechthin offenbart sich nicht zuletzt in den 22 Bänden der *Memorias de un hombre de acción* (1913-1935), in deren Mittelpunkt der Abenteurer Eugenio de Aviraneta steht, der sich nicht nur in Spanien, sondern u.a. auch in Frankreich und Mexiko herumtreibt. Barojas monumentales Werk reicht aber an das große Geschichtsfresko von Galdós, die *Episodios nacionales*, nicht heran.

Hat Azorín noch mit Baroja die Darstellung der Vielfalt von Meinungen und Auffassungen gemein, so unterscheidet er sich in anderer Hinsicht wesentlich von ihm. Vor allem die lineare Struktur der Handlung wird zugunsten einer mehr fragmentarischen Erzähltechnik aufgegeben. Gleichsam Bruchstücke werden aneinandergereiht, wobei häufig auch längere Digressionen eingebaut sind. Daraus ergibt sich, daß von einer echten Handlung eigentlich nicht mehr viel zu erkennen ist. Azorín scheint das Prinzip einer gleichsam systematischen Statik am Herzen gelegen zu haben; gerade hierin ist er von Pío Baroja fundamental verschieden. Eine Auflösung der Verstrickungen, ein Ergebnis ist bei ihm kaum zu finden. Charakteristisch ist beispielsweise, daß der Autor oft am Ende eines Romans weiterzuschreiben beginnt ("Y comienzo..."), so daß von einer diskursiven, sukzessive erfolgenden Gliederung der Erzählsegmente nicht mehr die Rede sein kann. Zudem spiegeln seine Werke seine ausgesprochen aristokratische Gesinnung, seine permanente Sorge um das Schicksal Spaniens und - damit verbunden - seine tiefe Verbundenheit mit der kastilischen Landschaft wider. Seine primär kontemplative Lebenssicht mag mit dazu geführt haben, daß er sich in politischer Hinsicht wie eine Wetterfahne im Winde drehte: als Traditionalist und Liberaler, als Republikaner und Sozialist und schließlich gar als Anhänger des *Movimiento Nacional* tritt Azorín in Erscheinung. Sein erster Roman, *La voluntad* (1902), ist ein charakteristisches Beispiel für die Realisierung der oben beschriebenen Prinzipien. Das Werk, dessen Verfasser noch José Martínez Ruiz ist, schildert Ereignisse aus dem Leben des Protagonisten Azorín; im Zentrum steht der Ort Yecla, der minuziös beschrieben wird und in den der Held verlassen, schmutzig, innerlich gebrochen und müde, gleichsam willenlos zurückkehrt. Yecla steht für das damalige Spanien, das zwar mystische, visionäre Kräfte entfaltet, dem aber der Wille zum Durchhalten, zur Tat fehlt. Mit dem Roman *Pueblo* (1930) mit dem bezeichnenden Untertitel "novela de los que trabajan y sufren" wendet sich Azorín dem Sozialroman zu und fügt sich damit in eine literarische Richtung ein, die sich gegen Ende der zwanziger Jahre abzuzeichnen beginnt.

Einer der originellsten Romanciers, den man - mindestens zum Teil - ebenfalls zur Generation von 1898 zählen könnte, ist Ramón María del Valle-Inclán; er ist nicht nur als Prosaautor, sondern auch als Dichter und vor allem als Verfasser von Theaterstücken in Erscheinung getreten. Sein frühes erzählerisches Werk, die *Sonatas* (1902-1905) mit dem Untertitel "Memorias amables" des Marqués de Bradomín, entwirft die aristokratisch-dekadente, raffiniert-galante, zynische und egoistische Welt Bradomíns, der sich sowohl in den "tierras calientes" der Tropen wie im geheimnisvollen und mythischen Galicien als neuer Don Juan bewegt. Vor allem der elegant-zisilierte Stil und die Musikalität der Sprache machen den Zyklus zu einem Meisterwerk. Die folgenden Karlistenromane *Los cruzados de la causa* (1908), *El resplandor de la hoguera* (1909) und *Gerifaltes de antaño* (1909) schildern die Kriegsereignisse aus der Sicht eines Karlisten-Anhängers. Wieder treten der Dandy Bradomín und der Hidalgo Don Juan Manuel auf, wodurch die Trilogie an die *Sonatas* gekoppelt wird. In impressionistischer Manier werden Augenblicksbilder aneinandergereiht, so daß bewußt eine gewisse Monotonie in der Erzählung in Kauf genommen wird. Das narrative Prinzip der Wiederholung nähert den Zyklus bereits an die "esperpentischen" Romane Valle-Incláns, nämlich *Tirano Banderas* (1926) und *El ruedo ibérico* (zwei Romane beendet, einer zum Teil; 1927-1932) an. Das erste Werk, eine Satire auf den Tyrannen schlechthin, stellt eine Synthese Amerikas dar und sucht vor allem das mexikanische Ambiente einzufangen. Vergangenheit, Gegenwart und Zukunft werden auf die gleiche Zeitebene gehoben, Visuelles und Auditives miteinander gleichsam synästhetisch vermischt. Vor allem aber weisen die Figuren marionettenhafte, theatralische Züge auf, wodurch sie verzerrt, verdreht, grotesk, ja "esperpentisch" erscheinen. Mehr noch sind in *El ruedo ibérico* die "esperpentischen" Elemente präsent.[3] Der unvollendete Zyklus sollte sich eigentlich zu einem großen Geschichtsfresko ausweiten, das die Epoche vom Sturz Isabellas II. bis zum Desaster von 1898 umspannt. Die Verzerrung der Personen und Situationen steht für die Verzerrung und Verkehrtheit Spaniens schlechthin.[4] Die esperpentische Ästhetik dient Valle-Inclán somit primär dazu, ein adäquates Bild der spanischen Realität zu entwerfen.

4. Der "erotische" Roman

Gleichsam in Fortsetzung naturalistischer Prinzipien entwickelt sich um die Jahrhundertwende und in den folgenden ersten Jahrzehnten der sogenannte "erotische" Roman. Vor allem Felipe Trigo und Eduardo Zamacois sind die Autoren, die in diesem Genre brillieren. Für Trigo, der eine außergewöhnliche Popularität erreicht und der in seiner Bedeutung bis heute verkannt wird, hat die Erotik primär befreiende Wirkung; die totale Liebe, der "amor Todo" befähigt nach seiner Auffassung den Menschen dazu, zum Gipfelpunkt seiner persönlichen Entfaltung zu gelangen. Verkoppelt mit der sexuellen Thematik spielen bei Trigo auch soziale Probleme eine entscheidende Rolle. Dies zeigt insbesondere der Roman *Jarrapellejos* (1914), in dem der Caciquismus in der spanischen Provinz aufs heftigste gebrandmarkt wird. Das Buch dürfte mit zum Besten gehören, das Trigo geschrieben hat. Was Zamacois betrifft, so ist er ein Meister in der Beschreibung von Gemütserregungen und erotischer Leidenschaft. Er selber hat seine Werke in zwei Hälften aufgeteilt; die frühen Romane, in denen eine prickelnde Erotik das zentrale Thema ist, bezeichnet er

---

[3] Vgl. hierzu Emma Susana Speratti-Piñero, *De 'Sonata de otoño' al esperpento (aspectos del arte de Valle-Inclán)*, London 1968, bes. S. 241ff.

[4] Zur "esperpentischen" Theorie Valle-Incláns u.a. María Eugenia March, *Forma e idea de los esperpentos de Valle-Inclán*, Madrid 1969.

als "obras galantes"; die späteren, ab 1910 geschriebenen, sind mehr durch einen traditionellen Realismus charakterisiert, der sich an der Wirklichkeit des Lebens orientiert.

5. Der "novecentismo"

Knüpfen Trigo und Zamacois erzähltechnisch an die Prinzipien des 19. Jahrhunderts an, so wagt eine andere Gruppe von Autoren ungefähr zur gleichen Zeit den Schritt zum Experiment, zur Neuerung. Die Reflexion nationaler, politischer und sozialer Probleme wird zugunsten der Betonung und Verwirklichung rein künstlerischer Ziele zurückgedrängt; die formale "belleza", das "artístico", die sprachliche Vollendung sind nun die erstrebenswerten Ideale. Der Einfluß europäischer avantgardistischer Strömungen spielt dabei eine maßgebende Rolle. Um einen neuen Standpunkt auch im Bereich der Künste zu finden, hält man Ausschau nach dem, was sich außerhalb des eigenen Landes tut. Die Theorie der spanischen Avantgarde kristallisiert sich dann in Ortega y Gassets Buch *La deshumanización del arte* (1925) heraus: die "elementos humanos" sind zu eliminieren; die Kunst hat nur im Dienst des Schönen zu stehen, wodurch das "L'art pour l'art"-Prinzip verfochten wird; die Kunst ist nichts weiter als Spiel, ohne irgendwelche transzendierenden Zielsetzungen.[5] Zu den experimentierenden, avantgardistischen Autoren zu Beginn des Jahrhunderts - auch als *novecentistas* bezeichnet - gehört zunächst Gabriel Miró. Seine Romane und Erzählungen zeichnen sich primär durch eine vollendete, harmonische, kraftvolle und ausdrucksreiche Sprache aus; eine Handlung ist kaum erkennbar; das Statische überwiegt bei weitem gegenüber den Elementen der Dynamik; Dialoge tauchen selten auf, und wenn, dann sind sie in der Regel leblos. Beobachtung, Erinnerung und Evokation sind vielleicht - ähnlich wie bei Proust - die Grundprinzipien des Diskurses Mirós; bestimmte Absichten mit seinem Werk zu verfolgen oder gar Botschaften zu verkünden, liegt dem Autor völlig fern. Die Probleme Spaniens kümmern und schmerzen ihn - im Gegensatz zu den 98ern - in keiner Weise. "No hay más que un heroísmo: ver el mundo según es y amarle"[6] ist ein charakteristischer Ausspruch von ihm, den er von Romain Rolland übernommen hat. Eine Person, die in mehreren Werken Mirós immer wieder erscheint, ist Sigüenza, gleichsam das *alter ego* und die Widerspiegelung des Autors. Zu den interessantesten Romanen dürften *Las cerezas del cementario* (1910), ein Buch, in dem die Leidenschaft des kränklichen und exaltierten Félix Valdivia zu der schon alternden Beatriz geschildert wird, sowie *Nuestro padre San Daniel* (1921) und *El obispo leproso* (1925) zählen, zwei Werke, die mehr durch ihre faszinierenden lyrischen Beschreibungen denn durch die Entwicklung von Charakteren das Interesse des Lesers hervorrufen.

---

[5] Vgl. Bd. III der *Obras completas* von Ortega y Gasset, Madrid 1966, S. 359f.

[6] Vgl. King, Edmund L., "Gabriel Miró y 'el mundo según es'", in: *Papeles de Son Armadans*, LXII, 1961, S. 121-142.

Ganz im Sinne des *novecentismo* intellektualistisch und rationalistisch orientiert ist auch das Werk von Ramón Pérez de Ayala. Neben Unamuno zählt er mit zu den facettenreichsten spanischen Autoren; seine Dichtung, seine Essays und seine Romane sind von einer ausgesprochenen "estética deshumanizada" bestimmt. Seine reifsten Werke sind zweifellos die, die nach 1918 erscheinen. Es handelt sich im wahrsten Sinne des Wortes um "novelas intelectuales", die um die Thematik der Brutalität der äußeren Welt, der Unkultur und der scheinheiligen Moralerziehung der Jesuitenschulen zentriert sind; die Welt der Instinkte, der Ehre und des bloßen äußeren Scheins wird schonungslos offengelegt. Dabei werden ideologische Gesichtspunkte mit costumbristischen, sainetehaften Elementen zu einer Einheit verschmolzen, so daß Eugenio G. de Nora zu Recht von einer "voluntaria fusión 'experimental' de Unamuno y Arniches (o superposición más bien)" (Nora 1973, I, S. 496) sprechen kann. Der Roman *Belarmino y Apolonio* (1921), vielleicht das bedeutendste Buch Ayalas, thematisiert das Problem der menschlichen Erkenntnis und versucht, eine Synthese von Denken und Handeln, jeweils repräsentiert durch den Philosophen Belarmino und den Dramatiker Apolonio, zu erreichen. Die Protagonisten sind im Prinzip bloße Ideen, Abstraktionen, die in Dialogen miteinander kommunizieren; sie sind Figuren ohne Fleisch und Blut. In *Tigre Juan* und *El curandero de su honra* (beide von 1926) geht es um das ewige Problem der Ehre, das hier von zwei gegensätzlichen Gestalten, die wiederum letztlich Abstraktionen sind, bewältigt wird.

Zu den avantgardistischen Literaten vom Anfang des Jahrhunderts gehört vor allem Ramón Gómez de la Serna, der Begründer des berühmten Madrider Literatenzirkels "Pombo". Wie kein anderer kennt er die europäischen kulturellen Strömungen der Zeit und versucht, sie nach Spanien zu transferieren (u.a. auch den Futurismus). Didaktisch-utilitaristische oder moralisierende Intentionen liegen ihm - im Gegensatz zu Pérez de Ayala - vollkommen fern. Lediglich das Experiment, das Neue, das noch nie Dagewesene interessiert ihn. In diesem Sinne bezeichnend ist ein Satz in seiner Schrift *Ismos*: "La invención debe ser incesante ... Lo nuevo es un deber para el artista".[7] Auf der Suche nach dem Neuen hat er selber mit der Schöpfung der aphorismusartigen und an die Maxime erinnernden "greguerías" einen wichtigen Beitrag geleistet. Was die Romane Ramóns angeht (z.B. *El doctor inverosímil*, 1914; *El novelista*, 1923), so sind sie eigentlich immense "greguerías" oder Anhäufungen von "greguerías", so daß sie einen disparaten und fragmentarischen Eindruck - nicht zuletzt auch wegen des Fehlens einer geschlossenen Handlung - hinterlassen. Die geistreiche, witzige, überraschende Formulierung ist stets das Entscheidende; Aneinanderreihung und Überlagerung spritziger Anekdoten machen häufig die Struktur der Werke aus. So werden in *El novelista*, einem Roman über das Romanschreiben, bis zu zwanzig verschiedene Begebenheiten miteinander

---

[7] *Ismos*, Buenos Aires 1943, S. 16.

vermischt. In *El torero Caracho* (1926) setzen sich indes wieder stärker realistische Elemente und die Übernahme von orthodox-klassischen Prinzipien durch.

Das Postulat einer "deshumanización del arte" wird im höchsten Maße in den Romanen von Benjamín Jarnés verwirklicht. Eine überschäumende Metaphorik, kultistische Formulierungen und die Konstruktion irrealer Begebenheiten, verbunden mit einer völlig disparaten und inkohärenten Anordnung der Erzählelemente, machen die Lektüre der Texte für den Leser zu einer nicht geringen Strapaze, muß er doch das Ganze gleichsam rekomponieren und reorganisieren. Jarnés schreibt zu einer Zeit, als die ästhetisierend-puristische Lyrik Triumphe feiert, und er überträgt die entsprechenden Prinzipien konsequent auch auf die Prosaliteratur. "Nada más que juego" ist seine Devise, und sie erfährt ihre Verwirklichung in Romanen wie *El profesor inútil* (1926), *Paula y Paulita* (1929) oder *Locura y muerte de nadie* (1929).

6. Der Sozialroman

Die Reaktion auf das "L'art pour l'art"-Konzept und die totale Enthumanisierung der Kunst läßt nicht lange auf sich warten. Vor allem die politischen und sozialen Veränderungen der Zeit schärfen das Bewußtsein für die Probleme des Landes, für die an den Rand Gedrängten, für die alltäglichen Schwierigkeiten der Masse des Volkes, des "pueblo". Der sogenannte Sozialroman (*novela social*) bildet sich gegen Ende der zwanziger Jahre heraus; er setzt sich zum Ziel, Stellung zu beziehen, engagiert einzugreifen und damit letztlich Veränderungen herbeizuführen.

Die *novela social* beruht auf dem Prinzip der Rehumanisierung der Kunst; sie kehrt zum Menschlichen, zum Menschen zurück, den sie wieder mit seinen Wünschen und Sehnsüchten, seinen Lastern und Tugenden ins Zentrum rückt. Man hat sich zu vergegenwärtigen, daß zu Beginn des Jahrhunderts die ersten gewerkschaftlichen Aktivitäten zu registrieren sind (Gründung der Solidaridad Obrera 1907, der C.N.T. 1911); die soziale Unzufriedenheit entlädt sich in zahlreichen Streiks (1909 Semana Trágica von Barcelona; 1917 Generalstreik); der lange Marokkokrieg (1909-1926) führt zu anarchistischen Aktivitäten und skrupelloser politischer Agitation; die Kommunistische Partei Spaniens wird 1921 gegründet. Die Diktatur Primo de Riveras (1923-1930) ist trotz einiger Anfangserfolge nicht in der Lage, die Situation des Proletariats und der verarmten Bauern zu verbessern; eher ist das Gegenteil der Fall. Hinzu kommt Ende der zwanziger Jahre die Weltwirtschaftskrise, von der auch Spanien voll getroffen wird. Der sozialen Frage, die immer brisanter und bedrohlicher wird, nehmen sich zahlreiche Romanciers an, wie z.B. Manuel Benavides, César Arconada, Andrés Carranque de Ríos und Joaquín Arderíus. Der bedeutendste Autor aber, der sich der *novela social* verschreibt, dürfte José Díaz Fernández sein. 1928 veröffentlicht er *El blocao*, ein Jahr später *La Venus mecánica*. Der erste Roman behandelt aus kritischer Sicht den Marokkokrieg und brandmarkt aufs heftigste die soziale Situation der Zeit, im zweiten kämpft der intellektuelle Revolutionär Víctor

Murias, der mit Díaz Fernández selber zu identifizieren ist, für Recht und Wohlergehen des Volkes. Als Manifest der neuen engagierten Literatur, des "arte social", muß die ebenfalls von Díaz Fernández stammende Schrift *El nuevo romanticismo* (1930) angesehen werden, in der der Autor die "vuelta a lo humano" propagiert und die Intellektuellen dazu auffordert, sich für Freiheit und Gerechtigkeit des "pueblo" einzusetzen.[8] Die gleichen Ziele verfolgt Francisco Pina mit seinem Buch *Escritores y pueblo* (1930). Die Republik begünstigt diese literarischen Tendenzen, wenn auch mit dem Ausbruch des Bürgerkriegs eine neue Situation eintritt.

7. Der Roman zur Zeit des Bürgerkriegs und die späteren Romane über den Bürgerkrieg

Was den Roman der Bürgerkriegszeit angeht, so spielt er im Vergleich zur politischen Lyrik und zum politischen Theater - durch beide Gattungen erhofft man sich einen direkten Einfluß auf die miteinander ringenden Parteien - eine vielleicht weniger herausgehobene Rolle. Er ist aber durch zahlreiche Werke präsent, die nahezu ausschließlich politisch-propagandistische Ziele verfolgen. José Herrera Petere (*Acero de Madrid*, 1938) und César Arconada (*Río Tajo*, 1938), der schon im Zusammenhang mit der "novela social" erwähnt wurde, stehen auf der republikanischen Seite, Concha Espina (*Retaguardia*, 1937), Agustín de Foxá (*Madrid, de corte a checa*, 1938) und Rafael García Serrano (*Eugenio o la proclamación de la primavera*, 1938) verherrlichen die franquistische Position. Arconadas *Río Tajo* - ein Werk, das 1938 mit dem Premio Nacional de Literatura ausgezeichnet wird - beschreibt den Krieg an der Extremadura-Front und enthält beeindruckende lyrische Passagen über das Bauern- und Hirtenmilieu. Agustín de Foxás *Madrid, de corte a checa* zeichnet ein Bild von den letzten Tagen der Monarchie bis Ende November 1936. Vor allem kommt es dem Autor darauf an, ein apokalyptisches Panorama der Hauptstadt zu entwerfen, in die die Chaos und Schrecken verbreitenden proletarischen Massen in den ersten Kriegstagen drängen. Die Hauptgestalten José Félix und Pilar fliehen schließlich in die "zona nacional", wo sie wieder Hoffnung für ihre Zukunft schöpfen. Foxá verknüpft Historie (nationaler Niedergang) und Fiktion (die Entwicklung des Protagonisten José Félix) in der Weise miteinander, daß der Degeneration des Landes eine Regeneration des Helden (durch dessen Hinwendung zum Faschismus) gegenübersteht. Im Zusammenhang mit dem Bürgerkriegsroman ist auch Ramón J. Sender zu erwähnen, der 1937 sein propagandistisches, reportageartiges Buch *Contraataque* zugunsten der republikanischen Seite schreibt. Sender ist literarhistorisch schwer einzuordnen, er ist gleichsam die Brücke zwischen Vor- und Nachkriegszeit. In den frühen dreißiger Jahren verfaßt er Werke, die manche Gemeinsamkeiten mit der "novela social"

---

[8] Eine Neuausgabe der Schrift besorgte José Manuel López de Abiada, Madrid 1985. Zu Díaz Fernández vgl. u.a. Víctor Fuentes, *La marcha al pueblo en las letras españolas 1917-1936*, prólogo de M. Tuñón de Lara, Madrid 1980.

aufweisen; seine besten Romane stammen indes - hierauf soll noch später eingegangen werden - aus der Zeit nach dem Bürgerkrieg. Daß die Lyrik und das Theater in den Kriegsjahren eine weitaus größere Bedeutung erlangen als die Prosaliteratur, dürfte u.a. auch damit zusammenhängen, daß man mit kurzen, rasch im Gedächtnis haftenbleibenden Texten und kurzen Theaterstücken in einer äußersten Notsituation eine viel nachhaltigere Wirkung erzielen kann als mit langen Romanen, für deren Lektüre einfach keine Zeit übrigbleibt.[9]

Nach 1939 und mit dem Beginn der Franco-Ära, die sich über mehrere Jahrzehnte erstrecken sollte, setzt eine neue Phase in der Entwicklung des Romans ein. Zunächst läßt sich feststellen, daß das Trauma des Kriegs so tiefsitzend und belastend ist, daß nahezu alle späteren Werke in irgendeiner Form mit den vergangenen Ereignissen in Beziehung stehen (vgl. Sobejano 1975, S. 53);[10] diese werden jedoch jetzt aus einer größeren Distanz und damit weniger propagandistisch und mit größerer Objektivität reflektiert. José María Gironella versucht in einer großangelegten Trilogie (*Los cipreses creen en Dios*, 1953; *Un millón de muertos*, 1961; *Ha estallado la paz*, 1966) aus nationalistischer Sicht die gesamten Ereignisse, angefangen von den chaotischen Vorkriegsjahren über den detaillierten Verlauf der großen Schlachten bis hin zum Ende des Jahres 1941 zu fassen; der Protagonist ist Ignacio Alvear, dessen Denken, Empfindungen und Auffassungen minuziös geschildert werden und der am Ende des Kriegs wieder nach Gerona zurückkehrt. Die Schwächen des großen Geschichtsfreskos bestehen darin, daß zu viele Begebenheiten aneinandergereiht werden, ohne sie strukturell miteinander zu verknüpfen. Mehr aus humoristischer und parodistischer Perspektive bewertet Wenceslao Fernández Flórez die Ereignisse; vor allem *La novela número 13* (1941) zielt darauf ab, in einer Anhäufung von Episoden, Anekdoten und Vorfällen die "rojos" der Lächerlichkeit preiszugeben. Die republikanisch orientierten Autoren sind gezwungen, vom Exil aus ihre Sicht der Ereignisse in ihren Romanen zu reflektieren. Arturo Barea verfaßt seine Trilogie *La forja de un rebelde* (engl. 1944, span. 1951), in der er auf autobiographischem Hintergrund eine Erklärung des Bürgerkriegs zu geben versucht und in der er sich gegen jede Form von Krieg und Militarismus ausspricht.

Eines der großartigsten Werke über die Ereignisse von 1936 bis 1939 stellen die sechs Bände des *Laberinto Mágico* von Max Aub dar (1943-1968 erschienen); dem Autor gelingt es, den Figuren Relief zu verleihen und die ganze Tragik des Geschehens sichtbar zu machen; die Hoffnungen und Enttäuschungen der für ein republikanisches Spanien Ringenden, ihr Verrat und ihr Heroismus, ihre Höhen und Tiefen werden eindrucksvoll - nicht ohne satirische Züge - vor Augen geführt. Zu den Exilautoren zählt auch Francisco Ayala; in früheren Jahren surrealistischen Vorstellungen und solchen einer "literatura deshumanizada" zu-

---

[9] Zur Lyrik und zum Theater zur Zeit des Bürgerkriegs vgl. Manfred Lentzen, *Der spanische Bürgerkrieg und die Dichter. Beispiele des politischen Engagements in der Literatur*, Heidelberg 1985.

[10] Vgl. die umfassende Bibliographie von Maryse Bertrand de Muñoz, *La guerra civil española en la novela, bibliografía comentada*, Bd. 1 u.2, Madrid 1982, Bd. 3 (*Los años de la democracia*), Madrid 1987.

getan, wendet er sich nach dem Bürgerkrieg vornehmlich politischen Themen zu. In seiner Sammlung von Erzählungen *Los usurpadores* (1949) richtet er sich gegen jegliche Form von Bevormundung, die für ihn grundsätzlich Usurpation bedeutet, und die Novelle *El tajo* (aus *La cabeza del cordero*, 1949) führt dem Leser eindrucksvoll die durch den Bürgerkrieg hervorgerufene, bis in die Familien reichende politisch-ideologische Entzweiung vor Augen, so daß sich nicht mehr Vater und Sohn begegnen, sondern der Besiegte und der Sieger.

Mit dem größer werdenden zeitlichen Abstand von den Geschehnissen ändert sich die Sicht des Kriegs; vor allem läßt sich ab 1960 eine wesentlich stärkere Unparteilichkeit in der Bewertung beobachten, was allein schon dadurch zum Ausdruck kommt, daß auch die Gegenseite, das republikanische Lager, in seinen positiven Zügen zur Geltung gebracht wird; so sind beispielsweise in den Romanen *La mina* (1960) von Armando López Salinas und *Los vencidos* (1965) von Antonio Ferres gerade die linksorientierten Kräfte die Protagonisten. Einer absurden, grotesken, nahezu esperpentischen Darstellung des Kriegs begegnet man in *La novela del Indio Tupinamba* (1959 in Mexiko, 1982 in Spanien erschienen) von Eugenio Fernández Granell; dieser gleichsam surrealistische Roman will die ganze Sinnlosigkeit des Bürgerkriegs für alle Beteiligten zum Ausdruck bringen. Ab 1976, also nach Francos Tod, wird das so strapazierte Thema gar zum Ausgangspunkt aller möglichen phantastischen Spekulationen. In *En el día de hoy* (1976) von Jesús Torbado und in *El desfile de la Victoria* (1976) von Fernando Díaz-Plaja malen sich die Autoren gar einen Sieg der Republikaner aus. Diese Entwicklung dürfte wohl darauf hindeuten, daß die Ereignisse von 1936 bis 1939 ihre traumatisierende Brisanz verloren haben und nun gleichsam als Inspirationsquelle der freien Phantasie des Schriftstellers zur Verfügung stehen.

8. Der "tremendismo"

Lassen wir aber jetzt die Romane, die den Bürgerkrieg zum zentralen Thema haben, aus dem Blick, und schauen wir uns generell die Entwicklung an, die die *novela* nach 1939 genommen hat. Diesbezüglich kann man mehrere Etappen unterscheiden, die ungefähr mit den einzelnen Dekaden identisch sind. Als unbestrittener Meister und nachahmenswertes Modell gilt Pío Baroja, wohingegen man von den übrigen Autoren der Vorkriegszeit kaum mehr etwas wissen will. Eine Reihe von Literaturpreisen wird geschaffen (z.B. Nadal, Planeta, Biblioteca Breve, Alfaguara), die zum Schreiben animieren und motivieren sollen. Man wird wohl festhalten können, daß der Roman der vierziger Jahre im wesentlichen durch die Darstellung eines rauhen, grausamen Ambientes, einer Atmosphäre des Schreckens, der Brutalität und des Fatalismus gekennzeichnet ist, weshalb man von der *novela tremendista* spricht. Formale Neuerungen und experimentelle Elemente sind noch nicht auszumachen, sie treten erst in späteren Jahren in Erscheinung. Die Thematik der Angst und des Schreckens spiegelt die Situation des Landes unmittelbar nach dem Bürgerkrieg wider; gegen Ende der vierziger

Jahre ist sie zudem als Reflex der Auswirkungen der Katastrophe des 2. Weltkriegs zu begreifen. Camilo José Celas Roman *La familia de Pascual Duarte* (1942) ist im wahrsten Sinne des Wortes eine *novela tremendista*. Der Verbrecher Pascual Duarte schreibt kurz vor seiner Hinrichtung in Briefform seine Biographie nieder. Ohne ein Zeichen von Reue und Mitgefühl gesteht er seine zahllosen Untaten, seine Vergewaltigungen und Morde; wie ein gehetztes Tier wird er von einem verhängnisvollen Schicksal verfolgt, das ihn von Gewalttat zu Gewalttat treibt. Die existentialistisch-fatalistische Lebenseinstellung nähert Cela (Literaturnobelpreis 1989) in einem gewissen Sinne an die französischen Existentialisten, besonders an Camus an, wenn auch die Wurzeln Pascual Duartes mehr in der spanischen *novela picaresca* als in ausländischen Vorbildern zu suchen sein dürften. *La colmena* (1946; 1951 in Buenos Aires erschienen) vermittelt ein kaleidoskopisches Bild vom Madrid der Zeit des 2. Weltkriegs; die verschiedenen Szenen führen in die Hinterhöfe, die Parkanlagen und diversen Absteigen, in denen sich die Geschichten von Liebe, Ehebruch und Eifersucht abspielen. Die Impressionen, Einblendungen und skizzenhaften Erzählungen fügen sich zu einem Panoptikum zusammen, das immer wieder die Sinnlosigkeit des Daseins vor Augen führt. Der Roman hat keine Helden, vielmehr eine Vielzahl von agierenden Personen (mehr als dreihundert) der verschiedenartigsten sozialen Herkunft; sie alle leiden und empfinden das Leben als Last. Bezüglich *La colmena* hat die Kritik zu Recht von einer *novela* mit einem "protagonista múltiple" gesprochen.[11]

Zum "tremendistischen" Roman zählt zweifellos auch *Nada* (1945) von Carmen Laforet. Das mit dem Premio Nadal ausgezeichnete Werk schildert das traurige Dasein im Barcelona der Nachkriegszeit. Andrea, eine sensible junge Frau, lebt im Hause von Verwandten und muß dort mit ansehen, wie sich die Menschen gegenseitig quälen, wie sie hassen und leiden und wie sie auf eine tierisch-instinkthafte Weise aneinander hängen; alles ist gleichsam sinnlos und im Verfall begriffen. Wie Cela enthüllt Laforet in schonungsloser Offenheit die Brutalität und Gewalttätigkeit, ja Bestialität der Menschen.

9. "Realismo social" und "realismo dialéctico"

Im Laufe der fünfziger Jahre wird Spanien wieder in die internationale Staatengemeinschaft aufgenommen, was sich u.a. darin dokumentiert, daß das Land Mitglied zahlreicher Organisationen und Institutionen wird. 1951 kehren die Botschafter auf ihre Posten zurück; die wirtschaftliche Lage erholt sich, und durch eine Regierung von "Technokraten" gelingt die Konsolidierung des Staatsgefüges. Diese Situation hat auch Auswirkungen auf die literarische Entwicklung; was den Roman angeht, so dürfte die Hinwendung zur realistischen Darstellung mit sozialkritischer Komponente nicht zuletzt Reflex der neuen Gegebenheiten sein. In

---

[11] Vgl. Cirre, José Francisco, "El protagonista múltiple y su papel en la reciente novela española", in: *Papeles de Son Armadans*, XCVIII, 1964, S. 159-170.

diesem Zusammenhang sind neben den Werken von Ignacio Aldecoa und Carmen Martín Gaite vor allem die von Miguel Delibes zu nennen. Dieser Autor - seit 1973 Mitglied der Real Academia - beschreibt in sprachlicher Frische und Einfachheit das Landleben, das Provinzambiente und vor allem die unschuldige, idyllische Welt der Kindheit (bes. in *El camino*, 1950; *La hoja roja*, 1959). In dem Roman *Las ratas* (1962) erreichen die Nüchternheit der Sprache und die Präzision der Begriffe einen Gipfelpunkt; der Autor führt uns mit dem Protagonisten Nini in die schmutzige Welt der alten kastilischen Dörfer, nicht ohne mit bissiger Schärfe die Zustände anzuprangern. Ab ungefähr 1965 wendet sich Delibes neueren, experimentellen Erzähltechniken zu, was auch für andere Romanciers, wie z.B. Cela, gilt. Hier macht sich vor allem der Einfluß ausländischer Autoren bemerkbar, der von Faulkner, Dos Passos, Robbe-Grillet und Butor; speziell der französische *Nouveau Roman* übt eine nachhaltige Wirkung aus. Hinzu kommt die Übernahme von Strukturprinzipien südamerikanischer Schriftsteller wie z.B. Carlos Fuentes, Julio Cortázar, Gabriel García Márquez und Mario Vargas Llosa. Interessant ist dabei, daß die avantgardistischen Versuche des *novecentismo* zu Beginn des Jahrhunderts keinerlei Resonanz hervorrufen. Das Spiel mit den verschiedenen Zeitebenen, der innere Monolog, die erlebte Rede, die Parallelisierung simultaner Situationen, die Nebeneinanderstellung von Dialogabschnitten ohne innere logische Notwendigkeit oder auch der Einschub von Texten, Botschaften, Mitteilungen in der Art der Collage-Technik sind einige der Mittel, die nun zur Anwendung kommen. Die beiden Romane *Cinco horas con Mario* (1966) und *Parábola del náufrago* (1969) von Delibes sind auf der Basis dieser neuen Prinzipien konstruiert; das erste Werk besteht aus einem inneren Monolog einer Frau, die am Totenbett ihres Mannes ihr Leben Revue passieren läßt; im zweiten wird eine systematische Zerstörung der formalen Elemente der Erzählung und selbst der Sprache vorgenommen. Charakteristisch sind die Worte des Protagonisten: "cuantas menos palabras pronunciemos y más breves sean éstas, menos y más breves serán la agresividad y la estupidez flotante del mundo".[12] Auch Camilo José Cela fügt sich mit *Vísperas, festividad y octava de San Camilo del año 1936 en Madrid* (1969) in diese neue Richtung des Romans ein; ein schäbiges, heruntergekommenes, gewalttätiges Madrid wird uns in Monologen und Dialogen (oft vor einem Spiegel) in der 2. und 3. Person geschildert.

Aber damit sind wir schon bei den formaltechnischen Experimenten der späten sechziger Jahre angelangt. Was die fünfziger Jahre betrifft, so sind noch die Romanciers hervorzuheben, die mit einer objektiv-realistischen Darstellungsweise eine im politischen oder sozialen Sinne "engagierte" Zielsetzung verbinden. Die Literatur wird als Waffe im Ringen um eine Veränderung oder zumindest Verbesserung der Verhältnisse verstanden. Man folgt diesbezüglich den Vorstellungen Sartres, Lukács', Goldmanns und Brechts über die Wirkungsmöglichkeiten literarischer Texte. Vor allem eine möglichst objektive,

---

[12] *Parábola del náufrago*, Barcelona 1984, S. 97.

wahrheitsgetreue Beschreibung ist wichtig, verspricht man sich doch von ihr einen Appelleffekt in Richtung auf den Leser, der dann Konsequenzen zu ziehen bereit ist; der Autor selber zieht sich ganz aus dem Geschehen ohne Kommentar und ohne Wertung zurück. Die Veröffentlichung des Buchs *La hora del lector* von José María Castellet im Jahre 1957 hat dann dieser Tendenz endgültig zum Durchbruch verholfen. Zu den wichtigsten Romanciers, die diesen Weg einschlagen, zählen neben Ana María Matute vor allem Rafael Sánchez Ferlosio und Juan García Hortelano. Ferlosio wird gleichsam als Modell eines *realismo social* angesehen. Sein wichtigstes Werk ist vielleicht der Roman *El Jarama* (1955), in dem ein Sonntagsausflug zum Jarama geschildert wird; die Personen sind leer, bedeutungslos, wissen nichts Rechtes mit ihrer Zeit anzufangen; lediglich ein Unfall am Ende, nämlich das Ertrinken eines Mädchens, schreckt sie für eine Weile aus ihrer Müdigkeit und Langeweile auf; ein vulgärer, alltäglicher Stoff wird in einer Alltagssprache, einem "lenguaje coloquial" dargestellt. Die intellektuelle Schläfrigkeit und Mittelmäßigkeit, der Verdruß am sich stets wiederholenden, langweiligen Zeitablauf, die Unfähigkeit zum Mitempfinden, zur Reflexion und zum eigenen Gestalten sind die Themen, die den Roman durchziehen. Damit wird genau die Situation wiedergegeben, die in Spanien um die Mitte der fünfziger Jahre vorherrscht. Hortelano folgt im Prinzip der Darstellungsart Ferlosios; er ist vielleicht derjenige, der das Postulat einer möglichst "objektiven" Beschreibung am vollkommensten in die Tat umsetzt. Er konzentriert sich im wesentlichen auf die Reproduktion der stickigen, ekelerregenden und trivialen Welt des Bürgertums, wie sich vor allem in den Romanen *Nuevas amistades* (1959) und *Tormenta de verano* (1961) zeigt; in dem zweiten Werk versucht Javier den Konventionen, den Lügen und der Scheinheiligkeit seiner Welt zu entkommen, was ihm aber nicht gelingt. In seinen letzten Büchern (bes. in *Gramática Parda*, 1982) setzt Hortelano - allerdings mit witzigem und spöttischem Unterton - seine Kritik an der bürgerlichen Gesellschaft fort, wobei er sich indes jetzt einer rhetorisch-üppigen, nahezu barocken Sprache bedient. Wenn man auch die Gruppe der Autoren des *realismo social* der fünfziger Jahre als "generación de la berza" bezeichnet hat, so dürfte diese pejorative Bezeichnung doch an der Bedeutung dieser Romanciers vorbeigehen.

Auch Ramón J. Sender hat einige seiner interessantesten Romane in den fünfziger Jahren geschrieben, allerdings nicht in Spanien, sondern im Exil. Auch er bedient sich einer nüchternen, exakten, realistischen Darstellungstechnik, wenn er auch nicht unter bestimmten literarhistorischen Kategorien zu rubrizieren ist. Beeindruckend im Hinblick auf die Thematik und deren künstlerische Bewältigung ist vor allem das Buch *Réquiem por un campesino español* (1953), in dem der Priester Mosén Millán eine Messe für den toten Paco liest und die Ereignisse, die zur Ermordung des Jungen geführt haben, evoziert. Der Roman, der nach den klassischen Regeln der Einheit von Handlung, Ort und Zeit konstruiert ist, ist eine heftige Anklage gegen die Lügen und die Heuchelei der Besitzenden, der Mächtigen. Das wichtigste Werk Senders ist sicherlich die aus neun Teilen bestehende *Crónica del alba* (1942 begonnen, endgültige Ausgabe 1965-1966). Pepe Garcés, hinter dem sich der Autor selber verbirgt, beschreibt in einer Folge von Tagebüchern seine Vita, wodurch ein Panorama der spanischen Realität der ersten Jahrzehnte dieses Jahrhunderts entworfen wird. Pepe evoziert u.a. seine Auflehnung gegen seinen Vater, seine Rebellion gegen die autoritären Lehrer, seine Annäherung an den Anarchismus sowie seine Konfrontation mit der brutalen Wirklichkeit des Kriegs. Interessant ist vor allem, daß Pepe einer Reihe anderer Figuren mit Namen Ramón wie auch Ramón Sender selber begegnet; all diese Ramones will der Autor als Varianten, als verschiedene Optionen des Lebens schlechthin gewertet wissen; für Sender stehen der menschlichen Existenz eine Vielzahl von Möglichkeiten zu ihrer jeweiligen Verwirklichung zur Verfügung.

Eine neue Entwicklung des Romans kündigt das Erscheinen von *Tiempo de silencio* (1962) von Luis Martín-Santos an. Bereits gegen Ende der fünfziger Jahre ist ein Abrücken vom gleichsam unparteiischen Objektivismus des "realismo social" zu beobachten. Jetzt wird nicht mehr nur die bloße Beschreibung und Reproduzierung der Realität als wichtig erachtet, sondern vor allem auch ihre kritische Interpretation, gleichsam ihr kritisches Hinterfragen. Daraus resultiert, daß der Autor wieder direkt präsent ist mit dem Ziel, einen Beitrag zur Veränderung zu leisten. Diese neue Tendenz zeigt sich ganz deutlich in dem Roman *Tiempo de silencio*, der eine fast revolutionäre Wirkung auf die weitere Entwicklung der *novela* ausgeübt hat. Eine neue ideologische Konzeption und neue formaltechnische Elemente kommen zum Durchbruch. Die Zentralgestalt ist der junge Arzt und Forscher Pedro, dessen innerer und äußerer Entwicklungsprozeß dargestellt wird; die Wechselfälle des Lebens führen ihn dazu, seine vielversprechende Tätigkeit aufzugeben und sich in eine Art Selbstzerstörung zu flüchten. Dieses Geschehen wird umrahmt von einer Vielzahl von Episoden, die vor allem in die sozialen Probleme der Zeit Einblick gewähren, so daß letztlich die spanische Realität widergespiegelt wird. Die Welt des Lumpenproletariats, des gehobenen und niederen Bürgertums wird dem Leser eindrucksvoll vor Augen geführt. Dabei nimmt der Autor eine eigene, gleichsam soziopolitische Analyse vor; er bezieht einen Standpunkt, wenn auch eventuell mittels der auftretenden Personen, so daß ein relativ subjektivistischer Diskurs entsteht. Dies ist von Martín-Santos beabsichtigt, will er doch auf diese Weise einen dialektischen Veränderungsprozeß beim Leser in Gang setzen. Bezeichnend ist, daß der Autor sich - im Gegensatz zum vorangegangenen *realismo* social - einem *realismo dialéctico* verpflichtet fühlt (vgl. u.a. Joly/Soldevila/Tena 1979, S. 209ff). Was die erzähltechnischen Neuerungen angeht, so sind diesbezüglich vor allem der innere Monolog, die Vielfalt der Erzählebenen und die Interpolation von Träumen und Digressionen hervorzuheben. Hier machen sich die Einflüsse des französischen *nouveau roman* bemerkbar, die sich - wie schon an anderer Stelle angedeutet wurde - in den kommenden Jahren noch verstärken sollen.

Sprachlich ist der häufige Gebrauch von Neologismen, von komplexen idiomatischen Wendungen sowie von wissenschaftlichen Begriffen auffallend. In der unmittelbaren Nachfolge von Martín-Santos dürfte in formaler Hinsicht Juan Marsé mit seinem Roman *Ultimas tardes con Teresa* (1965) stehen, wenn es dem Autor auch primär darauf ankommt, in sozialkritischer Absicht eine abgerundete "historia" zu erzählen; zwei verschiedene soziale Welten, die bürgerlich-gehobene Schicht Teresas und die niedere, in Armut lebende Manolos werden einander gegenübergestellt mit dem Ziel, die Oberflächlichkeit und den Snobismus der studentischen Jugend der Zeit zu entlarven.

Um die gleiche Zeit erscheinen aber auch Werke, die mehr der traditionellen Technik verpflichtet sind. In diesem Zusammenhang ist vor allem auf Ignacio Agustí hinzuweisen, der 1965 *19 de julio* veröffentlicht, einen Roman, der Teil einer großangelegten Pentalogie ist, in der aus bürgerlich-liberaler Sicht die Geschichte einer katalanischen Familie entrollt wird, weniger in denunzierender Absicht als aus purem Vergnügen an der detaillierten Beschreibung, allerdings in Nostalgie der vergangenen Zeit gegenüber. Eine mehr "metaphysisch" orientierte Autorengruppe ("grupo metafísico") setzt den Akzent auf eine ästhetisch vollendete, gelehrte Gestaltung der Erzählung; der Mensch selber wird bis in die Details durchleuchtet, weniger die ihn umgebende Realität. Vor allem die Werke von Carlos Rojas, Antonio Prieto, José Luis Castillo-Puche und Manuel García Viñó weisen in dieser Hinsicht manche Gemeinsamkeiten auf (vgl. García Viñó 1967, S. 221).

10. Der "experimentelle" Roman

Einer der herausragendsten Romanciers der Zeit ist Juan Goytisolo. Vor 1966 lassen sich in seinem Werk drei Etappen unterscheiden, eine subjektivistische (bes. *Juegos de manos*, 1954; *Duelo en el paraíso*, 1955), eine politisch orientierte (vor allem *El circo*, 1957; *La resaca*, 1958) und eine, die dem *realismo social* verpflichtet ist (bes. *La isla*, 1961; *Fin de fiesta*, 1962). Mit dem Roman *Señas de identidad*, der 1966 erscheint, schlägt Goytisolo dann eine vollkommen neue Richtung ein, die sich z.T. an den erzähltechnischen Prinzipien von Martín-Santos orientiert, im Kern aber den Konzepten des französischen *nouveau roman* folgt. Alvaro, die Hauptgestalt, die einer reichen katalanischen Familie entstammt und in Paris im Exil lebt, hält sich für kurze Zeit auf seinem Besitz in der Nähe von Barcelona auf. Er ist auf der Suche nach sich selbst, nach der Vergangenheit, nach der verlorenen Zeit. Er evoziert an Hand von Photos, Briefen, Karten und einer Vielzahl anderer Gegenstände die verschiedenen Etappen und Begebenheiten seines Lebens mit dem Ziel, Gewißheit über seine "señas personales, familiares, sociales" zu erlangen. Dabei entsteht zugleich ein großes und umfassendes Fresko Spaniens, in dem der Bürgerkrieg ein besonders wichtiges Ereignis darstellt; eine Fülle von Personen erinnert Alvaro immer wieder an diese schrecklichen Jahre. Goytisolo will durch seine Romanfigur sein eigenes Ich erkennnen, sich Rechenschaft über seine eigene Existenz ablegen; sein Ziel ist die "reconstrucción y síntesis ... de su biografía y de facetas oscuras y reveladoras de la vida en España (juntamente personales y colectivos, públicos y privados, conjugando de modo armonioso la búsqueda interior y el testimonio objetivo ...)".[13] Die narrativen Neuerungen, die Goytisolo einführt, sind neben dem inneren Monolog vor allem auch der Gebrauch der drei Erzählpersonen, das Spiel mit den verschiedenen Zeitebenen und der Wechsel der Perspektive. Bezeichnend ist beispielsweise eine Äußerung Alvaros, die die Technik des Autors umschreibt: "Los hechos se yuxtaponían en el recuerdo como estratos geológicos dislocados por un cataclismo brusco".[14] Zudem werden die verschiedenartigsten Textsorten und damit auch verschiedene Sprachtypen miteinander kombiniert (Zeitungssprache, literarische Sprache, Sprache touristischer Kataloge u.a.); eine differenzierte Typographie hebt darüber hinaus rein äußerlich die mannigfaltigen sprachlichen Ebenen und Textvariationen voneinander ab. Die Romane *Reivindicación del conde don Julián* (1970) und *Juan sin tierra* (1975) weisen vielleicht über *Señas de identidad* noch insofern hinaus, als hier eine Zerstörung aller Werte der "España sagrada" einschließlich ihrer Sprache vorgenommen wird. Goytisolo vermittelt dem Leser ein negatives, destruktives und pessimistisches Bild des Landes. Mit *Makbara* (1980) kehrt er zwar zu einer "poetischen" Sprache zurück, aber die Aussage bleibt nahezu die gleiche wie die der vorangegangenen Werke. Die erzähltechnischen Experimente, die in *Señas de identidad* massiv zum Vorschein kommen und um dieselbe Zeit auch von Miguel Delibes und Camilo José Cela - wie schon in einem anderen Zusammenhang hervorgehoben wurde - praktiziert werden (und damit die sogenannte *nueva novela* konstituieren), setzen sich in den kommenden Jahren fort und verstärken sich noch in den frühen siebziger Jahren. Juan Benet verbindet in *Volverás a Región* (1967) Elemente der französischen "école du regard" mit solchen lateinamerikanischer Autoren (vor allem Vargas Llosa und García Márquez). Das Buch hat keinen eigentlichen Inhalt, lediglich Sachverhalte, Ereignisse und Themen werden blindlings aneinandergereiht; ein Ordnungsprinzip ist nicht erkennbar; die narrativen Sequenzen werden gleichsam fragmentarisiert, zerstückelt, zerlegt, so daß der Roman in seiner herkömmlichen Form als Gattung praktisch zerstört wird. Hinzu kommt eine "elocución antinatural, sabia, compleja, sofisticada" (Sobejano 1975, S. 563), die mit der Diskontinuität der Erzählsegmente korrespondiert. Benet hat diesen nahezu chaotischen Diskurs auch in seinen späteren Werken wie *Una tumba* (1971) oder *En la penumbra* (1982) fortgesetzt.

Unter experimentellen Gesichtspunkten außerordentlich interessant sind vor allem die Romane, in denen der Schöpfungsvorgang des Werks selber zum Thema erhoben wird und die damit sozusagen eine "metaliterarische" Dimension gewinnen. In *Recuento* (1973) von Luis Goytisolo wird immer wieder eine enge Beziehung zwischen dem Autor und seinem Werk, das er gerade schreibt, hergestellt, und in *La cólera de Aquiles* (1979) vom selben Verfasser wird selbst der Leser mit in den Schöpfungsprozeß einbezogen. Der Autor folgt in gewissem

---

[13] *Señas de identidad*, Barcelona 1979, S. 159.
[14] Ebda., S. 110.

Sinne dem Gide'schen "Mise en abyme"-Prinzip, durch das eine Mehrschichtigkeit und Polyphonie von Perspektiven erreicht wird. Ähnlich verfährt Germán Sánchez Espeso in seinem Roman *Narciso* (1978), in dem der Autor selber es ist, der die Komplexität des Werks erklärt.

Aus der Schar der experimentellen Autoren, zu denen man u.a. noch José Leyva und Jorge Semprún (vor allem mit *Autobiografía de Federico Sánchez*, 1977) zu zählen hätte, ragt insbesondere Gonzalo Torrente Ballester heraus, der seit 1975 Mitglied der Real Academia ist. Anfangs mit der "nationalistischen" Sache sympathisierend, distanziert er sich indes im Laufe der Jahre immer mehr von der "orthodoxen" Linie des Franco-Regimes. Obwohl kosmopolitisch orientiert und Meister in der Beherrschung aller avantgardistischen formaltechnischen Erzählprinzipien, hat er doch nicht die Popularität erreicht, die ihm eigentlich gebührt. Sind die frühen Romane, wie das Buch *Javier Mariño* (1943), in dem die Konversion zu den Idealen der "España nacional" im Mittelpunkt steht, noch relativ traditionell strukturiert, so weisen die späteren alle Elemente einer experimentellen Technik auf. Vor allem *Off-Side* (1969), ein Werk, das uns eine bunte Galerie von Gestalten der Madrider Gesellschaft vorführt - Künstler, Prostituierte, Homosexuelle, Schriftsteller, Fälscher, Geschäftsleute und die Welt der "chulos" -, folgt dem Prinzip der Juxtaposition einer Fülle von Erzählsegmenten und simultaner Szenen. Dieses Verfahren setzt sich noch verstärkt fort in dem Roman *La saga/fuga de J.B.* (1972), in dem José Bastida in einem kleinen galicischen Dorf auf der Suche nach seiner Identität ist; in der fast tausendjährigen Geschichte des Fleckens begegnen dem Leser immer wieder neue Reinkarnationen Bastidas, die in chronologisch gebrochenen, ungeordneten narrativen Sequenzen, die wiederum durch den Einschub von Digressionen und Reflexionen zu Fragmenten zerfallen, präsentiert werden. Hinzu kommt, daß historisch-realistische Züge mit phantastischen vermischt werden, was sich zumal darin zeigt, daß Bastida am Ende des Romans mit seiner Geliebten Julia in den Garten Eden flüchtet. Das Werk weist thematisch manche Gemeinsamkeiten mit *Señas de identidad* von Juan Goytisolo und *San Camilo, 1936* von Camilo José Cela auf. Die irrationalen, phantastischen Elemente nähern es zudem an den "magischen" Realismus an, der vor allem durch südamerikanischen Einfluß auch in Spanien Wirkungen hervorruft. In diesem Zusammenhang ist insbesondere Alvaro Cunqueiro zu nennen, dessen Romane eine Welt vollkommen außerhalb der Zeit evozieren und in denen Mythen und Legenden thematisiert werden, die im wesentlichen auf das Divertimento des Lesers zielen; formaltechnische Neuerungen und Experimente sind Cunqueiro fremd. Was Torrente Ballester betrifft, so ist vor allem noch sein Buch *Fragmentos de Apocalipsis* (1977) hervorzuheben, in dem wiederum der Roman selber - ähnlich wie bei Luis Goytisolo und Germán Sánchez Espeso - zum Thema eines Romans erhoben wird; eine Person raubt der *novela* Texte und verändert sie im Sinne experimenteller narrativer Techniken.

11. Rückkehr zu "traditionellen" Formen

In den späten siebziger Jahren - vor allem ab 1977 - ist eine Rückkehr zu traditionellen Formen der Erzählkunst zu beobachten. Dies dürfte - ähnlich wie auch in anderen europäischen Ländern - darauf zurückzuführen sein, daß man der vielen Experimente überdrüssig ist und vor allem den Leser nicht verlieren will, der durch die zahlreichen formaltechnischen Raffinessen und Tricks allzusehr strapaziert wurde. Eine echte diskursive Erzählung mit einer in sich geschlossenen, nachvollziehbaren und spannenden Handlung ist das, was wieder gewünscht ist, ohne daß die Möglichkeiten experimenteller Versuche dabei ganz genommen sind. Hinzu kommt, daß die Autoren ihre individuelle Freiheit auch künstlerisch voll ausschöpfen, so daß weniger mit Programmen aufwartende Gruppenbildungen zu beobachten sind als die Entfaltung und Verwirklichung der Ziele und Vorstellungen von Einzelpersönlichkeiten. Man hat sich zu vergegenwärtigen, daß nach Francos Tod am 20. November 1975 langsam ein Demokratisierungsprozeß in Gang gesetzt wird, der einen ersten Höhepunkt darin erreicht, daß am 6. Dezember 1978 eine neue Verfassung durch Referendum angenommen wird. Für die Schriftsteller von besonderer Wichtigkeit ist, daß alle Zensurbestimmungen beseitigt werden. Die oben angedeutete Rückkehr zu traditionelleren, klassischen narrativen Formen bedeutet natürlich nicht, daß nicht auch noch weiter experimentelle Romane geschrieben werden (wie z.B. *Vitam venturi seculi* (1982) von Aliocha Coll oder *Bélver Yin* (1981) von Jesús Ferrero), aber sie befinden sich auf dem Rückzug. Die zusammenhängende Erzählung spannender Ereignisse und die Schaffung von Charakteren in ihrem entsprechenden Ambiente werden jetzt bevorzugt. Es kann nicht überraschen, daß dabei vor allem der Abenteuer-, Kriminal- und Spionageroman große Popularität erreichen. Insbesondere für Juan Marsé, der bereits im Zusammenhang mit *Ultimas tardes con Teresa* (1965) erwähnt wurde, hat die abgerundete "historia", der fesselnde "plot" immer eine große Rolle gespielt, wie speziell die Romane *La oscura historia de la prima Montse* (1970), *Si te dicen que caí* (1974) und *La muchacha de las bragas de oro* (1978) zeigen. Marsé sieht die Welt, die er beschreibt, mit Sarkasmus und Ironie; Gewalt und Ekel, Scheitern und Enttäuschung sind für ihn die Kennzeichen des Lebens. Skeptisch der Realität gegenüber eingestellt sind auch Manuel Vázquez Montalbán und Eduardo Mendoza. Montalbán gelingt es, den Leser durch spannende Handlungsverwicklungen, die zugleich aber auch die nationale Realität mit ihren politischen und sozialen Konflikten widerspiegeln, zu fesseln (*Los mares del sur*, 1979; *Asesinato en el Comité Central*, 1981; *Los pájaros de Bangkok*, 1983). Ähnlich erreicht Mendoza Popularität durch eine Reihe von Werken, die primär durch die prickelnde Handlung faszinieren (*El misterio de la cripta embrujada*, 1979; *El laberinto de las aceitunas*, 1982; *La ciudad de los prodigios*, 1986); die detaillierte Schilderung spannungsgeladener Ereignisse und deren logische Verknüpfung machen den Zauber seiner Romane aus. Der Erfolg Alfonso Grossos dürfte ebenfalls auf diese Merkmale zurückzuführen sein (vgl. bes. *El correo de Estambul*, 1980).

Die jüngste Entwicklung des spanischen Romans ist vor allem dadurch gekennzeichnet, daß die *Autorinnen* massiv und regelmäßig in Erscheinung treten. Zwar war die Frau immer schon als Verfasserin von *novelas* präsent (erinnert sei beispielsweise an Carmen Laforet, Ana María Matute und Carmen Martín Gaite), jetzt aber begegnet sie nicht mehr lediglich als isolierte Einzelgestalt, sondern gleichsam als "kollektives" Phänomen, was daraus resultieren dürfte, daß sie allmählich in alle Bereiche des gesellschaftlichen Lebens integriert wird. So hält 1978 die Dichterin Carmen Conde als erste Frau ihren Einzug in die Real Academia, und ein Jahr später, 1979, gründet die Schriftstellerin Lidia Falcón mit dem "Partido Feminista" die erste Frauenpartei. Zu den bedeutendsten zeitgenössischen Erzählerinnen dürften u.a. Marina Mayoral, Rosa Montero, Lourdes Ortiz, Soledad Puértolas, Carmen Riera, Montserrat Roig und Esther Tusquets zählen.[15] Wohin die Entwicklung geht, läßt sich momentan noch nicht abschätzen.

Bibliographie

Barrero Pérez, Oscar, *La novela existencial española de posguerra*, Madrid 1987

Buckley, Ramón, *Problemas formales en la novela española contemporánea*, Barcelona, ^{2}1973

Corrales Egea, José, *La novela española actual*, Madrid 1971

Domingo, José, *La novela española del siglo XX*, 2 Bde., Barcelona 1973

García Viñó, *Novela española actual*, Madrid 1967

Gil Casado, Pablo, *La novela social española (1920-1971)*, Barcelona, ^{2}1973

-, *La novela deshumanizada española (1958-1988)*, Barcelona 1990

Joly, Monique, Soldevila, Ignacio, Tena, Jean, *Panorama du roman espagnol contemporain (1939-1975)*, Montpellier 1979

Jones, Margaret E.W., *The Contemporary Spanish Novel, 1938-1975*, Boston 1985

Landeira, Ricardo, *The Modern Spanish Novel 1898-1936*, Boston 1985

Marra-López, José Ramón, *Narrativa española fuera de España (1939-1961)*, Madrid 1963

Martínez Cachero, José María, *Historia de la novela española entre 1936 y 1980. Historia de una aventura*, Madrid 1986

Navajas, Gonzalo, *Teoría y práctica de la novela española posmoderna*, Barcelona 1987

Nora, Eugenio G. de, *La novela española contemporánea (1898-1967)*, 3 Bde., Madrid ^{2}1973

Roloff, Volker, Wentzlaff-Eggebert, Harald (Hg.), *Der spanische Roman vom Mittelalter bis zur Gegenwart*, Düsseldorf 1986

Sanz Villanueva, Santos, *Historia de la literatura española; El siglo XX: La literatura actual*, Barcelona 1984, S. 51-203

Schmolling, Regine, *Literatur der Sieger. Der spanische Bürgerkriegsroman im gesellschaftlichen Kontext des frühen Franquismus (1939-1943)*, Frankfurt/M. 1990

Sobejano, Gonzalo, *Novela española de nuestro tiempo (en busca del pueblo perdido)*, Madrid ^{2}1975

Soldevila Durante, Ignacio, *La novela desde 1936*, Madrid 1980

Yerro Villanueva, Tomás, *Aspectos técnicos y estructurales de la novela española actual*, Pamplona 1977

---

[15] 1982 erscheint eine von Y. Navajo herausgegebene Anthologie von Erzählungen mit dem Titel *Doce relatos de mujeres*. Jüngst erschien in deutscher Übersetzung die von Marco Alcántara herausgegebene Sammlung *Frauen in Spanien. Erzählungen*, München 1989 (dtv 11094).

Klaus Dirscherl

Die Lyrik im 20. Jahrhundert

Je mehr sich die historischen Nebel, die lange über der spanischen Kultur in der Francozeit lagen, verziehen, um so deutlicher wird, daß auch in dieser Epoche, und nicht nur in der Zeit vor 1936, große Literatur entstand. Ja mehr noch, man spricht bereits von einem zweiten Goldenen Zeitalter, das die Literatur und speziell die Lyrik[1] dieses Jahrhunderts erleben. Mit Antonio Machado, Miguel de Unamuno, Juan Ramón Jiménez, Federico García Lorca, Rafael Alberti, Vicente Aleixandre, Dámaso Alonso und später José Angel Valente hat Spanien Dichter hervorgebracht, die das kulturelle Profil des Landes entscheidend mitprägten und auch international breite Anerkennung erfuhren. Der hohe Stellenwert, der der Lyrik im spanischen Geistesleben im Vergleich zu anderen Ländern auch heute noch zukommt, ist nur eine der Folgen, die dieses Goldene Zeitalter der Lyrik im 20. Jahrhundert nach sich zog.

1. Modernismus und 98er Generation

Dabei schienen die Zeiten für eine Blüte der Lyrik zu Jahrhundertbeginn keinesfalls günstig. Zwar huldigte man dem aus Lateinamerika importierten Modernismus[2] und verwendete, dem Vorbild Rubén Daríos folgend, viel Kraft auf die Erneuerung der dichterischen Sprache. Doch die politisch-soziale Krise von 1898 verlangte nicht nach ästhetisierender Dichtung, sondern einem neuen nationalen Selbstverständnis. Dieses mitzuformulieren sind die Schriftsteller der 98er Generation angetreten, und diesem Ziel widmen sie einen Großteil ihrer Schriften. Die Stunde des Essays und des Romans scheint also gekommen, aber nicht die der Lyrik. Doch weit gefehlt! Viele der 98er publizieren bedeutsame Lyrik, wenngleich die Zeitgenossen sie meist nur als Prosaschriftsteller kennen. Der spektakulärste Fall eines von der damaligen Öffentlichkeit nur wenig wahrgenommenen Dichters von Rang ist zweifelsohne Unamuno. Als bedeutsamster Lyriker der 98er Generation gilt zu Recht aber Antonio Machado. Seine ersten Gedichte schreibt er zwar noch im Horizont des Modernismus, wie übrigens auch der dritte große Poet des Jahrhundertbeginns, Juan Ramón Jiménez. Während letzterer aber die ästhetischen Ideale der Modernisten eigenständig weiterentwickelt, wendet sich Antonio Machado bereits in seiner zweiten Gedichtsammlung *Soledades, galerías y otros poemas* (1907) deutlich vom Modernismus ab.

Miguel de Unamuno (1864-1936) veröffentlicht erst mit 43 Jahren seinen ersten Lyrikband *Poesías*. Gleichwohl wissen wir, daß er sich selbst, auch als Philosoph, zu den Dichtern rechnete und in der Poesie den eigentlichen Ge-

---

[1] Vgl. Marco, J., *Poesía española. Siglo XX*, Barcelona 1986, S. 11.
[2] Zum Modernismus vgl. auch hier: H.-J. Lope, Die Literatur des 19. Jahrhunderts, Kap. 5.1., S. 315f

staltungsraum seines intellektuellen Tuns sah. Unamunos Lyrik ist bei aller Schönheit, zu der sie fähig ist, zunächst Gedankenlyrik: "el lenguaje es ante todo pensamiento, / y es pensada su belleza." Damit ist auch seine antimodernistische Position deutlich markiert. Er tritt für eine Dichtung ein, die gewichtig ist und dicht ihren Gedanken- und Wortteppich webt ("Denso, denso"), denn nur so gerät sie nicht in Gefahr, den lebensnotwendigen Kontakt zur Erde zu verlieren: "que tus cantos tengan nido en la tierra". Deshalb auch ist er skeptisch gegenüber musikalischen und allzu sinnlichen Valeurs. Sie verführen den Leser zu oberflächlicher Rezeption, statt unmittelbaren Zugang zur Seele des Dichters zu verschaffen. "Un poeta es el que desnuda con lenguaje rítmico su alma". In mancher Hinsicht ist Unamuno ein verspäteter Dichter, vielleicht sogar der große Poet des 19. Jahrhunderts, den es selbst nicht hervorbrachte. *Poesías*, seine erste Sammlung, ist von einer religiösen Ernsthaftigkeit und gedanklichen Reife, wie sie jugendliche Poeten nur selten entfalten. Auch seine folgenden Gedichtsammlungen unterscheiden sich diesbezüglich kaum von seinem dichterischen Beginn. Wohl aber nähert sich der streitbare Philosoph aus Salamanca immer mehr seinem Ideal einer *poesía desnuda* an, einer Dichtung, die sich ehrlich und konkret das eigene Ich und Spanien in seinen Krisen zum Thema macht. Ob es sich nun um Gedichte auf Städte der spanischen Provinz (und Provinz ist für die 98er überall), wie in *Andanzas y visiones españolas* (1922), handelt oder um politisch motivierte Impressionen und Satiren in Sonettform, wie wir sie im Exilband *De Fuerteventura a París* (1925) lesen, stets geht Unamunos Lyrik von einer konkreten Erfahrung aus, um sich davon zu poetischer Betroffenheit, philosophischer Reflexion oder politischer Parteinahme anstiften zu lassen. Der postum veröffentlichte *Cancionero. Diario íntimo* bildet diesbezüglich den Höhepunkt im dichterischen Werk Unamunos. In teils epigrammatischer, teils meditativer Art findet Unamuno zu jener "brevedad esencialista", die er schon in seinem frühen "Credo poético" als Ideal skizzierte.

    Antonio Machado (1875-1939), der Andalusier, der im Madrid der Jahrhundertwende aufgewachsen und im liberalen Ambiente der Institución Libre de Enseñanza erzogen wurde, kann seine Jugend- und Studienjahre der Muße und dem Schreiben von Gedichten widmen und muß erst relativ spät einem Brotberuf als Französischlehrer in Soria, dann bereits verheiratet mit der jungen Leonor, nachgehen. 1899 und 1902 macht er die für damalige Bohémiens obligatorischen Parisreisen und befreundet sich mit dem Idol der Modernisten, Rubén Darío, "el Maestro incomparable de la forma y de la sensación".[3] Seine erste Gedichtsammlung, *Soledades* (1903), ist denn auch über weite Strecken ein Musterbeispiel modernistischer Dichtung. Schon bald aber entdeckt Antonio Machado, daß verbale Sinnlichkeit um ihrer selbst willen nicht eigentlich mit seinem Ideal einer vom Gefühl geprägten und auf die konkrete Wirklichkeit antwortenden Seelenaussprache zu vereinbaren ist. So schreibt er 1917 rückblickend auf seine frühe Sammlung:

---

[3] Machado, A., *Soledades. Galerías. Otros poemas*, Geoffrey Ribbans (Hg.), Madrid 1983, S. 271.

> Pensaba yo que el elemento poético no era la palabra por su valor fónico, ni el color, ni la línea, ni un complejo de sensaciones, sino una honda palpitación del espíritu; lo que pone el alma, si es que algo pone, o lo que dice, si es que algo dice, con voz propia, en respuesta animada al contacto del mundo.[4]

Die veränderte Neuauflage von 1907 nennt sich *Soledades. Galerías y otros Poemas* und distanziert sich deutlich von der Ästhetik der Modernisten, ohne die sprachliche Subtilität ihres dichterischen Diskurses ganz aufzugeben. Gleichwohl sind die für den späteren Machado wichtigen Themen bereits angesprochen: die Melancholie, der Traum, die sterbende (spanische) Landschaft als Reflex des leidenden lyrischen Ichs.

Seine Arbeit als Lehrer in der kastilischen Provinz, sicher auch der frühe Tod seiner jungen Frau, tragen wesentlich dazu bei, daß seine nächste, die wohl populärste Sammlung im Werk Machados, *Campos de Castilla* (1911), sich fast völlig vom Modernismus löst. Die Landschaft Kastiliens als konkret erfahrener Existenzraum mit deutlichen Zeichen des Verfalls wird hier für Machado der Ort, an dem er einen intimen Dialog mit Spanien, seiner Not und seiner kargen Schönheit führt. Die mitunter kritischen Töne, der verhaltene Lobpreis der kastilischen Landschaft und die Spiritualisierung der beschriebenen Wirklichkeit sind typisch für die 98er Generation. Doch darf nicht übersehen werden, daß Machados Kritik stets moralisch fundiert ist und daß auch sein Spiritualismus sehr viel tiefer geht als der mancher seiner 98er Freunde. Bereits 1917 veröffentlicht er *Poesías completas*, so als hätte er mit seinem dichterischen Werk bereits abgeschlossen. Doch in den 20er Jahren kommen neue Sammlungen hinzu, die neue Diskursformen erproben. In den *Nuevas Canciones* (1924) verwendet er traditionelle Liedformen, wie dies zur gleichen Zeit der junge Federico García Lorca und Rafael Alberti tun. Eine intensive theoretische Reflexion über Sinn und Funktion der Dichtung begleitet in diesen Jahren seine literarische Arbeit. Sie findet ihren Höhepunkt in *Juan de Mairena* (1936), jener Sammlung poetologischer und philosophischer Notizen eines apokryphen Professors, der analog den Heteronymen Fernando Pessoas ästhetische Theorie und philosophische Reflexion seines Erfinders Machado in spielerischer und scheinbar planloser Folge aneinanderreiht. In Wirklichkeit handelt es sich dabei um eine indirekte Auseinandersetzung mit den an Gewicht gewinnenden avantgardistischen Dichtern der später so genannten 27er Generation und ihren neobarocken Dichtungstheorien.

Schon zu Lebzeiten mehrte sich Machados Ruhm nicht nur wegen der Qualität seiner Dichtung, sondern auch wegen der Integrität seiner Persönlichkeit. Bereits in den 20er Jahren, aber erst recht, als der Bürgerkrieg ausbricht, nimmt er dezidiert Partei für die republikanische Seite und muß im Januar 1939 nach Frankreich fliehen, wo er stirbt. Dieses Bild eines politisch engagierten Machado darf aber nicht vergessen lassen, daß der Autor von *Campos de Castilla* in seiner Jugend modernistische Gedichte von höchster Qualität verfaßte und daß er damit, ähnlich wie Unamuno, zumindest mit einem Teil seines

---

[4] Ebda.

Werkes noch deutlich auf der Ästhetik des späten 19. Jahrhunderts fußt, andererseits aber auf besonders exemplarische Weise den Weg von einer rein ästhetisierenden Lyrik hin zu einer *poesía impura* gefunden hat, wie ihn später auch andere große Dichter des 20. Jahrhunderts gehen werden.

Das Werk von Juan Ramón Jiménez (1881-1958) setzt ein mit dem Jahrhundertbeginn und der 'Schlacht um den Modernismus'. Sein andalusischer Landsmann Machado und Rubén Darío persönlich bitten ihn aus dem heimischen Moguer nach Madrid, damit er seine erste Gedichtsammlung mit dem geplanten Titel *Nubes* vorträgt. Die beiden 'Paten' regen die Teilung der Sammlung in zwei, *Almas de violeta* und *Ninfeas*, an. R. Darío schreibt den Prolog zu *Almas de violeta*. Der Aufstieg Juan Ramóns im Zeichen des Modernismus kann beginnen. Anläßlich der Publikation von Juan Ramóns *Jardines lejanos* (1904) charakterisiert Machado in einem Brief an den Autor treffend die gesamte frühe Schaffensperiode des Dichters aus Moguer, indem er schreibt:

> Suavidad de sonidos, de tonos, de imágenes, de sentimientos. Sedas marchitas o fronda mustia a través de un cristal algo turbio o a través de la lluvia. V. ha oído los violines que oyó Verlaine y a traído (sic) a nuestras almas violentas, ásperas y destartaladas otra gama de sensaciones dulces y melancólicas.[5]

Die Nähe zu den französischen Symbolisten, ihre sinnliche Wahrnehmung sanfter Naturschauspiele, ihre insgeheime Rivalisierung mit den Ausdrucksmöglichkeiten der Musik, ihre an Krankheit grenzende Sensibilität, all das findet sich bei Juan Ramón Jiménez in den ersten Jahren seines Dichtens. Die eigenen Krankheiten, die ihn zu langen Sanatoriumsaufenthalten zwingen, liefern dazu sicher die biographische Erfahrung. Doch Krankheit und Absterben sind Lieblingsthemen der Kunst und Literatur der Jahrhundertwende, die man zu einem beinahe unabdingbaren Potential ästhetischer Erfahrung stilisierte.

Dabei betreibt Juan Ramón Jiménez seine dichterische Arbeit mit äußerster Akribie. Unermüdlich arbeitet er an der Gestalt eines Gedichtes. Bei Wiederauflagen früherer Sammlungen, so der berühmten *Segunda antolojía poética* (1922), entfernt er zahlreiche Gedichte aus der Frühzeit, oder er nimmt sie nur stark verändert auf. Ähnlich dem französischen Symbolisten Mallarmé, der wie er ein unermüdlicher Korrektor der eigenen Dichtung war, arbeitet Juan Ramón auf das große Gesamtwerk, "la Obra", wie er es selbst nennt, hin. Dahinter steckt eine gehörige Portion Sendungsbewußtsein. Gleichzeitig aber zeigt dieser Wille zur Konzentration die Richtung an, in der sich sein poetischer Diskurs in der zweiten Phase seines Dichtens entwickeln wird: "la depuración constante de lo mismo". Der Wandel, der sich mit *Estío* (1915) ankündigt, wird mit dem *Diario de un poeta recién casado* von 1916 endgültig vollzogen. Die Heirat mit Zenobia, einer Spanierin, die in New York aufgewachsen ist, beflügelt ihn in einer Weise, die entscheidend für die weitere Entwicklung seines dichterischen Werkes wird. Bemerkenswertestes Ergebnis dieser intensiven Schöpfungsphase ist das

---

[5] Ebda., S. 263.

erwähnte Tagebuch. Hier verknüpft Juan Ramón Vers und Prosa und realisiert sehr viel von seinem Ideal einer Dichtung, die mit wenigen Worten Essentielles sagt. Die Sammlungen früherer Jahre nennt Juan Ramón nun abschätzig seine "borradores silvestres". Auf ihren großen Redeschmuck, eine manchmal weinerliche Geschwätzigkeit aus modernistischer Zeit, kann der reife Dichter im *Diario* verzichten.

Jiménez weiß, daß sich sein Werk "a la minoría siempre" richtet. Wohl deshalb auch nimmt er relativ geringen Anteil an den manchmal spektakulären Aktivitäten der künstlerischen Avantgarden der 20er Jahre, wenngleich er als Mentor von der Mehrheit der jungen Literaten und Künstler anerkannt wird. Als er 1914 in lyrischer Prosa seinen wohl populärsten Text, *Platero y yo*, veröffentlicht und damit zeigt, daß er sehr wohl sensibel für die konkrete Wirklichkeit ist, reizt der übergroße Erfolg dieses empfindsamen Büchleins Luis Buñuel und Salvador Dalí zu einem provokanten Telegramm an den Meister: "nos creemos en el deber de decirle - sí, desinteresadamente - que su obra (cf. *Platero*) nos repugna profundamente por inmoral, por histérica, por arbitraria".[6] Das Geschrei der Jungen stört das von Juan Ramón selbst thematisierte "silencio de oro" nicht. Er arbeitet weiter an seinem Ideal, der *poesía desnuda*. Erst der Bürgerkrieg läßt auch ihn an ihrer Idealität zweifeln. 1936 geht er mit seiner Frau nach Amerika und wird nicht mehr zurückkehren. 1956 verleiht man ihm den Nobelpreis und fügt in der Begründung hinzu, daß man damit auch die bereits toten, aber für die spanische Lyrik des 20. Jahrhunderts nicht minder wichtigen Dichter Antonio Machado und Federico García Lorca belohnen wolle. Damit ist sehr schön der Wirkungskreis Juan Ramón Jiménez' skizziert. Denn mit Antonio Machado hat er die gemeinsamen Anfänge im Modernismus geteilt, während er Lorcas Aufstieg im Horizont der Avantgarden der 20er Jahre als künstlerischer Mentor wohlwollend begleitete.

2. Avantgarden der 20er und 30er Jahre

Der Erste Weltkrieg und sein Ende wird auch in Spanien vom weniger gefährlichen Schlachtenlärm einer ganzen Phalanx von Avantgarden begleitet. Den Auftakt dazu bildet die Übersetzung des futuristischen Manifests von Marinetti durch Ramón Gómez de la Serna (1910). Der gleiche Gómez de la Serna wird später durch seine *greguerías*, das sind witzige Aphorismen auf der Basis surrealistischer Metaphorik, wesentlich an der Verbreitung surrealistischer Praktiken in Spanien teilhaben. 1918 ist es, nach Rubén Darío, erneut ein lateinamerikanischer Dichter, nämlich der Chilene Vicente Huidobro, der den Spaniern, diesmal aus Paris, eine neue Dichtungsform unter dem Namen *creacionismo* 'importiert': "Die spanische Poesie krankt an Rhetorik, liegt im Sterben vor Literarisierung, weil sie englischer Park ist und nicht Urwald." So lautet die Diagnose Huidobros. Ähnlich wie Reverdy in Frankreich tritt

---
[6] Marco, J., *Poesía española...*, S. 52.

Huidobros *creacionismo* für eine Lyrik ein, die sich löst von ihrer traditionell mimetischen Aufgabe und allein auf die kreative Kraft der Sprache setzt. Die Nähe zum malerischen Kubismus wird gesucht und schlägt sich u.a. in der gezielten Nutzung der typographischen Ausdrucksmöglichkeiten des literarischen Gedichts nieder. Im gleichen Jahr publizieren die Ultraisten, mit den Kreationisten rivalisierend, das Manifest *ultra*. Auch hier strebt man die Tilgung des Anekdotischen, des Narrativen und des altmodisch Rhetorischen an und favorisiert stattdessen den ungehemmten Gebrauch assoziativ gesetzter Metaphern, die durchaus bereits surrealistischen Zuschnitt haben. Gleichwohl gilt festzuhalten, daß den spanischen Avantgardebewegungen zumeist jener Radikalismus fehlt, der beispielsweise den italienischen Futurismus oder den Dadaismus und Surrealismus in Deutschland und Frankreich auszeichnet. Man beschränkt die surrealistischen Praktiken gleichsam auf das Schreibpapier, wenngleich man die Kontakte zu anderen Künsten über Luis Buñuel, den Filmemacher, und Salvador Dalí, den katalanischen Maler, als äußerst fruchtbar für das "Risiko der imaginativen Freiheit" hält. Zweifelsohne sorgt die Nähe zu Frankreich dafür, daß der Surrealismus speziell in Katalonien erfolgreiche Adepten, beispielsweise in J.V. Foix, findet. Aber auch Vicente Aleixandre, Rafael Alberti, Luis Cernuda und Federico García Lorca, also der Kern der 27er Generation, haben zeitweise mit den Freiheiten des Surrealismus in ihrer Lyrik experimentiert.

Begleitet wird der ästhetische Neubeginn, den die zwanziger Jahre in Spanien ohne Zweifel bedeuten, von einer folgenreichen Umorganisierung des literarischen Kanons. Während der Modernismus letztlich sehr viel weniger modern war, als er sich bezeichnete, und eigentlich auf eine subtile Verfeinerung romantischer Dichtungsideale hinauslief, rückt man nun eine literarische Epoche ins Zentrum der Aufmerksamkeit, die der Modernismus verdrängt hatte, nämlich die barocke Dichtung des 17. Jahrhunderts. Góngoras Sprachmetaphorik, im 19. Jahrhundert als künstlich verschrieen, gewinnt in den Augen der neuen Avantgarde ungewohnte Aktualität. Amimetisches Dichten sowie wirklichkeitsenthobene Kunstmetaphorik entdeckt man bei ihm und anderen barocken Poeten, aber auch in der traditionellen Volksdichtung. Die Erinnerungsfeier an den 300. Todestag Góngoras im Jahre 1927, an der viele der jungen Dichter teilnehmen, gerät deshalb zu einer avantgardistischen Manifestation. Als "27er Generation" bezeichnet man heute deshalb García Lorca, Aleixandre, Alberti, Cernuda, Altolaguirre, Prados, Hinojosa, Salinas, Guillén, Diego, Alonso und Bergamín, obwohl die neogongoristische Phase im Werk dieser hochbegabten Dichtergeneration zumeist nur eine kurze Episode blieb und auch ansonsten die Vielfalt ihrer poetischen Diskurse von diesem Etikett keinesfalls abgedeckt wird.

Pedro Salinas (1891-1951) beispielsweise, *poeta doctus* wie Jorge Guillén und Dámaso Alonso, schreibt seit seinem ersten Lyrikband (*Presagios*, 1923) eine Dichtung, die einfach und direkt erfahrene Wirklichkeit reflektiert und die trotz gelegentlicher Nähe zur neobarocken Ästhetik seiner Freunde nie die eindringliche Verständlichkeit verliert, die sie von Anfang an auszeichnet. Luis Cernuda, dessen Professor Salinas in Sevilla war, hält Salinas' zeitweilige Annäherung an die Experimente ultraistischen Dichtens (*Seguro Azar*, 1929 und *Fábula y signo*, 1931) gar für eine Abweichung von seiner eigentlichen Begabung, der dichterischen Umsetzung ganz persönlicher Erfahrung. Die in dieser Hinsicht wohl wichtigste Sammlung von Salinas, *La voz a ti debida* (1933), verzichtet denn auch nicht auf den Gebrauch kühner Bilder. Doch Salinas' Metaphorik scheint stets interiorisiert und befreit von der manchmal spektakulären Artifizialität mancher seiner Zeitgenossen. Zu Recht sprach man bei ihm deshalb von einem "conceptismo interior", der sich im amerikanischen Exil (*Todo más claro*, 1949) zu einem dezidiert moralistischen Engagement für die Sache der bedrohten Menschen wandeln wird.

Wie Salinas war auch Jorge Guillén (1893-1984) mehrfach Lektor und Professor an in- und ausländischen Universitäten und trug schon von daher dazu bei, daß die neue Dichtung Spaniens international bekannt wurde und umgekehrt die spanische Kultur sich dem fruchtbaren Dialog mit anderen Ländern öffnete. Er selbst stand u.a. in engem Kontakt mit Paul Valéry, übersetzte ihn und teilte mit ihm die Überzeugung, daß Dichten eine schwierige und höchst edle Aufgabe des Menschen ist, die mit allergrößter Sorgfalt vor allem der sprachlichen Feier der Welt dienen soll. Jorge Guillén verstand sein Dichten denn auch als lebenslanges Arbeiten an *einem*, *dem* großen Werk. Er ist in dieser Hinsicht durchaus Juan Ramón Jiménez vergleichbar. Sein *Cántico*, an dem er seit 1919 arbeitet, erscheint 1928 zum ersten Mal und wird dann immer wieder erweitert und verändert. Spätere Gedichtsammlungen werden als Ergänzungen des großen *Cántico* gesehen, selbst die sehr viel persönlicher gehaltene und sich manchmal der Prosa nähernde Trilogie *Clamor* (1949-1963). Beide publiziert er unter dem Gesamttitel *Aire nuestro* zu einem Zeitpunkt (1977), als er längst zu einem der letzten lebendigen Monumente einer Dichtergeneration geworden ist, die in den 20er Jahren der spanischen Lyrik zu Weltgeltung verholfen hat.

Gerardo Diego, der Vielseitige unter den 27ern (geb. 1896), tut sich sowohl als avantgardistischer Ultraist (*Evasión*, 1918-1919, *Imagen*, 1918-1921, *Limbo*, 1919-1921, *Manual de espumas*, 1922), als auch als Poet mit einfacher, fast klassischer Stimme (*Versos humanos*, 1925) hervor. Sein publizistisches Wirken ist wesentlich dafür verantwortlich, daß er und seine Freunde als gemeinsame Dichtergruppe der Öffentlichkeit bekannt werden. Auf seine Initiative geht nämlich die Góngora-Feier 1927 in Sevilla zurück. Noch einflußreicher ist diesbezüglich aber seine berühmte *Poesía española. Antología (1915-1931)*, in der in der Tat die bedeutendsten Dichter dieser Epoche mit gut ausgewählten Texten und programmatischen Äußerungen vorgestellt werden.

Federico García Lorca (1898-1936), geboren und ermordet in Granada, ist die geniale Verkörperung aller künstlerischen Aspirationen der 27er Generation. Sein früher tragischer Tod hat den schon zu Lebzeiten großen Ruhm des andalusischen Dichters ins Immense gesteigert. Vielseitig begabt wirkte Lorca als Musiker, Zeichner, Schauspieler, Regisseur, Dichter und Kommentator der ästhetischen Ideale seiner Generation wie ein Animateur, der die befreundeten Künstler und Dichter anzuspornen und das Publikum für die neue und nicht immer leicht verständliche Kunst und Literatur zu gewinnen vermochte. Schon im frühen *Libro de poemas* (1921) ist neben modernistischen Anklängen bereits die eigene Handschrift spürbar. Lorca sammelt in diesen Jahren, unter anderem auf Anregung von Ramón Menéndez Pidal, das Liedgut der andalusischen Zigeuner und veranstaltet 1922 zusammen mit Manuel de Falla ein Festival des *Cante Jondo*. Danach entsteht *Canciones* (publiziert 1927), eine Sammlung, in der sich Lorca bereits intensiv mit der für ihn so typischen Thematik des Todes und der unbefriedigten Liebe beschäftigt und sie in die archetypischen Figuren eines zeitenrückten Zigeunermythos umsetzt. "Canción de jinete" ist sicher das berühmteste Gedicht aus dieser vom neopopularistischen Geschmack der 20er Jahre geprägten Sammlung:

Canción de jinete	*Reiterlied*[7]
Córdoba.	Córdoba.
Lejana y sola.	Einsam und fern.
Jaca negra, luna grande,	Schwarzes Pferdchen, großer Mond,
y aceitunas en mi alforja.	Oliven im Sacke meines Sattels.
Aunque sepa los caminos	Wohl weiß ich die Wege,
yo nunca llegaré a Córdoba.	doch nach Córdoba komme ich nie.
Por el llano, por el viento,	Durch die Weite, durch den Wind,-
jaca negra, luna roja.	schwarzes Pferchen, roter Mond.
La muerte me está mirando	Der Tod starrt mich an
desde las torres de Córdoba.	von Córdobas Türmen.
¡Ay qué camino tan largo!	Ach, wie lang ist der Weg!
¡Ay mi jaca valerosa!	Ach, mein wackeres Pferd!
¡Ay que la muerte me espera,	Ach, wie der Tod mich schon holt,
antes de llegar a Córdoba!	eh ich in Córdoba bin!
Córdoba.	Córdoba.
Lejana y sola.	Einsam und fern.

Im *Romancero Gitano* (1928), seiner wohl berühmtesten Gedichtsammlung, revitalisiert er eine Form traditionellen Dichtens, die Romanze, für die Zielsetzungen einer avantgardistischen Lyrik, die in der manchmal irritierenden, aber emotional überzeugenden Inkohärenz alter Texte ein Vorbild für ihre neue Ästhetik sieht. Zwar wehrte sich Lorca, als man ihn allzu rasch zum erfolgreichen 'Volksdichter' stilisieren wollte. Doch die keinesfalls leicht zugängliche Metaphorik und die avantgardistisch gebrochenen Handlungsschemata seiner Zigeunerromanzen sorgten von selbst dafür, daß dem Werk trotz großen Publikumserfolgs die Aura des Hermetischen erhalten blieb. Der poetologische

---

[7] Übersetzung in: H. Friedrich, *Die Struktur der modernen Lyrik*, Reinbek 1956, S. 175.

Schlüssel zum Verständnis der Romanzen ist im Grunde in seinem berühmten Góngora-Vortrag (*La imagen poética de don Luis de Góngora*) von 1926 zu suchen, in dem Lorca die Ästhetik der avantgardistischen Lyrik überzeugend aus der Poetik des barocken Vorbilds entwickelt. 1929 durchlebt Lorca, der von allen Freunden Vielgeliebte, eine tiefgehende emotionale Krise, unternimmt eine Amerikareise und schreibt, gleichsam als poetische Reaktion darauf, seine künstlerisch wohl anspruchvollste Sammlung, *Poeta en Nueva York*. Die leicht unterkühlte Sinnlichkeit neobarocker Bilderpracht im *Romancero gitano* weicht einem erregten Diskurs, der die großstädtische Erfahrung und sinnliche Überreizung des Dichters reflektiert. Surrealistische Bilder verschleiern die tiefe Irritation eines jungen Mannes, der seiner seelischen Not und seinen neuen Erfahrungen ästhetisch Herr zu werden trachtet. Mit dem intensiven *Llanto por la muerte de Ignacio Sánchez Mejías* (1934), einem Gedicht auf den Tod des befreundeten Künstlers und Stierkämpfers, kehrt Lorca zu einer vertrauteren, lyrischen Redeweise zurück und zeigt einmal mehr, daß in diesem Poeten auch ein Dramaturg steckt, der gerade in den 30er Jahren mit seinen Stücken sehr erfolgreich ist.

Als Rafael Alberti (geb. 1902) Lorca 1924 kennenlernt, hat auch er seinen ersten Gedichtband, *Marinero en tierra*, bereits geschrieben und hat, wie Lorca, traditionelle Kurzgedichtformen für avantgardistische Ziele genutzt. Hinter seinen sprachexperimentellen Bildern im Stile des *creacionismo* bleibt aber die romantische Klage des Dichters über den Verlust des heimatlichen Mittelmeers nach dem Umzug ins großstädtische Madrid (daher der Titel *Marinero en tierra*) deutlich vernehmbar. Sehr viel experimentierfreudiger zeigt sich Alberti in *Cal y Canto* (1926-1927), einer Sammlung, die spielerisch den damals grassierenden Neogongorismus mit kreationistischen Bildkompositionen verschränkt und zu einem erfrischend unkonventionellen Gedichtband zusammenfügt. Die programmatische "carta abierta" im gleichen Band fällt da in ihrer Ernsthaftigkeit beinahe aus dem 'Spielfeld', das *Cal y Canto* zweifelsohne darstellt. Der radikale Wandel in Albertis Dichtung, der ein Jahr später mit *Sobre los ángeles* (verfaßt 1927-1928) sich kundtut, kündigt sich hier bereits an. Aus dem flinken Avantgardisten ist ein von emotionalen Krisen geprüfter Dichter geworden, der sensibel die Erschütterungen der Wirklichkeit um ihn herum wahrnimmt und sie in bedrohlichen Bildern artikuliert. Dem metaphorischen Arsenal von guten und schlechten Engeln, das er dazu aufbietet, merkt man mitunter noch die avantgardistische Herkunft an. Doch aus den spielerischen Träumen der Surrealistenfreunde um Salvador Dalí sind für Alberti persönliche Alpträume geworden. Man ist erneut an Lorca erinnert. Denn auch bei ihm endete die Euphorie der mittzwanziger Jahre in einer tiefen persönlichen Krise, und sein *Poeta en Nueva York* schien nach den persönlichen auch die gesellschaftlichen Erschütterungen der 30er Jahre anzukündigen.

Alberti nimmt im politischen Streit der jungen spanischen Republik dezidert Partei und wird Marxist. *El poeta en la calle* (1931-1936) versammelt seine politische Lyrik. Am Ende des Bürgerkriegs geht er auf die lange Reise des Exils, die so viele andere Dichter mit ihm antreten mußten, und kehrt nach Stationen in Frankreich, Argentinien und Italien erst 1976, nach Francos Tod, ins heimische Puerto de Santa María zurück. Seine Dichtung im Exil zeigt exemplarisch, was das Werk vieler Autoren in dieser außergewöhnlichen, im Europa der Weltkriege aber letztlich doch recht häufigen Situation charakterisiert: Nach Jahren der ästhetischen Experimente und später der politischen Funktionalisierung seiner Lyrik kehrt Alberti zu beinahe klassischen Formen zurück. Die Erinnerung an die verlorene Heimat verwandelt Spanien in einen idealisierten Mythos (*Pleamar*, 1942-1944), während die neue Heimat Gegenstand zum Teil satirischer Kritik wird, wie beispielsweise in *Roma, peligro para caminantes* (1968). Alte Vorlieben, wie die Neigung zur Malerei, die das engagierte Dichterdasein der 30er Jahre verdrängte, werden im Exil wieder aufgegriffen, und Alberti, der Freund vieler Maler, schreibt 1945 eine Kantate *A la pintura*, die dichterisch den Dialog mit der Malerei weiterführt, den er in all den Jahren nie ganz hat abbrechen lassen.

3. Von der Reinheit zur Revolution

Die Radikalisierung des politischen Klimas in den 30er Jahren hat, wie Lorcas und Albertis Entwicklung bereits verdeutlicht, auch für die Lyrik der 27er Generation gravierende Konsequenzen. Während die frühen Gedichtbände zunächst noch in einem Freiraum rein ästhetischer Diskussion rezipiert werden, der von literarischen *tertulias*, Erinnerungsfeiern an große Dichter und poetischem Wettstreit in sorgfältig edierten, aber zumeist kurzlebigen literarischen Zeitschriften charakterisiert ist, werden die ersten bedeutenden Gedichtsammlungen von Vicente Aleixandre und Luis Cernuda in einem bereits stark veränderten Klima wahrgenommen. Der Wandel zeigt sich am deutlichsten in der Gründung neuer Zeitschriften, wie beispielsweise *Octubre, Revista española de artistas y escritores revolucionarios*. Alberti gibt sie ab 1933 unter Mitarbeit von Emilio Prados und später von Luis Cernuda und Antonio Machado heraus. Die Politisierung auf der einen Seite mobilisiert auf der anderen die Verteidiger einer *poesía pura*. Jorge Guillén und Juan Ramón Jiménez sind Vorbilder der Puristen, während seit 1934 der Chilene Pablo Neruda die Kämpfer für eine "rehumanización del arte" um sich schart und für eine *poesía impura* eintritt.

Am wenigsten wird von dieser Polarisierung zunächst noch Vicente Aleixandre (1898-1984) berührt, wenngleich *Pasión de la tierra* (1935), seine erste bedeutende Sammlung (und 1928-1929 zunächst unter dem Titel *La evasión hacia el fondo* verfaßt), sich bereits deutlich von den Schreibexperimenten eines Juan Larrea, Gerardo Diego oder Rafael Alberti unterscheidet. Aleixandres Evasion in die Tiefe sucht das Elementare im Tiefinnersten des Menschen, ist der surrealistischen Suche nach dem Ursprünglichen verwandt, ohne aber gemeinsame Sache mit den in Spanien nie so populären französischen Surrealisten zu machen. Aleixandre bekennt sich bereits früh zu Nerudas

Konzept der *poesía impura*, ignoriert dabei aber souverän die kurzatmigen politischen Implikationen einer solchen Parteinahme. In *La destrucción o el amor* (1935) bricht er endgültig und radikal mit den Konventionen der damals angesehenen Dichtkunst und evoziert die menschliche Leidenschaft als zerstörerische Urkraft, wie das vor ihm noch niemand in der spanischen Lyrik gewagt hat. *Sombra del paraíso* (1944) krönt diese "von kosmischer Erotik geprägte Schaffensphase",[8] während *Historia del corazón* (1954) eine konsequente Weiterentwicklung seines zentralen Themas, der Liebe, nun aber aus der unsentimentalen Perspektive des alternden Dichters, liefert. Der literarische Rang Aleixandres wurde gebührend erst in den 70er Jahren gewürdigt, als man ihm den Nobelpreis verlieh und die jungen spanischen Dichter sich mehr und mehr auf ihn als Vorbild beriefen.

Luis Cernudas (1902-1963) Rolle im Rahmen der 27er Generation ist der Vicente Aleixandres gut vergleichbar. Wie dieser hält er sich zeitlebens am Rande der Gruppe auf. Die persönliche Marginalisierung, teilweise bewußt herbeigeführt, setzt er in eine Lyrik von radikaler Originalität um, die erst in den 30er Jahren mit *Los placeres prohibidos* (1931) die gebührende Beachtung fand. Anders als die meisten seiner Dichterfreunde öffnet er sich stärker dem französischen Surrealismus, schätzt Rimbaud, den *poète maudit* aus dem 19. Jahrhundert, weil er sich, ähnlich wie dieser, in einer bedingungslosen Verweigerungshaltung gegenüber der bürgerlichen Gesellschaft fühlt und den manchmal frivolen Ästhetizismus der 20er Jahre in zunehmendem Maße ablehnt. Deshalb arbeitet er auch in Albertis *Octubre* mit, wenngleich er als ausgeprägter Individualist engagierte Dichtung für die Massen nie produzieren wird. Stattdessen schreibt er weiter an einer Lyrik, die die von ihm oft schmerzlich erfahrene Kluft zwischen utopischer Lebensbegierde und abweisender Wirklichkeit evoziert und die später unter dem programmatischen Titel *La realidad y el deseo* (1936) erscheint. Der Bürgerkrieg treibt auch ihn ins Exil. England, USA und Mexiko werden neue 'Heimat' und bringen neue schmerzliche Erfahrungen (vgl. *Vivir sin estar viviendo*, 1949). Das Gefühl der Ausgeschlossenheit verschärft sich dadurch eher noch, ohne daß aber die Kraft seines Dagegenanschreibens ermüden würde (vgl. *Desolación de la quimera*, 1962). Für die Dichter der 60er und 70er Jahre wird Cernuda wohl gerade deshalb zu einem der wichtigsten Vorbilder.

Auch das Werk von Miguel Hernández (1910-1942) ist deutlich vom ästhetischen und politischen Umbruch geprägt, der die 30er Jahre charakterisiert. Zunächst tut sich der gelehrige Schüler der 27er Generation aus dem andalusischen Orihuela durch den dezidierten Gongorismus seiner ersten Gedichtsammlung *Perito en lunas* (1933) hervor. Auch der Neopetrarkismus seines amourösen Sonettzyklus *El rayo que no cesa* (1936) ist noch deutlich an den ästhetischen Idealen der 20er Jahre orientiert. Juan Ramón Jiménez lobt seine "elemental naturaleza desnuda". Doch der leidenschaftliche Hernández läßt sich nicht zu einem Jünger Garcilasos machen, dessen 400. Todestag man 1936

---

[8] Siebenmann, G., J.M. López (Hg.), *Spanische Lyrik...*, S. 416.

begeht, sondern er wandelt sich, ermutigt von Vicente Aleixandre und Pablo Neruda, sehr rasch zu einem Dichter des einfachen Volkes, der auch politisch Partei ergreift. Bei Ausbruch des Bürgerkriegs tritt er dem berühmten Fünften, kommunistisch orientierten Regiment bei, agiert dort als Kulturkommissar und veröffentlicht mit *Viento del pueblo* (1937) und *El hombre acecha* (1939) Lyrik, die sich in pathetisch einfacher Sprache überzeugend für die Unterprivilegierten des spanischen Volkes einsetzt.

El niño yuntero	Das Kind als Zugtier[9]
Carne de yugo, ha nacido más humillado que bello, con el cuello perseguido por el yugo para el cuello.	Jochfleisch, mehr geschändet als schön geboren, Hals, verfolgt durchs Joch für den Hals.
Nace, como la herramienta, a los golpes destinado, de una tierra descontenta y un insatisfecho arado. ...	Geboren, als Werkzeug - verdammt zu Schlägen - einer unzufriedenen Erde, einer hungrigen Pflugschar. ...

Von Francos Häschern gefaßt, stirbt Hernández im Gefängnis und wird nach Lorcas gewaltsamem Tod zum zweiten großen Märtyrer eines Krieges, für den vor allem die republikanisch gesinnten Dichter mit Tod, Verfolgung und Exil büßen müssen.

Luis Rosales (geb. 1910) und Luis Felipe Vivanco (1907-1975) veröffentlichen wie Miguel Hernández ihre ersten wichtigen Gedichtbände in einer Zeit politisch-sozialer Unruhe (Rosales, *Abril*, 1935; Vivanco, *Cantos de primavera*, 1936), und ähnlich wie beim Dichter aus Orihuela fällt zunächst die Rückkehr zu klassischen Formen auf. Auch die Begeisterung für die sinnlichen Qualitäten der Wirklichkeit, die Euphorie in der Evokation der Kommunion des Menschen mit der Natur verbinden die ersten Gedichtbände von Rosales und Vivanco mit den frühen Sonetten Hernández'. Angesichts der politisch-sozialen Erschütterungen, die Spanien in diesen Jahren durchlebt, wirken sie aber manchmal wie die (gelungene?) Beschwörung einer schöneren Wirklichkeit, die sich zunehmend als utopisch erweist ("vivir es asombrarse / ante el cielo y la espiga y la brizna de yerba" liest man in Rosales' *Abril*), wie eine kunstvolle Form der Evasion, während hinter der unruhigen Leidenschaftlichkeit von Hernández bereits etwas von der Bedrohung des ersehnten und vielfach beschworenen Liebesglücks spürbar wird. Miguel Hernández entscheidet sich 1936 denn auch endgültig für den Weg des "poeta en la calle", während Rosales und Vivanco fortfahren, ihr sprachliches Ausdruckspotential zu verfeinern und ihre Poesie zunehmend auf ein von religiösen Motiven geprägtes Engagement für die Welt als Schöpfung Gottes zu gründen. "Hay que creer en el acento más puro, más sencillo, más

---

[9] Ebda., S. 216-217.

fuerte, más humano y más divino de la poesía", betont Vivanco und widmet Luis Rosales damit seine *Cantos de primavera*.

Dámaso Alonso (1898-1990) müßte als Mentor der 27er Generation eigentlich im vorangehenden Kapitel behandelt werden, hat er doch durch seine Studien über Góngora und die moderne Lyrik überzeugend den Zusammenhang zwischen der Sprachartistik des Barockdichters einerseits und der experimentellen Poesie der 27er Gruppe andererseits sichtbar gemacht. Mit *Poemas puros. Poemillas de la ciudad* (1921) nimmt er zudem schon relativ früh und teilweise ironisch an der Debatte um die *poesía pura* teil. Sein entscheidender - und man kann durchaus sagen sensationeller - Beitrag zur Geschichte der modernen spanischen Lyrik ist aber der Gedichtband *Hijos de la ira*, mit dem er 1944 Texte von einer solchen Eindringlichkeit und verhaltenen Widerstandsbereitschaft veröffentlichte, wie sie unmittelbar nach dem Bürgerkrieg niemand für möglich hielt. Zunächst bedeutete die Niederlage der Republik ja für viele Autoren Exil und erzwungenes Schweigen, für die Dichter auf seiten der Franquisten, daß sie mit ihrer Lyrik ein entstandenes Vakuum füllen mußten. Die regimefreundliche Zeitschrift *Garcilaso* sollte der Propagierung eines sich bereits in den 30er Jahren anbahnenden Neoklassizismus dienen. Die Publikation religiöser Lyrik wurde massiv favorisiert. So veröffentlicht der einflußreiche Valbuena Prat bereits 1940 eine *Antología de la poesía sacra*. Zukunftsoptimismus und ein scheinbar unschuldiger Kult des traditionell Schönen werden aufgeboten, um geistige Wiederaufbauarbeit zu leisten.

In dieses Klima inszenierter Zuversicht platzt Alonsos *Diario íntimo*, wie er *Hijos de la ira* im Untertitel nennt, wie eine Bombe. Der kleine und schüchterne Philologieprofessor, der die ersten Jahre der Franco-Zeit relativ zurückgezogen erlebt, legt damit eine Serie von Klagegedichten, Selbstverunglimpfungen und polemischen Attacken vor, die schmerzgeprägt, wutentbrannt und unterstützt von einer präzisen Metaphorik, die ungewöhnliche Widerstandskraft eines Dichters 'in dürftiger Zeit' (so lautet das von Hölderlin entliehene Motto, das Valente für seine engagierte Lyrik in *Punto Cero* wählt) demonstrieren. "Madrid es una ciudad de más de un millón de cadáveres (según las últimas estadísticas)". So beginnt Dámaso Alonsos Gedichtband, der für viele junge Autoren wie ein Hoffnungsschimmer wirkte, weil er die geistige und materielle Zerstörung des Landes ehrlich evozierte und gerade aus der Feder eines Dichters der 27er Generation ein solcher Neubeginn besonders überzeugend war. *Hijos de la ira* bildet gleichsam einen späten und überraschenden Höhepunkt einer Dichtergeneration, die in den 20er Jahren euphorisch die Erneuerung der spanischen Lyrik begann, die in den 30er Jahren, zunehmend politisiert, Partei ergriff und die nun, in den 40ern und 50ern, soweit sie den Krieg überdauerte, aus der Vereinzelung des künstlerischen Individuums heraus pathetische und aufrüttelnde Versuche existentiellen und moralischen Überlebens unternimmt. Dámaso Alonsos Gedichte sind diesbezüglich mustergültig und markieren gleichzeitig den Beginn einer neuen Lyrik existentialistischen Selbstzweifels, wie sie später Blas de Otero, José Hierro und andere schreiben werden. Vicente

Aleixandres *Sombra del paraíso* (1944) erfüllt im übrigen eine ähnliche Brückenfunktion für die Folgegeneration wie *Hijos de la ira*.

4. 'Poesía social', kritischer Surrealismus und neuer Ästhetizismus

Zunächst wird zwar versucht, mit offiziöser Rückendeckung und über die Zeitschriften *Garcilaso* und *Escorial* den bereits seit den 30er Jahren zu beobachtenden Neoklassizismus weiterzupflegen. Doch außer José García Nieto folgt kaum ein Lyriker von Gewicht den Lemmata Garcilasos, die man den jungen Poeten als Losung empfiehlt.[10] 1944, ein Jahr nach der Gründung von *Garcilaso*, erscheint im provinziellen León *Espadaña*, herausgegeben von V. Cremer und E.G. de Nora. *Espadaña* begreift sich von Anfang an als Gegner der nur scheinbar unpolitischen Garcilasisten:

> Va a ser necesario gritar nuestro verso actual contra las cuatro paredes o contra los catorce barrotes sonetiles con que jóvenes tan viejos como el mundo pretenden cercarle, estrangularle. Pero nuestro verso, desnudo y luminoso, sin consignas y sin la necesidad de colocarnos bajo la advocación de ningún santón literario, aunque se llame Góngora o Garcilaso.[11]

Man tritt ein für eine "rehumanización poética" und weiß sich damit in der dichterischen Nachfolge des Kampfes um die *poesía impura*, den Pablo Neruda in den 30er Jahren bereits entfachte. Blas de Otero, Eugenio de Nora, Gabriel Celaya, José Hierro und viele andere finden in *Espadaña* ein Forum, in dem sie Gedichte existentialistischer Reflexion und bald auch die Texte der sog. *poesía social*, d.h. einer Dichtung, die sich für die "inmensa mayoría" (Otero) einsetzt und von dieser auch verstanden wird, veröffentlichen können. Zwar behindert gerade in den 40er und 50er Jahren die franquistische Zensur jegliche freie Meinungsäußerung. Aber gerade die Dichter haben es immer wieder verstanden, ihre Botschaft auch zwischen den Zeilen lesbar zu machen.

Gabriel Celaya (d.i. Rafael Múgica, geb. 1911) ist sicher der engagierteste unter den *poetas sociales* der Nachkriegszeit. Seine wichtigsten Gedichtbände erscheinen in der von ihm gegründeten Reihe *Norte*, einem weiteren Forum der *poesía social*, wie überhaupt ein Großteil der kritischen Infragestellung systemkonformer Literatur aus den nördlichen bzw. katalanischen Regionen des Landes kommt. Celaya selbst unterscheidet zu Recht vier Phasen der Entwicklung in seinem Werk und illustriert damit auf paradigmatische Weise die dichterische Evolution vieler seiner Zeitgenossen: "surrealismo, existencialismo, poesía social y poesía personal".[12] In der Tat hat Celaya bereits 1935 einen surrealistisch gefärbten Gedichtband, *Marea del silencio*, vorgelegt. Seine

---

[10] Vgl. Palomo, M.P., *La poesía en el Siglo XX (desde 1939)*, Madrid 1988, S. 79.

[11] Ebda., S. 35.; "Es wird erforderlich sein, daß wir unsere aktuellen Gedichte hinausschreien aus den vier Wänden oder den vierzehn Gitterstäben des Sonetts, mit denen junge Kritiker, die so alt sind wie die Welt, sie einkreisen und erwürgen wollen. Aber unsere blanken und leuchtenden Verse brauchen keine Losung und keine Fürsprache durch irgendeinen Literaturheiligen, selbst wenn er Góngora oder Garcilaso hieße." (Übers. K. Dirscherl).

[12] Ebda., S. 71.

existentialistischen Gedichte (*Tranquilamente hablando*, 1947, *Las cosas como son*, 1949) zeichnen sich durch eine prosanahe, sehr direkte Sprache aus. Mit *Las cartas boca arriba* (1951) verstärkt sich diese Tendenz zur Vereinfachung. Gleichzeitig markiert die Sammlung die entschiedene Hinwendung zur *poesía social*. Programmatisch fordert er "La poesía es un instrumento, entre otros, para transformar el mundo" und legt in der Folge eine Fülle von Gedichtbänden vor, die dieses Ziel kämpferisch verfolgen. Bewußt verzichtet er auf sprachlichen Schmuck und formale Eleganz und richtet stattdessen sein Augenmerk auf die kritische Kraft der Argumente und das Pathos der Sozialanklage, zu der seine Verse immer wieder finden. Als in den 60er Jahren die *poesía social* ihre ursprüngliche Kraft verliert, öffnet sich Celaya einer *Lírica de cámara* (1969), die mehr und mehr die einstige Zuversicht des kämpferischen Poeten der ersten Nachkriegszeit vermissen läßt.

Wenn Gabriel Celaya der politisch engagierteste der *poetas sociales* ist, so muß Blas de Otero (1916-1979) als der ästhetisch am überzeugendste gelten. Wie Celaya im Baskenland geboren, studiert er in Madrid und kehrt nach langen Auslandsreisen während der Franco-Zeit in den 70er Jahren dorthin zurück. Otero tritt als Dichter zum ersten Mal mit *Cántico espiritual* (1942) hervor. Ein weiterer *Cántico* in der Nachfolge von Guillén, könnte man meinen, doch Oteros Verse überzeugen von Anfang an durch die existentielle Angst und die tief empfundene Religiosität, die in ihnen spürbar wird. Erinnern wir uns daran, daß zwei Jahre später Dámaso Alonsos *Hijos de la ira* erscheinen. Die Religiosität Oteros wird zunehmend zu einem kritischen Dialog mit Gott ("Oh, cállate, Señor, calla tu boca / Cerrada, no me digas tu palabra / de silencio"). In *Angel fieramente humano* (1950) öffnet Otero endgültig seine Dichtung der Sorge um die "inmensa mayoría", der er in provozierender Umkehrung des lyrischen Programms von Juan Ramón Jiménez ("A la inmensa minoría siempre") seine folgenden Sammlungen widmet. "Definitivamente cantaré para el hombre", verkündet er im "Canto primero". Allein die Titel seiner Sammlungen sind Programm genug (*Pido la paz y la palabra*, 1955, *Que trata de España*, 1964), um sein Engagement für die Menschen Spaniens und ihre Not in der Zeit der Diktatur zu verdeutlichen. Dabei ist wichtig, und das unterscheidet ihn von Celaya, daß Blas de Otero niemals die ästhetische Qualität seiner Verse vernachlässigt: "Die Aufgabe der Dichtung ist sozial, und zwar, unter anderem, mittels ihrer ästhetischen Funktion".[13] Deshalb auch nimmt er begierig Anregungen von anderen Dichtern auf, integriert volkstümliche Formen, wie es die 27er in ihrer Lyrik getan haben und läßt sich gleichwohl nie zu einer Ästhetik des literarischen Spiels verführen, wie sie gegen Ende der Franco-Zeit sich allmählich durchsetzt. Zu sehr brennen ihm die Probleme Spaniens und Spanien als Problem auf den Nägeln.

Auch José Hierro (geb. 1922 in Madrid), ein weiterer *poeta social* von Gewicht, verbringt seine Jugend im Baskenland und bestätigt einmal mehr, daß die

---

[13] Ebda., S. 89.

kritische Erneuerung der Lyrik der Nachkriegszeit vom Norden ausgeht. Nach eigenen Aussagen schreibt er entweder "reportajes" oder "alucinaciones", wobei vor allem das, was er in kritischer Untertreibung 'Reportage' nennt, die Zielsetzungen der *poesía social* verwirklicht. *Quinta del 42* (1953), aber auch seine wohl wichtigste Sammlung, *Cuanto sé de mí* (1957), liefern beeindruckende Beispiele einer Lyrik, die manchmal ungewöhnlich nahe am Duktus der Prosa operiert und mit klaren Worten präzise und bewegend einfaches Unglück, tägliche Not und die Dilemmata des reflektierenden, aber letzlich mit seiner Poesie gut überlebenden Dichters angesichts einer häßlichen Wirklichkeit benennen. Gedichte wie "Reportaje" oder "Requiem" sind hervorragende Beispiele dieser *poesía de testimonio*, einer konkreten und ehrlichen Auseinandersetzung mit der spanischen Wirklichkeit, die weit mehr an Erkenntnis und Anschauung vermitteln, als jene Texte, die in der Garcilaso-Nachfolge die Schönheiten Spaniens besingen und gegen die sich José Hierro unter anderem in dem Gedicht "Para un esteta" (aus *Quinta del 42*) ironisch wendet. Mit dem *Libro de las alucinaciones* (1964) legt er Texte vor, die vorsichtig tastend der Wahrheit der Gefühle auf den Grund zu kommen trachten und behutsam sich um Verständnis in einer letztlich opaken, im Spanien der 50er und 60er Jahre besonders undurchsichtigen Welt bemühen. José Hierro weist damit bereits den Weg, den die Lyrik in den 60er Jahren nehmen wird, die Ablösung der konkret engagierten *poesía social* durch eine *poesía de conocimiento*, eine Lyrik, die Erkenntnis sucht, statt Überzeugungen zu predigen.

Lange Jahre hat man über dem lautstark ausgetragenen Antagonismus von *poesía social* und neoklassischem *garcilasismo* nicht wahrgenommen, daß in den 40er und 50er Jahren daneben auch ganz andere Dichtung geschrieben wurde, die ebenfalls unsere ganze Aufmerksamkeit verdient. Erst die Poeten der 70er und 80er Jahre entdecken in ihrem Bemühen, sich von den überlebten Idealen der kämpferischen Franco-Zeit abzusetzen, diese bis dato kaum rezipierten, heute aber in ihrem Innovationswert hochgeschätzten Dichter. Da ist zunächst Miguel Labordeta (1921-1969) aus Zaragoza zu erwähnen, der provokant seinen Provinzialismus gegen die madridzentrierte Kulturschickeria ausspielt und der seit den 40er Jahren eine zunächst moderat surrealistische Lyrik abseits der Debatten um engagierte und 'reine' Dichtung schreibt. Seine Texte spielen mit der Sprache, aber sie treiben ein ernstes Spiel, in dem die Zerstörung der Wirklichkeit und die Zweifel des Autors an seiner Funktion als Dichter in einer kaputten Welt ironisch reflektiert werden. In den 50er Jahren wird seine Lyrik zunehmend politischer (*Transeúnte central*, 1950), ohne daß er seine surrealistische Vergangenheit und den daraus resultierenden spielerischen Sprachgebrauch je ganz ablegt. Bezeichnend für ihn und seine Verweigerungshaltung ganz anderer Art ist unter anderem, daß er zwischen 1952 und 1969 nichts außer zwei Anthologien (*Memorandum*, 1959 und *Punto y aparte*, 1967) veröffentlicht, also schweigt, wo man sprachlich nichts mehr bewegen kann. Postume Texte, z.B. *La escasa merienda de los tigres y otros poemas* (1975), belegen aber, daß hier eine innovationsreiche, auch metrisch interessante, thematisch ernsthafte und zugleich witzige Lyrik abseits der großen *tertulias* in Madrid und Barcelona geschrieben wurde, die man erst jetzt dabei ist, entsprechend zu würdigen.

Um einen ebenfalls lange Zeit nicht beachteten Außenseiter von Gewicht handelt es sich bei Carlos E. de Ory (geb. 1923), der 1945 zusammen mit dem Maler Eduardo Chicharro den kurzlebigen *postismo* samt gleichnamiger Zeitschrift gründet, der aber, seines Lebens in Spanien überdrüssig, seit 1951 in Frankreich, und zwar zumeist in der normannischen Provinz lebt. Auch in seiner respektlos ironischen Lyrik sind surrealistische Verfahren unübersehbar. Ory inspiriert sich im Gegensatz zu anderen spanischen Surrealisten sehr viel direkter an französichen Quellen (Vgl. "Botija para André Breton"). Dazu paßt dann auch, daß er die Sorge, die *preocupación* der *poetas sociales* nicht ganz so ernst nehmen kann, wie dies beispielsweise in *Espadaña* geschieht. Zeitweise lesen sich seine Gedichte wie ein heilsames Gegengift gegen das Pathos des damals üblichen religiösen Existentialismus und die Lyrik der "rehumanización". Bei Ory merkt man dem Spott über ernste Themen aber trotzdem die Betroffenheit über die berechtigten Ängste der Menschen insbesondere Spaniens an. Selten werden seine Gedichte deshalb zum Zeitpunkt ihrer Abfassung publiziert; nur wenige spanische Editoren wagen es in diesen Jahren, ihren Lesern einen so irritierenden und gleichwohl witzigen Zerrspiegel der eigenen Literatur und Wirklichkeit vorzuhalten. Erst 1970 erscheint eine von Félix Grande veranstaltete Gesamtausgabe, *Poesía 1945-1969*, und seither hat Ory das Interesse der jungen Dichterkollegen und der Kritik auf sich gezogen.

Abseits des poetologischen Schlachtenlärms in Madrid und Barcelona formiert sich auch die Gruppe *Cántico* im Córdoba der frühen 40er Jahre. Anders als Ory, aber doch in vergleichbarer Opposition zum pathetischen "tremendismo" der engagierten Poeten um *Espadaña*, strebt man eine kunstvolle Lyrik im Stile der 27er Generation an und distanziert sich gleichzeitig vom religiös angehauchten *garcilasismo* der regimefreundlichen Poesie. Ihre wichtigsten Autoren sind Pablo García Baena und Ricardo Molina. Insbesondere García Baenas Texte zeichnen sich dabei durch höchste sprachliche Sorgfalt, eine neue und sinnliche Metaphernpracht (vgl. "Galán" aus *Antiguo muchacho*, 1950) und eine vitalistische Subjektivierung der sowohl von den Garcilacisten wie von den *poetas sociales* vernachlässigten Liebesthematik aus. Offen kritisiert werden sowohl die Abstraktheit der konservativen Neoklassiker wie auch die Limitationen einer Lyrik, die sich auf eine Zeugnis- und Kritikfunktion im gesellschaftlichen Kontext beschränkt. Für die Dichter von *Cántico* ist Poesie "ante todo arte, encantamiento, sensible delicia, ... La palabra en el verso no es la sierva, sino la esposa del concepto". Damit ist ein weiterer Ausweg aus der Sackgasse gewiesen, als die man die *poesía social* immer mehr betrachtet. In den ersten beiden Dekaden der Nachkriegszeit hat die offizielle Kritik und ihre Gegenkritik diese Auswege aber kaum wahrgenommen. Labordeta, Ory und die Gruppe *Cántico* sind allesamt (Wieder-)Entdeckungen der Dichter der *transición*, jener Autoren also, die in den 70er Jahren eine neue Ästhetik fernab ausgetretener Pfade suchen.

5. Lyrik als Weg der Erkenntnis

Die Abwendung von der *poesía social* erfolgt aber zunächst bereits im Kreise jener Dichter, die den Bürgerkrieg noch als Kinder miterlebt haben, in der Francozeit ihre dichterische Reife erlangen, eine Zeit lang wohl an die Ablösung des Regimes glauben und folglich ihre Lyrik auch in den Dienst aufklärerischer bis kämpferischer Aufgaben stellen. Als sich das Regime aber zunehmend stabilisiert, setzt bei ihnen ein Prozeß der Desillusionierung und gleichzeitig der ästhetischen Umorientierung ein. José Angel Valente, vielleicht der wichtigste Autor dieser Epoche, hat mit seinem Plädoyer für eine *poesía de conocimiento* und gegen eine *poesía de comunicación* diesen Wandel argumentativ auf den Punkt gebracht. Die Wege der Erkenntnis, die die neue Lyrik gehen wird, sind zwar unterschiedlicher Art. Gemeinsam ist ihren Autoren aber, daß sie die dichterische Sprache mit ihrer Fähigkeit zu indirekter, vielschichtiger, auch alogischer Aussage neu ins Recht setzen und damit ihre manchmal allzu plane Funktionalisierung für ideologische Aufgaben ein für allemal obsolet machen.

Am wenigsten abrupt vollzieht sich der Wandel bei Angel González (geb. 1925), der in Asturien aufwuchs, dort als Kind den Bergarbeiteraufstand 1934 miterlebte und auch die aktive Teilnahme seiner Familie auf der republikanischen Seite im Bürgerkrieg. Seine beiden ersten Sammlungen, *Aspero mundo* (1956) und *Sin esperanza, con convencimiento* (1961), sind noch deutlich den Zielen der *poesía social* verpflichtet, wenngleich das Engagement von Angel González nie ein engstirnig politisches, stets ein moralisches für die Menschen in ihrer konkreten Not ist. Für seine Lyrik zieht er denn auch den Begriff der *poesía crítica* vor, da sie für die Auseinandersetzung mit der Wirklichkeit häufig den Weg der sanften Ironie, der metaphorischen Indirektheit wählt und sich nicht mit einer mimetischen Darstellung von Mißständen begnügt. Die scheinbare Kunstlosigkeit der Verse verbirgt dabei zumeist eine komplexe, oft narrative Struktur der Gedichte. Manchmal lesen sie sich wie ein Gespräch. Aber gerade dieser unprätentiöse Ton macht des Autors Sarkasmus und wachsende Desillusionierung umso eindringlicher. Mit *Tratado de urbanismo* (1967) verläßt der einstmals engagierte Poet endgültig die Position des aufklärerischen Lehrers und zieht sich auf ein ironisches, immer noch stark an der konkreten Wirklichkeit orientiertes Registrieren und Infragestellen moderner Zivilisationsauswüchse zurück. Gelegentlich öffnet er den *Tratado de urbanismo* sogar für so leichtfertige Dinge wie "canciones, sonetos y otras músicas". Die Rückkehr des spielerischen Umgangs mit Themen und Formen scheint damit angekündigt, wenn auch Angel González, als die *novísimos* in den 70er Jahren damit spaßigen Ernst machen und lautstark auf die Bühne der literarischen Öffentlichkeit stürmen, naserümpfend eine ironische "Oda a los nuevos bardos" (1977) schreibt.

Den Wandel vom engagierten Dichter zum ironischen Kommentator des bürgerlichen Spaniens, aus dem er selbst stammt, vollzieht Jaime Gil de Biedma (1929-1989) sehr viel rascher und konsequenter. In *Compañeros de viaje* (1959) finden sich noch dezidiert kämpferische Texte ("Por lo visto es posible decir no") neben nostalgischen Reflexionen über die Ambivalenz der eigenen Situation als bürgerlicher Student in einer ungeliebten, aber das Überleben gut ermöglichenden Diktatur. Doch die Resignation über die relative Unveränderlichkeit der heimischen Situation führt auch bei ihm zu Desillusionierung und wachsendem Zynismus. Er zieht sich zurück auf die Beobachtung seiner selbst, seines privaten großstädtischen Ambientes, kommentiert ironisch-liebevoll seine eigenen Dilemmata und liefert damit weit über seine scheinbar 'kleine' Thematik hinaus eine hochmoderne Diagnose der soziopsychischen Befindlichkeit des zivilisierten Menschen in einer zunehmend normfreien Gesellschaft. Seine wichtige und 1966 von der spanischen Zensur beanstandete Sammlung *Moralidades* ist deshalb auch mitnichten ein von ethischen Grundsätzen geprägtes Poemarium. Viel eher kann man hier den Dichter als Moralisten im französischen Sinne des Wortes, als ironisch-witzigen Analysator der *mores* einer Gesellschaft kennenlernen, der mit freizügigen Worten und manchmal ingeniös einfachen Versen Wahrheiten und Einsichten den Leser erahnen läßt, die er immer schon meinte, gehabt zu haben und die ihn Gil de Biedma anleitet, neu zu überdenken. In vielen seiner Gedichte führt Gil de Biedma einen subtilen Dialog mit anderen Dichtern, mit Künstlern anderer Länder und öffnet so die spanische Lyrik neuen Gedanken, Themen und Diskursformen, die sie - ob neoklassizistisch-konservativ oder engagiert-kritisch - bislang als frivoles Importgut zu scheuen schien. Viele junge Dichter sehen ihn deshalb als ein Vorbild, obwohl sein Werk letztlich schmal ist und er nach der frühen Gesamtausgabe seiner Gedichte, *Las personas del verbo* (1975), nur mehr einige wenige "poemas póstumos" publiziert hat.

Carlos Barral (1928-1990), der einflußreiche Dichter und Verleger aus Barcelona, hat bereits 1953 in der damals einflußreichen Zeitschrift *Laye* eine deutliche Absage an die *poesía social* formuliert: "Poesía no es comunicación". Im gleichen Jahr überrascht der junge Claudio Rodríguez (geb. 1934) die Jury des wichtigsten Lyrikpreises, des *Adonais*, mit *Don de la ebriedad*. Dieses sprachlich äußerst reichhaltige und raffiniert formulierte Langgedicht paßt mit seiner enthusiastischen Hinwendung an eine sinnlich erfahrene Natur so gar nicht in die damalige literarische Landschaft. Und in der Tat handelt es sich dabei um eine erste und besonders gelungene Realisierung jenes neuen Dichtungstyps, den Valente *poesía de conocimiento*, Claudio Rodríguez "un modo particular de conocer" nennt. Die dichterische Erfahrung der Wirklichkeit wird dabei konsequent als eine eminent sprachlich geprägte und deshalb mit besonderen - fernab der wissenschaftlichen - Möglichkeiten ausgestattete Kompetenz des kreativen Menschen begriffen. Neue Wortfügungen und alogische Satz- und Textsyntagmatik werden als Erkenntnisinstrumente besonderer Qualität erkannt und von Claudio Rodríguez in einer Lyrik von überraschender Originalität verwendet. In den späteren Sammlungen (*Conjuros*, 1958; *Alianza y condena*, 1965) zeigt Rodríguez durch seinen oft prosanahen Ton, daß sprachkreative Lyrik durchaus lesbar bleiben kann. Bei aller Originalität zeichnen sich vor allem seine späteren Gedichte durch rhetorische Zurückhaltung und einen 'Realismus der kleinen Dinge' aus, der erst bei genauerer

Lektüre die weitreichenden Einsichten preisgibt, zu denen der Dichter den kooperationsbereiten Leser anstiften will. "Der dichterische Erkenntnisweg ist der Weg, den das Gedicht selbst sprachlich durchläuft." Darin kommt eine neue Zuversicht in die Kraft der Sprache zum Ausdruck, wie sie seit der 27er Generation in Spanien nicht mehr spürbar war. In *Desde mis poemas* (1983) hat der Autor sein bisheriges Werk versammelt und überzeugend knapp charakterisiert, als er schrieb: "Cuanto más se individualiza el estilo, mucho más se comunica o participa."

José Angel Valente (geb. 1929 im galizischen Orense) teilt mit Claudio Rodríguez die Vorliebe für Juan de la Cruz, und wie dieser plädiert er für eine neue 'Dichtung der Erkenntnis', die sich, wohlwissend um die beschränkte Kraft der Sprache, gleichwohl nur auf sie allein stützt. Anders als Rodríguez, aber das verbindet ihn mit den meisten Dichterkollegen seines Alters, beginnt auch er zunächst mit engagierter Lyrik (*A modo de esperanza*, 1955 und *Poemas a Lázaro*, 1960). Doch bereits hier zeigt Valente, der seit 1954 mit kurzen Unterbrechungen im Ausland lebte und erst seit 1987 wieder beginnt, im andalusischen Almería Fuß zu fassen, daß er die Kunst der "kargen Rede",[14] die er bei Juan de la Cruz bewundert, bestens beherrscht. Valentes Texte sind von Anfang an sehr sprachbewußt, thematisieren die Möglichkeiten und Schwächen der Dichtung und schaffen es gleichwohl, politisch Stellung zu nehmen. Nicht Garcilaso oder Góngora sind seine Vorbilder, sondern Rimbaud, Lautréamont, Unamuno und Luis Cernuda, Dichter also, die ihre Existenz zu ergründen und zu erneuern suchten, indem sie eine neue Sprache erprobten und dabei nicht selten nicht nur ihr Lexikon, sondern ihre Existenz aufs Spiel setzten. Damit wird auch deutlich, daß Valentes Innovation des lyrischen Diskurses zunächst Zerstörungsarbeit am herrschenden Diskurs voraussetzt. Eine Zerstörung freilich, die Valente durchaus als kreativ ansieht. Einen Teil dieser Zerstörungs- und Aufbauarbeit vollbringt er als überaus hellsichtiger Literaturkritiker, der langsam und stetig an der Neuorganisation des in Spanien bis dahin akzeptierten Wertekanons arbeitet. Favorisiert werden dabei Autoren, die durch Werk und Leben die Dichtung und die Sprache an ihren extremen Existenzrand bringen, wie dies beispielsweise die spanischen Mystiker oder Vicente Aleixandre tun, und die durch derartige Überdehnungen des Sprachmaterials 'Erkenntnis durch Dichtung' ermöglichen.

Seine Lyrik, die er unter dem programmatischen Titel *Punto Cero* 1972 zum ersten Mal als Gesamtwerk herausgibt, hat deshalb immer ein wenig den Charakter von Metapoesie, von Dichtung, die nachdenkt über ihre eigenen Möglichkeiten. In den letzten Jahren geht Valente konsequent den bereits früh angekündigten Weg der mystischen "cortedad del decir" weiter. Allein die Titel seiner Textbände (*Treinta y siete fragmentos*, 1972, *Tres lecciones de tinieblas*, 1980), die längst nicht mehr nur noch Gedichte, sondern auch poetische Prosafragmente enthalten, indizieren, daß Valente unentwegt an einer Poesie

---

[14] Valente, J.A., *Las Palabras de la tribu*, Madrid 1971, S. 59.

arbeitet, die in der "explosión del silencio" (vgl. "Un canto") zu neuen, unerhörten Aussagen fähig ist. Dazu ist ihm jedes Experiment recht, seien es Nachforschungen über alte Indianersprachen, seien es aus der Kabbala entliehene Vertextungsweisen, sei es der kreative Dialog mit der Malerei (vgl. *El péndulo inmóvil*, 1982, ein Malerbuch, das er zusammen mit Antoni Tàpies machte). Seine unermüdliche Kraft zu kreativer Veränderung, die Valente trotz mittlerweile breiter Anerkennung immer noch auszeichnet, macht ihn zum heute vielleicht wichtigsten spanischen Dichter.

6. 'Novísimos' und noch jüngere: postmoderne Provokation und neuer Klassizismus in den 70er und 80er Jahren

"Un poema es algo perfectamente inútil" verkündet 1974 ein junger Dichter namens Lázaro Santana. Er und viele andere Autoren der 70er Jahre verabschieden damit endgültig, so scheint es, die *poesía social*, nachdem Valente und Rodríguez bereits in den 60ern sich mit dem Konzept der *poesía de conocimiento* davon zu lösen trachteten. 1970, also fünf Jahre vor dem endgültigen Ende des Franco-Regimes, hat die mit viel Lärm publizierte und rezensierte Anthologie der *Nueve novísimos* von Castellet deutlich gemacht, daß zumindest für die jungen Dichter dieser Jahre an die Stelle einer politisch-sozialen Indienstnahme der Poesie "un compromiso con el arte, con la palabra"[15] tritt. Sicherlich fehlt den *novísimos* der Ernst eines Dichters wie Celaya, aber auch die melancholische Ironie eines Gil de Biedma. Dichtung wird für sie zum Spiel mit literarischen Versatzstücken, aber auch mit Elementen, die sie, scheinbar planlos, aus ihrem multimedialen Umgang mit Kino, Kunst und Trivialliteratur beziehen. Dazu kommt ein freier, aber künstlerisch virtuoser Umgang mit alten und neuen Gedichtformen. Vom Prosagedicht über das Sonett bis zur Canzone italienischer Herkunft ist alles erlaubt. Angestrebt wird die Loslösung vom Zwang des logisch-rationalen Diskurses. Witzig charakterisiert Castellet die neue Lyrik als "cogito interruptus". Pedro Gimferrer (geb. 1945), einer der Begabtesten unter den *novísimos*, der bereits 1966 in *Arde el mar* eine radikal neue Lyrik schreibt, bekennt provozierend, daß er "menos deliberado ... y más *nonchalant*" seine Gedichte schreibe, daß er - ohne genau aufzupassen - dabei Jazz oder auch Radio höre und daß seine Texte durchaus der surrealistischen *écriture automatique* manchmal ähneln. Nonchalance im Dichtungsprozeß bedeutet aber nicht, daß die *novísimos* die sprachliche Qualität ihrer Verse geringschätzen. Im Gegenteil, für Guillermo Carnero (geb. 1949), der mit *Dibujos de la muerte* (1967) ebenfalls eine frühe Demonstration der *novísimos*-Ästhetik gibt, ist "poetizar ... ante todo un problema de estilo". Die Sorgfalt in der sprachlichen Gestaltung drückt sich u.a. aus in der Seltenheit oder doch zumindest Raffiniertheit des verwendeten Vokabulars und in der Begeisterung, mit der man längst altmodisch geglaubte rhetorische Figuren aus barocker Vergangenheit wiederverwendet.

---

[15] Payeras Grau, M., *La poesía española de postguerra*, Palma de Mallorca 1986, S. 139.

Das lyrische Ich verbirgt sich dabei nicht selten hinter einem literarischen "juego de máscaras", wie Gimferrer in einem retrospektiven Vorwort zu *Arde el mar* schreibt. In der Tat gehören Rollenspiele, ironische Haltungen, vorgetäuschte Emotionen zu dieser Lyrik ebenso wie Witze und Pointen. Der spielerische Umgang mit alten Mythen oder auch solchen der Moderne schafft Freiraum für den freien Umgang mit lange Zeit tabuisierten Themen, wie beispielsweise der erotischen Liebe. Ähnliche Funktionen der Distanzierung und spielerischen Verfremdung haben die Präferenz der *novísimos* für ausländische Schauplätze (vgl. P. Gimferrer, *La muerte en Beverly Hills*, 1968) - seien es italienische, amerikanische oder auch deutsche - und ihre manchmal exzessive Lust am Zitieren fremder Texte und Autoren. Kein Zweifel, daß dieser "culturalismo" leicht zu einem "exhibicionismo snob", wie etwa bei J.A. Alvarez (*Museo de Cera*, 1978) degenerieren kann. Kein Zweifel aber auch, daß man in dieser Hereinnahme fremder Rede vielfältigster Art eine gewaltige Ausweitung des dichterischen Ausdruckspotentials sehen muß und damit die endgültige Abschiednahme von der einfachen, manchmal geradezu simplen Dichtungsweise, wie sie die *poetas sociales* propagierten. Das Spiel der *novísimos* mit der Dichtung ist also ein "juego iconoclasta" mit ihren Vorgängern, ein "juego intertextual" mit den von ihnen verehrten Vorbildern und ein "juego creativo" mit der Sprache selbst. Die außerliterarische Wirklichkeit hingegen ignoriert man oder tut zumindest so.

Beides, ihre Neigung zum literarischen Spektakel und ebenso ihre Ausblendung soziopolitischer Fragen, wurden denn auch am meisten kritisiert. Heute, nachdem die Rauchschwaden polemischer Kritikergefechte bezüglich des Stellenwerts der *novísimos* sich verflüchtigt haben, kann man aber durchaus eine positive Bilanz ziehen. Denn trotz mancher Einseitigkeit der Anthologie von Castellet bleibt unbestritten, daß sie auf entscheidende Neuerungen in der spanischen Lyrik der *transición* hingewiesen hat, ja mehr noch, daß sie gerade durch den Schock, der von ihr ausging, viel dazu beigetragen hat, daß auch andere Dichter dieser Epoche - ähnliche und gänzlich unterschiedliche - die verdiente Aufmerksamkeit erhielten. Denn so aggressiv wie die *novísimos* auftraten, fiel zunächst auch die Reaktion der Gegenanthologien aus. Die Gruppe "Claraboya" beispielsweise ließ mit dem 1971 publizierten *Teoría y poemas* keinen Zweifel, daß sie den Weg der *novísimos* für eine Sackgasse hält. Insbesondere die fast ausschließliche Konzentration auf Fragen der Literatur und Kunst und die Ausblendung der sozialen Wirklichkeit hält man für unakzeptabel. "El poema no es un caos de acontecimientos",[16] formuliert man mit kritischem Blick auf den "cogito interruptus" der *novísimos*. Auch in der Gruppe "Claraboya" ist man sich bewußt, daß sich die Zeigefingerrhetorik der *poesía social* überlebt hat. Bei Agustín Delgado (geb.1941), dem begabtesten der Leoneser Dichtergruppe, finden wir Gedichte, die die spanische Wirklichkeit, insbesondere den provinziellen Alltag ins Zentrum rücken (Vgl. *Espíritu áspero*, 1974). Bewußt wird da-

---

[16] Equipo "Claraboya", *Teoría y poemas*, Barcelona 1971, S. 12.

bei auf ideologische Interpretationshilfen von Seiten des lyrischen Subjekts verzichtet. Stattdessen evoziert Agustín Delgado mit einer, man könnte paradox sagen, spektakulär einfachen Sprache, Momente des Alltagslebens, in denen Menschen sich in Extremsituationen (der Tod des Vaters, ein Unglücksfall, eine Trennung) befinden. Gefühle werden nicht illustriert, verkleidet und aufgeführt, wie das bei den *novísimos* geschieht, sondern man läßt sie im Zustand der Latenz. Die Dichter der Gruppe "Claraboya" und insbesondere Delgado, überrumpeln ihren Leser nicht, sie lassen ihm Freiraum für seine eigenen Empfindungen. Der wesentliche Unterschied zur *poesía social* der 50er und 60er Jahre ist dabei eine neue Sorgfalt im Umgang mit den sprachlichen Mitteln. Den Versen Delgados ist ein poetischer Lakonismus eigen, der ihn in manchem dem ansonsten meilenweit entfernten Jaime Siles (geb. 1951) und seiner gefühlskargen Metapoesie vergleichbar macht.

Der Protest von "Claraboya" machte aber nicht nur auf sie selbst aufmerksam. Klar wurde damit auch, daß sich der *compromiso* in der Lyrik keinesfalls überlebt hat. Lediglich der Diskurs der alten *poesía comprometida* war abgenützt. Aktuell und relevant blieb die Frage, welchen Sinn das Schreiben von Versen in einer Wirklichkeit haben soll, in der neben die politisch-sozialen Zwänge des Franco-Regimes neue Zwänge einer massifizierten Konsumgesellschaft treten, in der neben dem Druck durch eine überlebte Diktatur in zunehmendem Maße das Konsum- und Geschmacksdiktat fremder Medienkonzerne als Limitation empfunden wird. Die Antwort darauf fällt nicht immer im Sinne der *novísimos* aus. So weist der begabte, aber nicht leicht zu lesende Jenaro Talens (geb. 1946) auf die Gefahren einer Überbetonung der ästhetischen Qualitäten der Dichtung hin, wenn er schreibt:

> Por esta razón el trabajo sobre los elementos formales, la problematización del estilo no tienen por qué entenderse como divertimento estetizante o evasivo del escritor, sino, antes bien, como trabajo tendente a desvelar los mecanismos de significación y a elaborar, en lo posible, (Colaborando) un nuevo orden simbólico ... Sólo así puede la poesía ... contribuir activamente, siquiera sea en un plano secundario, a la transformación de la vida y de la sociedad, como ya pedía hace un siglo Arthur Rimbaud.[17]

Selbst bei Jaime Siles (geb. 1951), dessen formstrenge Gedichte bei oberflächlicher Betrachtung durchaus an ein neues *l'art pour l'art* erinnern - man lese beispielsweise *Música de agua* (1983) - findet man das gleiche Bemühen, die dichterische Sprache als Instrument der Erforschung von Wirklichkeit zu begreifen: "Poetizar es un acto de Realidad y de Lenguaje: tranformar los nombres hasta el sustrato primigenio, indagar tras el concepto originario ... devolver la realidad a

---

[17] Batlló, J. (Hg.), *Poetas españoles poscontemporáneos*, Barcelona 1974, S. 278; "Deshalb gibt es keinen Grund, die Arbeit an formalen Aspekten, die Problematisierung des Stils als ästhetisierendes oder wirklichkeitsfliehendes Vergnügen des Schriftstellers anzusehen, sondern vielmehr als Arbeit, die die Mechanismen der Sinnstiftung freilegen und dazu beitragen hift, so weit das möglich ist, eine neue symbolische Ordnung zu erstellen ... Nur so kann die Poesie ... aktiv, und sei es nur auf einer sekundären Ebene, zur Veränderung des Lebens und der Gesellschaft beitragen, wie das schon Arthur Rimbaud vor einem Jahrhundert gefordert hat." (Übers. K. Dirscherl).

la Realidad".[18] Trotz unterschiedlicher Zielsetzungen im einzelnen ist den zuletzt genannten Dichtern eines gemeinsam: Ihre poetische Praxis ist begleitet von intensiver Reflexion über die Möglichkeiten der Sprache, und sie betreiben diese Reflexion mit einem Engagement, das sie trotz völlig neuer Diskursformen den *poetas sociales* der 50er und 60er Jahre durchaus vergleichbar macht. Vielleicht war es gerade dieser Ernst, der sie in den Augen Castellets nicht zu anthologiewürdigen *novísimos* machte. Denn viele der sonstigen Qualitäten der "ganz Neuen" finden sich auch bei diesen und anderen beachtenswerten Dichtern der 70er Jahre. So könnte man Antonio Colinas (geb. 1946), den Autor des gelehrt-sinnlichen *Sepulcro en Tarquinia* (1975) aufgrund seiner Vorliebe für italienische Themen durchaus zu den sogenannten Venezianern rechnen, als die man einen Teil der *novísimos* bezeichnet hat. Seine anspielungsreichen Meditationen über Ruinen und Tod in Vergangenheit und Gegenwart sind von einem ähnlichen *culturalismo neobarroco* charakterisiert, wie man ihn bei P. Gimferrer oder G. Carnero findet. Der Granadiner Antonio Carvajal (geb. 1943), den man zu Recht den "Góngora segundo" nennt, läßt mit moderner Gefühlsintensität die Sprachkunst seiner barocken Vorgänger aus dem 17. Jahrhundert wieder aufleben, indem er erotische Themen anspielungsreich und manchmal drastisch deutlich in Form von Sonetten oder anderen traditionellen Gedichtformen behandelt (vgl. *Extravagante jerarquía. Poesía 1968-1981*, publiziert 1983).

Doch Colinas und Carvajal fehlt die manchmal clowneske Frivolität im Umgang mit ihren Gegenständen, die für die *novísimos* so typisch ist. Manchmal fehlt ihnen, so scheint es, die ironische Distanz zum Geschäft des Dichtens, die despektierliche Haltung gegenüber dem Kulturbetrieb als Ganzem, die Castellet an seinen katalanischen Landsleuten so schätzt. Antonio Colinas beispielsweise beschreibt die Funktion des *poeta fundamental*, als den er sich zweifelsohne betrachtet, folgendermaßen: "El poeta fundamental no se evade, ni divierte, ni testimonia. El poeta revela."[19] Er distanziert sich also einerseits von der Dichtung als *testimonio*, wie sie in den 50er Jahren geschrieben wurde, und andererseits von der Dichtung als *divertimiento*, wie sie zumindest teilweise die *novísimos* praktizieren. "El poeta revela", das erinnert an Valentes *poesía de conocimiento*. Damit ist der Mittelweg angezeigt zwischen *juego* und *compromiso*, den Colinas und andere Autoren der 70er und 80er Jahre einschlagen werden und der ihnen erlaubt, die Sackgasse der *poesía social* zu vermeiden, ohne ihre Dichtung zu einer provozierend frivolen Kunstshow à la *novísimos* degenerieren zu lassen.

Die Anthologie der *novísimos* von 1970 war "un parricidio en toda regla". Ihr radikaler Bruch "con toda clase de moralina y de *compromiso*",[20] hat trotz aller Einseitigkeit, die man ihr zu Recht vorwerfen kann, in den 70er und 80er Jahren zu einer Belebung der Lyrik ohnegleichen geführt. Mit einem Schlag mußten die

---

[18] Ebda., S. 325.
[19] Ebda., S. 253.
[20] Sanz Villanueva, S., "Los inciertos caminos de la poesía de postguerra", in: Pozanco, V. (Hg.), *Nueve poetas del resurgimiento*, Barcelona 1976, S. 261-277, hier S. 263.

bis dahin gültigen Überzeugungen ästhetischer und ideologischer Art neu definiert werden. Das Spielprinzip, das in den 50er und 60er Jahren fast vollkommen aus der Dichtung verbannt war, stellte das bisher geltende Prinzip des compromiso radikal in Frage. Damit einher ging eine Wiederaufwertung der sprachlichen Raffinesse und der intertextuellen Komplexität der Dichtung. So gesehen stellen die *novísimos* nicht nur eine postmoderne Provokation *avant la lettre* dar, die die Beliebigkeit des poetischen wie jedes Diskurses vorführt. Gleichzeitig machen sie darauf aufmerksam, daß die Loslösung der spanischen Lyrik von Konzepten, die in Francos Zeiten notwendig und vielleicht nützlich waren, schon lange vor dem politischen Regimewechsel eingeleitet wurde, ja mehr noch, daß sogar in den frühen Jahren des Regimes spielerisch kreativer (vgl. C.E. de Ory und M. Labordeta) und sinnlich formbewußter Umgang mit der Sprache (vgl. die Gruppe *Cántico*) zwar praktiziert, aber von der kritischen Öffentlichkeit damals kaum wahrgenommen wurde. Denn es sind bezeichnenderweise die Dichter der 70er Jahre selbst, wie beispielsweise G. Carnero oder Félix Grande, die mit kritischen Editionen und Studien zu einer Wiederentdeckung dieser lange nicht beachteten Vorbilder einer neuen sprach- und formbewußten Lyrik wesentlich beitrugen. Der Traditionsbruch der *novísimos* stützte sich paradoxerweise also auf die Wiederbelebung verdrängter Traditionen.

Bibliographie

Alonso, D., *Poetas españoles contemporáneos*, Madrid 1952, ^{4}1970
Cano Ballesta, J., *La poesía española entre pureza y revolución (1930-1936)*, Madrid 1972
Castellet, J.M. (Hg.), *Nueve novísimos poetas españoles*, Barcelona 1970
Cernuda, L., *Poesía y literatura*, 2 Bde., Barcelona 1960-64
Correa, G. (Hg.), *Antología de la poesía española (1900-1980)*, 2 Bde., Madrid 1980
Dehennin, E., *La résurgence de Góngora et la génération poétique de 1927*, Paris 1962
Friedrich, H., *Die Struktur der modernen Lyrik*, Reinbek 1956, erw. Neuausg. 1967
Lechner, J., *El compromiso en la poesía español del siglo XX*, 3 Bde., Leiden 1968
Morris, C.B., *A Generation of Spanish Poets, 1920-1926*, Cambridge 1969
Palomero, M.P. (Hg.), *Poetas de los 70. Antología de poesía española contemporánea*, Madrid 1987
Siebenmann, G., López, J.M. (Hg.), *Spanische Lyrik des 20. Jahrhunderts*, Span./Dt., Stuttgart 1985
Siebenmann, G., *Los estilos poéticos en España desde 1900*, Madrid 1973
Tietz, M. (Hg.), *Die spanische Lyrik der Moderne. Einzelinterpretationen*, Frankfurt 1990

Wilfried Floeck

Das Drama im 20. Jahrhundert

Um Erforschung und Kenntnis des modernen spanischen Theaters ist es nicht sonderlich gut bestellt. Benavente, Valle-Inclán, García Lorca, Alberti und Buero Vallejo sind die einzigen Autoren, deren dramatisches Werk eingehend untersucht ist. Das gilt nicht für Unamuno, Azorín, Grau, Casona, Sastre, von den Vertretern des Boulevardtheaters, der *Generación Realista* und des *Nuevo Teatro Español* ganz zu schweigen. Noch schlechter steht es um die Erforschung des Theaterwesens in Spanien. Francisco Ruiz Ramóns *Historia del teatro español. Siglo XX* (^{6}1984), das lange Zeit beste Handbuch zum spanischen Theater des 20. Jahrhunderts, ist im wesentlichen eine Geschichte der dramatischen Texte. Erst die jüngste Geschichte des spanischen Theaters nach 1936 aus der Feder César Olivas (*El teatro desde 1936*, 1989), des Leiters des ersten Instituts für Theaterwissenschaft an einer spanischen Universität (Murcia), setzt in dieser Hinsicht neue Akzente. Nach wie vor desolat ist dagegen die Rezeption des modernen spanischen Theaters in Europa. Mit der großen Ausnahme Lorcas und seit einiger Zeit zum Teil Valle-Incláns kann man geradezu von einer "invisibilidad del teatro español en Europa" sprechen, ein Befund, der auch für den deutschsprachigen Raum zutrifft. Macht Andrés Amorós für die geschilderte Situation "nuestra gran incultura teatral" verantwortlich, sieht Ruiz Ramón eine zusätzliche Ursache für die fehlende Rezeption des spanischen Theaters im Ausland in der langen politischen und kulturellen Isolierung des Landes und einem damit korrespondierenden europäischen Desinteresse, das zu den beiden verhängnisvollen Thesen geführt habe, daß in Spanien kein modernes Theater von europäischem Rang existiere und daß das zeitgenössische Theater in Spanien so andersartig sei, daß es die Europäer nur am Rande interessieren könne.[1]

In der Tat unterscheidet sich der Verlauf der spanischen Theatergeschichte im 20. Jahrhundert nicht grundlegend von derjenigen des restlichen Europa. Allerdings ist der Bruch zwischen traditionalistisch-bürgerlichem sowie experimentellem und literarisch anspruchsvollem Theater jenseits der Pyrenäen seit der Jahrhundertwende wesentlich ausgeprägter. Dabei erfolgten die innovatorischen Impulse, die die Anregungen der europäischen Theaterdiskussion aufnahmen, - nicht zuletzt bedingt durch die politische Entwicklung des Landes - in der Regel mit zeitlicher Verschiebung und konnten sich in der Praxis nicht gegen die Übermacht des bürgerlichen Konsum- und Unterhaltungstheaters durchsetzen. Hieran konnten auch die wenigen Jahre der Zweiten Republik trotz des zeitwei-

---

[1] Vgl. dazu Francisco Ruiz Ramón, *Estudios de teatro español clásico y contemporáneo*, Madrid 1978, S. 125ff.; Andrés Amorós, "La investigación teatral en España: hacia una historia de la escena", in: *Boletín Inform. de la Fund. Juan March* 117 (1988), S. 3-12; Klaus Pörtl, "Die Rezeption des spanischen Theaters im 20. Jahrhundert auf deutschsprachigen Bühnen seit 1945", in: Wilfried Floeck (Hg.), *Spanisches Theater...*, S. 89-107.

ligen Erfolgs García Lorcas und Casonas nichts ändern. Die kommerzielle Struktur des gesamten Theaterbetriebs, die unzureichende Ausbildung von Regisseuren und Schauspielern sowie die Dominanz eines konservativen Publikums, das überwiegend der bürgerlichen Mittelklasse entstammte, erwiesen sich zumindest in der Zeit vor dem Bürgerkrieg als größeres Hindernis für die Weiterentwicklung des Theaters als die politische Zensur. In den beiden ersten Jahrzehnten des Franco-Regimes sorgten politische Repression und Exil für einen erneuten Rückfall des spanischen Theaters hinter die europäische Entwicklung. Von Ansätzen zu einer grundlegenden Reform des Theaterwesens kann erst seit Anfang der achtziger Jahre gesprochen werden. Trotz der quantitativen Dominanz des "teatro comercial" während des gesamten Jahrhunderts wird es in diesem Abriß im Vergleich zum anspruchsvollen, innovatorischen Theater nur sehr kurz behandelt. Obgleich Autoren wie Muñoz Seca oder Alfonso Paso einen unvergleichlich größeren Publikumserfolg aufzuweisen hatten als Unamuno, Azorín, Valle-Inclán oder Sastre, werden sie in der folgenden Darstellung nur am Rande Erwähnung finden können.

1. Das spanische Theater um die Jahrhundertwende

Das Modell der *alta comedia*, das sich im Zeichen der politischen und wirtschaftlichen Etablierung des Bürgertums in der 2. Hälfte des 19. Jahrhunderts herausgebildet hatte, blieb auch um die Jahrhundertwende in Kraft und prägte in der Form des trivialen Boulevardstücks, der kritisch-satirischen Gesellschaftskomödie oder des gehobenen literarischen Salonstücks das öffentliche Theaterleben Spaniens, das sich im wesentlichen auf Madrid und Barcelona beschränkte. Die inhaltliche Schwäche der *alta comedia* und des sich an ihr orientierenden Theaters bestand darin, daß es nicht fähig war, die bürgerliche Wertordnung und das auf ihr beruhende Gesellschaftssystem ernsthaft in Frage zu stellen, sich den seit Ende des Jahrhunderts mit wachsender Virulenz auftretenden sozialen Problemen zu stellen und damit seinen eigenen Realismusanspruch einzulösen. Zwar gelang es Benito Pérez Galdós (1843-1920) um die Jahrhundertwende, mit Stücken wie *Electra* (1902) und *El abuelo* (1904) die ideologische Auseinandersetzung um die sogenannten beiden Spanien mit provozierender Schärfe auf die Bühne zu bringen, und verwirklichten Enrique Gaspar (1842-1902) mit *La huelga de hijos* (1893) und Joaquín Dicenta (1863-1917) mit *Juan José* (1895) oder *El señor Gudal* (1897) bereits Ansätze zu einem sozialen Drama im modernen Sinn, doch kamen sie letztlich nicht über den biederen Moralismus und den melodramatischen Sentimentalismus des 19. Jahrhunderts hinaus. In ästhetischer Hinsicht blieben sie weitgehend der Illusions- und Identifikationsästhetik der neoklassizistischen Tradition verhaftet.

Einen noch größeren Rückschritt im Vergleich zu der europäischen Dramenentwicklung stellte das neuromantische soziale Melodrama José Echegarays (1832-1936) und seiner Schule dar, das die spanische Bühne des ausgehenden 19. und des beginnenden 20. Jahrhunderts beherrschte und den Erfolg des realistischen Gesellschaftsdramas weit in den Schatten stellte. In seinen großen Erfolgsstücken (z.B. *El gran Galeoto*, 1881 oder *El loco Dios*, 1900) verstand Echegaray es meisterhaft, banale Probleme des privaten oder gesellschaftlichen Alltags zu pseudodramatischen Konflikten hochzustilisieren. Doch können weder die melodramatischen Situationen noch das rhetorische Pathos über die Künstlichkeit der dramatischen Konflikte hinwegtäuschen. Die Verleihung des Nobelpreises an Echegaray[2] im Jahre 1904 zeigt allerdings, daß er den breiten Publikumsgeschmack und den bürgerlichen Zeitgeist bestens verkörperte.

Das dritte Modell, das das spanische Theater der Jahrhundertwende beherrschte, ist das *género chico*, eine Sammelbezeichnung für volkstümliche dramatische Kurzformen, die die großen und kleinen Schwächen der kleinbürgerlichen und bürgerlichen Großstadtbevölkerung in einer Mischung aus humorvollem Witz und hintergründig-subversiver Kritik auf der Bühne gestalten. Das Volkstheater steht in einer langen Tradition, die über die musikalischen *sainetes* des 18. und 19. Jahrhunderts bis zu den vielfältigen Formen der Zwischenspiele im Siglo de Oro zurückreicht. Die *sainetes* von Carlos Arniches (1866-1943) und der Brüder Serafín und Joaquín Alvarez Quintero (1871/73-1938/44) führten das volkstümliche Theater um die Jahrhundertwende zu einem neuen Höhepunkt. Mit ihrer erfrischend unprätentiösen Schlichtheit, der Verwendung der Umgangssprache und ihrem oft hintergründigen Humor sind vor allem die *juguetes cómicos* und die *sainetes* eines Arniches (vgl. etwa die vom Autor 1917 unter den Titel *Del Madrid castizo* herausgegebenen Texte) uns heute noch zugänglicher als die neuromantischen Melodramen Echegarays. Allerdings können sie mit ihrer Schematisierung in der Figurenzeichnung, der Idealisierung des niederen Volkes sowie vor allem mit ihrer optimistisch-harmonisierenden Weltsicht den typischen Erfahrungen der Moderne am Eingang des 20. Jahrhunderts nicht gerecht werden und bleiben auch ästhetisch zu sehr der Tradition des 19. Jahrhunderts verhaftet. Erst in den Jahren des Ersten Weltkriegs und nicht zuletzt unter dem Eindruck der Regenerationsdebatte im Kreis der 98er eröffnete Arniches dem spanischen Theater mit der Schöpfung seiner *tragedia grotesca* (z.B. *La señorita Trévelez*, 1916; *¡Que viene mi marido!*, 1918), deren Verflechtung von Elementen des Komischen und Tragischen von ersten Ansätzen einer ernsten Bewußtseinskrise zeugt, sowohl inhaltlich als auch ästhetisch neue Perspektiven, die in den zwanziger Jahren im Esperpento Valle-Incláns ihren Höhepunkt fanden.

Den größten Bühnenerfolg erlebte im frühen 20. Jahrhundert Pedro Muñoz Seca (1881-1936), der mit der Form des *astracán* eine neue dramatische Gattung schuf, die in ihrer Mischung aus schwankhaften und melodramatischen Effekten das zeitgenössische Madrider Publikum über Jahrzehnte hinweg zu begeistern vermochte.

---

[2] Zu José de Echegaray vgl. auch hier: H.-J. Lope, Die Literatur des 19. Jahrhunderts, Kap. 3.3., S. 301

2. Das Theater Jacinto Benaventes

Das Desaster von 1898 und die in seinem Gefolge ausgelöste Diskussion im Kreis der 98er Generation[3] um eine ideologische, kulturelle und ästhetische Erneuerung Spaniens führte um die Jahrhundertwende zu einem ersten Bruch mit den Wertvorstellungen der bürgerlichen Restaurationsgesellschaft und dem auf ihr beruhenden Konzept des ästhetischen Realismus. Wenn sich die 98er auch im wesentlichen dem Roman und Essay zuwandten, blieb die Bewegung doch nicht ohne Auswirkungen auf das Theater. Das zeigte sich nicht zuletzt in der öffentlichen Protestveranstaltung, mit der die 98er gegen die Verleihung des Nobelpreises an Echegaray Sturm liefen. Vor allem in den ersten Jahren der Bewegung traten die Angehörigen der jungen Generation für eine entschiedene Öffnung des Landes gegenüber dem restlichen Europa ein. Im Theater war es das Verdienst des aus einer angesehenen Madrider Arztfamilie stammenden Jacinto Benavente (1866-1954), das spanische Drama von der provinziellen Biederkeit und der moralisierenden Attitüde der *alta comedia* sowie von dem künstlichen Pathos des neoromantischen Dramas befreit und es sowohl in der Eleganz von Sprache und Stil als auch in der kosmopolitischen Ausrichtung von Thematik, Schauplatz und dramatischem Personal der gehobenen europäischen Gesellschafts- und Charakterkomödie angepaßt zu haben. Mit seinen über 170 Stücken, die in ihrer thematischen und ästhetischen Vielfalt kaum zu klassifizieren sind, hat Benavente die spanische Bühne bis zum Bürgerkrieg und zum Teil darüber hinaus beherrscht und ihr vor allem um die Jahrhundertwende entscheidende neue Impulse gegeben.

Die frühen Komödien Benaventes, von seinem Erstlingserfolg *Gente conocida* (1896) bis hin zu seinem bekanntesten Stück *Los intereses creados* (1907), sind von kritischer Ironie und beißender Satire geprägt. Dabei werden die Korrumpiertheit und Dekadenz der großbürgerlichen Madrider Gesellschaft (*Gente conocida*, *La comida de los fieros*, 1898) in gleicher Weise gegeißelt wie die reaktionäre Borniertheit des Provinzbürgertums (*La gobernadora*, 1901; *Los malhechores del bien*, 1905) oder die Sucht des Madrider Spießbürgertums, Lebensstil und Manieren der Aristokratie nachzuäffen (*Lo cursi*, 1900). Den Höhepunkt dieser frühen Phase bildet das Stück *Los intereses creados*, in dem am Beispiel der Intrigen des Dieners Crispín illustriert wird, daß eine Strategie, die die materialistische Interessengeleitetheit der Menschen konsequent für ihre Zwecke einsetzt, jedes beliebige Ziel durchsetzen kann. Dabei geht Benavente über sein vorangegangenes Theater weit hinaus: in ästhetischer Hinsicht, indem er in Anlehnung an das Figurenrepertoire der italienischen Stegreifkomödie ein scheinbar harmloses Intrigenspiel inszeniert, um diese falsche Erwartungsvorgabe freilich nicht einzulösen, sondern mit Hilfe der Technik einer doppelbödigen "Fiktionsironie" (Pörtl 1966, S. 160) hinter den Typen der Farce

---

[3] Zur 98er Generation vgl. auch hier: M. Lentzen, Der Roman im 20. Jahrhundert, Kap. 3., S. 323ff und H.-J. Lope, Die Literatur des 19. Jahrhunderts, Kap. 5.4, S. 320.

und der Commedia dell'arte Verhaltensweisen der eigenen Zeit zu karikieren; in psychologischer Hinsicht, insofern er in dem materialistischen Diener Crispín und seinem idealistischen Herrn Leandro die zwei Seiten ein und dergleichen Person realisiert und es ihm damit gelingt, einen tiefen Einblick in die komplexe Ambivalenz des menschlichen Wesens schlechthin zu geben. Seine Fähigkeit zur psychologischen Analyse stellte Benavente vor allem in seinem naturalistischen Bauerndrama *La Malquerida* (1913) unter Beweis, in dessen Gestaltung einer fatalen Leidenschaft zwischen Vater und Stieftochter spannender Plot, realistische Milieuschilderung und subtile Charakterzeichnung eine gelungene Verbindung eingehen.

In den Jahren nach 1913 scheint Benavente freilich sein innovatorisches Pulver verschossen zu haben. In den folgenden Stücken werden die in Ansätzen bereits in seinem Frühwerk erkennbaren Tendenzen zur Harmonisierung privater und sozialer Konflikte immer vernehmlicher und paßt sich der Autor dem Geschmack seines bürgerlichen Publikums mehr und mehr an. Als er 1922 den Nobelpreis erhält, hat er sich längst aus dem Kreis der avantgardistischen Neuerer gelöst und ist zum gefeierten Vertreter der gehobenen Salon- und Boulevardkomödie avanciert, der mit Stücken im Stil von *La mariposa que voló sobre el mar* (1926) auch internationale Erfolge erzielte. Wenn uns insbesondere die späten Stücke Benaventes heute weitgehend als antiquiert erscheinen, so darf seine Bedeutung für die Erneuerung des spanischen Theaters der Jahrhundertwende und dessen Anpassung an das europäische Niveau nicht unterschätzt werden.

3. Die avantgardistischen Theaterexperimente des frühen 20. Jahrhunderts

Wesentlich radikaler war der Bruch mit der ideologischen und ästhetischen Tradition des 19. Jahrhunderts, den Benaventes Zeitgenossen Miguel de Unamuno, Jacinto Grau, José Martínez Ruiz alias Azorín und Ramón del Valle-Inclán vollzogen. Inhaltliche Neuerungen kennzeichnen ihr Theater in gleicher Weise wie ästhetische Experimente, die sie in unmittelbarer Auseinandersetzung mit der ästhetischen Diskussion der europäischen Avantgardebewegungen durchführten. Das existentialistische Theater avant la lettre Unamunos und Graus erinnert mit seiner Thematik menschlicher Identitätssuche und Wirklichkeitsbestimmung an das zeitgleiche Theater Pirandellos. Azorín steht mit seinen Versuchen, dem Theater neue Wirklichkeiten zu erschließen, die die empirisch faßbare Alltagsrealität übersteigen, in der unmittelbaren Nachfolge des symbolistischen Theaters. Am radikalsten ist der Bruch mit der Vergangenheit in den späten Stücken Valle-Incláns, deren Technik grotesker Wirklichkeitsverzerrung am ehesten an das Theater des deutschen Expressionismus erinnert. Kennzeichnend für das Theater der genannten Autoren ist seine Marginalität innerhalb des offiziellen Theaterbetriebs, die im krassen Widerspruch zu seiner heutigen Einschätzung durch die Forschung steht. Auf das

Werk der genannten Autoren trifft zu, was José Ortega y Gasset 1925 in seinem Essay *La deshumanización del arte* als Merkmal der modernen Kunst schlechthin bezeichnet hatte:

> El arte nuevo, por lo visto, no es para todo el mundo [...], sino que va desde luego dirigido a una minoría especialmente dotada. De aquí la irritación que despierta en la masa.[4]

Trotz ernsthafter Reformbestrebungen von seiten einzelner Theatermacher (Gregorio Martínez Sierra, Cipriano Rivas Cherif, Margarita Xirgu) konnte das avantgardistische Theater in der Praxis nie wirklich Fuß fassen. In den zwanziger Jahren führten die Neuerer einen aussichtslosen Kampf gegen den kommerzialisierten Theaterbetrieb und den auf Unterhaltung und Konsum ausgerichteten Publikumsgeschmack.[5]

"Der Dichterphilosoph des tragischen Lebensgefühls" (Schürr) Miguel de Unamuno (1864-1936) ist in erster Linie als Essayist und Romancier sowie als Vordenker der Generation von 1898 bekannt. Als Rektor der berühmten Universität von Salamanca und streitbarer Pamphletist, der die Auseinandersetzung mit Kirche und Staat nicht scheute, erwarb er sich schon zu seinen Lebzeiten internationales Ansehen, wozu nicht zuletzt seine spektakuläre Flucht mit dem Schiff von der Insel Fuerteventura, wohin General Primo de Rivera den unbequemen "excitator Hispaniae" (Curtius) in die Verbannung geschickt hatte, beigetragen haben mag.

Seit den sechziger Jahren widmet die Forschung auch dem Dramatiker Unamuno mehr Aufmerksamkeit. Das Dutzend Dramen, das der Autor zwischen 1898 und 1934 verfaßt hat, trägt die gleichen Züge wie seine übrige schriftstellerische Produktion. Es ist gekennzeichnet durch das tragische Lebensgefühl, wie der Autor es in seinem Essay *Del sentimiento trágico de la vida* (1912) beschrieben hat, ein Lebensgefühl, das aus dem Bewußtsein einer unüberwindlichen Kluft zwischen dem Wunsch nach existentieller Sicherheit und Sinngebung einerseits und der Unmöglichkeit jeglicher sicheren Erkenntnis andererseits erwächst. Von *La esfinge* (1898) und *La venda* (1899) über *Soledad* (1921), *Sombras de sueño* (1926) und *El otro* (1926) bis zu *El hermano Juan* (1934) steht die Suche nach einer Bestimmung der menschlichen Identität, nach einer festen Grenzziehung zwischen Fiktion und Wirklichkeit sowie nach einer Antwort auf die Frage nach dem Weiterleben des Menschen im Mittelpunkt seiner Dramen. Unamunos Theater ist anspruchsvolles Ideentheater, das keinerlei Konsumhaltung ermöglicht, sondern den Zuschauer zu einer ernsthaften Auseinandersetzung mit seiner menschlichen Seinsweise zwingt. Ästhetisch entspricht dem eine weitgehende Handlungslosigkeit und eine Konzentration auf den dramatischen Dialog. Dabei ist sein Theater nie psychologisches, sondern

---

[4] *Obras completas*, Bd. 3, Madrid [5]1962, S. 355.

[5] Vgl. Aszyk, Urszula, "Los intentos de renovación teatral en España ante la reforma teatral en Europa en las primeras décadas del siglo XX", in: *Gestos* 1 (1986), S. 73-85; dies., "Das spanische Theater und die Avantgardebewegungen im 20. Jahrhundert", in: Wilfried Floeck (Hg.), *Spanisches Theater...*, S. 41-67.

ontologisches Drama, in dem die empirische Realität der Raum-Zeitlichkeit stets nur als Sprungbrett für die Frage nach der existentiellen menschlichen Befindlichkeit dient. Unamuno entgeht mit einem solchen "teatro desnudo" (Franco 1971, S. 271) nicht immer der Gefahr blutleerer Schematisierung und abstrakter Thesenhaftigkeit. In Stücken wie *Sombras de sueño* und vor allem in dem Kriminalstück *El otro*, in dem die Identitätskrise und Bewußtseinsspaltung eines Zwillings gestaltet wird, ist es dem Autor gelungen, seine zentrale Idee in eine adäquate dramatische Handlung umzusetzen. Wenn auch Buero Vallejos Einschätzung, nach der Unamuno neben Valle-Inclán der bedeutendste spanische Dramatiker des 20. Jahrhunderts sei,[6] sicher überzogen ist, so ist er ohne Zweifel einer der bedeutendsten Neuerer des spanischen Dramas im frühen 20. Jahrhundert.

Der Katalane Jacinto Grau (1877-1958) gehört zu jenen Schriftstellern, die auf der spanischen Bühne ihrer Zeit nicht die Bedeutung besaßen, die ihnen zukam. Er besitzt sie auch heute noch nicht, und Juan Ignacio Ferreras bezeichnet die Inexistenz von Graus Theater auf der gegenwärtigen spanischen Bühne zu Recht als skandalös (Ferreras 1988, S. 97). Die rund 25 Stücke, die Grau zwischen 1902 und 1958 verfaßt hat, behandeln biblische (*El hijo pródigo*, 1918), mythologische (*El señor de Pigmalión*, 1921), historische (*El conde Alarcos*, 1917) sowie gesellschaftliche (*En Ildaria*, 1917) Themen und reichen von der Tragödie bis zur Farce. Gemeinsam ist der vielschichtigen Produktion des Eklektikers Grau, der Anregungen der nationalen wie internationalen Theatergeschichte verarbeitet hat und neben Benavente einer der besten Kenner des zeitgenössischen europäischen Theaters war, der Experimentiercharakter und die unnachgiebige Opposition gegen das Konsumtheater seiner Zeit, das er immer wieder öffentlich geißelte. Graus Werk steht unter dem Zeichen der Diskonformität (Ruiz Ramón [6]1984, S. 140). Dies und die Tatsache, daß es ihm nicht in gleicher Weise wie Unamuno oder Valle-Inclán gelungen ist, dem realistischen Theater ein eigenes homogenes Modell entgegenzustellen, dürften die entscheidenden Gründe für seine Unterschätzung bis zum heutigen Tag sein. Einzelne seiner Stücke, wie insbesondere die "tragikomische Farce für Menschen und Marionetten" *El señor de Pigmalión*, in der der Pygmalion- und Prometheusmythos miteinander verbunden werden und die in ihrem ambivalenten Spiel mit Fiktion und Wirklichkeit an das Theater Unamunos erinnert, dieses aber an theatralischer Gestaltungskraft übertrifft, stellen eine beeindruckende Leistung dar. Bezeichnend für die damalige spanische Theatersituation ist, daß das Stück zwar kurze Zeit nach seiner Veröffentlichung von Charles Dullin in Paris und Karel Kapec in Prag inszeniert wurde, aber erst 1928 seine spanische Uraufführung erlebte.

Azorín (1873-1967), mit bürgerlichem Namen José Martínez Ruiz, fand erst spät zum Theater; er schrieb seine wenigen Stücke zwischen 1925 und 1936. Seine ideologische Entwicklung vom progressiven zum konservativen Autor

---

[6] Vgl. "Antonio Buero Vallejo habla de Unamuno", in: *Primer acto* 58 (Nov. 1964), S. 19-21.

drückt sich in der Gesellschaftskomödie *Old Spain* (1926) in dem Versuch aus, in der Regenerationsdebatte einen Kompromiß zwischen Tradition und Fortschritt zu propagieren. In ästhetischer Hinsicht schlug er sich auf die Seite der antirealistischen Neuerer, wie schon das programmatische Vorwort zu seinem Stück *Brandy, mucho brandy* (1927) zeigt:

> Lo fundamental en ese teatro es el apartamiento de la realidad. El teatro de ahora es superrealista; desdeña la copia minuciosa, auténtica, prolija, de la realidad. Se desenvuelve en su ambiente de fantasía, de ensueño, de irrealidad.[7]

Mit diesem Konzept eines Theaters, das die Realität des Unbewußten, des empirisch und rational nicht Faßbaren erschließen und dem Zuschauer neue Horizonte öffnen will, knüpft Azorín an die symbolistische Ästhetik eines Maeterlinck an. Gegen das traditionelle Handlungstheater setzt er die theatralische Gestaltung statischer Situationen und Stimmungslagen. Während sich *Brandy, mucho brandy* am Ende mehr und mehr der Wirklichkeit des Traums öffnet, gestalten die drei Einakter der Trilogie *Lo invisible* (1928) die Realität des Todes und den Einfluß der übernatürlichen Wirklichkeit auf die Sensibilität des Menschen. In dem anspruchsvollen, von Azorín selbst als modernes *auto sacramental* bezeichneten Stück *Angelita* (1930) stehen die Sehnsucht des Menschen nach einer Überwindung der ihn determinierenden raumzeitlichen Wirklichkeit sowie die Frage nach dem rechten Lebensweg im Zentrum. Am besten ist dem Autor jedoch die theatralische Visualisierung der Welt des Unsichtbaren und Geheimnisvollen in der Trilogie von 1928 gelungen.

4. Ramón del Valle-Inclán: von der Mythisierung der Vergangenheit zur Entmythisierung der Gegenwart

> Das Theater Valle-Incláns stellt in seiner Gesamtheit eines der ungewöhnlichsten Abenteuer innerhalb des zeitgenössischen europäischen Theaters dar und ist daher zugleich von absoluter und radikaler Originalität innerhalb des spanischen Theaters des 20. Jahrhunderts. Seit der Celestina und dem Theater des Siglo de Oro ist es in Spanien nicht mehr zu einer theatralischen Schöpfung von solch durchschlagender Kraft und solch selbständiger Originalität in Form und Inhalt gekommen. Dieses dramatische Oeuvre [...] stellt in der Geschichte des zeitgenössischen spanischen Theaters eine authentische revolutionäre Tat dar und trägt in sich [...] den Keim der neuen Richtungen, die zum Theater der Gegenwart führen.

Diese Sätze Ruiz Ramóns ([6]1984, S. 93) illustrieren die Bedeutung, die Valle-Inclán (1866-1936) heute allgemein zugewiesen wird. Im Winter 1896/97 kam der gebürtige Galicier nach einer langen Mexiko-Reise nach Madrid, wo er rasch zum gefürchteten Bürgerschreck und zu einer der berüchtigtsten Figuren der literarischen Bohème der Jahrhundertwende wurde, dessen extravagante Erscheinung aus den Künstlerkaffees der spanischen Hauptstadt nicht wegzudenken war. Während seine besten Stücke zu seinen Lebzeiten so gut wie nicht aufgeführt werden konnten, gilt er gegenwärtig neben García Lorca als der

---

[7] *Obras completas*, Bd. 4, Madrid 1961, S. 925.

bedeutendste spanische Dramatiker des 20. Jahrhunderts. Vor allem sein Spätwerk ist von radikaler Modernität und hat das spanische Theater mit einem Schlag an die Spitze der europäischen Avantgarde katapultiert. Infolge mangelnder Rezeption blieb dies allerdings auf das zeitgenössische Theater ohne große Auswirkungen. Die knapp 25 Stücke des Autors sind von größter formaler und inhaltlicher Vielfalt. Ohne allzu sehr zu vereinfachen, läßt sich sein Werk in eine modernistisch-symbolistische und in eine expressionistische Phase einteilen. Beiden gemeinsam ist ihre antibürgerliche Grundhaltung und ihre scharfe Opposition gegen einen ästhetischen Realismus. Während der frühe Valle-Inclán zu einer idealisierenden Mythisierung einer archaischen, feudalen Lebens- und Gesellschaftsordnung neigt, hat er sich in seinem Spätwerk ganz der Entmythisierung und Demaskierung der verhaßten Gegenwart verschrieben. Valles Werke der Jahrhundertwende (*Cenizas*, 1899; *El marqués de Bradomín*, 1906) tragen noch deutliche Züge der literarischen Dekadenz. Die Versdramen *Cuento de abril* (1909) und *Voces de gesta* (1912) stehen in der Tradition des Modernismus und dessen eskapistischer Tendenzen. Allerdings zeugen sie im Gegensatz zu dem poetischen Theater eines Francisco Villaespesa (1877-1936), eines Eduardo Marquina (1879-1946) sowie der Brüder Manuel und Antonio Machado (1874/75-1947/39) bereits von der Krise des modernistischen Ästhetizismus. Den Höhepunkt der symbolistischen Phase bildet die Trilogie der *Comedias bárbaras* (1907-1922). In diesen Dramen, in denen am Beispiel des galicischen Feudalherren Juan Manuel Montenegro und seiner Familie der Untergang einer archaischen, feudalaristokratischen Welt gestaltet wird, kann nicht mehr von Idealisierung der Vergangenheit gesprochen werden; vielmehr handelt es sich um eine (in der Gestalt Juan Manuels) zu tragischer Größe übersteigerte und (in seinen Söhnen) zu apokalyptischer Bosheit verzerrte mythische Vision einer endgültig vergangenen und zusammengebrochenen Epoche. Das letzte Stück der Trilogie, *Cara de plata* (1922), verrät bereits ähnlich wie *La farsa y licencia de la reina castiza* (1920) und *Divinas palabras* (1920) Ansätze von Valles expressionistischer Ästhetik ironischer Distanz und satirischer Deformation.

Im Esperpento, der Schauerposse, hat Valle-Inclán zu Beginn der zwanziger Jahre eine dramatische Form geschaffen, in der seine neue Ästhetik einen adäquaten Ausdruck fand. Während *Luces de Bohemia* (1920) eine grotesk-satirische Parodie des zeitgenössischen "Madrid absurdo, brillante y hambriento" darstellt, *Los cuernos de don Friolera* (1921) den spanischen Ehrbegriff und *Las galas del difunto* (1926) den Don Juan-Mythos der Romantik (Zorrillas *Don Juan Tenorio*) parodieren, nimmt *La hija del capitán* (1927) die Repräsentanten und Institutionen des reaktionären Spanien aufs Korn. Das Esperpento ist die spanische Version des europäischen grotesken Dramas. In *Luces de Bohemia* hat Valle-Inclán seine neue Ästhetik durch den Mund einer seiner Figuren selbst umrissen:

Los héroes clásicos reflejados en los espejos cóncavos dan el Esperpento. El sentido trágico de la vida española sólo puede darse con una estética sistemáticamente deformada (Szene 12).

Grundlage dieser Ästhetik systematischer Verzerrung ist die Darstellung der Welt aus der Vogelperspektive, in der sich die traditionelle Identifikation des Zuschauers mit dem Helden in ironische Distanz verkehrt. Unter dem teilnahmslosen Blick des fernen Demiurgen verwandeln sich die klassischen Helden zu Marionetten und Hampelmännern. Gerade diese Zerrbilder aber vermitteln einen Einblick in die Wirklichkeit des zeitgenössischen Spanien, denn "España es una deformación grotesca de la civilización europea" (Szene 12). Das Esperpento erweist sich damit als eine neue dramatische Gattung, die nach Überzeugung ihres Schöpfers besser als die bis dahin herrschenden Formen der dramatischen Wirklichkeitsgestaltung die als ungenügend und tragisch empfundene Wirklichkeit Spaniens darstellt.

Die praktische Wirkungslosigkeit Valle-Incláns auf der spanischen Bühne seiner Zeit steht in krassem Gegensatz zu dem Einfluß seiner esperpentischen Ästhetik auf die Dramatiker der folgenden Generationen. Dabei ist charakteristisch, daß sich Dramatiker der Generation von 1927 wie Alberti und Lorca sowie der unmittelbaren Nachkriegsgeneration wie Buero Vallejo und Sastre durchaus kritisch mit seiner Ästhetik ironisierender Distanz auseinandersetzten und ihrer Tendenz zur Entmenschlichung mit größeren Identifikationsangeboten begegneten. Bei aller Bewunderung für Valle-Inclán sahen sie in der Reinform des Esperpento die Verwirklichung einer Ästhetik der Negativität, die es zu überwinden und weiterzuentwickeln gelte.[8] Die Mehrzahl der Autoren des *Nuevo Teatro Español* der siebziger Jahre bewunderten ihn dagegen gerade wegen seiner ideologischen und ästhetischen Radikalität und betrachteten ihn als ihren wichtigsten Vorläufer.

5. Federico García Lorca und das Theater seiner Zeit

Die Generation García Lorcas ist in erster Linie durch ihre lyrische Produktion in Erscheinung getreten, doch ist auch ihr dramatisches Oeuvre nicht zu unterschätzen. Das gilt auch für Angehörige der Generation von 1927 im engeren Sinn wie Pedro Salinas (1891-1951), der zwischen 1936 und 1951 vierzehn meist einaktige Stücke schrieb, Rafael Alberti (*1902), dem das spanische Theater des 20. Jahrhunderts einige seiner besten Produktionen verdankt, für Miguel Hernández (1910-1942), dessen wenige Stücke entschieden durch die politische Auseinandersetzung der dreißiger Jahre geprägt sind, und natürlich

---

[8] Vgl. Floeck, Wilfried, "Contra la deshumanización del teatro. García Lorca frente al esperpento de Valle-Inclán", in: *Média et représentation dans le monde hispanique au XXe siècle*. Actes du colloque international de Dijon 1987 (Hispanística XX, Bd. 5), S. 81-90; ders., "Von der Distanz zur Identifikation. Buero Vallejos Rezeption von Valle-Incláns Esperpento", in: Harald Wentzlaff-Eggebert (Hg.), *Ramón del Valle-Inclán (1866-1936)*. Akten des Bamberger Kolloquiums vom 6.-8. Nov. 1986, Tübingen 1988, S. 163-177; Angel San Miguel, "Zwischen Bewunderung und Distanz. Alfonso Sastres zwiespältiges Verhältnis zu Valle-Inclán", in: ebda., S. 179-188.

ganz besonders für García Lorca selbst. Daneben haben sich einige Zeitgenossen Lorcas vorwiegend oder ausschließlich dem Theater gewidmet. Zu ihnen gehören insbesondere Enrique Jardiel Poncela (1901-1952) und Miguel Mihura (1905-1977), deren von jeglicher Wahrscheinlichkeit, Logik und jedem psychologischen Realismus befreite und von schwarzem Humor durchsetzte Stücke eine tiefgreifende Reform der spanischen Komödie darstellten und in Ansätzen bereits das Absurde Theater der fünfziger Jahre vorwegnahmen. Dabei ist freilich zu bedenken, daß Mihuras *Tres sombreros de copa* erst 1952 uraufgeführt werden konnten und daß seine dramatische Produktion weitgehend in der Nachkriegszeit entstanden ist. Zu ihnen gehören ferner Max Aub (1903-1972) und Alejandro Casona (1903-1965), deren dramatisches Werk in die Zeit vor und nach dem Bürgerkrieg fällt.

Federico García Lorca (1898-1936), wie der vier Jahre jüngere Alberti in Andalusien geboren, überragt seine Zeitgenossen mit seinem dramatischen Werk bei weitem. Das Theater Lorcas ist lange Zeit als ein isoliertes Phänomen innerhalb der zeitgenössischen spanischen Theaterlandschaft betrachtet worden. Mit seinem Rückgriff auf die volkstümliche spanische Theatertradition und das Nationaltheater des Goldenen Zeitalters, mit seiner Verwurzelung im geistigen Leben Andalusiens sowie mit seinem erstaunlichen zeitgenössischen Erfolg galt es lange als typisches Beispiel für jenes andersartige, uneuropäische, rein spanische Theater. Allerdings hat dieser Lorca-Mythos das Verständnis seines Theaters eher behindert als gefördert. Heute ist unbestritten, daß Lorca ein Autor ist, der von Tradition und Modernität gleichermaßen geprägt ist. Die etwa fünfzehn Stücke, die Lorca in den zwanziger und dreißiger Jahren geschrieben hat, zeugen von großer thematischer und noch größerer formaler Vielfalt. Mit der jüngsten Aufwertung seiner experimentellen Stücke aus der Zeit der Amerika-Reise wird mehr und mehr deutlich, daß sein Werk nicht nur von historischen Theatermodellen wie der griechischen Tragödie, dem mittelalterlichen Volkstheater, der spanischen Comedia des Siglo de Oro und dem realistischen Drama des 19. Jahrhunderts, sondern auch von den ästhetischen Experimenten der europäischen Avantgardebewegungen vom Symbolismus bis zum Surrealismus geprägt ist. Insbesondere ist heute unbestritten, daß García Lorca in der unmittelbaren Nachfolge jener Dramatiker der vorangegangenen Generation zu sehen ist, deren Hauptziel eine radikale Erneuerung und Modernisierung des spanischen Theaters war. "Kein Zweifel kann daran bestehen, daß Lorca an der Erneuerung des spanischen Theaters teilgehabt hat" (Rogmann 1981, S. 65).

Thematisch kreisen die Stücke Lorcas um die Themen der frustrierten Liebe, des Todes, des Widerspruchs zwischen Illusion und Wirklichkeit sowie des Konflikts zwischen persönlicher Freiheit und gesellschaftlicher Norm. Formal lassen sie sich in volkstümliche Farcen und Puppenspiele (*Amor de don Perlimplín con Belisa en su jardín*, 1929; *La zapatera prodigiosa*, 1929/30; *Retablillo de don Cristóbal,* 1931), in die beiden avantgardistischen Experimentalstücke *El público* (1930) und *Así que pasen cinco años* (1931), in die tragische andalusische Bauerntrilogie, von der nur *Bodas de sangre* (1932) und *Yerma*

(1932) fertiggestellt wurden, sowie in mehrere Dramen einteilen, von denen das historische Drama *Mariana Pineda* (1932) und die in der spanischen Gegenwart spielenden Stücke *Doña Rosita la soltera* (1935) und *La casa de Bernarda Alba* (1936) die bekanntesten sind. Lorca gehört zu den engagiertesten Verfechtern der Idee des Volkstheaters, wobei er darunter nicht ein proletarisches Theater, sondern die Wiederbelebung der jahrhundertealten volkstümlichen Theatertradition Spaniens sowie die theatralische Vermittlung der großen Werke der spanischen Theatergeschichte an ein breites Publikum verstand. Diesem Ziel diente auch sein *Teatro Universitario La Barraca*, mit dem er im Auftrag der Zweiten Republik - ähnlich wie Casona mit seinem *Teatro del Pueblo* - durch die Provinz zog und auf öffentlichen Plätzen vornehmlich spanische Klassiker aufführte. Mit seinen beiden 1930/31 entstandenen Experimentalstücken *El público* und *Así que pasen cinco años* hat er dagegen Werke von großer formalästhetischer Kühnheit geschaffen. In ihnen versucht Lorca, der Realität des Traums und des Unbewußten einen adäquaten theatralischen Ausdruck zu verleihen, wobei die Surrealismus-Diskussion mit Luis Buñuel und Salvador Dalí in der Madrider Residencia de los Estudiantes nicht ohne Einfluß gewesen sein dürfte. In *El público* wird dem "teatro al aire libre", Symbol des zeitgenössischen Konsumtheaters, ein "teatro bajo la arena" entgegengestellt, das das verborgene Innere des Menschen sichtbar machen soll.

Die lyrische Tragödie *Bodas de sangre* mit ihrer zentralen Thematik von Leidenschaft, Ehebruch und Blutrache und die tragische Dichtung *Yerma* mit ihrer Gestaltung von frustrierter Liebe und Sterilität haben Lorca zu allererst den Ruf des typisch spanischen Dramatikers eingebracht und zu seiner einseitigen Festlegung auf das Klischee andalusischer Folklore und spanischer Blut- und Bodenmystik beigetragen, was durch die deutschen Übersetzungen Enrique Becks zusätzlich verstärkt worden ist. Unter dem Eindruck der wachsenden politischen und sozialen Spannungen scheint Lorca sich seit 1934 stärker der sozialen Verantwortung der Kunst bewußt geworden zu sein. In seinem letzten Stück, *La casa de Bernarda Alba*, ist eine deutliche Akzentverlagerung von der Gestaltung eher universaler und mythischer Normenkonflikte zu einem aktuellen Wirklichkeitsbezug mit sozialkritischer Intention zu erkennen. Das Stück gilt heute als Lorcas bestes Werk, in dem poetische, symbolistische und realistische Verfahren eine gelungene Verbindung eingegangen sind.

Lorcas Funktion als Theaterleiter, Schauspieler und Schriftsteller bildete die Voraussetzung für die Verwirklichung eines Werks von höchster Theatralität und für die Einlösung der Idee eines Totaltheaters, in dem verbale und non-verbale Ausdrucksmittel untrennbar miteinander verknüpft sind. Mit Valle-Inclán verbindet Lorca der hohe ästhetische Anspruch an die Kunst; im Gegensatz zu dem Galicier versucht er jedoch, der Gefahr der "deshumanización" (Ortega y Gasset) der modernen Kunst durch eine Ästhetik der Identifikation entgegenzuwirken, in der das Mitweinen und Mitlachen wieder stärker in ihr Recht gesetzt werden, in Lorcas eigenen Worten ausgedrückt: "El teatro es la poesía que se levanta del libro y se hace humana. Y al hacerse, habla y grita, llora y se desespera."[9]

Wie García Lorca stellte sich auch Casona als Theaterleiter in den unmittelbaren Dienst der Kulturarbeit der Zweiten Republik, und wie jener gehörte er zu den wenigen anspruchsvollen Autoren, die mit ihrem Theater große Erfolge erzielten. Vor allem mit dem im aufklärerischen Geist des *krausismo*[10] verfaßten Stück *Nuestra Natacha*, in dem er in ästhetisch höchst traditionalistischer Manier aktuelle Fragen der Bildungs- und Erziehungsreform aufgriff, erlebte er in der Saison 1935/36 in Barcelona und Madrid wahre Triumphe. Charakteristischer für Casonas Theaterschaffen sind allerdings Stücke, in denen er sich aus der realistischen Tradition löste und im Stil des poetischen Theaters die Welt der Phantasie und des Übersinnlichen auf die Bühne brachte (*Otra vez el diablo*, 1934; *La Sirena varada*, 1934). Seine besten Stücke schrieb Casona freilich im argentinischen Exil.

Wesentlich radikaler als bei Casona ist der Bruch mit der Tradition bei Max Aub, dessen dramatisches Werk fast 50 Titel umfaßt. Unter dem doppelten Einfluß von Unamuno und Valle-Inclán schuf Aub in den dreißiger Jahren Theaterstücke, in denen vergebliche existentielle Sinnsuche und Probleme der Kommunikationslosigkeit und Entfremdung im Mittelpunkt stehen (*El desconfiado prodigioso*, 1924; *Espejo de avaricia*, 1927/1934; *Jácara del avaro*, 1935). Dabei versucht Aub in Stücken wie *Espejo de avaricia*, in dem Unamunos existentialistisches Theater grotesk überzogen und parodiert wird, insofern als hier die Verzweiflung nicht mehr aus dem Verlust des Glaubens, sondern vielmehr demjenigen des Geldes resultiert, die Alpträume und Phantasmagorien seines Protagonisten auf der Bühne visuell und akustisch umzusetzen.

Auch das frühe Theater Albertis steht ganz im Zeichen einer antirealistischen Ästhetik. Wie die wenig zuvor entstandene Gedichtsammlung *Sobre los ángeles* ist Albertis Stück *El hombre deshabitado* (1930) unmittelbarer Ausdruck der persönlichen Glaubenskrise des Autors Ende der zwanziger Jahre. Dieses existentielle Lehrstück, das die biblische Schöpfungsgeschichte und das Problem der Theodizee thematisiert, steht in der direkten Nachfolge des mittelalterlichen Mysterienspiels und des *auto sacramental*. Allerdings handelt es sich dabei um ein "auto sacramental sin sacramento" (Torres Nebrera 1982, S. 87), in dem die christliche Heilsbotschaft in beinahe blasphemischer Weise auf den Kopf gestellt und durch die verzweifelte Revolte und Anklage des seines Lebensinns verlustig gegangenen modernen Menschen gegen einen Schöpfergott, an dessen Existenz er längst nicht mehr glaubt, ersetzt wird. In der überhitzten Atmosphäre ideologischer Konfrontation in den dreißiger Jahren gewann die Uraufführung des Stückes im Februar 1931 eine politische Dimension und spaltete das Publikum in zwei sich unversöhnlich gegenüberstehende Lager. Mit dem im

---

[9] Interview Lorcas mit Felipe Morales von 1936, in: *Obras completas*, Arturo del Hoyo (Hg.), 2 Bde., Madrid [21]1980, Bd. 2, S. 1119.

[10] Vgl. hier: H.-J. Lope, Die Literatur des 19. Jahrhunderts, Kap. 3.4, S. 303.

gleichen Jahr aufgeführten Stück *Fermín Galán*, das den gescheiterten Aufstand des republikanischen Offiziers Fermín Galán gegen die Monarchie Alfons XIII. darstellte, wandte Alberti sich dagegen der Form des politischen Volkstheaters zu, das in den folgenden Jahren immer mehr an Bedeutung gewinnen sollte. Viel stärker als sein Freund und Weggefährte García Lorca stellte Alberti sein lyrisches und dramatisches Werk in den dreißiger Jahren in den unmittelbaren Dienst des politischen Kampfes. 1931 trat er in die kommunistische Partei ein, 1936 wurde er zum Sekretär der *Alianza de Intelectuales Antifascistas* gewählt, und in den folgenden Jahren wurde er zu einem der erbittertsten Gegner der franquistischen Bewegung.

Die Jahre der Zweiten Republik waren zu kurz, um den hoffnungsvollen Reformansätzen des spanischen Theaters zu einem größeren Durchbruch zu verhelfen. Der Bürgerkrieg führte zu einer erheblichen Politisierung des Theaters. Schon in den Jahren vor dem Bürgerkrieg hatte Alberti Lorcas und Casonas Konzeption eines Volkstheaters politisiert und es durch ein regelrechtes Agitationstheater ersetzt (*Bazar de la providencia*, 1934; *Farsa de los Reyes Magos*, 1934). Damit nahm er bereits das *teatro de urgencia* oder *teatro de circunstancias* des Bürgerkriegs vorweg, dessen Hauptvertreter er selbst wurde (*Radio Sevilla*, 1938), an dem aber auch Autoren wie Max Aub, Miguel Hernández, María Teresa León (1905-1988), Rafael Dieste (1899-1981) oder Manuel Altolaguirre (1905-1959) beteiligt waren.[11] Wenn das Theater in den Jahren des Bürgerkriegs infolge seiner unmittelbaren Einflußmöglichkeiten auf das Publikum im Vergleich zum Roman auch erheblich an Bedeutung gewann, konnte es doch keine bleibenden Werke hervorbringen, da die literarischen und ästhetischen Ansprüche gegenüber den politischen und didaktischen Erfordernissen zu sehr in den Hintergrund gedrängt wurden.

6. Das Exiltheater nach dem Bürgerkrieg

Bürgerkrieg und Franco-Regime bedeuteten für das spanische Theater eine einschneidende Zäsur, die die Reformansätze der Vorkriegsjahre erstickte und es um Jahrzehnte zurückwarf. Die großstädtischen Bühnen wurden wieder ausschließlich mit trivialem Unterhaltungs- und Konsumtheater versorgt. Neben dem späten Benavente beherrschten dabei Autoren wie Juan Ignacio Luca de Tena (1897-1975), Claudio de la Torre (1897-1973), José María Pemán (1898-1981) und Joaquín Calvo Sotelo (*1905) das Madrider Repertoire. Zu ihnen kam seit den fünfziger und vor allem in den sechziger Jahren Alfonso Paso (1926-1978), der nach vielversprechenden Anfängen einen "Pakt" mit dem Publikum schloß, der ihn um den Preis einer weitgehenden Anpassung an den gängigen Publikumsgeschmack und einer Unterwerfung unter die Erfordernisse des

---

[11] Vgl. Marrast, Robert, *El teatre durant la guerra civil espanyola*, Barcelona 1978; Manfred Lentzen, *Der spanische Bürgerkrieg und die Dichter*, Heidelberg 1985, S. 84ff.; Christel Schnelle, "Revolutionäres Theater in Spanien", in: *Beiträge zur roman. Philologie* 26, 1987, S. 43-56; Francisco Mundi, *El teatro de la Guerra Civil*, Barcelona 1987.

Konsumtheaters zum erfolgreichsten Autor der Nachkriegszeit machte. Die subversive Tendenz der Komödien Jardiel Poncelas und Mihuras kam kaum zur Geltung, und das politische und soziale Protesttheater begann sich erst zaghaft im Untergrund studentischer Bühnen zu formieren. Das anspruchsvolle europäische Gegenwartstheater blieb aufgrund der Zensurbestimmungen, denen alles zum Opfer fiel, was gegen Religion, Vaterland und Moral verstieß, ebenso von den spanischen Bühnen verbannt wie dasjenige der spanischen Neuerer selbst, die - soweit sie noch lebten - ins Ausland gegangen waren. Die bedeutendsten spanischen Stücke der ersten Nachkriegsjahre wurden im lateinamerikanischen Exil geschrieben und aufgeführt, von wo aus sie den Weg auf die europäischen Bühnen diesseits der Pyrenäen fanden.

Der Bürgerkrieg hatte deutliche Spuren im Werk der Exilanten hinterlassen. Am stärksten hatten die Kriegserlebnisse Max Aub geprägt, der auch im französischen Exil nicht der Verfolgung entging und dem erst 1942 die Flucht aus einem marokkanischen Internierungslager nach Mexiko gelang. Das Exiltheater Aubs ist weniger durch ästhetische Experimente als durch die Verarbeitung seiner persönlichen Erfahrungen in Krieg und Exil und die dramatische Gestaltung einer von Gott verlassenen und von politischer Gewalt und Unterdrückung, von Rassenhaß und Intoleranz gezeichneten Welt bestimmt (*San Juan*, verf. 1938; *Morir por cerrar los ojos*, verf. 1944; *Cara y cruz*, verf. 1944; *No*, verf. 1949). Dabei werden auch die Verantwortung des Einzelnen und seine Entscheidung zwischen Gleichgültigkeit und solidarischem Handeln thematisiert (*El rapto de Europa o Siempre se puede hacer algo*, verf. 1943). Aubs Theater ist ein besonders eindrucksvolles Beispiel dafür, wie sehr auch das spanische Theater des 20. Jahrhunderts sowohl von den existentiellen Erfahrungen des modernen Menschen als auch von den Ereignissen der Gegenwartsgeschichte Europas und der Welt geprägt ist.

Alberti wandte sich im argentinischen Exil zunächst von der Politisierung des Theaters ab und kehrte zu einem eher symbolischen und poetischen Theater zurück (*El trébol florido*, 1940). In dem 1944 für Margarita Xirgu geschriebenen und von ihr in Buenos Aires aufgeführten Stück *El adefesio* werden poetisches und gesellschaftliches Theater eindrucksvoll miteinander verbunden. In diesem Stück, dessen Protagonistin nicht nur Obskurantismus, moralische Unterdrückung und Autoritätsmißbrauch verkörpert, sondern zugleich die tragische Seite von Autoritätsausübung schlechthin illustriert, hat Alberti Valle-Incláns esperpentisches Verfahren grotesker Verzerrung mit der Thematik von Lorcas Drama *La casa de Bernarda Alba* verknüpft. Mit *Noche de guerra en el Museo del Prado* fand Alberti wieder zu einem politischen Theater zurück, in dem er Valles Ästhetik der Verzerrung mit Techniken von Brechts epischem Theater verband. Die dramatische Handlung des 1955/56 in Erinnerung an den 20. Jahrestag des Ausbruchs des Bürgerkriegs verfaßten Stücks spielt im November 1938 im Madrider Prado-Museum während des franquistischen Bombenangriffs auf die Hauptstadt, blendet aber gleichzeitig durch eine Belebung von Figuren der im Prado ausgestellten Radierungen und Gemälde insbesondere Francisco de Goyas Szenen aus der Volkserhebung gegen den Einfall der französischen Truppen Napoleons im Jahre 1808 ein. Dabei werden die Ereignisse der Vergangenheit und der Gegenwart ständig zueinander in Beziehung gesetzt. *Noche de guerra* gilt allgemein als Albertis bestes politisches Drama, da in ihm die politische Botschaft nicht in erster Linie unmittelbar über Figuren und Dialog, sondern über die ästhetische Struktur selbst vermittelt wird. Das Stück stellt eine gelungene Kombination von realistischen und experimentellen theatralischen Darstellungsverfahren dar.

Am wenigsten wirkte sich der Bürgerkrieg auf das Exiltheater Casonas aus. Er baute in Buenos Aires sein Konzept eines poetischen Theaters, in dem psychologischer Realismus sowie Phantasie und übersinnliche Wirklichkeit miteinander versöhnt werden sollten, weiter aus und erzielte mit Stücken wie *Prohibido suicidarse en primavera* (1937), *La dama del alba* (1944), *Los árboles mueren de pie* (1949) und *La casa de los siete balcones* (1957) auch internationale Aufführungserfolge. Mit seiner optimistischen Weltsicht und seinen Tendenzen zur Verharmlosung und Harmonisierung privater und gesellschaftlicher Konflikte sah Casona sich schon in den ersten Jahren der politischen und kulturellen Liberalisierung des Franco-Regimes zu einem Arrangement mit den Verhältnissen in Spanien in der Lage und kehrte 1962 nach Madrid zurück - ganz im Gegensatz etwa zu Alberti, der bekanntlich erst zwei Jahre nach dem Tod des Caudillo wieder seinen Fuß auf spanischen Boden setzte. Die spanische Uraufführung von *La dama del alba* löste in Spanien 1962 ein wahres "Festival Casona" aus. Allerdings wurden sich zumindest die linken Theaterkritiker rasch bewußt, daß der Erfolg Casonas auf einem Mißverständnis beruhte und daß sein poetisches Theater weder den politischen noch den ästhetischen Vorstellungen der sechziger Jahre entsprach (Schmidkonz 1977).

Das Exil Aubs, Albertis und Casonas hatte den spanischen Theaterbetrieb der ersten Jahrzehnte des Franco-Regimes seiner bedeutendsten Dramatiker beraubt, nicht aber das spanische Theater selbst, denn die genannten Autoren schrieben im Ausland weiterhin Theater in spanischer Sprache. Ein unwiederbringlicher Verlust für das spanische Theater bedeutete dagegen in der nächsten Generation das Exil Fernando Arrabals (*1932), der mit 23 Jahren nicht nur Spanien den Rücken kehrte, sondern seine Stücke auch nicht mehr in spanischer Sprache publizierte. Abgesehen von einigen Stücken der fünfziger Jahre sind Arrabals Dramen zunächst in französischer Sprache erschienen und in Frankreich aufgeführt worden. Das Exil eines Autors, der bei aller Umstrittenheit seiner Person und seines Werkes ein höchst vielfältiges und modernes Oeuvre aufzuweisen hat, hat das spanische Theater um wichtige innovatorische Impulse gebracht.

7. Buero Vallejo und Sastre und die "Generación Realista"

In Spanien selbst begannen sich die Verhältnisse mit Beginn der fünfziger Jahre allmählich zu ändern. Die entscheidenden Etappen auf dem Weg zu einer Erneuerung des spanischen Theaters der Nachkriegszeit bildeten die Uraufführungen von Buero Vallejos *Historia de una escalera* (1949), von Mihuras 1932 entstandener, aber erst jetzt zur Kenntnis genommenen Komödie *Tres sombreros de copa* (1952) sowie Sastres *Escuadra hacia la muerte* (1954). Der Erfolg der Stücke zeigte, daß ein Großteil des Publikums des seichten Konsumtheaters überdrüssig zu werden begann. Das anspruchsvolle Theater der fünfziger und sechziger Jahre ist - ähnlich wie der Roman dieser Zeit[12] - ein aktualitätsbezogenes, engagiertes Theater, das die kritische Auseinandersetzung mit den Problemen seiner Zeit über das ästhetische Experiment stellte. Seine wichtigsten Vertreter sind Alfonso Sastre (*1926) und Antonio Buero Vallejo (*1916), der mit seinen augenblicklich 27 Stücken der derzeit bekannteste und bedeutendste zeitgenössische Dramatiker Spaniens ist.

"Con *Historia de una escalera* se acabaron las bromas", schrieb Ricardo Doménech 1973 rückblickend zur Bedeutung der Uraufführung des Stückes am 14. Oktober 1949 im Madrider *Teatro Español* (Doménech 1973, S. 23). In diesem aus einer Mischung von costumbristischem *sainete* und kritischem Gesellschaftsdrama bestehenden Stück, in dem der Lebensweg mehrerer Familien in einer tristen Mietskaserne des zeitgenössischen Madrid gestaltet wird und den Zuschauern die Probleme der menschlichen Existenz in der spanischen Vor- und Nachkriegsgesellschaft vor Augen geführt werden, hat Buero Vallejo das spanische Nachkriegstheater wieder zu einer politischen und moralischen Anstalt und den Dramatiker zum Gewissen der Nation erhoben. Das Stück weist bereits alle Merkmale auf, die auch das künftige Theater Bueros bestimmen: das Anknüpfen an die Tradition des bürgerlich-realistischen Theaters, die Verbindung von kollektiven und persönlichen Problemen, von sozialer Kritik und existentieller Identitätssuche sowie das dialektische Verhältnis von Determinismus und Freiheit menschlichen Handelns. Mit Unamuno teilt Buero Vallejo das tragische Lebensgefühl. Ihm will er mit einer Wiederbelebung der Tragödie adäquaten Ausdruck verleihen, in der freilich das Prinzip Hoffnung ein konstitutives Merkmal ist. Bei allem Einfluß der esperpentischen Verzerrung Valle-Incláns und der didaktischen Distanzierungseffekte Brechts, dessen episches Theater von großem Einfluß auf die Generation Buero Vallejos und Sastres war, gehören Identifikationsangebote zu den unverzichtbaren Merkmalen seines Theaters. Buero Vallejo versucht stets, Brecht mit Artaud sowie Valle-Inclán mit Unamuno und García Lorca zu versöhnen, doch kann er nie verhehlen, daß er Unamunos und Lorcas Ästhetik der Menschlichkeit näher steht als Valles Ästhetik spöttischer Distanz.

Das tragische Lebensgefühl Buero Vallejos äußert sich einmal in der physischen und psychischen Schwäche seiner Protagonisten. Von dem Erstlingswerk *En la ardiente oscuridad* (verf. 1946, aufgef. 1950) über *El concierto de San Ovidio* (1962) und *El sueño de la razón* (1970) bis zu *Llegada de los dioses* (1971) erscheinen Blindheit, Taubheit und Alter als Symbole menschlicher Be-

---

[12] Vgl. hier: M. Lentzen, Der Roman im 20. Jahrhundert, Kap. 9 und 10, S. 334ff.

grenztheit schlechthin. Das Gefühl existentieller Tragik wird andererseits ergänzt und verstärkt durch die Erfahrung politischer Unterdrückung und sozialer Ungerechtigkeit. Francisco de Goya, dem das Drama *El sueño de la razón* gewidmet ist, leidet nicht nur an Krankheit und Alter, sondern in gleicher Weise an der Verfolgung durch das absolutistische Regime Ferdinands VII. sowie an dem alltäglichen Schauspiel von Krieg und Gewalt. Mariano José de Larra, der historische Protagonist des Stückes *La detonación* (1977), leidet nicht nur an seiner unglücklichen Liebe, sondern ebenso an den politischen und sozialen Verhältnissen seiner Zeit. Dabei wird die Eigenverantwortlichkeit des in der Spannung von persönlicher Willensfreiheit und politischer wie sozialer Determiniertheit stehenden Menschen nie außer acht gelassen. Die dialektische Einheit von Privatem und Kollektivem, von existentieller und gesellschaftlicher Seinsweise ist eines der zentralen Merkmale seines Werkes.

Bueros Dramen spielen in der Regel in der Gegenwart und behandeln Probleme der spanischen und außerspanischen Zeitgeschichte. *El tragaluz* (1967) ist eines der ersten Stücke, in dem der spanische Bürgerkrieg und seine Folgen thematisiert werden. *La doble historia del doctor Valmy* (1967) behandelt das Problem der Folter als Mittel politischer Kontrolle und Unterdrückung und seine psychischen Folgen für die Beteiligten. Seit Ende der fünfziger Jahre wandte sich der Autor in zunehmendem Maße auch geschichtlichen Themen zu. Daraus sind vier historische Dramen hervorgegangen: *Un soñador para un pueblo* (1958), ein Stück über den Aufklärer Esquilache, *Las meninas* (1960), ein Drama über den Maler Velázquez, sowie das Goya-Stück *El sueño de la razón* und das Larra-Stück *La detonación*. Die Aufwertung des historischen Dramas ist für das spanische Nachkriegstheater allgemein charakteristisch. Von Alberti, Sastre und Muñiz über Martín Recuerda und Rodríguez Méndez bis hin zu Gala und Miras haben zahlreiche Dramatiker der Nachkriegszeit Themen der nationalen Geschichte behandelt. Dies ist allerdings nie als Flucht aus der Gegenwart zu verstehen; im Gegenteil, die Rekonstruktion der Vergangenheit dient für Buero und seine Zeitgenossen stets der Erhellung und einem besseren Verständnis der Gegenwart (Pérez-Stansfield 1983, S. 163 ff.)

Gemessen an den ästhetischen Experimenten der dramatischen Neuerer von Valle-Inclán bis García Lorca führt Buero Vallejos Werk wieder zu einer Annäherung an die Tradition des realistischen Theaters. Allerdings betont er den experimentellen Charakter seines Theaters seit den sechziger Jahren etwas stärker, wobei er filmische Techniken wie Rückblende und Handlungsfragmentarisierung ebenso einsetzt wie Brecht'sche Verfremdungseffekte zum Zweck der Distanzgewinnung oder Visualisierung von Traumvisionen und Phantasmagorien zum Ausdruck innerer Obsessionen. Die Stücke *El sueño de la razón* und *La detonación* sind die gelungensten Beispiele einer ästhetischen

Konzeption, die der Autor selbst als eine "dramaturgia integradora" bezeichnet hat.[13]

Trotz seines Umfangs (knapp 40 Stücke) und seiner Qualität wird das dramatische Werk Alfonso Sastres bis heute weit unterschätzt, was sicherlich mit der Schärfe seiner ideologischen Position und seinem Hang zu anarchistischen Tendenzen zusammenhängt. Die Radikalität seiner Position wird schon 1960 in dem Streit mit Buero Vallejo um "posibilismo" und "imposibilismo" deutlich, in dem Sastre Bueros Konzeption eines die Bedingungen der Zensur berücksichtigenden Theaters ("teatro posible") die Forderung nach einem "teatro imposible" entgegengestellt hat, das ohne Rücksichtnahme auf die politischen Verhältnisse und ohne jede Kompromißbereitschaft entstehen müsse. Mit dieser radikalen Position hat Sastre einen Großteil seines Werkes um Publikation und Aufführung und damit um jede Wirkung gebracht. Auch Buero Vallejo war ein engagierter Kämpfer gegen den Franquismus, wurde 1939 sogar zum Tode verurteilt und verbrachte sieben Jahre in den Kerkern des Franco-Regimes. Er versuchte allerdings, gerade mit seinem Werk das reformwillige Publikum zu erreichen und aufzurütteln und die Gesellschaft von innen heraus zu verändern. In den Jahren der politischen und kulturellen Öffnung des Regimes wurde sein Handlungsspielraum ständig größer, und 1972 wurde er sogar zum Mitglied der Königlichen Akademie gewählt. Sastre behielt dagegen selbst nach Francos Tod seine radikale Oppositionshaltung gegen Staat und Regierung bei, kehrte der spanischen Hauptstadt bewußt den Rücken und zog sich nach Fuenterrabía im Baskenland zurück.

Sastre gehört zu den ersten Autoren, die sich um eine ideologische und formale Erneuerung des spanischen Nachkriegstheaters bemühten. Bereits 1945 gründete er mit Alfonso Paso und anderen Freunden eine Gruppe mit dem programmatischen Namen *Arte Nuevo*. Aus den vierziger Jahren stammen auch seine ersten dramatischen Versuche, die von dem gesellschaftskritischen Impetus des späteren Werks noch nichts erkennen lassen. Es sind vielmehr experimentelle Stücke, in denen existentielle Angst, Frustration und alptraumartige Visionen dargestellt werden (*Ha sonado la muerte*, 1946; *Cargamento de sueños*, 1946; *Comedia sonámbula*, 1947). In der Theorie erfolgte die Wende zu einem politischen Agitationstheater 1950 mit dem gemeinsam mit José María de Quinto veröffentlichten *Manifiesto del Teatro de Agitación Social* (T.A.S.), in dem die Idee eines politischen Volks- und Agitationstheaters propagiert und die Absicht verkündet wird, die politische Agitation in alle Bereiche des spanischen Lebens zu tragen. Die Gruppe selbst überlebte die Veröffentlichung ihres Manifestes nicht. Zehn Jahre später erfolgte die Gründung des *Grupo de Teatro Realista* (G.T.R.), dessen *Declaraciones* in maßvollerem Ton die ideologische Erneuerung des spanischen Theaters fordern. Sastre ist ohne Zweifel auch als der bedeutendste Theoretiker des spanischen Nachkriegstheater anzusehen.

---

[13] "Sobre 'El sueño de la razón'. Una conversación con Antonio Buero Vallejo', in: *Primer acto* 117, 1970, S. 24.

In der Praxis beginnt Sastres zweite Phase mit dem Stück *Escuadra hacia la muerte*, das bei der Kritik allgemein auf Zustimmung stieß, dessen Aufführung 1953 aber bereits nach der dritten Vorstellung verboten wurde. Das Stück, das die unterschiedlichen Reaktionen und Verhaltensweisen eines sechsköpfigen Todeskommandos in einer ausweglosen Situation darstellt, vereinigt existentielle Schuld-und-Sühne-Thematik mit einer kritischen Behandlung der Auswirkungen von militaristischer Gesinnung und Krieg. In den folgenden Stücken wird die Überwindung pessimistisch-nihilistischer Positionen durch politisches Engagement und solidarisches Handeln deutlicher, so in *La mordaza*, 1954, einem realistisch-psychologischen Familiendrama, unter dessen Deckmantel politische und gesellschaftliche Konflikte denunziert werden, oder in den Stücken, die die Problematik des Widerstands und der revolutionären Gewalt behandeln (*El cubo de la basura*, 1951; *Prólogo patético*, 1953; *Asalto nocturno*, 1958/59; *En la red*, 1959).

Anfang der sechziger Jahre wandte sich Sastre vom Modell des realistischen, neo-aristotelischen Dramas ab und entwickelte seine Konzeption der *tragedia compleja*, in der er Elemente von Valle-Incláns esperpentischer Ästhetik der Verzerrung und der distanzierenden Verfremdung Brechts zu einer grotesken Tragikomödie zusammenschweißte, in der freilich das tragische Element im Vordergrund steht. Zu diesen Stücken gehören etwa die historischen Dramen *La sangre y la ceniza* (verf. 1962/65, aufgef. 1976) und *Crónicas romanas* (verf. 1968; frz. Auff. 1982; keine span. Auff.) oder die Stücke der achtziger Jahre wie *Los hombres y sus sombras* (verf. 1983) und *Los últimos días de Emmanuel Kant contados por Ernesto Teodoro Amadeo Hoffmann* (verf. 1985, aufgef. 1990).

Buero Vallejo und Sastre waren die Initiatoren und Wortführer einer ganzen Gruppe von Autoren, die ihr Werk in den fünfziger und sechziger Jahren vor allem in den Dienst einer ethischen Erneuerung des spanischen Nachkriegstheaters stellten. Gemeinsam war ihnen eine engagierte, kritische Auseinandersetzung mit den politischen und sozialen Problemen der Gegenwart und der Geschichte ihres Landes, wobei sie zumindest bis in die Mitte der sechziger Jahre hinein in ihrer Gestaltungsweise weitgehend in der Tradition des realistischen Theaters verblieben. Zu dieser *Generación Realista* gehören vor allem Lauro Olmo (*1922; *La camisa*, 1962), José Martín Recuerda (*1922; *Las salvajes en Puente San Gil*, 1963), José María Rodríguez Méndez (*1925; *Los inocentes de la Moncloa*, 1960), Carlos Muñiz (*1927; *El tintero*, 1962), Ricardo Rodríguez Buded (*1928; *Un hombre duerme*, 1959; *La madriguera*, 1960) sowie Antonio Gala (*1936; *Los verdes campos del Edén*, 1963). Allerdings ist der Realismusbegriff für die Charakterisierung dieser Autoren in einem eher weiten Rahmen zu sehen, der eine Differenzierung innerhalb der Gruppe erlaubt. "Vemos cómo, según qué autor y época en que habla", schreibt César Oliva, "el término *realista* va siempre acompañado de otro calificativo, que define - en opinión propia de los dramaturgos - la estética que utilizan. Así, Buero matiza su *realismo* como simbolista; Sastre, social; Martín Recuerda, y el primer Gómez Arcos, poético o ibérico; Lauro Olmo y Alfredo Mañas, popular; Muñiz, expresionista, etc. Comprobemos que todo lo que de impreciso tiene la palabra *realismo* [...] quiere tener de preciso el calificativo" (Oliva 1989, S. 224). Gemeinsam ist den genannten Autoren freilich die Marginalisierung ihres Werkes in einem von Zensur und Kommerzialisierung geprägten Theaterbetrieb, was zu Bezeichnungen wie "teatro silenciado" oder "generación perdida" geführt hat. Allein Antonio Gala hat es schon früh zu einer breiteren Anerkennung gebracht, die sich in den achtziger Jahren sogar zu einem soliden Publikumserfolg verfestigt hat. Gemeinsam ist ihnen ferner eine ästhetische Weiterentwicklung zu einem eher experimentellen Theater und damit eine Annäherung an das *Neue Spanische Theater* der späten sechziger und frühen siebziger Jahre.

8. Das "Neue Spanische Theater"

Der Begriff *Nuevo Teatro Español* hat sich in den vergangenen Jahren mehr und mehr zur Bezeichnung einer neuen Tendenz des spanischen Theaters durchgesetzt, deren Höhepunkt in dem Jahrzehnt zwischen 1965 und 1975 liegt. Trotz mancher Gemeinsamkeiten mit dem Theater der *Generación Realista*, die vor allem thematischer Natur sind, ist es doch sinnvoll, beide Bewegungen zu unterscheiden.[14] Während die Vertreter des *Neuen Spanischen Theaters* die Funktion des Theaters als Mittel gesellschaftlicher Demaskierung und sozialen Protestes beibehalten und zum Teil sogar noch verstärken, lehnen sie ein Verständnis des Theaters als realistische Widerspiegelung der Wirklichkeit ab. Das *Nuevo Teatro Español* ist ein antirealistisches, experimentelles Theater, das die Suche nach neuen theatralischen Ausdrucksmöglichkeiten über die Vermittlung einer Botschaft stellt. Es zerstört die traditionelle Vorstellung von einheitlicher Figurenzeichnung und von der Vormachtstellung der Sprache. Es ist ein antiliterarisches Theater, das den Text bisweilen nur als Prä-Text für die Aufführung betrachtet und in der Sprache nur eine unter anderen Ausdrucksmöglichkeiten sieht, der die non-verbalen Codes von Bühnenbild und Requisiten über visuelle und akustische Techniken bis hin zur Körpersprache des Schauspielers gleichberechtigt zur Seite treten. Die Idee eines Totaltheaters, wie sie von Valle-Inclán, García Lorca oder Artaud mit unterschiedlicher Akzentsetzung entwickelt worden war, wird von ihm konsequent weitergeführt. Das *Nuevo Teatro Español* erstrebt ferner eine Auseinandersetzung mit den verschiedenen avantgardistischen Formen des zeitgenössischen europäischen und amerikanischen Theaters, wobei die Modelle des epischen, des absurden und des grotesken Theaters sowie Artauds Theater der Grausamkeit, das Living Theatre und die Ausdrucksmöglichkeiten des Hap-

---

[14] Neben María Pilar Pérez Stansfield, *Direcciones de teatro...*, César Oliva, *El teatro...*, und Klaus Pörtl, "Systemkritik im spanischen Protesttheater. Eine vorläufige Standortbestimmung von Antonio Martínez Ballesteros und Miguel Romero Esteo", in: Wilfried Floeck (Hg.), *Spanisches Theater...*, S. 197-214, vgl. José Rodríguez Richart, "Entstehung, Form und Sinn des 'Neuen Spanischen Theaters'", in: Wilfried Floeck (Hg.), *Tendenzen des Gegenwartstheaters*, Tübingen 1988, S. 85-100.

pening im Mittelpunkt stehen. Innerhalb der nationalen Tradition beziehen sich die jungen Autoren auf die "tragedia grotesca" eines Arniches und vor allem auf die Ästhetik esperpentischer Verzerrung Valle-Inclans. "Prodríamos decir que una constante del nuevo teatro es una poética de teatro total con elementos absurdistas, esperpénticos y farsescos" (Pérez-Stansfield 1983, S. 297). Die Ausdrucksweise des neuen Theaters ist durch eine Tendenz zum Symbolischen und Allegorischen gekennzeichnet, wobei es der Gefahr von Hermetismus, Ambiguität und Abstraktion nicht immer entgeht (Ruiz Ramón ^{6}1984, z.B. S. 529).

Die Bewegung des *Nuevo Teatro Español* ist ebenso vielfältig wie heterogen; von ihren zahlreichen Vertretern können hier nur einige repräsentative Namen mit je einem charakteristischen Werk genannt werden: José María Bellido (*1922; *Fútbol*, 1963), José Ruibal (*1925; *El hombre y la mosca*, 1968), Luis Riaza (*1925; *Las jaulas*, 1969), Antonio Martínez Ballesteros (*1929; *Farsas contemporáneas*, 1969), Francisco Nieva (*1929; *La carroza de plomo candente*, 1971); Miguel Romero Esteo (*1930; *Pontifical*, 1966), Domingo Miras (*1934; *De San Pascual a San Gil*, 1974), Luis Matilla (*1938; *Ejercicios en la red*, 1969), Alberto Miralles (*1940; *La guerra y el hombre*, 1967), Eduardo Quiles (*1940; *El asalariado*, 1969) und Jerónimo López Mozo (*1942; *Anarchía 36*, 1971).

Während die Stücke des *Nuevo Teatro Español* nur wenig Chancen hatten, in den offiziellen Theatern zur Aufführung zu kommen, arbeiteten einige der neuen Autoren mit der unabhängigen Theaterbewegung zusammen, der sie ideologisch und ästhetisch nahestanden. Der Begriff *Teatro Independiente* umfaßt eine Fülle freier, oft im Untergrund arbeitender Theatergruppen, die in den sechziger und siebziger Jahren überall in Spanien entstanden waren. Mit den neuen Autoren teilten sie die gesellschaftliche Intention, die antirealistische und antiliterarische Theaterkonzeption sowie das Verständnis des dramatischen Werks als Gesamtkunstwerk. Ein besonderes Anliegen der unabhängigen Gruppen war der Rückgriff auf Formen des Volkstheaters, das Bemühen um neue Publikumsschichten sowie die Erprobung kollektiver Produktionsformen. Ruiz Ramón (^{6}1984, S. 457) spricht von der Existenz von circa 150 Gruppen des *Teatro Independiente* um 1973. Zu den bekanntesten gehören *Els Joglars*, *Los Goliardos*, *Tábano*, das *Teatro Experimental Independiente* (T.E.I.), das *Teatro Estudio Lebrijano* oder das *Teatro Universitario de Murcia*. Eine der gelungensten Gemeinschaftsproduktionen war das Stück *Castañuela 70* der Gruppe *Tábano*, das in einer Art grotesker Revue die unterschiedlichsten Themen von der Werbung und dem Fernsehen bis zur Familie und Sexualität aufs Korn nahm.

9. Ausblick auf das spanische Theater nach Franco

Zum Theater nach Franco fehlt uns der zu einer objektiven Beurteilung notwendige Abstand. Es können daher hier nur einige Tendenzen angegeben werden. Festzuhalten ist, daß sich die Hoffnungen der jungen Autoren, die Bühnen des neuen Spanien zu erobern, nicht erfüllt haben. Weder war das Publikum auf die experimentellen Stücke des *Nuevo Teatro Español* vorbereitet, noch entsprachen die unter Zensurbedingungen geschaffenen Texte der neuen Situation. Zudem hatten die Bühnen einen erheblichen Nachholbedarf bei der Inszenierung von unter Franco verbotenen in- und ausländischen Klassikern der Moderne zu befriedigen. Unter den Spaniern erlebten Alberti und vor allem Lorca und Valle-Inclán einen wahren Boom, der bis heute anhält. Abgesehen von wenigen Ausnahmen wie Buero Vallejos *La doble historia del doctor Valmy* (verf. 1964; aufgef. 1976), Martín Recuerdas *Las arrecogías del Beaterio de Santa María Egipciaca* (verf. 1970, aufgef. 1977) und Sastres *La taberna fantástica* (verf. 1965; aufgef. 1985) blieben Aufführungen von Stücken aus den sechziger und frühen siebziger Jahren ohne große Beachtung oder fielen durch wie etwa Ruibals *El hombre y la mosca* 1983 im renommierten Staatstheater María Guerrero. Die Folge bei den Autoren waren Enttäuschung und Frustration. Von der Existenz eines *Neuen Spanischen Theaters* als einer einheitlichen Bewegung kann heute nicht mehr gesprochen werden (vgl. Pörtl 1986).

Seit den Jahren der *Transición* und vor allem seit dem Regierungsantritt der Sozialisten (1982) und seit der Gründung des dem *Ministerio de Cultura* unterstellten *Instituto Nacional de las Artes Escénicas y de la Música* (INAEM) sind im spanischen Theaterbetrieb tiefgreifende Strukturveränderungen zu beobachten, von denen hier nur die wichtigsten genannt seien.[15]

1. Spanien erlebt einen Wandel von einem privaten, kommerzialisierten zu einem institutionalisierten und staatlich subventionierten Theaterbetrieb. Die Einrichtung eines *Centro Dramático Nacional* (CDN) noch in den Jahren der *Transición* (1978) sowie die Schaffung des *Centro Nacional de Nuevas Tendencias Escénicas* (CNNTE, 1983) zur Förderung neuer theatralischer Ausdrucksformen und der *Compañía Nacional de Teatro Clásico* (CNTC, 1986) zur Pflege des spanischen Nationaltheaters des Siglo de Oro sind hierfür die wichtigsten Beispiele.

2. Die Förderung des Theaters durch Zentralregierung, Regionen und Kommunen hat zu einer Dezentralisierung des Theaterbetriebs geführt. Wenn auch die Vormachtstellung von Madrid und Barcelona ungebrochen ist, so kann doch von einem enormen Aufschwung des Theaters in der Provinz gesprochen werden. Seit 1982 sind über 50 Theater mit staatlicher Unterstützung neu eingerichtet oder wiedereröffnet worden. Seit einigen Jahren sind ferner Aufschwung beziehungsweise Entstehung eines "Theaters der Nationalitäten" in galicischer, baskischer und vor allem katalanischer Sprache zu beobachten.

3. Die Dezentralisierung hat eine weitere Verstärkung durch die Entstehung zahlreicher Theaterfestivals erfahren, die teilweise auch von theaterwissenschaftlichen Veranstaltungen begleitet werden. Diese Entwicklung hat zugleich zu einer wachsenden Europäisierung des spanischen Theaterwesens beigetragen. Als Beispiele von besonderer Bedeutung seien das *Festival Internacional de Sitges* und das *Festival de Teatro Clásico de Almagro* genannt. Für die theaterwissen-

---

[15] Näheres bei Josef Oehrlein, "Das spanische Theater nach Franco. Strukturwandel zwischen Tradition und Erneuerung", in: Wilfried Floeck (Hg.), *Spanisches Theater...*, S. 273-291, und Luciano García Lorenzo, "Das spanische Theater nach 1975", ebda, S. 293-310.

schaftlichen Aktivitäten sind das Institut del Teatre in Barcelona sowie das Institut für Theaterwissenschaft der Universität Murcia bis heute richtungweisend.

4. Seit Mitte der achtziger Jahre ist der Schwund der Zuschauerzahlen nicht nur gestoppt worden, sondern es kann sogar von einer erheblichen Ausweitung des Publikums gesprochen werden. Allerdings fehlen über die soziale Zusammensetzung des Publikums sowie über seine Geschmacksbildung aussagekräftige Untersuchungen.

5. Der staatlich institutionalisierte Theaterbetrieb hat zu einer Ausweitung des Regie- und Ausstattungstheaters auf Kosten des Autorentheaters beigetragen. Intendanten und Regisseure wie Lluís Pasqual, Adolfo Marsillach, José Luis Alonso, José Luis Gómez oder Miguel Narros sind heute bekannter als neue Autoren. Es fehlt insbesondere an jungen Autoren, die sich mit den privaten und kollektiven Problemen des demokratischen Spanien auseinandersetzen.

6. In den vergangenen Jahren sind allerdings vereinzelt Stücke von neuen Autoren aufgeführt worden, die vielversprechende Ansätze für eine Weiterentwicklung des spanischen Theaters erkennen lassen. Unter ihnen seien José Sanchis Sinisterra (*1940), *¡Ay, Carmela!* (1989), José Luis Alonso de Santos (*1942; *Bajarse al moro*, 1985), Alfonso Vallejo (*1943; *Gaviotas subterráneas*, 1983), Fermín Cabal (*1948; *Esta noche gran velada*, 1983) und Sebastián Junyent (*1948; *Hay que deshacer la casa*, 1985) genannt. Einen großen Publikumserfolg erzielten auch Fernando Fernán-Gómez (*1921) mit *Las bicicletas son para el verano* (1981) und Adolfo Marsillach (*1928) mit *Yo me bajo en la próxima ¿y usted?* (1981). Auffallend ist ferner, daß sich in den letzten Jahren zunehmend weibliche Autoren dem Theater zuwenden. Stellvertretend seien hier Ana Diosdado (*1938; *Los ochenta son nuestros*, 1988), Concha Romero (*1945; *Un olor a ámbar*, 1983), Paloma Pedrero (*1957; *Invierno de luna alegre*, 1987) sowie María Manuela Reina (*1958; *La cinta dorada*, 1989) erwähnt. Dieses jüngste Theater ist in ästhetischer und inhaltlicher Hinsicht weniger experimentell und provozierend als die Stücke des *Nuevo Teatro Español*. Selbst bei der theatralischen Bewältigung der Bürgerkriegsereignisse und ihrer Folgen sowie bei der Darstellung ernsthafter Probleme der zeitgenössischen Gesellschaft verzichten die Autoren nicht auf Verständnis und Humor.[16] Die spanischen Dramatiker der achtziger Jahre scheinen weniger auf Provokation und missionarisches Engagement als auf Gelassenheit und vorsichtige, bisweilen resignative Skepsis ausgerichtet zu sein. Wie die Romanautoren[17] scheinen auch die Dramatiker der Experimente und der Provokation von Leser und Zuschauer überdrüssig zu sein.

Das spanische Gegenwartstheater ist von lebendiger Vielfalt und Heterogenität geprägt. Seine nationale Isolierung hat es endgültig überwunden. Das spani-

---

[16] Vgl. Rubio Jiménez, Jesús, "Vom 'Unabhängigen Theater' zum 'Neocostumbrismo'. Das spanische Drama der achtziger Jahre", in: Wilfried Floeck (Hg.), *Spanisches Theater*..., S. 311-330.

[17] Vgl. hier: M. Lentzen, Der Roman im 20. Jahrhundert, Kap. 11., S. 341f.

sche Theater scheint sich in einer Phase des Übergangs zu befinden, wobei sich die Konturen der künftigen Entwicklung noch nicht klar abzeichnen.

Klaus Pörtl sei für die kritische Lektüre des Beitrags herzlich gedankt.

Bibliographie

Anderson, Farris, *Alfonso Sastre*, New York 1971

Berenguer, Angel, *El teatro en el siglo XX (hasta 1939)*, Madrid 1988

Borrás, Angel A., *El teatro de exilio de Max Aub*, Sevilla 1975

Cabal, Fermín, Alonso de Santos, José Luis (Hg.), *Teatro español de los 80*, Madrid 1985

Diego, Fernando de, *El teatro de Alberti: teatralidad e ideología*, Madrid 1988

Doménech, Ricardo, *El teatro de Buero Vallejo. Una meditación española*, Madrid 1973

Edwards, Gwynne, *El teatro de Federico García Lorca*, Madrid 1983

Fernández Torres, Alberto (Hg.), *Documentos sobre el teatro independiente español*, Madrid 1987

Ferreras, Juan Ignacio, *El teatro en el siglo XX (desde 1939)*, Madrid 1988

Floeck, Wilfried (Hg.), *Spanisches Theater im 20. Jahrhundert. Gestalten und Tendenzen*, Tübingen 1990

Franco, Andrés, *El teatro de Unamuno*, Madrid 1971

García Lorenzo, Luciano (Hg.), *Documentos sobre el teatro español contemporáneo*, Madrid 1981

Iglesias Feijoo, Luis, *La trayectoria dramática de Antonio Buero Vallejo*, Santiago de Compostela 1982

Kulenkampff, Barbara-Sabine, *Theater in der Diktatur. Spanisches Experimentiertheater unter Franco*, München 1979

Lasagabaster, José María, *El teatro de Miguel de Unamuno*, San Sebastián 1987

Lajohn, Lawrence A., *Azorín and the Spanish Stage*, New York 1961

Lentzen, Manfred, *Carlos Arniches. Vom 'género chico" zur "tragedia grotesca'*, Genf 1966

Lyon, John, *The Theatre of Valle-Inclán*, Cambridge 1983

Monleón, José, *El teatro del 98 frente a la sociedad española*, Madrid 1975

Navascués, Miguel, *El teatro de Jacinto Grau*, Madrid 1975

Oliva, César, *El teatro desde 1936*, Madrid 1989

Pérez-Stansfield, María Pilar, *Direcciones de teatro español de posguerra*, Madrid 1983

Pörtl, Klaus, *Die Satire im Theater Benaventes von 1896 bis 1907*, München 1966

Pörtl, Klaus (Hg.), *Reflexiones sobre el Nuevo Teatro Español*, Tübingen 1986

Rodríguez Richart, José, *Vida y teatro de Alejandro Casona*, Oviedo 1963

Rogmann, Horst, *García Lorca*, Darmstadt 1981

Roloff, Volker, Wentzlaff-Eggebert, Harald (Hg.), *Das spanische Theater*, Düsseldorf 1988

Ruiz Ramón, Francisco, *Historia del teatro español. Siglo XX*, Madrid ^{6}1984

Schürr, Friedrich, *Miguel de Unamuno. Der Dichter des tragischen Lebensgefühls*, Bern, München 1962

Torres Nebrera, Gregorio, *El teatro de Rafael Alberti*, Madrid 1982

Wellwarth, George E., *Spanish Underground Drama*, The Pennsylvania State Univ. Press 1972

Index

(Angegeben werden die besprochenen und erwähnten Schriftsteller.)

Abarca de Bolea Aranda, Pedro Pablo, conde de 234
Abbat, Per 7
Acuña, Rosario de 312
Aesop 262
Aguado, Alejandro 234
Agustí, Ignacio 338
Alarcón y Ariza, Pedro Antonio de 306, 307
Alarcón y Mendoza, Juan Ruiz de 170, 185, 187
Alarcón, Fray Juan de 32
Alarcón, Luis de 90, 214
Alas y Ureña, Leopoldo ('Clarín') 189, 285, 303, 308, 309, 311
Alberti, Rafael 343, 345, 348, 351-353, 368, 377, 378, 380, 381-383, 385, 390
Alcázar, Baltasar del 142
Aldana, Francisco de 141
Aldecoa, Ignacio 335
Aleixandre, Vicente 343, 348, 352-355, 362
Alemán, Mateo 103, 110, 111
Alfieri, Vittorio 288
Alfonsi, Petrus: eigtl. Rabbi Moises Sefardi 3, 4, 30
Alfonso X el Sabio 9, 12, 17-21, 30, 31, 161
Almeida, Juan de 133
Alonso de Madrid, Fray 207
Alonso de Santos, José Luis 391
Alonso, Dámaso 153, 343, 348, 355, 357
Alonso, José Luis 391
Altamira, Rafael 304
Altolaguirre, Manuel 348, 381
Alvarez de Cienfuegos, Nicasio 264
Alvarez de Cueto, Leopoldo, Marqués de Valmar 302
Alvarez de Toledo, Gabriel 258
Alvarez de Villasandino, Alfonso 25, 51
Alvarez Quintero, Joaquín 370

Alvarez Quintero, Serafín 370
Alvarez, J.A. 364
Alvarez, Miguel de los Santos 291
Amat y Maestre, Miguel 293
Andrés, Juan 243
Apuleius 106, 109
Arcipreste de Hita, eigtl. Juan Ruiz 57, 163
Arconada, César 330, 331
Arcos, Gómez 387
Arderíus, Joaquín 330
Arenal, Concepción 304
Argensola, B. Leonardo de 135, 146, 147
Arguijo, Juan de 142, 146
Aribau, B. Carlos 302
Ariost 106
Ariosto, Ludovico 125, 145
Aristoteles 3, 32, 177, 178, 197, 223, 387
Arnaut Daniel 120
Arniches y Barrera, Carlos 329, 370, 389
Arolas, Juan 291
Arrabal, Fernando 383
Arriaza y Superviela, J.B. 265
Arróniz, Teresa 312
Artaud, Antonin 384, 388
Aub, Max 332, 378, 380-383
Augustinus 29, 202, 208
Ausonius 53, 129
Avecilla, Pedro Alonso de 293
Averçó, Luis de 40
Averroes 3
Avicenna 3
Ayala, Francisco 332
Ayguals de Izco, Wenceslao 293
Aza, Vital 301
Azcárate, Gumersindo 303
Azorín, eigtl. José Martínez Ruiz 308, 319, 324, 326, 368, 369, 372, 374, 375
Äsop 106, 223

Bacon, Francis 241, 254
Baena, Juan Alfonso de 25, 42, 43, 49, 50, 52, 119
Bakunin, Michail Aleksandrowitsch 304
Balma, Hugues de 201

Balmes, Jaime 302
Balthasar, Hans Urs von 212
Balzac, Honoré de 312, 315, 325
Bances Candamo, Francisco Antonio de 189, 190, 268, 269
Bandello, Matteo 172
Barclay, John 106
Barea, Arturo 332
Baroja, Pío 317, 324-326, 333
Barral, Carlos 361
Barrès, Maurice 307
Barrientos, Lope de 68
Barrios, Miguel de 199
Baudelaire, Charles 315
Bayle, Pierre 237
Beaumarchais, Pierre-Augustin Caron de 278
Beccaria, Cesare 245, 263
Bellido, José María 389
Bembo, Pietro 120, 123, 127
Benavente, Jacinto 300, 368, 371, 372, 374, 381
Benavente, Luis Quiñones de 182
Benavides, Manuel 330
Benet, Juan 339
Benoît de Sainte-Maure 22
Benvenuto da Imola 53
Berceo, Gonzalo de 13-17
Bergamín, José 348
Bermúdez, Jerónimo 173
Bernhard von Clairvaux 29, 201
Bécquer, Gustavo Adolfo 295-297
Björnson, Björnsterne Martinius 317
Blanco-White, José María 250, 264, 265
Blasco Ibañez, Vicente 312
Bocángel, Gabriel 147
Boccaccio, Giovanni 32, 42, 71, 100, 109, 172
Boccalini, Trajano 106
Boethius 32, 45, 63
Boiardo, Matteo Maria 163
Boileau-Despréaux, Nicolas 265, 269
Bonaventura, eigtl. Johannes Fidanza 29, 201

Boscán, Juan 120, 122-127, 211, 221
Boscà Almugàver, Joan: s. Juan Boscán 124
Böhl de Faber, Cecilia 305
Böhl von Faber, Nicolas 287, 305
Brecht, Berthold 335, 382, 384, 385, 387
Bremond, Henri 212
Breton, André 359
Bretón de los Herreros, Manuel 299
Buero Vallejo, Antonio 368, 374, 377, 383-387, 390
Burgos, Javier de 301
Burleighs, Walter 30
Butor, Michel 335

Cabal, Fermín 391
Caballero, Fernán, s. Cecilia Böhl de Faber 305, 306
Cabanyes, Manuel de 265
Cadalso, José de 233, 248, 259, 260, 264, 272, 288
Calderón de la Barca, Pedro 147, 148, 182, 183, 185-189, 226, 227, 232, 238, 243, 266-268, 270, 271, 273, 290, 310, 311, 319
Calderón, A. 146
Calvo Sotelo, Joaquín 381
Campillo, José del 247
Campoamor y Campoosorio, Ramón de 300
Campomanes, Conde de 247
Camprodón, Francisco 300
Camus, Albert 334
Cano y Masas, Leopoldo 302
Cano, Melchor 90, 197, 202, 206
Cañizares, José de 268, 269
Cañuelo, Luis 245, 246
Carbó, Juan Francisco 291
Carlos de Viana 33
Carnero, Guillermo 363, 366, 367
Carranque de Ríos, Andrés 330
Carranza, Bartolomé 206
Carrillo de Albornoz 68
Carrillo y Sotomayor, Luis 150, 151
Cartagena, Alonso de 31, 32, 39, 44, 68
Carvajal, Antonio 366

Carvallo, Luis Alfonso de   176, 178
Casanova, Sofía   312
Casona, Alejandro   368, 369, 378-381, 383
Castellet, J.M.   336, 363, 364, 366
Castiglione, Baldassare   99, 120, 125, 221
Castillejo, Cristóbal de   124
Castillo, Diego Enríquez del   68
Castillo-Puche, José Luis   338
Castro, Guillén de   181
Castro, Rosalía de   291
Catull   126
Cauliaco, Guido de   32
Cavalca, Domenico   29
Cela, Camilo José   334, 335, 339, 340
Celaya, Gabriel (eigtl. Rafael Múgica)   356, 357, 363
Cerdá y Rico, Francisco   242
Cernuda, Luis   348, 349, 352, 353, 362
Cervantes de Salazar, Francisco   90, 216, 218, 220
Cervantes Saavedra, Miguel de   91, 93, 96, 97, 101, 104, 105, 136, 148, 172-175, 182, 187, 251, 252, 294, 301, 310, 324
Cetina, Gutierre de   120, 121, 122
Céspedes y Meneses, Gonzalo de   108
Chateaubriand, François René Vicomte de   286, 287
Châtillon, Gautier de   14
Cheriton, Odo von   30
Chrétien de Troyes   89, 96
Chueca, Federico   301
Cicero   32, 44, 216, 220
Cisneros, Francisco Jiménez de   199, 202
Clarín, s. Leopoldo Alas y Ureña   306, 311
Clavijo y Fajardo, J.   244, 245, 270
Codax, Martin   9
Coinci, Gautier de   20
Colinas, Antonio   366
Coll, Aliocha   341
Colocci, Angelo   9
Coloma, Luis   306
Columna, Aegidius de   32
Columnis, Guido de   22
Conde, Carmen   342

Condillac, Étienne Bonnot de   288
Contreras, Jerónimo de   104
Corneille, Pierre   181
Coronado, Carolina   291
Corral, Pedro del   69
Cortázar, Julio   335
Cortés, Donoso   283, 302
Costa, Joaquín   304, 323
Cota, Rodrigo de   74, 75, 163, 166
Covarrubias, Sebastián de   89
Córdoba, Martín de   31
Crema, Battista de   202
Cremer, V.   356
Cruz, Ramón de la   275, 298, 299
Cueto, L.A. de   256, 257
Cueva, Juan de la   173, 178
Cunqueiro, Alvaro   340
Curtius, Ernst Robert   197

D'Alembert, Jean Le Rond   237
Dante Alighieri   32, 51-54, 56, 58, 59, 60, 119, 120, 300
Dares Phrygius   21
Darío, Rubén   316, 343, 344, 346, 347
David   119
De la Torre, Francisco   133, 143, 146
Delgado, Agustín   364, 365
Delgado, Jacinto María   251
Delibes, Miguel   335, 339
Della Casa, Giovanni   145, 221
Descartes, René   106, 238, 241
Deza, Diego de   215
Dicenta, Joaquín   369
Dickens, Charles   313, 325
Diderot, Denis   237, 247
Diego de Estella   207
Diego de Valera   31-33, 68
Diego, Gerardo   348, 349, 352
Dieste, Rafael   381
Diktys von Knossos   22
Diosdado, Ana   391
Díaz de Toledo, Pedro   33, 44
Díaz Fernández, José   330, 331
Díaz, Juan   91

Díaz-Plaja, Fernando 333
Díez de Games, Gutierre 42, 68
Doergangk, Heinrich 196
Domínguez Bastida, Adolfo: s. Bécquer 295
Donoso Cortés, Juan 302
Dos Passos, John Roderigo 335
Dostojewski, Fjodor 325
Dumas d.J., Alexandre 300
Dumas, Alexandre 293
Durán, Agustín 287
Dürer, Albrecht 204

Eanes do Coton, Afons 12
Echegaray y Eizaguirre, José 301, 302, 369-371
Eça de Queiroz, José María de 309
Eekhoud, Georges 317
Eguilaz, Luis de 300
Eiximenis, Francesc 32
El Curioso Parlante, s. Ramón Mesonero Romanos 298
El Solitario, s. Serafín Estébanez Calderón 298
Encina, Juan del 42, 48, 49, 54, 56, 61, 63, 64, 75, 119, 120, 130, 163-165, 167, 168, 170, 172, 177
Engels, Friedrich 286
Erasmus von Rotterdam 92, 93, 203-205, 217-219
Escosura, Patricio de la 291, 292, 293
Eslava, Antonio de 113
Espina, Concha 331
Espinel, Vicente 112
Espinosa, Pedro de 145, 146
Espronceda y Delgado, José de 290, 291, 297
Estébanez Calderón, Serafín 298, 307
Estúñiga, Lope de 53
Eusebius 44

Falcón, Lidia 342
Falla, Manuel de 350
Fanelli, Giuseppe 304

Faulkner, William Cuthbert 335
Feijoo, Benito Jerónimo 232, 238-242, 246, 250, 311
Fermo, Serafino de 202
Fernán-Gómez, Fernando 391
Fernández de Andrada, Andrés 135
Fernández de Avellaneda, Alonso 93, 96
Fernández de Moratín, Leandro 258, 265, 266, 270, 275-299, 302
Fernández de Moratín, Nicolás 259, 260, 266, 270-272, 276
Fernández de Palencia, Alfonso 68
Fernández de Velasco, Bernardino 291
Fernández Flórez, Wenceslao 332
Fernández Granell, Eugenio 333
Fernández Villegas, Francisco 320
Fernández y González, Manuel 293
Fernández, Lucas 75, 163, 165, 166, 170
Ferrero, Jesús 341
Ferres, Antonio 333
Fénelon, François de Salignac de La Mothe 250
Ficino, Marsilio 142
Figueroa, Francisco de 122, 145
Fígaro, s. Mariano José de Larra 298, 317
Flaubert, Gustave 306, 311, 312
Flores, Antonio 306
Flores, Juan 71, 73, 99
Florian, J.P. Claris de 251
Flórez, Enrique 243
Foix, J.V. 348
Foligno, Angela da 201
Fontane, Theodor 311
Forner, Juan Pablo 245, 249, 261
Foxá, Agustín de 331
Franck, César 316
Franz von Sales 207
Franziskus von Assisi 201, 207
Freixas, José María de 298
Fuentes, Carlos 335
Furió Ceriol, Fadrique 195

Gala, Antonio 385, 387, 388
Galiano, Alcalá 289

Gallardo, José 302
Gallego, Juan Nicasio 265
Ganivet, Angel 283, 316-319
Garcia Burgalês, Pero 11
Garcilaso de la Vega 39, 61, 98, 122, 124-134, 142, 144, 145, 147, 149, 150, 211, 257, 258, 265, 353, 356, 358, 362
García Baena, Pablo 359
García de Castrojeriz, Juan 32
García de la Huerta, Vicente 261, 270, 272, 274
García de Quevedo, José Heriberto 306
García de Santa María, Alvar 68
García Gutiérrez, Antonio 294
García Hortelano, Juan 336
García Jiménez de Cisneros 201
García Lorca, Federico 153, 343, 345, 347-352, 354, 368, 369, 375, 377-382, 384, 385, 388, 390
García Matamoros, Alfonso 90
García Márquez, Gabriel 335, 339
García Nieto, José 356
García Serrano, Rafael 331
García Viñó, Manuel 338
García, Gómez 201
Gaspar, Enrique 369
Gassendi, Pierre 238
Gautier, Théophile 286
Gellius, Aulus 217
Gerardo Lobo, Eugenio 258, 259
Gide, André-Paul-Guillaume 340
Gil de Biedma, Jaime 360, 361, 363
Gil Polo, Gaspar 101
Gil y Carrasco, Enrique 290-292
Gil, Ricardo 316
Gimferrer, Pedro 363, 364, 366
Giner de los Ríos, Francisco 304
Gironella, José María 332
Goethe, Johann Wolfgang v. 126, 285, 256, 291
Goldmann, Max 335
Goldsmith, Oliver 248
González y Díaz-Tuñón, Zeferino 304
González, Angel 360

González, Mariano 293
Gordon Byron, George 286, 287, 300
Gordonius, Bernardus 32
Gottfried von Bouillon 21
Goya, Francisco de 383, 385
Goytisolo, Juan 338-340
Goytisolo, Luis 339, 340
Gómez Barroso, Pedro 28
Gómez de Avellaneda, Gertrudis 291, 293
Gómez de la Serna, Ramón 329, 347
Gómez, José Luis 391
Góngora y Argote, Luis de 136, 141, 145-153, 155, 185, 221, 223, 257, 259, 348, 349, 351, 355, 356, 362, 366
Görres, Joseph von 212
Gracián Dantisco, Lucas 221
Gracián, Baltasar 105-107, 147, 150, 217, 220-224, 238
Gracián, Diego 90
Granada, Fray Luis de 90, 194, 201, 206, 207, 216
Grande, Félix 367
Grau, Jacinto 368, 372, 374
Gregor der Große 29
Grosso, Alfonso 341
Guerrero, María 390
Guevara, Antonio de 90, 102, 205, 206, 220, 221
Guillén de Segovia, Pero 48
Guillén, Jorge 137, 348, 349, 352, 357
Guzmán, Nuño de 43

Hardy, Alexandre 173, 189
Haro, Luis de 124
Hartzenbusch, Juan Eugenio 294
Hebreo, León 93, 99
Heine, Heinrich 285, 291, 295, 296, 297
Heliodor 104-106, 116
Herder, Johann Gottfried von 196
Hernández, Miguel 353, 354, 377, 381
Herrera Petere, José 331
Herrera, Fernando de 257, 265
Herrera, Francisco de 133, 142-145, 147, 149, 150

Hervás y Panduro, L. 249
Hierro, José 355-358
Hoffmann, E.T.A. 297
Homer 104, 106, 126, 223
Horaz 51, 90, 97, 113, 125, 127, 133-135, 144, 146, 177, 214, 265, 269
Hölderlin, Johann Christian Friedrich 355
Huarte de San Juan, Juan 219
Hugo, Victor 286, 289, 292, 295, 297
Huidobro, Vicente 347, 348
Huizinga, Johan 35
Humboldt, Wilhelm von 249
Hurtado de Mendoza, Diego 121, 124, 145
Huysmans, Joris-Karl 315
Húmara y Salamanca, Rafael 292

Ibsen, Henrik 315, 317
Iglesias, Pablo 304
Ignatius von Loyola 91, 140, 194, 201, 210
Imperial, Francisco 51, 53
Iriarte, Tomás de 262, 273
Isidor von Sevilla 2, 3, 119
Isla, José Francisco de 241, 251

Jardiel Poncela, Enrique 378, 382
Jarnés, Benjamín 330
Jáuregui, Juan de 146, 147
Jiménez de Cisneros 219
Jiménez, Juan Ramón 315, 316, 343, 346, 347, 349, 352, 353, 357
Johannes de Ketham 32
Johannes vom Kreuz, s. Juan de la Cruz 196, 199, 201, 208, 209, 210, 212
Jovellanos, Gaspar Melchor de 228, 233, 247, 258, 261, 262, 264, 265, 270, 273
Juan de la Cruz, eigtl. Juan de Yepes y Alvarez 122, 134, 136, 137, 140, 362
Juan de los Angeles 207
Juan, Jorge 247
Juana Inés de la Cruz 147
Junyent, Sebastián 391

Katharina von Siena 201, 205
Kierkegaard, Sören Aabye 319

Kotska Vayo, Estanislao 292
Krause, Karl Christian Friedrich 303, 304

La Fontaine, Jean de 262
Labordeta, Miguel 358, 359, 367
Lafargue, Paul 304
Laforet, Carmen 334, 342
Laguna, Andrés 90, 103
Lanfrancus 32
Laredo, Bernardino de 207
Larra y Sánchez de Castro, Mariano José de 246, 288, 290, 292, 294, 298, 299, 307, 317, 385
Larrea, Juan 352
Las Casas, Bartolomé de 249
Lautréamont, Comte de (Isidore-Lucien Ducasse) 362
Lázaro Santana 363
Leonardo de Argensola, L. 135, 146, 147
León y Mansilla, José 259
León, María Teresa 381
Lesage, Alain-René 252
Lessing, Gotthold Ephraim 270
Letamendi, A. de 293
Leyva, José 340
Liñán de Riaza 146
Lipsius, Justus 153
Lista, Alberto 265, 290
Livius, Titus 68
Llampillas, Francisco Xavier 243
Llanos, Valentín 292
Llull, Ramón 138, 198
Locke, John 259
Lopes, Fernâo 67
Losada, Luis de 239
López de Ayala, Adelardo 300
López de Ayala, Pedro 17, 30, 54, 67, 68, 90
López de Mendoza, Fray Iñigo (Marqués de Santillana) 40, 46, 54, 119, 120
López de Segura, Juan 204
López de Ubeda, Francisco 112
López Mozo, Jerónimo 389
López Pelegrín, Santos 298
López Pinciano, Alonso 104, 115, 176, 178

López Salinas, Armando 333
López Soler, Ramón 293
Luca de Tena, Juan Ignacio 381
Lucan 60
Lucas de Hidalgo, Gaspar 113
Lucena, Juan de 32, 33, 70
Ludolf von Sachsen 54, 201
Luis de León, Fray 133, 134, 135, 137, 146, 147, 194, 195, 197, 199, 208, 211, 257, 265
Luján de Sayavedra, Mateo 111
Lukan 243
Lukács, Gyorgy 335
Lukian 106, 218, 222
Lull, Ramón 300
Luther 300
Luzán y Claramunt, Ignacio 233, 245, 257, 259, 269, 270

Machado de Silva, F. 111
Machado, Antonio 304, 308, 316, 343-347, 352, 376
Machado, Manuel 316, 376
Machiavelli, Niccolò 167, 222
Macías 25
Macías Picavea 323
Macías Picavea, Ricardo 303
Madrid, Francisco de la 163
Madrigal, Alonso de, genannt El Tostado 28, 39, 44
Maeterlinck, Comte 316, 317
Maeterlinck, Maurice 375
Maeztu y Whitney, Ramiro de 304, 319, 324
Maimonides, Moses, eigtl. Rabbi Mose ben Maimon 33
Mal Lara, Juan de 112, 133, 218
Maldonado, Juan 166
Malherbe, François de 144
Mallada, Lucas 323
Mallarmé, Stéphane 346
Malón de Chaide, Pedro 195, 210
Mann, Thomas 310
Manrique, Gómez 42, 43, 47, 74, 163
Manrique, Jorge 39, 46, 47, 56, 61, 63, 76, 124, 242

Manuel, Juan 19, 29, 31
Manzoni, Alessandro 287
Mañas, Alfredo 387
Marc Aurel 220
Marcabrú 11
March, Ausias 56, 120, 124
Mariano Nipho, Francisco 244, 270
Marineo, Lucio 124
Marinetti, Filippo Tommaso Emilio 347
Marino, Giambattista 141, 150
Marivaux, Pierre Carlet de Chamblain de 189, 307
Marmontel, Jean-François 254
Marquina, Eduardo 316, 376
Marsé, Juan 338, 341
Marsillach, Adolfo 391
Martín de Lesaca, Juan 239
Martín Gaite, Carmen 335, 342
Martín-Santos, Luis 337, 338
Martínez Ballesteros, Antonio 389
Martínez Colomer, Vicente 255, 256
Martínez de la Rosa Berdejo Gómez y Arroyo, Francisco de Paula 288, 289
Martínez de Toledo, , Alfonso (Arcipreste de Talavera) 29, 71
Martínez Ruiz, José (Azorín) 326, 372
Martínez Sierra, Gregorio 316, 373
Martínez Villerga, Juan 293
Martínez, Martín 239, 241
Marx, Karl 286
Masson de Morvilliers 245, 248
Mateo Zapata, Diego 239
Matheu y Aybar, José María 312
Matilla, Luis 389
Matute, Ana María 336, 342
Maury, Juan 291
Mayans y Siscar, Gregorio 242
Mayoral, Marina 342
Medrano, Francisco de 135, 142
Melanchthon, eigtl. Schwarzer, Philipp 218
Meléndez Valdés, Juan 231-233, 258, 259, 261, 263-265
Mena, Juan de 39, 45, 47, 53, 56, 59, 60, 61, 75, 123, 124, 166

Mendoza, Eduardo 341
Menéndez Pelayo, Marcelino 303, 308
Menéndez Pidal, Ramón 7
Meogo, Pero 10
Mesonero Romanos, Ramón 284, 298, 307
Metastasio, Pietro 258
Mexía, Pedro 90, 216, 217, 218
Mey, Sebastián 113
Mérimée, Prosper 286
Michelet, Jules 292
Mihura, Miguel 378, 382, 384
Milá y Fontanals, Manuel 302
Mira de Amescua, Antonio 181
Miralles, Alberto 389
Miranda, Francisco de 287
Miras, Domingo 385, 389
Miró, Gabriel 328
Mistral, Frédéric 301
Mohedano, Pedro 243
Mohedano, Rafael 243
Molière, eigtl. Jean-Baptiste Poquelin 185, 275, 295
Molina, Luis de 203, 210
Molina, Ricardo 359
Molina, Tirso de (eigtl. Gabriel Téllez) 173, 184, 185, 294, 295
Montano, Arias 90
Monteggia, Luis 287
Montemayor, Jorge de 100, 101, 103
Montengón y Paret, Pedro 254, 255, 261
Montero, Rosa 342
Montesino, Fray Ambrosio 54, 201
Montesquieu, Charles-Louis de Secondat 248
Montoro, Antón 55
Montserrat Roig 342
Mor de Fuentes, José 255
Mora, José J. de 287
Morales, Ambrosio de 207, 216
Moreto y Cabaña, Agustín 185, 189, 270
Moses 119
Motte Fouqué, Friedrich Heinrich Karl de La, Baron 287
Mozart, Wolfgang Amadeus 295

Muñiz, Carlos 385, 387
Muñoz Seca, Pedro 369, 370
Muñoz Torrero, Diego 246

Narros, Miguel 391
Navarretes, Ramón de 284
Navarro Martín de Azpilcueta 204
Navarro Villoslada, Francisco 293
Nebrija, Antonio de 32, 46-49, 61, 64, 119, 195, 215, 216
Neira de Mosquera, Antonio 298
Neruda, Pablo 352, 354, 356
Newton, Isaac 237, 241, 263
Nieremberg, Juan Eusebio 201, 212
Nietzsche, Friedrich 315, 325
Nieva, Francisco 389
Nipho, J.M. 287
Nodier, Charles 297
Nora, Eugenio de 356
Noroña, Conde de 264
Novalis, Friedrich Leopold, Frhr. v. Hardenberg 285
Nunes, Airas 19
Núñez de Arce, Gaspar 300
Núñez de Reinoso, Alonso 104
Núñez de Toledo, Alonso 28
Núñez, Ferrán 33
Núñez, Hernán 61, 112

Ochoa, Eugenio de 292, 305
Ochoa, Juan 312
Olavide, Pablo de 230, 234, 245, 270
Olmo, Lauro 387
Olona, Luis 301
Ordóñez Rodríguez de Montalvo, Garci 23, 74, 90, 91
Orozco, Alonso de 210
Ortega Munilla, José 312
Ortega y Gasset, José 227, 317, 318, 328, 373, 379
Ortiz, Alfonso 33
Ortiz, Lourdes 342
Ortí y Lara, Juan Manuel 304
Ory, Carlos E. de 359, 367

Ossian 258
Osuna, Francisco de 205, 207
Otero, Blas de 355, 356, 357
Ovid 44, 128, 141, 151

Padilla, Fray Juan de (genannt El Cartujano) 46, 54
Palacio Valdés, Armando 308, 312
Palanco, Francisco 239
Palma, Barnabé de 205
Palmireno, Juan Lorenzo 217, 224
Panckoucke, Charles-Joseph 237
Paravicino, Hortensio 252
Pardo Bazán, Emilia 308-312
Parini, Guiseppe 258
Pascual, Pere 28
Paso, Alfonso 369, 381, 386
Pasqual, Lluís 391
Pastor Díaz 291
Párraga Martel, Francisco 251
Pedrero, Paloma 391
Pedro de Alcalá, Fray 200
Pemán, José María 381
Pereda y Sánchez de Porrúa, José María de 307, 308, 311
Pessoa, Fernando 345
Petrarca, Francesco 32, 56, 58, 76, 119-123, 125, 127, 128, 133
Petronius 105
Pérez de Ayala, Ramón 316, 329
Pérez de Guzmán, Fernán 44, 69, 74
Pérez de Hita, Ginés 103, 294
Pérez de Oliva, Hernán 218
Pérez Galdós, Benito 307, 309, 311-315, 319, 324, 326, 369
Pérez Zaragoza y Godínez, Agustín 288
Pérez, Alonso 101
Pérez, Martín 28
Piccolomini, Enea Silvio 71
Picón, Jacinto Octavio 312
Picón, José 301
Pidal, Pedro José 302
Pilar Sinués, María del 306
Pina, Francisco 331

Pina, Mariano 301
Pineda, Juan de 70
Pirandello, Luigi 372
Plato 42, 44, 51, 177
Plautus 165, 178
Plutarch 94, 106
Poe, Edgar Allen 307
Polo de Medina 147
Ponce de la Fuente, Constantino 204
Ponte, Pero da 12
Ponz, Antonio 243
Pope, Alexander 258, 261
Porcel, José Antonio 258
Porras de la Cámara, Francisco 113
Porras, Antonio de 204
Prados, Emilio 348, 352
Prieto, Antonio 338
Properz 126
Proudhon, Pierre-Joseph 304
Proust, Marcel 328
Puértolas, Soledad 342
Pulci 109
Pulgar, Hernando del 33, 44, 68, 69, 216
Pusalgas y Guerris, Ignacio 293

Quevedo y Villegas, Francisco Gómez de 111, 112, 136, 146, 147, 153-155, 211, 221, 222, 238, 252, 253, 257
Quiles, Eduardo 389
Quintana, José Manuel 232, 246, 249, 258, 262, 265, 288
Quintilian 48, 215
Quinto, José María de 386

Racine, Jean 310
Radcliffe, Ann 288
Ramos Carrión 301
Raynal, Guillaume-Thomas 247
Recuerda, José Martín 385, 387, 390
Reina y Montilla, Manuel 316
Reina, María Manuela 391
Reinoso, Félix 265
Reverdy, Pierre 347
Rey de Artieda, Andrés 173

Riaza, Luis 389
Ribadeneira, Pedro de 210
Richard von St. Victor 201
Riera y Coma, José Mariano de 293
Riera, Carmen 342
Rijckel, Dionysius 201
Rimbaud, Arthur 353, 362, 365
Rioja, Francisco de 142, 144
Riquier, Guiraut de 11
Rivadeneyra, Padre 294, 303
Rivas Cherif, Cipriano 373
Ríos, José Amador de los 302
Robbe-Grillet, Alain 335
Rodríguez Buded, Ricardo 387
Rodríguez de la Cámara, Juan (oder del Padrón) 52, 71, 72
Rodríguez de Lena, Pero 70
Rodríguez de Silva Velázquez, Diego 385
Rodríguez Méndez, José María 385, 387
Rodríguez, Alonso 210
Rodríguez, Claudio 361-363
Roi Queimado 11
Rojas Zorrilla, Francisco de 189
Rojas, Carlos 338
Rojas, Fernando de 75, 76
Rolland, Romain 328
Román, Comendador 54
Romero Esteo, Miguel 389
Romero Larrañaga, Gregorio 291
Romero, Concha 391
Ros de Olano 291
Rosales, Luis 354, 355
Rousseau, Jean-Jacques 254, 286
Rueda, Lope de 171-173, 175-177
Rueda, Salvador 316
Ruibal, José 389, 390
Ruiz, Felipe 134
Ruiz, Juan 17, 24, 28
Rusiñol, Santiago 316
Rúha = Rhúa, Pedro de 220

Sa de Miranda, Francisco 122
Saavedra Fajardo, Diego de 224

Saavedra, Angel de (Duque de Rivas) 288, 289, 295, 297, 299, 308
Salas Barbadillo, Alonso Jerónimo de 112
Salinas, Francisco de 133-135
Salinas, Juan de 147
Salinas, Pedro 348, 349, 377
Salmerón, Nicolás 303
Salomon 119
Salvo y Vela, Juan 268
Samaniego, Félix María 262
San Pedro, Diego de 33, 54, 71-73, 99
Sanchis Sinisterra, José 391
Sand, George 291, 305
Sannazaro, Jacopo 98, 100, 163
Santa Cruz, Melchor de 218
Santa María, Pablo de 44
Santillana, Marqués de, s. López de Mendoza 32, 33, 38, 39-48, 53, 56-59, 64, 119, 123
Sanz del Río, Julián 303
Sanz, Florentino 291
Sarmiento, Martín 241
Sartre, Jean-Paul 335
Sastre, Alfonso 368, 369, 377, 383-386, 387, 390
Sauvetat, Raymond de la 3
Savonarola, Girolamo 201
Sánchez Barbero, Francisco 261, 264
Sánchez de Arévalo, Rodrigo 31, 32
Sánchez de Badajoz, Diego 171
Sánchez de las Brozas, , Francisco (El Brocense) 61, 133
Sánchez de Vercial, Clemente 28, 30
Sánchez Espeso, Germán 340
Sánchez Ferlosio, Rafael 336
Sánchez, Tomás Antonio 242
Scaliger, J. C. 144
Scheeben, Matthias J. 212
Schiller, Friedrich 270, 285, 287, 301
Schlegel, August Wilhelm 98, 226, 286
Schlegel, Friedrich 132, 286
Schopenhauer, Arthur 315, 325
Scott, Sir Walter 289, 292
Scribe, (Augustin-)Eugène 300

Sefardi, Rabbi Moises 3
Segovia, Guillén de 48
Selgas y Carrasco, José 306
Sellés, Eugenio 302
Semprún, Jorge 340
Sender, Ramón J. 331, 336, 337
Seneca 30, 32, 44, 106, 173, 215, 223, 317
Serra, Narciso 301
Shakespeare, William 14, 243, 290, 301
Siles, Jaime 365
Silva, Feliciano de 91
Silvela, Francisco 320
Silvestre, Gregorio 121, 145
Sokrates 205
Soto de Rojas 145, 146
Soto de Rojas, Pedro 147
Soto, Luis Barahona de 142, 145, 146
Stein, Edith 212
Stendhal (Henri Beyle) 306, 313
Stigliani, Tommaso 150, 151
Suárez de Figueroa 179, 185
Suárez, Francisco 202, 210
Sue, Eugène 293

Tacitus 223
Tadeo González, Diego 259
Talavera, Hernando de 28, 200
Tamayo y Baus, Manuel 300
Tansillo, Luigi 127
Tapia, Victor 288
Tasso, Bernardo 127
Tasso, Torquato 98
Terenz 59, 165, 166, 178
Teresa von Avila 91, 92, 122, 134, 137, 140, 196, 198, 199, 207, 208, 211
Terrada, Abdón 293
Theokrit 98, 130
Thomas a Kempis 29, 254
Thomas von Aquin 32, 202, 222, 254
Timoneda, Juan de 121, 172, 173
Tob, Sem 30
Tolstoi, Leo 307, 311, 313, 325
Torbado, Jesús 333
Toreno, Conde de 302

Torquemada, Antonio de 98
Torre, Alfonso de la 33, 70
Torre, Claudio de la 381
Torrente Ballester, Gonzalo 340
Torrepalma, Conde de 259
Torres Naharro, Bartolomé de 165, 167-169, 171, 176, 178
Torres Villarroel, Diego de 241, 252, 253, 258
Trigo, Felipe 327, 328
Trigueros, Cándido María 251, 255, 261, 273
Trueba y Cosío, Telesforo 292
Trueba y de la Quintana, Antonio de 306
Tusquets, Esther 342

Ulloa, Antonio de 247
Unamuno y Jugo, Miguel de 97, 308, 315-317, 319, 324, 329, 343-345, 362, 368, 369, 372-374, 380, 384
Urfé, Honoré d' 100

Valbuena Prat 355
Valdegamas, Marqués de, s. Juan Donoso Cortés 302
Valdés, Alfonso de 203, 218
Valdés, Juan de 90, 91, 203, 204, 216, 218, 219
Valdivielso, José de 147, 181
Valente, José Angel 343, 355, 360, 361, 362, 363, 366
Valera y Alcalá-Galiano, Juan 283, 308, 309, 311, 316
Valéry, Paul 349
Valla, Lorenzo 133
Valladares de Sotomayor, Antonio 246, 255
Valladolid, Alfonso de 28
Valle-Inclán, Ramón María del 315, 316, 324, 326, 327, 368-370, 372, 374-377, 379, 380, 382, 384, 385, 387-390
Vallejo, Alfonso 391
Vallés, Pedro 112
Vargas Llosa, Mario 335, 339
Vázquez Montalbán, Manuel 341

Vega Carpio, Lope Félix de   101, 104, 120, 136, 145-149, 155, 161, 168, 174, 175, 177-179, 181-184, 187, 242, 243, 267, 270, 292, 294, 309
Vega, Pedro de la   90
Vega, Ricardo de la   301
Vega, Ventura de la   300
Velázquez de Velasco, Luis José   242
Venegas, Alejo   90, 204, 216
Vergil   32, 51, 60, 98, 104, 105, 126, 127, 130-132, 163
Vélez de Guevara, Luis   181
Vicente, Gil   121, 122, 168-171
Villaespesa, Francisco   316, 376
Villalón, Cristóbal de   216, 218
Villamediana, , Conde de (Juan de Tassis)   147
Villegas, Estéban Manuel de   257, 259
Villena, Enrique de   32, 40, 41, 53, 70
Vincent de Beauvais   18
Virués, Cristóbal de   173
Vitoria, Francisco de   234

Vivanco, Luis Felipe   354, 355
Vivas, Joâo   21
Vives, Juan Luis   90, 204, 205, 216, 219, 220
Voltaire   276

Washington, Irving   286

Xavier, Franz   140
Xirgu, Margarita   373

Yáñez, Rodrigo   23
Young, Edward   258, 264

Zabala y Zamora, Gaspar   255
Zamacois, Eduardo   327, 328
Zamora, Antonio de   268
Zapata, Luis   218
Zerbolt van Zutphen, Gerhard   201
Zola, Émile   309, 310
Zorrilla y Moral, José   268, 290, 294, 295, 299, 307, 376